全国中医药行业高等教育"十三五"规划教材

全国高等中医药院校规划教材（第十版）

# 古代汉语

（供中医学、针灸推拿学、中西医临床医学等专业研究生用）

**主 编**

孙文钟（上海中医药大学）

**副主编**（以姓氏笔画为序）

李亚军（陕西中医药大学）　　　　林　楠（福建中医药大学）

侯洪澜（甘肃中医药大学）　　　　黄海波（广西中医药大学）

崔　为（长春中医药大学）　　　　魏飞跃（湖南中医药大学）

**编　委**（以姓氏笔画为序）

王　瑀（新疆医科大学）　　　　叶　磊（河南中医药大学）

申红玲（天津中医药大学）　　　　包红梅（内蒙古医科大学）

李　佳（成都中医药大学）　　　　何　敏（南京中医药大学）

沙　涛（南阳理工学院）　　　　陈　婷（首都医科大学）

沈　成（上海中医药大学）　　　　张亭立（上海中医药大学）

武　文（江西中医药大学）　　　　范登脉（广州中医药大学）

尚　冰（辽宁中医药大学）　　　　赵桂新（黑龙江中医药大学）

邰晓芹（安徽中医药大学）　　　　贾延利（山东中医药大学）

惠　宏（宁夏医科大学）　　　　薛芳芸（山西中医药大学）

**学术秘书**（兼）

沈　成（上海中医药大学）

中国中医药出版社

·北 京·

**图书在版编目（CIP）数据**

古代汉语/孙文钟主编 . —北京：中国中医药出版社，2018.6

全国中医药行业高等教育"十三五"规划教材

ISBN 978 - 7 - 5132 - 4004 - 8

Ⅰ . ①古… Ⅱ . ①孙… Ⅲ . ①古汉语 - 中医学院 - 教材 Ⅳ . ①H109.2

中国版本图书馆 CIP 数据核字（2017）第 018816 号

**中国中医药出版社出版**

北京市朝阳区北三环东路 28 号易亨大厦 16 层

邮政编码 100013

传真 010 - 64405750

三河市同力彩印有限公司印刷

各地新华书店经销

开本 850×1168 1/16 印张 25.5 字数 636 千字

2018 年 6 月第 1 版 2018 年 6 月第 1 次印刷

书号 ISBN 978 - 7 - 5132 - 4004 - 8

定价 68.00 元

网址 www. cptcm. com

**社 长 热 线 010 - 64405720**

**购 书 热 线 010 - 89535836**

**侵 权 打 假 010 - 64405753**

**微信服务号 zgzyycbs**

**微商城网址 https://kdt. im/LIdUGr**

**官 方 微 博 http://e. weibo. com/cptcm**

**天猫旗舰店网址 https://zgzyycbs. tmall. com**

如有印装质量问题请与本社出版部联系（010 - 64405510）

全国中医药行业高等教育"十三五"规划教材

全国高等中医药院校规划教材（第十版）

# 专家指导委员会

**名誉主任委员**

王国强（国家卫生计生委副主任　国家中医药管理局局长）

**主　任　委　员**

王志勇（国家中医药管理局副局长）

**副主任委员**

王永炎（中国中医科学院名誉院长　中国工程院院士）

张伯礼（教育部高等学校中医学类专业教学指导委员会主任委员
　　　　天津中医药大学校长）

卢国慧（国家中医药管理局人事教育司司长）

**委　　　　　员**（以姓氏笔画为序）

王省良（广州中医药大学校长）

王振宇（国家中医药管理局中医师资格认证中心主任）

方剑乔（浙江中医药大学校长）

孔祥骊（河北中医学院院长）

石学敏（天津中医药大学教授　中国工程院院士）

卢国慧（全国中医药高等教育学会理事长）

匡海学（教育部高等学校中药学类专业教学指导委员会主任委员
　　　　黑龙江中医药大学教授）

吕文亮（湖北中医药大学校长）

刘　力（陕西中医药大学校长）

刘振民（全国中医药高等教育学会顾问　北京中医药大学教授）

安冬青（新疆医科大学副校长）

许二平（河南中医药大学校长）

孙忠人（黑龙江中医药大学校长）

严世芸（上海中医药大学教授）

李灿东（福建中医药大学校长）

李青山（山西中医药大学校长）

李金田（甘肃中医药大学校长）

杨　柱（贵阳中医学院院长）

杨关林（辽宁中医药大学校长）

余曙光（成都中医药大学校长）

宋柏林（长春中医药大学校长）

张欣霞（国家中医药管理局人事教育司师承继教处处长）

陈可冀（中国中医科学院研究员　中国科学院院士　国医大师）

陈明人（江西中医药大学校长）

武继彪（山东中医药大学校长）

范吉平（中国中医药出版社社长）

周仲瑛（南京中医药大学教授　国医大师）

周景玉（国家中医药管理局人事教育司综合协调处处长）

胡　刚（南京中医药大学校长）

谭元生（湖南中医药大学校长）

徐安龙（北京中医药大学校长）

徐建光（上海中医药大学校长）

唐　农（广西中医药大学校长）

彭代银（安徽中医药大学校长）

路志正（中国中医科学院研究员　国医大师）

熊　磊（云南中医学院院长）


**秘　书　长**

王　键（安徽中医药大学教授）

卢国慧（国家中医药管理局人事教育司司长）

范吉平（中国中医药出版社社长）


**办公室主任**

周景玉（国家中医药管理局人事教育司综合协调处处长）

林超岱（中国中医药出版社副社长）

李秀明（中国中医药出版社副社长）

李占永（中国中医药出版社副总编辑）

全国中医药行业高等教育"十三五"规划教材

# 编审专家组

**组　长**

王国强（国家卫生计生委副主任　国家中医药管理局局长）

**副组长**

张伯礼（中国工程院院士　天津中医药大学教授）

王志勇（国家中医药管理局副局长）

**组　员**

卢国慧（国家中医药管理局人事教育司司长）

严世芸（上海中医药大学教授）

吴勉华（南京中医药大学教授）

王之虹（长春中医药大学教授）

匡海学（黑龙江中医药大学教授）

王　键（安徽中医药大学教授）

刘红宁（江西中医药大学教授）

翟双庆（北京中医药大学教授）

胡鸿毅（上海中医药大学教授）

余曙光（成都中医药大学教授）

周桂桐（天津中医药大学教授）

石　岩（辽宁中医药大学教授）

黄必胜（湖北中医药大学教授）

# 前　言

为落实《国家中长期教育改革和发展规划纲要（2010-2020年）》《关于医教协同深化临床医学人才培养改革的意见》，适应新形势下我国中医药行业高等教育教学改革和中医药人才培养的需要，国家中医药管理局教材建设工作委员会办公室（以下简称"教材办"）、中国中医药出版社在国家中医药管理局领导下，在全国中医药行业高等教育规划教材专家指导委员会指导下，总结全国中医药行业历版教材特别是新世纪以来全国高等中医药院校规划教材建设的经验，制定了"'十三五'中医药教材改革工作方案"和"'十三五'中医药行业本科规划教材建设工作总体方案"，全面组织和规划了全国中医药行业高等教育"十三五"规划教材。鉴于由全国中医药行业主管部门主持编写的全国高等中医药院校规划教材目前已出版九版，为体现其系统性和传承性，本套教材在中国中医药教育史上称为第十版。

本套教材规划过程中，教材办认真听取了教育部中医学、中药学等专业教学指导委员会相关专家的意见，结合中医药教育教学一线教师的反馈意见，加强顶层设计和组织管理，在新世纪以来三版优秀教材的基础上，进一步明确了"正本清源，突出中医药特色，弘扬中医药优势，优化知识结构，做好基础课程和专业核心课程衔接"的建设目标，旨在适应新时期中医药教育事业发展和教学手段变革的需要，彰显现代中医药教育理念，在继承中创新，在发展中提高，打造符合中医药教育教学规律的经典教材。

本套教材建设过程中，教材办还聘请中医学、中药学、针灸推拿学三个专业德高望重的专家组成编审专家组，请他们参与主编确定，列席编写会议和定稿会议，对编写过程中遇到的问题提出指导性意见，参加教材间内容统筹、审读稿件等。

本套教材具有以下特点：

**1. 加强顶层设计，强化中医经典地位**

针对中医药人才成长的规律，正本清源，突出中医思维方式，体现中医药学科的人文特色和"读经典，做临床"的实践特点，突出中医理论在中医药教育教学和实践工作中的核心地位，与执业中医（药）师资格考试、中医住院医师规范化培训等工作对接，更具有针对性和实践性。

**2. 精选编写队伍，汇集权威专家智慧**

主编遴选严格按照程序进行，经过院校推荐、国家中医药管理局教材建设专家指导委员会专家评审、编审专家组认可后确定，确保公开、公平、公正。编委优先吸纳教学名师、学科带头人和一线优秀教师，集中了全国范围内各高等中医药院校的权威专家，确保了编写队伍的水平，体现了中医药行业规划教材的整体优势。

**3. 突出精品意识，完善学科知识体系**

结合教学实践环节的反馈意见，精心组织编写队伍进行编写大纲和样稿的讨论，要求每门教材立足专业需求，在保持内容稳定性、先进性、适用性的基础上，根据其在整个中医知识体系中的地位、学生知识结构和课程开设时间，突出本学科的教学重点，努力处理好继承与创新、理论与实践、基础与临床的关系。

**4. 尝试形式创新，注重实践技能培养**

为提升对学生实践技能的培养，配合高等中医药院校数字化教学的发展，更好地服务于中医药教学改革，本套教材在传承历版教材基本知识、基本理论、基本技能主体框架的基础上，将数字化作为重点建设目标，在中医药行业教育云平台的总体构架下，借助网络信息技术，为广大师生提供了丰富的教学资源和广阔的互动空间。

本套教材的建设，得到国家中医药管理局领导的指导与大力支持，凝聚了全国中医药行业高等教育工作者的集体智慧，体现了全国中医药行业齐心协力、求真务实的工作作风，代表了全国中医药行业为"十三五"期间中医药事业发展和人才培养所做的共同努力，谨向有关单位和个人致以衷心的感谢！希望本套教材的出版，能够对全国中医药行业高等教育教学的发展和中医药人才的培养产生积极的推动作用。

需要说明的是，尽管所有组织者与编写者竭尽心智，精益求精，本套教材仍有一定的提升空间，敬请各高等中医药院校广大师生提出宝贵意见和建议，以便今后修订和提高。

国家中医药管理局教材建设工作委员会办公室

中国中医药出版社

2016 年 6 月

# 编写说明

　　本教材是全国高等中医药院校为研究生开设的古代汉语课程的专用教材。古代汉语作为一门基础课让中医药研究生修读是长久的呼吁，也是近年来的新举措。本教材应中医药研究生的教学需求而编，为中医药研究生的成长而劈山筑路。

　　中医药研究生何以要重视学习古代汉语？其目的和意义可以分两个方面来谈。其一，中医药几千年来延续至今，其源头性文献著作及其后历代作品都是用古代汉语书写。所谓"文以载道"，即以古汉语之文载中医药之道。或者说，古代汉语的土壤中成长出中医药的参天大树，要明晓中医药之道首先要贯通古代汉语，这是天经地义的道理。其二，跳脱专业要求的藩篱，从更宏大的学业素养甚至为人才力而言，语言能力是必不可少的。为了提高语言应用能力（听、说、读、写，尤以写作能力为要），深入学习古代汉语是最可靠的门径。如古代成语、熟语、谚语、警句甚至虚词的运用，古汉语常用词语和结构的熟悉和掌握，都能使我们的语言更为准确、生动、鲜明。

　　本教材编写遵循三个原则。第一，注重实效。中医药研究生修读古代汉语，是从事中医药专业的需要。他们学习、熟悉古代汉语语言现象和语言规律，是要力求解释古代中医药文献中涉及语言文字的疑难问题，解构影响医理表达的文理障碍。第二，可读性强。本教材所选的文选感性材料是极为精彩的、古代文学特征很强的语言素材，非常适合青年学子阅读欣赏并深入钻研。讲述理性知识的通论部分则重点突出，拓展视野，有利于建构修习古代汉语的新思路。第三，便于自学。中医药院校课程繁重，教学时数有限，本教材充分考虑于此，所设计的编写体例对文选部分题解充实、注释详细、简析透彻，对通论及相关知识点的阐述则深入浅出、联系实际、注重习得，这都有利于学生自主学习。

　　本教材以古代文选为经，以古汉语通论为纬，共选古代范文50篇，分为六个单元。第一至第五每个单元文选八篇，第六单元文选十篇。每个单元又包括常用词词义分析（全书320多条，分到每单元50余条）、古汉语通论一篇、知识点链接一个、思考与实践（包括思考题、练习题、书目导读、书目一览各一项）一栏。文选上自先秦，下迄宋元，或出自经传，或选自诸子，散文骈赋，诗骚词曲，均为传世文辞，皆是名家佳作。如第一单元采自《周易》《尚书》《论语》《礼记》《孟子》《大戴礼记》，第二单元采自《左传》《国语》《战国策》《史记》《汉书》《后汉书》《三国志》，第三单元采自《管子》《老子》《墨子》《庄子》《荀子》《孙子》《吕氏春秋》《淮南子》，第四单元为李斯、贾谊、晁错、邹阳、枚乘、司马迁、王充、王符的传世文章，第五单元为韩愈、柳宗元、刘禹锡、欧阳修、王安石、苏轼、胡铨、陈亮的不朽名作，第六单元采自《诗经》《楚辞》、汉魏六朝诗、唐诗、宋词、元曲，其余为张衡、王粲、吴均、庾信的骈赋。通论部分凡文字、词汇、语法、古书的句读、古代的文体及其特点、诗词曲论六篇，并附有破读与通假、常用训诂术语提示、古汉语修辞举隅、古文今译的标准与方法、古代重要诗文总集一览和古今主要字书词典一览等知识点链接六个。这些理性知识的阐述，既注意夯实基础，又着眼提高拓展，都是深入学习古代汉语必要的知识储备。思考与实践栏目分别有思考题、练习题、参考书目（包括书目导读和书目一览）等多项内容，注重主动学习与拓展学习，信息量比较大。

本教材为了营造阅读古代作品的氛围，故全部使用繁体字，文选原文则依所据版本保留异体字。

本教材具体编写分工：第一单元文选第一至第四篇由申红玲编写；文选第五至第八篇由薛芳芸编写；通论、知识点链接由黄海波编写，并负责思考与练习、参考书目和本单元文选审校。第二单元文选第九至第十二篇由武文编写；第十三至第十六篇由郜晓芹编写；通论、知识点链接由侯洪澜编写，并负责思考与练习、参考书目和本单元文选审校。第三单元文选第十七至第二十篇由范登脉编写；第二十一至第二十四篇由惠宏编写；通论由李佳、李亚军编写；知识点链接由孙文钟编写；思考与练习、参考书目由张亭立负责；李亚军负责审校本单元文选。第四单元文选第二十五和二十六篇、第三十一和三十二篇由贾延利编写；第二十七至第三十篇由叶磊编写；通论、知识点链接由魏飞跃编写，并负责思考与练习、参考书目和本单元文选审校；沙涛帮助审读"古书的句读"。第五单元文选第三十三至第三十五篇由赵桂新编写；第三十六至第三十八篇由尚冰编写；第三十九和四十篇由包红梅编写；通论由崔为编写，并负责本单元文选审校；知识点链接和思考与练习、参考书目由崔为、包红梅负责。第六单元文选第四十一至四十五篇、第四十九篇由孙文钟编写；第四十七和四十八篇、第五十篇由王瑒编写；第四十六篇由孙文钟、王瑒编写；通论、知识点链接、思考与练习及参考书目由张亭立编写，孙文钟负责本单元文选审校。常用词词义分析由林楠、何敏、陈婷编写；林楠统稿，沈成帮助审校。孙文钟负责全书的统稿。沈成承担学术秘书事务。

本教材的编写得到全国高等中医药院校同行和中国中医药出版社的热心支持与帮助。25位参编教师和责任编辑韩燕都付出了很多的心血和辛劳，在此一并致谢。

本教材在编写过程中，广泛参考了多种古代汉语专著、教材，凡有较新研究成果，触目所及，都注意吸收借鉴。限于篇幅，恕不一一罗列，谨此深表谢意。书中若有不足之处，衷心期盼有关专家、读者不吝指正，以便再版时修订提高。

《古代汉语》编委会
2018 年 1 月

# 目　录

# 第一單元

## 文　選

### 一、包犧氏之王天下

【題解】本文節選自《周易·繫辭下》，據 1980 年中華書局影印清代阮元校刻《十三經注疏》本。《周易》本稱《易》，原爲占筮之書，漢代被尊爲經，故稱《易經》。《周易》包括《易經》和《易傳》，故《易經》有廣義與狹義之分。狹義的《易經》分爲上經三十卦、下經三十四卦。《易傳》有《彖》上下、《象》上下、《文言》、《繫辭》上下、《説卦》、《序卦》、《雜卦》七種十篇，旨在解釋經文大義，如同經之羽翼，故稱"十翼"。關於《周易》的作者和成書時代，歷來有爭議。漢儒的共識是"人更三聖，世歷三古"：上古伏羲畫八卦，中古文王爲重卦，下古孔子作"十翼"。今人多認爲《易經》作於殷周之際，《易傳》作於戰國或秦漢之際，經傳非一人所作。注本有魏王弼、晉韓康伯《周易注》、唐孔穎達《周易正義》、唐李鼎祚《周易集解》、宋朱熹《周易本義》等。

古者包犧氏之王天下也[1]，仰則觀象於天[2]，俯則觀法於地[3]，觀鳥獸之文，與地之宜[4]，近取諸身，遠取諸物[5]，於是始作八卦[6]，以通神明之德[7]，以類萬物之情[8]。作結繩而爲罔罟[9]，以佃以漁[10]，蓋取諸《離》[11]。

【注釋】

[1] 包犧：又作"伏犧""伏羲""庖犧""宓義""伏戲"等。始作八卦，教民田獵捕魚，是原始社會的聖王。《漢書·古今人表》載：宓義氏即太昊（皥）帝。

[2] 象：天象，指日月星辰等的運行變化。

[3] 法：法象，指山川湖澤等的形狀。

[4] 地之宜：謂土地生長之所宜。宜，適宜，合適。

[5] 物：指人之外自然界的事物，如雷風山澤之類。

[6] 八卦：也叫經卦，用陰（ ⚋ ）和陽（ ⚊ ）兩種符號（爻）三疊而成的八種三畫卦形，即乾（☰）、坤（☷）、震（☳）、巽（☴）、坎（☵）、離（☲）、艮（☶）、兑（☱），分別

NOTE

象徵天、地、雷、風、水、火、山、澤八種自然現象，象徵意義分別屬健、順、動、入、陷、麗（附著）、止、説（悦）。八卦兩兩相重爲六十四卦；重疊而成的六畫卦稱重卦，也叫別卦，處在下面的經卦稱下卦，處在上面的經卦稱上卦。

　　[7] 神明之德：陰陽變化的化育功能。

　　[8] 類：歸類，類比。　萬物之情：陰陽形體的情狀。

　　[9] 罔（wǎng）：同"綱"，捕獸之綱。　罟（gǔ）：亦綱之稱，捕魚之綱。

　　[10] 佃（tián）：即"田"，指田獵。　漁：捕魚。

　　[11] 離：《離》（☲）卦，上下卦皆爲離，離爲目，上下離如同兩目相連，網罟之兩目相承之象。韓康伯《注》："離，麗也。罔罟之用必審物之所麗也。魚麗於水，獸麗於山也。"

　　包犧氏没，神農氏作[1]，斲木爲耜[2]，揉木爲耒[3]，耒耨之利[4]，以教天下，蓋取諸《益》[5]。日中爲市，致天下之民，聚天下之貨，交易而退，各得其所，蓋取諸《噬嗑》[6]。

**【注釋】**

　　[1] 神農氏：古史又稱炎帝，相傳始教民爲耒耜以興農業，嘗百草發明醫藥，與伏犧並稱爲二皇。　作：興。

　　[2] 斲（zhuó）：砍削。　耜（sì）：上古農具"耒耜"的下端部分。

　　[3] 揉（róu）：使木彎曲。　耒（lěi）：上古農具"耒耜"的曲柄。

　　[4] 耨（nòu）：古代除草的農具；亦耕田。陸德明《經典釋文》："馬云'鉏也'，孟云'耘除草'。"　利：用。

　　[5] 益：《益》（☴）卦，下震上巽，象徵增益。震爲雷爲動，巽爲風爲入，中間的下互卦爲坤爲土，耒耜亦爲木製。朱熹《本義》："二體皆木，上入下動。天下之益，莫大於此。"

　　[6] 噬嗑（shìhé）：《噬嗑》（☲）卦，下震上離，象徵咬合。離爲日爲明，震爲動。韓康伯《注》："噬嗑，合也。市人之所聚，異方之所合，設法以合物，噬嗑之義也。"朱熹《本義》："日中爲市，上明而下動。又借'噬'爲'市'，'嗑'爲'合'也。"

　　神農氏没，黄帝、堯、舜氏作[1]，通其變，使民不倦[2]，神而化之[3]，使民宜之。《易》窮則變[4]，變則通，通則久。是以"自天佑之，吉无不利[5]"。黄帝、堯、舜垂衣裳而天下治[6]，蓋取諸《乾》《坤》[7]。刳木爲舟，剡木爲楫[8]，舟楫之利，以濟不通，致遠以利天下，蓋取諸《涣》[9]。服牛乘馬[10]，引重致遠[11]，以利天下，蓋取諸《隨》[12]。重門擊柝[13]，以待暴客[14]，蓋取諸《豫》[15]。斷木爲杵，掘地爲臼，臼杵之利，萬民以濟，蓋取諸《小過》[16]。弦木爲弧[17]，剡木爲矢，弧矢之利，以威天下，蓋取諸《睽》[18]。上古穴居而野處，後世聖人易之以宫室，上棟下宇[19]，以待風雨，蓋取諸《大壯》[20]。古之葬者，厚衣之以薪[21]，葬之中野，不封不樹[22]，喪期无數[23]。後世聖人易之以棺椁[24]，蓋取諸《大過》[25]。上古結繩而治，後世聖人易之以書契[26]，百官以治，萬民以察，蓋取諸《夬》[27]。

**【注釋】**

[1] 黄帝：姬姓，號軒轅氏，又稱有熊氏。相傳養蠶、舟車、文字、音律、醫學、算術等很多發明創造都產生於黄帝時期。　堯：陶唐氏，名放勛，史稱唐堯。　舜：姚姓，有虞氏，名重華，史稱虞舜。

[2] 倦：懈怠不進。

[3] 神而化之：精通事物的微妙而變化地運用。

[4] 窮：阻塞不通。

[5] "自天"二句：《大有》卦上九的爻辭，此處引用説明黄帝、堯、舜運用《周易》變通之道創製器具，民得其用，故无所不利。

[6] 垂衣裳：李鼎祚《集解》："始制衣裳，垂示天下。"

[7] 乾、坤：六十四卦開首兩卦，《乾》（☰）卦象天象上，《坤》（☷）象地象下。李鼎祚《集解》："衣，取象乾，居上覆物；裳，取象坤，在下含物也。"

[8] 剡（yǎn）：削。

[9] 涣：《涣》（䷺）卦，下坎爲水，上巽爲木。李鼎祚《集解》："木在水上，流行若風，舟楫之象也。"

[10] 服牛：駕牛。　乘馬：駕馬。

[11] 引：拉運。　致：到達。

[12] 隨：《隨》（䷐）卦，下震爲動，上兑爲悦，象徵隨從，依隨。韓康伯《注》："隨，隨宜也。服牛乘馬，隨物所之，各得其宜也。"

[13] 重門：層層設門。張衡《西京賦》："重門襲固，姦宄是防。"　柝（tuò）：古代巡夜者打更用的木梆。

[14] 待：防備。　暴客：暴徒，盜賊。

[15] 豫：《豫》（䷏）卦，下坤爲門，上震爲動，震覆爲艮爲門，其下互卦亦爲艮爲門。李鼎祚《集解》："下有艮象。從外示之，震復爲艮，兩艮對合，重門之象也。柝者，兩木相擊以行夜也。艮爲手，爲小木。"韓康伯《注》："取其預備。"

[16] 小過：《小過》（䷽）卦，下艮爲止，臼之象，上震爲動，杵之象。朱熹《本義》："下止上動。"春米之象。

[17] 弦木：彎木上弦。　弧：木弓。

[18] 睽（kuí）：《睽》（䷥）卦，下兑上離，乖離之義。韓康伯《注》："睽，乖也。物乖則爭興，弧矢之用，所以威乖爭也。"

[19] 宇：房屋上方四垂的邊緣，即屋簷。

[20] 大壯：《大壯》（䷡）卦，上震爲動，下乾爲健，壯固之義，猶風雨動于上而宫室壯固于下。韓康伯《注》："宫室壯大於穴居，故制爲宫室，取諸大壯也。"

[21] 衣（yì）：裏遮，遮蓋。

[22] 封：堆土成墳。　樹：植樹爲標記。

[23] 喪期无數：服喪時間没有限定的期數。

[24] 棺椁：古代棺木分兩層，内一層叫棺，棺外所套的一層叫椁。

NOTE

[25] 大過：《大過》（䷛）卦，下巽爲木爲入，上兑爲澤爲説（悦）。李光地《周易折中》：“棺槨者，取木在澤中也；又死者以土爲安，故入而後説之。”韓康伯《注》：“取其過厚。”義爲喪禮過厚。

[26] 書契：陸德明《經典釋文》：“書者，文字；契者，刻木而書其側，故曰‘書契’也。”契，刻。

[27] 夬（guài）：《夬》（䷪）卦，韓康伯《注》：“夬，決也。書契所以決斷萬事也。”

【簡析】此段文字描述了伏羲仰觀俯察，法天則地而創製八卦，歷代聖王效法六十四卦中的十三卦以創製十二器的取象過程，闡述了《易》象具有“通神明之德”“類萬物之情”的神奇作用，反映了遠古社會文字起源、漁獵農耕、衣食住行、喪葬禮制等方面的發展情況。其“窮則變、變則通、通則久”的運動規律，是對《周易》“簡易、變易、不易”思想内核的精准概括。其“製器尚象”的十三卦，可謂《周易》“象論”的總綱，而“象思維”的辯證思維方式，爲後代文學、醫學、農學、天文學、物候學等提供了重要借鑒。故本文對研究古代哲學史、文字史、文學史、科技史、政治史等具有重要的參考價值。

# 二、洪範

【題解】本文選自《尚書·洪範》，據1980年中華書局影印清代阮元校刻《十三經注疏》本。《尚書》先秦原稱《書》，相傳由孔子選編。漢代改稱《尚書》，義爲“上古之書”。又被尊爲經，稱《書經》。《尚書》大體爲戰國以前歷代史官所收藏的關於上古典章制度的文獻彙編。西漢初年存有秦博士伏生所傳《尚書》二十九篇，因用漢隸寫成而稱《今文尚書》。漢武帝時孔安國在孔子故宅壁中發現先秦古文寫本，稱《古文尚書》，西晉後佚而不傳。東晉梅賾獻僞《古文尚書》及孔安國《尚書傳》。唐孔穎達撰《尚書正義》所用的是古今文真僞混合的本子，現通行的《十三經注疏》中《尚書》即此本子，共五十八篇，分爲《虞書》《夏書》《商書》《周書》。歷代注本主要有漢孔安國《尚書傳》（魏晉人僞託）、唐孔穎達《尚書正義》、清孫星衍《尚書今古文注疏》、曾運乾《尚書正讀》等。

　　惟十有三祀[1]，王訪于箕子[2]。王乃言曰：“嗚呼！箕子，惟天陰騭下民[3]，相協厥居[4]，我不知其彝倫攸敍[5]。”箕子乃言曰：“我聞在昔，鯀陻洪水[6]，汨陳其五行[7]，帝乃震怒，不畀洪範九疇[8]，彝倫攸斁[9]。鯀則殛死[10]，禹乃嗣興[11]。天乃錫禹洪範九疇[12]，彝倫攸敍。初一曰五行[13]，次二曰敬用五事[14]，次三曰農用八政[15]，次四曰協用五紀[16]，次五曰建用皇極[17]，次六曰乂用三德[18]，次七曰明用稽疑[19]，次八曰念用庶徵[20]，次九曰嚮用五福[21]，威用六極[22]。”

【注釋】

[1] 十有三祀：指周文王建國後第十三年、武王即位後第四年、周滅商後第三年。祀，年。夏曰歲，商曰祀，周曰年。

[2] 王：周武王。　訪：咨詢，詢問。　箕子：名胥餘，商紂王的叔父，官太師，封於箕

（今山西太谷東北），故稱箕子。曾諫紂王，紂王不聽，將其囚禁。周武王滅商後，被釋放。

［3］陰騭（zhì）：蔭庇安定。陰，蔭庇。騭，定。

［4］相：助。　協：和，和諧。

［5］彝：常道。　倫：倫理。

［6］鯀（gǔn）：傳說爲禹的父親。　陻（yīn）：堵塞。

［7］汩（gǔ）：亂，擾亂。孔安國《傳》：“汩，亂也。治水失道，亂陳其五行。”陳：列。

［8］畀（bì）：賜予，給予。　洪：大。　範：法，規範。　九疇：指九類治國大法。疇，類，等。孔安國《傳》：“天與禹洛出書，神龜負文而出，列於背，有數至于九。禹遂因而第之，以成九類。”

［9］攸：所以。　斁（dù）：敗壞。

［10］殛（jí）死：指流放至死。殛，誅殺。孔安國《傳》：“放鯀至死不赦。”

［11］嗣（sì）：繼承。　興：興起。此指治理洪水。

［12］錫：通“賜”。賜予，給予。

［13］初一：第一。

［14］次：第。　五事：指下文的貌、言、視、聽、思。

［15］農：努力。《廣雅·釋詁》：“農，勉也。”　八政：指下文的食、貨、祀、司空、司徒、司寇、賓、師。

［16］五紀：指下文的歲、月、日、星辰、曆數紀時計算之術。

［17］皇極：孔安國傳：“皇，大。極，中也。凡立事當用大中之道。”指至大至高而中正的原則。《尚書大傳》作“王極”。朱熹《皇極辨》：“蓋皇者，君之稱也；極者，至極之義，標準之名也。”指君王統治的準則。

［18］乂：治。　三德：指下文正直、剛、柔。孔安國《傳》：“治民必用剛、柔、正直之三德。”

［19］稽疑：考察疑難之事。

［20］庶徵：各種徵兆。徵，徵兆，指雨、暘、燠、寒、風等氣候現象。

［21］嚮：勸導，勸勉。一說當爲“饗”，祭祀。　五福：指下文的壽、富、康寧、攸好德、考終命。

［22］威：畏懼，警戒。　六極：六種懲罰，指下文的凶短折、疾、憂、貧、惡、弱。


一、五行：一曰水，二曰火，三曰木，四曰金，五曰土。水曰潤下，火曰炎上，木曰曲直[1]，金曰從革[2]，土爰稼穡[3]。潤下作鹹，炎上作苦，曲直作酸，從革作辛，稼穡作甘。

【注釋】

［1］曲直：可曲可直。裴駰《史記集解》：“木可揉使曲直也。”

［2］從：順從。　革：變革。裴駰《集解》：“金之性從人而更，可銷鑠。”

［3］爰：《史記》作“曰”，語氣助詞。　稼：耕種。　穡：收穫。

二、五事：一曰貌，二曰言，三曰視，四曰聽，五曰思。貌曰恭，言曰從[1]，視曰明，聽曰聰，思曰睿[2]。恭作肅[3]，從作乂，明作哲[4]，聰作謀，睿作聖。

**【注釋】**

[1] 從：言論合理，使人可從。

[2] 睿：通達，明智。

[3] 作：則，就。　肅：嚴肅，肅敬。

[4] 哲：昭晰。

三、八政[1]：一曰食[2]，二曰貨[3]，三曰祀[4]，四曰司空[5]，五曰司徒[6]，六曰司寇[7]，七曰賓[8]，八曰師[9]。

**【注釋】**

[1] 八政：孔穎達《正義》："人主施政教於民有八事也。"

[2] 食：掌管農業生產的官員。

[3] 貨：掌管財貨的官員。

[4] 祀：掌管祭祀的官員。

[5] 司空：掌管工程的官員。

[6] 司徒：掌管教育的官員。

[7] 司寇：掌管治安的官員。

[8] 賓：接待賓客的官員。

[9] 師：掌管軍事的官員。

四、五紀：一曰歲，二曰月，三曰日，四曰星辰[1]，五曰厤數[2]。

**【注釋】**

[1] 星辰：指二十八宿和十二辰。孔安國《傳》："二十八宿迭見以敍氣節，十二辰以紀日月所會。"

[2] 厤數：曆數，曆法。厤，同"曆"。孔安國《傳》："厤數節氣之度以爲厤，敬授民時。"

五、皇極：皇建其有極，斂時五福[1]，用敷錫厥庶民[2]，惟時厥庶民于汝極，錫汝保極[3]。凡厥庶民，無有淫朋[4]，人無有比德[5]，惟皇作極。凡厥庶民，有猷有爲有守[6]，汝則念之。不協于極[7]，不罹于咎[8]，皇則受之[9]。而康而色[10]，曰予攸好德[11]，汝則錫之福。時人斯其惟皇之極[12]。無虐煢獨而畏高明[13]。人之有能有爲，使羞其行[14]，而邦其昌[15]。凡厥正人[16]，既富方穀[17]。汝弗能使有好于而家[18]，時人斯其辜[19]。于其無好德，汝雖錫之福，其作汝用咎[20]。無偏無陂[21]，遵王之義。無有作好[22]，遵王之道。無有作惡，遵王之路。無偏無黨，王道蕩蕩[23]。無黨無偏，王道平平[24]。無反無側[25]，王道正直。會其有極[26]，歸其有極[27]。曰[28]：皇極之敷言，是彝是訓[29]，于帝其訓。凡厥庶民，極之敷言，是訓是行，以近天子之光。曰：天子作民父母，以爲天下王。

**【注釋】**

[1] 斂：聚，集中。　時：通“是”。此。

[2] 敷：布，施。

[3] “惟時”二句：孔安國《傳》：“君上有五福之教，眾民於君取中，與君以安中之善。言從化。”于，用。保極，守中。保，守，安。

[4] 淫朋：邪惡的朋黨。

[5] 比德：狼狽爲奸、私相比附的行爲。

[6] 猷：計謀，謀劃。　爲：作爲。　守：操守。

[7] 不協于極：不合於中正的準則。

[8] 罹：遭受，陷入。　咎：罪惡。

[9] 受：接納，寬容。

[10] 而：你。　康：安和，和悅。　色：面色。

[11] 予攸好德：我所愛好的是美德。

[12] “時人”句：孔安國《傳》：“則是人此其惟大之中。”這些人就會思念君王的中正之法。斯，乃。惟，思。

[13] 煢（qióng）獨：指鰥寡孤獨、無依無靠的人。煢，孤，沒有兄弟。獨，沒有兒子。畏高明：孔安國《傳》：“寵貴者不枉法畏之。”高明，顯貴。

[14] 羞：進獻，貢獻。

[15] 其：表示祈使語氣。猶“當”“可”。

[16] 正人：孔安國《傳》：“正直之人。”孫星衍《注疏》：“在位之正長。”

[17] 既富方穀：富，穀，皆用作動詞。孔安國《傳》：“凡其正直之人，既當以爵祿富之，又當以善道接之。”

[18] 好：善。　家：國家。

[19] 辜：怪罪。

[20] “其作”句：孔安國《傳》：“於其無好德之人，汝雖與之爵祿，其爲汝用惡道以敗汝善。”

[21] 陂：孔安國《傳》：“不正。”孫星衍《注疏》：“舊本作‘頗’。”

[22] 好：私人愛好。裴駰《集解》：“好，私好也。”

[23] 蕩蕩：寬廣，平坦。

[24] 平（pián）平：謂治理有序。孔安國《傳》：“言辯治。”陸德明《釋文》：“平平，婢緜反。”

[25] 無反無側：不反不亂，不偏不倚。裴駰《集解》：“反，反道也。側，傾側也。”

[26] 會：會集，聚合。

NOTE

[27] 歸：歸依。

[28] 曰：曾運乾《尚書正讀》："曰，更端詞。"更端，指書寫時另行換頭。

[29] 彝：常，常規。　訓：順從，遵循。孔安國《傳》："言以大中之道布陳言教，不失其常，則人皆是順矣。"

六、三德：一曰正直，二曰剛克[1]，三曰柔克[2]。平康正直[3]，彊弗友剛克[4]，燮友柔克[5]，沈潛剛克[6]，高明柔克[7]。惟辟作福[8]，惟辟作威[9]，惟辟玉食[10]。臣無有作福作威玉食。臣之有作福作威玉食，其害于而家，凶于而國。人用側頗僻[11]，民用僭忒[12]。

**【注釋】**

[1] 剛克：以剛強治之。克，勝，治。

[2] 柔克：以柔和治之。

[3] 平康正直：對中正平和者，以正直的方式對待。平康，中正平和。

[4] 友：親近。

[5] 燮：和順，柔和。

[6] 沈潛：深沉潛退而不及中。

[7] 高明：高亢明爽而過於中。

[8] 惟：僅，祇有。　辟：君王。　作福：專有行賞之權。裴駰《集解》："作福，專爵賞也。"

[9] 作威：專有刑罰之威。裴駰《集解》："作威，專刑罰也。"

[10] 玉食：美食。

[11] 人：與"民"對舉，指統治階層。　用：因此。　側頗僻：傾斜不正，爲邪惡之事。

[12] 僭忒：越軌作惡，犯上作亂。僭，超越本分。忒，作惡。

七、稽疑：擇建立卜筮人[1]，乃命卜筮。曰雨，曰霽[2]，曰蒙[3]，曰驛[4]，曰克[5]，曰貞[6]，曰悔[7]，凡七[8]。卜五[9]，占用二[10]，衍忒[11]。立時人作卜筮[12]，三人占，則從二人之言。汝則有大疑[13]，謀及乃心[14]，謀及卿士，謀及庶人，謀及卜筮。汝則從，龜從，筮從，卿士從，庶民從，是之謂大同，身其康彊，子孫其逢吉[15]。汝則從，龜從，筮從，卿士逆，庶民逆，吉。卿士從，龜從，筮從，汝則逆，庶民逆，吉。庶民從，龜從，筮從，汝則逆，卿士逆，吉。汝則從，龜從，筮逆，卿士逆，庶民逆，作內吉，作外凶[16]。龜筮共違于人，用靜吉[17]，用作凶[18]。

**【注釋】**

[1] 卜：用龜甲占吉凶。　筮：用蓍草占吉凶。

[2] 霽：雨後的雲氣。卜兆的一種。裴駰《集解》："如雨止之雲氣在上者也。"

［3］蒙：陰暗。卜兆的一種。

［4］驛：時隱時現的雲氣。卜兆的一種。孔安國《傳》："氣洛驛不連屬。"

［5］克：龜兆交錯相侵。卜兆的一種。孔安國《傳》："兆相交錯。"

［6］貞：內卦。

［7］悔：外卦。

［8］凡七：卦兆之名總共七種。

［9］卜五：用龜甲占卜的共五項，即雨、霽、蒙、驛、克。

［10］占用二：用蓍草占筮的共兩項，即貞、悔。

［11］衍忒：推演兆卦之意，窮盡其變化，推算過失。衍，推演。忒，過失，惡變；此指人事之過差。

［12］時人：其人，指卜筮官員。時，通"是"，此。

［13］則：如果。

［14］謀及乃心：自己在心裏好好考慮。乃，你的。

［15］逢：大。孔安國《傳》："逢，大也。"

［16］"作內"二句：在國內舉事就吉利，在國外舉事就不吉利。裴駰《集解》："此逆者多，以故舉事於境內則吉，境外則凶。"內，境內。外，境外。作，舉事。

［17］用靜吉：寧靜不動就吉利。

［18］用作凶：有所動作就會招禍。


八、庶徵：曰雨，曰暘[1]，曰燠[2]，曰寒，曰風，曰時。五者來備，各以其敘[3]，庶草蕃廡[4]。一極備凶[5]，一極無凶[6]。曰休徵[7]：曰肅，時雨若[8]；曰乂，時暘若；曰晢，時燠若；曰謀，時寒若；曰聖，時風若。曰咎徵[9]：曰狂，恒雨若[10]；曰僭[11]，恒暘若；曰豫[12]，恒燠若；曰急，恒寒若；曰蒙，恒風若。曰：王省惟歲[13]，卿士惟月，師尹惟日。歲月日時無易[14]，百穀用成[15]，乂用明，俊民用章[16]，家用平康。日月歲時既易，百穀用不成，乂用昏不明，俊民用微[17]，家用不寧。庶民惟星，星有好風[18]，星有好雨。日月之行，則有冬有夏，月之從星，則以風雨。

【注釋】

［1］暘（yáng）：晴天。

［2］燠（yù）：溫暖。

［3］敘：次序。指時序。

［4］蕃：茂盛。 廡：通"甒"。草木豐茂。

［5］一：指雨、暘、燠、寒、風五種現象之一。 極備：過多，過甚。

［6］極無：過少，極缺。

［7］休徵：君主美好行為的徵驗。休，美好，美善。

［8］"曰肅"句：君王表現肅敬，就適時下雨順其所屬（以示其驗）。時，適時，按時。若，順。孔安國《傳》："君行敬，則時雨順之。"

NOTE

[9] 咎徵：君王過失行爲的徵驗。咎，過失。

[10]“曰狂”句：君主行爲狂妄，就會常常下雨順其所爲（以示其驗）。狂，狂妄，傲慢。恒，常。

[11] 僭（jiàn）：差錯。

[12] 豫：安逸。

[13] 省：省察。指省職。　惟：句中語氣詞。

[14]“歲月”句：歲月日時的自然次序不要發生變易錯亂。比喻君臣的政治次序不要亂。易，改變。

[15] 用：因。

[16] 俊民：才智出衆的人。　章：同“彰”。顯用，表彰提拔。

[17] 微：與“章”對舉，不顯明。義爲不被提拔重用。

[18] 好：愛好，喜好。


　　九、五福：一曰壽，二曰富，三曰康寧，四曰攸好德，五曰考終命[1]。六極：一曰凶短折[2]，二曰疾，三曰憂，四曰貧，五曰惡[3]，六曰弱[4]。”

**【注釋】**

[1] 考：老。　終命：終於天年。

[2] 凶短折：均指早死。凶，未到換牙就死去。短，未至弱冠就死去。折，未結婚就死去。

[3] 惡：邪惡。

[4] 弱：懦弱。


　　**【簡析】** 本文爲《尚書·周書》中的篇目，記録了周武王與箕子的一段對話。以往一般認爲是箕子所作，近代大多認爲是戰國時弖派儒家所作。周武王向箕子問統治大法，箕子提出“九疇”作爲君王治國安邦大法的總綱，並分別詳細論述九種大法的具體内容。其中“皇極”是“九疇”的最高範疇，是全部大法的中心，體現了箕子的政治哲學，其他各疇皆爲配合建立“皇極”所施行的各種統治手段與方法。其思想在周代備受重視，春秋戰國時頗爲流行，被墨家和法家所採納。儒家把“皇極”改釋爲“大中之道”，把《洪範》納入儒家思想體系中，使之成爲歷代帝王的統治大法。其中“五行”學説對歷代哲學及中醫學產生了深遠的影響，而“五行”“稽疑”“庶徵”等所蘊含的觀念，也是漢代“天人感應”思想的理論基礎。

# 三、《論語》十則

　　**【題解】** 本文節選自《論語》，據 1980 年中華書局影印清代阮元校刻《十三經注疏》本。《論語》是孔子門人及其再傳弟子輯録孔子及其部分弟子言行的著作，是儒家學派的經典著作，其最後成書約在戰國初年。孔子（前 551—前 479），名丘，字仲尼，春秋時魯國陬邑（今山東曲阜）人。孔子出身於沒落奴隸主貴族家庭，曾一度任魯國司寇，率弟子周遊列國。他一生致力於教育、古籍整理，是我國古代影響深遠的思想家、教育家、政治家，是儒家學派的創始人。漢初流傳的《論語》有古論、齊論、魯論三種不同的本子，流傳至今的《論語》二十篇是漢代學者在這三個本子的基礎上整理而成的。原無篇名，後人摘取每篇首章除"子曰"的二三字作爲篇名。《論語》的注本很多，影響大的有魏何晏《論語集解》、宋邢昺《論語注疏》、宋朱熹《論語集注》、清劉寶楠《論語正義》等。

（一）子曰[1]："弟子入則孝，出則悌[2]，謹而信[3]，汎愛衆[4]，而親仁[5]。行有餘力，則以學文[6]。"（《學而》）

【注釋】

[1] 子：《論語》中"子曰"的"子"都是指孔子。

[2] 弟子：指年紀小而爲人弟和爲人子者。　"入則"二句：邢昺《注疏》："入事父兄，則當孝與弟也；出事公卿，當忠與順也。"悌（tì），本作"弟"，敬愛兄長。"入""出"互文。

[3] 謹：寡言。

[4] 汎愛：泛愛，博愛。

[5] 仁：仁人，有仁德的人。

[6] 文：指古代文獻，包括詩、書、禮、樂等。

（二）子貢曰[1]："貧而無諂，富而無驕，何如？"子曰："可也。未若貧而樂[2]，富而好禮者也。"子貢曰："《詩》云：'如切如磋，如琢如磨[3]'，其斯之謂與[4]？"子曰："賜也，始可與言《詩》已矣！告諸往而知來者[5]。"（《學而》）

【注釋】

[1] 子貢：姓端木，名賜，字子貢。衛國人，孔子弟子。

[2] 樂：何晏《集解》："樂謂志於道，不以貧爲憂苦。"

[3] "如切"二句：見《詩經·衛風·淇澳》。《爾雅·釋器》："骨謂之切，象謂之磋，玉謂之琢，石謂之磨。"本來指反復切磋琢磨之後四者才能成器，此引詩以明志，相互切磋砥礪爲治學的方法。

[4] "其斯"句：大概說的就是這個道理吧？

[5] "告諸"句：意謂能舉一反三。諸，之。往，所已言。來，所未言。

（三）宰予晝寢[1]。子曰："朽木不可雕也，糞土之牆不可杇也[2]。於予與何誅[3]？"子曰："始吾於人也，聽其言而信其行；今吾於人也，聽其言而觀其行。於予與改是。"（《公冶長[4]》）

【注釋】

[1] 宰予：字子我，亦稱宰我。魯國人，孔子早年的弟子。

[2] 杇：同"圬"。塗牆，指粉刷。

[3] 與：同"歟"。下文"與"同。　何誅：即"誅何"，責備什麼。誅，譴責，責備。

[4] 公冶長：字子長，齊人。

NOTE

（四）子曰：“質勝文則野[1]，文勝質則史[2]。文質彬彬[3]，然後君子。”（《雍也》）

【注釋】

[1] 質：樸實，質樸。　文：文采。　野：粗野。

[2] 史：有文采，但質樸不足。何晏《集解》：“史者，文多而質少。”

[3] 文質彬彬：文采和質樸配合適當。何晏《集解》：“彬彬，文質相半之貌。”

（五）子曰：“篤信好學，守死善道[1]。危邦不入[2]，亂邦不居[3]。天下有道則見[4]，無道則隱。邦有道，貧且賤焉，恥也[5]。邦無道，富且貴焉，恥也[6]。”（《泰伯》）

【注釋】

[1] 守死善道：守節至死，不離善道。

[2] 危邦：將要出現災禍的國家。危，何晏《集解》：“危者，將亂之兆。”

[3] 亂邦：政治黑暗昏亂的國家。亂，何晏《集解》：“亂謂臣弒君，子弒父。”

[4] 見：同“現”。

[5] 恥：恥於不能得到明君的俸祿。

[6] 恥：恥於食昏君的俸祿而得到富貴。

（六）陽貨欲見孔子[1]，孔子不見。歸孔子豚[2]。孔子時其亡也[3]，而往拜之，遇諸塗[4]。謂孔子曰：“來！予與爾言。曰[5]：懷其寶而迷其邦[6]，可謂仁乎？曰：不可。——好從事而亟失時[7]，可謂知乎[8]？曰：不可。——日月逝矣，歲不我與[9]。”孔子曰：“諾。吾將仕矣。”（《陽貨》）

【注釋】

[1] 陽貨：名虎，季氏的家臣。季氏幾代以來把持魯國的政治，陽貨這時又把持季氏的權柄。　欲見孔子：想讓孔子拜見他。

[2] 歸：通“饋”。贈送。　豚（tún）：小豬，此指弄熟了的小豬。

[3] 時：通“伺”。窺探。　亡：外出，不在家。

[4] 遇：不期而會曰遇。

[5] 曰：自此以下的三個“曰”字，都是陽貨自問自答。說本毛奇齡《論語稽求篇》引明代郝敬的說法。

[6] 懷其寶：懷揣自己的寶物。比喻孔子有政治才能卻不施展。　迷其邦：使自己的國家迷亂。

[7] 從事：從事政治。事，特指政事，政治。　亟（qì）：屢次，一再。　失時：錯失時機。

[8] 知：同“智”。智慧，聰明。

[9] 與：猶等待。

NOTE

（七）葉公語孔子曰：“吾黨有直躬者[1]，其父攘羊[2]，而子證之[3]。”孔子曰：“吾黨之直者異於是。父爲子隱，子爲父隱，直在其中矣[4]。”（《子路》）

**【注釋】**

[1] 黨：鄉黨。古代五百户爲黨。　直躬者：正直的人。

[2] 攘：偷竊。

[3] 證：告發。

[4] 直在其中：“父爲子隱”爲“慈”，“子爲父隱”爲“孝”，而“孝”“慈”爲孔子倫理哲學的基礎，因此説父子相隱，直在其中。

（八）子貢曰：“管仲非仁者與？桓公殺公子糾，不能死，又相之[1]。”子曰：“管仲相桓公，霸諸侯，一匡天下[2]，民到于今受其賜。微管仲[3]，吾其被髮左衽矣[4]。豈若匹夫匹婦之爲諒也[5]，自經於溝瀆而莫之知也[6]？”（《憲問》）

**【注釋】**

[1] 相：輔佐。

[2] 一：全，都。　匡：匡正。

[3] 微：（如果）没有，（如果）不是。

[4] 其：表示揣測語氣。恐怕，也許。　被：同“披”。披散。　左衽：衣襟左掩。被髮左衽是當時所謂夷狄的風俗，意思是中原被夷狄佔有。

[5] 匹夫匹婦：百姓，平民男女。　諒：《説文解字·言部》：“信也。”誠信。朱熹《集注》：“諒，小信也。”

[6] 經：上吊，吊死。　溝瀆：溝渠，水渠。

（九）子路從而後[1]，遇丈人以杖荷蓧[2]。子路問曰：“子見夫子乎？”丈人曰：“四體不勤[3]，五穀不分[4]，孰爲夫子？”植其杖而芸[5]。子路拱而立[6]。止子路宿[7]，殺雞爲黍而食之[8]，見其二子焉[9]。明日，子路行以告。子曰：“隱者也。”使子路反見之。至則行矣[10]。子路曰：“不仕無義。長幼之節，不可廢也；君臣之義，如之何其廢之？欲潔其身而亂大倫[11]。君子之仕也，行其義也。道之不行[12]，已知之矣。”（《微子》）

**【注釋】**

[1] 從：跟隨。　後：落在後面。

[2] 丈人：老人。　荷（hè）：扛。　蓧（diào）：古代除草農具。

[3] 勤：勞動。

[4] 五穀：指稻、菽、麥、稷、黍等主要糧食。

[5] 植：倚。何晏《集解》：“植，倚也。”　芸：通“耘”。除草。

[6] 拱：拱手。表敬意。

[7] 止：留。

[8] 爲黍：作黄米飯。　食（sì）：給……吃。

[9] 見其二子：意爲使他的兩個兒子拜見子路。

[10] 至則行矣：意爲子路到丈人家的時候，而丈人已經走出門了。

[11] "欲潔"二句：不在濁世做官，想使自己的身子乾净，却亂了君臣之義。倫，人倫，古代社會所規定的人與人之間的正常關係。大倫，指君臣之義；在君臣、父子、兄弟、夫婦、朋友"五倫"中，君臣的倫理關係居於首位，故稱大倫。説本邢昺《注疏》。

[12] 道：政治主張，學説。

（十）子貢曰："君子之過也，如日月之食焉[1]：過也，人皆見之；更也[2]，人皆仰之[3]。"《子張》

【注釋】

[1] 食：蝕。

[2] 更：更改，改過。

[3] 仰：敬仰，仰慕。

【簡析】《論語》是儒家的代表作，是研究孔子及其儒家學派的重要資料，内容涉及政治主張、教育原則、哲學思想、品德修養、倫理道德等。這裏主要選其有關學習和爲人品德修養等論述。第一則强調爲人以孝悌爲本；第二則强調學習以獨立思考、舉一反三爲要；第三則勉勵學生勤奮好學；第四則强調表裏如一、文質彬彬；第五則、第六則表示篤守善道而不與世委蛇；第七則、第八則認爲大節不計小信；第九則批評爲潔身自好而隱的出世思想；第十則强調知錯能改的可貴。總之，孔子在政治上强調積極入世，踐行道義；在教育上强調以德爲本，品學兼優；在哲學上强調中正和諧；在道德上重視人倫孝道。至於對"父爲子隱，子爲父隱"觀點的褒貶揚棄，亦應如實分析。

## 四、《大學》六章

【題解】本文節選自《禮記・大學》，據 1980 年中華書局影印清阮元校刻《十三經注疏》本，參以南宋朱熹《四書章句集注》。《禮記》爲儒家經典，是秦、漢以前各種禮儀著作的選集，是孔門弟子及後學所記；與《周禮》《儀禮》相互補充印證，是儒家"三禮"中對後世影響較大的一部著作。漢代有《大戴禮記》和《小戴禮記》之分，前者爲西漢人戴德所輯録，原有八十五篇，今存三十九篇；後者爲其侄戴聖所輯録，共四十九篇，即現在通行的《禮記》。《禮記》重要注本有東漢鄭玄《禮記注》、唐孔穎達《禮記正義》、元陳澔《禮記集説》、清朱彬《禮記訓纂》、清孫希旦《禮記集解》等。《大學》是《禮記》中的一篇。北宋"二程"稱之爲"孔氏之遺書，而初學入德之門也"。朱熹稱之爲"爲學綱目""修身治人的規模"，把它從《禮記》中抽出來，列爲"四書"之首，並作《四書章句集注》。朱熹認爲《大學》古本有錯亂，便重新編排，分爲"經"一章，爲"孔子之言，而曾子述之"；"傳"十章，是"曾子之意而門人記之"。

（一）大學之道[1]，在明明德[2]，在親民[3]，在止於至善[4]。知止而後有定[5]，定而後能靜[6]，靜而後能安，安而後能慮[7]，慮而後能得[8]。物有本末，事有終始，知所先後，則近道矣[9]。古之欲明明德於天下者，先治其國；欲治其國者，先齊其家[10]；欲齊其家者，先脩其身；欲脩其身者，先正其心；欲正其心者，先誠其意；欲誠其意者，先致其知；致知在格物[11]。物格而後知至，知至而後意誠，意誠而後心正，心正而後身脩，身脩而後家齊，家齊而後國治，國治而後天下平。自天子以至於庶人，壹是皆以脩身爲本[12]。其本亂而末治者否矣[13]。其所厚者薄，而其所薄者厚，未之有也[14]。

【注釋】

[1] 大學之道：大學的宗旨。大學，指相對於小學而言的“大人之學”。古人八歲入小學，學習“灑掃、應對、進退、禮樂、射御、書數”等禮節和文化基礎知識；十五歲入大學，學習“窮理、正心、修己、治人”的學問。道，規律，原則。

[2] 明明德：孔穎達《正義》：“章明己之光明之德，謂身有明德而更章顯之。”前“明”，動詞，彰顯，弘揚。明德，光明正大的品德。

[3] 親民：孔穎達《正義》：“親愛於民。”一說新民，使民棄舊圖新。朱熹《集注》：“程子曰：‘親，當作新’……新者，革其舊之謂也，言既自明其明德，又當推以及人，使之亦有以去其舊染之污也。”

[4] 止於至善：到達最完善的境界。止於，處在，到達。朱熹《集注》：“止者，必至於是而不遷之意。至善，則事理當然之極也。”

[5] 知止：知道要到達至善的境界。朱熹《集注》：“止者，所當止之地，即至善之所在也。”

[6] 靜：心不妄動。

[7] 慮：思慮周詳。

[8] 得：得其所止，即達到至善的境界。

[9] 道：指大學之道，大學的宗旨。

[10] 齊：整治。

[11] “致知”句：獲得知識的途徑在於探究事物的原理。朱熹《集注》：“致，推極也。知，猶識也。推極吾之知識，欲其所知無不盡也。格，至也。物，猶事也。窮至事物之理，欲其極處無不到也。”按：“格物致知”是古代認識論的一個重要命題，宋以後儒者的理解有分歧，此據朱熹之說。

[12] “壹是”句：一切都要以提高自身的品性修養爲根本。朱熹《集注》：“壹是，一切也。”

[13] 末治：指國家治理好。末與本相對而言。　否：不。孔穎達《正義》：“否，不也，言不有此事也。”

[14] 未之有：即“未有之”。

（二）所謂誠其意者[1]，毋自欺也，如惡惡臭[2]，如好好色[3]，此之謂自謙[4]。故君子必慎其獨也[5]。小人閒居爲不善[6]，無所不至[7]，見君子而後厭然[8]，揜其不善而著其善[9]。人之視己，如見其肺肝然，則何益矣？此謂誠於中，形於外。故君子必慎其獨也。曾子曰：“十目所視，十手所指，其嚴乎[10]！”富潤屋[11]，德潤身[12]，心廣體胖[13]，故君子必誠其意。

【注釋】

[1] 誠其意：使意念真誠。

[2] 惡（wù）：厭惡。　惡臭（èxiù）：不好聞的氣味。臭，氣味。

[3] 好（hào）：愛好。　好（hǎo）色：美麗的女色，美女。色，顏色，指女子的容貌。

[4] 謙：通“慊”。滿足，愜意。

[5] 獨：獨處。朱熹《集注》：“獨者，人所不知而己所獨知之地也。”

[6] 閒居：閑居，即獨處。

[7] 無所不至：沒有什麼達不到的。意思是説壞事做盡。

[8] 厭（yǎn）然：掩藏的樣子。

[9] 揜：遮掩，掩蓋。　著：顯示。

[10] 嚴：嚴肅可畏。

[11] 潤屋：裝飾房屋。

[12] 潤身：提高自身修養。

[13] 心廣體胖（pán）：心胸寬廣，身體舒泰安康。廣，寬廣。胖，舒泰安康。

（三）所謂脩身在正其心者，身有所忿懥[1]，則不得其正；有所恐懼，則不得其正；有所好樂，則不得其正[2]；有所憂患，則不得其正。心不在焉，視而不見，聽而不聞，食而不知其味。此謂脩身在正其心。

【注釋】

[1] 忿懥（zhì）：忿怒。

[2] 好樂（hàolè）：喜好，貪戀。

（四）所謂齊其家在脩其身者，人之其所親愛而辟焉[1]，之其所賤惡而辟焉[2]，之其所畏敬而辟焉，之其所哀矜而辟焉[3]，之其所敖惰而辟焉[4]。故好而知其惡，惡而知其美者，天下鮮矣[5]！故諺有之曰：“人莫知其子之惡，莫知其苗之碩[6]。”此謂身不脩不可以齊其家。

【注釋】

[1] 之：朱熹《集注》：“猶於也。”　辟：偏頗，偏向。

[2] 賤惡：輕視厭惡。

[3] 哀矜：同情憐憫。

[4] 敖惰：傲慢懶惰。

[5] 鮮（xiǎn）：少。

[6] 碩：大，肥壯。

（五）所謂治國必先齊其家者，其家不可教而能教人者，無之。故君子不出家而成教於國[1]。孝者，所以事君也；弟者[2]，所以事長也；慈者，所以使眾也。《康誥》曰："如保赤子[3]。"心誠求之，雖不中不遠矣[4]。未有學養子而後嫁者也。一家仁，一國興仁；一家讓，一國興讓[5]；一人貪戾[6]，一國作亂。其機如此[7]。此謂一言僨事[8]，一人定國。堯舜率天下以仁，而民從之；桀紂率天下以暴，而民從之；其所令反其所好，而民不從。是故君子有諸己而後求諸人，無諸己而後非諸人。所藏乎身不恕[9]，而能喻諸人者[10]，未之有也。故治國在齊其家。《詩》云[11]："桃之夭夭[12]，其葉蓁蓁[13]；之子于歸[14]，宜其家人。"宜其家人，而後可以教國人。《詩》云[15]："宜兄宜弟。"宜兄宜弟，而後可以教國人。《詩》云[16]："其儀不忒，正是四國[17]。"其為父子兄弟足法[18]，而後民法之也。此謂治國在齊其家。

**【注釋】**

[1] 成教：完成教化。

[2] 弟：同"悌"。尊敬兄長。

[3] 如保赤子：這是周成王告誡康叔的話，意思是保護平民百姓如母親養護嬰孩一樣。赤子，初生的嬰兒。

[4] 中（zhòng）：符合。

[5] 讓：禮讓。

[6] 一人：朱熹《集注》："謂君也。"　貪戾：貪婪暴戾。

[7] 機：關鍵。

[8] 僨（fèn）：敗壞。

[9] 恕：恕道。推己及人的寬恕之道，即孔子所謂"己所不欲，勿施於人"。

[10] 喻：使明白。

[11] 詩：指《詩經·周南·桃夭》篇。

[12] 夭夭：美麗的樣子。

[13] 蓁蓁（zhēnzhēn）：茂盛的樣子。

[14] 之子：這個女子。之，此。子，古代男孩、女孩的統稱，此指女子、女孩。　歸：出嫁。

[15] 詩：指《詩經·小雅·蓼（lù）蕭》篇。

[16] 詩：指《詩經·曹風·鳲鳩》篇。

[17] 正是四國：當四方之國的君長。正，任君長。孔穎達《正義》："正，長也。"四國，四方之國。

[18] 足：值得。　法：效法。

（六）所謂平天下在治其國者，上老老而民興孝[1]，上長長而民興弟[2]，上恤孤而民不倍[3]。是以君子有絜矩之道也[4]。所惡於上，毋以使下；所惡於下，毋以事上；所惡於前，毋以先後；所惡於後，毋以從前；所惡於右，毋以交於左；所惡於左，毋以交於右。此之謂絜矩之道。

**【注釋】**

［1］老老：尊敬老人。前一"老"字爲動詞，尊敬、孝養。

［2］長長：敬重長輩。前一"長"字爲動詞，敬重。

［3］恤：體恤，顧念。　孤：幼而無父。　倍：背棄。

［4］絜（xié）矩之道：朱熹《集注》："絜，度也。矩，所以爲方也……君子必當因其所同，推以度物，使彼我之間各得分願，則上下四旁均齊方正，而天下平矣。"絜，度量。矩，畫方形的用具，引申爲法度。

**【簡析】**本文是《大學》的節選。第一段是《大學》首章，爲朱熹所説的"經"，具有統攝全篇的作用，是其餘各章的中心論點，主要闡述"大學之道"，提出了三綱八目。三綱即明明德、親民、止於至善，八目即格物、致知、誠意、正心、修身、齊家、治國、平天下，反映了儒家學派的教育宗旨和政治目標。第二段至第六段則爲朱熹所説的"傳"的第六至第十章，分別解釋誠意、正心、修身、齊家、治國，以達到平天下目的的途徑。三綱與八目，互爲表裏，不可分割，反映了《大學》的中心内容和儒家學派的基本綱領，闡明了實現"治國平天下"的"至善"境界的目標和途徑，其八目環環相扣，論述嚴密，是作者理想的求學先後次序，也是"自天子以至於庶人"的修身途徑和人生追求階梯。

# 五、《中庸》十章

**【題解】**本文節選自《禮記·中庸》，據1980年中華書局影印清代阮元校刻《十三經注疏》本。《禮記》介紹及重要注本見本書《〈大學〉六章》。"中"即"不偏不倚"，"庸"是"常"之義，"中庸"就是恪守中正常道。《中庸》相傳爲孔子的孫子子思所作，北宋程顥、程頤認爲這是"孔門傳授心法"之書，"放之則彌六合，卷之則退藏於密"，其味無窮，是實用的學問，開始大力提倡。到南宋朱熹則將其與《大學》一起從《禮記》中劃分出來，與《論語》《孟子》合稱"四書"，並作《四書章句集注》，與"五經"列於同等地位，從而成爲對後世影響巨大的儒家經典著作。

（一）天命之謂性[1]，率性之謂道[2]，脩道之謂教[3]。道也者，不可須臾離也；可離，非道也。是故，君子戒慎乎其所不睹[4]，恐懼乎其所不聞[5]。莫見乎隱，莫顯乎微[6]，故君子慎其獨也。喜怒哀樂之未發，謂之中；發而皆中節[7]，謂之和[8]。中也者，天下之大本也；和也者，天下之達道也[9]。致中和[10]，天地位焉[11]，萬物育焉[12]。

**【注釋】**

［1］天命：天賦。鄭玄《注》："天命，謂天所命生人者也，是謂性命。"

［2］率性：遵循本性。率，遵循。　道：自然規律。朱熹《集注》："率，循也。道，猶路也。人物各循其性之自然，則其日用事物之間，莫不各有當行之路，是則所謂道也。"

［3］教：教化，包括禮、樂、刑、政等。

［4］慎：謂慎獨，即在獨處中謹慎不苟。　不睹：人所不能察見的地方。

［5］不聞：人所不聞知的地方。

［6］“莫見”句：朱熹《集注》：“言幽暗之中，細微之事，跡雖未形而幾則已動，人雖不知而己獨知之，則是天下之事無有著見明顯而過於此者。”強調自省自律的重要，及“慎獨”的不可忽視。

［7］中（zhòng）：符合。　節：節度，法度。

［8］和：和諧，不乖戾。

［9］達道：公認的準則，普遍的規律。

［10］致：達到。

［11］位：安於所處的位置。

［12］育：化育成長。

（二）仲尼曰：“君子中庸，小人反中庸[1]。君子之中庸也，君子而時中[2]；小人之中庸也，小人而無忌憚也[3]。”子曰：“中庸其至矣乎[4]！民鮮能久矣[5]。”

【注釋】

［1］反：違背，違反。

［2］時中：應時而處中，即言行處處符合道的規範。

［3］忌憚：顧忌和畏懼。

［4］至：極，最。指儒家的最高道德標準。

［5］鮮（xiǎn）：少，缺少。

（三）子曰：“道之不行也，我知之矣：知者過之[1]，愚者不及也。道之不明也[2]，我知之矣：賢者過之，不肖者不及也[3]。人莫不飲食也，鮮能知味也。”子曰：“道其不行矣夫[4]！”

【注釋】

［1］知者：智者。知，同“智”。

［2］明：彰顯。

［3］不肖者：指不賢之人。

［4］其：表示推測語气。大概。

（四）子曰：“舜其大知也與[1]！舜好問而好察邇言[2]，隱惡而揚善。執其兩端[3]，用其中於民，其斯以爲舜乎！”

【注釋】

［1］大知：大智者。

［2］邇言：朱熹《集注》：“淺近之言。”

［3］執其兩端：掌握它的兩個方面。朱熹《集注》：“於善之中又執其兩端，而量度以取

中，然後用之，則其擇之審而行之至矣。"執，抓住。

（五）子路問強[1]。子曰："南方之強與？北方之強與？抑而強與[2]？寬柔以教，不報無道[3]，南方之強也[4]，君子居之[5]；袵金革[6]，死而不厭[7]，北方之強也，而強者居之。故君子和而不流[8]，強哉矯[9]！中立而不倚，強哉矯！國有道[10]，不變塞焉[11]，強哉矯！國無道，至死不變，強哉矯！"

【注釋】

[1] 子路：孔子弟子。子路好勇，故問強。 強：剛勇。

[2] 抑：表示選擇關係。還是。 而：你。

[3] 報：報復。 無道：指強暴無理的人。

[4] 南方之強：朱熹《集注》："南方風氣柔弱，故以含忍之力勝人爲強，君子之道也。"

[5] 居：處。

[6] 袵（rèn）：臥席。此處用作動詞，躺臥之意。 金：鐵製的兵器。 革：皮革製成的甲盾。

[7] 死而不厭：死也在所不惜。厭，後悔。

[8] 和而不流：性情平和又不隨波逐流。

[9] 矯：強健的樣子。

[10] 有道：政治清明，天下太平。

[11] 不變塞焉：指未做官前的操守及信念不變。塞，朱熹《集注》："未達也。"

（六）子曰："素隱行怪[1]，後世有述焉[2]，吾弗爲之矣。君子遵道而行，半塗而廢，吾弗能已矣。君子依乎中庸，遁世不見知而不悔[3]，唯聖者能之。"

【注釋】

[1] 素隱行怪：指索求隱僻不正之理，做奇異怪誕之事，以欺世盜名。素，據《漢書》當爲"索"，索求。隱，隱僻之理。怪，怪異之事。

[2] 述：傳述，記述。

[3] 遁世：避世隱居。

（七）自誠明[1]，謂之性；自明誠，謂之教[2]。誠則明矣，明則誠矣。唯天下至誠，爲能盡其性[3]；能盡其性，則能盡人之性；能盡人之性，則能盡物之性；能盡物之性，則可以贊天地之化育；可以贊天地之化育，則可以與天地參矣[4]。

【注釋】

[1] 自：由，從。 明：明白。

[2] 教：教化。

[3] 盡其性：鄭玄《注》："盡性者，謂順理之使不失其所也。"指充分發揮其包含天理、至誠的本性而各得其所。

[4] 與天地參：朱熹《集注》：“謂與天地並立爲三也。”參，並列。

（八）誠者自成也[1]，而道自道也[2]。誠者物之終始，不誠無物。是故君子誠之爲貴。誠者非自成己而已也[3]，所以成物也[4]。成己，仁也；成物，知也。性之德也，合外内之道也，故時措之宜也[5]。

【注釋】

[1] 自成：自己完成，即自我完善之意。

[2] 自道：自己遵循當行的路徑。

[3] 成己：成就自己。

[4] 成物：成就外物。

[5] 時措：得時而用。

（九）故至誠無息[1]。不息則久，久則徵[2]，徵則悠遠，悠遠則博厚，博厚則高明。博厚，所以載物也；高明，所以覆物也；悠久，所以成物也。博厚配地[3]，高明配天，悠久無疆[4]。如此者，不見而章[5]，不動而變，無爲而成。天地之道，可一言而盡也。

【注釋】

[1] 無息：不停止，無間斷。

[2] 久則徵：朱熹《集注》：“久，常於中也。徵，驗於外也。”

[3] 配：匹配。

[4] 疆：邊界。

[5] 見（xiàn）：顯現。　章：彰明。

（十）大哉聖人之道！洋洋乎發育萬物，峻極於天[1]！優優大哉！禮儀三百，威儀三千[2]。待其人而後行[3]。故曰苟不至德[4]，至道不凝焉[5]。故君子尊德性而道問學[6]，致廣大而盡精微，極高明而道中庸。溫故而知新，敦厚以崇禮[7]。是故居上不驕，爲下不倍[8]；國有道其言足以興，國無道其默足以容[9]。《詩》曰：“既明且哲，以保其身[10]。”其此之謂與！

【注釋】

[1] 峻極：高大到極點。朱熹《集注》：“峻，高大也。此言道之極於至大而無外也。”

[2] “優優”三句：感嘆禮儀和威儀之盛美。優優，豐多美盛貌。禮儀，禮節和儀式。威儀，祭享等典禮中的動作儀節及待人接物的禮儀。

[3] 其人：指聖人，至德之人。

[4] 至德：至德之人。

[5] 凝：聚，成功。

[6] 尊：敬奉。　道：遵循。

[7] 敦厚：淳樸寬厚。

[8] 倍：背棄，背叛。

[9] 容：包容，容身。

[10] 語出《詩經·大雅·烝民》。　哲：智慧，指通達事理。

【簡析】本文首章指出"天命之謂性，率性之謂道"的觀念而強調"慎獨""中和"的重要；第二至第六章強調"中庸"至高無上的地位而慨歎"中庸"之道不行於天下，讚賞舜之能"用其中於民"而哀傷世人之不能遵行"中庸"之道；第七至第九章強調"至誠"的重要，指出唯誠能盡物性，從而達到"率性遵道"的目的；第十章再次強調"中庸"之道的至高無上，指出其治國作用而推崇爲聖人能行之道。文章重視自然規律，強調自身修養，指出"至誠"是天人合一、萬物一體的精神境界，提倡"合外内之道"的自我修養，甚贊"至誠無息"之悠遠、博厚、高明的功用，極稱"中庸"之"峻極於天"、浩瀚無邊的神奇作用與至上地位，表達了嚮往國有道、天下治的聖人境界與儒家理想，以及生在亂世亦能進退出處、明哲保身的願望。

## 六、大同

【題解】本文節選自《禮記·禮運》，題目另加，據1980年中華書局影印清代阮元校刻《十三經注疏》本。《禮記》不僅是儒家經典著作之一，亦是一部具有文學價值的散文作品。書中主要是古代禮節的制度記載，亦有生動簡約的故事描述和刻畫人物的心理描寫。其中說理明道，意味雋永，很多富於哲理的格言警句非常精辟而深刻。有關介紹參見本書《〈大學〉六章》。

昔者仲尼與於蜡賓[1]，事畢，出遊於觀之上[2]，喟然而嘆。仲尼之嘆，蓋嘆魯也[3]。言偃在側曰[4]："君子何嘆？"孔子曰："大道之行也[5]，與三代之英[6]，丘未之逮也[7]，而有志焉。"

【注釋】

[1] 與：參與。　蜡（zhà）：古代國君年終祭祀叫蜡。　賓：陪祭者。

[2] 觀（guàn）：宗廟門外兩旁的高建築物，也叫"闕"。

[3] 嘆魯：嘆息魯國。因魯國處於動亂時代，已喪失古禮。

[4] 言偃：孔子的弟子，姓言名偃，字子遊。

[5] 大道之行：大道行於天下的（時代）。

[6] 三代之英：指夏、商、周三代的傑出人物，即禹、湯、文、武。

[7] 逮：及，趕上。

"大道之行也，天下爲公[1]。選賢與能[2]，講信脩睦[3]。故人不獨親其親，不獨子其子，使老有所終，壯有所用，幼有所長，矜寡孤獨廢疾者[4]，皆有所養。男有分[5]，女有歸[6]。貨惡其棄於地也，不必藏於己[7]；力惡其不出於身也，不必爲己[8]。是故謀閉而不興[9]，盜竊亂賊而不作[10]，故外户而不閉，是謂大同[11]。

**【注釋】**

[1] 天下爲公：天下是公有的。天子之位，傳賢而不傳子。

[2] 與：推舉，推薦。

[3] 講信脩睦：講求誠信，增進和睦。脩，通“修”，建立，培養。

[4] 矜：通“鰥”，老而無妻曰鰥。　寡：偏喪曰寡，凡無妻無夫通謂之寡。　孤：幼年喪父或父母雙亡曰孤。　獨：老而無子曰獨。　廢疾：謂有殘疾而不能做事。

[5] 分（fèn）：職分，職責。

[6] 歸：女子出嫁。這裏指夫家。

[7] “貨惡”二句：對於財物，人們恨它將其扔棄在地上，但不一定要藏在自己家裏。貨，財物。棄，扔。

[8] “力惡”二句：對於力氣，人們恨它不從自己身上使出來，但出力不一定是爲了自己。身，自身。

[9] 謀：奸邪欺詐之心。　閉：閉塞。　興：産生。

[10] 亂賊：叛亂造反的人。　作：興起。

[11] 大同：儒家理想中天下爲公、人人平等的幸福社會。鄭玄注：“同，猶和也，平也。”

“今大道既隱，天下爲家[1]。各親其親，各子其子，貨力爲己；大人世及以爲禮[2]，城郭溝池以爲固，禮義以爲紀；以正君臣，以篤父子[3]，以睦兄弟，以和夫婦，以設制度，以立田里[4]，以賢勇知[5]，以功爲己[6]。故謀用是作[7]，而兵由此起。禹湯文武成王周公，由此其選也[8]。此六君子者，未有不謹於禮者也。以著其義[9]，以考其信[10]，著有過，刑仁講讓[11]，示民有常[12]。如有不由此者[13]，在執者去[14]，衆以爲殃，是謂小康[15]。”

**【注釋】**

[1] “今大道”二句：意爲現在大道已經消逝不見，天下成爲家天下。隱，消逝不見。

[2] 大人：天子諸侯。　世及：世襲。父子相傳曰世，兄弟相傳曰及。

[3] 篤：加深，增厚。

[4] 田里：指土地與户籍制度。

[5] 賢：孔穎达《疏》：“猶崇重也。”意爲尊崇賢能，器重賢才。

[6] 功爲（wèi）己：表彰爲己立功者。功，表彰功績。

[7] 用是：由此。

[8] 由此其選：意爲由此成爲三代諸王中的傑出代表。

[9] 著其義：表彰他們做對了的事。著，表彰。

[10] 考其信：成全他們講信用的事。考，成全。

[11] 刑仁講讓：把仁愛作爲典範，提倡禮讓。刑，法則，典範。

[12] 常：常規，指人們遵循的規範。

[13] 由：遵循。

[14] 在執者去：在位者被罷黜。執，勢力，權利，後來寫作"勢"。

[15] 小康：小安；相對於"大同"而不及之。

【簡析】本文記述了古代禮義和禮制的演變，表現了孔子對先王和"大同"之世的嚮往。孔子認爲三皇五帝以德治民的"大同"世界，是人類歷史上最完美的時期。同時，他也肯定了夏、商、周三代以禮治民的"小康"時代。文章結構嚴謹，説理透徹，語言簡潔，明白易懂。全文説明禮制在人民生活中起着維繫社會秩序和人心道德的重要作用，對我們今天構建和諧社會依然具有重要借鑒意義。

## 七、夫子當路於齊

【題解】本文節選自《孟子·公孫丑上》，題目另加，據 1980 年中華書局影印清代阮元校刻《十三經注疏》本。孟子（約前 372—前 289），名軻，字子輿，戰國時鄒（今山東鄒縣）人，推崇並繼承了孔子的學説，是繼孔子之後儒家學派的一位大師，有"亞聖"之稱。孟子和孔子一樣，曾帶領學生周遊列國，遊説諸侯，但不爲諸侯所用。因此，便回到家鄉聚徒講學，與弟子萬章、公孫丑等人著書立説。孟子死後，其學説經門人整理成《孟子》一書，是孟子行仁政、性善論、民貴君輕等思想的體現。其中的政治、倫理、哲學、教育等思想學説，對中國兩千年封建社會產生了巨大影響。重要注本有東漢趙岐注、宋孫奭疏《孟子注疏》、宋朱熹《四書集注》、清焦循《孟子正義》等。今人楊伯峻《孟子譯注》等也有一定的參考價值。

　　公孫丑問曰[1]："夫子當路於齊[2]，管仲晏子之功[3]，可復許乎[4]？"孟子曰："子誠齊人也！知管仲晏子而已矣。或問乎曾西曰[5]：'吾子與子路孰賢？'曾西蹵然曰[6]：'吾先子之所畏也[7]。'曰：'然則吾子與管仲孰賢？'曾西艴然不悦曰[8]：'爾何曾比予於管仲[9]！管仲得君[10]，如彼其專也[11]！行乎國政，如彼其久也！功烈如彼其卑也[12]！爾何曾比予於是？'"曰："管仲，曾西之所不爲也，而子爲我願之乎？"

【注釋】

[1] 公孫丑：孟子的弟子，姓公孫名丑，齊國人。

[2] 當路：即當道。指身居要職，掌握政權。

[3] 管仲：名夷吾，齊桓公之相。　晏子：名嬰，齊桓公之相。　功：功業。

[4] 許：期望。朱熹《集注》："許，猶期也。"

[5] 曾西：名曾申，字子西。魯國人，孔子弟子曾參之孫。

[6] 蹵（cù）然：恭敬不安的樣子。

[7] 先子：指已逝世的長輩。這裏指曾參。　畏：敬畏。

[8] 艴（fú）然：生氣的樣子。

[9] 曾：竟然，居然。

[10] 得君：遇君。指受到齊桓公的賞識。

[11] 專：專一。

[12] 功烈：功業。　卑：卑劣，不足道。朱熹《集注》："管仲不知王道而行霸術，故言功烈之卑也……曾西，仲尼之徒也，故不道管仲之事。"

曰："管仲以其君霸[1]，晏子以其君顯[2]，管仲、晏子猶不足爲與？"曰："以齊王[3]，由反手也[4]！"曰："若是，則弟子之惑滋甚。且以文王之德，百年而後崩[5]，猶未洽於天下[6]。武王、周公繼之[7]，然後大行[8]。今言王若易然[9]，則文王不足法與？"

【注釋】

[1] 霸：行霸道之業。

[2] 顯：顯名天下。

[3] 王（wàng）：稱王。

[4] 由：通"猶"。好像。　反手：朱熹《集注》："言易也。"

[5] "百年"句：相傳周文王活了九十七歲，百年舉其成數。

[6] "猶未"句：（其德澤）還沒有浸潤到全天下。洽，霑濕，浸潤。

[7] 周公：名姬旦，周文王的兒子，周武王的弟弟，輔助武王伐紂，統一天下，又輔助成王定亂，安定天下。

[8] 大行：指德化大行於天下。

[9] 易：容易，輕易。

曰："文王何可當也[1]？由湯至於武丁，賢聖之君六七作，天下歸殷久矣，久則難變也。武丁朝諸侯，有天下，猶運之掌也。紂之去武丁未久也，其故家遺俗[2]，流風善政，猶有存者；又有微子、微仲、王子比干、箕子、膠鬲[3]，皆賢人也，相與輔相之[4]，故久而後失之也。尺地莫非其有也，一民莫非其臣也，然而文王猶方百里起[5]，是以難也。齊人有言曰：'雖有智慧，不如乘勢；雖有鎡基[6]，不如待時。'今時則易然也。夏后殷周之盛，地未有過千里者也，而齊有其地矣。雞鳴狗吠相聞，而達乎四境，而齊有其民矣。地不改辟矣，民不改聚矣，行仁政而王，莫之能禦也。且王者之不作，未有疏於此時者也[7]；民之憔悴於虐政，未有甚於此時者也。飢者易爲食，渴者易爲飲。孔子曰：'德之流行，速於置郵而傳命[8]。'當今之時，萬乘之國行仁政，民之悅之，猶解倒懸也[9]。故事半古之人，功必倍之，惟此時爲然。"

【注釋】

[1] 當：相當，等同。

[2] 故家：有功勳的舊臣之家。　遺俗：先民留下的良好習俗。

[3] 微子：名啓，據《左傳》《史記》等書載，爲紂的庶兄，《孟子·告子上》則以爲是紂的叔父。　微仲：微子之弟，名衍。　比干：紂的叔父，屢次向紂進諫，爲紂所殺。　箕子：紂的叔父，比干被殺後，佯狂爲奴，被紂囚禁。　膠鬲：最初販賣魚鹽，周文王舉薦爲紂王之臣。

[4] 相與：共同。

[5] 猶：通“由”。　方百里：古時諸侯封地的範圍，此謂地之小。　起：興起。

[6] 鎡基：農具，相當於今天的鋤頭之類。

[7] 疏：指時間間隔久遠。

[8] 置郵：置、郵，同爲驛站之義。

[9] 倒懸：朱熹《集注》：“喻困苦也。”

【簡析】本文反映了孟子反對“霸道”、提倡“王道”的思想。作爲儒家“王道”政治的推行者，孟子不屑於與“霸道”政治家管仲、晏嬰相比，他所熱衷的是在齊國推行“王道”政治，以“仁政”統一天下。孟子認爲，無論從土地、人口，還是從時機來看，當時都是實施王道的最好時候，必定能得到人民的擁護，收到事半功倍的效果；反之，“霸道”靠武力征服，施行暴政，不能使人心悦誠服。正如文中所云“德流之速，過於置郵”，孟子還提出了“雖有智慧，不如乘勢；雖有鎡基，不如待時”的觀念，強調實行“王道”要抓住時機的重要性。孟子仁德治國的王道思想與其乘勢待時的思想觀念，在當今社會仍有現實的指導意義。

## 八、曾子曰天圓而地方者

【題解】本文選自清代王聘珍《大戴禮記解詁·曾子天圓》，題目另加，據 1983 年中華書局《十三經清人注疏》本。《大戴禮記》作者戴德，字延君，梁（今河南商丘）人，生卒年不詳。與其從兄之子戴聖，同是西漢時期的禮學名家，世稱大戴、小戴。《大戴禮記》又名《大戴禮》《大戴記》，定編於東漢，原八十五篇，今存三十九篇，多賴北周學者盧辯的注釋得以流傳，至清《大戴禮記》始受重視。重要注本有清孔廣森《大戴禮記補注》、清王聘珍《大戴禮記解詁》等。王聘珍是清乾隆年間學者，研習《大戴禮記》三十餘年，著成其平生精心之作《大戴禮記解詁》十三卷。《禮記》相關介紹見《〈大學〉六章》。

單居離問於曾子曰[1]：“天圓而地方者，誠有之乎？”曾子曰：“離！而聞之云乎？”單居離曰：“弟子不察，此以敢問也[2]。”曾子曰：“天之所生上首，地之所生下首[3]。上首之謂圓，下首之謂方。如誠天圓而地方，則是四角之不揜也[4]。且來，吾語汝。”

【注釋】

[1] 單居離：曾子的弟子。

[2] 此以：以此。

[3] “天之”二句：王聘珍解詁：“《爾雅》曰：‘首，始也。’天地交而萬物生，天氣下降，生自上始；地氣上騰，生自下始。”《易·謙》：“謙，亨。天道下濟而光明，地道卑而上

行。"上首，自上而始；下首，自下而始。

[4] 揜（yǎn）：同"掩"。遮蓋，掩蔽。

參嘗聞之夫子曰：天道曰圓，地道曰方[1]，方曰幽而圓曰明[2]。明者，吐氣者也[3]，是故外景[4]；幽者，含氣者也[5]，是故内景[6]。故火日外景，而金水内景[7]。吐氣者施[8]，而含氣者化[9]，是以陽施而陰化也。陽之精氣曰神，陰之精氣曰靈。神靈者，品物之本也[10]，而禮樂仁義之祖也[11]，而善否治亂所興作也[12]。陰陽之氣各靜其所[13]，則靜矣，偏則風[14]，俱則靁[15]，交則電，亂則霧[16]，和則雨[17]。陽氣勝則散爲雨露，陰氣勝則凝爲霜雪。陽之專氣爲電，陰之專氣爲霰[18]，霰、電者，一氣之化也。

**【注釋】**

[1] "天道"二句：《吕氏春秋·圓道》："何以説天道之圓也？精氣一上一下，圓周複雜，無所稽留，故曰天道圓。何以説地道之方也？萬物殊類殊形，皆有分職，不能相爲，故曰地道方。"意爲天道循環往復，錯雜相兼；地道萬物方載，殊類異形。

[2] "方曰"句：地爲陰曰幽，天爲陽曰明。

[3] 吐：出。

[4] 外景：即光在外。景，光也。

[5] 含：藏。

[6] 内景：光在内。

[7] "火日"二句：火日積陽之氣，故光外照；金水凝陰之氣，故光内耀。

[8] 施：給予，施布。

[9] 化：化生。

[10] 品物：萬物。《易經·乾》："雲行雨施，品物流形。"孔穎達《疏》："使雲氣流行，雨澤施布，故品類之物流布成形。"品，衆多。

[11] 祖：始。

[12] 善否治亂：善則治，否則亂。《易經·泰》："内陽而外陰……天地交，泰。"《周易·否》："内陰而外陽……天地不交，否。"

[13] 各靜其所：各安其處。

[14] 偏：不正。

[15] 俱：皆。此指陰陽二氣皆勝。

[16] 亂：相混，無條理。

[17] 和：調和。

[18] 專氣：專一之氣。　霰（xiàn）：雪珠。

毛蟲毛而後生[1]，羽蟲羽而後生[2]，毛羽之蟲，陽氣之所生也[3]。介蟲介而後生[4]，鱗蟲鱗而後生[5]，介鱗之蟲，陰氣之所生也[6]。唯人爲倮匈而後生也[7]，陰陽之精也。毛蟲之精者曰麟，羽蟲之精者曰鳳，介蟲之精者曰龜，鱗

*NOTE*

蟲之精者曰龍，倮蟲之精者曰聖人。龍非風不舉[8]，龜非火不兆[9]，此皆陰陽之際也[10]。茲四者，所以役於聖人也[11]，是故聖人爲天地主[12]，爲山川主，爲鬼神主，爲宗廟主。

【注釋】

[1] 毛蟲：走獸之類。

[2] 羽蟲：飛禽之類。

[3] "毛羽"二句：毛羽輕揚而屬陽。《淮南子·天文訓》："毛羽者，飛行之類也，故屬於陽。"

[4] 介蟲：龜鱉之類。

[5] 鱗蟲：魚龍之類。

[6] "介鱗"二句：甲鱗沉重而屬陰。《淮南子·天文訓》："介鱗者，蟄伏之類也，故屬於陰。"

[7] 倮匈：謂無毛羽甲鱗。倮，同"裸"。匈，同"胸"。

[8] 舉：飛動。

[9] "龜非"句：不以火灼龜，不能卜兆吉凶。

[10] 陰陽之際：陰陽之會。際，會。龜龍爲陰，風火爲陽，所以爲陰陽之會。

[11] 役：役使。

[12] 主：主宰。


"聖人慎守日月之數，以察星辰之行，以序四時之順逆，謂之厤；截十二管[1]，以宗八音之上下清濁[2]，謂之律也[3]。律居陰而治陽[4]，厤居陽而治陰[5]，律厤迭相治也，其閒不容髮。聖人立五禮以爲民望[6]，制五衰以別親疏[7]，和五聲之樂以導民氣[8]，合五味之調以察民情，正五色之位，成五穀之名[9]。序五牲之先後貴賤[10]，諸侯之祭牲，牛，曰太牢[11]；大夫之祭牲，羊，曰少牢[12]；士之祭牲，特豕[13]，曰饋食[14]。無禄者稷饋，稷饋者無尸[15]，無尸者厭也[16]。宗廟曰芻豢[17]，山川曰犧牷[18]，割列襄瘞[19]，是有五牲。此之謂品物之本，禮樂之祖，善否治亂之所由興作也。"

【注釋】

[1] 截十二管：用竹子製成十二竹管，指樂器。

[2] 宗：主。　八音：金、石、絲、竹、匏、土、革、木也，泛指所有樂器之音。　上下：高低。　清濁：清亮渾厚。

[3] 律：十二音律。

[4] "律居"句：王聘珍《解詁》："居，處也。律述地氣，故曰居陰。治陽者，節氣既得，可以考日月之行道，星辰之次舍，時候之寒暑，所治者皆天事也。"治，考訂。

[5] "厤居"句：王聘珍《解詁》："厤悉天象，故曰居陽。治陰者，象數不忒，可因日星之出入，晝夜之永短，知東西南朔之高下嚮背，以正作訛成之時，所治者皆地事也。"厤，"曆"的古字。

[6] 五禮：《周禮·春官·小宗伯》："掌五禮之禁令與其用等。"鄭玄《注》："五禮，吉、凶、軍、賓、嘉。"　望：瞻視。

[7] 五衰（cuī）：謂五服，即斬衰、齊衰、大功、小功、緦麻，以親疏爲差等的五種喪服。

[8] 導：宣導。　氣：風氣。

[9] 成：定。

[10] 五牲：指牛、羊、豕、犬、雞。

[11] 太牢：牛、羊、豕三牲。

[12] 少牢：羊、豕二牲。

[13] 特：獨。

[14] 饋食：士祭祀的一種禮節。

[15] 尸：代死者受祭之人。《公羊傳·宣公八年》："祭之明日也。"何休《注》："祭必有尸者，節神也。禮，天子以卿爲尸，諸侯以大夫爲尸，卿大夫以下以孫爲尸。"

[16] 厭：分陰厭、陽厭，古代祭禮。嫡長子未成年而死，祭之於宗廟幽陰之處，稱之陰厭；庶子未成年而死及無後嗣者，配享於宗子家祖廟，祭之於西北隅透光處，其尊則設於東房，謂之陽厭。見《禮記·曾子問》。

[17] 芻豢：牛羊草食曰芻，犬豕穀食曰豢。

[18] 犧牷：色純曰犧，體完曰牷。《禮記·祭義》："犧牷祭牲。"孔穎達《疏》："犧，純色，謂天子牲也。牷，完也，謂諸侯牲也。"

[19] 割列：分解牲畜以血祭祀社稷。　禳：面四方祭以除邪消災。　瘞（yì）：把祭品埋在地下以祭山林地神。

【簡析】本文通過曾子對弟子單居離的教導，論述了天道與禮制的關係，敍述了聖人觀察天地制訂禮儀的法則。首先曾子明確"天圓地方"爲天地之道、陰陽之道，天施地化、陰陽交感是萬物之源的觀點；其次明確聖人是萬物之靈長，是天地、山川、鬼神、宗廟之主的地位；再次敍述聖人觀察陰陽變化、日月運行、四時逆順，制訂曆律、禮儀，以確定禮制的步驟；最後強調禮制源於天道其天經地義的依據。文中思想內容體現了禮制存廢是社會治亂根源的觀點，表現了儒家企望運用仁義禮樂來治理社會的理想。其與《小戴禮記》所載先秦禮儀、曆法等內容可成互補，爲後人深入研究先秦禮制，尤其是"周禮""德治"等，提供了很好的借鑒。

## 常用詞詞義分析（一）

（按漢語拼音字母順序排列）

### A

【愛】①親愛。《呂氏春秋·節喪》："慈親之愛其子也，痛於肌骨。"②仁愛。《莊子·徐無鬼》："我欲愛民而爲義偃兵，其何乎？"③喜愛。《禮記·禮運》："何謂人情？喜、怒、哀、懼、愛、惡、欲。”④愛惜，憐惜。《左傳·僖公五年》：“將虢是滅，何愛於虞？”⑤吝惜。《老子·四十四章》：“甚愛必大費，多藏必厚亡。”

# B

【霸】bà ①春秋戰國時諸侯的盟主。《商君書·更法》：“五霸不同法而霸。”②做諸侯的盟主。《論語·憲問》：“管仲相桓公，霸諸侯，一匡天下，民到于今受其賜。”引申爲稱霸。諸葛亮《草廬對》：“誠如是，則霸業可成。”pò ③同“魄”。農曆月初時的月光。《漢書·律曆志》：“惟四月哉生霸。”

【白】①白色。《戰國策·秦策》：“白璧百雙，黃金萬溢。”②清楚，明白。《串雅·序》：“部居別白。”③顯著。《荀子·天論》：“禮義不加於國家，則功名不白。”④表白，稟告。《河東先生集·與崔連州論石鍾乳書》：“宗元白。”⑤潔净。《嵇中散集·養生論》：“外物以累心不存，神氣以醇白獨著。”

【邦】①古代諸侯封國的稱呼。《尚書·堯典》：“協和萬邦。”②泛指國家。《尚書·洪範》：“人之有能有爲，使羞其行，而邦其昌。”③封，分封。《尚書·蔡仲之命》：“叔卒，乃命諸王邦之蔡。”④邦畿，古代指直屬於天子的疆域。《詩經·商頌·玄鳥》：“邦畿千里，維民所止。”⑤泛指一定區域，地區。《博物志》：“負海之邦，交趾之土，謂之南裔。”

【保】①撫養。《禮記·大學》：“《康誥》曰：‘若保赤子。’”②安。《尚書·洪範》：“皇建其有極，斂時五福，用敷錫厥庶民，惟時厥庶民于汝極，錫汝保極。”③保全，守住。《嵇中散集·養生論》：“故修性以保神，安心以全身。”④擔保，保證。《周禮·地官·大司徒》：“令五家爲比，使之相保。”⑤仗恃。《楚辭·離騷》：“保厥美以驕傲兮，日康娛以淫遊。”

【寶】①寶物，珍貴的東西。《論語·陽貨》：“懷其寶而迷其邦，可謂仁乎？”喻可貴的方法、東西。《老子·六十七章》：“吾有三寶，持而保之。”又珍貴。《荀子·富國》：“佩寶玉。”②視……爲寶，珍愛。《尚書·旅獒》：“不寶遠物，則遠人格；所寶惟賢，則邇人安。”③封建社會里稱帝王的東西。特指皇帝的印。《新唐書·車服志》：“至武后，改諸璽皆爲寶。”

【抱】①抱着。《後漢書·班超傳》：“又盛毁超擁愛妻，抱愛子，安樂外國，無内顧心。”引申爲環繞。杜甫《江村》：“清江一曲抱村流，長夏江村事事幽。”②懷抱，懷有。《後漢書·蔡邕傳》：“或有抱罪懷瑕，與下同疾，綱網弛縱，莫相舉察。”③胸懷。《宋書·范曄傳》：“然區區丹抱，不負夙心。”④兩臂合抱的距離。《史記·司馬相如列傳》：“欀檀木蘭，豫章女貞，長千仞，大連抱。”

【報】①給回信，答覆。《漢書·司馬遷傳》：“闕然久不報，幸勿爲過。”②報告，稟報。《史記·扁鵲倉公列傳》：“乃以扁鵲言入報虢君。”③回贈，回報。《備急千金要方·大醫精誠》：“人行陽德，人自報之。”④報效，報答。《逸周書·命訓》：“極罰則民多詐，多詐則不忠，不忠則無報。”⑤報復。《禮記·中庸》：“寬柔以教，不報無道，南方之强也，君子居之。”

【暴】bào ①暴露。《漢書·司馬遷傳》：“事已無可奈何，其所摧敗，功亦足以暴於天下矣。”②急驟，猛烈。《靈樞·百病始生》：“卒然逢疾風暴雨而不病者，蓋無虛也。”③强暴，暴亂。《淮南子·主術》：“其次賞賢而罰暴。”④突然，猝然。《史記·扁鵲倉公列傳》：“故暴蹷而死。”⑤凶惡殘酷。《墨子·尚賢》：“故雖昔者三代暴王桀紂幽厲之所以失措其國家，傾覆其社稷者，已此故也。"pù⑥同"曝"，曬，曬乾。《戰國策·燕策二》："爲將軍久暴露於外。"

【背】bèi ①脊背。《三國志·魏書·武帝紀》："公怒曰：'賊在背後，乃白！'"泛指物體的背面，反面。《史記·絳侯周勃世家》："獄吏乃書牘背示之。"②背對，與"向"相反。《周禮·秋官·司儀》："不正其主面，亦不背客。"這個意義有時又寫作"偝"。③違反，違背。《靈樞·禁服》："有敢背此言者，反受其殃。"引申爲背叛。《史記·高祖本紀》："布果背楚。"④背離，離開。《漢書·食貨志》："時民近戰國，皆背本趨末。"⑤背誦，憑記憶念出。《三國志·魏書·王粲傳》："人問曰：'卿能闇誦乎？'曰：'能。'因使背而誦之，不失一字。"bēi ⑥背負。李商隱《李長吉小傳》："背一古破錦囊，遇有所得，即書投囊中。"

【倍】①照原數等加。《墨子·非攻》："此皆十倍其國之眾，而未能食其地也。"②加倍，更加。王維《九月九日憶山東兄弟》："獨在異鄉爲異客，每逢佳節倍思親。"③通"背"。背向，背着。《戰國策·趙策三》："天子弔，主人必將倍殯柩。"④通"背"。違背。《孟子·滕文公》："師死而遂倍之。"⑤通"背"。背棄，背叛。《禮記·大學》："所謂平天下在治其國者，上老老而民興孝，上長長而民興弟，上恤孤而民不倍。"

【悖】①違背，相衝突。《易經·頤卦》："十年勿用，道大悖也。"引申爲背叛，叛亂。《史記·匈奴列傳》："高后時單于書絕悖逆。"②謬誤，荒謬。《公孫龍子·白馬》："此天下之悖言亂辭也。"③惑亂，糊塗。《戰國策·楚策四》："先生老悖乎？"④遮蔽。《莊子·胠篋》："故上悖日月之明，下爍山川之精，中墮四時之施。"

【備】①戒備，防備。《國語·周語》："口之宣言也，善敗於是乎興，行善而備敗，其所以阜財用、衣食者也。"②具備，齊備。《脈經·序》："聲色證候，靡不該備。"③準備，預備。《逸周書·武紀》："得禮而無備不可成。"④充任，充當。《河東先生集·與崔連州論石鐘乳書》："雍之塊璞，皆可以備砥礪。"⑤全，盡。《禮記·檀弓》："士備入而後朝夕踊。"

【本】①草木之根。《詩經·大雅·蕩》："枝葉未有害，本實先撥。"②根本。《禮記·大學》："自天子以至於庶人，壹是皆以脩身爲本。"③事物起始，根源。《顏氏家訓·誡兵》："此皆陷身滅族之本也。誡之哉！誡之哉！"④根據。《漢書·藝文志》："經方者，本草石之寒溫。"⑤本來，原來。諸葛亮《出師表》："臣本布衣，躬耕於南陽，苟全性命於亂世，不求聞達於諸侯。"⑥中醫術語，與"標"相對。指人體正氣、病因、主要治法等。《素問·標本病傳論》："黃帝問曰：病有標本，刺有逆從，奈何？"⑦版本，書本。《梁書·劉之遴傳》："案古本《漢書》稱'永平十六年五月二十一日己酉，郎班固上'，而今本無上書年月日字。"

【比】①並列。《脈經·序》："誠能留心研窮，究其微賾，則可以比蹤古賢，代無夭橫矣。"②接連。《漢書·諸侯王表》："諸侯比境，周匝一垂，外接胡越。"③類。《漢書·五行志》："視春秋所舉同比者。"④比較。《孟子·公孫丑》："爾何曾比予於管仲！"⑤及，到。《論語·先進》："由也爲之，比及三年，可使有勇，且知方也。"

【鄙】①邊邑。《左傳·隱公元年》："既而大叔命西鄙北鄙貳於己。"用如動詞，當作邊邑。《左傳·僖公三十年》："越國以鄙遠，君知其難也。"②鄙陋。《漢書·藝文志》："及鄙者爲之，以爲無所事聖王，欲使君臣並耕，誖上下之序。"③自謙之詞。王勃《滕王閣序》："敢竭鄙誠。"

【必】①必定，一定。《禮記·大學》："故君子必慎其獨也。"②如果。《史記·孟嘗君列傳》："必受命於天，君何憂焉？必受命於户，則可高其户耳，誰能至者！"③肯定，確定。《韓非子·顯學》："無參驗而必之者，愚也。"

【辟】bì　①天子，國君。《尚書·洪範》："惟辟作福，惟辟作威，惟辟玉食。"②徵召。《三國志·魏書·方技傳》："太尉黄琬辟。"③通"避"，避免。《墨子·尚賢》："女何爲而得富貴而辟貧賤。"④通"襞"，聚集。《史記·扁鵲倉公列傳》："夫悍藥入中，則邪氣辟矣。"pì　⑤通"譬"，比如。《楚辭·九章·惜往日》："背法度而心治兮，辟與此其無異。"

【畢】①打獵用的有長柄的網。《論衡·偶會》："雁鵠集於會稽，去避碭石之寒，來遭民田之畢。"又用畢獵取。《詩經·小雅·鴛鴦》："鴛鴦于飛，畢之羅之。"②完畢，結束。《禮記·禮運》："昔者仲尼與於蜡賓，事畢，出遊於觀之上，喟然而嘆。"引申爲用盡，竭盡。《列子·湯問》："吾與汝畢力平險。"③都，全部。《素問·脈解》："草木畢落而墮。"④星宿名。二十八宿之一。《詩經·小雅·漸漸之石》："月離于畢，俾滂沱矣。"

【蔽】①遮住，遮掩。《古詩十九首·行行重行行》："浮雲蔽白日，遊子不顧反。"用於抽象意義時表示總括，概括。《論語·爲政》："詩三百，一言以蔽之，曰：'思無邪。'"②障隔，遮擋。《史記·項羽本紀》："項伯亦拔劍起舞，常以身翼蔽沛公。"③蒙蔽。《靈樞·外揣》："昭昭之明不可蔽。"④隱蔽，藏匿。《漢書·王莽傳》："不可以骨肉故，蔽隱不揚。"

【辯】①治理。《左傳·昭公元年》："主齊盟者，誰能辯焉。"②辯論，申辯。《戰國策·秦策》："辯言偉服，戰攻不息。"③善言辭，口才好。鄒陽《獄中上梁王書》："夫以孔墨之辯，不能自免於讒諛。"④敍事、説理明白清楚。《墨子·法儀》："今大者治天下，其次治大國，而無法所度，此不若百工辯也。"⑤通"辨"，辨別。《莊子·秋水》："兩涘渚崖之間不辯牛馬。"

【表】①外衣。《莊子·讓王》："曾子居衛，縕袍無表，顏色腫噲，手足胼胝。"②外部，與"裏"相反。《左傳·僖公五年》："虢，虞之表也。"③表明，表示。《韓非子·外儲説左上》："故明主表信，如曾子殺彘也。"④奏章的一種，多用於陳請謝賀。《文心雕龍·章表》："陳思之表，獨冠群才。"引申爲啓奏，上奏章給皇帝。《東觀漢紀·劉茂傳》："茂負太守孫福逾牆出，藏城西門下空穴中，擔穀給福及妻子百餘日，福表爲議郎。"⑤表邪。《傷寒論·辨太陽病脈證並治》："傷寒脈浮，自汗出，小便數，心煩，微惡寒，腳攣急，反與桂枝，欲攻其表，此誤也。"

【別】①分，分開。《素問·寶命全形論》："天地合氣，別爲九野，分爲四時。"②辨別，區別。《大戴禮記·曾子天圓》："聖人立五禮以爲民望，制五衰以別親疏。"③離別，告別。李白《南陽送客》："揮手再三別。"④另，另外。《史記·高祖本紀》："使沛公、項羽別攻城陽。"

【賓】①賓客。《詩經·小雅·鹿鳴》："我有嘉賓，鼓瑟吹笙。"②上古官名，爲禮賓之官。《尚書·洪範》："八政：一曰食，二曰貨，三曰祀，四曰司空，五曰司徒，六曰司寇，七曰賓，八曰師。"③通"儐"，迎接，引導。《尚書·堯典》："賓於四門，四門穆穆。"④尊敬。《墨子·法儀》："使立爲天子，天下諸侯皆賓事之。"⑤服從，歸順。《國語·楚語》："其不賓也久矣。"

【病】①病重。《左傳·成公十年》："公疾病，求醫於秦，秦伯使醫緩爲之。"②泛指一般疾病。《史記·扁鵲倉公列傳》："故病有六不治。"③缺點，錯誤。《孔子家語·在厄》："孔子聖賢，其所刺譏，皆中諸侯之病。”④擔心，憂慮。《史記·扁鵲倉公列傳》：“人之所病，病疾多。”⑤痛恨，怨恨。《後漢書·張奐傳》：“奐深病爲節所賣，上書固讓。”

【博】①寬廣，廣闊。《墨子·尚賢》：“則此言聖人之德章明博大，埴固以脩久也。”②廣泛，普遍。《論語·雍也》：“博施於民，而能濟衆。”又特指學識、技藝或文才的廣博。《文心雕龍·情采》：“使文不滅質，博不溺心。”③古代一種賭輸贏的遊戲（與棋相仿）。《論語·陽貨》：“不有博弈者乎？爲之猶賢乎已！”引申爲賭博。《史記·刺客列傳》：“魯句踐與荆軻博。”

【薄】①草木密集叢生地。《楚辭·九章·涉江》：“露申辛夷，死林薄兮。”②厚度小。《詩經·小雅·小旻》：“戰戰兢兢，如臨深淵，如履薄冰。”③少，薄弱。《左傳·僖公三十年》：“鄰之厚，君之薄也。”④味淡。《莊子·胠篋》：“脣竭則齒寒，魯酒薄而邯鄲圍，聖人生而大盜起。”⑤微薄，簡陋。《易經·繫辭》：“夫茅之爲物薄，而用可重也。”⑥虛假刻薄，不誠樸寬厚。《韓非子·解老》：“所謂處其厚不處其薄者，行情實而去禮貌也。”⑦迫近。《荀子·天論》：“故水旱未至而飢，寒暑未薄而疾。”⑧輕視。《文選·左思〈詠史〉》：“主父宦不達，骨肉還相薄。”⑨搏擊。《易經·說卦》：“天地定位，山澤通氣，雷風相薄，水火不相射。”

【補】①補衣服。《莊子·山木》：“莊子衣大布而補之。”引申爲修整破舊的東西。杜甫《佳人》：“牽蘿補茅屋。”②彌補。《國語·周語》：“近臣盡規，親戚補察。”③補充。《左傳·成公十六年》：“補卒乘，繕甲兵。”引申爲補助。《荀子·王制》：“收孤寡，補貧窮。”又補益，滋補。《靈樞·決氣》：“穀入氣滿，淖澤注於骨，骨屬屈伸，泄澤補益腦髓，皮膚潤澤，是謂液。”

# C

【參】cān ①參與，配合。《荀子·天論》：“天有其時，地有其財，人有其治，夫是之謂能參。”②參驗。《傷寒論·序》：“人迎趺陽，三部不參。”③羅列，並立。《禮記·中庸》：“可以贊天地之化育，則可以與天地參矣。”sān ④同“三”，後作“叁”。《左傳·隱公元年》：“先王之制，大都不過參國之一。”⑤ shēn 星名，二十八宿之一。杜甫《贈衛八處士》：“人生不相見，動如參與商。”⑥人參、黨參等的總稱。通常稱人參。《急就篇》：“款東貝母薑狼牙，遠志續斷參土瓜。”

【藏】cáng ①收藏，保存。《禮記·禮運》：“貨惡其棄於地也，不必藏於己。”②隱藏。《漢書·司馬遷傳》：“寧得自引深藏於巖穴邪？”③懷，蓄。《易經·繫辭》：“君子藏器於身，待時而動。”zàng ④儲藏東西的地方。《楚辭·天問》：“遷藏就岐何能依，殷有惑婦何所譏。”⑤同“臟”，內臟。《素問·氣穴論》：“藏俞五十穴。”

【策】①竹制的馬鞭子。賈誼《過秦論》：“振長策而御宇內。”用作動詞，表示打馬使前進。《論語·雍也》：“策其馬曰。”②寫字的竹簡（或木簡），簡策。《戰國策·秦策》：“書策稠濁，百姓不足。”又引申爲籌劃，計劃。③計策，計謀。揚雄《解嘲》：“曾不能劃一奇，出一策。”④蓍草作的籌碼，用來占卜的。《楚辭·卜居》：“乃端策拂龜曰：‘君將何以教之？’”⑤拐杖。《淮南子·墜形》：“夸父棄其策，是爲鄧林。”又動詞。拄（杖），扶（杖）。曹植《苦思行》：“策杖從我遊。”

【長】cháng ①久遠。《老子·六章》："天長地久。"②擅長。《墨子·雜守》："使人各得其所長,天下事當。"③長處。《漢書·藝文志》："舍短取長,則可以通萬方之略矣。"zhǎng ④生長。《莊子·馬蹄》："禽獸成羣,草木遂長。"⑤長大,成年。《史記·孔子世家》："孔子貧且賤,及長,嘗爲季氏史。"⑥首位,第一。《素問·風論》："風者,百病之長。"⑦年紀大、輩分高的人。《論語·微子》："長幼之節,不可廢也。"⑧首領,主管人。《史記·扁鵲倉公列傳》："少時爲人舍長。"zhàng ⑨多,多餘。《孟子·告子》："交聞文王十尺、湯九尺,今交九尺四寸以長,食粟而已。"

【常】①規律。《禮記·禮運》："著有過,刑仁講讓,示民有常。"②永恆的,固定的。《孫子兵法·虛實》："故兵無常勢,水無常形。"③經常。《史記·扁鵲倉公列傳》："扁鵲獨奇之,常謹遇之。"④同"裳",裙子。《素問·逆調論》："人身非常溫也。"⑤通"嘗",曾經。《荀子·天論》："夫日月之有蝕,風雨之不時,怪星之黨見,是無世而不常有之。"

【嘗】①辨別滋味。《針灸甲乙經·序》："上古神農始嘗草木而知百藥。"②吃。《詩經·唐風·鴇羽》："王事靡盬,不能蓺稻粱,父母何嘗。"③試探。《左傳·襄公十八年》："諸侯方睦於晉,臣請嘗之,若何?"④曾經。《大戴禮記·曾子天圓》："參嘗聞之夫子曰:天道曰圓,地道曰方,方曰幽而圓曰明。"⑤通"常",經常。《戰國策·東周策》："西周甚憎東周,嘗欲東周與楚惡,西周必令賊賊公,因宣言東周也,以西周之於王也。"⑥秋祭名。《詩經·小雅·天保》："禴祠烝嘗。"

【朝】cháo ①朝拜,朝見。《史記·司馬相如列傳》："會景帝不好辭賦,是時梁孝王來朝。"②朝廷,官府廳堂。《史記·扁鵲倉公列傳》："入朝見。"③朝代。傅咸《贈何劭王濟》:"赫赫大晉朝,明明闢皇闈。"④聚集,聚會。《禮記·王制》："耆老皆朝於庠。"zhāo ⑤早晨。《金匱要略·嘔吐噦下利病脈證治》："胃氣無餘,朝食暮吐,變爲胃反。"⑥日,天。《孟子·告子》："雖與之天下,不能一朝居也。"

【陳】①陳列,排列。《尚書·洪範》："鯀陻洪水,汩陳其五行。"②陳述,述説。《尚書·咸有一德》："伊尹既復政厥辟,將告歸,乃陳戒於德。"③顯示,呈現。《國語·齊語》："相示以巧,相陳以功。"④陳舊。《荀子·富国》："年穀復熟而陳積有餘。"zhèn ⑤通"陣",陣式,戰鬥隊列。《論語·衛靈公》："衛靈公問陳於孔子。"

【稱】①稱量,測物之輕重。《三國志·魏書·方技傳》："其療疾,合湯不過數種,心解分劑,不復稱量。"②推舉。《國語·周語》："君子不自稱也。"③陳述,述説。《呂氏春秋·當染》："必稱此二士也。"④叫作,稱作。《論語·季氏》："邦君之妻,君稱之曰夫人,夫人自稱曰小童。"⑤稱頌,贊揚。《史記·司馬相如列傳》："相如以'子虛',虛言也,爲楚稱。"

【成】①成就,形成。《禮記·中庸》："誠者自成也,而道自道也。"②生成,具備。《易經·繫辭》："成之者性也。"③成熟,成實。《尚書·洪範》："百穀用不成。"④成功。《論語·子路》："言不順,則事不成。"⑤定。《易經·繫辭》："成位乎其中矣。"

【乘】chéng ①覆,加其上。《荀子·儒效》："鼓之而紂卒易鄉,遂乘殷人而誅紂。"②駕車,乘坐。《易經·繫辭》："服牛乘馬,引重致遠。"shèng ③車輛。一車四馬爲一乘。《論語·學而》："道千乘之國。"④四。《孟子·離婁》："發乘矢而後反。"

【盛】chéng ①黍稷在器中,用於祭祀。常以"粢盛"二字連用。《孟子·滕文公》："諸侯耕助以供粢盛。"②盛物入器中。《莊子·逍遙遊》："以盛水漿。"shèng ③興旺,旺盛。跟

"衰"相對。《孟子·公孫丑》："夏後殷周之盛，地未有過千里也，而齊有其地矣。"引申爲茂盛。《莊子·山木》："見大木枝葉盛茂。"

【馳】①馬快跑。《戰國策·秦策》："古者使車轂擊馳，言語相結，天下爲一。"特指驅馬追擊敵軍。《左傳·莊公十年》："公將馳之。"又爲打馬使快跑。《孟子·滕文公》："好馳馬試劍。"引申爲疾行。諸葛亮《誡子書》："年與時馳，意與日去。"②傳播，流布。《素問·徵四失論》："是以世人之語者，馳千里之外。"③向往，奔向。《隋書·史祥傳》："身在邊隅，情馳魏闕。"

【遲】chí ①緩慢。《荀子·修身》："則千里雖遠，亦或遲或速，或先或後，胡爲乎其不可以相及也！"引申爲晚。《論衡·知實》："既得合葬，孔子反。門人後，雨甚至。孔子問曰：'何遲也？'"②遲鈍。《三國志·吳書·孫奐傳》："初吾憂其遲鈍，今治軍，諸將少能及者，吾無憂矣。"③長久。《文選·劉琨〈勸進表〉》："不勝犬馬憂國之情，遲覩人神開泰之路。"zhì ④等待。《後漢書·章帝紀》："朕思遲直士。"

【除】①宮殿的臺階。《漢書·李廣蘇建傳》："從至雍棫陽宮，扶輦下除，觸柱折轅。"引申爲一般的臺階。杜甫《南鄰》："得食階除鳥雀馴。"②去。《詩經·唐風·蟋蟀》："日月其除。"引申爲去掉。《素問·針解》："菀陳則除之者，出惡血也。"③任命。《後漢書·班超傳》："帝乃除超爲蘭臺令史。"

【處】chǔ ①居住。《易經·繫辭》："上古穴居而野處，後世聖人易之以宮室，上棟下宇，以待風雨。"②居，佔。《莊子·秋水》："人處一焉。"③行，做。《老子·六章》："是以聖人處無爲之事。"④處置。《傷寒論·序》："相對斯須，便處湯藥。"chù ⑤處所。《孟子·滕文公》："文公與之處。"

【畜】chù ①家畜。《左傳·宣公四年》："畜老猶憚殺之，而況君乎。"xù ②養。《孟子·梁惠王》："仰不足以事父母，俯不足以畜妻子。"③容納，收容。《漢書·霍光金日磾傳》："威震主者不畜。"④喜歡，喜愛。《詩經·小雅·蓼莪》："拊我畜我，長我育我。"⑤同"蓄"，積儲。《管子·四時》："毋使民淫暴，順旅聚收，量民資以畜聚。"

【傳】chuán ①傳授。《論語·子張》："君子之道，孰先傳焉？"②傳達。《國語·周語》："庶人傳語，近臣盡規。"③遞解，押送。《三國志·魏書·方技傳》："於是傳付許獄。"④疾病傳變。《素問·陰陽別論》："其傳爲風消，其傳爲息賁者，死不治。"⑤zhuàn 傳注，解釋經典的文字。《漢書·藝文志》："詔光祿大夫劉向校經傳諸子詩賦。"

【垂】①邊疆。《荀子·臣道》："邊境之臣處，則疆垂不喪。"引申爲邊。曹植《白馬篇》："揚聲沙漠垂。"這兩個意義又寫作"陲"。②上端固定，下端不固定，垂下來。《易經·繫辭》："黃帝、堯、舜垂衣裳而天下治。"引申爲挂着（眼淚）。《荀子·禮論》："垂涕恐懼。"③（好的東西）留傳下來。《孟子·梁惠王》："君子創業垂統，爲可繼也。"④將近。《後漢書·韋彪傳》："今歲垂盡。"

【從】①隨行。《論語·微子》："子路從而後。"②順從，依從。《尚書·洪範》："立時人作卜筮，三人占，則從二人之言。"③追隨。《楚辭·離騷》："吾將從彭咸之所居。"④因，由。《大戴禮記·四代》："變從無節，橈弱不立，妨於政。"⑤從事。《論語·微子》："今之從政者殆而！"

【錯】①鑲嵌。在金屬器物上雕鏤，然後將另一種鎔金傾入，待冷卻後，磨錯使平。張衡

《四愁詩》："美人贈我金錯刀。"②錯雜，交叉。《素問·天元紀大論》："動静相召，上下相臨，陰陽相錯，而變由生也。"③磨石。《詩經·小雅·鶴鳴》："他山之石，可以爲錯。"④通"措"，安放，放置。《孫子兵法·虛實》："因形而錯勝於衆，衆不能知。"

# D

【達】①通到，到。《尚書·禹貢》："浮於淮泗，達於河。"引申爲通曉事理。《素問·寶命全形論》："能達虛實之數者，獨出獨入。"又爲豁達，不爲世俗之見所局限。《世説新語·德行》："效之，不亦達乎?"②得志，得行其道。跟"窮"相對。《孟子·盡心》："窮則獨善其身，達則兼善天下。"引申爲通顯，顯貴。李密《陳情表》："本圖宦達，不矜名節。"③通行的，共同遵行的。《禮記·中庸》："和也者，天下之達道也。"

【帶】①腰帶。《靈樞·經脈》："炙則強食生肉，緩帶被髪，大杖重履而步。"喻被圍繞。《水經注·漸江水》："亭帶山臨江。"②佩帶。《後漢書·班超傳》："今臣幸得奉節帶金銀護西域，如自以壽終屯部，誠無所恨。"引申爲帶着，夾雜着。杜甫《別贊上人》："顧帶顓頊色。"③相連的地區，地帶。李白《菩薩蠻》："平林漠漠煙如織，寒山一帶傷心碧。"

【當】dāng ①對着，面對。王建《秋夜曲二首》："天河悠悠漏水長，南樓北斗兩相當。"②擔當。《國語·晉語九》："夫幸非福，非德不當雍，雍不爲幸，吾是以懼。"③當值。《孟子·公孫丑》："當今之時，萬乘之國行仁政，民之悦之，猶解倒懸也。"④順從。《荀子·天論》："當其時，順其俗者。"⑤必定，應當。《三國志·蜀書·諸葛亮傳》："今南方已定，兵甲已足，當獎率三軍，北定中原。"⑥方才，剛剛。《三國志·魏書·方技傳》："當得家書。"dàng ⑦恰當，適當。《素問·六元正紀大論》："非太過，非不及，則至當時。"

【道】dào ①道路。《史記·陳涉世家》："會天大雨，道不通。"②事理，規律。《鄧析子·無厚》："夫舟浮於水，車轉於陸，此自然道也。"③道理，原則。《尚書·洪範》："無有作好，遵王之道。"④方法，途徑。《史記·扁鵲倉公列傳》："人之所病，病疾多；而醫之所病，病道少。"⑤言，説。《詩經·鄘風·墙有茨》："中冓之言，不可道也。"⑥行。《管子·任法》："法不一，則有國者不祥；民不道法，則不祥。"⑦治理。《論語·學而》："道千乘之國，敬事而信，節用而愛人，使民以時。"⑧量詞，條。《新唐書·選舉志》："進士試詩賦及時務策五道，明經策三道。"dǎo ⑨疏通。《左傳·襄公三十一年》："大決所犯，傷人必多，吾不克救也，不如小決使道。"⑩傳導。《靈樞·本輸》："肺合大腸，大腸者，傳道之腑。"

【德】①升，登。《尚書·盤庚》："用降我凶，德嘉績于朕邦。"②道德，德行。《易經·繫辭》："易簡之善配至德。"③美德。《尚書·洪範》："而康而色，曰予攸好德，汝則錫之福。"④恩惠。《莊子·秋水》："嚴乎若國之有君，其无私德。"

【動】①移動，振動。《詩經·豳風·七月》："五月斯螽動股，六月莎雞振羽。"②使之動，擾動。《孫子兵法·虛實》："飽能飢之，安能動之。"③觸動，激動。《漢書·藝文志》："動之以仁義，行之以禮讓。"④動輒，常常。《三國志·吴志·周瑜傳》："曹公，豺虎也，然託名漢相，挾天子以征四方，動以朝廷爲辭。"

【獨】①單獨。《禮記·中庸》："故君子必慎其獨也。"②惟獨。《史記·扁鵲倉公列傳》："扁鵲獨奇之。"③老而無子。《尚書·洪範》："無虐煢獨而畏高明。"④單，衹。《禮記·禮運》："故人不獨親其親，不獨子其子。"⑤衹有。《史記·老子列傳》："其人與骨皆已朽矣，獨其言在耳。"⑥難道。《戰國策·楚策》："王獨不見夫蜻蛉乎?"

【度】dù ①計量長度的標準。《國語·周語》："夫先王之制鐘也，大不出均，重不過石，律度量衡於是乎生，小大器用於是乎出，故聖人慎之。"②限度。《淮南子·時則訓》："貢歲之數，以遠近土地所宜爲度。"③給予，授與。《神仙傳·李意期》："於是乞食得物，即度與貧人。"duó ④丈量，計算。枚乘《上書諫吳王》："寸寸而度之，至丈必過。"⑤推測，揣度。《後漢書·班超傳》："超度其糧將盡，必從龜茲求救，乃遣兵數百於東界要之。"

【端】①端正，正直。《靈樞·逆順肥瘦》："視其白黑，各爲調之，其端正敦厚者，其血氣和調。"②事物的兩頭都叫端。《禮記·中庸》："執其兩端，用其中於民，其斯以爲舜乎!"引申爲盡頭。《莊子·秋水》："不見水端。"又爲開頭，開始。《孟子·公孫丑》："惻隱之心，仁之端也。"又爲頭緒，方面。《淮南子·精神》："反覆終始，不知其端緒。"③量詞。布帛單位，各說不同：或云兩丈，或云一丈六尺，或云六丈。《晉書·王導傳》："庫中惟有練數千端。"

【斷】①砍斷，截斷。《易經·繫辭》："斷木爲杵，掘地爲臼，臼杵之利，萬民以濟。"②殘缺，缺斷。《重广補注黃帝内經素問·序》："其中簡脱文斷、義不相接者，搜求經論所有，遷移以補其處。"③隔絕。《禮記·儒行》："過言不再，流言不極，不斷其威，不習其謀。"④判斷，決定。《易經·繫辭》："繫辭焉以斷其吉凶，是故謂之爻。"⑤絕對。陶弘景《冥通記》："二者斷不食肉。"

# 古代漢語通論一　文字

## 第一節　對"六書"的定義與理解

漢代班固《漢書·藝文志》指出："六書，謂象形、象事、象意、象聲、轉注、假借，造字之本也。"即許慎《説文解字》中的象形、指事、會意、形聲、轉注、假借這六種造字分析法。

### 一、象形

《説文解字·敍》："象形者，畫成其物，隨體詰詘，日月是也。"段玉裁注："詰詘猶今言屈曲也。"所謂象形，就是用摹形方法描畫有形物體，筆觸隨其形狀的曲折而圓轉。比如"日" ⊙ 象太陽之圓，"月" ☽ 象月亮之缺。又如：

火：象火焰上炎的樣子。

木：象樹木之枝。

又：象手之三指。

其：象簸箕之形。

象形字最大的特點是描畫客觀事物的形狀，通過其符號與語言中某詞意義發生聯繫而表意。但文字畢竟不是圖畫，祇要求突出某一事物的主要特徵而已。

## 二、指事

《說文解字·敘》："指事者，視而可識，察而見意，上下是也。" 所謂指事，就是看起來可以識別，細察起來也能體會其意義。比如 ⌒（上）⌒（下）在標誌綫的 "-" 的上下加指事符號來表示，或作 "丄" "丅" 之形。

1. 用抽象的指事符號來表達抽象的含義，要結合自己的生活經驗和閱歷考察，才能分析領悟它的意思。比如 "一、二、三、三" 這四個指事字，每一橫畫祇表示事物數目的積累而非具體的事物。又如：

茻 "茻（綴）"，南唐徐鍇《說文解字·繫傳》："茻，交絡互聯之象。" 幾條弧綫用抽象的符號表示互相聯繫之意，以象聯綴之形。

2. 在獨體象形字的基礎上附上不能獨立成字的符號，比如 ⽊（本）、⽊（末）在 "木" 的根或枝端加指事符號。又如：

甘 甘：《說文解字·甘部》："美也。从口含一。一，道也。" 段玉裁注："所謂味道之腴也。"

朱 朱：指赤心之木，"木" 中加上一橫以示其義。

亦 亦：大，人也；在腋窩加點，用以指示腋窩。

央 央：从大在冂之内。大，人也。

寸 寸：《說文解字·寸部》："人手卻一寸動脈，謂之寸口。"

指事造字法在表詞上有很大局限性，故漢字中用指事法造的字較少。相對地會意字可彌補其不足。

## 三、會意

《說文解字·敘》："會意者，比類合誼，以見指撝，武信是也。" 段玉裁解釋道："會者，合也。合二體之意也。一體不足以見其義，故必合二體之意以成字。" "誼者，人所宜也。先鄭（按，即鄭衆。經學家通稱鄭衆爲先鄭，鄭玄爲後鄭）《周禮注》曰：'今人用義，古書用誼。誼者本字，義者假借字。指撝與指揮同，謂所指向也，比合人言之誼，可以見必是信字；比合戈止之誼，可以見必是武字，是會意也。會意者，合誼之謂也。" 所謂會意，是把兩個或兩個以上事類的字（每個單字都有自己的意思）按一定規律組合而構成一個新意的字。又如：

及 及：从又从人，逮及之意。

赤 赤：从大火。

炅 炅：从火日。

陟 陟：从阜从步，登之意、升之意。

降：从阜，與“陟”相對，下行之意。

會意字是由兩個或兩個以上的象形單字構成，屬於合體字。它擴大了象形字和指事字作爲書寫符號的作用，比象形、指事造字方法進了一步。但這三種漢字結構方式均不帶表音成分，祇是通過其形體特點與其詞音義發生聯繫，因而是純表意字。象形字和指事字雖然都不帶偏旁，但它們都成了漢字偏旁的主要來源。

## 四、形聲

《説文解字·敘》：“形聲者，以事爲名，取譬相成，江河是也。”“名”謂名目、事類。所謂“形聲”，就是用表示事類的字作爲意符，用在語言中相同或接近於該詞聲音的字作爲聲符，二者相互配合而構成新字。以“江”“河”爲例，三點水是形符（即意符），表示形聲字的本義所屬的意義範疇；“工”和“可”是聲符。又如：

旦：明也。从日丁聲，上形下聲。

湛：没也。从水甚聲，左形右聲。

衢：从行圭聲，外形内聲。

唐：大言也。从口庚聲，内形外聲。

署：布置也，从网者聲，外形内聲。

徒：步行也。从辵土聲，聲符在右上角。

穎：禾末也。从禾頃聲，形符在左下角。

關於形聲字應該注意以下幾個問題：

1. 意符所表示的是形聲字的本義所屬的意義範疇。

其一，瞭解形聲字的意符，對於掌握詞本義是有幫助的。以“貝”爲意符的字，如財、賄、貨、資、貸、貿、買等，都與“財貨”有關。因爲“貝”在古代曾經充當過貨幣，今天口語說的“寶貝”，與“貝”之曾爲貨幣有一定聯繫。以“頁”爲意符的形聲字，如頭、顏、顧、顛、頂、額、頰、頰、頤、項、領、頸、碩、頌、願、顆、頓等，都與“人頭”之義有關，因爲古文“頁”是“頭”之義。

其二，形聲字的意符與現今的偏旁是不同的文字學術語。如騰、滕、塍、媵等字的意符，分別是馬、水、土、女，而今統歸“月”字偏旁。

2. 聲符是用來表示形聲字的讀音的。

其一，在同一個形聲字裏，一般有一個聲符。

其二，聲符與形聲字的實際讀音在最初是相同或相近的。後來，由於語音的演變而出現脱節的現象。如“證”的聲符是“登”，後來由舌頭音轉爲舌上音而讀 zhèng。“綻”的聲符是“定”，後來語音分化而讀 zhàn。同樣的道理，由於語音的變化，原來由同一個聲符構成的形聲字，後來卻讀成不同的聲音。如以“者”字爲聲符的形聲字，如賭、署、都、緒、屠、著、赭、煮等，其讀音却不盡相同。總之，形聲字的聲符，現在除少數能夠準確表音外，多數已經失去了準確表音的作用。這個事實告訴我們，對於形聲字的讀音，不能僅根據它的聲符就遽加決定。

　　其三，瞭解一些形聲字的聲符含義的特點，對於解釋詞義是有幫助的。形聲字的聲符有兩類：一類是純粹表音的，如"花"之聲符"化"；一類是兼表意的，如"珥（ěr）"之聲符"耳"，與"珥"之耳上裝飾品的意義有聯繫。

## 五、轉注

　　《説文解字·敍》："轉注者，建類一首，同意相受，考老是也。"關於轉注的理解，歷來有爭議。班固《漢書·藝文志》引劉歆《七略》之説，認爲"轉注、假借，造字之本也"。乾嘉以來主要有三派論點：以江聲爲代表的"部首轉注説"認爲，轉注統於意，統於部首；以戴震、段玉裁爲代表的"互訓轉注説"認爲，轉注猶同義詞可以互相訓釋；以章太炎爲代表的"語源轉注説"認爲，轉注就是循語源造新字。

## 六、假借

　　《説文解字·敍》："假借者，本無其字，依聲託事，令長是也。"所謂假借，就是本來没有其字形，依託已有的同音字以寄託其詞義。如縣令之"令"字，就是假借號令之"令"；官長之"長"字，就是假借長久之"長"。又如：

　　來：《説文解字·來部》"來，周所受瑞麥來麰"，象形；假借爲往來之"來"。

　　求：裘也，象形；假借爲索求之"求"。

　　亦：臂腋也，指事；假借爲副詞。

　　莫：暮也，會意；假借爲否定代詞或副詞。

　　羞：饈也，《説文解字·丑部》"羞，進獻也"，會意；假借爲羞辱之"羞"。

　　新：《説文解字·斤部》"新，取木也，从斤亲聲"，形聲；假借爲新舊之"新"。

　　六書中，象形、指事、會意、形聲，均可用作假借字，使用假借字應該注意：

　　1. 假借義與本義並行，爲避免混淆，後人給本義另造新字，通常是增加形符。新字出而假借義遂獨佔此原字，亦有原字被借用後本義和借義長期共存的情況。

　　2. 本有其字而借用他字，久借不歸以代本字。如艸木之"艸"，借用櫟實之"草"以代本字；頌貌之"頌"，借用容納之"容"以代本字。

## 第二節　漢字造字用字方法研究的進展

### 一、早期的研究

　　從西周到戰國時代，人們就開始對漢字結構進行研究與分析，儒家經典《周禮》提到"六書"。《周禮·地官·保氏》説，保氏掌教化和"掌諫王惡"，對國子（貴族子弟）教以六藝。"六藝"之中的一項內容即是"六書"，但未説明"六書"的具體所指。《左傳》有關於"人言爲信""皿蟲爲蠱"等説，《韓非子·五蠹》有關於"自環者謂之私（厶），背私謂之

NOTE

公"之説，都是我國早期關於漢字結構分析的史料。但從現存文獻看，還没見到上升爲理論的闡述。有些説法也是違背文字造字時的本意的，如《左傳》"止戈爲武"之説等。

到了漢代，逐漸形成了比較完整的關於漢字結構的理論。班固在《漢書·藝文志》中引劉歆《七略》，對"六書"的名稱和次序第一次加以説明："古者八歲入小學。故《周官》保氏掌養國子，教之六書，謂象形、象事、象意、象聲、轉注、假借，造字之本也。"

班固肯定了六書是"造字之本"。其後鄭玄注《周禮·保氏》引鄭衆説："六書：象形、會意、轉注、處事、假借、諧聲也。"名稱、順序有所變化。東漢許慎所定名稱、順序與劉歆、鄭衆又有所不同，其《説文解字·敍》説："保氏教國子，先以六書。一曰指事。指事者，視而可識，察而見意，上下是也。二曰象形。象形者，畫成其物，隨體詰詘，日月是也。三曰形聲。形聲者，以事爲名，取譬相成，江河是也。四曰會意。會意者，比類合誼，以見指撝，武信是也。五曰轉注。轉注者，建類一首，同意相受，考老是也。六曰假借。假借者，本無其字，依聲託事，令長是也。"

班固、鄭玄、許慎三家之説雖有不同，然考其來歷，則同出一源。鄭説、許説都是在劉歆的基礎上所做的修改，對"六書者，造字之本也"，歷代基本上大多沿用此説。

《説文解字》綜合了六藝群經的訓詁，開創了就字形以講字義的條例，在我國的文字學、訓詁學和字典編纂等方面，都具有重要的意義。它通過其形、音、義的組合而顯示了複雜而有條理的系統聯繫，是最早、最有價值的一部漢字字典。其六書條例對後人認識這個詞義系統及古文字起到了重要的橋樑作用。同時"五經無雙"的許慎利用《説文解字》研究，對當時詆毁古文字體、排斥古文經傳的今文派的傾向進行了批判。他指出了"馬頭人爲長""人持十爲斗""虫者屈中也"等"不合孔氏古文，謬於史籀"而違背文字創意的臆斷闡釋，認爲不能墨守其解。他強調了"文字者，經藝之本，王政之始，前人所以垂後，後人所以識古"的作用，對後代認識和分析古文字具有重要的指導意義。采用《説文解字》的説解，可充分利用"因形求義"的訓詁方法。成書於東漢的《説文解字》，由許慎根據小篆的字形來解説字義，然而文字經多次改易殊體，有些小篆的形體已經不能反映造字時代本來的意義了。近一個世紀來，甲骨金文之學的研究有了長足的進展，這些研究成果可作爲我們應用"因形求義"訓詁方法的參考。

## 二、近代的研究

**1. "六書"名稱與順序**　關於"六書"的次序，段玉裁認爲宜採取班固之説。而關於六書的名稱，近代多採取許慎之説。文字學上通行的"六書"名稱與順序是象形、指事、會意、形聲、轉注、假借。

**2. 形聲字的研究**　清代訓詁學家、文字學家對六書條例頗多闡發説明，對形聲字的聲符兼表義的現象很重視。聲兼意的形聲字在漢字中爲數不少，掌握這類形聲字的特點，對於理解詞義有重要幫助。清代戴震説："諧聲字半主義，半主聲。"（《戴震文集》卷四《答段若膺論韻》）段玉裁《説文解字注》充分地發揮了這個理論，舉出許多有力的例證，指出"聲與義同源。故諧聲之偏旁多與字義相近，此會意形聲兩兼之字致多也"。如《説文解字》："濃，露多也。"段注："《小雅·蓼蕭》傳曰：濃濃，厚貌。按《酉部》曰：醲，厚酒也。《衣部》曰：襛，厚衣貌。凡農聲字皆訓厚。"

《説文解字》："稴，榖之皮也。"段注："稴之言空也。空其中以含米也。"又："溓，水虚也。从水康聲。"段注："溓，水之空也。康者，榖皮中空之謂。故从康之字皆訓爲虚。"

六書之法，亦無嚴格界限。段玉裁《説文解字注》"吏"下注："凡言亦聲者，會意兼形聲也。凡字有用六書之一者，有兼用六書之二者。"又"禛"下注："此亦當云从示从真，真亦聲。不言者省也。聲與義同原，故諧聲之偏旁多與字義相近，此會意形聲兩兼之字致多也。"

**3. 對"六書者，造字之本也"的異議**　對"六書者，造字之本也"，戴震開始提出異議。他把"六書"分爲"四體""二用"兩類。《説文解字·敍》"六書"條下段玉裁注引戴震説："戴先生曰：指事、象形、形聲、會意四者，字之體也；轉注、假借二者，字之用也。聖人復起，不易斯言矣！"戴震此説對乾、嘉以來的文字學家影響甚大。段玉裁《廣雅疏證·序》亦指出："聖人之制字，有義而後有音，有音而後有形。學者之考字，因形以得其音，因音以得其義。治經莫重於得義，得義莫切於得音。《周官》'六書'，指事、象形、形聲、會意四者形也，轉注、假借二者馭形也……形書，《説文》爲之首；音書，《廣韻》爲之首；義書，《爾雅》爲之首。"他在《六書音韻表三·古異部轉注假借説》中又強調："六書，假借以音爲主，同音相代也；轉注以義爲主，同義互訓也。作字之始，有音而後有字，義不外乎音，故轉注亦主音。"

章太炎肯定"轉注、假借悉爲造字之則"。他在《國故論衡·轉注假借説》中指出："由段氏所説推之，轉注不系於造字，不應在六書……余以爲轉注、假借悉爲造字之則……蓋字者，孳乳而浸多。字之未造，語言先之矣。以文字代語言，各循其聲，方語有殊，名義一也。其音或雙聲相轉，疊韻相迤，則爲更制一字，此所謂轉注也。"陸宗達、王寧《訓詁與訓詁學》則指出："章太炎所説的轉注假借，雖然用了漢代'六書'説的術語，但絶不是講的文字之用，更不是講的字形構造，而是文字隨着語言的發展而繁衍的總規律。"

**4. 轉注字的研究**　對轉注的理解，乾嘉以來主要有三派論點。

其一，以江聲爲代表的形轉説。江聲《六書説》："老屬會意，立老字爲部首，所謂建類一首，'考''耋''壽''耇'之類。凡與老同意者，皆从老省而屬，是取一字意以概數字，所謂同意相受。由此推之，則《説文解字》一書，凡分五百四十部，其分部即建類也；其始一終亥五百四十部之首，即所謂一首。下云凡某之屬皆从某，即同意相受也。此皆轉注之説也。此轉注統於意也。"（參見胡樸安《中國文字學史》）江聲指出"建類一首"跟部首相關，轉注字關注了部首字的意義，提倡部首轉注説。

其二，以戴震、段玉裁爲代表的義轉説。戴震《答江慎修先生論小學書》（《戴東原集》第三卷）："'考''老'二字屬諧聲會意者字之體，引之言轉注者字之用。古人以其語言爲名類，通以今人語言，猶曰互訓云爾。轉相爲注，互相爲訓，古今語也。《説文》於考字訓老也，於老字訓考也，是以序中論轉注舉之。"（參見胡樸安《中國文字學史》）段玉裁《説文解字注》"老"下曰："一其義類，所謂建類一首；互其訓詁，所謂同意相受。考老適於許書同部，凡許書異部而彼此二篆互相釋者視此。"戴震、段玉裁提倡互訓轉注説。

其三，以章太炎爲代表的聲轉説。章太炎在《轉注假借説》中指出："蓋字者，孳乳而浸多。字之未造，語言先之矣。以文字代語言，各循其聲，方語有殊，名義一也。其音或雙聲相轉，疊韻相迤，則爲更制一字，此所謂轉注也。"（參見章太炎《國故論衡》）章太炎指出轉注以音義爲重，不以同部爲限，提倡語源轉注説。

其四，對轉注的綜合研究與理解。清代曹仁虎《轉注古義考》指出，作爲"六書"之一的轉注，與其他幾書既有聯繫又有區別："轉注近乎會意，而與會意不同……轉注近乎諧聲，而與諧聲不同……轉注又近於假借，而與假借不同。轉注者，一義有數文，假借者，一文有數義。"羅惇衍《説文通訓定聲·序》則説："指事統於形，轉注統於意，假借統於聲，形與意與聲具而六書之旨備。"

## 三、現代的研究

**1. 六書界綫的劃分**　根據文字的性質與造字法，文字學家把六書分爲"四級"或"三書"；其總趨向是由形而音，最終歸爲形聲。

沈兼士《文字形義學》分爲文字畫、象形文字、義字、表音字四級；唐蘭《中國文字學》分爲象形文字、象意文字、形聲文字三書；陳夢家《殷虛卜辭綜釋》分爲象形、假借、形聲三書。

**2. 文字發展分期**

其一，表形時期。甲骨文及甲骨文之前，是表形方法（包括象形、指事、會意）爲主的造字階段。

其二，假借時期。甲骨卜辭中已經開始大量使用假借字，同時也出現了形聲字，以後逐漸形成兩種傾向，即假借的繼續使用和形聲的不斷產生，最後進入形聲字階段。劉又辛在《文字訓詁論集》中指出："假借字的出現，是漢字向表音文字發展的第一步。這樣的文字，記錄漢語的能力大大加強了；凡是用表形法不能造的文字，祇要借一個同音字就行了。這種以不造字爲造字的辦法，可以使書面語言更忠實地記錄口語。這當然是一巨大的進步。"所謂"以不造字爲造字的辦法"，就是不增形的造字法。

其三，形聲時期。周代以後，一方面同音假借不斷產生，一方面這些假借字又很快地加上形符成爲新的形聲字，以便在更大的區域裏通行，同時也產生了許多異體字。到了春秋戰國期間，形聲字已經大量增加，而假借字仍然是個主要因素，假借和形聲爭相發展。至秦始皇統一六國，李斯實行了"書同文"的政策，罷掉與秦不合的異體字、假借字，決定了漢字形聲字發展的主導方向，於是大批假借字逐漸轉化爲形聲字。李斯、趙高、胡毋敬等又作《倉頡》《爰曆》《博學》三部書作標準樣板，這樣就形成了形聲字爲主要成分的漢字。甲骨文中的表形文字和假借字，到《説文解字》中變成了形聲字。轉注字繼表形文字產生，伴隨形聲字而發展。所以漢字的形聲字階段應説是從秦代開始，至漢代則充分發展，而在這之後還有發展趨勢。據統計，在漢代《説文解字》中形聲字佔86%，到宋代《六書略》中形聲字則佔94%（楊加柱《從"結構——功能"看漢字的性質》，人大複印資料《語言文字學》1988年第3期）。

**3. 轉注字的研究**　鄒曉麗《基礎漢字形義釋源》於"丂"下按："'丂'……本義是年老……氣出受阻的意思。"甲骨文、金文中"丂"字用同"考"字。《漢語大字典》"丂"下按："古文字'考''老'所從的'丂'，象拐杖形。金文'丂'用作'壽考'的'考'。"《集韻·晧韻》："考，《説文》：老也……古通作'考''丂'。"認爲"丂"就是"考""老"的古字、原字。周秉均《古漢語綱要》認爲"轉注是一種造同義詞的方法"，"它有兩個重要條件：一是部首相同，二是同義相注"。

NOTE

# 第三節　古書用字的變易現象與辨識方法

## 一、古書用字的變易現象

漢字是形、音、義三者的結合體。在研究漢字形體的發展演變時不僅要有發展的觀念，而且應從形、音、義三方面去分析其產生的變易現象。古漢語學習者對文字的古形、今形、古音、今音、古義、今義這六個方面都要加以注意。以下從古今字、異體字、繁簡字等角度加以考察。

### （一）古今字

段玉裁《廣雅疏證·序》指出："有古形，有今形；有古音，有今音；有古義，有今義。六者互相求，舉一可得其五。古今者，不定之名也。三代爲古，則漢爲今；漢魏晉爲古，則唐宋以下爲今……凡讀經傳者，不可不知古今字。"文字學上所説的古今字，特指字義相同、字音相同或爲一音之轉，而字形隨時代而有所不同的文字。古今字的產生方式，通常有下列幾種。

**1. 在原字上加上意符或聲符**

昏婚、受授、弟悌、賈價、馮憑、自鼻

**2. 在原字上更換意符**

被披、説悦、赴訃、没殁、適嫡、陳陣

### （二）異體字

異體字原則上是指音義完全相同而形體不同的字。其通行的或法定規範的字體爲"正體"，其餘的稱"異體"，或"重文""或體""俗體"。

異體字的產生有多種因素，如造字方法不同、隸變帶來變易、爲書寫便利而調整、點畫移易或傳寫訛誤等。異體字產生的方式，通常有下列幾種。

**1. 造字方法不同**

泪淚、岩巖、災烖、麤粗、宝寧、艸草、躬躳、躰體——前者是会意，後者爲形聲。

**2. 結構位置變換**

慚慙、裙裠、胸臆、鞍韃、槁槀——上下結構與左右結構的變換。

袍袌、裏裡、滙匯——内外位置的變換。

**3. 表意成分更換**

明朙、床牀、暗闇、射躲、剔䚡——與詞義相關的表意成分變換。

糯稬、糠穅、脣唇、暖煖、險嶮、堤隄、遍徧、猪豬、睹覩——表意成分相通而變換。

**4. 表音成分更換**

踪蹤、俯俛、時旹、綫線、痹痺、糠粃、褲袴、蚓螾、瞬瞚

**5. 形與聲皆更換**

腿骸、視際、葫瓠、村邨、敉籽、幌㡩、迹蹟、豚狖、緹祇

**6. 草書楷化結果**　恥耻

### （三）繁簡字

繁簡字是指繁體字與簡化字。古籍都用繁體字，自1956年中國文字改革委員會公佈第一

部《簡化字總表》始正式通行簡化字。簡化字簡化途徑通常爲：

**1. 衹取繁體字的一部分**

飞飛、号號、巩鞏、术術、医醫、灭滅、类類

**2. 簡化系列形符、聲符，或形聲俱簡**

马馬—驮馭、驽駑、驯馴、驶駛、骤骤

仓倉—抢搶、沧滄、呛嗆、枪槍、创創

饶饒、论論、转轉、锣鑼、赎贖、驴驢

**3. 復用古字**

云雲、气氣、网網、从從、粮糧

**4. 用古籍中原有同音字代替**

里裏、干幹、后後、谷穀、姜薑

**5. 草書楷化結果**

为爲、专專、东東、书書

**6. 另造新字**

灶竈、尘塵、丛叢、惊驚

## 二、古書用字的辨識方法

### (一) 古今字的辨識方法

古今字是一種歷史現象。在今天這些古今字不但詞義已經分化，讀音發生某些變化，而且職能也有了明確的分工。雖然我們今天應該按照現代漢語規範化的要求去書寫，但應該明白它們在古書中曾經是古今字，音義曾經相同，而意義的廣狹不同。我們在閱讀古文獻時必須掌握溝通與解析它們的方式。

**1. 掌握詞的本義與引申義的關係**

朋—倗："朋"甲骨文作𰀁，爲貨幣單位；"倗"甲骨文作𰀂，倗友，朋友之義。《説文解字·人部》："倗，輔也。"段玉裁注："朋黨字正作倗，而朋其假借字。"章太炎《訄書·訂文·附正名雜義》："父子、君臣、夫婦、倗友，各有正文，而昆弟獨段於韋束之次弟。"

自—鼻：《説文解字·自部》："自，鼻也，象鼻形。鼻，引气自畀也。"卷一上云："自讀若鼻。"

包—胞：《説文解字·勹部》："包，象人懷妊，巳在中，象子未成形也。"

責—債：《説文解字·貝部》："責，求也，从貝，朿聲。"王筠《説文句讀》："責，謂索求負家償物也。"即索債。

景—影：《説文解字·日部》："景，光也，从日，京聲。"後加"彡(shān)"而成"影"。《説文解字·彡部》："彡，毛飾畫文也。"

**2. 運用語言環境辨別對應的詞義**

辟—避、闢、僻、嬖、譬：《説文解字·辟部》："辟，法也。从卩，从辛，節制其辠也；从口，用法者也。"古書凡躲避、開闢、偏僻、嬖倖、譬如等，都用"辟"字。《九靈山房集·丹溪翁傳》："肺爲上焦，而膀胱爲下焦，上焦閉則下焦塞，辟如滴水之器，必上竅通而

後下竅之水出焉。"文中的"辟如"後寫作"譬如"。

尉—熨、慰：《説文解字·火部》："𡱀，以尉申繒也。"徐灝箋："置火於銅斗，從上按下以申繒，謂之尉，所以使其平也。"馬王堆漢墓帛書《五十二病方·牝痔》："燔小隋石，淬醯中以尉。""尉"是燙熨之"熨"的本字，隸變後失去"火"形。《廣韻·去未》引《風俗通》："火斗曰尉。"故"熨"是累增字。《漢書·韓安國傳》："且縱單于不可得，恢所部擊，猶頗可得，以尉士大夫心。"顏師古注："尉安之字正如此，其後流俗乃加'心'耳。"故其"安撫""慰問"義後作"慰"。

**3. 根據文化背景分析詞義**

弟—悌：《説文解字·弟部》："弟，韋束之次弟也。"段玉裁注："束之不一，則有次弟也。引申之爲凡次弟之弟，爲兄弟之弟，爲豈弟之弟。"《論語·學而》："其爲人也孝弟，而好犯上者鮮矣。"朱熹《集注》："善事父母爲孝，善事兄長爲弟。""弟"引申爲敬愛兄長，亦泛指敬重長上，寫作"悌"。《孟子·滕文公下》："於此有人焉，入則孝，出則悌。"趙岐注："出則敬長悌。悌，順也。"賈誼《新書·道術》："弟敬愛兄謂之悌，反悌爲敖。"

昏—婚：《詩經·邶風·谷風》："宴爾新昏，不我屑以。"《新唐書·突厥傳上》："是時突厥再上書求昏，帝未報。""昏"字的"結婚""通婚"義後作"婚"。班固《白虎通·嫁娶》："婚姻者何謂也？婚者，昏時行禮，故曰婚。"

### (二) 異體字的辨識方法

**1. 異體字的正俗體問題**　俗體字是異體字的一種，指那些在民間流行的異寫字。俗體字的形體一般都比較簡單，爲人們所習用。如《本草綱目·草部·黃耆》："黃耆色黃，故名……今俗通作黃芪。"對於正俗體字的認識及區分標準，往往隨時代而處於動態變化之中。如《説文解字》以"躳"爲正，以"躬"爲俗。到了唐代，顏元孫撰《干禄字書》則躳、躬並列，均視作正體。20世紀50年代中國文字改革委員會發佈的第一批異體字整理表，根據約定俗成的原則，確定以"躬"爲正體，以"躳"爲異體。

**2. 參考查閱字典辭書**　漢字不是一時、一地、一人造出來的，因此同一字出現衆多形體是很自然的事。瞭解異體字的識別方法，有助於我們在閱讀古籍時掃除一些文字障礙。最常用、可靠的方法就是參考查閱語言文字類的字典、辭書。這些工具書裏大多附録有中國文字改革委員會於1956年公佈的第一批異體字整理表，共810組，合計1865字，精簡了1055字。1986年重新發表的《簡化字總表》和1988年發佈的《現代漢語通用字表》又作了一些調整，分別確認"誊、诓"等11個類推簡化字爲規範字，"剷、於"等15個字爲規範字，均不再作爲淘汰的異體字。但如果研究古籍的話，還有大量異體字須瞭解。1990年出版的《漢語大字典》第八卷又整理出《異體字表》，共收約11900組異體字，可供查閱。

**3. 掌握意義相通的部首**

忄、言、欠—悖誖、歌謌

言、口、齒—咏詠、咬齩

口、欠—咳欬、喘歂、嘆歎

口、肉、疒—唇脣、瘠膌

肉、頁、骨、血—脖頸、髓臏、脉脈衇

土、阜、山—坂阪、險嶮

山、土、石—坡岥、磚塼

火、日、白—燁曄、皎皎

石、木、皿—碗椀、杯盃

木、竹、艸—簷檐、藤籐

禾、米、食、黍—糯穤、糕餻、粘黏黐

糸、衣、巾—縭褵、裙帬

衣、革、韋—襪韈、靭靱

彳、辵、足、走—遍徧、迹跡、躁趮

魚、黽、蟲—鱉鼈、蛙鼃

缶、瓦—瓶缾

鹿、犬、豸—獐麞、狟狟

犬、豕—豨狶、猪豬

目、見—睹覩

鳥、隹（zhuī）—雁鴈、雞鷄

冖（mì）、宀（mián）—冤寃、宜宐

厂、广—厫廒

**4. 注意區分意義的差異，並運用"六書"法加以分析**

其一，具有時代差異性。如：

炮—砲：砲亦作礮、礟，是古代的一種兵器，本是用來發射石彈的機械裝置，後指古代用炮拋射的石頭。《文選·潘岳〈閒居賦〉》："礮石雷駭，激矢蝱飛。"李善注："礮石，今之拋石也。"後發展成爲金屬管狀火器，用火藥發射金屬彈頭。曹叡《善哉行·我徂》："發砲若雷，吐氣成雨。"

其二，具有廣狹之分。如：

𫘝馭——𢓲御：《説文解字·彳部》："御，使馬也。从彳，从卸。𢓲，古文御。从又，从馬。"段玉裁注："卸亦聲。"徐鍇繫傳："卸，解車馬也。彳，行也。或行或卸，皆御者之職。"故作爲"駕駛車馬"義，"馭"是會意，"御"則是形聲兼會意。《莊子·盜跖》："孔子不聽，顏回爲馭，子貢爲右，往見盜跖。"馭，一本作"御"。《文選·張衡〈東京賦〉》："乘鑾輅而駕蒼龍，介馭間以剡耜。"李善注："天子車，帝在左，御在中，介處右。"但"御"又指帝王所用或與之有關的事物，"馭"則不能用作帝王所作所爲及所用物的敬稱之義。

其三，具有交叉性。如：

歡—懽："懽"又讀huàn，是"患"的古字，"禍害""災難"之義。《莊子·人間世》："凡事若小若大，寡不道以成懽。"聞一多《古典新義·莊子內篇校釋》："懽，古患字……言事無大小，罕有不由之以成災患者也。"

幌—梡、橫（帷幔之類）：《説文解字·木部》："橫，一曰帷屏風之屬。"段玉裁注："橫之字一變爲梡，再變爲幌。""橫"又讀作guàng，是古代經濟學用詞，指平準價格。《管子·臣乘馬》："國穀之橫，一切什九。"馬非百《管子輕重篇新詮》引安井衡曰："蓋橫與橫通，橫與衡通。衡，平也。輾轉相訓，橫有平義。時價一定無高低，故謂時價爲橫耳。"

其四，《異體字整理表》中的異體字並非音義完全相同。如：

NOTE

奸—姦：《左傳·莊公二十年》："奸王之位，禍孰大焉？"杜預注："奸，音干。"《左傳·襄公十四年》："君制其國，臣敢奸之，雖奸之，庸知愈乎？"杜預注："奸，猶犯也。""奸"《廣韻》古寒切，"姦"《廣韻》古顏切，二字讀音不同。"姦"也不具"干犯"之義。故《説文解字·女部》段玉裁注："奸，今人用奸爲姦，失之。"邵瑛《説文解字羣經正字》："但俗有奸、姦通用者，則非也。"

艸—草：《説文解字·艸部》："草，草斗，櫟實也。一曰象斗子。"徐鉉曰："今俗以此爲艸木之艸。別作皁字，爲黑色之皁。案：櫟實可以染帛，爲黑色，故曰草。"例中"草"讀音 zào，《集韻》在早切。

### （三）繁簡字的辨識方法

某些字的形體簡化後，完全喪失原有形與聲的分析作用。同時，某些繁簡字對應關係的人爲規定，也可能帶來古今的字形與詞義的混淆，故在閱讀古籍時需辨識以下幾點。

**1. 某些字形體簡化會喪失原有形或聲的辨識作用**

养—養：《説文解字·食部》："養，供養也。从食，羊聲。"簡化後形聲皆失。

凤—鳳：《説文解字·鳥部》："鳳，神鳥也。从鳥，凡聲。"簡化後形聲皆失。

**2. 某些簡化字是古代原來就存在的**

粮—糧：《墨子·魯問》："攻其鄰家，殺其人民，取其狗豕食粮衣裘。"

**3. 掌握詞的本義，注意區分所謂簡化字與繁體字的詞義差異**

才—纔：《詩經·魯頌·駉》："思無期，思馬斯才。"朱熹集傳："才，材力也。"才、纔二字本可相通，但能力才干之"才"決不能寫作"纔"。

斗—鬥："斗"爲量器，容量。《莊子·胠篋》："掊斗折衡，而民不爭。""鬥"是"戰鬥"之義，斗、鬥二者古不相通。

后—後："后"是君主，帝王。《尚書·湯誓》："我后不恤我眾。"孫星衍疏："后者，《釋詁》云：君也。"后、後古不相通。

几—幾："几"是古人坐時憑依或擱置物件的小桌。《尚書·顧命》："相被冕服，憑玉几。"几、幾二者古不相通。

里—裏：《詩經·鄭風·將仲子》："將仲子兮，無踰我里。"毛傳："里，居也。"里、裏二者古不相通。

宁—寧：《禮記·曲禮下》："天子當宁而立，諸公東面，諸侯西面，曰朝。"鄭玄注："宁，門屏之間。"亦同"貯"，貯藏，積聚。《文選·孫綽〈遊天臺山賦〉》："惠風佇芳於陽林，醴泉涌溜於陰渠。"李善注："宁，猶積也。佇與宁同。"宁音 zhù，《廣韻》直呂切；寧音 níng，《廣韻》奴丁切。二者音義皆不同，古不相通。

术—術："术"音 zhú，《廣韻》直律切，爲根莖可入藥的多年生草本，有白术、蒼术等數種。二者音義皆不同，古不相通。

咸—鹹："咸"義爲皆，都。《易經·乾》："首出庶物，萬國咸寧。"咸、鹹二者古不相通。

叶—葉："叶"音 xié，《廣韻》胡頰切，同"協"，和洽之義。《後漢書·律曆志中》："（《書》）曰：'歲二月，東巡狩，至岱宗，柴，望秩于山川。遂覲東后，叶時月正日。'"叶、葉二者音義皆不同，古不相通。

　　症—癥："症"音 zhèng，指症候，病象。謝肇淛《五雜俎·物部三》："荔支核性太熱，補陰。人有陰症寒疾者，取七枚煎湯飲之，汗出便差。""癥"音 zhēng，《廣韻》陟陵切，指腹中結塊的病。《史記·扁鵲倉公列傳》："扁鵲以其言飲藥三十日，視見垣一方人。以此視病，盡見五藏癥結，特以診脈爲名耳。"症、癥二者音義皆不同，古不相通。

# 知識點鏈接　古書的讀音：破讀與通假

## 一、破讀

### （一）破讀的定義與作用

　　破讀是古代注疏中訓詁字義的一種方法和術語。字的詞性或詞義改變而引起讀音的改變，古人以改變字音的方法來解釋意義或詞性，亦用以解釋古書中的通假字。破讀，亦稱破字，用本字來改讀古書中的通假字。如《詩經·魯頌·泮水》"狄彼東南"，鄭玄箋："狄當作剔。"孔穎達疏："毛無破字之理，《瞻仰》傳以狄爲遠，則北狄亦爲遠也。"此破字是指鄭玄箋"狄當作剔"，用"當作"術語以改"狄"之字形，從而改其音義，孔穎達則不予贊成。郭沫若《中國古代社會研究》第四篇："《詩經》上所說的'君子萬年，景命有僕；其僕維何，釐爾士女；釐爾士女，從以孫子'，可知所謂'僕'字正是奴隸的本字，用不着古經學家破字去解釋了。"

　　用改讀、改字的方法來解釋爲另一詞的音與義就是破讀、破字。跟破讀、破字相對的一個術語則是如字。所謂如字，指其音義與此字較常見的音義相同。即一字有兩個或兩個以上讀音時，依本音讀即謂如字。陸德明《經典釋文·毛詩音義·周南關雎》："好，毛如字，鄭呼報反。"意思是，"好"有上、去二音，毛亨傳讀上聲，爲字的本音，故稱如字。鄭玄則讀去聲。

### （二）破讀釋例

　　**1. 四聲別義**　古漢語字音的聲調有平聲、上聲、去聲、入聲四種，總稱四聲。羅常培《漢語音韻學導論》："以'平上去入'爲四聲，自齊梁之際始。"現代漢語普通話字音聲調的陰平、陽平、上聲、去聲四聲是由古代四聲演變而來的。用改變聲調的方法以區別詞義，稱爲"四聲別義"。這種做法亦稱破讀。如：

　　好（hǎo，《廣韻》呼晧切）—好（hào，《廣韻》呼到切）：《禮記·大學》："所謂誠其意者，毋自欺也，如惡惡臭，如好好色，此之謂自謙。""如好"之"好"當讀去聲，"喜歡""愛好"之義。《管子·小匡》："寡人有污行，不幸而好色。""好色"之"好"當讀去聲，"喜好"之義。

　　騎（qí，《廣韻》渠羈切）—騎（qí，《廣韻》奇寄切，古音去聲）：《戰國策·趙策二》："趙地方三千里，帶甲數十萬，車千乘，騎萬匹。"《史記·項羽本紀》："沛公旦日從百餘騎來見項王。"兩句中的"騎"古音當讀去聲，分別爲"騎的馬"和"騎兵"之義。

　　衣（yī，《廣韻》於希切）、食（shí，《廣韻》乘力切）—衣（yì，《廣韻》於既切）、食（sì，《集韻》祥吏切）：《史記·淮陰侯列傳》："解衣衣我，推食食我。""衣我"之"衣"當讀去聲，"給……穿"之義。"食我"之"食"當讀去聲，"給……吃"之義。

NOTE

**2. 改字破讀以明音曉義**　聯綿詞往往形體多歧，因爲古代語音相同，通過改字解釋，能够標明常見音義。如：

扶服—匍匐：《禮記·檀弓下》：“《詩》云：‘凡民有喪，扶服救之。’”《詩經·邶風·谷風》作“匍匐救之”。“扶服”，讀同“匍匐”（púfú）。此爲雙聲聯綿詞的同形情況。

於戲—嗚呼：《禮記·大學》：“《詩》云：‘於戲！前王不忘。’君子賢其賢而親其親，小人樂其樂而利其利。”“於戲”讀同“嗚呼”（wūhū）。此爲疊韻聯綿詞的同形情況。

般桓—盤桓：《文選·傅毅〈舞賦〉》：“或有宛足鬱怒，般桓不發。”李善注：“言馬按足緩步，鬱怒氣，遲留不發也。”“般桓”，讀同“盤桓”（pánhuán）。此亦疊韻聯綿詞的同形情況。

委蛇—逶迤：《楚辭·離騷》：“駕八龍之婉婉兮，載雲旗之委蛇。”“委蛇”讀同“逶迤”（wēiyí），綿延屈曲之貌。此亦疊韻聯綿詞的同形情況。

方良—罔兩—魍魎：《周禮·夏官·方相氏》：“（方相氏）大喪，先匶（柩），及墓，入壙。以戈擊四隅，毆方良。”鄭玄注：“方良，罔兩也。”陸德明釋文：“方良，上音罔，下音兩，注同。”《文選·張衡〈東京賦〉》：“斬蜲蛇，腦方良。”李善注：“方良，草澤之神也。”“方良”，讀同“罔兩”“魍魎”（wǎngliǎng）。此爲疊韻聯綿詞的同形情況。鄭玄注：“方良，罔兩也。”即是明音曉義。

**3. 破讀以明通假**　可用以説明本字與假借字關係的術語有“讀爲”“讀如”“读若”等，有時僅用來説明被訓釋字的讀音。術語“當爲”“當作”等則可用來解釋通假的本字，有時是用以改錯。

讀爲：《禮記·大學》“此之謂自謙”鄭玄注：“謙讀爲慊（qiè），慊之言厭也。”按《廣韻》“謙，苦兼切”，平聲，添韻，溪母；《集韻》“慊，詰葉切”，入聲，帖韻，溪母；韻爲談葉對轉，聲爲溪母雙聲，音近通假。“謙”讀爲“慊”，是解釋其本字爲“慊（qiè）”，“滿足”“愜意”之義。

讀如：《禮記·儒行》“起居竟信其志”鄭玄注：“信，讀如屈伸之伸，假借字也。”按《廣韻》“信，息晉切”，去聲，震韻，心母；“伸，失人切”，平聲，真韻，書母。聲爲心書準雙聲，韻爲真部疊韻，故用破讀通其義，標明其本字。

當爲：《周禮·天官·塚宰》“瘍醫掌腫瘍、潰瘍、金瘍、折瘍之祝藥”鄭玄注：“祝，當爲注，讀如注病之注，聲之誤也；注，謂附著藥。”按《廣韻》“祝，之六切”，入聲，屋韻，章母；“注，之戍切”，去聲，遇韻，章母。祝、注章紐雙聲，覺侯旁對轉，音近通假。“祝”當爲“注”，亦讀如“注病之注”。既注明本字，亦解釋了它的音義；既是“破讀”，亦是“破字”。

## 二、古書通假現象

有本字不用而使用同音或近音字，稱作“通假”或“通借”，這是常見的通假現象。與通假借字相對的本字，是指用以表示其義而本應正確使用的字。其訓釋術語用“通”字。

### (一) 同音通假　(雙聲疊韻)

德—得：《太素·順養》：“若有私意，若己有德。”《素問·四氣調神大論》“德”作“得”。“德”“得”《廣韻》同爲“多則切”，屬端紐雙聲職部疊韻，同音通假。德，通“得”。

錫—賜：《尚書・洪範》：“禹乃嗣興。天乃錫禹洪範九疇，彝倫攸敍。”按《廣韻》“錫，先擊切”，入聲，錫韻，心母；“賜，斯義切”，去聲，寘韻，心母。心紐雙聲錫部疊韻。錫，通“賜”。《禮記・少儀》：“其以乘壺酒、束脩、一犬賜人。”鄭玄注：“於卑者曰賜。”

### （二）音近通假　（雙聲或疊韻）

#### 1. 雙聲疊韻

厲—癩：劉禹錫《劉賓客文集・鑒藥》：“我里有方士淪跡於醫，厲者造焉而美肥，輒者造焉而善馳，矧常病也！”《淮南子・精神訓》：“夫癩者趨不變，狂者形不虧。”高誘注：“言病癩者形生神在，故趨不變也。”按《廣韻》“厲，力制切”，去聲，祭韻，來母；“癩，落蓋切”，去聲，泰韻，來母。“厲”“癩”來母雙聲，月部疊韻，音近通假。故此“厲者”即“癩者”，指惡瘡、頑癬或麻風之病人。

#### 2. 準雙聲疊韻

信—伸：《易經・繫辭下》：“往者屈也，來者信也，屈信相感而利生焉。尺蠖之屈，以求信也。”信，通“伸”。聲爲心書準雙聲，韻爲真部疊韻。

#### 3. 旁紐雙聲疊韻

剝—攴：《詩經・豳風・七月》：“八月剝棗。”按《廣韻》“剝，北角切”，入聲，覺韻，幫母；“攴，普木切，匹角切”，入聲，屋或覺韻，滂母。二字幫滂旁紐雙聲，屋部疊韻。剝，通“攴（pū）”。《說文解字・攴部》：“攴，小擊也。”

#### 4. 雙聲而韻部陰陽對轉

亡—無：汪廷珍《溫病條辨・敍》：“學者誠能究其文，通其義，化而裁之，推而行之，以治六氣可也，以治內傷可也。亡如世鮮知十之才士，以闕如爲恥。”按《廣韻》“亡，武方切”，平聲，陽韻，微母；“無，武夫切”，平聲，虞韻，微母。明母雙聲，陽魚對轉。“亡”通“無”，“亡如”即“無如”，亦即“無奈”之意。

### （三）輾轉通假例

柱—祝—斮（折斷）

柱—祝：《荀子・勸學》：“強自取柱，柔自取束。”楊倞根據《說文解字》“柱，楹也”，用本義解釋作“凡物強則以爲柱而任勞”，於文意扞格不通。王引之根據“柱”“束”對文，認爲“柱”是“祝”的借字，是動詞。王先謙《集解》引王引之曰：“柱當讀爲祝……此言物強則自取斷折，所謂太剛則折也。《大戴記》作‘強自取折’，是其明證矣。”按《廣韻》“柱，直主切”，上聲，麌韻，澄母；“祝，之六切”，入聲，屋韻，章母。“柱”“祝”定章紐準紐聲，侯覺旁對轉，音近通假。按所謂“例不十不法”。再舉例如下：

1. 《穀梁傳・哀公十三年》：“吳，夷狄之國也，祝髮文身。”范寧注：“祝，斷也。文身，刻畫其身以爲文也。”

2. 孫綽《喻道論》：“周之泰伯遠棄骨肉，託跡殊域，祝髮文身，存之不反，而論稱至德，書著大賢。”

3. 張協《雜詩》之五：“昔我資章甫，聊以適諸越。行行入幽荒，甌駱從祝髮。”

4. 《列子・湯問》：“南國之人，祝髮而裸。”

5. 《新唐書・西域傳上・焉耆》：“（焉耆國）俗，祝髮氈衣。”

6. 司馬光《交趾獻奇獸賦》：“旄裘之長，頓顙而讋服；祝髮之渠，回面而奔走，靡不投

NOTE

利兵而襲冠帶，焚僭服而請印綬。”

7.《新唐書·楊元琰傳》：“敬暉等爲武三思所構，元琰知禍未已，乃詭計請祝髮事浮屠，悉還官封。”

8. 王明清《揮麈後録》卷五：“巢既遁免，祝髮爲浮屠。”

9.《遼史·道宗紀贊》：“一歲而飯僧三十六萬，一日而祝髮三千。”

10.《天雨花》第五回：“還是半路出家，還是從幼祝髮？”

祝—斸（zhú）：按《廣韻》“祝，之六切”，入聲，屋韻，章母；“斸，陟玉切”，入聲，燭韻，知母。“祝”“斸”章端紐準雙聲，覺屋旁轉，音近可通假。祝，通“斸”。《説文解字·斤部》：“斸，斫（qú）斸也。”段玉裁注：“斸，原作斫。”故“祝髮”即“斷髮”“削髮”之意。

## 三、同源通假

同源通假，指從同語源角度而稱其名，用其字。它與假借有本質的區別：同源通假是溯語源，假借是用錯字。同源通假的訓釋術語一般用“同”字。如：

輸—腧：“輸”本“輸送”“轉送”之義。《左傳·僖公十五年》：“晉饑，秦輸之粟；秦饑，晉閉之糴，故秦伯伐晉。”《史記·扁鵲倉公列傳》：“一撥見病之應，因五藏之輸，乃割皮解肌，訣脈結筋。”張守節正義：“《八十一難》云：‘……十二經皆以輸爲原也。’按，此五藏六府之輸也。”《玉篇·肉部》：“腧，五藏輸也。”按《廣韻》“輸”“腧”皆爲“傷遇切”，爲同音字。五臟六腑之腧具有輸送、轉送氣血之功能，故曰“輸”，是從同語源角度而稱其名。故“輸”同“腧”，指腧穴。

## 四、通假字與假借字的區別

### （一）本有其字的通假，其訓釋術語用“通”字

栗—歷：周代下見上時登階的一種禮儀稱爲“歷階”。《説文解字·止部》：“歷，過也。”本有“歷”字沒用，而用音近之字代替，如《儀禮·燕禮》：“凡公所辭皆栗階。凡栗階，不過二等。”鄭玄注：“其始升，猶聚足連步；越二等，左右足各一發而升堂。”賈公彥疏：“《曲禮》云‘涉級聚足連步以上’，鄭注云：‘涉等聚足，謂前足躡一等，後足從之併；連步謂足相隨不相過也。’”王引之《經義述聞·儀禮》：“栗階即歷階也。古栗、歷聲近而通。”按《廣韻》“栗，力質切”，入聲，質韻，來母；“歷，郎擊切”，入聲，錫韻，來母。俱來母字，質錫韻近，雙聲而通轉疊韻，故曰“聲近而通”。

### （二）本無其字的假借，其訓釋術語用“同”字

**1. 栗—慄** 哆嗦，發抖。《論語·八佾》：“夏后氏以松，殷人以柏，周人以栗，曰，使民戰栗。”《漢書·楊惲傳》：“下流之人，衆毀所歸，不寒而栗。”顔師古注：“栗，竦縮也。”“栗”同“慄”，“栗”“慄”爲古今字。

**2. 栗—溧** 寒，凉。蕭穎士《有竹》詩之五：“我有珍簟，淒其以栗。”“栗”同“溧”，“栗”“溧”爲古今字。

按《廣韻》，“栗”“慄”“溧”三字均“力質切”，爲同音字。“慄”“溧”爲後起字，而“栗”是造字之假借，不當視作通假字。其訓釋術語用“同”字。

## 【思考與實踐】

**思考題**

1. 《周易》如何闡明卦象"通神明之德""類萬物之情"的神奇作用？

2. 結合所學談談你對《周易》語言表達方式的理解。

3. 作爲君王治國安邦大法總綱的"九疇"内容是什麽？

4. 学習《洪範》在語言方面有何難處？如何應對？

5. 儒家核心思想是什麽？新時期該如何看待儒家思想？

6. 《論語》和《孟子》在語言風格上有何異同？

7. 簡述中庸之道的含義，談談中庸之道在中醫藥應用中的作用和意義。

8. 簡述"大同社會"與"小康社會"的不同。

9. 如何理解孟子的觀點？孟子民本思想與現代民主思想有何差異？

10. 如何理解天圓地方之道？聖人如何以仁義禮樂來治理社會？

11. 試舉例説明對漢字"六書"定義的理解。

12. 試舉例説明異體字産生的原因與方式。

13. 試述通假字與古今字的區別與聯繫？

14. 爲什麽許慎強調"文字者，經藝之本，王政之始"？

15. 試述《説文解字》對研究中醫藥古籍文字現象的作用。

**實踐練習 1**

易曰自天祐之吉无不利子曰祐者助也天之所助者順也人之所助者信也履信思乎順又以尚賢也是以自天祐之吉无不利也子曰書不盡言言不盡意然則聖人之意其不可見乎子曰聖人立象以盡意設卦以盡情僞繫辭焉以盡其言變而通之以盡利鼓之舞之以盡神乾坤其易之緼邪乾坤成列而易立乎其中矣乾坤毁則无以見易易不可見則乾坤或幾乎息矣是故形而上者謂之道形而下者謂之器化而裁之謂之變推而行之謂之通舉而錯之天下之民謂之事業是故夫象聖人有以見天下之賾而擬諸其形容象其物宜是故謂之象聖人有以見天下之動而觀其會通以行其典禮繫辭焉以斷其吉凶是故謂之爻極天下之賾者存乎卦鼓天下之動者存乎辭化而裁之存乎變推而行之存乎通神而明之存乎其人默而成之不言而信存乎德行（《周易·繫辭上》）

要求：

1. 給上文斷句。

2. 注釋文中加點的詞語。

3. 如何理解《周易》"立象以盡意，設卦以盡情僞"的特徵？

**實踐練習 2**

孟子曰人皆有不忍人之心先王有不忍人之心斯有不忍人之政矣以不忍人之心行不忍人之政治天下可運之掌上所以謂人皆有不忍人之心者今人乍見孺子將入於井皆有怵惕惻隱之心非所以内交於孺子之父母也非所以要譽於鄉黨朋友也非惡其聲而然也由是觀之無惻隱之心非人也無羞惡之心非人也無辭讓之心非人也無是非之心非人也惻隱之心仁之端也羞惡之心義之端也辭讓之心禮之端也是非之心智之端也人之有是四端也猶其有四體也有是四端而自謂不能者自賊者也謂

其君不能者賊其君者也凡有四端於我者知皆擴而充之矣若火之始然泉之始達苟能充之足以保四海苟不充之不足以事父母（朱熹《四書章句集注》）

　　要求：

　　1. 給上文斷句。

　　2. 注釋文中加點的詞語。

　　3. 孟子認爲應該如何去追求仁義？

　　**實踐練習 3**

　　天下之達道五所以行之者三曰君臣也父子也夫婦也昆弟也朋友之交也五者天下之達道也知仁勇三者天下之達德也所以行之者一也或生而知之或學而知之或困而知之及其知之一也或安而行之或利而行之或勉強而行之及其成功一也子曰好學近乎知力行近乎仁知恥近乎勇知斯三者則知所以脩身知所以脩身則知所以治人知所以治人則知所以治天下國家矣誠者天之道也誠之者人之道也誠者不勉而中不思而得從容中道聖人也誠之者擇善而固執之者也博學之審問之慎思之明辨之篤行之有弗學學之弗能弗措也有弗問問之弗知弗措也有弗思思之弗得弗措也有弗辨辨之弗明弗措也有弗行行之弗篤弗措也人一能之己百之人十能之己千之果能此道矣雖愚必明雖柔必強（朱熹《四書章句集注》）

　　要求：

　　1. 給上文斷句。

　　2. 注釋文中加點的詞語。

　　3. 爲什麼説 "知恥近乎勇"？舉現實生活中的例子予以説明。

　　**實踐練習 4**

　　要求：

　　1. 解讀上面的字形字義。

　　2. 標點全文，並概括内容。

　　**實踐練習 5**

　　要求：

　　1. 用《説文解字》解讀上面的字形字義。

　　2. 分析其六書造字法。

# 參考書目

## 一、書目導讀

《周易》的歷代注釋著作很多，現介紹幾種，以資學習。較早的有魏王弼、晉韓康伯的《周易注》，以及唐孔穎達的《周易正義》。其中《周易》上下經及《文言》《彖傳》《象傳》是王弼注，《繫辭傳》《說卦傳》《序卦傳》《雜卦傳》是韓康伯注。王氏注《易》，全廢象數。孔氏依注作疏，同時吸納了漢易象數學方法。他採用取象與取義相結合的方式，對《周易》體例、八卦和六十四卦的形成，及《周易》所蘊含的道理，作出了獨特的理解和解釋。作爲唐代易學詮釋學的代表作，這是易學史上除《周易》經傳之外最重要的典籍。

唐李鼎祚《周易集解》博採漢代至唐代注解《周易》的三十五家之說，又引用《九家易》說解，材料宏富，《四庫全書總目》推崇此書爲保存漢易之寶笈，是後來學者領悟畫卦旨意的要籍。此外，可參考清李道平《周易集解纂疏》。總之，王注孔疏主於義理，李氏集解主於象數。自漢至今，《易》注分爲象數、義理兩派，各有所取，讀《周易》者當兼而採之，不可偏廢。金景芳、呂紹綱的《周易全解》和黃壽祺、張善文的《周易譯注》，皆對《周易》全書進行了詳盡的解釋，深入淺出，並貫穿作者研究的心得體會，是當代權威、經典的注本，也是很好的入門之書。

《尚書》素有“佶屈聱牙”之稱，閱讀起來有一定的難度，必須借助於前人的注釋。由於今古文的差異及歷代學者各自的理解發揮，《尚書》中的一些字詞句往往有多種解釋，亦各有其合理性，我們當運用所具備的知識擇善而從。歷代注本首推《尚書傳》。此書通常認爲是“僞孔安國傳”，但對《尚書》的解讀大多準確。唐孔穎達的《尚書正義》吸取了前代各家舊疏，又對《尚書》經文和孔安國傳作了淋漓盡致的發揮，成爲後人學習、研究《尚書》極爲有用的重要文獻。《尚書今古文注疏》也有重要參考價值，它是清孫星衍花22年時間寫成的代表乾嘉時期《尚書》學研究水平的一部總結性著作。該書廣搜博引，材料詳實，充分吸收了前人的研究成果，注疏中還包含了語詞的訓詁、名物制度的考訂、地理的考證及經義的申講，所作案語慎重而有見地。當代顧頡剛、劉起釪的《尚書校釋譯論》幾乎巨細無遺地彙集了有關《尚書》文字考釋和專項問題研究方面的成果，堪稱《今文尚書》注釋的集成之作和有關《尚書》問題的百科全書。

《孟子》是儒家經典之一，東漢時有趙岐《孟子章句》，是現存最早的《孟子》注本，對後人理解孟子有很大幫助。宋代《孟子》被正式列爲經書，研究著述中影響較大的有孫奭的《孟子注疏》《孟子正義》，朱熹的《孟子集注》《孟子精義》等。清代有焦循的《孟子正義》、戴震的《孟子字義疏證》等。朱熹是理學的集大成者，其《四書集注》是宋明理學具有權威性的代表作。作爲《四書集注》一部分的《孟子集注》又是朱熹在其《孟子精義》的基礎上提取精華而編成的，集中反映了宋代理學對孟子的研究成果，是孟子研究者的必讀之書。現代有關研究最著名的有楊伯峻的《孟子譯注》（1960），全書分原文、譯文、注釋三部分，書後附《孟子辭典》，精於訓詁、校勘、考證，是今人研究《孟子》的重要參考文獻。

《禮記》涉及儒家傳統禮學的各個方面，内容繁富而龐雜。其重要注本有東漢經學大師鄭玄的《禮記注》、唐孔穎達的《禮記正義》。鄭注旁徵博引，博採衆家之長，總結了漢代以前《儀禮》的研究成果，是清以前《禮記》研究中最權威的著作。《禮記》自鄭注以後擺脱了《儀禮》附庸的地位而廣爲流行。孔疏以南朝梁皇侃《禮記義疏》爲本，以北朝齊熊安生《禮記義疏》爲輔，棄除兩家之繁雜而汲取其精華，成爲《禮記》研究之集大成者。它與鄭之注互相闡發彰明，堪稱雙璧。鄭注二十卷、孔疏七十卷開始都單行於世，南宋時兩書合刻爲《禮記注疏》六十三卷，後被收入《十三經注疏》中，成爲今人研讀儒家經典的重要文獻。此外，清孫希旦的《禮記集解》也頗有參考價值。該書是作者花 13 年心血鑄成的，對鄭注孔疏捐芜掇要，並且博採諸儒之説，援古證今，解説詳盡，多有創見新解，故爲晚近學者所器重，後被收入《十三經清人注疏》中。近現代影響較大的有梁啓超的《要籍解題及其讀法》，對《禮記》進行分類和内容劃分。楊天宇的《禮記譯注》分概論、詳注詳譯、書目引用三部分，是《禮記》的重要參考資料。

《説文解字》是溝通古文字與文獻用字的橋樑。19 世紀吴大澂將金文、石鼓文、古幣文、古璽文、古陶文等古文字字形資料按《説文解字》次序編成《説文古籀補》十四卷（1883），並作考釋。這是第一部用實物古文字補充《説文解字》篆文的著作。後來丁佛言仿其體例作《説文古籀補補》十四卷（1924），強運開著《説文古籀三補》十四卷（1935）。這些論著由此強化了古文字資料在傳統文字學領域的地位。

綜合性的古文字字形工具書主要有高明的《古文字類編》（1980）、徐中舒主編的《漢語古文字字形表》（1981），皆選收先秦古文字。《漢語大字典》字形組編《秦漢魏晉篆隸字形表》（1985），收錄秦漢以下古文字，並附原文上下文。湯餘惠主編《戰國文字編》（1993），是戰國文字集大成之作，文字字形採用原拓複印剪貼而成。何琳儀《戰國古文字典——戰國文字聲系》（1998），將各種類型的戰國文字按古音編排，使用方便。規模最大的是華東師範大學古文字詁林編纂委員會編纂、李圃主編的《古文字詁林》（共 12 册），將歷代主要是 20 世紀以來古文字研究成果彙集爲一書，檢索方便。《古文字學導論》作爲第一部全面闡述古文字學的理論著作，是唐蘭在北京大學授課的講義（1935），此後古文字學成爲一門學科。唐蘭界定了古文字學的範圍，總結了古文字的研究方法，尤其是考釋古文字的方法，對古文字學的理論建設具有劃時代的意義。其後朱劍心《金石學》（1940）涉及石刻、吉金、錢幣、璽印、兵符、鐘鑒、玉器、瓦磚等，是一部很全面的概述性著作。20 世紀 80 年代後出現了一批通論性著作，李學勤的《古文字學初階》（1985），林澐的《古文字研究簡論》（1986），高明的《中國古文字學通論》（1987），陳煒湛、唐鈺明的《古文字學綱要》（1988），陳世輝、湯餘惠的《古文字學概要》（1988），何琳儀的《戰國文字通論》（1989），張玉金、夏中華的《漢字學概論》（2001）等，都是很好的古文字學參考書。

## 二、書目一覽

1. 阮元校刻．十三經注疏影印．北京：中華書局，1980．

2. 王弼，韓康伯注，孔穎達疏．周易正義．阮元校．十三經注疏影印．北京：中華書局，1980．

3. 李鼎祚．周易集解．四庫全書．北京：九州出版社，2003．

4. 孔安國傳，孔穎達疏．尚書正義／阮元校刻．十三經注疏．北京：中華書局，1980．

5. 孫星衍．尚書今古文注疏／十三經清人注疏．北京：中華書局，1986．

6. 何晏等注，邢昺疏．論語注疏／阮元校刻．十三經注疏．北京：中華書局，1980．

7. 朱熹．四書章句集注．北京：中華書局，1983．

8. 鄭玄注，孔穎達疏．禮記正義影印．阮元校刻．十三經注疏．北京：中華書局，1980．

9. 王聘珍．大戴禮記解詁／十三經清人注疏．北京：中華書局，1983．

10. 黃懷信．大戴禮記彙校集注．西安：三秦出版社，2005．

11. 方向東．大戴禮記匯校集解．北京：中華書局，2008．

12. 楊伯峻．孟子譯注．北京：中華書局，1960．

13. 王力．古代漢語（校订重排本）．第 3 版．北京：中華書局，1999．

14. 陳煒湛．古文字學綱要．第 2 版．廣州：中山大學出版社，2009．

15. 裘錫圭．古文字學概要．北京：商務印書館，1988．

# 第二單元

# 文　選

## 九、宮之奇諫假道

【題解】本文選自《左傳·僖公五年》，据 1980 年中華書局影印清代阮元校刻《十三經注疏》本。《左傳》是一部編年體史書，記載了我國自公元前 722 年以下兩百多年的歷史，比較詳細地反映了春秋時期各國政治、軍事和外交等方面的情況，是研究我國古代社會的重要文獻。作者據傳是春秋末魯國史官左丘明。《左傳》善於用簡練的語言記述紛繁複雜的事件，善於通過言語行動表現歷史人物的面貌和性格，善於用委婉曲折的文筆表達外柔內剛的外交辭令，這些對後代的史學和文學都產生了深遠的影響。《左傳》的注本較多，目前最有影響的是晉杜預注、唐孔穎達疏《春秋左傳正義》，今人楊伯峻的《春秋左傳注》也是流傳很廣的一個注本。

　　晉侯復假道於虞以伐虢[1]。宮之奇諫曰：“虢，虞之表也[2]。虢亡，虞必從之。晉不可啓[3]，寇不可翫[4]。一之謂甚，其可再乎[5]？諺所謂‘輔車相依，脣亡齒寒’者[6]，其虞、虢之謂也[7]。”

【注釋】

[1] 晉侯：晉獻公。　復：又。　假道：借路。　虞：周代諸侯國，在今山西平陸縣東北。　虢：周代諸侯國。此處指北虢，在今山西平陸縣一帶。虞在晉南，虢在虞南。

[2] 表：外部。這裏指屏障。

[3] 啓：開啓。這裏指放縱晉的貪心。

[4] 寇：外部入侵者。凡兵作於內為亂，於外為寇。　翫（wán）：疏忽，輕視。

[5] “一之”二句：意為一次借道已經過分，難道還能來第二次嗎？

[6] 輔：面頰。一說“輔”為車兩旁的板，大車載物，須用輔支持。　車：牙車，牙床骨。

[7] 其：猶“殆”，大概。

NOTE

公曰："晉，吾宗也[1]。豈害我哉？"對曰："大伯、虞仲，大王之昭也[2]。大伯不從[3]，是以不嗣。虢仲、虢叔[4]，王季之穆也。爲文王卿士[5]，勳在王室，藏於盟府[6]。將虢是滅，何愛於虞[7]？且虞能親於桓、莊乎[8]？其愛之也，桓、莊之族何罪？而以爲戮[9]，不唯偪乎[10]？親以寵偪[11]，猶尚害之，況以國乎[12]？"

**【注釋】**

[1] 宗：宗族，同族。晉、虞、虢都是姬姓，同一祖先。

[2] 大（tài）伯、虞仲：大王古公亶父（周文王祖父）的長子和次子。 大王之昭：意爲大王之子。"昭"和下文的"穆"都是宗廟裏神主的位次。古代宗廟制度，始祖神位居中，其子孫昭穆相承，昭在左，穆在右。大王在周爲穆，穆生昭，故其子大伯、虞仲爲昭。

[3] 不從：指未跟隨在身邊。據記載，大伯知道大王有意傳位給小兒子王季，便和虞仲一起出走。 嗣：繼承（王位）。

[4] 虢仲、虢叔：王季的次子和三子，文王的弟弟。王季在周爲昭，故其子爲穆。

[5] 卿士：執掌國政的大臣。

[6] 盟府：古代掌管保存盟約文書的官府。

[7] "將虢"二句：連上文意爲論宗族關係，虢在姬姓中地位要比虞高，虢晉之間比虞晉之間親近，而且虢還有功於周王室。晉連虢都要滅掉，對於虞還愛惜什麼呢？

[8] 桓、莊：晉獻公的曾祖桓叔和祖父莊伯，這裏指桓、莊之族，即桓莊的非嫡長後代，晉獻公的同祖兄弟。

[9] 以爲戮：等於説"以之爲戮"，把他們作爲殺戮的對象。魯莊公二十五年，晉獻公爲加強自己的權力，盡誅同族群公子。

[10] 唯：因爲。 偪（bī）：同"逼"。這裏有威脅的意思。

[11] 寵：在尊位。

[12] 況以國乎：此句承上文，"以國"後省略了動詞"偪"。

公曰："吾享祀豐絜[1]，神必據我[2]。"對曰："臣聞之：鬼神非人實親，惟德是依[3]。故《周書》曰[4]：'皇天無親，惟德是輔[5]。'又曰：'黍稷非馨，明德惟馨[6]。'又曰：'民不易物，惟德繄物[7]。'如是則非德，民不和、神不享矣。神所馮依[8]，將在德矣。若晉取虞，而明德以薦馨香[9]，神其吐之乎[10]？"

**【注釋】**

[1] 享祀：泛指祭祀。享，用食物供奉鬼神。 豐：豐盛。 絜：同"潔"。

[2] 據：依。這裏有保佑的意思。

[3] "鬼神"二句：意爲鬼神不親人，祇依德。"實""是"都是賓語前置的標誌。

[4] 周書：早已亡佚。

[5] "皇天"二句：今見於僞古文《書·蔡仲之命》。皇，大。"惟德是輔"等於説"惟

輔德"。

[6] "黍稷"二句：見偽古文《書·君陳》。黍稷，指祭祀用的穀物。黍爲黏黄米，稷爲不黏的黍子。馨，散佈很遠的香氣。古人認爲祭祀時鬼神是來享用祭品的香氣。明德，光明的德行。惟，句中語氣詞。

[7] "易物"二句：今見偽古文《書·旅獒》，作"人不易物，惟德其物"。易物，指改變祭物。緊（yì），句中語氣詞，加強肯定。

[8] 馮：同"憑"。

[9] 明德：使德明。  薦：呈獻，進獻。  馨香：指馨香的祭品。

[10] 其：語氣詞，加強反問。  吐之：指不享受所祭物品。

弗聽，許晉使。宮之奇以其族行[1]，曰："虞不臘矣[2]。在此行也，晉不更舉矣[3]。"

冬，十二月丙子朔[4]，晉滅虢。虢公醜奔京師[5]。師還，館於虞[6]。遂襲虞，滅之。

【注釋】

[1] 以：帶領，率領。

[2] 臘：年終的一種祭祀。此用作動詞，指舉行臘祭。

[3] 不更舉：不再次舉兵。即用滅虢之兵滅虞。

[4] 丙子：該月初一正逢干支的丙子。  朔：每月初一日。

[5] 醜：虢公名。  京師：周的都城。

[6] 館：客館，旅舍。此用作動詞。

【簡析】僖公五年，晉國向虞國借道攻打虢國，是想趁虞國不備而一舉滅掉虢和虞。虞國大夫宮之奇看出晉的陰謀，力諫虞公，指出虞、虢之間唇亡齒寒的關係，駁斥了虞公對宗族關係和神權的迷信，指出存亡的關鍵在人不在神，非德則民不和神不享。虞公不聽勸諫，結果招致亡國。文中宮之奇諫諍虞公的三段議論，從三個不同角度論述了晉借道之利害。第一段從虞、虢兩國所處的地理形勢分析説明虞、虢之間唇齒相依的關係。虢是虞的屏障，虢如滅亡，虞必將隨之滅亡。第二段以歷史事實爲依據，分析晉國以往的所作所爲，駁斥了虞公同宗不會相殘的觀點。第三段以古書中的文化理念爲依據，"皇天無親，惟德是輔""黍稷非馨，明德惟馨"，批判了虞公迷信鬼神的思想。三段論述緊緊圍繞一個主旨，充分説明了"虢亡，虞必從之"的道理，表現了宮之奇的遠見卓識和虞公的昏聵迂腐。

## 十、晉侯夢大厲

【題解】本文節選自《左傳·成公十年》，据1980年中華書局影印清代阮元校刻《十三經注疏》本。作者和作品介紹見本書《宮之奇諫假道》。

　　晉侯夢大厲[1]，被髮及地[2]，搏膺而踊曰[3]："殺余孫不義[4]，余得請於帝矣！"壞大門及寢門而入[5]。公懼，入於室，又壞戶[6]。公覺[7]，召桑田巫[8]。巫言如夢。公曰："何如?"曰："不食新矣[9]。"

【注釋】

[1] 晉侯：晉景公姬獳（nòu），公元前599~前581年在位。　厲：惡鬼。

[2] 被：同"披"。披散。

[3] 搏：拍打。　膺：胸。　踊：跳躍。

[4] 孫：泛指後代子孫。　義：宜，應該。

[5] 大門：宮殿大門。　寢門：寢宮之門。寢門以内即起居之處。

[6] 戶：此指寢宮與内室相通之門。凡門，雙扇曰門，單扇曰戶。

[7] 覺（jiào）：醒來，驚醒。

[8] 桑田巫：桑田地方的巫者。桑田，晉邑名，在今河南靈寶縣北。

[9] 新：指新麥。


　　公疾病[1]，求醫於秦，秦伯使醫緩爲之[2]。未至，公夢疾爲二豎子[3]。曰："彼良醫也。懼傷我，焉逃之?"其一曰："居肓之上，膏之下[4]，若我何?"醫至，曰："疾不可爲也，在肓之上，膏之下。攻之不可[5]，達之不及[6]，藥不至焉，不可爲也。"公曰："良醫也。"厚爲之禮而歸之。

【注釋】

[1] 疾病：患病而且病得很重。《說文解字·疒部》："病，疾加也。"

[2] 秦伯：秦桓公，公元前603~前577年在位。　醫緩：緩是醫生的名字，醫表示職業。

[3] 二豎子：兩個童子。後人稱疾病爲"二豎"本此。

[4] 肓、膏：古代醫學以心尖脂肪爲膏，心臟與膈膜之間爲肓。"膏肓"處屬人體病位深隱之處，藥力難以達到，故後世喻病情危重。成語"病入膏肓"本此。

[5] 攻：指用灸法治療。

[6] 達：指用針刺方法治療。


　　六月，丙午[1]，晉侯欲麥，使甸人獻麥[2]，饋人爲之[3]。召桑田巫，示而殺之。將食，張[4]，如廁，陷而卒。小臣有晨夢負公以登天[5]，及日中，負晉侯出諸廁，遂以爲殉。

【注釋】

[1] 六月：指周曆六月，相當於夏曆四月，爲麥熟之時。　丙午：丙午日，即初七。

[2] 甸人：掌管諸侯土地農務，並供給獵獲野物的官員，亦稱甸師。甸，古時郭（外城）外曰郊，郊外曰甸。

[3] 饋（kuì）人：掌管諸侯宮中膳食的官員。

[4] 張：同“脹”。腹脹。

[5] 小臣：宮中執役的宦官。

【簡析】本文記載晉景公夜夢大厲索命、不治而死的一段歷史故事。這個故事敘述了三個夢，帶有神秘色彩和傳奇性質。第一個夢是晉景公夢見厲鬼，遂驚嚇成疾。晉景公十七年，趙莊姬誣陷趙同、趙括將作亂，晉侯殺死趙同、趙括，滅其族。這是一起冤案，晉侯也深感不安，所以夢見趙氏先祖前來報復。這個夢通過大厲的口吻反映了晉景公殺害無辜的殘暴。第二個夢是在秦國的醫緩到來之前，晉景公夢見所患之疾變成兩個小兒藏在“肓之上，膏之下”，故醫緩診之爲不可治。這兩個以小孩兒形象出現的病魔，他們不像大厲那樣恐怖，甚至有些頑皮，但正是他們要了晉景公的命。晉景公病入膏肓，桑田巫預言其很快將死，醫緩也指出其病不可治，景公重賞了秦醫，卻殺了桑田巫，這也顯示出統治者喜怒無常、不願聽真話的本性。第三個夢是小臣夢見自己背負景公登天，於是就以之爲殉。這個夢反映出當時殉葬習俗的殘酷性。本文描述的事情雖離奇，卻可看出醫緩醫術的高超，反映當時社會已廣泛運用灸、刺、藥等多種治療方法，這在中國醫學史上具有重要意義。文中提到的“膏肓”“二豎”等成爲後世廣泛運用的典故。

## 十一、邵公諫厲王弭謗

【題解】本文選自《國語·周語上》，据 1978 年上海古籍出版社校點本。《國語》是我國較早的一部國別體史書，成書大約在戰國時代，作者已不可考，舊傳爲春秋時左丘明所作。全書共二十一卷，分別記載西周末年至春秋時期周、齊、晉、鄭、楚、吳、越八國的史實。《國語》側重記言，主要通過人物的言論、對話或相互駁難來敘述歷史，故名“國語”。這部書保存的史料比較豐富，可與《左傳》相互參證，故有《春秋外傳》之稱。《國語》文字樸實簡潔，說理透徹充分，邏輯推理嚴密。現存最早的注本是三國韋昭《國語注》，其後較有影響的注本是清董增齡《國語正義》和近人徐元誥《國語集解》。

厲王虐[1]，國人謗王[2]。邵公告曰[3]：“民不堪命矣[4]！”王怒，得衛巫[5]，使監謗者，以告[6]，則殺之。國人莫敢言，道路以目[7]。

【注釋】

[1] 厲王：周厲王，姬姓，名胡，是周朝的暴君。公元前 878 年即位，在位三十七年，後被“國人”逐於彘（今山西霍州）。　虐：殘暴。

[2] 國人：住在國都中的人。　謗：公開批評、指責。

[3] 邵公：即邵穆公，姬姓，名虎，周王的卿士。邵，一作“召”。

[4] 命：指周厲王暴虐的政令。

[5] 衛巫：衛國的巫者。

[6] 以告：以（謗者）告王。

[7] 以目：以目示意。

王喜，告邵公曰：“吾能弭謗矣[1]，乃不敢言。”邵公曰：“是障之也[2]。防民之口，甚於防川。川壅而潰[3]，傷人必多，民亦如之。是故爲川者決之使導[4]，爲民者宣之使言[5]。故天子聽政[6]，使公卿至於列士獻詩[7]，瞽獻曲[8]，史獻書[9]，師箴[10]，瞍賦[11]，矇誦[12]，百工諫[13]，庶人傳語[14]，近臣盡規[15]，親戚補察[16]，瞽、史教誨，耆、艾修之[17]，而後王斟酌焉，是以事行而不悖[18]。民之有口，猶土之有山川也，財用於是乎出；猶其原隰之有衍沃也[19]，衣食於是乎生。口之宣言也，善敗於是乎興[20]，行善而備敗[21]，其所以阜財用、衣食者也[22]。夫民慮之於心而宣之於口，成而行之[23]，胡可壅也？若壅其口，其與能幾何[24]？”王不聽，於是國莫敢出言[25]，三年，乃流王於彘[26]。

**【注釋】**

[1] 弭（mǐ）：消除，制止。

[2] 障：阻塞。

[3] 壅：淤塞不通。

[4] 爲川者：治水的人。　決之：疏浚水道。　導：暢通。

[5] 宣：疏導，放開。

[6] 聽政：處理政事。

[7] 公卿：指執政大臣。古代有三公九卿之稱。　列士：周代官員士分三等，即上士、中士、下士，故稱列士。　詩：指採自民間的諷諫歌謠。

[8] 瞽（gǔ）：盲人。古代樂官多由盲人擔任，故也稱樂官爲瞽。其所獻的樂曲多採自民間，故能反映民情。

[9] 史：指史官。史官獻書於王，使知往古政體，以爲借鑒。

[10] 師：少師，樂官的一種。　箴（zhēn）：一種用於規誡的韻文。這裏指獻上箴文。

[11] 瞍（sǒu）：没有眸子的盲人。　賦：有一定音樂腔調的吟誦。

[12] 矇（méng）：有眸子而看不見的盲人。　誦：指不配樂曲的誦讀。

[13] 百工：即百官。

[14] 庶人傳語：平民没有機會見國君，他們通過官吏將自己的意見傳達給國君。

[15] 盡規：盡規諫之責。

[16] 補察：補其過失，察其是非。

[17] 耆（qí）、艾：古代六十歲稱耆，五十歲稱艾。這裏指天子的師傅和朝中的老臣。修：整治。這裏指警誡、勸導。

[18] 不悖：不違背事理。悖，違背。

[19] 原：寬而平的地。　隰（xí）：低而潮濕的地。　衍：低而平的地。　沃：可灌溉的地。

[20] 善敗：善惡，好壞。　興：興起。此指顯現，表露。

[21] 備：防範，戒備。

NOTE

［22］阜：增多，使之豐厚。

［23］成：成熟。

［24］其與：猶難道。

［25］國：一本"國"後有"人"字。

［26］流：流放。　彘（zhì）：古地名。故址在今山西霍縣東北。

【簡析】周厲王執政時，暴虐無道，引起"國人"不滿。厲王又用暴力手段壓制輿論，不聽邵公的勸告，最終導致"國人"暴動，厲王被放逐到邊地。本文的重點是寫邵穆公對周厲王的勸誡，這也是本文最精彩的部分。文章通過記述邵公勸誡厲王弭謗的主張，提出了統治者如何對待民間輿論的問題。邵公所列舉的天子廣開言路、通過不同渠道了解民情的做法，是原始社會中民主制度的遺存，也是西周初年出現的民本思想的體現。西周中期以後，統治者改變了這些做法。邵公提出的"防民之口，甚於防川"的論點也反映了當時統治階級中開明之士的重民思想。"敬天保民"雖是西周及其後政治主流話語的核心理念，但歷代帝王多"敬天"至誠而"保民"不足。邵穆公清醒地認識到人民在國家政治生活中的地位和作用，他警告最高統治者須"宣之使言"，這既是對歷史經驗教訓的深刻總結，也是對後世治國之道的警告勸戒。

## 十二、蘇秦連橫約從

【題解】本文選自《戰國策·秦策》，據 1985 年上海古籍出版社標點本。《戰國策》簡稱《國策》，又名《國事》《短長》《事語》《長書》等，是戰國時代的史料彙編。全書按國編排，分爲東周、西周、秦、齊、楚、趙、魏、韓、燕、宋、衛、中山十二國策，共 33 篇。主要記載當時策士們在軍事、政治、外交等方面的言論和活動，反映了戰國時期各個國家、各個政治集團之間尖銳複雜的矛盾和斗爭。《戰國策》作者已不可考，西漢劉向編纂校訂時定名爲《戰國策》。東漢高誘的注本是現存較早的注本，今已殘缺。宋鮑彪改變原書次序，作新注。其後元吳師道作《校注》。近人注本有金正煒《補釋》、繆文遠《戰國策新校注》等。

　　蘇秦始將連橫説秦惠王曰[1]："大王之國，西有巴、蜀、漢中之利[2]，北有胡貉、代馬之用[3]，南有巫山、黔中之限[4]，東有肴、函之固[5]。田肥美，民殷富，戰車萬乘，奮擊百萬[6]，沃野千里，蓄積饒多，地勢形便[7]，此所謂天府[8]，天下之雄國也。以大王之賢，士民之衆，車騎之用，兵法之教[9]，可以并諸侯，吞天下，稱帝而治。願大王少留意[10]，臣請奏其效。"

【注釋】

［1］蘇秦：字季子，東周洛陽人，戰國時期著名的縱橫家，主要提倡合縱抗秦，曾同時佩六國相印，顯赫一時。　始：最初。　連橫：戰國時，秦地在西，六國地處南北。秦與六國中的個別國家建立聯盟以打擊其他國家，這種策略叫連橫。反之，六國南北聯合抗秦屬"合縱"。　秦惠王：秦孝公之子，名駟。

[2] 巴：指今重慶市及四川東部一帶。　蜀：指今以成都爲中心的四川西部一帶。　漢中：在今陝西南部。

[3] 胡貉（hé）：胡地產的貉。胡，指當時北方少數民族所居之地。　代：在今山西、河北的北部，其地產良馬。　用：指可用之物。

[4] 巫山：在今重慶市巫山縣東。　黔中：在今湖南、湖北、貴州交界處。　限：阻隔。此指險阻之地。

[5] 肴：即殽山。在今河南西部。　函：函谷關。在今河南靈寶縣。　固：堅固。此指堅固的險要之地。

[6] 奮擊：指能奮力擊敵的精兵。

[7] 地勢形便：謂地理形勢有利，便於攻守。

[8] 天府：天然的倉庫。指物產豐富的地區。

[9] 教：教練，教習。

[10] 少：稍稍，略微。


秦王曰：“寡人聞之，毛羽不豐滿者不可以高飛，文章不成者不可以誅罰[1]，道德不厚者不可以使民[2]，政教不順者不可以煩大臣[3]。今先生儼然不遠千里而庭教之[4]，願以異日[5]。”

【注釋】

[1] 文章：指法令規章。　誅罰：懲罰。誅，譴責。

[2] 使：使喚。

[3] 煩：煩勞。

[4] 儼然：莊嚴鄭重的樣子。　庭教之：在朝廷上指教我。庭，通“廷”。

[5] 異日：他日。


蘇秦曰：“臣固疑大王之不能用也。昔者神農伐補遂[1]，黃帝伐涿鹿而禽蚩尤[2]，堯伐驩兜[3]，舜伐三苗[4]，禹伐共工[5]，湯伐有夏[6]，文王伐崇[7]，武王伐紂[8]，齊桓任戰而伯天下[9]。由此觀之，惡有不戰者乎？古者使車轂擊馳[10]，言語相結[11]，天下爲一；約從連橫[12]，兵革不藏[13]；文士並餝[14]，諸侯亂惑；萬端俱起，不可勝理[15]；科條既備[16]，民多僞態；書策稠濁[17]，百姓不足[18]；上下相愁，民無所聊[19]；明言章理[20]，兵甲愈起；辯言偉服[21]，戰攻不息；繁稱文辭[22]，天下不治；舌弊耳聾[23]，不見成功；行義約信，天下不親。於是，乃廢文任武，厚養死士[24]，綴甲厲兵[25]，效勝於戰場[26]。夫徒處而致利[27]，安坐而廣地，雖古五帝、三王、五伯[28]，明主賢君，常欲坐而致之，其勢不能，故以戰續之。寬則兩軍相攻，迫則杖戟相橦[29]，然後可建大功。是故兵勝於外，義強於內；威立於上，民服於下。今欲并天下，凌萬乘[30]，詘敵國[31]，制海内，子元元[32]，臣諸侯[33]，非兵不可！今之嗣主[34]，忽於至道，皆惛於教[35]，亂於治，迷於言，惑於語，沈於辯[36]，溺於辭。以此論之，王固不能行也。”

【注釋】

[1] 補遂：遠古部落名。一作“輔遂”。

[2] 涿（zhuō）鹿：山名，在今河北涿鹿縣。　禽：同“擒”。　蚩尤：傳說中南方九黎部落的首領。

[3] 驩（huān）兜：堯時的惡臣。

[4] 三苗：古代南方的部落名，亦稱“有苗”。

[5] 共工：遠古傳說中的部族首領。一說爲古代水官，名康回。

[6] 湯：商代開國君主。　有夏：即夏朝。此指夏朝的末代君主桀。

[7] 文王：即周文王，姓姬名昌，號西伯。　崇：諸侯國名，在今陝西户縣。其首領崇侯虎助紂爲虐，爲文王所滅。

[8] 武王：名發，周文王之子，西周開國君主。　紂：商朝末代暴君。

[9] 齊桓：齊桓公，春秋五霸之一。　任：用。　伯：同“霸”。指稱霸。

[10] 車轂（gǔ）擊馳：車輪相碰而奔馳，指各諸侯國的使臣頻繁來往。轂，車輪的中心部分，中有圓孔以插軸，外與車輻相接。擊，碰撞。

[11] 言語相結：指以言語結好，訂立盟約。

[12] 約從：即“合縱”。從，同“縱”。

[13] 兵革：兵器鎧甲。革，指皮革做的戰衣。　不藏：不能收藏。指戰爭不息。

[14] 餝（shì）：同“飾”。指巧飾言辭。

[15] 勝（shēng）：盡，全部。　理：治理，處理。

[16] 科條：法律條文。科，法律，法令。

[17] 書策：指政令、稅冊等法令文書。　稠：多。　濁：混亂。

[18] 不足：貧困。足，富裕。

[19] 聊：賴，依靠。

[20] 明言章理：話講得明白，理說得清楚。章，同“彰”。

[21] 辯言偉服：指遊說之士使其言雄辯、使其服盛美出色。

[22] 稱：稱引，引用。　文：華麗，有文采。

[23] 舌弊：舌頭磨破了。弊，壞。

[24] 死士：敢於效死之士。

[25] 綴甲屬兵：縫制鎧甲，磨礪兵器。綴，連接。屬，同“礪”。

[26] 效勝：致勝，取勝。效，致，取得。

[27] 徒處：閒坐着，指無所爲。與下文“安坐”義近。徒，空。　致：招引，得到。

[28] 五帝：一般指黄帝、顓頊、帝嚳（kù）、唐堯、虞舜。　三王：夏禹、商湯、周武王。　五伯：即五霸，指春秋時的五個霸主。其說不一，一般指齊桓公、晉文公、秦穆公、楚

莊王、宋襄公。

[29] 橦（chōng）：通“衝”。衝擊，撞擊。一本作“撞”。

[30] 凌：超越，壓倒。　萬乘：指有萬輛戰車的大國。

[31] 詘（qū）：使屈服。

[32] 子元元：使百姓成爲子女，即統治天下的百姓。元元，指百姓。

[33] 臣諸侯：使諸侯成爲臣子。

[34] 嗣主：繼任的君主。

[35] 惛：同“昏”。糊塗，不明。

[36] 沈：同“沉”。

　　説秦王書十上而説不行[1]。黑貂之裘弊，黃金百斤盡，資用乏絶，去秦而歸。嬴縢履蹻[2]，負書擔橐[3]，形容枯槁[4]，面目犂黑[5]，狀有歸色[6]。歸至家，妻不下紝[7]，嫂不爲炊[8]，父母不與言。蘇秦喟歎曰：“妻不以我爲夫，嫂不以我爲叔，父母不以我爲子，是皆秦之罪也。”乃夜發書[9]，陳篋數十[10]，得太公陰符之謀[11]，伏而誦之，簡練以爲揣摩[12]。讀書欲睡[13]，引錐自刺其股[14]，血流至足。曰：“安有説人主不能出其金玉錦繡[15]，取卿相之尊者乎？”期年揣摩成[16]，曰：“此真可以説當世之君矣！”

【注釋】

[1] 説不行：陳述的主張不被採納。説，言論，主張。

[2] 嬴縢（téng）：裹着綁腿布。嬴，通“縲”，纏繞。縢，綁腿布。　履蹻（jué）：穿着草鞋。蹻，即“屩”，草鞋。

[3] 橐（tuó）：口袋。《詩經·大雅·公劉》：“迺裹餱糧，於橐於囊。”《毛詩故訓傳》：“小曰橐，大曰囊。”

[4] 形容：形體容顏。

[5] 犂：通“黧”。黑色。

[6] 歸：通“愧”。慚愧，羞愧。

[7] 紝（rèn）：紡織。此指織布機。

[8] 炊：燒火做飯。

[9] 發：打開。

[10] 陳篋（qiè）：擺出書箱。篋，箱子，此指書箱。

[11] 陰符：指《陰符經》，相傳是周武王的軍師姜太公吕望著的一部兵書。

[12] 簡練：謂淘汰洗練，撮取精要。　揣摩：揣度對方，以相比合。

[13] 睡：坐着打瞌睡。

[14] 引：拿過來。　股：大腿。

[15] 出：使……出。

[16] 期年：一整年。

於是乃摩燕烏集闕[1]，見説趙王於華屋之下，抵掌而談[2]。趙王大悦，封爲武安君[3]。受相印[4]，革車百乘[5]，綿繡千純[6]，白璧百雙[7]，黄金萬溢[8]，以隨其後，約從散横，以抑强秦。

【注釋】

[1] 摩：接近，抵達。　燕烏集闕：宮殿名。闕，宮殿前面兩邊的樓臺，也指宮殿。一説關塞名。

[2] 抵掌：擊掌。指談得投機而高興地拍起手來。抵，當作“抵 (zhǐ)”，拍擊。

[3] 武安：地名，在今河北。

[4] 受：同“授”。授予。

[5] 革車：古代的一種戰車。葉大慶《考古質疑》卷二：“古者，車兼攻守，合而言之，皆曰革車；分而言之，曰革車，又曰輕車、重車。”

[6] 純 (tún)：匹，束。量詞。

[7] 璧：通“璧”。一種扁平、圓形、中心有孔的玉器。

[8] 溢：通“鎰”。古代重量單位，二十兩爲一鎰。

故蘇秦相於趙而關不通。當此之時，天下之大，萬民之衆，王侯之威，謀臣之權[1]，皆欲決蘇秦之策。不費斗糧，未煩一兵，未戰一士，未絶一絃，未折一矢，諸侯相親，賢於兄弟[2]。夫賢人在而天下服，一人用而天下從。故曰：式於政[3]，不式於勇；式於廊廟之内[4]，不式於四境之外[5]。當秦之隆[6]，黄金萬溢爲用[7]，轉轂連騎[8]，炫熿於道[9]，山東之國[10]，從風而服，使趙大重。且夫蘇秦特窮巷掘門、桑户棬樞之士耳[11]，伏軾撙銜[12]，横歷天下[13]，廷説諸侯之王，杜左右之口[14]，天下莫之能伉[15]。

【注釋】

[1] 權：權術，謀略。

[2] 賢：勝過，超過。

[3] 式於政：用力於政事。式，用。

[4] 廊廟：指朝廷。廟，君主祭祖之處，其旁爲廊。古代國君大事必告宗廟，故以廊廟代朝廷。

[5] 四境：四方的疆界。

[6] 秦：蘇秦。　隆：盛，顯赫。

[7] 爲用：爲蘇秦所用。

[8] 轉轂連騎 (jì)：車輪滾滾，騎從相連。

[9] 炫熿 (huáng)：顯耀。熿，同“煌”。

[10] 山東：指崤山或華山以東地區，又稱關東。

[11] 窮巷：走不通的僻陋小巷。　掘門：以牆洞爲門。掘，通“窟”。　桑户：用桑樹條編成的門扇。　棬 (quān) 樞：用彎曲的木頭作門軸。棬，彎曲的木頭。

[12] 伏軾：俯身靠在車前的橫木上，指乘車。軾，車廂前面作扶手的橫木。　撙（zǔn）銜：拉着馬韁繩。撙，控制，勒住。銜，馬嚼子。

[13] 横歴：遍行。歴，行，經歴。

[14] 杜：堵塞。

[15] 亢：通"抗"。　匹敵：抗衡。

　　將説楚王，路過洛陽，父母聞之，清宮除道[1]，張樂設飲[2]，郊迎三十里。妻側目而視[3]，傾耳而聽；嫂虵行匍伏[4]，四拜自跪而謝[5]。蘇秦曰："嫂，何前倨而後卑也[6]？"嫂曰："以季子之位尊而多金[7]。"蘇秦曰："嗟乎！貧窮則父母不子[8]，富貴則親戚畏懼[9]。人生世上，勢位富貴，蓋可忽乎哉[10]！"

【注釋】

[1] 宮：房屋。　除：打掃，修整。

[2] 張：陳設，布置。

[3] 側目：斜着眼睛。指不敢正視。

[4] 虵行：像蛇一樣伏地爬行。虵，"蛇"的異體字。　匍伏：即匍匐，趴倒在地。

[5] 謝：道歉。

[6] 倨：傲慢。　卑：謙卑。

[7] 季子：蘇秦字季子。一説嫂呼小叔爲季子。

[8] 不子：不以（子）爲子。

[9] 親戚：親人，親屬。指父母兄弟妻嫂等家人。

[10] 蓋：通"盍"。怎麽。　忽：輕視。

【簡析】戰國時期，各諸侯國割據一方，在政治、軍事、外交等領域展開了錯綜複雜的斗爭，這爲策士的産生和活動提供了機會。一批謀臣策士周旋其間，他們站在不同的立場上，提出了各種政治主張和斗爭策略，朝秦暮楚，縱横馳騁，以獲取功名。本文是一篇生動的人物傳記，記録了戰國時期著名策士蘇秦遊秦説趙、連横約縱的活動，刻畫了當時具有代表性的策士形象。文章表現了蘇秦的政治才幹和辯論技巧，也宣揚了蘇秦發憤讀書的名利思想，其"引錐自刺其股"的故事，後世傳爲佳話。文章運用對比的手法，形象地描繪了蘇秦在失敗後所遭到的冷遇和成功後所受到的尊重，以親屬前倨而後卑的對比表現，映襯蘇秦先前的窘困和後面的顯達，也在客觀上揭露了世人的偏見，展現了人情的冷暖和世態的炎涼。

## 十三、司馬相如列傳

　　【題解】本文節選自《史記·司馬相如列傳》，据1959年中華書局點校本。作者司馬遷（前145—前86?），字子長，夏陽（今陝西韓城南）人，西漢偉大的史學家、文學家。年輕時爲增長見識曾進行過幾次大的漫遊，遊蹤幾遍全國。元豐三年（前108）繼承父職任太史令，後因李陵之事受腐刑。出獄後任中書令，發奮著述，撰寫了我國第一部紀傳體通史《史記》。《史記》全書共一百三十篇，分爲十二本紀、十表、八書、三十世家、七十列傳，五十二萬餘字，記載了上自黃帝下至漢武帝太初年間約三千年的歷史。隨着《史記》在史學界影響力的不斷增加，後世出現了很多注釋評價《史記》的著述，其中南朝宋裴駰的《史記集解》、唐司馬貞的《史記索隱》、唐張守節的《史記正義》最有影響，稱爲《史記》"三家注"。《史記》也是中國傳記文學的典範，具有很高的文學審美價值，被魯迅譽爲"史家之絕唱，無韻之離騷"。

　　司馬相如者，蜀郡成都人也，字長卿。少時好讀書，學擊劍[1]，故其親名之曰犬子[2]。相如既學[3]，慕藺相如之爲人，更名相如。以貲爲郎[4]，事孝景帝，爲武騎常侍，非其好也。會景帝不好辭賦，是時梁孝王來朝，從遊説之士齊人鄒陽、淮陰枚乘、吳莊忌夫子之徒，相如見而説之，因病免[5]，客遊梁。梁孝王令與諸生同舍[6]，相如得與諸生遊士居數歲，乃著《子虛之賦》。

【注釋】

[1] 擊劍：投劍擊物的技術。一説爲刺殺斬擊的技術。

[2] 犬子：父母稱司馬相如的小名。司馬貞《索隱》引孟康曰："愛而字之也。"

[3] 既學：完成學業。

[4] 貲：通"資"，錢財。　郎：郎官，即漢代的宮廷宿衛侍從之官。

[5] 免：辭官。

[6] 諸生：指梁孝王的諸多門客。

　　會梁孝王卒，相如歸，而家貧，無以自業[1]。素與臨邛令王吉相善，吉曰："長卿久宦遊不遂，而來過我。"於是相如往，舍都亭[2]。臨邛令繆爲恭敬[3]，日往朝相如。相如初尚見之，後稱病，使從者謝吉[4]，吉愈益謹肅。臨邛中多富人，而卓王孫家僮八百人，程鄭亦數百人。二人乃相謂曰："令有貴客，爲具召之[5]。"並召令。令既至，卓氏客以百數。至日中，謁司馬長卿，長卿謝病不能往，臨邛令不敢嘗食，自往迎相如。相如不得已，彊往，一坐盡傾。酒酣，臨邛令前奏琴曰："竊聞長卿好之，願以自娛。"相如辭謝，爲鼓一再行[6]。是時卓王孫有女文君新寡，好音，故相如繆與令相重[7]，而以琴心挑之[8]。相如之臨邛，從車騎，雍容閒雅甚都；及飲卓氏，弄琴，文君竊從户窺之，心悦而好之，恐不得當也。既罷，相如乃使人重賜文君侍者通殷勤。文君夜亡奔相如，相如乃與馳歸成都。家居徒四壁立。卓王孫大怒曰："女至不材，我不忍殺，不分一錢也。"人或謂王孫，王孫終不聽。文君久之不樂，曰："長卿第俱如臨邛，從昆弟假貸猶足爲生，何至自苦如此！"相如與俱之臨邛，盡賣其車騎，買一酒舍酤酒，而令文君當鑪[9]。相如身自著犢鼻褌[10]，與保庸雜作[11]，滌器於市中。卓王孫聞而恥之，爲杜門不出。昆弟諸公更謂王孫曰："有一男兩女，所不足者非財也。今文君已失身於司馬長卿，長卿故倦遊，雖貧，其人材足依也，且又令客[12]，獨奈何相辱如此！"卓王孫不得已，分予文君僮百人，錢百萬，及其嫁時衣被財物。文君乃與相如歸成都，買田宅，爲富人。

【注釋】

[1] 自業：自爲生計。

[2] 都亭：指臨邛城內之亭。

[3] 繆：通"謬"。詐，佯裝之意。

[4] 謝：拒絕。"謝吉"就是拒絕王吉的拜訪，以提高自己的身份。

[5] 爲具：備辦酒席。

[6] 一再行：一兩支曲子。再，第二。行，指樂曲。

[7] 相重：相敬重。

[8] 琴心：指琴聲中蘊含的感情。

[9] 當鑪：主持賣酒之事。

[10] 犢鼻褌：形似牛犢之鼻的圍裙。一說是形如牛犢之鼻的短褲。

[11] 保庸：雇工。　雜作：共同操作。

[12] 令客：縣令的客人。

居久之，蜀人楊得意爲狗監，侍上。上讀《子虛賦》而善之，曰："朕獨不得與此人同時哉！"得意曰："臣邑人司馬相如自言爲此賦。"上驚，乃召問相如。相如曰："有是。然此乃諸侯之事，未足觀也。請爲天子遊獵賦，賦成奏之。"上許，令尚書給筆札[1]。相如以"子虛"，虛言也，爲楚稱[2]；"烏有先生"者[3]，烏有此事也，爲齊難；"無是公"者，無是人也，明天子之義。故空藉此三人爲辭，以推天子諸侯之苑囿。其卒章歸之於節儉，因以風諫。奏之天子，天子大說……

【注釋】

[1] 札：木簡之薄小者。

[2] 稱：陳述，誇耀。

[3] 烏有：猶言"哪有"，即沒有。烏，何，焉。

賦奏，天子以爲郎。無是公言天子上林廣大，山谷水泉萬物，及子虛言楚雲夢所有甚眾，侈靡過其實，且非義理所尚，故刪取其要，歸正道而論之。

相如爲郎數歲，會唐蒙使略通夜郎西僰中[1]，發巴蜀吏卒千人，郡又多爲發轉漕萬餘人[2]，用興法誅其渠帥[3]，巴蜀民大驚恐。上聞之，乃使相如責唐蒙，因喻告巴蜀民以非上意[4]。

**【注釋】**

[1] 唐蒙：漢武帝時的番陽令，曾上書建義開通夜郎，後被任命爲郎中將，於建元六年（前135），前往夜郎，説服夜郎侯多同歸漢，其地改設犍爲郡，辟道兩千余里。　略：經略。通：開通。　夜郎：古代國名。　僰（bó）：古代部族名。

[2] 發：徵發。　轉：車運糧食曰轉。　漕：水運糧食曰漕。

[3] 用興法：戰時的法令制度。　渠帥：大帥。

[4] 喻：通"諭"。曉諭。

相如還報。唐蒙已略通夜郎，因通西南夷道，發巴、蜀、廣漢卒，作者數萬人[1]。治道二歲，道不成，士卒多物故[2]，費以巨萬計[3]。蜀民及漢用事者多言其不便[4]。是時邛筰之君長聞南夷與漢通[5]，得賞賜多，多欲願爲内臣妾[6]，請吏[7]，比南夷。天子問相如，相如曰："邛、筰、冄、駹者近蜀[8]，道亦易通，秦時嘗通爲郡縣，至漢興而罷。今誠復通，爲置郡縣，愈於南夷。"天子以爲然，乃拜相如爲中郎將，建節往使[9]。副使王然于、壺充國、吕越人馳四乘之傳[10]，因巴蜀吏幣物以賂西夷。至蜀，蜀太守以下郊迎，縣令負弩矢先驅，蜀人以爲寵。於是卓王孫、臨邛諸公皆因門下獻牛酒以交驩。卓王孫喟然而歎，自以得使女尚司馬長卿晚[11]，而厚分與其女財，與男等同。司馬長卿便略定西夷，邛、筰、冄、駹、斯榆之君皆請爲内臣[12]。除邊關，關益斥[13]，西至沫、若水[14]，南至牂柯爲徼[15]，通零關道[16]，橋孫水以通邛都[17]。還報天子，天子大説。

**【注釋】**

[1] 作者：參加勞動的人。

[2] 物故：死亡。

[3] 巨萬：萬萬，即一億。

[4] 用事者：當權者，實指公孫弘。

[5] 邛：古代部族名、國名。　筰：古代部族名、國名。

[6] 内：國内，指漢朝。

[7] 請吏：由漢朝派官吏管轄。

[8] 冄、駹：皆古代部族名、國名。

[9] 節：符節，古代使者的信物。

[10] 傳：傳車，古代驛站的專車。

[11] 尚：配。

[12] 斯榆：一作"斯史"，或作"斯都"，小國名。

[13] 斥：拓廣。

[14]沫：河名，即今四川境内的大渡河。　若水：即今雅礱江。

[15]牂柯：河水名，即今貴州境内的北盤江。一説爲今之都江、烏江、濛江等。　徼：邊塞，邊界。

[16]零關：即"靈關"，在今四川峨邊縣南。

[17]孫水：若水的支流，即今之安寧河。　都：《漢書・司馬相如傳》作"筰"。

相如使時，蜀長老多言通西南夷不爲用，唯大臣亦以爲然。相如欲諫，業已建之，不敢，乃著書，藉以蜀父老爲辭，而己詰難之，以風天子[1]，且因宣其使指[2]，令百姓知天子之意。

其後人有上書言相如使時受金，失官。居歲餘，復召爲郎。

相如口吃而善著書。常有消渴疾。與卓氏婚，饒於財。其進仕宦，未嘗肯與公卿國家之事，稱病閒居，不慕官爵。常從上至長楊獵[3]，是時天子方好自擊熊豕，馳逐野獸，相如上疏諫之。

上善之。還過宜春宮，相如奏賦以哀二世行失也。

相如拜爲孝文園令[4]。天子既美《子虚》之事，相如見上好僊道，因曰："上林之事未足美也，尚有靡者。臣嘗爲《大人賦》，未就，請具而奏之。"相如以爲列僊之傳居山澤閒[5]，形容甚臞[6]，此非帝王之僊意也，乃遂就《大人賦》。

**【注釋】**

[1]風：通"諷"。委婉含蓄地劝告。

[2]因：趁机。　宣：宣示。　使指：出使西夷的旨意

[3]常：通"嘗"。　長楊：即長楊宮，在今陝西周至東南三十里。

[4]孝文園令：即漢文帝之陵的陵園令。陵園令是掌管陵園掃除之事的小官。

[5]傳：相傳。

[6]臞（qú）：清瘦。

相如既奏《大人之頌》，天子大説，飄飄有淩雲之氣，似遊天地之閒意。

相如既病免，家居茂陵。天子曰："司馬相如病甚，可往從悉取其書；若不然，後失之矣。"使所忠往[1]，而相如已死，家無書。問其妻，對曰："長卿固未嘗有書也。時時著書，人又取去，即空居。長卿未死時，爲一卷書，曰有使者來求書，奏之。無他書。"其遺札書言封禪事[2]，奏所忠。忠奏其書，天子異之。

司馬相如既卒五歲，天子始祭后土[3]。八年而遂先禮中嶽[4]，封於太山[5]，至梁父禪肅然。

相如他所著，若《遺平陵侯書》《與五公子相難》《草木書》篇不采，采其尤著公卿者云。

【注釋】

[1] 所忠：人名。姓所，名忠。

[2] 札：古人用來寫字的木片。　封禪：古代帝王祭天地的典禮。在泰山上祭天稱封，在泰山下的梁父山祭地稱禪。

[3] 后土：土地神。

[4] 禮：行祭祀之禮。

[5] 太山：同“泰山”。

太史公曰：《春秋》推見至隱[1]，《易》本隱之以顯[2]，《大雅》言王公大人而德逮黎庶，《小雅》譏小己之得失[3]，其流及上[4]。所以言雖外殊，其合德一也[5]。相如雖多虛辭濫説，然其要歸引之節儉[6]，此與《詩》之風諫何異。揚雄以爲靡麗之賦[7]，勸百風一，猶馳騁鄭衛之聲[8]，曲終而奏雅，不已虧乎[9]？余采其語可論者著於篇。

【注釋】

[1] 推：推知。　隱：隱微。

[2] 隱之以顯：《漢書·司馬相如》作“隱以之顯”，由隱至顯。之，往。

[3] 小己：卑小之人，指詩人自己。

[4] 流：流言。　上：指朝廷和君王。

[5] 合德：即“洽德”，指溫柔敦厚的教化效果。

[6] 要：主旨。

[7] 揚雄：西漢末年與東漢初年文學家，生於司馬遷之後，此處引他對賦的評論，顯係後人將《漢書》之文竄入本文，非司馬遷原文。　靡麗：華麗。

[8] 鄭衛之聲：指春秋時代鄭國和衛國的民間音樂。

[9] 已：同“亦”。

【簡析】本文是西漢著名文學家司馬相如的傳記。作者採用“以文傳人”的寫法，簡練地記述了相如遊梁、琴挑文君、奏賦天子、往使至蜀、勸諫天子、留封禪書等幾件大事（與此有關的賦沒有收錄）。司馬相如擅長辭賦，客遊諸侯，與卓文君私奔，得武帝信用，開通西南夷，傾向大一統，其一生經歷頗爲傳奇。司馬遷通過多篇文賦，寫出了司馬相如窮困潦倒的境遇，表現其對中國封建社會的盛世——漢武帝時代的顯赫聲威的感受。他既贊美大一統和中央集權的思想，鋪排宮室苑囿的華美和富饒，又主張戒奢持儉，防微杜漸，並婉諫超世成仙之謬，讓讀者看到了封建盛世之下一個知識分子的矛盾心情。文中記述司馬相如與卓文君婚戀的故事，寫得宛轉濃麗，極富故事情趣，頗似生動的小説，所以清人吳見思在其《史記論文》中稱其爲“唐人傳奇小説之祖”。

NOTE

## 十四、藝文志諸子略

【題解】本文節選自《漢書‧藝文志》，據中華書局 1962 年版排印本。作者班固（32—92），字孟堅，扶風安陵（今陝西咸陽東）人，東漢著名史學家。《漢書》是我國第一部紀傳體斷代史，記載自西漢高祖元年（前 206）至王莽地皇四年（23）兩百餘年的歷史。其書創始於班彪繼《史記》而作的《後傳》。班彪死，其子班固整理補充，撰成本書。其内容包括十二紀、八表、十志、七十傳。其中《天文志》和八表由其妹班昭和同郡馬續完成。《漢書‧藝文志》是在西漢劉向、劉歆父子《別錄》和《七略》的基礎上編纂而成的有關書籍的記載，也是我國現存最早的目錄學文獻，其内容包括六藝略、諸子略、詩賦略、兵書略、數術略、方技略等六種。諸子略將諸子分爲十家，每一家均列其書目，敍述學術源流，評論諸家之優劣得失，本文節錄時删去了書目。目前通行的《漢書》注本有唐顔師古的《漢書注》、清王先謙的《漢書補注》。今人楊樹達所著《漢書窺管》對王氏補注有所補正。

儒家者流[1]，蓋出於司徒之官[2]，助人君順陰陽明教化者也[3]。游文於六經之中[4]，留意於仁義之際[5]，祖述堯舜，憲章文武[6]，宗師仲尼[7]，以重其言，於道最爲高[8]。孔子曰："如有所譽，其有所試[9]。"唐虞之隆[10]，殷周之盛，仲尼之業，已試之效者也。然惑者既失精微，而辟者又隨時抑揚[11]，違離道本，苟以譁衆取寵。後進循之，是以五經乖析[12]，儒學寖衰[13]。此辟儒之患。

【注釋】

[1] 儒家：崇奉孔子學説的重要學派。

[2] 司徒：古官名，主管教化的官。

[3] 陰陽：中國古代的哲學概念。　教化：儒家所提倡的政教風化，也指教育感化。

[4] 游文：行文，潛心文字。　六經：指《詩》《書》《禮》《易》《樂》《春秋》六部儒家經典。

[5] 際：中間。

[6] "祖述堯舜"二句：《禮記‧中庸》作"仲尼祖述堯舜，憲章文武"。

[7] 宗師：舊稱受人尊崇、奉爲師表的人。

[8] 道：鄭玄《禮記‧樂記》注："謂仁義也。"

[9] "如有所譽"二句：《論語‧衛靈公》："吾之於人也，誰毀誰譽？如有所譽者，其有所試矣。"譽，稱讚。

[10] 唐虞：堯舜。

[11] 辟者：不誠實的人。辟，通"僻"。

[12] 乖析：背戾，相反。這裏指違反五經的本義。

[13] 寖：同"浸"。逐漸。

　　道家者流，蓋出於史官，歷記成敗存亡禍福古今之道，然後知秉要執本[1]，清虛以自守[2]，卑弱以自持，此君人南面之術也[3]。合於堯之克攘[4]，《易》之嗛嗛[5]，一謙而四益，此其所長也。及放者爲之，則欲絕去禮學，兼棄仁義，曰：獨任清虛，可以爲治。

【注釋】

[1] 要：要領，要點。　本：事物的根源。

[2] 清虛：清静虛無。

[3] 君人：做百姓的君主。君，用作動詞。

[4] 克：能。　攘：通“讓”。謙讓。

[5] 嗛：通“謙”。謙虛。《周易·謙卦》：“謙謙君子。”

　　陰陽家者流[1]，蓋出於羲和之官[2]，敬順昊天[3]，歷象日月星辰[4]，敬授民時[5]，此其所長也。及拘者爲之，則牽於禁忌[6]，泥於小數[7]，舍人事而任鬼神。

【注釋】

[1] 陰陽家：研究陰陽消長、四時變化的一個學派。

[2] 羲和：羲氏、和氏，相傳爲唐虞時掌管天地四時之官。

[3] 昊天：皇天。昊，大。

[4] 歷象：推算觀測天體的運行。

[5] 時：天時，包括年、月、日、晦、朔、弦、望、四季、節氣等。

[6] 牽：牽制。　禁忌：有關凶吉的忌諱。

[7] 數：術。

　　法家者流，蓋出於理官[1]，信賞必罰[2]，以輔禮制。《易》曰“先王以明罰飭法”[3]，此其所長也。及刻者爲之[4]，則無教化，去仁愛，專任刑法而欲以致治，至於殘害至親，傷恩薄厚[5]。

【注釋】

[1] 理官：審理獄訟的官，即法官。

[2] 信：誠。與下面的“必”皆用作動詞。

[3] 飭：整頓。語見《易·噬嗑卦》。

[4] 刻：苛刻，刻薄。

[5] 傷恩：傷害親屬間的恩愛關係。

　　名家者流[1]，蓋出於禮官[2]。古者名位不同，禮亦異數[3]。孔子曰：“必也正名乎！名不正則言不順，言不順則事不成。”此其所長也。及訐者爲之[4]，則苟鉤鈲析亂而已[5]。

**【注釋】**

[1] 名家：戰國時代的一个學派。他們在邏輯的研究方面有貢獻，但也有詭辯的傾向。

[2] 禮官：古代掌禮儀的官。

[3] 異數：指等次、品級不同。

[4] 警（jiào）：攻擊別人的短處，揭發別人的隱私。

[5] 苟：隨便，不審慎。　鉤：屈曲。　鈲（pī）破裂。　析：分散。　亂：混淆。此五字连用形容随便轻率、屈曲破碎、支离错杂的样子。

墨家者流[1]，蓋出於清廟之守[2]。茅屋采椽[3]，是以貴儉；養三老五更[4]，是以兼愛[5]；選士大射[6]，是以上賢[7]；宗祀嚴父[8]，是以右鬼[9]；順四時而行，是以非命；以孝視天下，是以上同；此其所長也。及蔽者爲之，見儉之利，因以非禮，推兼愛之意，而不知別親疏。

**【注釋】**

[1] 墨家：墨翟開創的學派。

[2] 清廟：宗廟。　守："官"的誤字。依余嘉錫説。

[3] 采：通"棌"，木名，即櫟木，是一種粗劣的木材。

[4] 三老五更：據說古代天子以父兄之禮養三老、五更各一人。見《禮記·文王世子》。"更"當作"叟"。

[5] 兼愛：《墨子》主張天下的人"兼相愛"。

[6] 大射：天子爲祭祀而舉行的射禮，群臣射箭屢中者得参與祭祀。

[7] 上：通"尚"。

[8] 宗祀：廟祭。

[9] 右鬼：尊敬鬼。

從橫橫家者流[1]，蓋出於行人之官[2]。孔子曰："誦詩三百[3]，使於四方，不能專對[4]，雖多亦奚以爲[5]？"又曰："使乎[6]，使乎！"言其當權事制宜，受命而不受辭，此其所長也。及邪人爲之，則上詐諼而棄其信[7]。

**【注釋】**

[1] 從橫橫家：戰國時的策辯之士。從，"縱"的古字。

[2] 行人：官名。《周禮》有大行人、小行人，掌朝覲宗廟會同之禮儀。

[3] 誦詩三百：見《論語·子路》，原文於"誦詩三百"後，尚有"授之以政，不達"。

[4] 專對：獨自應對。

[5] 奚以爲：有什麼用。古代在外交場合，使者常要引用《詩經》的句子來表達自己的意思。此處是説，如果出使時不能隨機應變、靈活應對，背誦的詩再多也無用。

[6] 使乎：真是一個使者呀！孔子贊美使者的話，語出《論語·憲問》。

[7] 詐諼（xuān）：欺詐，弄虛作假。

雜家者流[1]，蓋出於議官[2]。兼儒、墨，合名、法，知國體之有此[3]，見王治之無不貫，此其所長也。及盪者爲之[4]，則漫羨而無所歸心[5]。

【注釋】

[1] 雜家：雜採諸家之說的一個學派。

[2] 議官：諫議之官。

[3] 國體：治國之法。  此：指儒、墨、名、法諸家學說。

[4] 盪："蕩"的異体字。恣縱，放蕩不羈。

[5] 漫羨：散漫。  歸心：歸附之心。

農家者流[1]，蓋出於農稷之官[2]。播百谷，勸耕桑，以足衣食，故八政一曰食[3]，二曰貨。孔子曰"所重民食"，此其所長也。及鄙者爲之[4]，以爲無所事聖王，欲使君臣並耕，誖上下之序[5]。

【注釋】

[1] 農家：先秦的一個學派。主張人人都要從事農業生産。

[2] 稷：農官名。

[3] 八政：《尚書·洪範》中提到君主應施行的八種政事——食、貨、祀、司空、司徒、司寇、賓、師。

[4] 鄙：鄙陋，淺陋。

[5] 誖（bèi）：违背，乖谬。

小説家者流[1]，蓋出於稗官[2]。街談巷語，道聽塗説者之所造也。孔子曰："雖小道，必有可觀者焉，致遠恐泥[3]，是以君子弗爲也。"然亦弗滅也。閭里小知者之所及[4]，亦使綴而不忘[5]。如或一言可采，此亦芻蕘狂夫之議也[6]。

【注釋】

[1] 小説：雜記文字。

[2] 稗官：負責記載閭巷風俗的官。

[3] 泥：阻滯。此句意爲要憑小道來達到遠大的目標，恐怕難以行通了。

[4] 閭里小知者：指百姓中知識淺薄的人。

[5] 綴：聯綴。此指聯綴詞句，寫文章。

[6] 芻蕘狂夫之議：指草野之人的議論。芻蕘，割草打柴，此指割草打柴的人。狂夫，無知妄爲的人。

凡諸子百八十九家，四千三百二十四篇。

諸子十家，其可觀者九家而已。皆起於王道既微，諸侯力政[1]，時君世主，好惡殊方，是以九家之説蠭出並作[2]，各引一端，崇其所善，以此馳説，取合諸侯。其言雖殊，辟猶水火，相滅亦相生也。仁之與義，敬之與和，相反而皆相成也。《易》曰："天下同歸而殊塗，一致而百慮[3]。"今異家者各推所長，窮知究慮[4]，以明其指，雖有蔽短[5]，合其要歸，亦六經之支與流裔。使其人遭明王聖主，得其所折中[6]，皆股肱之材已[7]。仲尼有言："禮失而求諸野。"方今去聖久遠，道術缺廢，無所更索，彼九家者，不猶瘉於野乎[8]？若能修六藝之術，而觀此九家之言，舍短取長，則可以通萬方之略矣。

【注釋】

[1] 力政：以武力相征伐。政，通"征"。

[2] 蠭出：像蜂群紛飛似地出現。蠭，同"蜂"。　作：起。

[3] 致：目標。　慮：考慮。

[4] 窮知究慮：用盡心思。

[5] 蔽短：指片面之處和不足之處。

[6] 折中：調節偏頗之處使合乎正道。

[7] 股肱之材：指輔佐之臣。

[8] 瘉：同"愈"。勝過，高過。顏師古注："瘉與愈同。愈，勝也。"

【簡析】本文記述了諸子百家中儒、道、陰陽、法、名、墨、縱橫、雜、農、小説等十家學説的學術源流。首先，作者將先秦諸子放在一定的時代背景中加以考察，指出他們是在王道衰落、諸侯紛爭的歷史背景下產生的，由於不同君主的好惡從而產生了不同的主張。其次，根據各家的主張及特點探索其產生的淵源。最後，肯定了諸子學説的意義，認爲其各有所長，明君聖主若能舍短取長，必能"通萬方之略"，改變"道術缺廢"的時局，成就王治社會的偉業。十家中儒家居首位，並且儒家"於道最爲高"，體現了作者作爲正統儒家文人維護儒家仁義禮制的立場。同時作者也认为，各家雖各持己見，各騁其説，但也相反相成，殊途同歸。

## 十五、班超傳

【題解】本文選自《後漢書·班超傳》，据中華書局1965年版。作者范曄（398—445），字蔚宗，順陽（今河南淅川）人，南朝宋史學家。少承家學，博學多才，善爲文章，書法音律俱佳。歷任尚書吏部郎、宣城太守、左衛將軍等職，後因宮廷事變被殺。所著《後漢書》包括十紀、十志（未成）、八十列傳，是繼《漢書》後記載自東漢光武帝劉秀至獻帝劉協近兩百年史事的重要史書。《後漢書》在體例上因襲《史記》《漢書》，但新創了"黨錮""文苑""獨行""方術""逸民""列女"等類別的傳記。范曄生前未完成全書，後人取司馬彪《續漢書》之八志補入，成今本一百二十卷。《後漢書》紀傳部分有唐李賢等注，志則有南朝梁劉昭注。清代王先謙的《後漢書集解》也是一部重要的注本。

班超字仲升，扶風平陵人[1]，徐令彪之少子也[2]。爲人有大志，不修細節。然内孝謹，居家常執勤苦，不恥勞辱。有口辯，而涉獵書傳。永平五年[3]，兄固被召詣校書郎[4]，超與母隨至洛陽。家貧，常爲官傭書以供養[5]。久勞苦，嘗輟業投筆歎曰：“大丈夫無它志略，猶當效傅介子、張騫立功異域[6]，以取封侯，安能久事筆研閒乎[7]？”左右皆笑之。超曰：“小子安知壯士志哉！”其後行詣相者，曰：“祭酒[8]，布衣諸生耳，而當封侯萬里之外。”超問其狀。相者指曰：“生燕頷虎頸，飛而食肉，此萬里侯相也。”久之，顯宗問固“卿弟安在[9]”，固對“爲官寫書，受直以養老母[10]”。帝乃除超爲蘭臺令史[11]。後坐事免官。

【注釋】

[1] 扶風：漢郡名，轄區相當於今咸陽、興平、扶風、乾縣一帶。　平陵：扶風下屬縣名，故城在今陝西咸陽市東北。

[2] 徐令：徐縣縣令。徐縣在今安徽泗縣西北部。　彪：班彪，班超的父親，史學家。

[3] 永平：東漢明帝年號。

[4] 固：班固，字孟堅。　詣：到，指赴任。　校書郎：管理書籍的官員。

[5] 爲官傭書：受官府雇用抄寫書籍。

[6] 傅介子：漢義渠人，昭帝時奉命出使西域，因樓蘭（即下文之“鄯善”）幫助匈奴反漢，他殺樓蘭王而被封爲義陽侯。　張騫：西漢漢中人，曾應募出使月氏，經匈奴時被留居十餘年，後逃歸漢朝，隨大將軍衛青出擊匈奴，封博望侯。

[7] 久事筆研：以舞文弄墨爲生。研，通“硯”。

[8] 祭酒：猶言先輩。古代醼酒祭神，由坐中尊長率先舉酒以祭，後遂稱位尊或年長者爲祭酒。

[9] 顯宗：東漢明帝的廟號。

[10] 直：通“值”。報酬。

[11] 蘭臺：皇室藏珍秘圖書的地方。　令史：官名，掌報表文書之事。

十六年[1]，奉車都尉竇固出擊匈奴[2]，以超爲假司馬[3]，將兵別擊伊吾[4]，戰於蒲類海[5]，多斬首虜而還。固以爲能，遣與從事郭恂俱使西域[6]。

【注釋】

[1] 十六年：永平十六年，即公元73年。

[2] 奉車都尉：官名，掌管皇帝禦乘輿車。　竇固：字孟孫，漢光武帝之婿，好覽書傳，尤喜兵法，中元初封顯親侯，明帝時拜奉車都尉。

[3] 假司馬：次於軍司馬的官職。漢制，大將軍營凡五部，每部設校尉、軍司馬各一人，又有軍假司馬一人爲副。

[4] 伊吾：西域地名，故址在今新疆哈密市一帶，漢取此以通西域。

　　超到鄯善，鄯善王廣奉超禮敬甚備，後忽更疏懈。超謂其官屬曰："寧覺廣禮意薄乎？此必有北虜使來，狐疑未知所從故也。明者睹未萌，況已著邪。"乃召侍胡詐之曰："匈奴使來數日，今安在乎？"侍胡惶恐，具服其狀[1]。超乃閉侍胡[2]，悉會其吏士三十六人，與共飲，酒酣，因激怒之曰："卿曹與我俱在絕域[3]，欲立大功，以求富貴。今虜使到裁數日[4]，而王廣禮敬即廢；如令鄯善收吾屬送匈奴，骸骨長為豺狼食矣[5]。為之奈何？"官屬皆曰："今在危亡之地，死生從司馬。"超曰："不入虎穴，不得虎子。當今之計，獨有因夜以火攻虜，使彼不知我多少，必大震怖，可殄盡也[6]。滅此虜，則鄯善破膽，功成事立矣。"衆曰："當與從事議之。"超怒曰："吉凶決於今日。從事文俗吏[7]，聞此必恐而謀泄，死無所名，非壯士也！"衆曰："善。"初夜，遂將吏士往奔虜營。會天大風，超令十人持鼓藏虜舍後，約曰："見火然，皆當鳴鼓大呼。"餘人悉持兵弩夾門而伏。超乃順風縱火，前後鼓噪。虜衆驚亂，超手格殺三人，吏兵斬其使及從士三十餘級，餘衆百許人悉燒死。明日乃還告郭恂，恂大驚，既而色動。超知其意，舉手曰："掾雖不行[8]，班超何心獨擅之乎？"恂乃悅。超於是召鄯善王廣，以虜使首示之，一國震怖。超曉告撫慰，遂納子為質。還奏於竇固，固大喜，具上超功效，並求更選使使西域。帝壯超節[9]，詔固曰："吏如班超，何故不遣而更選乎？今以超為軍司馬[10]，令遂前功[11]。"超復受使，固欲益其兵[12]，超曰："願將本所從三十餘人足矣。如有不虞，多益為累。"

【注釋】

[1] 具服其狀：把實情都招供了。服，通"伏"，有"伏罪"之意。

[2] 閉：關押。

[3] 絕域：離中原極遠的地方。

[4] 裁：通"才"。

[5] 長：永遠。

[6] 殄（tiǎn）：滅絕，絕盡。

[7] 文俗吏：平庸的文官。

[8] 掾（yuàn）：古代官府屬員的通稱，這裏指從事。

[9] 壯：稱讚，嘉許。

[10] 軍司馬：漢代大將軍下屬部將，率部卒三千。

[11] 遂：完成。　前功：指通西域。

[12] 益：增加。

NOTE

　　是時于寘王廣德新攻破莎車[1]，遂雄張南道[2]，而匈奴遣使監護其國。超既西，先至于寘。廣德禮意甚疏。且其俗信巫。巫言："神怒何故欲向漢？漢使有騧馬[3]，急求取以祠我。"廣德乃遣使就超請馬。超密知其狀，報許之，而令巫自來取馬。有頃，巫至，超即斬其首以送廣德，因辭讓之。廣德素聞超在鄯善誅滅虜使，大惶恐，即攻殺匈奴使者而降超。超重賜其王以下，因鎮撫焉。

**【注釋】**

[1] 于寘：西域國名，今新疆和田縣。　莎車：西域國名，今新疆莎車縣。

[2] 雄張：謂聲威大振。

[3] 騧（guā）馬：嘴黑的黄馬。

　　時龜茲王建爲匈奴所立[1]，倚恃虜威，據有北道，攻破疏勒[2]，殺其王，而立龜茲人兜題爲疏勒王。明年春，超從間道至疏勒。去兜題所居槃橐城九十里[3]，逆遣吏田慮先往降之[4]。敕慮曰："兜題本非疏勒種，國人必不用命。若不即降，便可執之。"慮既到，兜題見慮輕弱，殊無降意。慮因其無備，遂前劫縛兜題。左右出其不意，皆驚懼奔走。慮馳報超，超即赴之，悉召疏勒將吏，説以龜茲無道之狀，因立其故王兄子忠爲王，國人大悦。忠及官屬皆請殺兜題，超不聽，欲示以威信，釋而遣之。疏勒由是與龜茲結怨。

**【注釋】**

[1] 龜茲：西域國名，故址在今新疆庫車、沙雅兩縣間。

[2] 疏勒：西域國名，故址即今新疆疏勒縣。

[3] 槃橐城：其址不詳。

[4] 逆：預先。

　　十八年，帝崩。焉耆以中國大喪[1]，遂攻没都護陳睦[2]。超孤立無援，而龜茲、姑墨數發兵攻疏勒[3]。超守槃橐城，與忠爲首尾，士吏單少，拒守歲餘。肅宗初即位[4]，以陳睦新没，恐超單危不能自立，下詔徵超。超發還，疏勒舉國憂恐。其都尉黎弇曰："漢使弃我，我必復爲龜茲所滅耳。誠不忍見漢使去。"因以刀自剄。超還至于寘，王侯以下皆號泣曰："依漢使如父母，誠不可去。"互抱超馬脚，不得行。超恐于寘終不聽其東，又欲遂本志，乃更還疏勒。疏勒兩城自超去後，復降龜茲，而與尉頭連兵[5]。超捕斬反者，擊破尉頭，殺六百餘人，疏勒復安。

**【注釋】**

[1] 焉耆：西域國名，位於龜茲以東，故址在今新疆焉耆回族自治縣。

［2］都護：漢朝駐西域負責監督保護西域國家和東西交通的最高行政和軍事長官。

［3］姑墨：西域國名，故址在今新疆拜城縣。

［4］肅宗：東漢章帝劉炟的廟號。

［5］尉頭：西域國名，故址在今新疆烏什縣西。

　　建初三年[1]，超率疏勒、康居、于寶、拘彌兵一萬人攻姑墨石城[2]，破之，斬首七百級。超欲因此叵平諸國[3]，乃上疏請兵。曰："臣竊見先帝欲開西域[4]，故北擊匈奴，西使外國，鄯善、于寶即時向化。今拘彌、莎車、疏勒、月氏、烏孫、康居復願歸附[5]，欲共并力破滅龜茲，平通漢道。若得龜茲，則西域未服者百分之一耳。臣伏自惟念，卒伍小吏，實願從谷吉效命絕域[6]，庶幾張騫弃身曠野。昔魏絳列國大夫[7]，尚能和輯諸戎，況臣奉大漢之威，而無鈆刀一割之用乎[8]？前世議者皆曰取三十六國，號爲斷匈奴右臂。今西域諸國，自日之所入[9]，莫不向化[10]，大小欣欣，貢奉不絕，唯焉耆、龜茲獨未服從。臣前與官屬三十六人奉使絕域，備遭艱厄，自孤守疏勒，於今五載，胡夷情數[11]，臣頗識之。問其城郭小大，皆言'依漢與倚天等'。以是效之，則葱領可通[12]，葱領通則龜茲可伐。今宜拜龜茲侍子白霸爲其國王[13]，以步騎數百送之，與諸國連兵，歲月之閒，龜茲可禽[14]。以夷狄攻夷狄，計之善者也。臣見莎車、疏勒田地肥廣，草牧饒衍，不比敦煌、鄯善閒也[15]，兵可不費中國而粮食自足。且姑墨、温宿二王[16]，特爲龜茲所置，既非其種，更相厭苦，其勢必有降反。若二國來降，則龜茲自破。願下臣章，參考行事。誠有萬分，死復何恨。臣超區區，特蒙神靈，竊冀未便僵仆，目見西域平定，陛下舉萬年之觴，薦勳祖廟[17]，布大喜於天下。"書奏，帝知其功可成，議欲給兵。平陵人徐幹素與超同志[18]，上疏願奮身佐超。五年，遂以幹爲假司馬，將刑及義從千人就超[19]。

**【注釋】**

［1］建初：漢章帝劉炟年號。

［2］康居：古國名，今新疆北部一帶及蘇聯中亞地區，不屬漢都護所轄範圍。　拘彌：一稱"拕彌"，西域國名，故址在今新疆于寶縣克勒底雅以東地區。

［3］叵（pǒ）：遂，就。

［4］先帝：指漢明帝劉莊。

［5］月氏：古國名，世居甘肅西部，西漢時爲匈奴所擊，西走阿母河（中亞細亞一帶），號大月氏。余部留住今甘肅、青海兩地，爲小月氏。　烏孫：西域國名，今新疆阿克蘇縣以北伊寧市以南一帶。

［6］谷吉：西漢谷永之父，長安人。元帝時曾奉命出使西域，爲匈奴郅支單于所殺。

［7］魏絳：春秋時晉國大夫。據《左傳》載，晉悼公時，山戎曾使孟樂至晉，因絳納虎

豹之皮請和諸戎，悼公遂使絳與諸戎結盟，從而使晉國免遭戎族國家的侵犯騷擾。

[8] 鉛刀一割：鉛制之刀不如寶劍鋒利，一割即失其鋒。這裏是班超自謙之詞。

[9] 日之所入：謂日落之處的國家，極言其西、其遠。

[10] 向化：傾向歸化漢朝。

[11] 情數：情況。

[12] 葱領：天山、昆侖的發源處，在今新疆西南部。領，通“嶺”。

[13] 侍子：在漢朝作人質的外國王子。

[14] 禽：通“擒”。

[15] 敦煌：郡名。漢置，今屬甘肅。

[16] 溫宿：西域國名。故址在今新疆阿克蘇地區溫宿縣。

[17] 薦勳：進獻功勞。

[18] 平陵：古縣名。在今咸陽市西北。　徐幹：字伯張，與班超相善。

[19] 義從：自願從軍者。

　　先是莎車以爲漢兵不出，遂降於龜茲，而疏勒都尉番辰亦復反叛[1]。會徐幹適至，超遂與幹擊番辰，大破之，斬首千餘級，多獲生口。超既破番辰，欲進攻龜茲。以烏孫兵彊，宜因其力，乃上言：“烏孫大國，控弦十萬[2]，故武帝妻以公主[3]，至孝宣皇帝[4]，卒得其用。今可遣使招慰，與共合力。”帝納之。八年，拜超爲將兵長史[5]，假鼓吹幢麾[6]。以徐幹爲軍司馬，別遣衛侯李邑護送烏孫使者[7]，賜大小昆彌以下錦帛[8]。

【注釋】

[1] 番（pán）辰：疏勒都尉名。

[2] 控弦：引弓待發，此指強健的兵卒。

[3] 公主：名細君，漢景帝孫，江都王劉建之女。武帝以爲公主，遠嫁烏孫。

[4] 孝宣皇帝：漢宣帝劉詢，武帝曾孫，在位26年。

[5] 將兵長史：漢代特置的駐防邊郡的統兵長官。

[6] 鼓吹：軍樂。　幢（chuáng）麾：旗幟一類儀仗，上飾鳥羽。

[7] 衛侯：官名，禁衛軍中級軍職。

[8] 昆彌：烏孫稱王曰昆彌。老昆彌死，其子孫爭王位，漢宣帝時遂令立大小兩昆彌，各賜印綬。

　　李邑始到于寘，而值龜茲攻疏勒，恐懼不敢前，因上書陳西域之功不可成，又盛毀超擁愛妻，抱愛子，安樂外國，無內顧心。超聞之，歎曰：“身非曾參而有三至之讒[1]，恐見疑於當時矣。”遂去其妻。帝知超忠，乃切責邑曰：“縱超擁愛妻，抱愛子，思歸之士千餘人，何能盡與超同心乎?”令邑詣超受節度。詔超："若邑任在外者，便留與從事。"超即遣邑將烏孫侍子還京師。徐幹謂超曰："邑前親毀君，欲敗西域[2]，今何不緣詔書留之，更遣它吏送侍子乎？"超曰："是何言之陋也！以邑毀超，故今遣之。内省不疚，何卹人言！快意留之，非忠臣也。"

**【注釋】**

[1] 三至之讒：據《戰國策·秦策》載：有與曾參同姓名者在外殺人，人告參母，其母不信，織布自若。不一會兒，又一人來告其母，參母仍織如故。一會兒，又有第三者來告曾參殺人，參母終於誤信傳聞，嚇得下機翻牆逃走了。

[2] 敗西域：破壞打通西域的計劃。

明年，復遣假司馬和恭等四人將兵八百詣超，超因發疏勒、于寘兵擊莎車。莎車陰通使疏勒王忠，啗以重利[1]，忠遂反從之，西保烏即城。超乃更立其府丞成大爲疏勒王[2]，悉發其不反者以攻忠。積半歲，而康居遣精兵救之，超不能下。是時月氏新與康居婚，相親，超乃使使多齎錦帛遺月氏王[3]，令曉示康居王，康居王乃罷兵，執忠以歸其國，烏即城遂降於超。

**【注釋】**

[1] 啗：此指引誘。

[2] 府丞：西域各國王室之行政官長官。

[3] 齎：攜帶。

後三年，忠説康居王借兵，還據損中[1]，密與龜茲謀，遣使詐降於超。超内知其姦而外僞許之。忠大喜，即從輕騎詣超。超密勒兵待之，爲供張設樂[2]。酒行，乃叱吏縛忠斬之。因擊破其衆，殺七百余人，南道於是遂通。

明年，超發于寘諸國兵二萬五千人，復擊莎車，而龜茲王遣左將軍發溫宿、姑墨、尉頭合五萬人救之。超召將校及于寘王議曰："今兵少不敵，其計莫若各散去。于寘從是而東，長史亦於此西歸，可須夜鼓聲而發。"陰緩所得生口[3]。龜茲王聞之大喜，自以萬騎於西界遮超，溫宿王將八千騎於東界徼于寘。超知二虜已出，密召諸部勒兵，雞鳴馳赴莎車營，胡大驚亂奔走，追斬五千餘級，大獲其馬畜財物。莎車遂降，龜茲等因各退散，自是威震西域。

**【注釋】**

[1] 損中：或作頓中，槙中。

[2] 張：通"帳"。

[3] 陰緩：暗中放松。

初，月氏嘗助漢擊車師有功，是歲貢奉珍寶、符拔、師子[1]，因求漢公主。超拒還其使，由是怨恨。永元二年[2]，月氏遣其副王謝將兵七萬攻超。超衆少，皆大恐。超譬軍士曰[3]："月氏兵雖多，然數千里踰葱領來[4]，非有運輸，何足憂邪？但當收穀堅守，彼飢窮自降，不過數十日決矣。"謝遂前攻超，不下，又鈔掠無所得[5]。超度其糧將盡，必從龜茲求救，乃遣兵數百於東界要之[6]。謝果遣騎齎金銀珠玉以賂龜茲。超伏兵遮擊，盡殺之，持其使首以示謝。謝大驚，即遣使請罪，願得生歸。超縱遣之。月氏由是大震，歲奉貢獻。

**【注釋】**

[1] 符拔：獸名。似鹿長尾。一說，形似麟而無角。　師子：即獅子。"獅"古作"師"。

[2] 永元：漢和帝劉肇的年號。

[3] 譬：明曉，曉諭。

[4] 領：通"嶺"。

[5] 鈔掠：強取掠奪。鈔，同"抄"。

[6] 要：通"邀"。中途攔截。

明年，龜茲、姑墨、溫宿皆降，乃以超爲都護，徐幹爲長史。拜白霸爲龜茲王，遣司馬姚光送之。超與光共脅龜茲廢其王尤利多而立白霸，使光將尤利多還詣京師。超居龜茲它乾城，徐幹屯疏勒。西域唯焉耆、危須、尉犁以前沒都護，懷二心，其餘悉定。

六年秋，超遂發龜茲、鄯善等八國兵合七萬人，及吏士賈客千四百人討焉耆[1]。兵到尉犁界，而遣曉説焉耆、尉犁、危須曰[2]："都護來者，欲鎮撫三國。即欲改過向善[3]，宜遣大人來迎[4]，當賞賜王侯已下，事畢即還。今賜王綵五百匹[5]。"焉耆王廣遣其左將北鞬支奉牛酒迎超[6]。超詰鞬支曰："汝雖匈奴侍子，而今秉國之權[7]。都護自來，王不以時迎，皆汝罪也。"或謂超可便殺之。超曰："非汝所及。此人權重於王，今未入其國而殺之，遂令自疑，設備守險，豈得到其城下哉！"於是賜而遣之。廣乃與大人迎超於尉犁，奉獻珍物。

**【注釋】**

[1] 賈客：商人。

[2] 而：就，才。

[3] 即：如果。

[4] 大人：古代部落首領名，由推舉產生，任期一般三年，掌管部落或部落聯盟的各項事務。

[5] 綵：通"彩"。彩色絲織物。

[6] 牛酒：牛和酒。古代饋問、宴犒、祭祀的物品。

[7] 秉：執掌，主持。

　　焉耆國有葦橋之險,廣乃絕橋[1]，不欲令漢軍入國。超更從它道屬度[2]。七月晦[3]，到焉耆，去城二十里，營大澤中。廣出不意，大恐，乃欲悉驅其人共入山保[4]。焉耆左候元孟先嘗質京師，密遣使以事告超，超即斬之，示不信用。乃期大會諸國王，因揚聲當重加賞賜，於是焉耆王廣、尉犁王汎及北鞬支等三十人相率詣超[5]。其國相腹久等十七人懼誅[6]，皆亡入海，而危須王亦不至。坐定，超怒詰廣曰："危須王何故不到？腹久等所緣逃亡？"遂叱吏士收廣、汎等於陳睦故城斬之，傳首京師。因縱兵鈔掠，斬首五千餘級，獲生口萬五千人，馬畜牛羊三十餘萬頭，更立元孟爲焉耆王。超留焉耆半歲，慰撫之。於是西域五十餘國悉皆納質內屬焉[7]。

【注釋】

[1] 絕：斷絕，引申爲"封鎖"。

[2] 屬度：涉水過去。屬，涉水。連衣涉水爲"屬"，提衣涉水爲"揭"。度，通"渡"。

[3] 晦：指農曆月終。

[4] 保：通"堡"。小城。

[5] 三十人：晉袁宏《後漢記》云四十一人。

[6] 十七人：一本爲七十人。

[7] 內屬：內附，歸順。


　　明年，下詔曰："往者匈奴獨擅西域[1]，寇盜河西，永平之末，城門晝閉。先帝深愍邊萌嬰羅寇害[2]，乃命將帥擊右地，破白山[3]，臨蒲類，取車師[4]，城郭諸國震慴響應，遂開西域，置都護。而焉耆王舜、舜子忠獨謀悖逆，恃其險隘，覆沒都護，並及吏士。先帝重元元之命[5]，憚兵役之興，故使軍司馬班超安集于窴以西。超遂踰蔥領，迄縣度[6]，出入二十二年，莫不賓從。改立其王，而綏其人[7]。不動中國，不煩戎士，得遠夷之和，同異俗之心，而致天誅[8]，蠲宿恥，以報將士之讎。《司馬法》曰：'賞不踰月，欲人速覩爲善之利也。'其封超爲定遠侯，邑千戶[9]。"

【注釋】

[1] 擅：擁有。

[2] 嬰羅：遭遇，遭受。

[3] 白山：即天山。因冬夏都積雪，故名。

[4] 車師：又稱"姑師"，西域國名。

[5] 元元：民衆。

[6] 縣度：古山名。

[7] 綏：安撫。

[8] 天誅：上天的懲罰。

[9] 邑千户：封以一千户之地爲采邑。

　　超自以久在絕域，年老思土[1]。十二年[2]，上疏曰："臣聞太公封齊，五世葬周，狐死首丘，代馬依風。夫周齊同在中土千里之閒，況於遠處絕域，小臣能無依風首丘之思哉？蠻夷之俗，畏壯侮老。臣超犬馬齒殲[3]，常恐年衰，奄忽僵仆，孤魂弃捐。昔蘇武留匈奴中尚十九年，今臣幸得奉節帶金銀護西域[4]，如自以壽終屯部[5]，誠無所恨，然恐後世或名臣爲没西域。臣不敢望到酒泉郡[6]，但願生入玉門關[7]。臣老病衰困，冒死瞽言[8]，謹遣子勇隨獻物入塞。及臣生在[9]，令勇目見中土[10]。"而超妹同郡曹壽妻昭亦上書請超曰：

【注釋】

[1] 土：故土，故國。

[2] 十二年：指漢和帝永元十二年。

[3] 犬馬齒殲：意爲年歲已老。犬馬，謙稱自己。齒，指年齡。殲，盡，滅。

[4] 金銀：指金印、銀印。

[5] 屯部：駐守所在地。

[6] 酒泉：郡名。今甘肅省酒泉市。

[7] 玉門關：故址在今甘肅省敦煌市西北的小方盤城，是當時內地通往西域的交通門户。

[8] 瞽：瞎眼。

[9] 及：趁……的時候。

[10] 中土：中原。

　　妾同産兄西域都護定遠侯超，幸得以微功特蒙重賞，爵列通侯[1]，位二千石。天恩殊絕，誠非小臣所當被蒙。超之始出，志捐軀命，冀立微功，以自陳效。會陳睦之變，道路隔絕，超以一身轉側絕域[2]，曉譬諸國，因其兵衆，每有攻戰，輒爲先登，身被金夷[3]，不避死亡。賴蒙陛下神靈，且得延命沙漠，至今積三十年。骨肉生離，不復相識。所與相隨時人士衆，皆已物故[4]。超年最長，今且七十。衰老被病[5]，頭髮無黑，兩手不仁[6]，耳目不聰明，扶杖乃能行。雖欲竭盡其力，以報塞天恩[7]，迫於歲暮，犬馬齒索[8]。蠻夷之性，悖逆侮老，而超旦暮入地，久不見代，恐開姦宄之源，生逆亂之心。而卿大夫咸懷一切[9]，莫肯遠慮。如有卒暴，超之氣力不能從心，便爲上損國家累世之功，下弃忠臣竭力之用，誠可痛也。故超萬里歸誠，自陳苦急，延頸踰望[10]，三年於今，未蒙省録[11]。

【注釋】

[1] 通侯：古爵位名。本爲徹侯，因避武帝名諱改爲"通侯"。

[2] 轉側：輾轉。

[3] 金夷：兵器所傷。

[4] 物故：死亡。

[5] 被：遭遇。

[6] 不仁：麻木失去知覺，感覺遲鈍。

[7] 塞（sài）：酬神，即報其所祈。一作“賽”。

[8] 索：盡，完結。

[9] 一切：一時權宜。

[10] 延頸：伸長脖子。

[11] 省錄：審察採納。錄，採納。

　　妾竊聞古者十五受兵，六十還之，亦有休息不任職也。緣陛下以至孝理天下，得萬國之歡心，不遺小國之臣，況超得備侯伯之位，故敢觸死爲超求衰，匃超餘年[1]。一得生還，復見闕庭，使國永無勞遠之慮，西域無倉卒之憂，超得長蒙文王葬骨之恩，子方哀老之惠[2]。《詩》云：“民亦勞止，汔可小康[3]，惠此中國[4]，以綏四方。”超有書與妾生訣，恐不復相見。妾誠傷超以壯年竭忠孝於沙漠，疲老則便捐死於曠野，誠可哀憐。如不蒙救護，超後有一旦之變，冀幸超家得蒙趙母、衛姬先請之貸。妾愚戇不知大義，觸犯忌諱。

　　書奏，帝感其言，乃徵超還。

【注釋】

[1] 匃（gài）：乞求。

[2] 子方：即田子方，名無擇，戰國時魏人。

[3] 汔（qì）：接近，差不多。　小康：指暫時安定。

[4] 中國：國中。

　　超在西域三十一歲。十四年八月至洛陽，拜爲射聲校尉。超素有匈脅疾[1]，既至，病遂加。帝遣中黃門問疾，賜醫藥。其年九月卒，年七十一。朝廷愍惜焉[2]，使者弔祭，贈賵甚厚[3]。子雄嗣。

【注釋】

[1] 匈：同“胸”。

[2] 焉：之。

[3] 賵（fèng）：送給喪家助葬的物品，如車馬等。

【簡析】班超是著名史學家班固的弟弟，少有大志，文武兼備。近四十歲時受命出使西域，歷時三十一年，東征西討，文治武攻，終於使混亂複雜的西域五十國完全歸順大漢，班超本人也因建立了不朽的功業而得以封侯。《班超傳》是《後漢書》中著名的人物傳記，記述了傳主投筆從戎、不入虎穴焉得虎子、封侯、歸國、辭世等不同階段的非凡經歷，尤其詳盡而生動地記述了其在西域戎馬倥傯、浴血奮戰的精彩人生。匈奴的不斷入侵是兩漢四百多年間國門之外的最大隱憂，班超以一人之力，威震西域二十餘年，不僅維護了國家的安全，也密切了與西域各族的關係，爲我國多民族國家的形成、鞏固和發展做出了卓越貢獻。

## 十六、官渡之戰

【題解】本文节選自《三國志·魏書·武帝紀》，据中華書局 1959 年版。作者陳壽（233—297），字承祚，巴西郡安漢縣（今四川南充）人，三國時蜀漢及晉初著名史學家。陳壽少年時受學於同郡名士、史學家譙周，在蜀漢曾任觀閣令史，入晉後歷任著作郎、治書侍御史等職。《三國志》記載了魏、蜀、吳三國鼎立時期的歷史，是一部紀傳體國別史。全書共六十五卷，其中《魏書》三十卷，《蜀書》十五卷，《吳書》二十卷。原三書各自獨立，北宋時合而爲一，改稱《三國志》，與《史記》《漢書》《後漢書》合稱"前四史"。《三國志》選材嚴謹，敍事簡略。南朝宋裴松之爲之作注，博引群書，注文多出本文數倍，保存的史料甚爲豐富。近人盧弼有《三國志集解》也可供參考。

是時袁紹既并公孫瓚，兼四州之地，衆十餘萬，將進軍攻許。諸將以爲不可敵，公曰："吾知紹之爲人，志大而智小，色厲而膽薄[1]，忌克而少威[2]，兵多而分畫不明[3]，將驕而政令不一，土地雖廣，糧食雖豐，適足以爲吾奉也[4]。"秋八月，公進軍黎陽，使臧霸等入青州破齊、北海、東安，留于禁屯河上。九月，公還許，分兵守官渡。冬十一月，張繡率衆降，封列侯。十二月，公軍官渡。

【注釋】

[1] 膽薄：膽小。

[2] 忌克：妒忌而刻薄。

[3] 分畫不明：指揮部署不當。

[4] 奉：送來的禮物。

二月，紹遣郭圖、淳于瓊、顔良攻東郡太守劉延於白馬[1]，紹引兵至黎陽，將渡河。夏四月，公北救延。荀攸說公曰："今兵少不敵，分其勢乃可。公到延津[2]，若將渡兵向其後者，紹必西應之，然後輕兵襲白馬，掩其不備，顔良可禽也。"公從之。紹聞兵渡，即分兵西應之。公乃引軍兼行趣白馬，未至十餘里，良大驚，來逆戰。使張遼、關羽前登[3]，擊破，斬良。遂解白馬圍，徙其民，循河而西。紹於是渡河追公軍，至延津南。公勒兵駐營南阪下[4]，使登壘望之，曰："可五六百騎。"有頃，復白："騎稍多，步兵不可勝數。"公曰："勿復白。"乃令騎解鞍放馬。是時，白馬輜重就道。諸將以爲敵騎多，不如還保營。荀攸曰："此所以餌敵[5]，如何去之！"紹騎將文醜與劉備將五六千騎前後至。諸將復白："可上馬。"公曰："未也。"有頃，騎至稍多，或分趣輜重。公曰："可矣。"乃皆上馬。時騎不滿六百，遂縱兵擊，大破之，斬醜。良、醜皆紹名將也，再戰，悉禽，紹軍大震。公還軍官渡。紹進保陽武。關羽亡歸劉備。

【注釋】

[1] 白馬：在今河南省滑縣東，在當時的黃河南岸，其北岸是黎陽。

[2] 延津：在今河南省新鄉市東南，在當時白馬、黎陽之西。

[3] 前登：先去接戰。

[4] 南阪下：指白馬山南之山坡下。

[5] 餌：引誘。

八月，紹連營稍前，依沙塠爲屯[1]，東西數十里。公亦分營與相當，合戰不利。時公兵不滿萬，傷者十二三。紹復進臨官渡[2]，起土山地道。公亦於内作之，以相應。紹射營中，矢如雨下，行者皆蒙楯，衆大懼。時公糧少，與荀彧書，議欲還許。彧以爲"紹悉衆聚官渡，欲與公決勝敗。公以至弱當至彊，若不能制，必爲所乘，是天下之大機也[3]。且紹，布衣之雄耳，能聚人而不能用。夫以公之神武明哲而輔以大順[4]，何向而不濟[5]！"公從之。

【注釋】

[1] 塠（duī）：同"堆"。

[2] 官渡：位於今河南中牟東北。

[3] 機：成敗的關鍵。

[4] 神武：聰明威武。　大順：謂順乎倫常天道。此借指"挾天子以令諸侯"。

[5] 濟：成功。

孫策聞公與紹相持，乃謀襲許，未發，爲刺客所殺。

汝南降賊劉辟等叛應紹，略許下。紹使劉備助辟，公使曹仁擊破之。備走，遂破辟屯。

袁紹運穀車數千乘至，公用荀攸計，遣徐晃、史渙邀擊[1]，大破之，盡燒其車。公與紹相拒連月，雖比戰斬將[2]，然衆少糧盡，士卒疲乏。公謂運者曰："卻十五日爲汝破紹[3]，不復勞汝矣。"冬十月，紹遣車運穀，使淳于瓊等五人將兵萬餘人送之，宿紹營北四十里。紹謀臣許攸貪財，紹不能足，來奔，因說公擊瓊等。左右疑之，荀攸、賈詡勸公。公乃留曹洪守，自將步騎五千人夜往，會明至。瓊等望見公兵少，出陳門外。公急擊之，瓊退保營，遂攻之。

紹遣騎救瓊。左右或言"賊騎稍近，請分兵拒之"。公怒曰："賊在背後，乃白！"士卒皆殊死戰，大破瓊等，皆斬之。紹初聞公之擊瓊，謂長子譚曰："就彼攻瓊等，吾攻拔其營，彼固無所歸矣！"乃使張郃、高覽攻曹洪。郃等聞瓊破，遂來降。紹衆大潰，紹及譚棄軍走，渡河。追之不及，盡收其輜重圖書珍寶，虜其衆。公收紹書中，得許下及軍中人書，皆焚之。冀州諸郡多舉城邑降者。

【注釋】

[1] 邀擊：截擊。

[2] 比：屢次。

[3] 卻："却"的異體字。後。

【簡析】官渡之戰是中國歷史上著名的以少勝多的戰役，也是曹操與袁紹爭奪北方霸權的轉折點。曹操在官渡之戰中，實力明顯不如人力物力都佔有絕對優勢的袁紹，但他卻以少擊衆、後發制人，並最終大獲全勝，一反之前對袁紹的劣勢，爲自己統一北方奠定了基礎。在此戰役中，曹操顯示出卓絕的統帥能力和作戰水平，曹營各大謀士武將也各展其能、各顯神通。從客觀條件上説，曹操本處於劣勢，但由於他能正確分析客觀形勢，善於聽取他人的正確意見，所以能揚長避短，採用正確的戰略戰術，使戰爭向有利於自己的方面轉化，終於贏得了勝利。此外，曹營的謀士關鍵時刻獻上計謀，有化險爲夷之功，可説是一計敵萬人。陳壽在《三國志·魏書》裏如實記録了這段歷史，成功地塑造了曹操、荀攸等個性鮮明的人物形象。

## 常用詞詞義分析（二）

### E

【惡】è ①罪過，與"善"相對。《尚書·洪範》："無有作惡，遵王之路。"②惡劣，壞。《禮記·大學》："人莫知其子之惡。"③醜。《河東先生集·與崔連州論石鐘乳書》："惡而曠者，皆可以當侯王。"wù ④厭惡。《呂氏春秋·首時》："其貌適吾所甚惡也。"⑤禁忌。《禮記·王制》："大史典禮，執簡記，奉諱惡。"wū ⑥何，怎麼。《呂氏春秋·本生》："性惡得不傷？"

### F

【發】①發射。韓愈《雉帶箭》："將軍欲以巧伏人，盤馬彎弓惜不發。"②發生，興起。《漢書·劉向傳》："自建始以來，二十歲間而八食，率二歲六月而一發，古今罕有。"③闡明，發掘。《論語·爲政》："退而省其私，亦足以發。"④啓發。《論語·述而》："不憤不啓，不悱不發。"⑤散發，發給。《尚書·武成》："散鹿臺之財，發鉅橋之粟，大賚於四海，而萬姓悦

NOTE

服。"⑥發作。《靈樞·憂恚無言》："心痛甚，且發夕死，夕發旦死。"⑦顯現。《左傳·昭公元年》："天有六氣，降生五味，發爲五色。"⑧遣送。《三國志·魏書·方技傳》："又敕郡縣發遣。"⑨出發，起程。《三國志·魏書·武帝紀》："孫策聞公與紹相持，乃謀襲許，未發，爲刺客所殺。"⑩開啓。《莊子·胠篋》："將爲胠篋探囊發匱之盜而爲守備。"

【伐】①征伐。《左傳·僖公五年》："晉侯復假道於虞以伐虢。"②誇耀。《論語·公冶長》："願無伐善，無施勞。"③功勞。《左傳·莊公二十八年》："且旌君伐。"④砍伐。《詩經·魏風·伐檀》："砍砍伐檀兮，寘之河之干兮。"⑤傷害，損壞。《素問·四氣調神大論》："逆其根，則伐其本，壞其真矣。"

【罰】①處分，懲罰。《戰國策·秦策》："毛羽不豐滿者不可以高飛，文章不成者不可以誅罰，道德不厚者不可以使民，政教不順者不可以煩大臣。"②出錢贖罪。《周禮·秋官·職金》："掌受士之金罰貨罰。"③過錯。《左傳·成公二年》："貪色爲淫，淫爲大罰。"

【法】①刑法。《韓非子·五蠹》："夫離法者罪，而諸先生以文學取。"②法度，標準。《備急千金要方·大醫精誠》："爲醫之法。"③法規。《左傳·宣公二年》："董狐，古之良史也，書法不隱。"④效法。《禮記·大學》："其爲父子兄弟足法，而後民法之也。"

【反】①翻轉。《詩經·周南·關雎》："悠哉悠哉，輾轉反側。"②反面，相反。《韓非子·六反》："害者，利之反也……亂者，治之反也。"③違反，違背。《禮記·中庸》："君子中庸，小人反中庸。"④反而。杜甫《五盤》："地僻無網罟，水清反多魚。"⑤同"返"，返回。《史記·扁鵲倉公列傳》："有先生則活，無先生則棄捐填溝壑，長終而不得反。"

【方】①並船。《國語·齊語》："方舟設泭。"②方形，與"圓"相對。《禮記·儒行》："舉賢而容衆，毀方而瓦合。"③平方，見方。《論語·先進》："方六七十。"④方向，方域。《禮記·中庸》："南方之強與？北方之強與？"⑤版，古代書寫用的木板。《禮記·中庸》："布在方策。"⑥原則，道理。《莊子·秋水》："是所以語大義之方。"⑦方術，方法。《莊子·天下》："惠施多方，其書五車。"⑧藥方，方劑。《新修本草·序》："雕琢經方。"⑨始，才。《重广補注黃帝內經素問·序》："歷十二年，方臻理要。"⑩正要，正在。《三國志·魏書·方技傳》："當得家書，方欲暫還耳。"

【防】①河堤，河壩。《呂氏春秋·慎小》："巨防容螻而漂邑殺人。"②築堤防水。《左傳·襄公三十一年》："然猶防川，大決所犯，傷人必多。"③提防，防備。《國語·周語》："防民之口，甚於防川。"

【分】fēn①分開。《莊子·秋水》："無形者，數之所不能分也。"②量詞。寸的十分之一。《三國志·魏書·方技傳》："針之不過四分。"③辨別，區別。《論語·微子》："四體不勤，五穀不分，孰爲夫子？"④分給，散發。《左傳·昭公十四年》："分貧振窮，長孤幼，養老疾，收介特，救災患，宥孤寡。"fèn⑤職分，本分。《莊子·秋水》："時無止，分無常。"⑥份。《韓非子·五蠹》："非有分於從衡之黨。"

【封】①指帝王把土地或爵位賜人。《史記·項羽本紀》："項氏世世爲楚將，封於項，故姓項氏。"②疆界，封疆。《管子·四時》："端險阻，修封疆，正千伯。"③封閉。《史記·項羽本紀》："籍吏民，封府庫，以待將軍。"④建造。《河東先生集·與崔連州論石鐘乳書》："徐之糞壤，皆可以封大社。"⑤大。《楚辭·離騷》："羿淫遊以佚畋兮，又好射夫封狐。"

⑥積土爲墳。《易經·繫辭》："古之葬者，厚衣之以薪，葬之中野，不封不樹，喪期无數。"

【奉】①兩手恭敬地捧着。《左傳·成公二年》："再拜稽首，奉觴加璧以進。"②陪從（在上位者）。《左傳·莊公八年》："管夷吾、召忽奉公子糾來奔。"③供養。《後漢書·班超傳》："超到鄯善，鄯善王廣奉超禮敬甚備，後忽更疏懈。"④通"俸"。《戰國策·趙策四》："位尊而無功，奉厚而無勞。"

【伏】①趴（在地上、床上等）。《素問·方盛衰論》："夢伏樹下不敢起。"又古人以伏地表示尊敬或敬畏。《戰國策·秦策》："嫂虵行匍伏，四拜自跪而謝。"②埋伏。《左傳·莊公十年》："懼有伏焉。"③夏祭名。夏祭爲伏；冬祭爲臘。《史記·留侯世家》："留侯死，並葬黃石，每上冢伏臘，祠黃石。"

【福】①古稱富貴壽考等爲福。與"禍"相對。《尚書·洪範》："五福：一曰壽，二曰富，三曰康寧，四曰攸好德，五曰考終命。"②保佑。《墨子·法儀》："愛人利人者，天必福之。"③祭祀用的酒肉。《國語·晉語》："今夕君夢齊姜，必速祠而歸福。"④利益。潘岳《西征賦》："伊茲池之肇穿，肆水戰於荒服，志勤遠以極武，良無要以後福。"

【負】①背，載。《左傳·成公十年》："小臣有晨夢負公以登天，及日中，負晉侯出諸廁，遂以爲殉。"引申爲靠着。《孟子·盡心》："虎負嵎。"又爲仗恃，依仗。《史記·廉頗藺相如列傳》："秦貪，負其彊以空言求璧。"②對不起人。《戰國策·齊策四》："客果有能也！吾負之，未嘗見也。"③敗。跟"勝"相對。《史記·陳丞相世家》："無益於勝負之數。"

【復】①返回。《穀梁傳·宣公八年》："公子遂如齊，至黃乃復。"②重復。《孫子兵法·虛實》："故其戰勝不復，而應形於無窮。"③反轉。《老子·六章》："學不學，復衆人之所過。"④又，更，再。《孟子·公孫丑》："夫子當路於齊，管仲晏子之功，可復許乎？"⑤告，回答。《尚書·説命》："説復於王。"⑥報復。《左傳·定公四年》："我必復楚國。"

## G

【蓋】①苫，白茅編成的覆蓋物。《左傳·襄公十四年》："乃祖吾離被苫蓋，蒙荆棘，以來歸我先君。"②車蓋。《史記·管子列傳》："擁大蓋，策駟馬。"③遮蓋，掩蓋。《靈樞·外揣》："深不可爲下，高不可爲蓋。"④大概，恐怕。《禮記·禮運》："仲尼之嘆，蓋嘆魯也。"⑤句首語氣詞。《漢書·司馬相如傳》："蓋號以況榮。"

【甘】①美味。《尚書·洪範》："稼穡作甘。"②以爲美味。《論語·陽貨》："食旨不甘，聞樂不樂。"③甜，五味之一。《周禮·天官·瘍醫》："凡藥，以酸養骨，以辛養筋，以鹹養脈，以苦養氣，以甘養肉，以滑養竅。"④寬鬆。《莊子·天道》："徐則甘而不固，疾則苦而不入。"⑤甘願，樂意。《詩經·齊風·雞鳴》："蟲飛薨薨，甘與子同夢。"

【攻】①攻擊。《孫子兵法·虛實》："攻而必取者，攻其所不守也。"②加工，修治。《詩經·小雅·鶴鳴》："他山之石，可以攻玉。"③治療。《周禮·天官·瘍醫》："凡療瘍，以五毒攻之。"④指責。《論語·先進》："非吾徒也，小子鳴鼓而攻之可也。"⑤鑽研。《論語·爲政》："攻乎異端，斯害也已。"

【孤】①幼年喪父或父母双亡。《禮記·大學》："上老老而民興孝，上長長而民興弟，上恤孤而民不倍。"②單獨，孤單。《論語·里仁》："德不孤，必有鄰。"③古代王侯的自稱。

《左傳·桓公三年》："楚子曰：'孤之罪也。'"④辜負。《後漢書·明德馬皇后紀》："臣叔援孤恩不報。"⑤指沒有子女的人。《呂氏春秋·懷寵》："求其孤寡而振恤之。"

【鼓】①擊鼓，彈奏。《史記·司馬相如列傳》："相如辭謝，爲鼓一再行。"②振動，搖動。《易經·繫辭》："鼓之以雷霆，潤之以風雨。"③鼓動，鼓弄。韓愈《與孟書書》："於是時也，而唱釋老於其間，鼓天下之衆而從之。"④敲，拍。《楚辭·離騷》："吕望之鼓刀兮，遭周文而得舉。"⑤鼓脹，脹滿。《素問·痹論》："心痹者，脈不通，煩則心下鼓。"

【賈】gǔ①賣。《詩經·邶風·谷風》："賈用不售。"又爲買。《左傳·昭公二十九年》："平子每歲賈馬。"②招惹。《左傳·桓公十年》："吾焉用此以賈害也。"③商人。《後漢書·班超傳》："六年秋，超遂發龜茲、鄯善等八國兵合七萬人，及吏士賈客千四百人討焉耆。"jià④價格。《論語·子罕》："求善賈而沽諸？"

【固】①地勢險要，城防嚴密。《戰國策·秦策》："南有巫山、黔中之限，東有肴、函之固。"②穩固，鞏固。《國語·晉語二》："諸侯義而撫之，百姓欣而奉之，國可以固。"③固執，鄙陋。《列子·湯問》："汝心之固，固不可徹。"④本來。《備急千金要方·大醫精誠》："固非耳目之所察。"

【故】①原故。《史記·扁鵲倉公列傳》："桓侯使人問其故。"②事。《管子·四時》："不知五穀之故。"③固定。《莊子·秋水》："分无常，終始无故。"④舊。《論語·爲政》："溫故而知新。"⑤特地。《三國志·魏書·方技傳》："忍病十歲，壽俱當盡，不足故自刳裂。"⑥因此，所以。《禮記·大學》："故君子必慎其獨也。"

【顧】①回視，回頭看。《備急千金要方·大醫精誠》："縱綺羅滿目，勿左右顧眄。"②照顧。《漢書·司馬遷傳》："念父母，顧妻子。"③顧及。《漢書·食貨志》："飢寒至身，不顧廉恥。"④不過，祇是。《劉賓客文集·鑒藥》："顧醫之態，多嗇術以自貴，遺患以要財。"⑤反而，卻。《史記·燕召公世家》："子之南面行王事，而噲老不聽政，顧爲臣，國事皆決於子之。"

【官】①官吏。《易經·繫辭》："百官以治，萬民以察。"②官府。《管子·牧民》："出令如流水之原，使民於不爭之官，開必得之門，不爲不可成，不求不可得，不處不可久，不行不可復。"③官職。《左傳·昭公元年》："臺駘能業其官。"④任用。《荀子·天論》："天地官而萬物役矣。"⑤人體器官。《荀子·天論》："耳目鼻口形能，各有接而不相能也，夫是之謂天官。心居中虛，以治五官。"

【冠】guān①帽子。《呂氏春秋·察今》："口憮之命不愉，若舟車、衣冠、滋味、聲色之不同。"guàn②戴，戴帽子。《孟子·滕文公》："許子冠乎？"③古時表示男子已經成年而舉行的加冠禮稱冠，男子成年亦稱冠。《宋史·龐安時傳》："時年猶未冠。"④位居第一。《韓非子·難三》："夫堯之賢，六王之冠也。"⑤列在前面。《重廣補注黃帝内經素問·序》："區分事類，別目以冠篇首。"

【關】①門閂。《左傳·襄公二十八年》："臧紇斬鹿門之關以出。"②關口，要隘。《後漢書·班超傳》："臣不敢望到酒泉郡，但願生入玉門關。"③關涉，關係。司馬遷《報任少卿書》："夫中材之人，事關於宦豎，莫不傷氣，況慷慨之士乎！"④中醫切脈部位名。在掌後高骨處。《備急千金要方·大醫精誠》："而寸口關尺，有浮沈絃緊之亂。"⑤通"貫"，穿。《河東先生集·與崔連州論石鐘乳書》："其在人也，則魯之晨飲其羊、關轂而輠輪者，皆可以爲師儒。"

【觀】guān ①觀察。《易經·繫辭》："仰則觀象於天，俯則觀法於地。"②觀看。《左傳·魯宣公二年》："從臺上彈人，而觀其辟丸也。"③外觀，面容。《嵇中散集·養生論》："壯士之怒，赫然殊觀，植髮衝冠。"guàn ④古代宮廷或宗廟大門兩旁高臺上的建築。《禮記·禮運》："出遊於觀之上，喟然而嘆。"

【貫】①穿錢的繩索。《史記·平準書》："貫朽而不可校。"引申爲古代的銅錢用繩穿，一千個爲一貫。《史記·貨殖列傳》："子貸金錢千貫。"②穿，穿連。《漢書·賈鄒枚路傳》："昔荆軻慕燕丹之義，白虹貫日，太子畏之。"引申爲通，貫通。《論語·里仁》："吾道一以貫之。"③連貫，連續。《漢書·穀永傳》："以次貫行，固執無違。"④籍貫。《漢書·元帝紀》："惟德淺薄，不足以充入舊貫之居。"⑤事例。《論語·先進》："仍舊貫，如之何？"

【歸】①女子出嫁。《詩經·豳風·東山》："之子于歸，皇駁其馬。"②返回。《論語·先進》："風乎舞雩，詠而歸。"③歸還。《韓非子·五蠹》："故智士退處巖穴，歸祿不受。"④歸附，趨向。《尚書·洪範》："會其有極，歸其有極。"⑤歸宿。《易經·繫辭》："天下同歸而殊塗。"⑥饋贈。《論語·陽貨》："歸孔子豚。"

【貴】①物價高。《漢書·食貨志》："錢益多而輕，物益少而貴。"②社會地位尊高。《論語·泰伯》："邦無道，富且貴焉，恥也。"③重視。《史記·扁鵲倉公列傳》："過邯鄲，聞貴婦人，即爲帶下醫。"④寶貴，珍貴。《素問·寶命全形論》："天覆地載，萬物悉備，莫貴於人。"⑤重要。《論語·學而》："禮之用，和爲貴。"⑥使顯貴，使居高位。《漢書·霍光傳》："群兒自相貴耳。"

【過】①走過，經過。《史記·扁鵲倉公列傳》："扁鵲過齊。"②渡過。《易經·序卦》："有過物者必濟，故受之以《既濟》。"③超過。《三國志·魏書·方技傳》："凡醫咸言背及胸臟之間不可妄針，針之不過四分。"④太過，過度。《論語·先進》："子貢問：'師與商也孰賢？'子曰：'師也過，商也不及。'"⑤到達，前往。《金匱要略·肺痿肺癰咳嗽上氣病》："熱之所過，血爲之凝滯。"⑥過失，過錯。《論語·子張》："君子之過也，如日月之食焉。"⑦探望，拜訪。《晉書·皇甫謐傳》："柳爲布衣時過吾，吾迎送不出門。"

# H

【含】hán ①含在嘴裏。《莊子·馬蹄》："含哺而熙，鼓腹而遊。"②包含，包容。《易經·坤卦》："含萬物而化光。"③心裏懷着。《戰國策·秦策一》："含怒日久。"④懷而不露，隱藏在内。《大戴禮記·曾子天圓》："幽者，含氣者也，是故内景。"hàn ⑤古代給貴族辦喪事時，塞在死人口裏的珠、玉等物。《左傳·文公五年》："王使榮叔來含且賵。"這個意義又寫作"唅""琀"。

【號】háo ①高聲呼喊。《詩經·小雅·賓之初筵》："賓既醉止，載號載呶。"②哭死人，特指帶言語的哭。《莊子·養生主》："老聃死，秦失弔之，三號而出。"引申爲放聲哭。《後漢書·班超傳》："超還至于寘，王侯以下皆號泣曰：'依漢使如父母，誠不可去。'"③動物引聲長鳴，大風發出巨響。杜甫《茅屋爲秋風所破歌》："八月秋高風怒號，卷我屋上三重茅。"

hào ④號令，發表命令。《莊子·田子方》："何不號於國中？"⑤名位，名稱。《荀子·賦篇》："名號不美。"引申爲表"功德"的名號。帝王生有尊號，死有諡號。《史記·秦始皇本紀》："朕聞太古有號毋諡。"⑥別號。古人名外有字，字外還可能有號。陶淵明《五柳先生傳》："宅邊有五柳樹，因以爲號焉。"⑦被人稱爲。韓愈《柳子厚墓誌銘》："號爲剛直。"

【和】hé ①中和，和諧。《禮記·中庸》："發而皆中節，謂之和。"②和順，和睦。《素问·異法方宜論》："上下和親。"③調和。《周禮·天官·食醫》："食醫掌和王之六食、六飲、六膳、百羞、百醬、八珍之齊。"④和平。《戰國策·趙策》："故不若亟割地求和。"⑤和解，痊愈。《劉賓客文集·鑒藥》："過信而骸能輕，痹能和。"hè ⑥聲相應和，跟着唱。《易經·中孚》："鳴鶴在陰，其子和之。"⑦以詩歌酬答；依照他人詩詞的題材和體裁作詩詞。《列子·周穆王》："西王母爲王謠，王和之，其辭哀焉。"

【赫】①火紅色。《詩經·邶風·簡兮》："赫如渥赭。"②顯著，顯赫。《荀子·天論》："故日月不高，則光暉不赫。"③發怒的樣子。《詩經·大雅·皇矣》："王赫斯怒，爰整其旅。"

【橫】héng ①橫，與"縱"相對。地理上東西爲橫，南北爲縱。《淮南子·覽冥》："縱橫間之，舉兵而相角。"這個意義又寫作"衡"。又成橫狀，橫着。吳均《與朱元思書》："橫柯上蔽，在晝猶昏。"②連橫。指戰國時齊楚六國分別與秦交好的策略。《戰國策·秦策三》："破橫散縱，使馳説之士無所開其口。"③縱橫錯雜。《孟子·滕文公》："洪水橫流，氾濫於天下。"④充溢。《禮記·祭義》："置之而塞乎天地，溥之而橫乎四海。"⑤廣，廣闊。吳均《邊城將四首》之二："勳輕賞廢丘，名高拜橫野。"hèng ⑥蠻橫，殘暴。《史記·魏其武安侯列傳》："武安日益橫。"⑦出乎意料地。《三國志·吳書·吳主五子傳》："橫遇飛禍矣。"

【衡】①駕車用的工具，軛上的橫木。《莊子·馬蹄》："夫加之以衡扼。"②稱重量的器具，秤，天平。《莊子·胠篋》："爲之權衡以稱之，則並與權衡而竊之。"③衡量。《淮南子·主術》："衡之於左右，無私輕重。"④通"橫"。賈誼《過秦論》："外連衡而鬥諸侯。"

【厚】①扁平物體上下兩面之間距離大，與"薄"相對。《備急千金要方·大醫精誠》："肌膚筋骨，有厚薄剛柔之異。"②豐厚。《易經·繫辭》："古之葬者，厚衣之以薪，葬之中野，不封不樹，喪期无數。"③重，大。《左傳·宣公二年》："晉靈公不君，厚斂以彫牆。"④味濃。《嵇中散集·養生論》："識厚味之害性，故棄而弗顧。"⑤重視，看重。《楚辭·離騷》："伏清白以死直兮，固前聖之所厚。"

【户】①單扇的門。泛指門。《禮記·禮運》："盜竊亂賊而不作，故外户而不閉。"②住户。在户籍中，一家爲一户。《史記·秦始皇本紀》："徙天下豪富於咸陽十二萬户。"③洞穴。《禮記·月令》："蟄蟲咸動，啟户始出。"④阻止。《左傳·宣公十二年》："屈蕩户之。"⑤酒量。白居易《久不見韓侍郎》："户大嫌甜酒，才高笑小詩。"

【華】huā ①花。《管子·四時》："無殺麛夭，毋蹇華絕芋。"②從當中剖開，即半破。《禮記·曲禮》："爲國君（削瓜）者華之，巾以絺。"huá ③光彩，光輝。《禮記·樂記》："樂者，德之華也。"④發生在雲層上環繞日月周圍的光暈。李白《峨眉山月歌送蜀僧晏入中京》："黃鶴樓前月華白，此中忽見峨眉客。"⑤美觀，有文采。《禮記·檀弓》："華而睆，大夫之簀與？"huà ⑥山名，華山，五嶽之一。

【懷】①胸前，懷裏。《史記·扁鵲倉公列傳》："乃出其懷中藥與扁鵲。"②心裏裝着，懷有。《嵇中散集·養生論》："內懷殷憂，則達旦不瞑。"③在胸前抱着。《論語·陽貨》："懷其寶而迷其邦，可謂仁乎?"④懷孕。《三國志·魏書·方技傳》："其母懷軀，陽氣內養。"⑤安撫。《禮記·中庸》："懷諸侯則天下畏之。"

【患】①憂慮，擔憂。《禮記·大學》："有所憂患，則不得其正。"②禍患，災難。《易經·既濟》："君子以思患而豫防之。"③疾病。《諸病源候論·癭候》："血肉腐壞，化而爲膿，其患在表。"④生病。《後漢書·方術列傳·華佗傳》："廣陵太守陳登，忽患胸中煩懣，面赤不食。"⑤憎惡，厭恨。《後漢書·种暠傳》："時南陽郡吏，好因休沐遊戲市里，爲百姓所患。"

【會】①聚合，會合。《尚書·洪範》："會其有極，歸其有極。"②諸侯會盟。《論語·先進》："宗廟之事，如會同，端章甫，願爲小相焉。"③領悟，理解。《重广補注黃帝內經素問·序》："冀乎究尾明首，尋注會經。"④調配。《周禮·天官·疾醫》："凡會膳食之宜，牛宜稌，羊宜黍，豕宜稷。"⑤恰巧，適逢。《漢書·藝文志》："會向卒，哀帝復使向子侍中奉車都尉歆卒父業。"

【昏】①日暮，天剛黑時。《詩經·陳風·東門之楊》："昏以爲期，明星煌煌。"②昏暗。左思《吳都賦》："揮袂風飄，而紅塵晝昏。"③迷亂，糊塗。《老子·五十七章》："人多利器，國家滋昏。"④目不明。《河東先生集·與蕭翰林俛書》："昏眊重膇，意以爲常。"⑤結婚。《詩經·北風·穀風》："宴爾新昏，不我屑以。"

【貨】①財物，物資。《孟子·梁惠王》："寡人好貨。"②貨物，商品。《易經·繫辭》："聚天下之貨，交易而退。"③貨幣，錢。《漢書·食貨志》："故貨寶於金，利於刀，流於泉。"④賄賂，用財物買通他人。《孟子·公孫丑》："無處而餽之，是貨之也。"

【禍】①災難。《漢書·藝文志》："歷記成敗存亡禍福古今之道，然後知秉要執本。"②罪過。《荀子·成相》："罪禍有律，莫得輕重威不分。"③降禍，加害。《墨子·法儀》："惡人賊人者，天必禍之。"④遭難，受害。《後漢書·劉盆子傳》："劉公見赤眉衆亂，知其必敗，自恐兄弟俱禍。"⑤通"過"，譴責。《詩經·商頌·殷武》："歲事來辟，勿予禍適。"

# J

【機】①發動弩的機關。《莊子·胠篋》："夫弓弩畢弋機變之知多，則鳥亂於上矣。"②機巧。《文心雕龍·麗辭》："然契機者入巧，浮假者無功。"③事情未發生時，可以預見的跡象。這個意義本作"幾"，後來又寫作"機"。《易經·繫辭》："知幾其神乎。"④事務。僅見於"萬機"。表示天子所處理的萬事。《漢書·霍光傳》："光自後元秉持萬機。"⑤織布的機。《古詩十九首·迢迢牽牛星》："纖纖擢素手，札札弄機杼。"

【幾】jī①細微的跡象，徵兆。《易經·繫辭》："君子見幾而作，不俟終日。"②危機，危險。《尚書·顧命》："疾大漸，惟幾。"③同"機"，時機，機會。《後漢書·王允傳》："幾不可後，公其圖之。"④將近，幾乎。《史記·劉敬孫叔通列傳》："通曰：'公不知也，我幾不脫於虎口!'"jǐ⑤多少。《國語·周語》："若壅其口，其與能幾何?"

【及】①追上，趕上。《楚辭·離騷》："忽奔走以先後兮，及前王之踵武。"②達到。《左傳·魯宣公二年》："三進及溜，而後視之。"《禮記·中庸》："知者過之，愚者不及也。"③比得上。《禮記·中庸》：“知者過之，愚者不及也。”④連及。《左傳·昭公元年》：“遲速本末以相及。”⑤等到。《論語·季氏》：“及其壯也，血氣方剛，戒之在鬥；及其老也，血氣既衰，戒之在得。”

【極】①屋脊的棟梁。《莊子·則陽》：“孔子之楚，舍於蟻丘之漿。其鄰有夫妻臣妾登極者。”②頂點，終極。《禮記·中庸》：“洋洋乎發育萬物，峻極於天。”③中正，準則。《楚辭·離騷》：“瞻前而顧後兮，相觀民之計極。”④盡，窮盡。《傷寒論·序》：“經絡府俞，陰陽會通，玄冥幽微，變化難極。”⑤疲困，疲倦。《三國志·魏書·方技傳》：“人體欲得勞動，但不當使極爾。”⑥最，非常。《淮南子·原道》：“能至於無樂者，則無不樂；無不樂，則至極樂矣！”

【籍】jí ①文獻，書籍。《孟子·萬章》：“諸侯惡其害己也，而皆去其籍。”②登記冊，戶口冊。《周禮·秋官·小行人》：“掌邦國賓客之禮籍，以待四方之使者。”③登記。《史記·項羽本紀》：“籍吏民，封府庫，而待將軍。”jiè ④通“藉”。《韓非子·八經》：“外不籍，內不因，則姦宄塞矣。”⑤憑藉。《史記·司馬相如列傳》：“籍以蜀父老爲辭，而已詰難之，以風天子。”

【既】①食盡。指日全食或月全食。《春秋·桓公三年》：“秋七月壬辰朔，日有食之，既。”楊伯峻注：“既，盡也。日全食也。”②窮盡，完。韓愈《進學解》：“言未既，有笑於列者。”③已，已經。《禮記·禮運》：“今大道既隱，天下爲家。”④既然。《嵇中散集·養生論》：“夫悠悠者既以未效不求，而求者以不專喪業。”⑤不久，一會兒。《荀子·強國》：“既，楚發其賞。”

【紀】①絲的頭緒，絲的條理。《禮記·禮器》：“紀散而衆亂。”②法度，紀律，準則。《素問·陰陽應象大論》：“故治不法天之紀，不用地之理，則災害至矣。”③記載。韓愈《進學解》：“紀事者必提其要。”這個意義也寫作“記”。④十二年爲一紀。王粲《登樓賦》：“遭紛濁而遷逝兮，漫逾紀以迄今。”

【濟】①渡水。《國語·齊語》：“乘桴濟河。”②渡口。《詩經·邶風·匏有苦葉》：“匏有苦葉，渡有深涉。”③通，流通。《淮南子·原道》：“利貫金石，強濟天下。”④成功，成就。《三國志·魏書·武帝紀》：“夫以公之神武明哲而輔以大順，何向而不濟。”⑤救助。《國語·周語》：“寬所以保本也，肅所以濟時也，宣所以教施也，惠所以和民也。”

【家】①住所。《戰國策·秦策》：“歸至家，妻不下紝，嫂不爲炊，父母不與言。”②家庭。《詩經·大雅·緜》：“古公亶父，陶復陶穴，未有家室。”③古稱夫或妻。《楚辭·離騷》：“浞又貪夫厥家。”④古代卿大夫及其家族或封地。《墨子·兼愛》：“雖至大夫之相亂家。”⑤指經營某種行業的人或人家。白居易《觀刈麥》：“田家少閒月，五月人倍忙。”⑥古代醫書上指患有某種病的人。《傷寒論·辨太陽病脈證並治》：“喘家作，桂枝湯，加厚朴、杏子佳。”

【假】①借。《左傳·僖公五年》：“晉侯復假道於虞以伐虢。”②憑藉。《荀子·勸學》：“假輿馬者，非利足也，而致千里。”③不是真的。《史記·淮陰侯列傳》：“大丈夫定諸侯，即爲真王耳，何以假爲！”④如果。《史記·淮陰侯列傳》：“假令韓信學道謙讓。”

【兼】①同時進行幾件事或具有幾樣東西。《漢書·藝文志》：“養三老五更，是以兼愛。”②兼併，合併。《尚書·仲虺之誥》：“兼弱攻昧，取亂侮亡。”③倍，加倍。《三國志·魏書·

郭嘉傳》：“輕兵兼道而出，掩其不意。”

【閒】jiān ①中閒。《史記·司馬相如列傳》：“飄飄有淩雲之氣，似遊天地之閒意。”以上諸義後來寫作“間”。Jiàn ②夾縫，閒隙。《靈樞·周痹》：“周痹……其上下左右相應，閒不容空。”引申爲置身其中。《左傳·莊公十年》：“肉食者謀之，又何閒焉？”又爲閒隔，閒斷。《戰國策·齊策一》：“時時而閒進。”又爲抄近路，抄小路。《史記·廉頗藺相如列傳》：“故令人持璧歸，閒至趙矣。”③離閒，挑撥。《史記·廉頗藺相如列傳》：“秦之閒言曰。”④偷偷地，暗暗地。《戰國策·趙策三》：“魏王使客將軍辛垣衍閒入邯鄲。”xián ⑤閒着，無事可做。《孟子·公孫丑》：“今國家閒暇。”這個意義後來寫作“閑”。

【見】jiàn ①看見。《易經·繫辭》：“知者見之謂之知，仁者見之謂之仁。”②謁見，拜見。《左傳·莊公十年》：“曹劌請見。”③見解。《晉書·王渾傳》：“私慕魯女存國之志，敢陳愚見，觸犯天威。”④發現。《禮記·大學》：“見賢而不能舉。”⑤相當於“被”。《楚辭·漁父》：“眾人皆濁我獨清，眾人皆醉我獨醒，是以見放。”⑥指代“我”。《晉書·皇甫謐傳》：“父兄見出，妻息長訣。”⑦謁見，拜見。《左傳·莊公十年》：“曹劌請見。”xiàn ⑧“現”的古字。被看見，出現。《論語·泰伯》：“天下有道則見，無道則隱。”

【建】①豎立。《老子·五十四章》：“善建者不拔。”引申爲豎起，特指豎起旗鼓、旌節。《左傳·哀公十三年》：“建鼓整列。”②設立，建立。《戰國策·秦策》：“寬則兩軍相攻，迫則杖戟相撞，然後可建大功。”③向在上者提出意見。《漢書·霍光傳》：“何不建白太后，更選賢而立之。”④建築。《水經注·廬江水》：“其水歷澗，逕龍泉精舍南，太元中沙門釋慧遠所建也。”

【漸】①流入。《尚書·禹貢》：“東漸於海。”引申爲浸泡。《墨子·尚賢》：“日月之所照，舟車之所及，雨露之所漸，粒食之所養，得此莫不勸譽。”引申爲慢慢滲透，習染。《漢書·龔遂傳》：“今大王親近群小，漸漬邪惡。”②進。《尚書·顧命》：“（周成王）疾大漸。”引申爲徐進。《易經·漸卦》：“鴻漸於幹。”又引申爲事情逐漸發展。《易經·坤卦》：“非一朝一夕之故，其所由來者漸矣。”③慢慢地，逐漸地。《素問·繆刺論》：“月生一日一痏，二日二痏，漸多之。”

【將】jiāng ①奉，承。《詩經·周頌·我將》：“我將我享，維羊維牛。”引申爲奉養。《詩經·小雅·四牡》：“不遑將父。”引申爲休養，休息。《詩經·小雅·四牡》：“王事靡盬，不遑將父。”②扶。《詩經·小雅·無將大車》：“無將大車。”引申爲攜帶，牽拉。《漢書·霍光傳》：“迺將光西至長安。”又爲用手拿着。李白《俠客行》：“將炙啖朱亥，持觴勸侯嬴。”引申爲拿來。《樂府詩集·上山采蘼蕪》：“將縑來比素。”③將要，快要。《論語·陽貨》：“孔子曰：‘諾。吾將仕矣。’”引申爲將近。常指數目的接近。《孟子·滕文公》：“今滕，絕長補短，將五十里也。”“將”又用於條件句，表示在某種條件下將出現某種情況。《論語·子路》：“衛君待子而爲政，子將奚先？”④表示選擇問，與“抑”略同。《素問·上古天真論》：“人年老而無子者，材力盡耶，將天數然也？”又爲“與”或“共”。庾信《春賦》：“眉將柳而爭綠，面共桃而競紅。”⑤欲，想要。《史記·禮書》：“故儒者將使人兩得之者也，墨者將使人兩失之者也。是儒墨之分。”jiàng ⑥領，率領（軍隊）。《史記·項羽本紀》：“乃遣當陽君、蒲將軍將卒二萬渡河。”⑦將領，將帥。《戰國策·趙策三》：“秦將聞之，爲卻軍五十里。”表示使爲將。《史記·孫子吳起列傳》：“齊威王欲將孫臏。”qiāng ⑧願，請。《劉賓客文集·鑒藥》：“將子詣諸。”

【降】jiàng ①從高處走下來。跟“陟”相對。《詩經·大雅·公劉》：“陟則在巘，復降在原。”引申爲下降，落下。《素問·五常政大論》：“涼雨時降，風雲並興。”又表示“天把某事物給人。”《孟子·告子》：“故天將降大任於是人也。”引申爲降低。《史記·李斯列傳》：“如此不禁則主勢降乎上，党與成乎下。”xiáng ②投降。《後漢書·班超傳》：“廣德素聞超在鄯善誅滅虜使，大惶恐，即攻殺匈奴使者而降超。”又表示使投降。《漢書·蘇武傳》：“宜皆降之。”引申爲制服，降服。劉禹錫《贈日本僧智藏》：“深夜降龍潭水黑，新秋放鶴野田青。”

【結】①打結。《易經·系辭》：“上古結繩而治，後世聖人易之以書契。”②結交。《左傳·文公十二年》：“所以藉寡君之命，結二國之好。”③牢固。《三國志·魏書·方技傳》：“今疾已結，促去可得與家相見。”④心裏煩悶。《漢書·司馬遷傳》：“意有所鬱結。”⑤束縛，纏扎。《史記·扁鵲倉公列傳》：“乃割皮解肌，決脈結筋。”

【節】①時令，季節。《新修本草·序》：“春秋節變，感氣殊功。”②準則，法度。《禮記·曲禮》：“是以君子恭敬撙節退讓以明禮。”③調節，節制。《周禮·天官·獸醫》：“凡療獸病，灌而行之，以節之，以動其氣。”④禮節。《論語·微子》：“長幼之節，不可廢也。”⑤高峻貌。《禮記·大學》：“《詩》云：‘節彼南山，維石巖巖。’”

【矜】①矛柄。賈誼《過秦論》：“鉏耰棘矜，非銛於鉤戟長鎩也。”②自誇。《老子·二十二章》：“不自矜，故長。”③憐憫，同情。《公羊傳·宣公十五年》：“見人之厄則矜之。”

【經】jīng ①織物的縱綫。與“緯”相對。劉孝威《都縣遇見人織率爾寄婦》：“經稀疑杼澀，緯斷恨絲輕。”②對典範著作及宗教典籍的尊稱。《文心雕龍·論説》：“聖哲彝訓曰經，述經敘理曰論。”引申爲指記述某一事物、技藝的權威性專書。如《山海經》《本草經》等。③原則，原則性。《禮記·中庸》：“凡爲天下國家有九經，曰：修身也，尊賢也，親親也，敬大臣也，體羣臣也，子庶民也，來百工也，柔遠人也，懷諸侯也。”④治理，管理。《周禮·天官·大宰》：“一曰治典，以經邦國，以治官府，以紀萬民。”⑤經過。《史記·樗里子甘茂列傳》：“今之燕必經趙，臣不可以行。”⑥特指自縊。《論語·憲問》：“自經於溝瀆而莫之知也。”⑦經脈，人體氣血運行的通路。《素問·陰陽應象大論》：“六經爲川，腸胃爲海。”jìng ⑧通“徑”。直徑。《墨子·備蛾傅》：“廣七寸，經尺一。”

【精】①上等細米。跟“粗”相對。《論語·鄉黨》：“食不厭精。”引申爲精華的，少而好的。也跟“粗”相對。《文心雕龍·鎔裁》：“精論要語，極略之體。”又爲美妙。《文心雕龍·情采》：“而五千精妙，則非棄美矣。”又爲細密。《禮記·中庸》：“故君子尊德性而道問學，致廣大而盡精微，極高明而道中庸。”又爲造就高。韓愈《進學解》：“業精於勤，荒於嬉。”②精誠，誠心。鄒陽《獄中上梁王書》：“夫精誠變天地，而信不諭兩主，豈不哀哉？”③精氣，靈魂。李華《弔古戰場文》：“精魂何依？”

【就】①親近。孟浩然《過故人莊》：“待到重陽日，還來就菊花。”②往……去。《三國志·魏書·方技傳》：“佗行道，見一人病咽塞，嗜食而不得下，家人車載欲往就醫。”③赴任，就職。《三國志·魏書·方技傳》：“沛相陳珪舉孝廉，太尉黃琬辟，皆不就。”④完成，成就。《史記·司馬相如列傳》：“臣嘗爲《大人賦》，未就，請具而奏之。”⑤遇，值。《詩經·邶風·谷風》："就其深矣，方之舟之；就其淺矣，泳之游之。"

【居】①居處，住處。《左傳·宣公二年》："問其名居，不告而退。"②居住。《易經·繫辭》："上古穴居而野處，後世聖人易之以宮室，上棟下宇，以待風雨。"③坐下。《論語·陽貨》："居！吾語汝。"④平日。《論語·先進》："居則曰：'不吾知也。'"⑤佔據。《漢書·霍光傳》："就巷端人共見有人居雲屋上，徹瓦投地，就視，亡有。"⑥積蓄。《柳宗元集·宋清傳》："居善藥。"⑦停，經過。《史記·扁鵲倉公列傳》："居二日半，簡子寤。"

【舉】①雙手舉起。《後漢書·班超傳》："超知其意，舉手曰：'掾雖不行，班超何心獨擅之乎？'"②推舉，舉薦。《三国志·魏書·方技傳》："沛相陳珪舉孝廉。"③提出，列舉。《論語·述而》："舉一隅不以三隅反，則不復也。"④舉動，行動。《史記·項羽本紀》："國家安危，在此一舉。"⑤興。《禮記·中庸》："繼絕世，舉廢國。"⑥舉動，措施。《荀子·天論》："舉錯不時。"⑦稱舉，稱引。《韓非子·五蠹》："故舉先王言仁義者盈廷，而政不免於亂。"⑧皆，全。《傷寒論·序》："舉世昏迷，莫能覺悟。"

【具】①準備，備辦。《孫子兵法·謀攻》："攻城之法，爲不得已；修櫓轒轀，具器械，三月而後成。"②詳盡。《尚書·伊訓》："臣下不匡，其刑墨，具訓於蒙士。"③陳述，備載。韓愈《與鄭相公書》："伏惟不至遠憂，續具一一，諸報不宣。"④工具。《漢書·藝文志》："方技者，皆生生之具。"⑤全，都。《後漢書·班超傳》："侍胡惶恐，具服其狀。"

【俱】①偕同，在一起。《大戴禮記·曾子天圓》："陰陽之氣各靜其所，則靜矣，偏則風，俱則雷，交則電，亂則霧，和則雨。"②相同。《素問·三部九候論》："一候後則病，二候後則病甚，三候後則病危，所謂後者，應不俱也。"③全，都。《三國志·魏書·方技傳》："府吏兒尋、李延共止，俱頭痛身熱，所苦正同。"④具有，具備。《論衡·物勢》："五藏在内，五行氣俱。"

【懼】①恐懼。《禮記·大學》："有所恐懼，則不得其正。"②戒懼。《論語·述而》："必也，臨事而懼，好謀而成者也。"③恐嚇。《老子·七十四章》："民不畏死，奈何以死懼之。"④病。《漢書·張安世傳》："安世瘦懼，形於顏色。"⑤通"瞿"，驚慌失措貌。《漢書·惠帝紀》："聞叔孫通之諫則懼然。"

【決】①疏通行水。《國語·周語》："是故爲川者決之使導，爲民者宣之使言。"②洪水把堤岸沖開。《左傳·襄公三十一年》："大決所犯，傷人必多。"③果斷，果決。《素問·靈蘭秘典論》："膽者，中正之官，決斷出焉。"④決定。《荀子·天論》："卜筮然後決大事。"⑤決戰。高邁《濟河焚舟賦》："冀桑榆之未晚，得雌雄之一決。"

# 古代漢語通論二　詞彙

## 第一節　古代漢語詞彙的縱向研究

漢語經歷了數千年的發展歷程，形成了古今巨大的差異，其中詞彙的發展變化是其最顯著的特徵。這是由於詞彙是語言中對社會生活最敏感的成分。隨着社會生活的改變和歷史的演進，新詞不斷產生而舊詞不斷死亡，新義不斷產生而舊義不斷消亡。以歷時的眼光縱向研究古漢語詞彙系統，認知古代漢語詞彙系統內在的發展變化規律，搞清楚漢語詞彙古今的差異，是古代漢語研究的重要內容。

古代漢語詞彙的總體發展趨勢是：詞的外形結構逐漸由單音節開始向多音節轉化，使表達日漸明晰；詞義的演變使古漢語的穩固性不斷增強，表現力更加豐富；記載詞彙的符號系統也在不斷地更新並分化，形成了古代漢語詞彙系統內部的古今差異。

## 一、古代漢語詞形結構的發展演變

古代漢語詞形結構的變化是從單音節逐漸走向複音節，其本質是詞語表達的概念逐漸明晰，表現力增強。但單音節詞在古代漢語中始終佔主要優勢，單音節詞與複音節詞相比，義項更多，指向更廣，這也正是古代漢語詞彙最重要的特點。單音節詞由於受語音的限制，常有過多的同音詞，或者詞義過於複雜，因此新詞自然就開始向複音化的方向發展。

所謂單音詞就是單音節單語素的詞。單音詞的主要特點是多義性、靈活性和詞義關係的複雜性。上古產生的詞大多數是單音詞。漢語中最早的甲骨文絕大多數記載的是單音詞，許慎的《說文解字》收字 9353 個，所記絕大多數也是單音詞，而且單音詞在上古時期的使用頻率遠高於複音詞。

一個詞可以通過引申或別的方式產生既有區別又有聯繫的幾個意義，例如，"族"的本義為"矢峰"，從這個意義出發引申出了"聚集""衆多""家族""品類""滅族"等義位，這就是所謂單音詞的一詞多義現象，具體的詞義則須通過具體的語言環境確定。"族"在《莊子·在宥》"雲氣不待族而雨，草木不待黃而落"中，其義為"聚集"；在《韓非子·喻老》"有形之類，大必起於小；行久之物，族必起於少"中，其義為"衆多"；在《左傳·僖公五年》"宮之奇以其族行"中，其義為"家族"；在《淮南子·俶真》"萬物百族"中，其義為"種類"；在《史記·項羽本紀》"毋妄言，族矣"中，其義為"滅族"。單音詞的一詞多義現象看似複雜，但實有一定的規律可循：祇要抓住本義，找出引申義或派生義，就能理順各個意義之間的關係。例如"治"，在古代漢語中主要有四個意義：①治水。《史記·夏本紀》："堯求能治水者。"②管理。《孟子·滕文公上》："惡能治國家?"③太平，安定。《周易·繫辭下》："君子安而不忘危，存而不忘亡，治而不忘亂。"④政治，法制。《尚書·周官》："冢宰掌邦治，統百官，均四海。"在這四個意義中，"治水"是本義，由"治水"可以引申出"管理"義；國家治理好了，社會就安定了，故又引申出"安定"或"太平"義；在治理管理中逐步形成一套規則，故又引申出"政治"或"法制"義。通過這種對各個詞義之間內部邏輯聯繫的梳理，我們在學習研究詞彙的過程中就能化繁為簡。

詞是表達概念的，而概念與詞義並不是完全同一的。單音詞在句子中的具體含義具有較大的特殊性和靈活性。概念與詞義的關係一般表現為三種情況：①與概念等同或基本等同。例如，《左傳·僖公二十八年》："不有居者誰守社稷?"其中的"守"是"守衛""守護"的意思，與概念基本等同。②超出概念的界限。例如，《漢書·蒯通傳》："婦人有夫死三日而嫁者，有幽居守寡不出門者。"其中的"守"，雖然也有"守護"的意思，但已超出了"守護"

NOTE

的範圍，含有安於某種狀況或安於本分、不使改變的意思。③小於概念的内涵。例如，《韓詩外傳》："守夜不失時者信也。"這裏的"守"，雖有"守護"的意思，但無"守護"的具體對象，也無須憑藉武力守護，其具體含義小於概念的内涵。當詞義超出或小於概念的内涵時，就表現出很大的靈活性。確定詞義時須輔之以文義分析，必要時還得參考注疏，才能求得正確的解釋。例如"嚴"，它的一個概念是認真、一絲不苟。如果是一般的程度，就是"嚴格"，如果嚴格達到了屬害的程度就是"嚴屬"，如果嚴屬達到了殘酷的程度就是"嚴酷"。《史記·太史公自序》："法家嚴而少恩。"這個"嚴"的準確含義無法根據"嚴"的概念確定，必須具體加以考察。法家主張"信賞必罰"，即有功者一定獎勵，決不失信，有罪則一定懲罰，決不寬恕。這說明法家的"嚴"不是一般的"嚴格"。同時根據具體文義"嚴而少恩"的分析，作者對法家並沒有譴責的意味，那麼"嚴酷"就不夠準確。經過分析比較，三者之中，祇有"嚴屬"較爲合適。

一詞多義的單音詞的幾個意義在演變發展的過程中會形成複雜的關係。例如"徒"，本義是"步行"，又有"步兵""空"等引申義，與"步行"形成了縱的關係，而"步兵"與"空"之間則形成了橫的關係；"步兵"又引申出"徒衆""門徒""服勞役的人"等意義，與"步行""步兵"形成縱的關係，而它們之間則又形成了橫的關係。這種意義上的縱橫交錯關係是複雜而難以掌握的。

另外，單音詞的意義有時是普通義，有時是特殊義。例如，《史記·淮陰侯列傳》："秦失其鹿，天下共逐之。"這裏的"鹿"用的是比喻義，指帝位。《韓非子·定法》："君無術則弊於上，臣無法則亂於下。"這裏的"術"不是指一般的方法、手段，而是指"君主控制和使用群臣的策略、權術"。顯然，這些特殊義是較難把握的。還有些單音詞本來是泛指，後來又用爲特指，或本來是特指，後來又用爲泛指。例如"辰"，本是"星"的總稱，是泛指，而在《荀子·禮論》"星辰以行，江河以流"中特指二十八宿之一的"心宿"。"匠"本義爲"木工"，而在《韓非子·定法》"夫匠者手巧也，而醫者齊藥也"中，則泛指"一切工匠"。

所謂複音詞是指雙音節或多音節的詞。從上古到中古，複音詞在文獻中的運用比重逐漸增大，兩漢以後產生了大量新的複音詞。中古產生的新詞絕大多數是複音詞，這也成爲中古代漢語詞彙發展的特點。現代漢語中相當部分的雙音詞結構，中古都已具備。

單音詞易產生歧義，在語言的表達上複音詞比單音詞顯得更明晰。古代注釋家在注解先秦古籍時，常用複音詞解釋單音詞，從而達到解釋詞義、疏通文義的目的。這表明詞的複音化是古代漢語詞彙演變的基本方面。從結構上看，複音詞可分爲單純複音詞、重言詞和合成詞三大類。

單純複音詞是由兩個或兩個以上漢字音節構成的具有一個語素的詞。單純複音詞主要是聯綿詞。聯綿詞有三個特點：第一，必須由兩個漢字組成；第二，兩個漢字祇起表音的作用；第三，兩個漢字構成的雙音節形式祇是一個語素，祇表示一個意義，不能拆開來解釋。

聯綿詞可分爲雙聲、疊韻、雙聲疊韻和非雙聲疊韻等幾類。一個聯綿詞往往有幾種不同的書寫形式。所謂雙聲聯綿詞，是構成聯綿詞的兩個漢字音節的聲母相同。例如"踟躕"，定母雙聲，義爲"走來走去，徘徊"。《詩經·邶風·靜女》："愛而不見，搔首踟躕。"《韓詩》作"躊躇"，《説文解字》作"跱躇"。又如"恍惚"，曉母雙聲，義爲"隱約，難以辨認"。《韓非子·忠孝》："恍惚之言，恬淡之學，天下之惑術也。"《楚辭·九章·湘夫人》作"荒忽"，《昭明文選》作"慌忽"。常見的雙聲聯綿詞有參差、栗烈、鬄髮、流離、匍匐、黽勉、鴛鴦、蟊螗、蟋蟀、邂逅、容與、倉猝、憔悴、猶豫、繽紛等。

所謂疊韻聯綿詞，是構成聯綿詞的兩個漢字音節的韻母相同。例如"綢繆"，幽部疊韻，義爲"纏綿""緊密纏繞"。《詩經·唐風·綢繆》："綢繆束薪，三星在天。"又如"侏儒"，侯部疊韻，義爲"身材特別矮小的人"。《國語·晉語四》："侏儒不可使援。"《左傳·襄公四年》則作"朱儒"。常見的疊韻聯綿詞有崔嵬、逍遙、窈窕、窈糾、偃蹇、苤苢、芍藥、菡萏、果蠃、蜉蝣、倉庚、婆娑、扶蘇、猗儺、馮陵、殷勤等。

所謂雙聲疊韻聯綿詞，是構成聯綿詞的兩個漢字音節的聲母和韻母都相同。例如"繾綣"，溪母雙聲，寒部疊韻，義爲"反復""固結不離散"。《詩經·大雅·民勞》："無縱詭隨，以謹繾綣。"又如"輾轉"，端母雙聲，寒部疊韻，義爲"翻來復去不得入睡"。《詩經·周南·關雎》："悠哉悠哉，輾轉反側。"《楚辭·九嘆》作"展轉"。常見的雙聲疊韻聯綿詞有蔽芾、燕婉、綣蠻、盧旅等。

所謂無雙聲疊韻聯綿詞，就是構成聯綿詞的兩個漢字音節既不是雙聲也不是疊韻。例如"科斗"，無雙聲疊韻，義爲"蛙或蟾蜍的幼體"。《爾雅·釋魚》："科斗，活東。"也作"蝌斗""蝌蚪"。又如"滂沱"，無雙聲疊韻，義爲"大雨"。《詩經·小雅·漸漸之石》："月離於畢，俾滂沱矣。"常見的無雙聲疊韻聯綿詞有雎鳩、鳲鳩、鷦鴱、鸚鵡、梧桐、噫嘻、吁嗟等。

需注意的是，不是所有雙聲疊韻的複音詞都是聯綿詞，如"親戚""將軍"是雙聲，"剛強""人倫"是疊韻，但它們是合成詞。

所謂重言詞，是由兩個音形義完全相同的漢字符號組成的複音詞。從詞義上分析，重言詞可分爲兩類：一類是詞的意義與構成它的單個漢字符號的意義基本相同，還有一類是詞的意義與構成它的單個漢字符號的意義毫無關係。前者可以看作是兩個相同單音詞的重疊形式，故又稱爲疊詞。例如，《詩經·王風·黍離》："知我者謂我心憂，不知我者謂我何求，悠悠蒼天，此何人哉？"詩中的"悠悠"，是"悠遠"的意思，與"悠"同義，爲形容詞重疊。後者因爲構成詞的兩個漢字祇是不表意義的音節符號，故又稱作疊字。例如，《詩經·秦風·黃鳥》"交交黃鳥，止于棘"中的"交交"，表示鳥的叫聲，與"交"的意義無關；《詩經·衛風·氓》"淇水湯湯，漸車帷裳"中的"湯湯"，形容水大的樣子，與"湯"這個詞的意義無關。重言詞主要是形容詞，也有一些名詞，多用於親屬的稱謂。如《北史·南陽王綽傳》："綽兄弟皆呼父爲兄兄，嫡母爲家家，乳母爲姊姊，婦爲妹妹。"

合成詞是由兩個或兩個以上的語素構成的詞，由兩個或多個語素共同表達一個詞義。合成詞包括附加式合成詞和複合詞。附加式合成詞大多由"如""有""然""若""焉""爾"等詞綴加名詞、形容詞或副詞構成，詞綴可放在前面，也可放在後面。例如，"有夏"，指夏王朝。《尚書·湯誓》："有夏多罪，天命殛之。""勃然"，興起的樣子。《孟子·梁惠王上》："天油然作雲，沛然下雨，則苗勃然興之矣。""忽焉"，突然。《論語·子罕》："瞻之在前，忽焉在後。"複合詞由兩個地位平等的語素構成，構成複合詞的兩個語素或是聯合關係，或是偏正關係，或是支配關係，又或是表述關係。聯合式複合詞由兩個含義或相同、或不同、或相反的語素構成。由同義語素構成複合詞時，其詞義就是語素的含義。例如，"休息"，意爲暫時停止工作或活動。《漢書·昭帝紀》："輕徭薄役，與民休息。""便利"，意爲靈活敏捷。《史記·范雎蔡澤列傳》："夫人生百體堅強，手足便利。""和睦"，意爲相處得好，不爭吵。《左傳·成公十六年》："上下和睦，周旋不逆。"由兩個含義不同的語素構成的複合詞，詞義往往是由兩個語素融合成一個更概括或具有比喻特徵的意義。例如，"社稷"，語素的意思是"土神"和"穀神"，以此指代國家政權。《孟子·盡心下》："民爲貴，社稷次之，君爲輕。""干戈"，本指兩種武器，以此比喻戰爭。《史記·儒林列傳序》："然尚有干戈，平定四海，亦未暇遑庠序之事也。"由兩個含義相反的語素構成的複合詞，或表示一個新意義，在詞義上形成了一個新的整體，與構成它的語素的意義無關；或偏向其中的一個語素。例如，"俯仰"，意爲應付。《史記·貨殖列傳》："盡椎埋去就，與時俯仰，獲其贏利。""得失"，偏於"失"義，指失誤。《史記·刺客列傳》："多人不能無生得失，生得失則語泄。""緩急"，偏於"急"義。《史記·文帝本紀》："罵其妻曰：'生子不生男，有緩急，非有益也。'"偏正式複合詞的兩個語素是偏正關係。例如，"四海"泛指全國各處，天下。《史記·高祖本紀》："大王起細微，誅暴逆，平定四海，有功者輒裂地而封王侯。""玉版"，指刊刻文字的白石板。《韓非子·喻老》："周有玉版，紂令膠鬲索之，文王不予。"支配式複合詞和表述式複合詞的數量不多。前者如"將軍"，戰國時武官名。《史記·淮陰侯列傳》："丞相數言將軍。"又如"從事"，意爲辦事、做。《論語·泰伯》："昔者吾友嘗從事於斯矣。"後者如"公主"。《漢書·王吉傳》："漢家列侯尚公主。"

## 二、古代漢語詞義的發展演變

根據現代語言學的觀念，詞義的基本單位是義位，義位又可以分爲若干義素，義位和義素的變化都是在語義場的範圍內討論的。因此，討論詞義的變化應以義位爲單位，即考察詞義範圍的變化應從義素分析入手。

所謂義位就是詞的意義單位。一個詞有幾個意義，這個詞就有幾個義位。義素是詞義的構成成分。詞義的演變實質上就是義位的變化。義位的變化一般有兩種情況：一是義位的增減，即一個詞產生了新的義位，或消失了舊的義位；二是義位中義素的增減變化。

### （一）詞義的擴大、縮小和轉移

一個詞義位的增減變化意味着詞義範圍的擴大、縮小或轉移。例如"物"，據王國維《觀堂集林·釋物》考釋，本義爲"雜色的牛"，後引申爲"各種牲畜"，由此又引申指"各種物品"，再引申指"萬事萬物"。義位不斷增加，使詞的義項增加了，也擴大了這個詞義的指稱範圍。再如"墳"，古代有兩個義位，即"墓地"和"水邊高地"，而在現代祇有一個義位"墓地"。義位減少了，即詞的義項減少了，詞義的指稱範圍也縮小了。又如"子"，古代有兩個義位：A"男子的美稱"，B"兒子和女兒"；而"子"在現代漢語中有三個義位：a兒子，b種子，c幼小的。這裏詞義的變化是義位A消失了，義位B變化了，祇表"兒子"；同時則增加了b和c兩個義位。這種義位的減少和變化使詞義的指稱範圍縮小了，而增加的兩個義位相對於原來的義位來說是義位的轉移。

義素的增減變化同樣意味着詞義指稱範圍的擴大、縮小或轉移。從語義場的上下關係看，當一個詞某個義位的限定性義素增加了，這一詞義便由上位義變成了下位義；從概念來看，這一詞便由屬概念變成了種概念，縮小了詞義的指稱範圍。例如“吃”，古代的語義結構是：（攝入）＋（東西）；現代的語義結構是（攝入）＋（乾的）＋（東西）。反之，當一個詞某個義位的限定性義素減少了，那麼這個詞的詞義的指稱範圍就擴大了。例如“巾”，古代的語義結構是：（拭手）／（著首）／（覆物）／（一塊織品），而現代的語義結構是：（拭手）／（著首）＋（一塊織品）。還有一種情況是，義位的限定性義素保留，其他義素發生了變化，使詞義發生改變。特別是指稱性義素的變化使義位由一個語義場轉入了另一個語義場能夠引起詞義的轉移。例如“兵”，古代指“兵器”，其義素爲（作戰用的）＋（器械），其中指稱性義素是（器械），它和“甲、乘、革”等處於同一語義場；現代指“士兵”，其義素爲（持兵器的）＋（人），指稱性義素是（人），它和“工、農、學、商”等同處一個語義場。

### （二）詞義的引申

詞義引申是從詞本來的意義出發，通過聯想不斷產生新義或派生新詞，從而構成有系統的義列。引申是基於聯想而產生的一種詞義發展方式，反映的是詞義變化的過程，揭示了詞義由個別至一般、由具體到抽象的變化規律，是詞義運動的基本形式。

對詞的本義而言，詞義的引申是以本義爲起點的。本義的特點決定了引申的方向。詞義引申可以沿着一個或數個方向進行，而形成的引申系列一般有兩種：一是依託於同一詞形的多義詞的各個義項。這些義項從同一個起點產生，互相關聯。二是同源的派生詞。這是在引申過程中詞義的某些意義脫離了原來的詞形，形成了新詞，產生了新字。所以，引申的結果是產生了同一個詞的各個義項和同源詞。

引申義和本義之間總是存在着密切的關係，或者說有意義相關的部分。從義素分析看，詞義在發展過程中，一個詞的某一義位的若干義素保留了一部分，又改變了一部分（或增，或減，或變化），就引申出一個新的義位，或構成一個新詞。本義和引申義的義素必然有共同的部分。例如，“信”有八個義位：①言語真實；②對人真誠，有信用；③相信；④的確，確實；⑤憑證；⑥信使；⑦音訊；⑧書信。這八個義位的語義結構分別是：①言語真實：（言語）＋（真實）。②對人真誠，有信用：（對人的態度）＋（真實）。③相信：（確認）＋（某種情況）＋（真實）。④的確，確實：（某種動作狀態）＋（真實）。⑤憑證：（用以證明情況真實）＋（物品）。⑥信使：（攜帶憑證傳遞消息或命令）＋（人）。⑦音訊：（信使傳遞的）＋（消息）。⑧書信：（傳遞音訊的）＋（文字材料）。其中，①～⑤都包含“真實”這一義素，⑤～⑧的每個意義都是在前一個意義的義素上增加其他的義素形成的，從而構成了如下的引申關係。

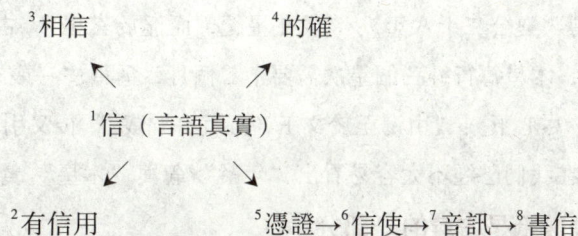

$$\text{³相信} \quad\quad\quad \text{⁴的確}$$
$$\nwarrow \quad\quad\quad \nearrow$$
$$\text{¹信（言語真實）}$$
$$\swarrow \quad\quad\quad \searrow$$
$$\text{²有信用} \quad\quad\quad \text{⁵憑證→⁶信使→⁷音訊→⁸書信}$$

從1→5這種引申叫輻射式引申，從5→8叫連鎖式引申。輻射式的引申，即從本義出發，向不同的方向引申出幾個引申義。每個引申義都是由本義從不同角度引申而來的，都與本義有共同的義素，但各個引申義之間則未必有共同點。連鎖式引申，即一環套一環的引申。引申出的意義衹跟鄰近的意義有共同的義素，但隔得遠的意義就沒有共同的義素了。

## 三、古今詞義的差別

通常所説的古今詞義差別，或者説某詞的古義與今義衹是一種粗疏的説法。詞義的發展並不是完全的新舊更替。古今詞義衹是一個相對的概念。一般來説，衹要與今義不同，都統稱爲古義。但今義並不是現代才産生的，而往往是從古義發展而來的，或者根本就是流傳下來的古義。今義有可能就是本義，也可能是引申義或借假義。所以這裏的"古今"不是絕對的時序概念，而是針對複雜詞義變化的邏輯選擇概念。例如"辛苦"一詞，在李密《陳情表》"臣之辛苦"中是"苦衷"的意思，而先秦時"辛苦"是"勞累"的意思。《左傳·昭公三十年》："吴光新得國而親其民，視民如子，辛苦同之，將用之也。"顯然，"苦衷"是由"勞累"引申出來的，反而成了古義；"勞累"的意義雖然比"苦衷"産生得早，但它一直沿用到了現在，所以成了今義，"苦衷"産生得晚，但却成了古義。

### （一）今義與古義差別甚微

王力先生在《古代漢語》中説："在異同的問題上，難處不在同，而在異，不在'迥別'，而在'微殊'。"由於古今詞義的差別太小，常常被人忽略。但這一古今的細微差別正是研究古漢語詞彙的難點。例如，"許"，古義表示"應允"。《左傳·隱公元年》："亟請於武公，公弗許。"有時也表示"認可"的意思。《三國志·蜀書·諸葛亮傳》："每自比於管仲、樂毅，時人莫之許也。"但在現代漢語裏，"許"衹表示"容許"，沒有"認可"的意思。又如"能"，在現代漢語中既表示主觀上的能力所及，也表示客觀情況的容許；而在古代漢語中，衹表示主觀上的能力所及。《孟子·梁惠王上》："故王之不王，不爲也，非不能也。"又如"暫"，《説文解字·日部》"暫，不久也"，表時間短暫。劉琨《答盧諶》："排終身之積慘，求數刻之暫歡。"但現代漢語的"暫"，表示"現在這樣，將來未必這樣"，含有與將來的對比。韓愈《進學解》説自己"暫爲御史"，按現代漢語的意思理解，應是暫時做御史，將來還要做別的官。其實韓愈在這裏衹是説自己做了很短一段時間的御史。

### （二）今義與古義差別甚大

古義與今義由於差別太大，我們常常忽略了它們之間的聯繫。例如"齒"，本義爲"門牙"。《左傳·僖公五年》："唇亡齒寒。"後泛指"牙齒"。牙齒的增加與年歲的增長有關，因此"齒"又指年齡。《國語·晉語一》："非禮不終年，非義不盡齒。"現代漢語中衹保留了"齒"的本義，因此我們很容易忽略"齒"與"年齡"的關係。又如"歲"，本義爲歲星，即木星。《左傳·襄公二十八年》："歲在星紀，而淫於玄枵。"古人把黄道帶分爲十二等份，稱爲十二星次，木星每行經一個星次需要十二個月，稱爲"一歲"。因此"歲"又有"年"的意思。《孟子·盡心下》："由湯至於文王，五百有餘歲。"後又引申爲"年齡"，保留在了現代漢語中。但現在我們已經不太容易看出"年齡"義與"木星"義之間的聯繫了。

### （三）今義衹是古義的一部分

今義衹是古義中的一部分，所以古今義常常容易混淆。例如，"愛"古義有兩個：一是"喜歡"，二是"吝惜"。《左傳·隱公元年》："愛共叔段，欲立之。"這裏的"愛"與現代漢語一樣，是"喜歡"的意思。《孟子·梁惠王上》"齊國雖褊小，吾何愛一牛"中的"愛"義，是現代漢語裏所沒有的，是"吝惜"的意思。這兩個意思極易混淆。又如"物"，常用的古義有兩個：一指"萬物"，包括人在内；二是專指"人"。蘇軾《前赤壁賦》"且夫天地之間，物各有主，苟非吾之所有，雖一毫而莫取"中的"物"指"物品"，《南齊書·徐孝嗣傳》"時王晏爲令，民情物望，不及孝嗣也"中的"物"則是"人"的意思。

### （四）今義中包含着古義

今義在現代漢語詞彙中是語義的基本狀況，但其中同時也保留了大量的古漢語詞彙的語義。古義與今義在現代漢語中是並存的，或者也可以説今義中包含着古義。例如"志"，古義爲"記載"。《莊子·逍遥遊》："《齊諧》者，志怪者也。"現代複音詞"雜志"即保留了"志"的古義。"走"，古義爲"跑"。《韓非子·五蠹》："兔走觸株，折頸而死。"成語"走馬看花"即保留了"走"的古義。"造"，古義爲"到，達到"。《戰國策·齊策》："先生王鬥造門而欲見齊宣王。"成語"登峰造極"保留了"造"的古義。"徒"，古義爲"步行"。《周易·賁》："舍車而徒。"現代複音詞"徒步"保留了"徒"的古義。

## 第二節　古代漢語詞彙的橫向研究

現代語言學之父索緒爾認爲語言是符號系統，是由一系列相互制約、相互關聯的成分構成具有某種層次結構的整體，語言系統強調關注語言的單位、結構和系統内部共時層面的内在關係，從而開創了語言學的橫向比較研究。古漢語詞彙就是一個相對独立的語言結構體系，它與文字、語音、語法、修辭等構成的系統内部的橫向聯繫，反映了古漢語詞彙系統的主要特點，這是古漢語詞彙研究的主要内容。

## 一、詞與字的關係

現代語言學認爲字是書寫符號，它的作用是記錄語言中的詞。漢字書寫的是漢語中的詞或語素，不能把漢語中使用的詞語跟書寫這些詞語的漢字等同起來。但由於古漢語單音節詞佔主要優勢，訓詁學家又多受《説文解字》的影響，因此中國的字詞典都一直以字爲單位，在古代漢語的傳統訓詁研究中没有把字和詞嚴格區分開來。

"字"和"詞"的關係是極其複雜的。從字和詞的對應關係來説，對於古漢語的單音節詞，一個"字"可能的確對應一個"詞"。例如，《孟子·梁惠王上》"天下之欲疾其君者皆欲赴愬於王"中除了"天下"外的每一個漢字都代表一個詞，這種情況是古代漢語中最常見的詞語存在狀況。而在雙音節複合詞中，兩個字對應的是一個語素或兩個語素。例如，《孟子·盡心下》："民爲貴，社稷次之，君爲輕。""社稷"兩個字代表由兩個語素組成的一個詞。在聯綿詞中，一個字就衹對應一個没有独立意義的音節，例如，《國語·晉語四》："侏儒不可使援。""侏儒"兩個字衹表兩個音節，這兩個音節一起構成了一個語素，形成了一個單純詞。

但有的時候，一個字也可對應兩個或兩個以上的詞，即"一字多詞"。如"女"，既可以表示"女子"，又可以表示第二人稱代詞。這是兩個詞，意義毫無聯繫，而且讀音也不一樣，衹是表示這兩個詞的漢字寫作同一形體，是"同形詞"。另外"耳朵"的"耳"和用於句尾表

NOTE

示"而已"的"耳"也是兩個詞，衹不過它們讀音相同，寫法也相同，是"同音同形詞"。因此，判斷是不是一個詞，除了字形還更要注意音和義。如果同一漢字表示的幾個意義之間音和義有變化，但音的變化符合語音發展的規律，意義的變化有古今的聯繫，一般都看作同一個詞的幾個義位，也就是看作同一個詞。

從字和詞義的對應關係來看，有的情況是爲一個詞造出幾個不同的字。這些字雖然字形不同，但音義完全相同，我們稱爲"異體字"。例如，"脗""吻"都是"吻"的異体字；"悊""喆"都是"哲"的異體字。另一種情況是，有些詞從來就沒有給它造相應的字，而是借用其他的字符來表達這個詞的詞義，我們把這種借來的字叫作"假借字"。例如，"我"的字符義是"兵器"，後來借用做第一人稱代詞；"而"的字符義是"頰毛"，後借用做連詞；"耐"的字符義是"剃掉胡須的刑罰"，後借用做動詞"經得起"。還有一種情況是，一個詞的詞義過多，負擔過重，爲了減輕負擔，明確詞義，另造新字以示區別，這種字叫"區別字"。例如"然"，本義爲"燃燒"，後又產生了很多的引申義和假借義，爲了特別表明"燃燒"之義，另造"燃"字以示區別；"昏"的本義是"日色暗"，後引申爲"昏亂"，又引申爲"眼昏花"，又引申爲"結婚"等。這些引申義衹用一個漢字表達，容易引起混淆，後來分別造了"惛""瞀"和"婚"以示區別。

## 二、詞與詞的關係

詞的音和義是判斷一個詞的主要內容。詞與詞之間在音和義上構成了三種不同的關係。第一種是音同而義不相關，具有這種關係的詞叫同音詞；第二種是義近而音不同，具有這種關係的詞叫同義詞；第三種是音相近義相關且來自同一个詞，具有這種關係的詞叫同源詞。

### （一）同義詞

所謂同義詞，就是具有一個或幾個含相同或相近意義的詞，也就是幾個詞的某一個或某幾個義位相同，而不是全部義位相同。例如，"單"：在"單一"的意義上與"一""独""唯""孤"等同義；在"單純"的意義上與"純"同義；在"單數"的意義上與"奇（jī）"同義；在"簡單"的意義上與"簡"同義；在"僅、衹"的意義上與"僅""衹""獨""特"等同義。

在古代漢語中，每個詞都有數量不等的同義詞，這組成了複雜的同義關係群。要確定是不是同義詞，一般用"同義詞互換"原則。如果兩個或兩個以上的詞在多數上下文中都能互換，就是同義詞。例如，《詩經·鄭風·緇衣》"緇衣之宜兮，敝予又改爲兮"；"緇衣之好兮，敝予又改造兮"；"緇衣之蓆兮，敝予又改作兮"中，"爲""造""作"造的是完全相同的三個句子，説明它們是同義詞。《爾雅·釋言》把它們歸納爲同義詞："作、造，爲也。"《爾雅·釋天》："載，歲也。夏曰歲，商曰祀，周曰年，唐虞曰載。"《孟子·滕文公上》："夏曰校，殷曰序，周曰庠。學則三代共之。"這些都是關於同義詞的文獻記載。

古代訓詁學著作中常用同義詞來訓釋詞義。例如，《説文解字·食部》："飢，餓也。""餓，飢也。"《説文解字·口部》："呻，吟也。""吟，呻也。"《爾雅·釋言》："告、謁，請也。""征、邁，行也。"因此，通過古人的訓釋資料常常就可以確定同義詞。此外，古人在對文或互文中也常使用同義詞，所以利用對文互文也可以確定同義詞。例如，《尚書·太甲》

"天作孽，猶可違；自作孽，不可逭"中，"違"和"逭"是對文，都是"避開"的意思。《趙氏孤兒》"你本是趙盾家堂上客，我須是屠岸賈門下人"中，"須""本"互爲對文。因此，"違"和"逭"、"須"和"本"都是同義詞。

因爲同義詞的差異是細微的，往往容易被人忽視，所以在古代漢語研究中更多關注的是同義詞之間的差別。訓詁學家對此也做了分析，用"渾言"（又稱"統言"）和"析言"加以辨析。所謂"渾言"，是就同義詞的"同"而言，意思是籠統地、含混地説；"析言"是就同義詞的"異"而言，就是分別説、對比地説。例如，《説文解字·口部》："呻，吟也。""吟，呻也。"段玉裁注："按呻者吟之舒，吟者呻之急，渾言則不別也。"《説文解字·貝部》："賄，財也。""貨，財也。""財，人所寶也。"段玉裁注："《周禮》注曰：金玉曰貨，布帛曰賄，析言之也。許渾言之，貨賄皆釋曰財。"

同義詞的差別主要表現在意義、色彩和用法上。意義上的差別是指同義詞概念內涵的不同。例如，"完"和"備"都有全的意思，但"完"重在完整，沒有損壞。《世説新語·言語》："大人豈見覆巢之下復有完卵乎?"其中的"完"就是"完整"的意思。"備"重在數量上的應有盡有，沒有缺漏。《論語·微子》："無求備於一人。"其中的"備"就是美德全部都具備的意思。有些同義詞表現出愛憎褒貶等感情色彩的差別。例如，"賞""賜""獻""贈"都有贈送的意思，但"賞""賜"指上給下，"獻"則是下給上，而"贈"則多用於平輩之間。如《史記·留侯世家》："漢王賜良金百溢。"《左傳·隱公元年》："潁考叔爲潁穀封人，聞之，有獻於君，公賜之食。"《禮記·檀弓下》："子路去魯，謂顏淵曰：'何以贈我?'"還有一些同義詞主要表現在用法上的差別，例如"奔""走"和"赴"都有跑的意思。《莊子·田子方》："夫子奔逸絕塵。"《戰國策·楚策》："獸見之皆走。"《孟子·梁惠王上》："天下之欲疾其君者，皆欲赴愬於王。"但"奔"和"赴"還可有其他的用法，如《左傳·僖公三十三年》："杞子奔齊，逢孫、楊孫奔宋。"其中的"奔"是"逃亡"的意思。《左傳·隱公三年》："平王崩，赴以庚戌，故書。"其中的"赴"，特指奔告喪事。

### （二）同源詞

所謂同源詞，是指由一個源頭派生出來的詞。同源詞之間讀音相通或相近，意義也相通。王力先生在《同源字典·同源字論》中説："它們在原始的時候本是一個詞，完全同音，後來分化爲兩個以上的讀音，才產生細微的意義差別，有時候連讀音也沒有分化，祇是字形不同，用途不完全相同罷了。"例如，"濃""膿""穠""醲""襛"是一組同源詞，是由一個源頭派生出來的："濃"，水厚；"膿"，汁厚；"穠"，花木厚；"醲"，酒厚；"襛"，衣厚。又如，"傑""楬""碣"是一組同源詞："傑"，人之特立者；"楬"，木之特立者；"碣"，石之特立者。

確定同源詞主要通過古代的訓詁。例如，《莊子·大宗師》釋文引王先謙注："需，待也。"《管子·大匡》注："胥，待也。""需"和"胥"同訓"待"，因而同源。又如，《説文解字·水部》："溢，器滿也。"又云："盈，器滿也。""溢""盈"同訓"器滿"，因而同源。再如，《廣韻》："奧，深也。"《爾雅·釋言》："幽，深也。"《廣雅·釋詁》："窈，深也。""奧""幽""窈"同訓"深"，因而同源。需注意的是，同源詞要求讀音相同或相近，但分析讀音要以先秦古音爲依據。例如，"札""牒"同源。《説文解字·木部》："札，牒也。"《説文解字·片部》："牒，札也。"兩字互訓。從語音上説，"札"屬莊母月部，"牒"屬定母盍部。"莊""定"鄰紐，"月""盍"通轉，符合音近的條件。所謂音近，從聲母方面説，必須符合雙聲、準雙聲、旁紐、鄰紐等條件，同時在韻母方面必須符合疊韻、對轉、旁轉、通轉等條件。

研究同源詞可以幫助我們認識詞與詞之間的關係，了解詞源，從而正確理解詞義。例如"贅"，意爲男子到女子家做上門女婿，這個意思的來源是與它的同源字"質"有關的。《説文解字·貝部》："贅，以物質錢。"段玉裁注："若今人之抵押也。"贅，質也，本爲"以物質錢"，後發展爲"以人質錢"，即現在的"入贅""贅婿"之"贅"。

## 三、詞與語法的關係

詞既是語彙單位，又是語法單位。因此詞的整體定義在語彙和語法角度上都是相同的，即"最小的，音義結合的，能独立使用的語言單位"。

在言語裏詞總是執行着一定的語法功能，離開了對詞的語法屬性的分析，就很難對一個詞的意義作出正確的判斷。一個詞有某個詞義，就必然會有相應的語法屬性，因此也就決定了它可以進入某種語法結構和不能進入另一種語法結構。比如"爲"，如果它的意思是"是"，就是一個帶有判斷性的動詞，後面要求跟一個名詞或名詞性詞組。如果是"爲了"的意思，就是一個介詞，它後面要求跟一個名詞組成介詞結構，然後一起修飾動詞。因此，在確定句中的詞義的時候，一定要結合語法分析。

漢語缺乏形態變化，所以詞序和虛詞就成了漢語語法的重要手段。但是，很多虛詞是由實詞發展來的，實詞的詞彙意義消失了，變成了表示語法關係的虛詞了。例如"相"，原是動詞。《説文解字·目部》："相，省視也。"段玉裁注："目接物爲相，故凡彼此交接皆曰相。""彼此交接"就變成副詞了。又如"和"，原爲動詞"声音相应"。《周易·中孚》："鳴鶴在陰，其子和之。"又動詞"攪和"。杜甫《歲晏行》："今許鉛錫和青銅。"後"和"虛化爲連詞了。還有虛詞"得""了""着"都是從動詞虛化來的。

有時候詞義的發展變化是由於長期處於某種語法位置而造成的。例如"斯"，本來是一個指示代詞。《論語·爲政》："攻乎異端，斯害也已。"皇疏："言人若不學六籍正典，而雜學乎諸子百家，此則爲害之深。"疏中把"斯"解釋爲"此"，但後面又加了一個連詞"則"。"斯"的作用是復指上一個分句，如果去掉這個"斯"字，對句義也沒有影響，因此它的指示代詞的意義逐漸減弱。同時，"斯"在句中所處的位置又很容易使人覺得它的用法和連詞"則"相同，後來它就逐漸被當作連詞用了。例如，《論語·堯曰》："子張問於孔子曰：'何如斯可以從政矣？'子曰：'尊五美，屏四惡，斯可以從政矣。'"這裏的"斯"就應該理解爲"則"。

有時候語法對詞義變化產生影響，導致詞的"轉化"。例如"履"，本爲名詞"鞋子"。《説文解字·履部》："履，足所依也。"《莊子·山木》："莊子衣大布而補之，正麚係履而過魏王。"但當"履"帶上了賓語，其意義就變成了動詞"穿（鞋）"。李賀《南園》詩之十一："自履藤鞋收石蜜，手牽苔絮長菰花。"這個意義後來逐漸取得了和名詞"鞋"一樣的地位，成了"履"的一個固有的義位了。

## 四、詞與修辭的關係

修辭學是關於選擇和利用語言表現手段的一門學科。在這些手段中，詞彙是主要的手段。由於修辭的影響，古代漢語詞彙發生了很多變化。常見的有兩種情況，一是詞彙量的增加，二是詞義的變化。

在各種修辭手法中，比喻和借代對詞的形成影響最大。例如，"城府"本來是指"城市和官府"，後來用"城府"比喻深藏難測的心機，逐漸固定成了一個複音詞。如《宋史·傅堯俞傳》："堯俞厚重寡言，遇人不設城府。"文中的"城府"形容待人接物有心機。又如"綱領"，本來是兩個詞。"綱"指網上的總繩，是網最關鍵的部分；"領"爲衣領，是衣的關鍵所在。後來人們常用"綱領"比喻事物最重要的部分。這個意義逐漸發展並固定成了一個詞，意爲起指導作用的原則。又如"規矩"，在古代爲兩個詞。"規"指校正圓形的工具，"矩"指校正方形的工具。《孟子·離婁上》："不以規矩，不能成方圓。"後來人們把"規""矩"合起來代指"標準"或"法則"。此外，典故也常促成詞彙的形成。例如，《孟子·公孫丑下》"有賤丈夫焉，必求龍斷而登之，以左右望，而罔市利"中的"龍斷"，即"壟斷"。本指凸起的高地，原意爲"賤丈夫"登上集市的高地以操縱貿易，後來就固定下來成了一個詞，意爲"操縱""獨佔"。又如，晉代潘岳辭官後住在家裏，作《閑居賦》。後來便稱沒有職業閑呆在家爲"賦閑"。"布衣"本指布料衣服，古代平民百姓祇能穿布衣服，後世便借來指稱"平民"。

古漢語修辭對詞義的發展變化也產生了很大的影響。很多詞義的產生往往與某種修辭手法的運用有關，尤其是比喻和借代常使詞義不斷引申，從而產生了新的義項。例如，"醉"本義爲"醉酒"。《韓非子·説林》："醉寐而亡其裘。"由醉酒後神經錯亂比喻引申出"昏憒""糊塗"的意思。庾信《哀江南賦》："天何爲而此醉？""關"本義爲門閂。《左傳·襄公二十三年》："臧紇斬鹿門之關以出。"後因門閂可控制出入，故比喻引申爲邊防關卡。"孩"本義爲"小兒笑"，後借此指稱"小孩兒"。如杜甫《山寺》："自哂同嬰孩。""干戈"本義爲兩種兵器，即"盾"和"戟"。《禮記·檀弓下》："能執干戈以衛社稷。"後借代引申爲戰爭，《史記·主父偃傳》："乃使劉敬往結和親之約，然後天下忘干戈之事。"

## 五、詞義的辨析

### （一）字義與詞義

古代訓詁學由於字詞不分，所以字義與詞義也常混淆不清。其實字義和詞義是兩個並不相同的概念。所謂字義就是字形結構顯示出來的一種直觀意義，這個意義與字形結構是同一的。東漢許慎的《説文解字》就是根據字形分析説明字義的，可以稱爲是漢語言文字研究史上的第一部字典。詞的產生則遠遠早於文字，造字者在造字之初常常是爲表達某個詞的詞義而造字的，字形結構所反映的意義常常就是這個字所記錄的詞的詞義。古代漢語又以單音詞爲主，因此字義與詞義常常又能統一起來。例如"日""月""山""水""羊"等，這些具體直觀的事物，具有可圖解性，字符義和詞義是同一的。

字義總是具體的、單一的，而詞義能够反映客觀事物的本質屬性，往往是綜合的、抽象的，而且詞義還會隨着人們認識的不斷深入而发生變化。因此在一定時候，字與詞也就不能完全對應了，字義就不再能代表詞義了。例如"牢"，字形義是"養牛的圈"，後來泛指"一切養牲畜的欄圈"，再後來還可指"關押人的地方"。這時候字義和詞義已經基本脱節了。此外，還有一些詞從來就沒有爲它專門造過字，這些詞常常是借用别的字符來表達自己的意思，而這個意思與字符本身的意義是毫不相干的。例如"而"，字義是"頰毛"，後來借爲連詞了，詞義與字義之間已經没有任何關係了。還有一些雙音節的詞，字符衹是其中的語素符號或音節符號，詞義是由構成它的語素符號之間的關係和它在語用中的位置確定的，與字義本身没有絕對的關係。例如，唐代岑參《逢入京使》詩"故園東望路漫漫，雙袖龍鍾淚不乾"中，"龍鍾"義爲沾濕的樣子。又如，《聊齋志異·促織》："視成所蓄，掩口胡盧而笑。"其中"胡盧"，義爲喉間的笑聲。

### (二) 詞典義與訓詁義

訓詁義主要是説明某個具體的詞在一定的語言環境中的含義。訓詁中的訓釋都是根據古書原文作出的，衹適用於某一具體語言環境。其目的在於通過詞的訓釋來疏通文句，同時還常摻雜着作者的主觀認識和評價。所以訓詁義往往是零星的、不系統的、帶有主觀色彩的。

字典的釋義必須在大量的語言材料的基礎上，考慮意義的整體和全局，經過分析和比較，概括出意義的共同點和不同點，然後再在這種共同點和不同點的基礎上歸納出義項。義項所反映的是事物的概念，一個概念衹能建立一個義項。而概念又是隨着社會生活的變化而變化，這就促使詞義不斷豐富從而產生多個義項。

義項實際上是一個詞的詞彙意義的分類。一個詞有多少個詞彙意義，就可以分成多少個義項。在詞典中，一個詞的義項少則一兩個，多則十幾個。但詞在具體的上下文中的意義則遠遠不止這個數目，詞典中詞的義項却是從這些具體的上下文意義中概括出來的。例如，"兵"在《經籍籑詁》"兵"字條下列有"兵器也""器仗之名""五兵""凶器""不祥之器""戟也""弓矢之屬""謂弓矢干戈之屬"等。這些都是根據古書原文作出的訓釋，衹適用於某一具體的語言環境，《辭源》等將這些故訓一併歸納爲"兵器"一個義項。

詞典中的義項包括本義、引申義、用法義、通假義和人名地名等其他義。詞典的義項反映的是人們在社會實踐中公認的詞的意義，是經過約定俗成而爲人們所共同了解和接受的。

### (三) 語言義與言語義

現代語言學要求把語言和言語分開，認爲語言和言語是不同的，語言義和言語義是兩個不同的概念。就古漢語詞義來説，某一詞語在不同的語言環境中體現出來的具體意義就是它的言語義。言語義一般是不穩定的、特殊的，往往帶有個人創新的性質。例如"旌"，《左傳·定公元年》："生不能事，死又離之，以自旌也。"杜預注："旌，章也。"《左傳·僖公二十四年》："以志吾過，且旌善人。"杜預注："旌，表也。"

語言義是由言語義綜合概括出的具有一定公衆認可度的意義，它的根本特點是概括性。語言義是穩定的、普遍的，對於所有説該語言的人是共同的。例如，《説文解字·支部》："徹，通也。"段玉裁注："《孟子》曰：'徹，通也，爲天下通法也。'按《詩》'徹彼桑土'，傳曰'裂也'。'徹我牆屋'，曰'毁也'。'天命不徹'，曰'道也'。'徹爲疆土'，曰'治也'。各隨文解之，而'通'字可以隱括。"語言研究的目的就是通過分析具體語言資料中的言語義，探求概括性的詞的語言義。

## 第三節　古代漢語詞義系統的考察方法研究

研究詞義系統的最終目的是爲了揭示詞義系統本身的構成規律和變化規律。研究古漢語詞義系統有兩個重要視角，一個是要體現詞義發展演變規律，另一個則是要體現詞義結構規律。

古漢語以單音詞爲主，一詞多義是其特點之一。在一個詞的衆多義項中，必有一個是本義，還有一些是由本義引申而産生的引申義和因假借而産生的假借義，從而構成了一個詞諸義項間的一個系統。在這個系統中，本義是綱，引申義是圍繞本義的相關詞義，而假借義祇與詞有音的某種關聯，與本義則沒有意義上的聯繫。通過對本義、引申義和借假義的分析，可以清晰地了解古漢語單音詞詞義發展演變的規律，而傳統訓詁學的詞義訓釋方法對這一方面的研究具有獨特的價值。

詞是以義位爲單位的，詞的一個意義就是一個義位，義位是由義素構成的。借鑒西方語義學的義素分析法和語義場理論，就能很好地揭示詞義結構系統的構成規律和詞義之間的關係，從而對詞義進行清晰解釋和充分描述。

## 一、傳統訓詁學考察詞義的方法

### （一）以形索義

以形索義就是通過分析漢字的形體結構，從字形中探求詞義，對字形進行剖析，找出本義以統帥引申義。最早的漢字是按照詞義繪形的，字形和詞義往往有直接的聯繫，這就使通過字形來推求和證明文獻的詞義成爲可能，並成爲訓詁學最早提出的一種訓釋詞義的方法。例如，《詩經・豳風・七月》："穹室熏鼠，塞向墐户。"詩中"向"的意思用現代漢語裏的"方向""朝着"解釋都不合適。《説文解字・宀部》："向，北出牖也。從宀，從口。"許慎根據"向"從宀從口字形結構的分析，得出"向"是"屋子北面開的窗子"。這是"向"的本義，"塞向"就是把北面的窗子堵上。

以形索義的訓釋方法是以形義統一爲前提的，而形義統一是造字之初字的構形原則。因此，以形索義所據之形必須是最古老的字形。運用以形索義的訓釋方法時，必須追溯字形至小篆，甚至到甲骨金石文字，而這種字形所反映出的字義必是詞的本義。但詞在發展過程中又不斷産生引申義和假借義。古典文獻中的詞使用更多的不是本義，而是引申義和假借義。本義是統帥引申義的，由本義引申出的各個義項與本義都是有聯繫的，因此也總是或多或少與字形相關聯。一個詞不論有幾個引申義，都可以用同一個字形來表達。因此，通過字形分析，不僅可以了解本義，還可以聯想出它的引申義。但假借義一般與字形無關，要索求假借字的詞義，必須先尋求本字。

傳統語言文字學把形義統一看作研究古代文獻詞義的一個重要原則。最早貫徹這個原則的是許慎的《説文解字》。《説文解字》是對漢字形義統一關係的全面證實。《説文解字》是爲傳播和解釋古文經典而作的。許慎嚴格地從古代文獻的用詞中摘取詞義訓釋，他的解説往往能從文獻上找到根據。形義統一的原則反映了早期漢字造字的客觀規律。因此，運用以形索義的訓詁方法離不開《説文解字》。

NOTE

　　《説文解字》通常以小篆字形爲標準，因爲甲骨文、金文發現之前，小篆是相對古老的文字。小篆是秦統一以前秦國的字體，秦統一天下後被定爲官方的規範字體。《説文解字》以大批的當時文獻語言作基礎，考義的依據很充足。因此今天運用以形索義的方法，仍應以《説文解字》爲參考。甲骨文與金文是比小篆更早的字形，可用作修正《説文解字》中説解的參證。

### （二）因聲求義

　　因聲求義就是憑借詞的讀音確定詞義的方法，這是研究形義分離的詞的有效方法。古漢語中的詞義除了反映在字形上的本義外，還有引申義和假借義。有些引申義可以通過本字字形的聯想推理，找到它們之間的邏輯聯繫。但是，還有些詞在引申過程中引申義從引申系列中脱離出來而形成了新詞。同一個詞義由於不同的引申義可形成若干新詞，爲了與舊詞分割清楚，常另造他字以示區別。這些新詞也叫派生詞，都是從某個根詞的詞義發展而來的，讀音大多相同或相近，特點是音近義通。一般一個根詞可直接或間接派生出若干個詞，根詞和派生詞就形成了一個詞族。根詞祇有一個，派生出的詞可以有很多，這類詞就叫同源詞。詞義一般與根詞的詞義相同或相近，與分化出的字形無關。例如，古代文獻中“元”訓釋爲“首”，《左傳·僖公三十三年》：“狄人歸其元。”“元”指“人體的最高處”，可引申爲“高而上平之地”，從而分化出“原”；可引申爲“水之發端”，從而分化出“源”；可引申爲“水湧出處”，從而分化出“泉”。派生詞“原”“源”“泉”與根詞“元”雖有意義上的關聯，但已與“元”分形，獨立成了新詞。想了解同源詞的詞義，需要以讀音爲綫索，一是在同源詞中確定根詞，即推源，二是歸納和繫連同源派生詞，即係源。

　　此外，古代漢語中還有一些詞，從來就沒有爲它專門造過字符，從一開始就借用其他的字符標記詞義。這種詞的意義一般與字形沒有關係，字符祇起音節符號的作用，被稱爲本無其字的假借，詞義是由讀音來標記的。例如，《説文解字》中“來”的本義是“小麥”，但古文獻中很早就把“來”借作“往來”之“來”使用了。羅振玉《增訂殷墟書契考釋》：“卜辭中諸來字皆象形。其穗或垂或否者麥之莖強，與禾不同……叚借爲往來字。”甲骨文的“之”字畫的是一隻脚，一橫表示出發地。《爾雅·釋詁》：“之，往也。”“之”在古文獻中早就被借作代詞和助詞了。因此，它們的意義也祇能憑讀音去考察。

　　還有一種情況是，人們在運用語言的時候，由於某種原因在書寫某些詞的記錄符號時，常不寫這個詞本來的符號，而是借用同音或近音的別的符號。這種借來的字符也祇起音節符號的作用，被稱作“本有其字的假借”。它的詞義祇有通過與之有關聯的詞的讀音來推測確定它的本字，才能明其義。例如，《史記·扁鵲倉公列傳》：“使聖人預知微，能使良醫得蚤從事，則疾可已，身可活也。”其中的“蚤”，是借來標記“早”這個詞的，其字義與“早”毫無關係，祇是讀音與“早”相同而已。因此，要確定“蚤”的詞義，祇能憑讀音來推測那個本來的字。又如，《周禮·天官·瘍醫》：“掌腫瘍、潰瘍、金瘍、折瘍之祝藥，劀殺之齊。”鄭玄注：“祝當爲注。讀如注病之注。聲之誤也。注謂附著藥。”“聲誤”就是因同聲而誤書。這種用字時不寫本字，而借一個聲音相同或相近的字代替的假借現象，解構了字形與詞義之間的聯繫。

　　同源詞的詞義處在同一引申系列中，音近而義通，祇是由於分形而切斷了引申義之間的聯繫。本無其字的假借，反映的是詞與詞之間聲音的偶合。這種因借用而共形，常常容易使兩個完全無關的詞發生意義的混淆。本有其字的假借，純粹祇是讀音的聯繫，使本來沒有任何關係

NOTE

的詞發生了意義上的關聯。要想把分形的同源詞貫通起來，把共形的同音詞分離開來，都需要以讀音爲綫索。

由此可以看出，詞的發展變化從本質上並不依託於字形，而是依託聲音。義以音生，字從音造，音與義的關係比形與義的關係更爲密切。因此，因聲求義就成爲訓詁學上考察詞義的一個重要方法。

## 二、西方語義學研究方法的借鑒

研究古代漢語詞義，除了傳統的訓詁方法，西方語義學研究方法或可適當借鑒。

### （一）義素分析法

西方現代語義學理論認爲，詞義系統的基本要素是"義位"。義位是西方語義學理論對詞義單位的表述。詞義系統是以義位爲中心構建起來的具有層次性的結構體系，其要素義位還可以分解出更小的單位——義素。義素是義位的構成成分，也是描寫詞義結構的最小意義單位。一個義位之所以不同於另一個義位，是因爲其內部構成成分義素不同於另一個義位的義素。如果能把每一個義位的義素列出來，義位之間的聯繫與區別也就一目了然了，義位的把握和運用也就準確無誤了。

義素分析法也叫詞義成分分析法，是從微觀方面對詞義結構進行研究。這種方法是通過相關義位之間的對比，對義位進行分解，從中找出詞義的共同特徵和區別特徵。一般來說，一個義位至少可以分解爲兩個義素。不管一個義位包含多少義素，這些義素總是可分成兩個方面，即表共性的種概念和表個性的屬差。例如，"男孩""女孩"的共同特徵是［人類］和［未成年］，區別特徵是［性別］，因而它們的義位分別可以表示爲：男孩＝［＋人類］［＋男］［－成年］；女孩＝［＋人類］［－男］［－成年］。又如《爾雅》解釋"飢""饉""荒"三個詞時，分別用"不熟"和"穀"、"不熟"和"蔬"、"不熟"和"果"。從中可以看出，每個解釋都可以分成兩個部分："不熟"是它們的共同特徵，而"穀""蔬""果"則是它們之間的屬差。《説文解字·山部》中解釋"岑""崇"："岑，山小而高"；"崇，山大而高"。其中的"山""高"是它們的共同特徵，而"小"和"大"是區別性特徵。

義素是由處於同一語義場中相鄰或相關的詞相比較而得出的，是對詞的義位進行結構分析後得出的語義成分。例如，"池"有兩個意義，即"池溏"和"護城河"，那麼"池"這個詞就有兩個義位。如果分析"池"的第一個義位，可以認爲"池塘"是"池"的概念，而"池塘"這一概念的本質是一片水域。關於反映"水域"概念的詞，還有"川""溪""溝""海""湖"等，那麼就可以説"川""溪""溝""海""湖""池"等詞處於同一語義場。這些詞雖然反映的都是"水域"的概念，但它們還是有區別的。根據比較發現，"川""溪""溝"三個詞與"海""湖""池"的區別，在於前者是流動的，後者是停聚的。再進一步分析，"川"是面積大的流動的水域，"溝"是面積小的流動的水域，而"溪"的面積介於"川"和"溝"之間；"海"是停聚的面積大的水域，"池"是停聚的面積小的水域，而"湖"的面積介於"海"和"池"之間。這樣我們可以歸納一下，在"水域"這個語義場上，覆蓋着"川""溪""溝""海""湖""池"等詞。要區別這六個詞，必須根據［水面］［±流動］［面積（大、中、小）］三個義素。而構成"池"的義素就是［水面］＋［－流動］＋［面積小]。在"池"的三個義素中，[水面]是表示它所屬的語義場，這種義素叫指稱性義素，表達的是種概念；[－流動]和[面積小]是限定指稱性義素，叫限定性義素，表達的是屬概念。把限定性義素和指稱性義素按層次排列起來，即爲[面積小]＋[－流動]＋[水面]，這大致就是"池"義位的定義。語義學上把反映屬概念的稱爲"上位詞"，把反映種概念的稱爲"下位詞"，處於同一等級的詞稱爲"同位詞"。

　　把義位分解爲義素，就可以從義位的内部結構中去認識義位，從而深刻準確地理解詞義。但義素不是直接在語言運用中體現出來的，而是在義位與義位的對比中獲得的，須將該詞的意義和同一語義場内的詞或鄰近場内詞的意義進行比較對比來確定。具體的比較方法也是語言學界正在探索的一項課題。

### （二）語義場理論

　　德國語言學家特利爾（J. Trier）提出了著名的語義場理論。所謂的語義場，就是指由義位構成的系統。這些義位含有相同的表彼此共性的義素和相應的表彼此差異的義素，二者連結在一起，互相制約，互相作用。語義場是從宏觀方面對詞義的把握，體現了義位的關係、區別，體現了語義的系統性。通過語義場的理論原則，可將紛繁複雜的義位都歸入由不同概念統率的各級語義場系統中。

　　語義場又叫詞彙場。義位是詞對事物的抽象，是一個詞所反映的概念。但就詞的某個概念來説，表達這個概念的詞有許多。也就是説，每個概念意義都覆蓋着一個詞彙場，這個詞彙場是由一組在語義上相互聯繫、相互制約、相互區別、相互依存的詞項構成的聚合體。詞彙場中的每一個詞都與這個概念有關，但彼此又有區別。每個詞的意義祇能根據和它相鄰近或相反的其他詞的意義來確定。這種詞與詞之間的關係就構成了詞在某個概念上的語義場。詞與詞的關係是多種多樣的，構成的語義場也是多種多樣的。例如，關於"顏色"的詞彙場由"紅、白、橙、黃、綠、青、藍、紫、黑"等詞項構成，這幾個詞同屬於"顏色"的範疇，但各自表達的又是不同的顏色意義。它們在邏輯上的地位相同，相互形成同類關係。而顏色詞彙場中的每個詞項的概念又包含着一組表達其特徵的相互關聯的詞項，如"紅"這個概念中有"大紅、棗紅、桃紅、粉紅、橘紅、血紅、紫紅、火紅"等詞項，從而形成了次一級的詞彙場。而"顏色"語義場又同"聲音""味道""溫度"等構成同類關係，即同屬於"感覺"語義場，並同"感覺"語義場形成上下位關係。

　　語義場理論是把義位的個別研究納入到詞彙場的系統中，找到它在詞彙場中相應的位置、層次，研究詞彙場中與之相關的各個詞之間的相互關係。這種對詞的意義進行整體把握的研究，相比傳統語義學對詞義的個別研究或許会經濟實惠一些。

## 第四節　古代訓釋詞義的主要方法提示

### 一、形訓

　　所謂形訓，就是與字形相貼切的意義訓釋，是專門用來表述漢字本義的訓釋。形訓來源於《説文解字》，《説文解字》是以釋本義爲總條例的。本義是《説文解字》的專門術語，指的是字形所體現出的原始造字意圖字義。一般來説形訓應包含兩方面的内容：一是"實義"的訓釋，二是"造義"的訓釋。實義必須是在言語作品中確曾使用過的意義，是由造義反映出的詞義，也就是詞的本義。造義是解釋造字意圖的，爲文字所有，因此衹能説是字義。例如，《説文解字·又部》："友，同志爲友，從二又，相交友也。"前半部分"同志爲友"是"實義"，這是詞義；後半部分"從二又相交"爲"造義"，反映的是字的構形意圖，是字義。又如，《説文解字·弓部》："彎，持弓關矢也。"表"彎"字從"弓"，"關"表示"彎"字聲音的來源，體現了"彎"的造義。而在古代文獻中，"彎"確實有這個義項，專用在引弓射箭上，《昭明文選·張衡〈西京賦〉》"彎弓射乎西羌"中用的就是這個意思。

形訓如果没有造義部分，就失去了它的特點而成了義訓。造義是文字範疇的概念，而實義則是語言範疇的概念。造義衹能解釋文字，不能解釋詞語，因爲它不是詞的某個獨立的義項，衹是某個義項適應文字造形需要而進行的形象化處理，實義才能解釋詞語。因此形訓中，本義的訓釋必須區分造義和實義。

## 二、聲訓

用同音或音近字訓釋詞義的方法，訓詁學家稱之爲"聲訓"。例如，《周易·説卦》："乾，健也；坤，順也。"《禮記·中庸》："仁者，人也。"《論語·顔淵》："政者，正也。"訓釋詞與被訓詞之間通過音的關係聯繫在了一起。

聲訓雖然被訓詁學家稱爲訓釋方法，但它不僅是"釋義"，而且是"探源"。因聲以求語源是聲訓最根本的核心。通過訓釋詞與被訓釋詞之間音近義通的同源關係，以説明詞義的來源並顯示詞義的特點。因爲詞在使用時都有一個表層的使用意義，除此之外内部還存在一種表面不直接顯現的意義，傳統訓詁學稱其爲"詞義特點"或"詞源意義"。同源詞的表層使用義不論怎樣不同，包含在其中的意義特點都是相同的。例如，"梃"和"涎"是同源詞，"梃"的表層使用義是"長木"，深層詞源義是"長"，"涎"的表層使用義是"慕欲口液"，深層詞源義是"長（拉長的口水）"。非同源的同義詞，衹在使用意義上相同，詞源意義却不可能相同。例如，"説"和"論"是非同源的同義詞，"説"的表層使用義是"談話（説釋）"，詞源義是"啓開"，"論"的表層使用義是"談話（論理）"，詞源義是"有文理"。聲訓就是通過同源詞來顯示詞源義的。因爲衹有在同源詞的聯繫中，那種内在的詞義特點才能被歸納出來。由於同源詞之間共同的詞源意義不易從表面看出來，而它們的聲音關係却是外在的，所以它們之間的訓釋被稱作聲訓。例如，《説文解字·火部》："炳，明也。"《説文解字·水部》："泛，浮也。"《説文解字·足部》："跨，越也。"在這些訓釋中，表面上看它們是音同或音近，實質上是義通，即深層的詞源義相同。另外，對那些因字的假借而共形的，可通過聲訓尋求本字，確定詞義。例如，《詩經·鄘風·柏舟》："之死矢靡它。"其中的"矢"即"誓"。

## 三、義訓

所謂"義訓"就是不借助於音和形而直接解釋詞義，其目的是對詞所包含的客觀内容加以揭示。

義訓時首先要利用辭書。因爲辭書匯集了古書的注釋，是解釋詞最有用的工具書。例如，

NOTE

《史記·越王勾踐世家》："殺人而死職也。"其中的"職"比較費解。《爾雅·釋詁》有"職，常也"一條訓釋，這個"職"當"常"講則全句就可以貫通了。其次還須鉤稽舊注，即將辭書沒有收集的注釋作爲解讀古書的綫索。例如，《孔雀東南飛》："媒人去數日，尋遣丞請還。說有蘭家女，承籍有宦官。"其中的"蘭"字令人費解。後有人從東晉張湛的《列子注》中發現了對"蘭"的解釋。《列子·説符》："宋有蘭子者，以技干宋元。"張湛注："凡人物不知生出者謂之蘭。"將此釋解用於"蘭家女"的解讀，意思就是某人家的女兒，完全合乎文意。

## 四、直訓和義界

直訓和義界是兩種訓釋方式，既可用於義訓，也可用於聲訓。

直訓就是以單詞訓釋單詞，可以分爲單訓和互訓兩種形式。單訓就是單方向的訓釋方式，又可以分爲同訓和遞訓。同訓是指意義相同或相近的幾個詞語共用一個解釋的訓釋方法。這種方法在《爾雅》中最爲常見。例如，《爾雅·釋言》："尹，正也。""匡，正也。"又如《爾雅·釋詁》："如、適、之、嫁、徂、逝，往也。"遞訓是指同義詞遞相爲訓，以乙釋甲，以丙釋乙，依次類推，相銜接的詞義之間是同義關係。例如，《爾雅·釋言》："流，覃也；覃，延也。"《漢書·藝文志》："詩言志，歌詠言。"顏師古注："詠，永也；永，長也。"

互訓是用意義和用法相同或者相近的兩個或兩個以上的詞相互解釋。互訓的訓釋詞和被釋詞可以兩兩互易位置或者輾轉互易位置。例如，《爾雅·釋宮》："宮謂之室，室謂之宮。"又如《爾雅·釋詁》："勤，勞也。""勞，勤也。"須注意的是，互訓祇是在某些語言環境中對比出來的，有時並不是絕對的同義詞。

義界就是用句子訓釋詞語，用定義和描寫的方式來表述詞義的內容，從而把詞與它的鄰近詞的意義區別開來以展示詞義特點。義界的方式有三種：定義式義界、嵌入式義界和比況式義界。

定義式義界的訓釋方式是義值差＋主訓詞。義值差不是反映概念內涵的邏輯定義中的屬差，而是詞義中包含的讀訓者的經驗內容。它可以是性狀、位置，也可以是動態、形貌等，一般具有直觀性。例如，《説文解字·目部》："眜，目不明也。"《説文解字·羊部》："羜，五月生羔也。"《説文解字·肉部》："膽，連肝之府。"其中"目""羔""府"爲主訓詞，"不明""五月生""連肝"爲義值差。

嵌入式義界就是把被訓釋詞直接嵌入到訓釋語中的義界方式，一般有三種情況。第一種是被訓釋詞本身佔據了主訓詞的位置，而用義值差來顯示詞義的特點。例如，《説文解字·司部》："司，臣司事於外者。"第二種是義值差難以用其他語言來表述，就將被訓釋詞直接嵌入來充當義值差。例如，《説文解字·人部》："僇，癡行僇僇也。"第三種是被訓釋詞嵌入義值差中組成雙音詞或詞組以闡明其義。例如，《説文解字·宀部》："寬，屋寬大也。"

比況式義界有兩種情況，一種是選擇一個形似比喻物來代替主訓詞，同時闡述被訓詞與比喻詞之間的差異來代替一般的義值差。例如，《説文解字·豸部》："貘，似熊而黃黑色，出蜀中。"另一種是選擇一個形似比喻物，以其特點來代替義值差，同時出示主訓詞。例如，《説文解字·熊部》："熊，獸似豕，山居冬蟄。"

# 知識點鏈接　常用訓詁術語提示

所謂訓詁術語，是指傳統訓詁學中爲解釋字、詞、句、篇等内容而使用的具有特定意義和固定用法的專門用語。但由於訓詁術語的判定標準不統一，古書中的訓詁術語多而雜亂，訓詁學上還没有一套系統而統一的術語，這裏祇略舉部分被學界普遍承認的常用術語。

## 一、曰、爲

一般認爲訓詁術語"曰"和"爲"的作用相當，即常用來解釋詞語，給詞語下定義，或説明被釋詞語的由來。例如：

《論語·先進》："加之以師旅，因之以饑饉。"朱熹注："穀不熟曰饑，菜不熟曰饉。"《爾雅·釋天》："穀不熟爲饑，蔬不熟爲饉。"

《左傳·僖公三十年》："東門襄仲將聘於周，遂初聘與晉。"杜預注："公既命襄仲聘周，未行，故曰將。又命自周聘晉，故曰遂。自入春秋，魯始聘晉，故曰初。"

"曰"和"爲"作爲訓詁術語也可用來分辨同義詞之間的細微差别，辨析近義詞，或辨析其他相關事物。例如：

《左傳·桓公十四年》："十四年春，會於曹，曹人致餼，禮也。"杜預注："熟曰饗，生曰餼。"

《詩經·小雅·鼓鐘》："以雅以南，以籥不僭。"毛傳："東夷之樂曰昧，南夷之樂曰南，西夷之樂曰朱離，北夷之樂曰禁。"

《爾雅·釋天》："載，歲也。夏曰歲，商曰祀，周曰年，唐虞曰載。"

《爾雅·釋水》："大波爲瀾，小波爲淪，直波爲涇。"

## 二、謂

用"謂"這個術語解説詞語，是以具體解釋抽象，以特殊解釋一般，以狹義解釋廣義，以小名解釋大名，以語境義解釋概念義，隨文釋義，點明具體含義。例如：

《詩經·小雅·小弁》："鹿斯之奔，唯足伎伎。"毛傳："伎伎，舒貌。謂鹿之奔走，其足伎伎然舒也。"

《荀子·勸學》："不聞先王之遺言，不知學問之大也。"楊倞注："大謂有益於人。"

《左傳·桓公六年》："親其九族。"杜預注："九族謂外祖父、外祖母、從母子及妻父、妻母、姑之子、姊妹之子、女子之子並己之同族，皆外親有服而異族者也。"

《詩經·秦風·駟驖》："公之媚子，從公于狩。"毛傳："能以道媚於上下者。"鄭玄箋："媚於上下，謂使君臣和合也。"

"謂"還可用來串講句意，從頭至尾對全句進行解説。例如：

《詩經·召南·小星》："肅肅宵征，夙夜在公，寔命不同。"鄭玄箋："謂諸妾肅肅然夜行，或早或夜，在於君所，以次序進御者，是其禮命之數不同也。"

NOTE

《詩經·小雅·伐木》："出自幽谷，遷於喬木。"鄭玄箋："謂鄉時之鳥，出從深谷，今移處高木。"

此外，"謂"也可用於對原文的補充説明。例如：

《詩經·大雅·假樂》："不愆不忘，率由舊章。"鄭玄箋："成王之令德，不過誤，不遺失，循用舊典之文章，謂周公之禮法。"

## 三、謂之

"謂之"作訓詁術語，常用來解説異名或定義事物之名，其基本意思可以理解爲"叫做"。例如：

《左傳·桓公二年》："火、龍、黼、黻，昭其文也。"杜預注："白與黑謂之黼……黑與青謂之黻。"

《爾雅·釋宫》："東西牆謂之序。"

《周易·繫辭》："形而上者謂之道，形而下者謂之器。"

《禮記·王制》："老而無妻者謂之矜。"陸德明釋文："矜，本又作鰥，同。古頑反。"

"謂之"也可用於比較分辨同義詞之間的細微差別和近義詞之間的異同。例如：

《爾雅·釋器》："金謂之鏤，木謂之刻。"

《爾雅·釋宫》："宫中之門謂之闈，其小者謂之閨，小閨謂之閣。""西南隅謂之奥，西北隅謂之屋漏，東北隅謂之宧，東南隅謂之窔。"

《爾雅·釋鳥》："二足而羽謂之禽，四足而毛謂之獸。"

有時也用來説明被訓釋詞的由來。例如：

《左傳·僖公十五年》："寡人之從君而西也，亦晉國之妖夢是踐，豈敢以至。"杜預注："狐突不寐而與神言，故謂之妖夢。"

此外，"謂之"還常用來解説同一事物在不同方言中的名稱。例如：

《淮南子·覽冥訓》："半夏生，木堇榮。"高誘注："木堇，雒家謂之朝生。"《吕氏春秋·仲春》："蒼庚鳴，鷹化爲鳩。"高誘注："蒼庚，齊人謂之搏黍，秦人謂之黃離，幽冀謂之黃鳥。"

## 四、之謂

"之謂"作訓詁術語也主要用於給事物下定義。先秦使用的"之謂"，意思與"曰""爲"相似。例如：

《周易·繫辭上》："生生之謂易。""陰陽不測之謂神。"

《孟子·盡心下》："可欲之謂善，有諸己之謂信，充實之謂美，充實而又光輝之謂大，大而化之之謂聖，聖而不可知之之謂神。"

但東漢以後用"之謂"，常把被訓釋詞和訓釋詞放在前面，"之謂"放在訓釋詞之後，説明被訓釋詞的具體含義，表示"……的意思"。例如：

《詩經·小雅·十月之交》："高岸爲谷，深谷爲陵。"毛傳："言易位也。"鄭玄箋："易位者，君子居下，小人處上之謂也。"

NOTE

《詩經・小雅・谷風》："忘我大德，思我小怨。"鄭玄箋："大德切瑳，以道相成之謂也。"

## 五、猶

"猶"作訓詁術語解説詞義時，被訓釋詞和訓釋詞語義之間常有一定的距離。《説文解字・言部》段玉裁注："凡漢人作注云'猶'者，皆義隔而通之。"用"猶"解説詞語，常見的情況有：

以引申義釋其詞。例如：

《左傳・隱公元年》："君子曰：'穎考叔，純孝也，愛其母，施及莊公。'"杜預注："純，猶篤也。"

以假借義釋其詞。例如：

《左傳・襄公九年》："姜曰：'亡。'"杜預注："亡，猶無也。"

以同義詞釋其詞。例如：

《左傳・僖公二十三年》："保君父之命而享其生禄，於是乎得人。"杜預注："保，猶恃也。"

以具體所指解釋其詞。例如：

《左傳・定公五年》："子蒲曰：'吾未知吳道。'"杜預注："道，猶法術。"

"猶"還常用作以口語釋古語的訓釋術語。例如：

《左傳・僖公二十八年》："非敢必有功也，願以間執讒慝之口。"杜預注："間執，猶塞也。"

《左傳・襄公八年》："民死亡者，非其父兄，即其子弟，夫人愁痛，不知所庇。"杜預注："夫人，猶人人也。"

有時"猶"也可用於解説句義。例如：

《詩經・邶風・匏有苦葉》："濟盈不濡軌，雉鳴求其牡。"毛傳："違禮義，不由其道，猶雉鳴而求其牡矣。"

《詩經・大雅・公劉》："既順迺宣，而無永歎。"毛傳："民無長歎，猶文王之無悔也。"

《詩經・邶風・匏有苦葉》："招招舟子，人涉卬否。"鄭玄箋："舟人之子號召當渡者，猶媒人之會男女無夫家者，使之爲妃匹。"

## 六、貌

"貌"作爲訓詁術語，主要用來説明被解釋的詞語是表示某種性質或狀態的，具有描寫作用，位置常常放在句末。例如：

《左傳・文公十七年》："鋌而走險，急何能擇？"杜預注："鋌，急走貌。"

《左傳・僖公二十四年》："兄弟鬩于牆，外禦其務。"杜預注："鬩，訟争貌。"

《詩經・齊風・敝笱》："敝笱在梁，其魚唯唯。"鄭玄箋："唯唯，行相隨順之貌。"

"貌"還可與"猶""言"等連用，從而使釋義更爲明確。例如：

《淮南子・俶真訓》："至德之世，甘暝於溷澖之域，而徙倚於汗漫之宇。"高誘注："澖，讀澖放之澖，言無垠虚之貌。"

《淮南子·俶真訓》：“孰肯分分然以物爲事也。”高誘注：“分，猶意念之貌。”

## 七、屬、之屬

“屬”“之屬”是用來解釋事物類屬關係的訓詁術語，常用來説明被釋詞所屬的種類，説明所解釋的事物具有某類事物的共同特徵。例如：

《吕氏春秋·孟秋》：“孟秋行冬令，則陰氣大勝，介蟲敗穀。”高誘注：“介蟲，龜屬。”

《淮南子·説林訓》：“若履薄冰，蛟在其下。”高誘注：“蛟，魚屬。”

《漢書·雋不疑傳》：“始元五年，有一男子乘黄犢車，建黄旐。”顏師古注：“旐，旌旗之屬，畫龜蛇曰旐。”

“之屬”還可用來以種概念解釋屬概念，即以下位概念解釋上位概念。例如：

《漢書·眭兩夏侯京翼李傳》：“猶巢居知風，穴處知雨。”顏師古注：“巢居，鳥鵲之屬也。穴處，狐狸之類也。”

《漢書·地理志下》：“壽春、合肥受南北湖皮革、鮑、木之輸，亦一都會也。”顏師古注：“皮革，犀兕之屬也。鮑，鮑魚也。木，楓柟豫章之屬。”

## 八、言

“言”作爲訓詁術語一般常用來解説詞語。例如：

《詩經·鄭風·將仲子》：“將仲子兮，無踰我里，無折我樹杞。”毛傳：“折，言傷害也。”

《戰國策·秦策一》：“蒞政有頃，商君告歸。”高誘注：“有頃，言未久。”

《吕氏春秋·本味》：“浸淵之草，名曰士英。”高誘注：“浸淵，深淵也，處則未聞。英，言其美善。”

但“言”更多的時候是用來説明詞語的語境義，説明言外之意。例如：

《詩經·大雅·旱麓》：“鳶飛戾天，魚躍於淵。”毛傳：“言上下察也。”

《淮南子·原道訓》：“柔勝出與己者，其力不可量。”高誘注：“言柔之爲大也，道家所貴。”

《淮南子·氾論訓》：“今不審其在己者，而反備之於人。”高誘注：“言不慎行己之德，而乃反備天下之人來誅也。”

有時“言”還用於對原文的補充説明。例如：

《詩經·大雅·大明》：“文定厥祥，親迎於渭。”毛傳：“言賢聖之配也。”

《詩經·魏風·汾沮洳》：“彼其之子，美無度。”鄭玄箋：“是子之德，美無有度，言不可尺寸。”

此外，“言”也常用來串講解説句義。例如：

《詩經·周南·卷耳》：“陟彼砠矣，我馬瘏矣，我僕痡矣，云何吁矣！”鄭玄箋：“此章言臣既勤勞於外，僕馬皆病，而今云何乎其亦憂矣，深閔之辭。”

《戰國策·齊策一》：“申縛者，大臣弗與，百姓弗用。”高誘注：“言大臣與百姓不爲申縛致力盡用也。”

《吕氏春秋·孝行》：“雖有賢者，而無禮以接之，賢奚由盡忠？猶御之不善，驥不自千里也。"高誘注："言不肖者無禮以接賢者，賢者何用盡其忠乎？差不知御者御驥，驥亦不爲之從千里也。"

# 九、之言，之爲言

"之言""之爲言"這兩個術語主要用於聲訓，被訓詞和訓釋詞之間語音相同、相近，意義相同、相近、相關，也可用於推原事物得名之由，或説明兩詞之間的同源關係。例如：

《周禮・天官》："膳夫，上士二人，中士四人，下士八人。"鄭玄注："膳之言善也。"

《漢書・杜周傳》："親二宮之饗膳，致晨昏之定省。"顏師古注："熟食曰饗，具食曰膳。膳之言善也。"

"膳"和"善"爲一組同源字。

《漢書・百官公卿表第七上》："諸侯王，高帝初置，金璽盭綬。"顏師古注："晉説是也。璽之言信也。"

顏師古的注釋説明了"璽"的命名之由。

《漢書・文帝紀》："朕初即位，其赦天下，賜民爵一級，女子百户牛酒，酺五日。"顏師古注："文穎曰：'漢律，三人以上無故羣飲酒，罰金四兩，今詔横賜得令會聚飲食五日也。'酺之爲言布也。王德布於天下而合聚飲食爲酺。"

"酺"與"布"古音相近，顏師古用"布"來解釋"酺"義。

《漢書・地理志》："五百里甸服，百里賦内總。"顏師古注："規方千里，最近王城者爲甸服，則四面五百里也。甸之爲言田也，主爲王者治田。"

顏師古的注釋説明了"甸"的命名之由。

# 十、讀如、讀若

"讀如""讀若"是古代注釋中的注音術語，主要用來標明讀音。例如：

《吕氏春秋・制樂》："飭其辭令。"高誘注："飭，讀如敕，飭正其辭令也。"《淮南子・修務訓》："雖粉白黛黑弗能爲美者，嫫母。"高誘注："嫫，讀如'模範'之模。"

《淮南子・原道訓》："猶錞之與刃，刃犯難而錞無患者，何也？"高誘注："錞，矛戈之錞也，讀若頓。"

《漢書・司馬遷傳》："易着天地陰陽四時五行，故長於變。"顏師古注："以變化之道爲長也。長讀如本字。一曰長謂崇長之也，音竹兩反。下皆類此。"

此外，"讀如""讀若"也常用來明假借。例如：

《吕氏春秋・下賢》："鵠乎其羞用智慮也。"高誘注："鵠，讀如'浩浩昊天'之浩，大也。"

《楚辭・離騷》："又重之以脩能。"洪興祖注："故有絶才者謂之能，此讀若耐。"

在許慎的《説文解字》中，"讀若"除了注音以外，還用以標明通行的後出字，如"自，讀若鼻"；標明通行的異體字，如"嚞，讀若哲"；標明通行的假借字，如"劋，讀若杜"；標明互相通用的同源字，如"母讀若冠"。

NOTE

## 十一、讀曰、讀爲

"讀曰""讀爲"在古書注釋中主要用來明假借。例如：

《禮記·曲禮上》："以箕自鄉而扱之。"鄭玄注："扱讀曰吸。"

《漢書·禮樂志》："惟泰元尊，媼神蕃釐。"顏師古注："釐，福也。言天神至尊，而地神多福。蕃音扶元反。釐讀曰禧。"

《漢書·宣帝紀》："遭值匈奴乖亂，推亡固存，信威北夷，單于慕義，稽首稱藩。"顏師古注："信讀爲申，古通用字。"

《漢書·田叔傳》："漢與楚相距，士卒罷敝。"顏師古注："罷讀爲疲。"

"讀曰""讀爲"有時也可用來表示古今字。例如：

《漢書·景帝紀》："欲天下務農蠶，素有畜積，以備災害。"顏師古注："畜讀曰蓄。"

《漢書·元帝紀》："遭竟寧元年，春正月，匈奴虖韓邪單于來朝。"應劭曰："虖韓邪單于願保塞，邊竟得以安寧，故以冠元也。"顏師古注："據如應説，竟讀爲境。古之用字，境竟實同。"

"讀曰""讀爲"還可説明同源詞、異體字等。例如：

《漢書·高帝紀第一上》："周苛罵曰：'若不趣降漢，今爲虜矣。'"顏師古注："趣讀曰促。"

"趣"和"促"爲一組同源字。

《漢書·刑法志》："負矢五十個，置戈其上。"顏師古注："個讀曰箇。箇，枚也。"

"個"和"箇"爲一對異體字。

## 十二、當爲、當作

"當爲""當作"主要用於糾正典籍中的錯別字、訛誤字。段玉裁在《周禮漢讀考》中説："'當爲'者，定爲字之誤、聲之誤而改其字，爲求正之詞……字誤、聲誤而正之，皆謂爲'當爲'。"例如：

《國語·晉語》："君好文，大夫殆。"韋昭注："文，當爲外，聲相似誤也。"

《禮記·檀弓》："卜人師扶右。"鄭玄注："卜，當爲僕，聲之誤也。"

《詩經·小雅·節南山》："弗躬弗親，庶民弗信；弗問弗仕，勿罔君子。"鄭玄箋："勿當作末。此言王之政不躬而不親之，則恩澤不信於平民百姓矣；不問而察之，則下民末罔其上矣。"

《漢書·酈陸朱劉叔孫傳上》："呂后與陛下共苦食啖，其可背哉！"顏師古注："啖當作淡。淡謂無味之食也。言共攻擊勤苦之事，而食無味之食也，淡音大敢反。"

## 十三、如字、破讀

"如字"指某個字按照它常見的讀音來讀，並由此確定其通常的詞義和詞性。"破讀"又稱"改讀"，通過改變一個字的常見讀音，以表明詞義和詞性有所轉變，甚至成了新的詞。例如：

《詩經·周南·關雎》：“窈窕淑女，君子好逑。”陸德明《經典釋文》：“好，毛如字，鄭呼報反。”也就是說，對“好”字，毛傳照通常讀法，是形容詞，“好逑”即美好的配偶；鄭玄箋破讀，音爲呼報反，動詞，喜愛，“好逑”即喜愛的配偶。

## 【思考與實踐】

**思考題**

1. 以《宮之奇諫假道》一文爲例談談《左傳》的語言特色。

2. 從《晉侯夢大厲》“三個夢”體會古人是如何講故事的。

3. 試述《邵公諫厲王弭謗》一文中“邵公諫”的語言表達方式。

4. 以蘇秦爲例評價戰國策士的人生價值觀。

5. 試述戰國縱橫之術在語言表達上的的風格特點。

6. 爲何清人吳見思在其《史記論文》中稱《史記·司馬相如列傳》爲“唐人傳奇小説之祖”？

7. 先秦諸子百家爭鳴局面是在什麼樣的歷史背景下產生的？

8. 《漢書·藝文志》是如何評述儒墨兩家主張的？

9. 班超的經歷對當今青年有什麼啓示？

10. 簡析《官渡之戰》塑造的人物形象的特點及其語言風格。

11. 簡述傳統訓詁學在建構漢語語義學上的價值。

12. 簡述古漢語詞形結構發展演變的特點。

13. 根據語言學中義位和義素理論分析古漢語詞義演變的情況。

14. 闡述字與詞的關係並對古漢語中字與詞的同一性問題進行説明。

15. 簡述西方現代語義學理論對考察古漢語詞義系統的作用。

**實踐練習 1**

舜父瞽叟盲而舜母死瞽叟更娶妻而生象象傲瞽叟愛後妻子常欲殺舜舜避逃及有小過則受罪順事父及後母與弟日以篤謹匪有解舜冀州之人也舜耕歷山漁雷澤陶河濱作什器於壽丘就時於負夏舜父瞽叟頑母嚚弟象傲皆欲殺舜舜順適不失子道兄弟孝慈欲殺不可得即求嘗在側舜年二十以孝聞三十而帝堯問可用者四嶽咸薦虞舜曰可於是堯乃以二女妻舜以觀其内使九男與處以觀其外舜居嬀汭内行彌謹堯二女不敢以貴驕事舜親戚甚有婦道堯九男皆益篤舜耕歷山歷山之人皆讓畔漁雷澤雷澤上人皆讓居陶河濱河濱器皆不苦窳一年而所居成聚二年成邑三年成都堯乃賜舜絺衣與琴爲築倉廩予牛羊瞽叟尚復欲殺之使舜上塗廩瞽叟從下縱火焚廩舜乃以兩笠自扞而下去得不死後瞽叟又使舜穿井舜穿井爲匿空旁出舜既入深瞽叟與象共下土實井舜從匿空出去瞽叟象喜以舜爲已死象曰本謀者象象與其父母分於是曰舜妻堯二女與琴象取之牛羊倉廩予父母象乃止舜宮居鼓其琴舜往見之象鄂不懌曰我思舜正鬱陶舜曰然爾其庶矣舜復事瞽叟愛弟彌謹於是堯乃試舜五典百官皆治（《史記·五帝本紀》）

要求：

1. 給上文斷句。

2. 注釋文中加點的詞語。

3. 堯是怎樣考察舜的？你認爲他的做法合理嗎？

**實踐練習 2**

律知武終不可脅白單于單于愈益欲降之乃幽武置大窖中絶不飲食天雨雪武臥齧雪與旃毛並咽之數日不死匈奴以爲神乃徙武北海上無人處使牧羝羝乳乃得歸別其官屬常惠等各置他所武既至海上廩食不至掘野鼠去中實而食之杖漢節牧羊臥起操持節旄盡落積五六年單于弟於靬王弋射海上武能網紡繳檠弓弩於靬王愛之給其衣食三歲余王病賜武馬畜服匿穹廬王死後人衆徙去其冬丁令盜武牛羊武復窮厄初武與李陵俱爲侍中武使匈奴明年陵降不敢求武久之單于使陵至海上爲武置酒設樂因謂武曰單于聞陵與子卿素厚故使陵來説足下虛心欲相待終不得歸漢空自苦亡人之地信義安所見乎前長君爲奉車從至雍棫陽宮扶輦下除觸柱折轅劾大不敬伏劍自刎賜錢二百萬以葬孺卿從祠河東后土宦騎與黃門駙馬爭舩推墮駙馬河中溺死宦騎亡詔使孺卿逐捕不得惶恐飲藥而死來時大夫人已不幸陵送葬至陽陵子卿婦年少聞已更嫁矣獨有女弟二人兩女一男今復十餘年存亡不可知人生如朝露何久自苦如此陵始降時忽忽如狂自痛負漢加以老母繫保宮子卿不欲降何以過陵且陛下春秋高法令亡常大臣亡罪夷滅者數十家安危不可知子卿尚復誰爲乎願聽陵計勿復有云武曰武父子亡功德皆爲陛下所成就位列將爵通侯兄弟親近常願肝腦塗地今得殺身自效雖蒙斧鉞湯鑊誠甘樂之臣事君猶子事父也子爲父死亡所恨願勿復再言陵與武飲數日復曰子卿壹聽陵言武曰自分已死久矣王必欲降武請畢今日之驩效死於前陵見其至誠喟然歎曰嗟乎義士陵與衛律之罪上通於天因泣下霑衿與武決去（《漢書·李廣蘇建傳》）

要求：

1. 給上文斷句。
2. 注釋文中加點的詞語。
3. 瞭解了蘇武的經歷後你有什麼感想？

**實踐練習 3**

張騫漢中人也建元中爲郎時匈奴降者言匈奴破月氏王以其頭爲飲器月氏遁而怨匈奴無與共擊之漢方欲事滅胡聞此言欲通使道必更匈奴中乃募能使者騫以郎應募使月氏與堂邑氏奴甘父俱出隴西徑匈奴匈奴得之傳詣單于單于曰月氏在吾北漢何以得往使吾欲使越漢肯聽我乎留騫十餘歲予妻有子然騫持漢節不失居匈奴西騫因與其屬亡鄉月氏西走數十日至大宛大宛聞漢之饒財欲通不得見騫喜問欲何之騫曰爲漢使月氏而爲匈奴所閉道今亡唯王使人道送我誠得至反漢漢之賂遺王財物不可勝言大宛以爲然遣騫爲發譯道抵康居康居傳致大月氏大月氏王已爲胡所殺立其夫人爲王既臣大夏而君之地肥饒少寇志安樂又自以遠遠漢殊無報胡之心騫從月氏至大夏竟不能得月氏要領留歲餘還並南山欲從羌中歸復爲匈奴所得留歲余單于死國內亂騫與胡妻及堂邑父俱亡歸漢拜騫太中大夫堂邑父爲奉使君騫爲人彊力寬大信人蠻夷愛之堂邑父胡人善射窮急射禽獸給食初騫行時百餘人去十三歲唯二人得還（《漢書·張騫李廣利傳》）

要求：

1. 給上文斷句。
2. 注釋文中加點的詞語。

3. 本文中説："騫行時百餘人，去十三歲，唯二人得還。"你如何評價張騫通西域的過程和意義？

**實踐練習 4**

趙宣子言韓獻子於靈公以爲司馬河曲之役趙孟使人以其乘車干行獻子執而戮之衆咸曰韓厥必不没矣其主朝升之而暮戮其車其誰安之宣子召而禮之曰吾聞事君者比而不黨夫周以舉義比也舉以其私黨也夫軍事無犯犯而不隱義也吾言女於君懼女不能也舉而不能黨孰大焉事君而黨吾何以從政吾故以是觀女女勉之苟從是行也臨長晉國者非女其誰皆告諸大夫曰二三子可以賀我矣吾舉厥也而中吾乃今知免於罪矣（《國語·晉語五》）

要求：

1. 給上文斷句。

2. 注釋文中加點的詞語。

3. 談談你對"比而不黨"的理解。

**實踐練習 5**

鄭人遊於鄉校以論執政然明謂子産曰毀鄉校何如子産曰何爲夫人朝夕退而遊焉以議執政之善否其所善者吾則行之其所惡者吾則改之是吾師也若之何毀之我聞忠善以損怨不聞作威以便以防怨豈不遽止然猶防川大決所犯傷人必多吾不克救也不如小決使道不如吾聞而藥之也然明曰蔑也今而後知吾子之信可事也小人實不才若果行此其鄭國實賴之豈唯二三臣仲尼聞是語也曰以是觀之人謂子産不仁吾不信也（《左傳·襄公三十一年》）

要求：

1. 給上文斷句。

2. 注釋文中加點的詞語。

3. "子産不毀鄉校"有何現實意義？你怎麽理解"損怨"與"防怨"？

# 參考書目

## 一、書目導讀

由清代道光年間程餘慶撰著，陝西師範大學高益榮、張新科、趙光勇教授主持標點整理的《歷代名家評注史記集説》（簡稱《史記集説》），是閱讀研究《史記》不可多得的參考資料，其内容包括《史記》原文、考訂批注、集注集評和作者本人的研究成果。原文的確定主要依託的是清末流行的版本，並參照引用了數百種版本。該書對原文中的字詞、典故、人物等進行了詳盡的考訂注釋，對疑難字和易混字作了注音。其注評採衆家之長，匯集了 160 多個歷代名家的研究資料，其中包括著名的史記三家注，唐宋著名大家韓愈、柳宗元、蘇軾等的批注，清代著名學者淩稚隆、朱東觀、牛運震等的注評，分別附錄於相應篇章之處，使本書成爲一部

NOTE

《史記》注評的集大成之作。此外，作者還將自己的閱讀研究心得列入其中，獨成一家之説，成爲研究《史記》的重要成果。

閱讀《漢書》值得推薦的參考資料有三：《漢書注》《漢書補注》和《漢書窺管》。唐代顔師古的《漢書注》是唐以前研究漢書的集大成之作。此書引用文獻材料達 23 家之多，廣泛參照舊注，對不完善之處進行推衍補充，對詭異怪僻、平庸不當和雜亂無章的舊注則給予批評和矯正，因此有重要的文獻學價值和閱讀指導價值。《漢書注》最大的特點是訓詁學上的成就：注重文字現象的解釋，其詳盡釋字、正音、詮解文義的資料不僅可以幫助讀者理解班固《漢書》中晦澀難懂的奇文異字，而且是研究者學習訓詁學的典範。唐以後學者研究漢書皆以此注作爲依據。

清末學者王先謙的《漢書補注》全面繼承了顔師古對《漢書》的研究成果，同時也對顔注的不足之處進行了系統全面的批駁校補工作，内容博大，考證詳實。此書廣備衆家之説，在文字、音韻、訓詁方面又有獨到建樹，是顔師古以後《漢書》最有成就的注本，也是對顔注最好的補正。

現代學者楊樹達的《漢書窺管》博採群書，折中諸説，對顔、王二注的疏漏之處進行糾舉補正。此書採用訓詁與校勘並行、釋義與述音並舉的方法，運用文字學、訓詁學、音韻學、語法學的理論對《漢書》文句進行匯通性解説，糾正了歷來舊注中的種種錯誤，被公認爲是《漢書》文獻整理的名著之一。上述三本書反映了《漢書》研究的歷史進展，詳實的歷史資料和各種研究歷史文化的手段方法無不賅備其中。三者互參，可以使讀者全面解讀《漢書》，深入了解《漢書》的研究狀況。

《後漢書注》雖然是閱讀《後漢書》重要的參考書籍，但更受學界關注的是王先謙的《後漢書集解》。這是一部《後漢書》研究的集大成之作，在全面繼承前人研究成果的基礎上對以往的校注資料都給以精確的校誤、考證和整理。該書不僅對《後漢書》中的專有名詞進行了詳細的解釋，爲後代學者掃清了名物方面的障礙，還充分利用清代學者的輯佚成果，補充了大量的東漢史料，成爲東漢史料的類編之作。該書也糾正了范曄和李賢注的很多錯誤，恢復了歷史的本來面貌，解決了很多歷史懸疑問題。因此，該書可以作爲《後漢書》重要的閱讀指導，也爲東漢研究領域提供了不可或缺的重要文獻資料。

民國時期盧弼編纂的《三國志集解》是迄今關於《三國志》最詳細的注本。該書既爲《三國志》作注，又爲裴松之的《三國志注》作疏，同時對文本進行了全方位的校勘整理，對陳壽和裴松之的失誤之處毫不避諱地給予駁正。此書還匯集了前代諸家的研究成果，對前人研究考訂《三國志》的成果作了精當客觀的評介。此書的主要特點是精義紛呈，追求全而不漏，杜絶謬論流播，從而增加了學術價值，是研究《三國志》最有價值的參考資料之一。

《春秋左傳研究》是著名史學大師顧頡剛的弟子、山東大學歷史系教授童書業先生的著作。其内容包括《春秋左傳考證》和《春秋左傳札記》兩部分内容。作者運用《左傳》中的記載，對全部先秦史進行了考證性研究，系統地再現了古史傳説和西周、春秋的重要史事。此書的一大特點是將浩繁冗雜的史料通過審慎的鑒別篩選後按專題匯集到一起，匯通了經與子的的内容。同時作者還將自己的研究成果寫入其中，闡發前人所未發現的問題，是學習研究先秦史的重要參考。

當代著名語言學家楊伯峻先生的《春秋左傳注》繼承了前人重史料、詳考辨的傳統，又融入了現代治學方法，是當代《春秋左傳》集大成之注本。此書特點是注重運用訓詁學的理論方法進行文本的解說訓釋，從而形成了具有語言學特徵的注解方法體系。此書融合了集注體、校勘體、標音體、考辨體等體式，集眾家之長，廣徵博引，擷取精要，發明文意。同時尊重歷史事實，對舊注之失嚴加考辨補正，標明己說。此書所呈現的體例有總論體、凡例體、圖解體、詞典體、譯文體等，爲古文獻研究整理提供了現代範式。

近代文字學家徐元誥先生編著的《國語集解》，充分運用清代以來各家的校勘成果，是《國語》最爲詳備的的注本。其特點是將注文的許多研究成果用於傳文內容的修正，注中有校，注用於校，以求貼近事實，恢復歷史的本來面目。此書採用集注的方式，徵引資料浩繁，涉及類書、字書、經書、史書、文學書籍、地理方志等，充分匯聚吸收前人的研究成果，綜合眾家之說，擇善而從。此書在肯定前人正確校注的同時，並加以佐證，充實其證據。而對謬誤衍脱之處，無論巨細都一一指正。對不確定之處，以存疑存異的形式詳加羅列，以備參考選擇。此外，作者還對《國語》文本做了語言文字方面的梳理，力求正訛字、明古今、辨通假、析諱字、通文意，是研究閱讀《國語》必備的參考資料。

元代著名學者吳師道的《戰國策校注》，是《戰國策》校注本中最值得信賴的一本。此書主要特點是針對前人在校注中對《戰國策》的竄易，參照不同版本進行駁正，對前人無注解或注解不詳的地方進行了補充，對前人注本中文字的訛、誤、脱、衍等現象進行了精密考證和嚴格校勘。同時，作者還注重文本的語言文字特點，對通假字都給予詳細的分析和說明，對疑難字多有注音，對文義不甚明了的地方進行串講解讀，從而可以幫助讀者掃清語言文字上的障礙。因此，此書也是指導閱讀《戰國策》較爲通俗的讀本。

北京大學賈彥德教授撰著的《漢語語義學》，首創用西方語義學理論研究漢語語義系統，對現代語義學的義位、義素分析、語義場、句義結構、語言和言語的關係等做了整體介紹，並以此進行有關漢語本體的考察研究。書中既有宏觀理論的闡述，又有具體語言材料的分析。此書建立起了漢語語義學研究的理論框架，是國內關於漢語語義研究的重要專著。此書不僅對漢語語義研究具有重要的指導意義，也是對傳統語義研究方法的補充和完善。對初涉語義學研究的人來說，這是一本很好的入門書籍。

北京大學蔣紹愚先生撰著的《古漢語詞彙綱要》，創造性地引進現代語義學的理論方法以揭示漢語詞彙發展規律，拓展了歷史詞彙研究的門徑，因而受到學術界的高度重視。對於研究者來說，這本書的最大價值是建構起一種新的漢語詞彙研究理念，即客觀評價傳統訓詁學的成就，對訓詁學成果給予具體的分析、科學的解釋和合理的揚棄。此書把傳統訓詁學的成果和現代語義學的理論結合起來，用現代語言學理論分析訓詁學中具體的語言材料，考察漢語詞彙系統的發展變化，從詞彙系統透視詞義系統，從而展開對古漢語詞義演變規律的全面探討。其中關於詞義（sense）和語義（meaning）概念的借鑒，又對漢語詞彙研究提出了新的要求。

華中師範大學周光慶教授的《古漢語詞彙學簡論》，是指導讀者以現代眼光研究古漢語詞語的入門書籍。其特點是內容全面，視野開闊，觀點新穎，論述範圍包括從詞形的構成到詞義的發展、從詞彙的形成到詞義的結構、從詞義發展演變的外部原因到詞義系統本身對詞義演變的影響等。此書對於傳統訓詁學關於詞的研究方法和現代語義學的詞彙研究理論等，都做了深入淺出的研究分析。書中創造性地將詞以書寫形式概括爲表意字、假借字和形聲字，引領讀者以全新的視角審視古漢語詞彙的發展變化，從而形成漢語詞彙研究的新理念，建構與現代語義學理論相適應的古漢語詞彙研究體系。對於研究者和研讀者來説，看到的既是古漢語詞彙學研究成果的匯集，也是新的語言學理論的運用和實踐。

著名語言學家許威漢教授的《二十世紀的漢語詞彙學》是一部關於詞彙學史的著作。書中全面展示了百年來漢語詞彙學的研究成果，描繪了百年來漢語詞彙學的發展歷程。同時，作者還從學術研究的角度評述了百年來學術界漢語詞彙學研究的具體問題。本書的特點是史論結合，對傳統語言學的扼要闡述和對漢語詞彙學源頭的推究，方便讀者了解 20 世紀漢語詞彙學的歷史前奏，從而能整體進入現代詞彙學的研究。在史的敍述中，作者重點探討的是詞彙學的具體問題，對詞彙研究各個歷史階段的成果進行了全面展示和價值評判。此書闡述深刻有據，評價恰當公允，觀點明瞭清晰，使讀者既能了解漢語詞彙研究發展的脈絡，又能借鑒其中的研究理念和方法，對漢語詞彙的研究和教學都是很好的參考資料。

北京師範大學王寧教授的《訓詁學原理》，主要闡述了對訓詁學在當代發展的宏觀認識和改造舊訓詁學的總思路，主張把注釋學和詞源學作爲訓詁學進入當代後的兩個重要分支。此書在論述訓詁學史的同時着重闡明了訓詁學的原理。其中對字詞關係、義訓關係、形義關係、音義關係等訓詁學的重要問題所做的精當解説，對形訓、義訓、聲訓所做的層次分類，對訓詁術語定稱與定義原則的設想，對字源的辨正，對詞源的探求等，爲讀者厘清了學習研究訓詁學的邏輯步驟和要點内容。此外，作者還對訓詁學與語義學、語法學之間的關係進行了深入的分析研究，闡明了訓詁學在整個語言學中的地位和作用，從而爲古漢語詞彙的研究提供了值得參考和重視的方法。此書不僅爲古漢語詞彙學的研究提供了理論借鑒，也爲讀者提供了方法論的指導，是研究古漢語詞彙重要的參考資料。

## 二、書目一覽

1. 程餘慶．歷代名家評注史記集説．西安：三秦出版社，2011.

2. 班固，顔師古注．漢書．北京：中華書局，1962.

3. 王先謙．漢書補注．北京：中華書局，1983.

4. 楊樹達．漢書窺管．上海：上海古籍出版社，2006.

5. 王先謙．後漢書集解．北京：中華書局，1984.

6. 盧弼．三國志集解．北京：中華書局，1982.

7. 童書業．春秋左傳研究．上海：上海人民出版社，1980.

8. 楊伯峻．春秋左傳注．北京：中華書局，2009.

9. 徐元誥．國語集解．北京：中華書局，2002.

10. 吳師道．戰國策校注．北京：中華書局，1991.

11. 賈彦德．漢語語義學．北京：北京大學出版社，2001.

12. 蔣紹愚．古漢語詞彙綱要．北京：北京大學出版社，1989.

13. 周光慶．古漢語詞彙學簡論．武漢：華中師範大學出版社，1989.

14. 許威漢．二十世紀的漢語詞彙學．太原：書海出版社，2000.

15. 王寧．訓詁學原理．北京：中國國際廣播出版社，1996.

NOTE

# 第三單元

## 文　选

## 十七、四時

【題解】本篇選自《管子》，據黎翔鳳《管子校注》本，中華書局 2004 年版。管子（？—前645），名夷吾，字仲，後以字行，通稱管仲。謚敬，故又稱管敬仲。潁上（今屬安徽）人，春秋初期著名的政治家、軍事家、經濟學家。早年輔佐公子糾，後經鮑叔牙力薦，爲齊國上卿。主張“通貨積財，富國彊兵，與俗同好惡”，並務實改革，使齊國力大振。曾協助桓公“九合諸侯，一匡天下”，成爲春秋五霸之首。《左傳》《戰國策》《國語》等均有記載，《史記》有傳。《管子》，舊題管仲撰，其實是管仲學派的一部作品總集。《漢書·藝文志·諸子略》歸於道家，《隋書·經籍志》改入法家，今人或歸入雜家。書共二十四卷，原本八十六篇，今存七十六篇。書中内容博大精深，體系嚴密，大體可分爲政治、法令、經濟、軍事、文化五大類。注釋有唐房玄齡注（今皆認爲尹知章注）、清戴望《管子校正》、今人郭沫若在聞一多、許維通《管子校釋》基礎上撰寫的《管子集校》和黎翔鳳《管子校注》等。

管子曰：令有時[1]。無時則必視順天之所以來[2]。五漫漫，六惛惛[3]，孰知之哉！唯聖人知四時。不知四時，乃失國之基。不知五穀之故，國家乃路[4]。故天曰信明[5]，地曰信聖[6]，四時曰正[7]。其王信明聖，其臣乃正。何以知其王之信明信聖也？曰：慎使能而善聽信之。使能之謂明，聽信之謂聖。信明聖者，皆受天賞。使不能爲惛，惛而忘也者[8]，皆受天禍。是故上見成事而貴功，則民事接勞而不謀[9]；上見功而賤，則爲人下者直[10]，爲人上者驕。是故陰陽者，天地之大理也；四時者，陰陽之大徑也；刑德者，四時之合也[11]。刑德合於時則生福，詭則生禍[12]。

【注釋】

[1] 時：時節。

[2] 順：疑爲衍文（依郭沫若説）。

[3] 五：與下句“六”所指未明。黎翔鳳注謂“五”與下句“六”，“乃虛數”。　漫漫：

茫茫貌。　惛（hūn）惛：隱微不明貌。

[4] 路：通"露"。敗。

[5] 信：誠，確實。

[6] 聖：通達，無所不通。

[7] 正：《管子·正》："出令時當日正。"

[8] 忘：通"妄"。昏亂不明。

[9] 接勞：謂做事勤快。接，通"捷"。

[10] 直：當作"墮"（依張佩綸說），怠惰。

[11] 合：配合。秋冬合刑，春夏合德。

[12] 詭：違反。

　　然則春夏秋冬將何行？東方曰星。其時曰春，其氣曰風，風生木與骨。其德喜贏而發出節時[1]。其事號令：修除神位[2]，謹禱獎梗[3]，宗正陽，治隄防，耕芸樹藝[4]，正津梁，修溝瀆，甃屋行水[5]，解怨赦罪，通四方。然則柔風甘雨乃至[6]，百姓乃壽，百蟲乃蕃，此謂星德。星者掌發，爲風。是故春行冬政則雕[7]，行秋政則霜，行夏政則欲[8]。是故春三月，以甲乙之日發五政[9]。一政曰：論幼孤，舍有罪[10]。二政曰：賦爵列[11]，授祿位。三政曰：凍解，修溝瀆，復亡人[12]。四政曰：端險阻[13]，修封疆[14]，正千伯[15]。五政曰：無殺麕夭[16]，毋蹇華絕芋[17]。五政苟時，春雨乃來。

**【注釋】**

[1] 贏：通"贏"。伸展。　出：生。

[2] 除：指除塵。

[3] 獎：通"幣"。古代祭祀用的繒帛。　梗：祭禱。

[4] 樹藝：種植。

[5] 甃（zhòu）：維修，指維修屋上的瓦溝。孔穎達疏引《子夏傳》："甃，亦治也。"

[6] 然：如此。

[7] 雕：通"凋"。凋零。

[8] 欲：解說多而不一。據上二句所用"雕""霜"之例，"疑'燠'字誤。《月令》行夏令'燠氣早來'意"（劉績《管子補注》）。謂乾旱。

[9] 甲乙之日：指與春相應、五行屬木的甲、乙之日。後文的"丙丁之日"，指與夏相應、五行屬火的丙、丁之日；"庚辛之日"，指與秋相應、五行屬金的庚、辛之日；"壬癸之日"，指與冬相應、五行屬水的壬、癸之日。

[10] 舍：通"赦"。孫星衍："《藝文類聚》三《太平御覽》十引'舍'作'赦'。"

[11] 賦：頒予，授予。

[12] 復亡人：埋葬死亡的人。一說召回逃亡的人。

[13] 端：修整使平。

[14] 封疆：疆界。

[15] 千伯：通"阡陌"。田間的路，南北向爲阡，東西向爲陌。

[16] 麛夭：即"麛麆"，幼鹿，泛指初生的幼小動物。

[17] 蹇華絕芊：即"蹇絕華芊"，謂拔取或折斷農作物的花、穗等部分。蹇，通"搴"(qiān)，拔取。華，同"花"。絕，折斷。芊，當作"荂"。

南方曰日。其時曰夏，其氣曰陽。陽生火與氣。其德施舍修樂。其事號令：賞賜賦爵，受禄順鄉[1]，謹修神祀，量功賞賢，以動陽氣。九暑乃至[2]，時雨乃降，五穀百果乃登[3]，此謂日德。

【注釋】

[1] 受：同"授"。　順：通"巡"。巡視。

[2] 九暑：夏季九十天的暑熱天氣，謂暑熱。

[3] 登：成熟。

中央曰土[1]。土德實輔四時，入出以風雨，節土益力[2]。土生皮肌膚。其德和平用均，中正無私。實輔四時：春嬴育[3]，夏養長，秋聚收，冬閉藏。大寒乃極，國家乃昌，四方乃服。此謂歲德。日掌賞，賞爲暑。歲掌和，和爲雨。夏行春政則風，行秋政則水，行冬政則落，是故夏三月，以丙丁之日發五政。一政曰：求有功發勞力者而舉之[4]。二政曰：開久墳[5]，發故屋[6]，辟故窌以假貸[7]。三政曰：令禁扇去笠[8]，毋扱免[9]，除急漏田廬[10]。四政曰：求有德賜布施於民者而賞之[11]。五政曰：令禁罝設禽獸[12]，毋殺飛鳥。五政苟時，夏雨乃至也。

【注釋】

[1] 中央曰土：許維遹通注：自"中央曰土"至"歲掌和，和爲雨"，當在夏末秋前"夏雨乃至也"下，"日掌賞，賞爲暑"本在上段末句"此謂日德"下，今本錯簡。

[2] 節：調適。

[3] 嬴育：孕育。嬴，擔負，承擔。

[4] 發：通"伐"。功勞。

[5] 墳：解說不一。依文意，"疑'積'訛。《韓非子·八奸篇》云'發墳倉'，'墳'亦'積'訛，與此同"(據劉師培說)。指儲備的物資。

[6] 故屋：指老倉。

[7] 辟：開。　窌(jiào)："窖"的異體字。

[8] 扇：謂門户。　笠：門閂。

[9] 扱(chā)免："扱衽免冠"之略，意思爲把衣襟插在腰帶上，脫掉官帽。扱，插。免，脫。

[10] 除：治，清理。　急漏：陰溝，地溝。急，當作"隱"。

[11] 德賜：恩惠。

[12] 罝（jū）設：用網以捕取鳥獸。罝，捕兔的網。設，捕取。

西方曰辰[1]，其時曰秋，其氣曰陰，陰生金與甲[2]。其德憂哀、靜正、嚴順，居不敢淫佚。其事號令：毋使民淫暴，順旅聚收[3]，量民資以畜聚[4]；賞彼羣幹[5]，聚彼羣材，百物乃收，使民毋怠。所惡其察，所欲必得，我信則克[6]，此謂辰德。辰掌收，收爲陰。秋行春政則榮[7]，行夏政則水，行冬政則耗。是故秋三月以庚辛之日發五政。一政曰：禁博塞[8]，圉小辯鬬譯訮[9]。二政曰：毋見五兵之刃[10]。三政曰：慎旅農，趣聚收[11]。四政曰：補缺塞坼。五政曰：修牆垣，周門閭[12]。五政苟時，五穀皆入。

【注釋】

[1] 辰：謂商星。二十八宿的心宿。

[2] 甲：指甲兵。

[3] 順：通"巡"。巡視。　旅：指旅居在野的農夫。　聚收：收聚，收穫並儲備。

[4] 畜聚：徵集。畜，通"蓄"。聚，徵收。

[5] 幹：幹才，能幹事的人。

[6] 我："古'義'字"（依黎翔鳳說）。　信：誠信。　克：完成。

[7] 榮：草木開花。

[8] 博塞：古代的一種賭博遊戲。塞，通"賽"。

[9] 圉小辯鬬譯訮：此依尹知章說斷句。謂禁止小爭辯及傳話引起忌恨。圉（yǔ），阻止。辯鬬，爭辯，爭鬬。譯，傳話。訮，同"忌"，怨恨。

[10] 見：同"現"。　五兵：五種兵器，所指不一。《周禮·夏官·司兵》："掌五兵五盾。"鄭玄注引鄭司農云："五兵者，戈、殳、戟、酋矛、夷矛也。"此指車之五兵。步卒之五兵，則無夷矛而有弓矢。這裏泛指兵器。

[11] 趣：督促。

[12] 周：孫星衍："'周'乃'固'字之訛。"

北方曰月，其時曰冬，其氣曰寒。寒生水與血。其德淳越、溫怒、周密[1]。其事號令：修禁徙，民令靜止，地乃不泄；斷刑致罰[2]，無赦有罪，以符陰氣。大寒乃至，甲兵乃強，五穀乃熟，國家乃昌，四方乃備[3]，此謂月德。月掌罰，罰爲寒。冬行春政則泄，行夏政則靁[4]，行秋政則旱。是故春凋、秋榮、冬雷、夏有霜雪，此皆氣之賊也。刑德易節，失次則賊氣遫至[5]。賊氣遫至，則國多菑殃[6]。是故聖王務時而寄政焉[7]，作教而寄武焉，作祀而寄德焉。此三者，聖王所以合於天地之行也。日掌陽，月掌陰，星掌和。陽爲德，陰爲刑，和爲事。是故日食，則失德之國惡之；月食，則失刑之國惡之；彗星見，則失和之國惡之；風與日争明[8]，則失生之國惡之[9]。是故聖王日食則修德，月食則修刑，彗星見則修和，風與日争明則修生。此四者，聖王所以免於天地之誅也。信能行之，五穀蕃息[10]，六畜殖，而甲兵强。治積則昌，暴虐積則亡。是故冬三月，以壬癸之日發五政。一政曰：論孤獨，恤長老。二政曰：善順陰，修神祀，賦爵禄，授備位[11]。三政曰：效會計[12]，毋發山川之藏。四政曰：攝奸遁[13]，得盜誡者有賞。五政曰：禁遷徙，止流民，圉分異[14]。五政苟時，冬事不過[15]，所求必得，所惡必伏。

**【注釋】**

[1] 淳：潔净。　越：散越。　温：通“蘊”。藏。　周密：密藏。

[2] 斷刑：判刑定罪。　致罰：給予懲罰。

[3] 備：通“服”。

[4] 靁：“雷”的異體字。

[5] 遬：“速”的異體字。

[6] 菑：“災”的異體字。

[7] 務時：致力於辨察時節。

[8] 明：强盛。

[9] 生：謂化生之政。

[10] 蕃（fán）息：生長。

[11] 備位：設置的官位。

[12] 效：通“校”。考核。

[13] 攝：執，捉拿。　奸：歹徒，惡人。　遁：逃犯。

[14] 分異：謂離居，分居。

[15] 過：錯失。

　　道生天地，德出賢人。道生德，德生正[1]，正生事。是以聖王治天下，窮則反[2]，終則始。德始於春，長於夏；刑始於秋，流於冬[3]。刑德不失，四時如一。刑德離鄉[4]，時乃逆行。作事不成，必有大殃。月有三政[5]，王事必理，以爲必長。不中者死，失理者亡。國有四時[6]，固執王事[7]。四守有所[8]，三政執輔。

**【注釋】**

[1] 正：同“政”。政令。

[2] 反：同“返”。

[3] 流：移行。謂延續。

[4] 鄉：通“嚮”。方位。

[5] 三政：謂"務時而寄政焉""作教而寄武焉""作祀而寄德焉"。

[6] 四時：謂四時政令。

[7] 固執：堅定地執行。

[8] 四守有所：四時職責有專司的部門。守，職責。

【簡析】本篇主要論述國家行政要順應四時陰陽，可分三個層次。開篇提出"令有時"的論題，指出如果"不知四時"，國家就會因此陷入困境（"失國之基""國家乃路"）。強調君主必須審辨四時，通曉天地之道，如此才能在行政之時明聖而"受天賞"，否則"皆受天禍"。認爲"陰陽者，天地之大理也；四時者，陰陽之大徑也；刑德者，四時之合也"，強調君主的刑德賞罰必須符合四時陰陽，"刑德合於時則生福，詭則生禍"。第二層分東、南、中、西、北五方，論述了與其相應的時令、天體、氣候、物類，接着分述"其德""其事號令"，指出如此實行政令則國家太平，否則將有禍患。最後是論述春、夏、秋、冬四時"各以其日發五政"及"五政"的具體內容，指出"五政苟時"，則風調雨順，所爲必成。第三層論人事源於天道（"道生天地，德出賢人。道生德，德生正政，正生事"），強調"聖王治天下，窮則反，終則始"，必須及時改革弊政，使"刑德不失，四時如一"，否則，"刑德離鄉，時乃逆行。作事不成，必有大殃"。

# 十八、《老子》四章

【題解】《老子》四章選自魏王弼《老子道德經注》，據《老子道德經注校釋》本，中華書局 2008 年版。老子，一般認爲即老聃，春秋時期思想家，道家學派的創始人。姓李名耳，字伯陽，謚曰聃，生卒年不詳，約長孔子二十歲，楚國苦縣（今河南鹿邑）人。曾任周朝"守藏室之史"（管理藏書的史官），後退隱，著《老子》。《老子》，亦稱《道德經》《老子千字文》，是古代第一部完整的哲學著作，道家的主要經典。共八十一章，分上、下兩篇，約五千字，基本上是韻文，具有独特的風格。《老子》文約義豐，精闢而深刻地闡述了老子"道"生萬物的緣起學説、相反相成的辯證思維、"懷素抱樸"的個人修養、"無爲而治"的政治主張、"上善若水"的崇高境界、"返璞歸真"的社會理想等。雖然有些思想並不切合實際，但無礙於它對我國乃至世界的社會政治和文化學術等各個方面產生重大而深遠的影響。較重要的注本，除王弼注外，還有後人題作"漢河上公撰"的《老子章句》等。今人對《老子》作了不少整理研究工作，如馬敍倫的《老子校詁》、朱謙之的《老子校釋》、張舜徽的《周秦道論發微》等都可參考。近年出土簡帛文書有馬王堆漢墓帛書《老子》甲、乙本，郭店楚墓竹書《老子》，北京大學藏西漢竹書《老子》等。

（一）

三十輻共一轂[1]，當其無，有車之用。埏埴以爲器[2]，當其無，有器之用。鑿户牖以爲室[3]，當其無，有室之用。故有之以爲利，無之以爲用。（《十一章》）

【注釋】

[1] 轂（gǔ）：車輪的中央部分，中心有圓孔以穿軸，外周有空處以承輻。

[2] 埏（shān）：摶揉。　埴（zhí）：黏土。

[3] 戶牖（yǒu）：房門和窗子。

## （二）

曲則全[1]，枉則直[2]，窪則盈[3]，敝則新，少則得，多則惑。是以聖人抱一爲天下式[4]。不自見[5]，故明；不自是，故彰；不自伐[6]，故有功；不自矜，故長[7]。夫唯不爭，故天下莫能與之爭。古之所謂“曲則全”者，豈虛言哉！誠全而歸之[8]。（《二十二章》）

【注釋】

[1] 曲則全：委屈反而保全。這裏以自然現象爲譬闡明人生之道。河上公《章句》：“曲己從衆，不自專，則全其身也。”

[2] 枉：屈。

[3] 窪（wā）：低窪。

[4] 抱：執守。　一：唯一之物，指老子所謂“道”。　式：法式，法則。

[5] 不自見：不憑一己之見來判斷。河上公《章句》：“聖人不以其目視千里之外，乃因天下之目以視，故能明達也。”

[6] 伐：自誇己功。

[7] 矜：自大。　長（zhǎng）：尊長。

[8] 歸：回歸。指（使人各種偏離大道的思想行爲最終）回歸於道。

## （三）

反者道之動[1]；弱者道之用。天下萬物生於有，有生於無。（《四十章》）

【注釋】

[1] 反：同“返”。反復，循環往復。一説，“反”是“對立”之義。

## （四）

以正治國[1]，以奇用兵，以無事取天下[2]。吾何以知其然哉？以此：天下多忌諱，而民彌貧[3]；人多利器，國家滋昏[4]；人多伎巧[5]，奇物滋起；法令滋彰，盜賊多有。故聖人云：“我無爲而民自化[6]，我好靜而民自正，我無事而民自富，我無欲而民自樸。”（《五十七章》）

【注釋】

[1] 正：謂法令制度。

[2] 無事：無爲。　取：治理。

[3] 彌：愈益，更加。

[4] 滋：日益，越來越。

[5] 伎巧：智巧。伎，同“技”。

[6] 化：歸化，指歸化於道。謂循道而爲。

【簡析】本篇第一章舉“輻”“器”“室”三事爲譬，説明“有”“無”的依存關係和相互作用。物之空虚，正其有用處。第二章講述“不自見，故明；不自是，故彰；不自伐，故有功；不自矜，故長”的道理。第三章強調“弱者道之用”。第四章先指出“天下多忌諱，而民彌貧；人多利器，國家滋昏；人多伎巧，奇物滋起；法令滋彰，盜賊多有”的社會現象，然後引古聖人之言“我無爲而民自化，我好静而民自正，我無事而民自富，我無欲而民自樸”。以上都是用來論證闡發君道無爲乃有可爲的旨意。

## 十九、尚賢

【題解】本篇節選自《墨子》，據清孫詒讓《墨子閒詁》，中華書局 2001 年《新編諸子集成》本。墨子（約前468—前376），名翟（dí），相傳原爲宋國人，後長期住在魯國滕（今山東滕州）地，戰國初期的思想家、政治家，墨家學派的創始人。墨子出身社會下層，曾周遊列國，宋昭公時曾任大夫。其學以“兼愛”“非攻”“尚賢”“尚同”“節用”“節葬”“非樂”“天志”“明鬼”“非命”等爲宗，而“兼愛爲其根本”（吕思勉《先秦學術概論》），當時與儒學並稱“顯學”。墨子的思想、言行等，經弟子及後學記錄、整理，最後成爲《墨子》一書。《墨子》原有七十一篇，現存五十三篇，分爲兩大部分：其一是記載墨子言行、闡述墨子思想的，反映了前期墨家的思想；其二是着重闡述墨家的認識論、邏輯學，以及部分自然科學内容的，一般稱作墨辯或墨經，主要體現在《經上》《經下》《經説上》《經説下》《大取》《小取》六篇之中，是後期墨家著作。清人孫詒讓的《墨子閒詁》歸納衆説，取長補短，融會貫通，是研讀《墨子》的重要參考著作。今人吴毓江著有《墨子校注》，亦可參閲。

子墨子言曰：今者王公大人爲政於國家者，皆欲國家之富，人民之衆，刑政之治。然而不得富而得貧，不得衆而得寡，不得治而得亂，則是本失其所欲，得其所惡。是其故何也？

子墨子言曰：是在王公大人爲政於國家者，不能以尚賢事能爲政也。是故國有賢良之士衆，則國家之治厚[1]；賢良之士寡，則國家之治薄[2]。故大人之務，將在於衆賢而已[3]。

【注釋】

[1] 厚：厚重。謂民風淳樸、國力強盛。

[2] 薄：與“厚”相反。謂民風浮薄、國力衰弱。

[3] 將：當。　衆：使增多，聚攏。

曰：然則眾賢之術將奈何哉？

子墨子言曰：譬若欲眾其國之善射御之士者[1]，必將富之貴之，敬之譽之，然後國之善射御之士將可得而眾也。況又有賢良之士厚乎德行，辯乎言談[2]，博乎道術者乎[3]，此固國家之珍而社稷之佐也。亦必且富之貴之，敬之譽之，然後國之良士亦將可得而眾也。

**【注釋】**

[1] 御：駕馭車馬。

[2] 辯：長於論辯。

[3] 道術：指治國的大道和方法。

是故古者聖王之爲政也，言曰："不義不富，不義不貴，不義不親，不義不近。"是以國之富貴人聞之，皆退而謀曰："始我所恃者，富貴也，今上舉義不辟貧賤[1]，然則我不可不爲義。"親者聞之，亦退而謀曰："始我所恃者，親也，今上舉義不辟疏，然則我不可不爲義。"近者聞之，亦退而謀曰："始我所恃者，近也，今上舉義不辟遠，然則我不可不爲義。"遠者聞之，亦退而謀曰："我始以遠爲無恃，今上舉義不辟遠，然則我不可不爲義。"逮至遠鄙郊外之臣[2]、門庭庶子[3]、國中之眾[4]、四鄙之萌人[5]，聞之皆競爲義。是其故何也？曰：上之所以使下者，一物也[6]；下之所以事上者，一術也[7]。譬之富者，有高牆深宮，牆立既[8]，謹上爲鑿一門[9]，有盜人入，闔其自入而求之，盜其無自出。是其故何也？則上得要也[10]。

**【注釋】**

[1] 舉：推舉，選拔。　辟：通"避"。回避，謂排除。

[2] 逮：及。　遠鄙：邊遠城邑。鄙，都、縣的邊邑。　郊：王城周圍的地區。周制，王畿千里，則都城以外，五十里爲近郊，百里爲遠郊。　臣：臣民。

[3] 門庭庶子：擔任宮中宿衛的公族及卿大夫之子。因爲他們宿衛的位置都在路寢內外朝門庭之間，故稱。

[4] 國：都城，城邑。

[5] 萌：通"氓"。民，農夫。

[6] 物：事。指尚賢之事。

[7] 術：途徑。指"爲義"這一途徑。

[8] 既：完畢。

[9] 謹：通"僅"。

[10] 要：要領，關鍵。

故古者聖王之爲政，列德而尚賢[1]，雖在農與工肆之人[2]，有能則舉之，

NOTE

高予之爵，重予之禄，任之以事，斷予之令[3]，曰：爵位不高則民弗敬，蓄禄不厚則民不信，政令不斷則民不畏。舉三者授之賢者[4]，非爲賢賜也，欲其事之成。故當是時，以德就列[5]，以官服事[6]，以勞殿賞[7]，量功而分禄。故官無常貴，而民無終賤，有能則舉之，無能則下之，舉公義，辟私怨[8]，此若言之謂也[9]。故古者堯舉舜於服澤之陽[10]，授之政，天下平；禹舉益於陰方之中[11]，授之政，九州成[12]；湯舉伊尹於庖廚之中，授之政，其謀得[13]；文王舉閎夭、泰顛於罝罔之中[14]，授之政，西土服[15]。故當是時，雖在於厚禄尊位之臣，莫不敬懼而施[16]；雖在農與工肆之人，莫不競勸而尚意[17]。故士者，所以爲輔相承嗣也[18]。故得士則謀不困，體不勞，名立而功成，美章而惡不生[19]，則由得士也。

是故子墨子言曰：得意[20]，賢士不可不舉；不得意，賢士不可不舉。尚欲祖述堯舜禹湯之道[21]，將不可以不尚賢。夫尚賢者，政之本也。（《尚賢上》）

【注釋】

[1] 列德：任德，使有德行的人居官位。

[2] 工：手工業。　肆：商業。

[3] 斷：果斷。　令：指下令之權，權力。

[4] 舉：拿，持。　三者：謂爵、禄、令。

[5] 列：位次。指不同的官職。

[6] 服：從事。

[7] 殿：確定。

[8] 辟：除。

[9] 若言：這些話。指墨子所強調的尚賢諸義。

[10] 服澤：地名。不詳其處。

[11] 益：伯益，大禹時的賢人，相傳被大禹選爲繼承人。　陰方：地名。不詳其處。

[12] 成：平定。

[13] 謀：謂滅夏的計畫。　得：達成，實現。

[14] 閎夭、泰顛：二人均爲周文王、武王時的大臣，曾設計使被紂王囚禁的文王獲釋，後又助武王滅商。　罝罔：漁獵的工具。罝，捕兔的網。罔，同“網”。

[15] 西土：指周文王在世時統攝的殷商之西的地區。

[16] 施：做事。

[17] 勸：勉勵。　尚：使高尚。　意：志趣。

[18] 承嗣：接替職位的人。

[19] 章：同“彰”。顯明。

[20] 得意：指治國良好而滿意。

[21] 尚：通“倘”。如果。　祖述：效法遵循。

子墨子言曰：今王公大人之君人民、主社稷、治國家，欲脩保而勿失[1]，故不察尚賢爲政之本也[2]？何以知尚賢之爲政本也？曰：自貴且智者爲政乎愚且賤者，則治；自愚且賤者爲政乎貴且智者，則亂。是以知尚賢之爲政本也。故古者聖王甚尊尚賢而任使能，不黨父兄[3]，不偏貴富，不嬖顏色[4]，賢者舉而上之，富而貴之，以爲官長；不肖者抑而廢之，貧而賤之，以爲徒役。是以民皆勸其賞[5]，畏其罰，相率而爲賢，者以賢者衆而不肖者寡[6]，此謂進賢。然後聖人聽其言，跡其行[7]，察其所能，而慎予官，此謂事能[8]。故可使治國者，使治國；可使長官者[9]，使長官；可使治邑者，使治邑。凡所使治國家、官府、邑里，此皆國之賢者也。

【注釋】

[1] 脩：通“修”。長久。

[2] 故：通“胡”。何。

[3] 黨：偏私，偏袒。

[4] 嬖（bì）：寵愛。賤而得寵謂嬖。

[5] 勸：努力。

[6] 者：“是”的誤字（依俞樾説）。

[7] 跡：考核，推究。

[8] 事：任用。

[9] 長：主持。　官：官府。

賢者之治國家也，蚤朝晏退[1]，聽獄治政[2]，是以國家治而刑法正。賢者之長官也，夜寢夙興，收斂關市、山林、澤梁之利以實官府[3]，是以官府實而財不散。賢者之治邑也，蚤出莫入[4]，耕稼樹藝[5]，聚菽粟，是以菽粟多而民足乎食。故國家治則刑法正[6]，官府實則萬民富。上有以絜爲酒醴粢盛以祭祀天鬼[7]，外有以爲皮幣與四鄰諸侯交接，內有以食飢息勞將養其萬民[8]，外有以懷天下之賢人[9]。是故上者天鬼富之[10]，外者諸侯與之[11]，內者萬民親之，賢人歸之。以此謀事則得，舉事則成，入守則固，出誅則彊。故唯昔三代聖王堯舜禹湯文武之所以王天下、正諸侯者[12]，此亦其法已。

【注釋】

[1] 蚤：通“早”。　晏：晚。

[2] 聽獄：審理訴訟案件。聽，審理。

[3] 收斂：徵收。　澤梁：在沼澤河流中攔水捕魚的設施。

[4] 莫：同“暮”。

[5] 樹藝：種植。

[6] 則：猶“而”。

[7] 有以：有……用來的東西，能夠。　絜：同“潔”。乾净，清潔。　醴：甜酒。　粢盛（zīchéng）：古代盛在祭器内以供祭祀的穀物。《公羊傳·桓公十四年》：“御廩者何？粢盛委之所藏也。”何休注：“黍稷曰粢，在器曰盛。”

[8] 食（sì）：供養。

[9] 懷：使歸向，吸引。

[10] 富：通“福”。賜福，降福。

[11] 與：親善。

[12] 王（wàng）：統治。　正：《爾雅》：“正，長也。”謂做尊長。

既曰若法，未知所以行之術，則事猶若未成，是以必爲置三本。何謂三本？曰：“爵位不高，則民不敬也；蓄禄不厚，則民不信也；政令不斷，則民不畏也。”故古聖王高予之爵，重予之禄，任之以事，斷予之令，夫豈爲其臣賜哉？欲其事之成也。《詩》曰：“告女憂卹，誨女予爵。孰能執熱，鮮不用濯[1]。”則此語古者國君、諸侯之不可以不執善承嗣輔佐也，譬之猶執熱之有濯也[2]，將休其手焉[3]。古者聖王唯毋得賢人而使之[4]，般爵以貴之[5]，裂地以封之，終身不厭[6]。賢人唯毋得明君而事之，竭四肢之力以任君之事，終身不倦。若有美善，則歸之上。是以美善在上而所怨謗在下，寧樂在君，憂感在臣。故古者聖王之爲政若此。

【注釋】

[1] “告女憂卹”四句：語見《詩·大雅·桑柔》，文字稍有出入。女，你。卹，同“恤”，憂愁。執熱，解説多而不一，多解爲“手執灼熱之物”。依下文“將休其手焉”，當是。

[2] 濯：洗。謂用涼水降温。

[3] 休：息止。謂止手之熱。

[4] 毋：語助詞，無實義（依王念孫説）。

[5] 般：通“頒”。頒賜。

[6] 厭：憎惡，嫌棄。

今王公大人亦欲效人以尚賢使能爲政，高予之爵，而禄不從也。夫高爵而無禄，民不信也，曰：“此非中實愛我也[1]，假藉而用我也[2]。”夫假藉之民，將豈能親其上哉！故先王言曰：貪於政者不能分人以事，厚於貨者不能分人以禄[3]。事則不與，禄則不分，請問天下之賢人將何自至乎王公大人之側哉？若苟賢者不至乎王公大人之側，則此不肖者在左右也。不肖者在左右，則其所譽不當賢[4]，而所罰不當暴。王公大人尊此以爲政乎國家，則賞亦必不當賢，而罰亦必不當暴。若苟賞不當賢而罰不當暴，則是爲賢者不勸而爲暴者不沮矣[5]。是以入則不慈孝父母，出則不長弟鄉里[6]，居處無節，出入無度，男女無別。使治官府則盜竊，守城則倍畔[7]。君有難則不死，出亡則不從。使斷獄則不中[8]，分財則不均。與謀事不得[9]，舉事不成，入守不固，出誅不彊。故雖昔者三代暴王桀紂幽厲之所以失措其國家[10]，傾覆其社稷者，已此故也[11]。何則？皆以明小物而不明大物也。

**【注釋】**

[1] 中：心裏。

[2] 藉：同"借"。

[3] 厚：看重。

[4] 當：符合，相配。

[5] 沮（jǔ）：阻止。

[6] 長弟（zhǎngtì）：敬順。長，尊敬，尊重。弟，同"悌"，敬順兄長。

[7] 倍：背。

[8] 中（zhòng）：符合（法度）。

[9] 得：收穫。

[10] 雖：通"唯"。語助詞。　失措：喪失。措，棄置。

[11] 已：通"以"。由於。


今王公大人有一衣裳不能制也，必藉良工；有一牛羊不能殺也，必藉良宰。故當若之二物者[1]，王公大人未知以尚賢使能爲政也[2]。逮至其國家之亂，社稷之危，則不知使能以治之。親戚則使之，無故富貴、面目佼好則使之。夫無故富貴、面目佼好則使之，豈必智且有慧哉？若使之治國家，則此使不智慧者治國家也，國家之亂既可得而知已[3]。且夫王公大人有所愛其色而使，其心不察其知而與其愛[4]。是故不能治百人者，使處乎千人之官；不能治千人者，使處乎萬人之官。此其故何也？曰："處若官者爵高而祿厚，故愛其色而使之焉。"夫不能治千人者，使處乎萬人之官，則此官什倍也[5]。夫治之法將日至者也[6]，日以治之，日不什脩[7]；知以治之，知不什益。而予官什倍，則此治一而棄其九矣。雖日夜相接以治若官[8]，官猶若不治。此其故何也？則王公大人不明乎以尚賢使能爲政也。故以尚賢使能爲政而治者，夫若言之謂也；以下賢爲政而亂者，若吾言之謂也。

**【注釋】**

[1] 當：值，遇到。　若：這。

[2] 未知：王念孫："未知，當作'未嘗不知'。義見上下文。"

[3] 已：猶"矣"。

[4] 知：同"智"。

[5] 官什倍：謂官職是其辦事能力的十倍。

[6] 法：法令。謂政務。

[7] 什脩：十倍之長。

[8] 官：官職。謂其職所擔的政務。

　　今王公大人中實將欲治其國家，欲脩保而勿失，胡不察尚賢爲政之本也？且以尚賢爲政之本者，亦豈獨子墨子之言哉！此聖王之道，先王之書距年之言也[1]。傳曰："求聖君哲人，以裨輔而身[2]。"《湯誓》曰[3]："聿求元聖[4]，與之戮力同心[5]，以治天下。"則此言聖之不失以尚賢使能爲政也[6]。故古者聖王唯能審以尚賢使能爲政，無異物雜焉，天下皆得其利。

【注釋】

[1] 距年：年長的人。距，通"巨"。一説"距年"爲古書篇名。

[2] "求聖君哲人"二句：未明出處。《書·商書·伊訓》："敷求哲人，俾輔於爾後嗣。"與此相近。而，通"爾"，你。

[3] 湯誓：《尚書》中的篇名。以下引文見《僞古文尚書·湯誥》，且無"同心以治天下"六字。

[4] 聿：句首語氣詞。　元聖：大聖人。

[5] 戮：通"勠"（lù）。並力，合力。

[6] 失：放棄。

　　古者舜耕歷山[1]，陶河瀕[2]，漁雷澤[3]。堯得之服澤之陽，舉以爲天子，與接天下之政，治天下之民。伊摯[4]，有莘氏女之私臣[5]，親爲庖人。湯得之，舉以爲己相，與接天下之政，治天下之民。傅説被褐帶索[6]，庸築乎傅巖[7]，武丁得之[8]，舉以爲三公，與接天下之政，治天下之民。此何故始賤卒而貴，始貧卒而富？則王公大人明乎以尚賢使能爲政。是以民無飢而不得食，寒而不得衣，勞而不得息，亂而不得治者。故古聖王以審以尚賢使能爲政，而取法於天。雖天亦不辯貧富貴賤[9]，遠邇親疏，賢者舉而尚之，不肖者抑而廢之。

【注釋】

[1] 歷山：古山名，相傳舜曾在此耕種。其山説法不一，多認爲是山西省永濟市南的中條山。

[2] 陶：作瓦器。　河：黄河。

[3] 雷澤：古代大澤名。在今山東菏澤東北。

[4] 伊摯（zhì）：商初賢臣。因歷任商湯至商湯長孫太甲之尹（宰相），又稱伊尹。

[5] 有莘氏：古國名。在今陝西合陽縣。　私臣：家奴。臣，男性奴僕。

[6] 傅説（yuè）：殷商時期賢臣。　被（pī）：披。謂穿。　褐（hè）：粗布衣服。　帶

索：以索爲帶。

[7] 庸：同“傭”。出賣苦力。　傅巖：亦稱“傅險”，在今山西平陸縣東。

[8] 武丁：子姓，名昭，商朝中興君主。約前1250—前1192年在位。

[9] 辯：通“辨”。分辨。


然則富貴爲賢以得其賞者，誰也？曰：若昔者三代聖王堯舜禹湯文武者是也。所以得其賞何也？曰：其爲政乎天下也，兼而愛之，從而利之，又率天下之萬民以尚尊天事鬼[1]，愛利萬民，是故天鬼賞之，立爲天子，以爲民父母，萬民從而譽之曰聖王，至今不已。則此富貴爲賢以得其賞者也。

然則富貴爲暴以得其罰者，誰也？曰：若昔者三代暴王桀紂幽厲者是也。何以知其然也？曰：其爲政乎天下也，兼而憎之，從而賊之，又率天下之民以詬天侮鬼，賊傲萬民，是故天鬼罰之，使身死而爲刑戮，子孫離散，室家喪滅，絕無後嗣，萬民從而非之曰暴王，至今不已。則此富貴爲暴而以得其罰者也。

然則親而不善以得其罰者，誰也？曰：若昔者伯鯀[2]，帝之元子[3]，廢帝之德庸[4]，既乃刑之於羽之郊[5]，乃熱照無有及也[6]，帝亦不愛。則此親而不善以得其罰者也。

【注釋】

[1] 尚：疑爲衍文（依王樹相、張純一説）。

[2] 伯鯀（gǔn）：傳爲黃帝之後，大禹之父，姬姓，封崇伯。奉堯命治水，因用堵法治水失敗被殺。

[3] 帝：所指不明。　元子：天子或諸侯的嫡長子。

[4] 廢：敗壞。　德庸：功德，功績。

[5] 刑：指被堯或舜所“殛”（殺）。一説指被流放。　羽：指羽山，在今山東臨沭縣與江蘇東海縣之間。

[6] 熱照：陽光。


然則天之所使能者，誰也？曰：若昔者禹稷皋陶是也[1]。何以知其然也？先王之書《呂刑》道之曰[2]：“皇帝清問下民[3]，有辭有苗[4]。曰：‘羣后之肆在下[5]，明明不常[6]，鰥寡不蓋[7]。德威維威[8]，德明維明[9]。’乃名三后[10]，恤功於民[11]。伯夷降典[12]，哲民維刑[13]。禹平水土，主名山川。稷隆播種[14]，農殖嘉穀。三后成功，維假於民[15]。”則此言三聖人者，謹其言，慎其行，精其思慮，索天下之隱事遺利以上事天，則天鄉其德[16]，下施之萬民，萬民被其利，終身無已。故先王之言曰：“此道也，大用之天下則不窕[17]，小用之則不困，脩用之則萬民被其利，終身無已。”《周頌》道之曰：“聖人之德，若天之高，若地之普[18]。其有昭於天下也，若地之固，若山之承[19]，不坼不崩。若日之光，若月之明，與天地同常。"則此言聖人之德章明博大，埴固以脩久也[20]。故聖人之德，蓋總乎天地者也[21]。

【注釋】

[1] 稷：指后稷。姓姬，名棄，周的始祖，也是我國農業的鼻祖。　皋陶（yáo）：又作咎陶、咎繇。傳爲黄帝長子少昊之後，東夷部落的首領，舜帝時的賢臣，任掌管刑法的"理官"，以正直聞名天下。皋，"皐"的異體字。

[2] 吕刑：西周的法典。因周穆王命吕侯所制，故稱。又因吕侯亦稱甫侯，另稱《甫刑》。原本已失傳，《今文尚書》中現存一篇。

[3] 皇帝：指帝堯。孫怡讓注："疏引鄭康成説，亦以此皇帝爲堯。"　清：詳審。

[4] 辭：指怨恨之言。　有苗：遠古族名。

[5] 羣后：諸侯。后，君主。　肆：通"逮"。及。

[6] 明明：謂明顯有明德之人。　不常：謂不按常規選用。

[7] 蓋：被掩蓋，埋没。

[8] 德威維威：有德之威才真有威力。維，句中語助詞。

[9] 德明維明：有德之察才真能察明。

[10] 名：通"命"。命令。　三后：指下文之伯夷、禹、稷三位君主。

[11] 恤：憂慮。　功：事務。

[12] 降典：頒佈典章制度。

[13] 哲：通"折"。裁斷。

[14] 隆：通"降"。

[15] 假：孫怡讓注："'假'，蓋與'嘏'通……《説文解字·古部》云：'嘏，大遠也。''維嘏於民'，言其功施於民者大且遠。"一説，賜與。

[16] 鄉：通"享"。享用。

[17] 宨（tiǎo）：未充滿，間隙。

[18] 普：廣大。

[19] 承：擔當。謂厚重。

[20] 埴（zhí）固：緊密堅固。埴，黏土，喻緊密。

[21] 蓋：涵蓋，覆蓋。　總：集中。

今王公大人欲王天下、正諸侯，夫無德義，將何以哉？其説將必挾震威彊[1]。今王公大人將焉取挾震威彊哉？傾者民之死也[2]？民，生爲甚欲，死爲甚憎，所欲不得而所憎屢至，自古及今，未嘗能有以此王天下、正諸侯者也。今大人欲王天下、正諸侯，將欲使意得乎天下[3]，名成乎後世，故不察尚賢爲政之本也[4]？此聖人之厚行也[5]。（《尚賢中》）

【注釋】

[1] 挾：依仗。　震：震懾。　威彊：威勢強力。

[2] 傾：壓迫。謂欺壓，威逼。　者：當作"諸"。　之：往。　也：通"耶"。

[3] 意：意志。　得：實現。

[4] 故：通"胡"。爲何。

[5] 厚行：厚重作爲。指根本大法。

　　子墨子言曰：天下之王公大人皆欲其國家之富也，人民之衆也，刑法之治也，然而不識以尚賢爲政其國家百姓，王公大人本失尚賢爲政之本也。若苟王公大人本失尚賢爲政之本也，則不能毋舉物示之乎[1]？今若有一諸侯於此，爲政其國家也，曰：凡我國能射御之士，我將賞貴之；不能射御之士，我將罪賤之。問於若國之士，孰喜孰懼？我以爲必能射御之士喜，不能射御之士懼。我賞因而誘之矣[2]，曰：凡我國之忠信之士，我將賞貴之；不忠信之士，我將罪賤之。問於若國之士，孰喜孰懼？我以爲必忠信之士喜，不忠不信之士懼。今唯毋以尚賢爲政其國家百姓，使國爲善者勸，爲暴者沮，大以爲政於天下[3]，使天下之爲善者勸，爲暴者沮。然昔吾所以貴堯舜禹湯文武之道者，何故以哉？以其唯毋臨衆發政而治民[4]，使天下之爲善者可而勸也，爲暴者可而沮也。然則此尚賢者也，與堯舜禹湯文武之道同矣。

【注釋】

[1] 毋：語助詞。無義。

[2] 賞：通"嘗"。嘗試。

[3] 大：擴大。

[4] 臨：面對。

　　而今天下之士君子，處居言語皆尚賢，逮至其臨衆發政而治民，莫知尚賢而使能，我以此知天下之士君子明於小而不明於大也。何以知其然乎？今王公大人有一牛羊之財不能殺[1]，必索良宰；有一衣裳之財不能制，必索良工。當王公大人之於此也，雖有骨肉之親，無故富貴，面目美好者，實知其不能也，不使之也。是何故？恐其敗財也。當王公大人之於此也，則不失尚賢而使能。王公大人有一罷馬不能治[2]，必索良醫；有一危弓不能張[3]，必索良工。當王公大人之於此也，雖有骨肉之親，無故富貴，面目美好者，實知其不能也，必不使也，是何故？恐其敗財也。當王公大人之於此也，則不失尚賢而使能。逮至其國家則不然，王公大人骨肉之親、無故富貴、面目美好者則舉之。則王公大人之親其國家也[4]，不若其親一危弓、罷馬、衣裳、牛羊之財與？我以此知

NOTE

天下之士君子皆明於小而不明於大也。此譬猶瘖者而使爲行人<sup>[5]</sup>，聾者而使爲樂師。

**【注釋】**

[1] 財：通“材”。

[2] 罷：通“疲”。疲憊。　治：任事。

[3] 危：損壞。

[4] 親：愛。一説，疑當作“視”。

[5] 行人：外交使者。

是故古之聖王之治天下也，其所富，其所貴，未必王公大人骨肉之親、無故富貴、面目美好者也。是故昔者舜耕於歷山，陶於河瀕，漁於雷澤，灰於常陽<sup>[1]</sup>。堯得之服澤之陽，立爲天子，使接天下之政而治天下之民。昔伊尹爲莘氏女師僕<sup>[2]</sup>。使爲庖人，湯得而舉之，立爲三公，使接天下之政，治天下之民。昔者傅説居北海之洲，圜土之上<sup>[3]</sup>，衣褐帶索，庸築於傅巖之城，武丁得而舉之，立爲三公，使之接天下之政，而治天下之民。是故昔者堯之舉舜也，湯之舉伊尹也，武丁之舉傅説也，豈以爲骨肉之親、無故富貴、面目美好者哉？惟法其言，用其謀，行其道，上可而利天，中可而利鬼，下可而利人，是故推而上之。

**【注釋】**

[1] 灰：疑“反”字之誤。反，通“販”（依俞樾説）。　常陽：地名。“疑即恒山之陽”（依畢沅説）。

[2] 師：“私”的聲誤（依俞樾説）。

[3] 圜土：謂牢獄。殷的牢獄環周築土而成，故稱。

古者聖王既審尚賢，欲以爲政，故書之竹帛，琢之槃盂<sup>[1]</sup>，傳以遺後世子孫。於先王之書《呂刑》之書然。王曰：“於<sup>[2]</sup>，來！有國有土<sup>[3]</sup>，告女訟刑<sup>[4]</sup>，在今而安百姓，女何擇言人<sup>[5]</sup>？何敬不刑？何度不及<sup>[6]</sup>？”能擇人而敬爲刑，堯舜禹湯文武之道可及也。是何也？則以尚賢及之。於先王之書豎年之言然<sup>[7]</sup>。曰：“晞夫聖武知人<sup>[8]</sup>，以屏輔而身<sup>[9]</sup>。”此言先王之治天下也，必選擇賢者以爲其羣屬輔佐。曰：今也天下言士君子<sup>[10]</sup>，皆欲富貴而惡貧賤。曰：然女何爲而得富貴而辟貧賤？莫若爲賢。爲賢之道將奈何？曰：有力者疾以助人，有財者勉以分人，有道者勸以教人。若此，則飢者得食，寒者得衣，亂者得治。若飢則得食，寒則得衣，亂則得治，此安生生<sup>[11]</sup>。

**【注釋】**

[1] 琢：雕。

［2］於（wū）：嘆詞。王念孫《讀書雜誌·漢隸拾遺》："於，音烏，歎詞也。"

［3］有國：指有國的諸侯。 有土：指有封地的卿士。土，指封地。

［4］訟："詳"的誤字（依王鳴盛説）。

［5］言："否"的誤字（依王引之説）。不，非。

［6］及：追求，趕上（堯舜禹湯文武之道）。

［7］曁年：義同前文"距年"，年長者。曁，畢沅注："'距'字假音。"

［8］睎："睎"（xī）的誤字（依畢沅説）。希望。 聖武知人：謂聖明英武、有智慧的人。

［9］屏（bǐng）：衛護。

［10］言："之"的誤字（依王念孫説）。

［11］安：猶"乃"。 生生：生生不息。

　　今王公大人其所富，其所貴，皆王公大人骨肉之親、無故富貴、面目美好者也。今王公大人骨肉之親、無故富貴、面目美好者，焉故必知哉[1]！若不知，使治其國家，則其國家之亂可得而知也。今天下之士君子皆欲富貴而惡貧賤，然女何爲而得富貴而辟貧賤哉？曰：莫若爲王公大人骨肉之親、無故富貴、面目美好者。王公大人骨肉之親、無故富貴、面目美好者，此非可學能者也。使不知辯[2]，德行之厚若禹湯文武，不加得也[3]，王公大人骨肉之親、躄瘖聾暴爲桀紂[4]，不加失也。是故以賞不當賢，罰不當暴，其所賞者已無故矣[5]，其所罰者亦無罪。是以使百姓皆攸心解體[6]，沮以爲善[7]，垂其股肱之力而不相勞來也[8]，腐臭餘財而不相分資也，隱慝良道而不相教誨也[9]。若此，則飢者不得食，寒者不得衣，亂者不得治。推而上之以[10]。

【注釋】

［1］焉：何。

［2］辯：通"辨"。辨別。

［3］加：更多。 得：獲得（重用、獎賞）。

［4］躄（bì）：跛子。 爲：若，如同。

［5］故："攻"的誤字。攻，通"功"（依王念孫説）。

［6］攸：通"悠"。閒適。 解：同"懈"。懈惰。

［7］沮：消沉，消極。

［8］垂：委，放置。 勞（lào）來：勤勉，勸勉。

［9］隱慝：隱匿。慝，通"匿"。

［10］推而上之以：此五字爲衍文（依王念孫説）。

　　是故昔者堯有舜，舜有禹，禹有皋陶，湯有小臣[1]，武王有閎夭、泰顛、南宮括、散宜生，而天下和，庶民阜[2]。是以近者安之，遠者歸之。日月之所照，舟車之所及，雨露之所漸[3]，粒食之所養，得此莫不勸譽。且今天下之王公大人士君子，中實將欲爲仁義，求爲上士，上欲中聖王之道[4]，下欲中國家百姓之利，故尚賢之爲説，而不可不察此者也。尚賢者，天鬼百姓之利，而政事之本也。(《尚賢下》)

【注釋】

[1] 小臣：指伊尹。

[2] 阜：富裕。

[3] 漸：滋潤，潤澤。

[4] 中（zhòng）：符合。

【簡析】"尚賢"，即崇尚賢人，是墨學的綱領之一。墨子所處的時代，大多數的權勢掌握在貴族世卿（墨子稱之爲"王公大人爲政於國家者"）的手中。墨子認爲，這樣的掌權者"豈必智且有慧哉"？針對這種弊政，墨子提出了"尚賢"的主張，"雖在農與工肆之人，有能則舉之，無能則下之，舉公義，辟私怨"，使"官無常貴，而民無終賤"，反對貴族世襲制度及不合理的用人制度。文中首先提出："尚賢者，政之本也。"君王的要務，首先是使國家的賢人增加。有了賢能的人，如何任用他們呢？墨子指出，使用賢能的人，當仿效古代的聖王，"必爲置三本"："高予之爵""重予之禄""任之以事，斷予之令"，這樣才能充分發揮賢能者爲國謀事的作用。最後以史爲鑒，圍繞"尚賢使能"乃"爲政之本"論題，指出君王當效法古代聖王，"審以尚賢使能爲政""賢者舉而尚之，不肖者抑而廢之"。

# 二十、胠篋

【題解】本篇選自《莊子》，據清郭慶藩《莊子集釋》本，中華書局 2004 年版。作者莊子（約前 369—前 286），名周，宋國蒙（今河南商丘東北）人，戰國時期思想家、文學家。曾任蒙地漆園吏，不久辭職爲民。他生活貧困，却拒絕楚王的厚聘，甘於閑居獨處，直至去世。莊子與老子後人合稱爲"老莊"，同爲道家學派的創始人。《莊子》又稱《南華真經》，今存内篇7、外篇15、雜篇11。一般認爲，内篇大體是莊子自著，外篇、雜篇爲莊子後學所作。其書以深刻的思想内涵、汪洋恣肆的文字、豐富綺麗的想象被後世所尊崇，代表先秦散文創作逐漸走向成熟。歷代治《莊子》的學者、著作衆多。其中獨具特色而爲世人所重者，主要有崔譔、向秀、司馬彪、孟氏、郭象五家，但祇有郭注十卷本流傳至今，其他各家音義散存於《經典釋文·莊子音義》等書中。唐代道士成玄英曾經給郭象的注作疏。清代爲《莊子》作注的有王先謙（《莊子集解》）和郭慶藩（《莊子集釋》）等。今人劉武所作的《莊子集解内篇補正》對《莊子集解》有不少的補充和訂正，可資參考。後三者均收入中華書局《新編諸子集成》中。

將爲胠篋、探囊、發匱之盜而爲守備[1]，則必攝緘縢[2]，固扃鐍[3]，此世俗之所謂知也[4]。然而巨盜至，則負匱、揭篋、擔囊而趨[5]，唯恐緘縢扃鐍之不固也。然則鄉之所謂知者[6]，不乃爲大盜積者也？

【注釋】

[1] 胠（qū）：從旁打開。　篋（qiè）：小箱子。　匱（guì）：同"櫃"。

[2] 攝：收緊，勒緊。　緘（jiān）、縢（téng）：都是繩子。

[3] 扃（jiōng）鐍（jué）：鎖鑰之類的東西。扃，門閂。鐍，插閂的鎖鈕，環形如舌。

[4] 知（zhì）：同"智"。智巧。

[5] 揭：扛舉。

[6] 鄉（xiàng）：通"嚮"。先前，往日。


故嘗試論之，世俗之所謂知者，有不爲大盜積者乎？所謂聖者，有不爲大盜守者乎？何以知其然邪？昔者齊國鄰邑相望，雞狗之音相聞，罔罟之所布[1]，耒耨之所刺[2]，方二千餘里。闔四竟之内[3]，所以立宗廟社稷，治邑屋州閭鄉曲者[4]，曷嘗不法聖人哉！然而田成子一旦殺齊君而盜其國[5]。所盜者豈獨其國邪？並與其聖知之法而盜之。故田成子有乎盜賊之名，而身處堯舜之安。小國不敢非，大國不敢誅[6]，十二世有齊國。則是不乃竊齊國並與其聖知之法以守其盜賊之身乎[7]？

【注釋】

[1] 罔：同"網"。罟（gǔ）：網的總名。

[2] 耒：犁。　耨（nòu）：鋤草用的農具，像鋤。　刺：插。謂耕作。

[3] 闔：全，整個。　竟：同"境"。

[4] 邑屋州閭鄉曲：爲當時行政區劃單位，或按户口、或按土地計算而分，但各國情況不同，又時有變化，已難以搞清。成玄英疏引司馬法："六尺爲步，步百爲畝，畝百爲夫，夫三爲屋，屋三爲井，井四爲邑。"則屋、邑等是按土地劃分的。又："五家爲比，五比爲閭，五閭爲族，五族爲黨，五黨爲州，五州爲鄉。"則閭、州、鄉是按户口計算劃分的。

[5] 田成子：又稱田常、陳恒。齊國大夫，成是謚號。其七世祖敬仲爲陳國貴族，後到齊國爲大夫，食邑於田，故以田爲氏。魯哀公十四年（前481），田成子殺齊簡公，立簡公之弟驁爲齊侯，從此操縱齊國大權。至曾孫太公和，遷齊康公於海上，自立爲齊侯。事見《左傳·哀公十四年》。

[6] 誅：討伐。

[7] 乃：僅。


嘗試論之，世俗之所謂至知者，有不爲大盜積者乎？所謂至聖者，有不爲大盜守者乎？何以知其然邪？昔者龍逢斬[1]，比干剖[2]，萇弘胣[3]，子胥靡[4]，故四子之賢而身不免乎戮。故跖之徒問於跖曰："盜亦有道乎？"跖曰："何適而无有道邪[5]！夫妄意室中之藏[6]，聖也；入先，勇也；出後，義也；

知可否，知也；分均，仁也。五者不備而能成大盜者，天下未之有也。”由是
觀之，善人不得聖人之道不立，跖不得聖人之道不行。天下之善人少而不善人
多，則聖人之利天下也少而害天下也多。故曰：脣竭則齒寒[7]，魯酒薄而邯鄲
圍[8]，聖人生而大盜起。掊擊聖人[9]，縱舍盜賊，而天下始治矣。夫川竭而谷
虛，丘夷而淵實[10]。聖人已死，則大盜不起，天下平而無故矣[11]。

**【注釋】**

[1] 龍逢（péng）：關龍逢，夏代的賢臣。桀無道，龍逢強諫，被桀殺死。

[2] 比干：殷紂王的叔父。紂王淫亂，比干強諫，紂王怒而剖比干之心。參《史記·宋
世家》。

[3] 萇弘：春秋周敬王大夫。晉公族內亂，萇弘幫助晉大夫范吉射、中行寅。晉卿趙鞅拿
此事責問周，周因此殺了萇弘。事見《國語·周語下》。　胣（chǐ）：剖腹。

[4] 子胥：伍員（yún），字子胥，春秋時期楚國人。子胥的父兄皆被楚平王殺死，他逃
往吳國，說吳王夫差攻齊、滅越。後來，夫差欲攻打齊國，子胥極力勸諫，夫差不聽，命其自
殺，並用皮口袋裝了他的尸體扔到江中。　靡：通“糜”。腐爛。

[5] 何適：到哪兒。

[6] 意：猜測。

[7] 脣竭：上下脣分別向上下翻起。竭，通“揭”，掀起。

[8]“魯酒薄”句：陸德明《經典釋文》：“楚宣王朝諸侯，魯恭公後到而酒薄，宣王怒。
恭公曰：‘我，周公之後，勳在王室，送酒已失禮，方責其薄，毋乃太甚！’遂不辭而還，宣王
乃發兵與齊攻魯。梁惠王常欲擊趙而畏楚，楚以魯為事，故梁得圍邯鄲。”

[9] 掊擊：打擊，打倒。

[10] 夷：平。　淵：山谷。　實：滿。

[11] 故：事。

聖人不死，大盜不止。雖重聖人而治天下，則是重利盜跖也。爲之斗斛以
量之[1]，則並與斗斛而竊之；爲之權衡以稱之[2]，則並與權衡而竊之；爲之符
璽以信之[3]，則並與符璽而竊之；爲之仁義以矯之，則並與仁義而竊之。何以
知其然邪？彼竊鉤者誅[4]，竊國者爲諸侯。諸侯之門而仁義存焉，則是非竊仁
義聖知邪？故逐於大盜[5]，揭諸侯[6]，竊仁義並斗斛權衡符璽之利者，雖有軒
冕之賞弗能勸，斧鉞之威弗能禁[7]。此重利盜跖而使不可禁者，是乃聖人之
過也。

**【注釋】**

[1] 斛（hú）：舊時容量單位。古代一斛爲十斗，南宋以後改爲五斗。

[2] 權：秤錘。　衡：秤桿。

[3] 符：符節。古代用作憑據之物，用銅、玉等製成。刻有文字，分爲兩半，當事雙方各

執一半，合起來，可以驗證真偽。

　　[4] 鉤：帶鉤。指價值小的東西。　誅：懲罰。

　　[5] 逐：追隨。

　　[6] 揭諸侯：被諸侯推舉（爲王）。揭，推舉。

　　[7] 鉞：大斧。

　　故曰："魚不可脫於淵，國之利器不可以示人[1]。"彼聖人者，天下之利器也，非所以明天下也[2]。故絶聖棄知，大盗乃止；擿玉毀珠[3]，小盗不起；焚符破璽，而民朴鄙[4]；掊斗折衡[5]，而民不争；殫殘天下之聖法，而民始可與論議；擢亂六律[6]，鑠絶竽瑟[7]，塞瞽曠之耳[8]，而天下始人含其聰矣[9]；滅文章[10]，散五采，膠離朱之目[11]，而天下始人含其明矣[12]；毁絶鉤繩而棄規矩[13]，擺工倕之指[14]，而天下始人有其巧矣。故曰："大巧若拙[15]。"削曾、史之行[16]，鉗楊、墨之口[17]，攘弃仁義，而天下之德始玄同矣[18]。彼人含其明，則天下不鑠矣；人含其聰，則天下不累矣[19]；人含其知，則天下不惑矣；人含其德，則天下不僻矣[20]。彼曾、史、楊、墨、師曠、工倕、離朱者，皆外立其德而以爚亂天下者也[21]，法之所無用也。

【注釋】

　　[1] "魚不可脫於淵"二句：語出《老子》第三十六章。國之利器，指聖人的法制。

　　[2] 明：彰顯，明示。

　　[3] 擿（zhì）：同"擲"。扔掉，丢棄。

　　[4] 朴鄙：質樸。朴，通"樸"。

　　[5] 掊（pǒu）：擊破。

　　[6] 擢（zhuó）亂六律：謂拔去律管，使六律混亂。擢，拔。六律，古人用竹管的長短審定樂音的高低，依音的高低分樂音爲十二類，用十二支長短不同的竹管作標準。其中又分陰陽各六。陽聲的叫六律，陰聲的叫六吕，統稱律吕。此處的六律，既指律管，又指樂律。

　　[7] 鑠（shuò）：銷毀。　竽瑟：泛指樂器。

　　[8] 曠：又稱"師曠"。春秋晉平公時的著名樂師，相傳他最善審音辨律。因目盲，故稱"瞽曠"。

　　[9] 含：内藏。　聰：謂聽力。

　　[10] 文章：泛指"文采"。古代用青色和赤色相配合叫做"文"，用赤色和白色相配合叫做"章"。

　　[11] 離朱：又名離婁，相傳他是古代眼力最好的人。

　　[12] 明：謂眼力。

　　[13] 鉤繩：定曲線與直線的工具。　規矩：定圓形與方形的工具。

　　[14] 攦（lì）：折斷。　工倕（chuí）：相傳爲堯時的巧匠。

　　[15] 大巧若拙：語出《老子》第四十五章。

NOTE

[16] 削：削去，謂從史書上刪除。　曾：曾參，孔子的弟子，以孝著稱。　史：史鰌 (qiū)，字子魚，又稱史魚，是衛靈公時的直臣，曾被孔子稱道。

[17] 鉗 (qián)：夾住，封住。　楊、墨：楊朱、墨翟。

[18] 玄同：謂混同爲一。玄，幽暗，莫能分辨。

[19] 累 (lèi)：憂患。

[20] 僻：邪惡不正。

[21] 爚 (yuè) 亂：炫惑擾亂。爚，火光，照耀。

　　子獨不知至德之世乎？昔者容成氏、大庭氏、伯皇氏、中央氏、栗陸氏、驪畜氏、軒轅氏、赫胥氏、尊盧氏、祝融氏、伏戲氏、神農氏[1]，當是時也，民結繩而用之，甘其食，美其服，樂其俗，安其居，鄰國相望雞狗之音相聞，民至老死而不相往來[2]。若此之時，則至治已。今遂至使民延頸舉踵[3]，曰："某所有賢者。"贏糧而趣之[4]，則內棄其親而外去其主之事，足跡接乎諸侯之境，車軌結乎千里之外。則是上好知之過也。

【注釋】

[1] "昔者容成氏"句：句中十二人都是傳説中的古代部族首領。

[2] "甘其食"六句：語出《老子》第八十章，個別字句有出入。

[3] 延頸舉踵：企盼貌。延頸，伸長脖子；舉踵，抬起腳跟。

[4] 贏糧：擔負糧食，引申指攜帶糧食。贏，擔負。　趣：通"趨"。趨向，奔赴。

　　上誠好知而無道，則天下大亂矣。何以知其然邪？夫弓弩畢弋機變之知多[1]，則鳥亂於上矣；鉤餌網罟罾笱之知多[2]，則魚亂於水矣；削格、羅落、置罘之知多[3]，則獸亂於澤矣；知詐漸毒[4]，頡滑堅白[5]，解垢同異之變多[6]，則俗惑於辯矣。故天下每每大亂[7]，罪在於好知。故天下皆知求其所不知而莫知求其所已知者，皆知非其所不善而莫知非其所已善者，是以大亂。故上悖日月之明[8]，下爍山川之精[9]，中墮四時之施[10]；惴耎之蟲[11]，肖翹之物[12]，莫不失其性。甚矣，夫好知之亂天下也！自三代以下者是已，舍夫種種之民而悦夫役役之佞[13]，釋夫恬淡無爲而悦夫喣喣之意[14]，喣喣已亂天下矣！

【注釋】

[1] 畢：捕鳥獸的網。　弋 (yì)：系有細繩的短箭，用來射鳥。

[2] 鉤：釣鉤。　罾 (zēng)：漁網的一種，方形，以彎曲的竹竿系住四角，頂系長繩，像倒傘一樣沉入水中，吊起以取魚。　笱 (gǒu)：篾編的捕魚籠子，大口小頸，頸部裝有倒須，腹大而長，魚入則不能出。

[3] 削格：裝有機關的捕獸木籠。　羅落：捕鳥的網。落，通"絡"。　置 (jū) 罘 (fú)：捕兔的網，泛指捕獸的網。

〔4〕知詐漸毒：謂工於心計，欺騙偽詐。知詐，巧詐，運用智謀進行欺騙。漸毒，詐欺。

〔5〕頡滑：錯亂，混淆。陸德明《經典釋文》引向秀曰："謂錯亂也。" 堅白：指公孫龍的"離堅白"之說。詳見《公孫龍子·堅白論》。

〔6〕解垢：曲說詭辯。 同異：指惠施的"合同異"之說。因其書已佚，其說主要保存於《莊子·天下》。

〔7〕每每：往往。一說，猶"昏昏"。（依《經典釋文》引李頤《集解》說）

〔8〕悖：遮蔽。

〔9〕爍：通"鑠"。銷熔，毀壞。

〔10〕墮：通"隳"。破壞。 施：運行。

〔11〕蠕蝡（ruǎn）之蟲：蠕動的小蟲。蠕蝡，蠕動貌。蝡，"軟"的異體字。

〔12〕肖翹之物：空中飛的小蟲。

〔13〕種種：恭謹誠實貌。 役役：精明狡黠貌。（依《經典釋文》引李頤《集解》說）佞：謂巧言善辯的人。

〔14〕啍（tūn）啍：喋喋不休，以己誨人之貌。

**【簡析】**《史記》卷六十三《老莊申韓列傳第三》評論莊子說："其學無所不闚，然其要本歸於老子之言。故其著書十餘萬言，大抵率寓言也。"是誠不虛！本篇旨在發揮老子"絕聖棄智"的思想，抨擊儒家的聖人及聖人發明的聖教、聖法。文章開頭以日常防盜之事為喻，推論出聖、智之法"為大盜積""為大盜守"的論題。接着舉田成子以聖智竊取齊國，龍逢、比干、萇弘、子胥被無道的君王以聖智之法殺身，跖論聖智為大盜必備條件等為例，指出聖、智不僅不能防患止亂，反而成為大盜之資、禍患之本，從而推論出"絕聖棄智"的結論。後兩節圍繞這一論題展開了正反論證，並在此基礎上，提出回復到"鄰國相望，雞狗之音相聞，民至老死而不相往來"的社會。因為文中所說"田成子一旦殺齊君而盜其國……十二世有齊國"乃莊子身後事，所以亦有人認為此篇非莊子親作。

## 二十一、天論

**【題解】**本文節選自《荀子·天論》，據清王先謙《荀子集解》本，中華書局 1988 年版。作者荀子（約前 313—前 238），名況，時人尊稱為"荀卿"。漢代因避宣帝劉詢諱，而"荀""孫"二字古音相通，又稱孫卿。趙國人。戰國末期思想家、教育家，儒家代表人物之一。五十歲始，先後到齊、秦、楚等國遊學，曾在齊國首都臨淄（今山東淄博）的稷下學宮三任祭酒。因遭讒至楚，任蘭陵（今屬山東）令。其後失官家居，著書立說，死後即葬蘭陵。韓非、李斯均是他的學生。荀子全面總結了他以前各家的學說，對各家均有批評而獨尊孔子，稱為最好的治國之道。但認為人性本惡，所以着重繼承了孔子的"外王學"，強調學習和"禮"的作用，從而形成了富有特色的"明於天人之分"的自然觀、"化性起偽"的道德觀、"禮儀之治"的社會歷史觀，主張既要順應自然規律，也要發揮人的主觀能動性，用禮、法、術來治理國家，對其後的法家有較大影響。所著《荀子》，現存三十二篇，多為荀子所寫，少量出於門人之手。其文說理縝密，結構嚴整，筆力渾厚。通行注本為清王先謙的《荀子集解》，今人

NOTE

所出較好的注本有王天海的《荀子校釋》和張覺的《荀子譯注》等。

　　天行有常，不爲堯存，不爲桀亡。應之以治則吉，應之以亂則凶。彊本而節用[1]，則天不能貧。養備而動時，則天不能病。脩道而不貳[2]，則天不能禍。故水旱不能使之飢渴[3]，寒暑不能使之疾，祅怪不能使之凶[4]。本荒而用侈，則天不能使之富。養略而動罕，則天不能使之全。倍道而妄行[5]，則天不能使之吉。故水旱未至而饑，寒暑未薄而疾[6]，祅怪未至而凶。受時與治世同[7]，而殃禍與治世異，不可以怨天，其道然也[8]。故明於天人之分，則可謂至人矣[9]。

**【注釋】**

[1] 彊：同“強”。

[2] 脩、貳：王念孫《讀書雜誌·荀子第五》：“‘脩’當爲‘循’，字之誤也……‘貳’當爲‘貣’，亦字之誤也。‘貣’與‘忒’同。忒，差也。”

[3] 飢渴：據清劉台拱考訂，“渴”是衍文，“飢”當做“饑”。

[4] 祅怪：指自然災異等反常現象。祅，古同“妖”。

[5] 倍：通“背”。違背。

[6] 薄：迫近。

[7] 受時：遇到的天時（指水旱寒暑等）。

[8] 道：指事物的規律。

[9] 至人：最高明的人。


　　治亂，天邪？曰：日月星辰瑞曆，是禹、桀之所同也；禹以治，桀以亂，治亂非天也。時邪？曰：繁啓蕃長於春夏，畜積收臧於秋冬，是又禹、桀之所同也；禹以治，桀以亂，治亂非時也。地邪？曰：得地則生[1]，失地則死，是又禹、桀之所同也；禹以治，桀以亂，治亂非地也。

**【注釋】**

[1] 得地：指莊稼得到能生長的土地。


　　星隊木鳴[1]，國人皆恐。曰：是何也？曰：無何也。是天地之變，陰陽之化，物之罕至者也。怪之可也，而畏之非也。夫日月之有蝕[2]，風雨之不時，怪星之黨見[3]，是無世而不常有之[4]。上明而政平，則是雖並世起[5]，無傷也。上闇而政險[6]，則是雖無一至者，無益也。夫星之隊，木之鳴，是天地之變，陰陽之化，物之罕至者也。怪之可也，而畏之非也。

**【注釋】**

[1] 隊：同“墜”。　木鳴：疑指樹木因乾燥爆裂作響。

[2] 蝕：虧缺。即今通稱的日食、月食。

[3] 黨見：偶然出現。黨，通“儻”，或許。這裏是偶然的意思。王先謙《荀子集解》引王念孫曰：“黨古儻字。儻者，或然之詞。”見，同“現”。

[4] 無世：沒有哪個時代。　常：通“嘗”。曾經。

[5] 竝世起：同時發生。竝，同“並”。

[6] 闇（àn）：昏庸。

　　雩而雨[1]，何也？曰：無何也，猶不雩而雨也。日月食而救之，天旱而雩，卜筮然後決大事，非以爲得求也，以文之也[2]。故君子以爲文，而百姓以爲神。以爲文則吉，以爲神則凶也。

【注釋】

[1] 雩（yú）：古代求雨的一種祭祀。這裏用作動詞。

[2] 以文之：指用這種迷信活動爲政事作裝飾。文（舊讀wèn），文飾，修飾。

　　在天者莫明於日月，在地者莫明於水火，在物者莫明於珠玉，在人者莫明於禮義。故日月不高，則光暉不赫[1]；水火不積，則暉潤不博；珠玉不睹乎外[2]，則王公不以爲寶；禮義不加於國家，則功名不白[3]。故人之命在天，國之命在禮。君人者，隆禮尊賢而王，重法愛民而霸，好利多詐而危，權謀傾覆幽險而盡亡矣[4]。

【注釋】

[1] 赫：盛大，顯著。

[2] 睹：王念孫認爲當是“睹（dǔ）”之誤，義爲明、顯露。

[3] 白：指顯赫。

[4] 幽險：陰險。

　　大天而思之，孰與物畜而制之[1]？從天而頌之，孰與制天命而用之？望時而待之[2]，孰與應時而使之？因物而多之，孰與騁能而化之[3]？思物而物之，孰與理物而勿失之也？願於物之所以生，孰與有物之所以成？故錯人而思天[4]，則失萬物之情。

【注釋】

[1] 孰與：何如，表示反問。意謂還不如、哪裏比得上……呢。　畜：通“蓄”。蓄養。

[2] 望時：盼望天時。

[3] 騁：施展。　化之：使它（按照人的需求）變化。

[4] 錯：通“措”。置，捨棄。

NOTE

【簡析】《天論》是反映荀子樸素唯物主義思想的代表作品。原文較長，這裏祇節選其中幾段。荀子認爲，第一，天祇是自然之物。自然的發展變化有它的客觀規律性，不能隨人的主觀願望而改變。第二，天道祇是自然現象，而不是有神在主宰，並且與人事無關。社會治亂的根源不在天，而在人。第三，人應當認識自然，利用自然，而不應當依賴自然，更不能迷信天命。荀子不僅把自然界按照它的本來面目來理解，而且提出了"制天命而用之"的思想，這是荀子在唯物主義發展史上的一個突出貢獻。但是荀子的"制天命而用之"，並不是通過人民群衆的社會實踐去掌握自然規律，改造自然，而是依靠個人對外界的直觀認識去利用自然。這反映了荀子思想的局限性。

## 二十二、虛實

【題解】本篇選自《武經七書》本《孫子》，据上海古籍出版社 1996 年版。作者孫武（約前 535—前 470），字長卿，齊國樂安（今山東惠民，一說廣饒）人。春秋時期著名軍事家、政治家，後人尊稱爲孫子、兵聖。孫武由齊至吳，經吳國重臣伍員舉薦，被吳王闔閭重用爲將。曾率領吳軍大破楚軍，佔領楚都郢城，幾乎亡楚。著有《孫子兵法》十三篇，爲後世兵法家所推崇，譽爲"兵學聖典"，置於《武經七書》之首。曾譯爲英文、法文、德文、日文等，成爲世界最著名的兵學典籍。《孫子兵法》目前存有三種宋本：《魏武帝注孫子》本、《武經七書》本和《十一家注孫子》本，另有銀雀山漢墓竹簡本。現有各種校注十餘種。

孫子曰：凡先處戰地而待敵者佚[1]，後處戰地而趨戰者勞[2]，故善戰者，致人而不致於人[3]。能使敵人自至者，利之也；能使敵人不得至者，害之也，故敵佚能勞之，飽能饑之，安能動之。出其所必趨，趨其所不意。行千里而不勞者，行於無人之地也。攻而必取者，攻其所不守也；守而必固者，守其所不攻也。故善攻者，敵不知其所守；善守者，敵不知其所攻。微乎微乎，至於無形；神乎神乎，至於無聲，故能爲敵之司命[4]。

【注釋】

[1] 佚：通"逸"。閑逸。

[2] 趨戰：倉猝應戰。

[3] 致：引致。這裏是調動的意思。

[4] 司命：命運的主宰。

進而不可禦者，衝其虛也[1]；退而不可追者，速而不可及也。故我欲戰，敵雖高壘深溝，不得不與我戰者，攻其所必救也；我不欲戰，畫地而守之[2]，敵不得與我戰者，乖其所之也[3]。

【注釋】

[1] 衝：攻擊，襲擊。

[2] 畫地而守：在地上畫出一個界限來進行防守。謂不用刻意設防就能輕鬆守住。

[3] 乖其所之：設法使敵軍的行動偏離方向。謂把敵軍引向別處。乖，偏離。之，往，去。

故形人而我無形[1]，則我專而敵分。我專爲一[2]，敵分爲十，是以十攻其一也，則我衆而敵寡。能以衆擊寡者，則吾之所與戰者約矣[3]。吾所與戰之地不可知，不可知則敵所備者多。敵所備者多，則吾所與戰者寡矣。故備前則後寡，備後則前寡，備左則右寡，備右則左寡，無所不備，則無所不寡。寡者，備人者也；衆者，使人備己者也。

【注釋】

[1] 形人：謂向敵人顯示自己行軍佈陣的假象。一說，使敵人的實情暴露於外。謂察明敵情。

[2] 專：專一。這裏是集中的意思。

[3] 約：少。

故知戰之地，知戰之日，則可千里而會戰。不知戰地，不知戰日，則左不能救右，右不能救左，前不能救後，後不能救前，而況遠者數十里，近者數里乎？以吾度之[1]，越人之兵雖多，亦奚益於勝敗哉？故曰：勝可爲也。敵雖衆，可使無鬭。

【注釋】

[1] 度：揣測判斷。

故策之而知得失之計[1]，作之而知動靜之理[2]，形之而知死生之地[3]，角之而知有餘不足之處[4]。故形兵之極[5]，至於無形；無形，則深間不能窺[6]，智者不能謀。因形而錯勝於衆[7]，衆不能知；人皆知我所以勝之形，而莫知吾所以制勝之形。故其戰勝不復[8]，而應形於無窮。

【注釋】

[1] 策：策度，籌算。謂分析判斷。

[2] 作：謂誘使敵人行動。

[3] 形：謂偵察敵軍陣地。

[4] 角：較量。謂用小規模的兵力試探性地與敵較量。

[5] 形兵：指揮“有形”的軍隊作戰。

[6] 深間：指打入我方很深的間諜。

[7] 錯：通“措”。放置。

[8] 復：重復。

NOTE

夫兵形象水[1]。水之形，避高而趨下，兵之形，避實而擊虛。水因地而制流，兵因敵而制勝。故兵無常勢，水無常形，能因敵變化而取勝者，謂之神。故五行無常勝[2]，四時無常位[3]，日有短長，月有死生[4]。

**【注釋】**

[1] 兵形：用兵的規律。

[2] 五行無常勝：木、火、土、金、水五行的“相勝”（多稱“相克”），是木克土，土克水，水克火，火克金，金克木。它們的相勝是循環往復的，沒有哪一個能固定獨勝。

[3] 四時無常位：春、夏、秋、冬依次更替，沒有哪個季節能固定不變。

[4] 月有死生：謂月亮有圓缺明暗的變化。死生，指月光暗盡與始生之日。農曆每月最後一天爲“晦”。《說文解字》：“晦，月盡也。”爲月之死。每月初一爲朔。《說文解字》：“朔，月一日始蘇也。”爲月之生。

**【簡析】**《虛實》是一篇充滿軍事智慧的作品。作者在文中首次提出了爲歷來兵家最看重的作戰原則是“致人而不致於人”，即要始終掌握作戰的主動權，並由此出發，進而論述了“虛實”之道。約而言之，其“虛實”之道的要義，是己方必須做到始終“知彼”，同時使敵方始終不能“知我”。在交戰之前，則首先要能做到示敵以假象。如此就能分散敵軍，使己方得以集中兵力各個擊破。其次是要弄清交戰的地點和時間，則己方就能合理佈兵，做到彼此呼應，無論遠近都能用兵自如，使敵軍即使人多也無濟於事。具體作戰時，須分析敵我之情，通過挑動瞭解敵軍的行動規律，通過偵察弄清戰地的進退之路，通過試探性進攻掌握敵軍強弱之處，而己方則要用假象迷惑敵軍。最後，作者用“兵形若水”予以總結：所謂虛實之要，在於“避實而擊虛”“因敵變化而取勝”。而做到這樣，即可謂之“神”矣。

# 二十三、察今

**【題解】**本篇選自清畢沅校正本《呂氏春秋》卷第十五，据上海古籍出版社 1996 年版。《呂氏春秋》是戰國末年秦相國呂不韋特意組織門客集體撰寫的一部雜家名著。呂不韋（約前 292—前 235），原籍衛國陽翟（今河南禹州），生於衛國濮陽（今河南滑縣），戰國末年著名商人、政治家、思想家，官至秦國丞相，封文信侯。對秦兼六國的事業有重大貢獻，曾養士三千，後因受嫪毐叛亂事件牽連而免官自殺。《呂氏春秋》原書分爲十二紀（64 篇）、六論（36 篇）、八覽（64 篇），加序意 1 篇，共 161 篇。後在流傳中佚“八覽”一篇，故現存 160 篇。全書共十二卷，二十餘萬言，“以備天地萬物古今之事，號爲《呂氏春秋》”。因中有“八覽”，後世又稱《呂覽》。該書以道家黃老思想爲主，博採儒、墨、兵、法、農、縱橫和陰陽等百家言論，故《漢書·藝文志》將其列入雜家。除自成體系的內容外，還保留了先秦時期諸多珍貴的思想和資料。最早爲之作注的是東漢高誘，近代以許維遹的《呂氏春秋集釋》最有影響，校本流傳最廣最佳的是清畢沅校正本和近人蔣維喬、楊寬、沈延國、趙善詒合撰的《呂氏春秋匯校》。

　　上胡不法先王之法<sup>[1]</sup>，非不賢也，爲其不可得而法。先王之法，經乎上世而來者也<sup>[2]</sup>。人或益之，人或損之，胡可得而法？雖人弗損益<sup>[3]</sup>，猶若不可得而法。東夏之命<sup>[4]</sup>，古今之法，言異而典殊，故古之命多不通乎今之言者，今之法多不合乎古之法者。殊俗之民，有似於此。其所欲同，其所爲異。口惛之命不愉<sup>[5]</sup>，若舟車、衣冠、滋味、聲色之不同。人以自是，反以相誹<sup>[6]</sup>。天下之學者多辯<sup>[7]</sup>，言利辭倒，不求其實，務以相毀，以勝爲故<sup>[8]</sup>。先王之法，胡可得而法？雖可得，猶若不可法。

【注釋】

[1] 上：指國君。

[2] 上世：上古時代。

[3] 雖：即使。

[4] 東夏：東夷與華夏，泛指少數民族與華夏民族。　命：名稱，說法。

[5] 口惛之命：口頭用語，指方言。惛，"脗"的異體字，通"吻"。　愉：通"諭"。曉諭。

[6] 誹：誹議，議論他人的不是。

[7] 多：善於。

[8] 故：事，能事。

　　凡先王之法，有要於時也<sup>[1]</sup>。時不與法俱至，法雖今而至，猶若不可法。故擇先王之成法<sup>[2]</sup>，而法其所以爲法。先王之所以爲法者，何也？先王之所以爲法者，人也，而己亦人也。故察己則可以知人，察今則可以知古，古今一也，人與我同耳。有道之士，貴以近知遠，以今知古，以所見知所不見。故審堂下之陰，而知日月之行，陰陽之變；見瓶水之冰，而知天下之寒，魚鱉之藏也；嘗一脟肉<sup>[3]</sup>，而知一鑊之味<sup>[4]</sup>，一鼎之調<sup>[5]</sup>。

【注釋】

[1] 要於時：適應時代的需要。

[2] 擇：通"釋"。放棄。

[3] 脟（luán）：同"臠"。切成小塊的肉。

[4] 鑊（huò）：古代一種烹煮食物的大鍋。

[5] 調：指味道。

　　荆人欲襲宋<sup>[1]</sup>，使人先表澭水<sup>[2]</sup>。澭水暴益<sup>[3]</sup>，荆人弗知，循表而夜涉，溺死者千有餘人，軍驚而壞都舍<sup>[4]</sup>。嚮其先表之時可導也<sup>[5]</sup>，今水已變而益多矣，荆人尚猶循表而導之，此其所以敗也。今世之主法先王之法也，有似於此。其時已與先王之法虧矣<sup>[6]</sup>，而曰此先王之法也而法之。以此爲治，豈不悲哉！

**【注釋】**

[1] 荆人：楚國人。"荆"是楚的別稱。

[2] 表：標記，豎立標記。　潗（yōng）水：古河名。在今河南省商丘一帶。

[3] 益：同"溢"。此指漲水。

[4] 而：如，猶如。　壞：崩塌。　都舍：城裏的房屋。

[5] 嚮：以前，往日。　導：引導。此指涉水。

[6] 虧：通"詭"。不同。

故治國無法則亂，守法而弗變則悖，悖亂不可以持國[1]。世易時移，變法宜矣。譬之若良醫，病萬變，藥亦萬變。病變而藥不變，嚮之壽民，今爲殤子矣。故凡舉事，必循法以動，變法者因時而化。若此論則無過務矣[2]。夫不敢議法者，衆庶也；以死守法者[3]，有司也[4]；因時變法者，賢主也。是故有天下七十一聖[5]，其法皆不同。非務相反也，時勢異也。故曰：良劍期乎斷[6]，不期乎鏌邪[7]；良馬期乎千里，不期乎驥驁。夫成功名者，此先王之千里也。

**【注釋】**

[1] 持國：主持國政。

[2] 務：事務，工作。

[3] 以死守法者：舊本作"以死相守"，無"法"字，據畢沅說補。

[4] 有司：有關官員。古代設官分職，各有專司，故稱"有司"。

[5] 七十一聖：指古代統治天下的七十一個君主。據《史記·封禪書》："其後百有餘年，而孔子論述六藝，傳略言易姓而王，封泰山、禪乎梁父者七十余王矣。"七十一，此言其多，非實指。

[6] 斷：斬斷東西。

[7] 鏌邪（mòyé）：又作"莫邪"，古代名劍名。陸廣微《吳地記》載爲鑄劍師干將所鑄。

楚人有涉江者，其劍自舟中墜於水，遽契其舟[1]，曰："是吾劍之所從墜。"舟止，從其所契者入水求之。舟已行矣，而劍不行，求劍若此，不亦惑乎？以此故法爲其國[2]，與此同。時已徙矣，而法不徙，以此爲治，豈不難哉！

**【注釋】**

[1] 遽（jù）：立刻，急忙。　契：通"鍥"。刻。

[2] 爲：治理。

　　有過於江上者，見人方引嬰兒而欲投之江中，嬰兒啼，人問其故，曰："此其父善游。"其父雖善游，其子豈遽善游哉[1]？以此任物[2]，亦必悖矣。荊國之爲政，有似於此。

【注釋】

[1] 豈遽：難道。遽，通"詎"，義同"豈"。

[2] 以：舊本無，據王念孫説補。　任物：用事，指處理國家政務。

【簡析】本文旨在闡説治國者應"察"今時之變以知古變"法"，而不是拘泥地衹知死守已不能適應今時之變的先王之法。爲此，文章首先否定了"今"之治國遵從先王之法的可行性，即先王之法後人已有損益而不是原貌了。即使沒有損益，也由於古今方俗的種種不同而不能適應了。接着強調了法對國家的重要性和因"世易時移"而變法的必要性，同時用"天下七十一聖、其法皆不同"來自證變法的合理性，用刻舟求劍的故事來形象地説明不知變法的拘泥和落後。之後則將變法與先王之法聯繫起來，就其實質深刻指出，由於"凡先王之法，有要於時也"，所以今之變法，乃是"法其所以爲法"的體現，與先王之法的精神不但不相矛盾，而且高度一致。最後通過"荊人涉澭""引嬰投江"的故事，既形象地説明了死守成法之弊，更反襯出變法的重要意義。

# 二十四、歷山之農者侵畔

【題解】本篇選自清王先慎《韓非子集解》，據中華書局 1998 年版。韓非（約前280—前233），又稱韓非子，戰國末期韓國公子，荀子的學生，法家的集大成者。在韓國爲公子時就國事曾多次上書韓王，因不被採納，退而著書。後受命出使秦國，爲秦王嬴政所激賞重用，卻遭已在秦爲官的同學李斯的嫉妒和讒害，最後被下獄致死。韓非雖學於儒，而愛好"刑名法術"，歸本於"黃老之學"，總結了商鞅、慎到、申不害的的學説，最終集法家之大成。其學説基於"性惡論"，特別是基於爲君主提供富國強兵的霸"道"的目的，反對儒家的禮制，主張君主集權，強調以君主專制爲基礎的法、術、勢相結合的"法"來治國。同時主張極端的功利主義，以利用人。這些思想對秦漢以後中國封建社會的統治制度產生了深遠的影響。韓非的文章獨具特色，主要體現爲思想犀利、文字峭刻、邏輯嚴密、善用民間傳説和寓言故事等。韓非的文章後人輯爲《韓非子》一書，共五十五篇，十余萬字。通行的注本爲清人王先慎的《韓非子集解》。今人陳奇猷的《韓非子集釋》、梁啓雄的《韓子淺解》搜集的資料也比較完備，可以參考。

　　歷山之農者侵畔[1]，舜往耕焉，朞年[2]，甽畝正[3]。河濱之漁者爭坻[4]，舜往漁焉，朞年而讓長。東夷之陶者器苦窳[5]，舜往陶焉，朞年而器牢。仲尼歎曰："耕、漁與陶，非舜官也[6]，而舜往爲之者，所以救敗也。舜其信仁乎！乃躬藉處苦而民從之[7]，故曰：聖人之德化乎！"

NOTE

【注釋】

[1] 歷山：古山名，相傳舜曾在此耕種。其山説法不一，多認爲是山西省永濟市南的中條山。

[2] 朞（jī）年：一周年。

[3] 畎（quǎn）畝：指田界。畎，田間的水溝。畝，田壟。

[4] 爭坻（chí）：謂爭著在水中高地捕魚。坻，水中的高地，漁人站立的地方。

[5] 苦窳（yǔ）：粗糙質劣。苦，通“盬”（gǔ），不堅牢，粗劣。窳，粗劣，疵病。

[6] 官：職守，職責。

[7] 藉（jí）：踐踏。這裏是“實踐”的意思。

　　或問儒者曰：“方此時也，堯安在？”其人曰：“堯爲天子。”然則仲尼之聖堯奈何？聖人明察在上位，將使天下無姦也。今耕漁不爭，陶器不窳，舜又何德而化？舜之救敗也，則是堯有失也。賢舜則去堯之明察；聖堯則去舜之德化，不可兩得也。楚人有鬻楯與矛者[1]，譽之曰：“吾楯之堅，物莫能陷也。”又譽其矛曰：“吾矛之利，於物無不陷也。”或曰：“以子之矛，陷子之楯，何如？”其人弗能應也。夫不可陷之楯與無不陷之矛，不可同世而立。今堯、舜之不可兩譽，矛楯之説也。

【注釋】

[1] 楯（dùn）：同“盾”。盾牌。

　　且舜救敗，朞年已一過[1]，三年已三過。舜有盡[2]，壽有盡，天下過無已者。以有盡逐無已，所止者寡矣。賞罰使天下必行之，令曰：“中程者賞[3]，弗中程者誅。”令朝至暮變，暮至朝變，十日而海内畢矣[4]，奚待朞年？舜猶不以此説堯令從己，乃躬親，不亦無術乎？且夫以身爲苦而後化民者，堯、舜之所難也；處勢而驕下者[5]，庸主之所易也。將治天下，釋庸主之所易[6]，道堯、舜之所難[7]，未可與爲政也。”

【注釋】

[1] 已：止，消除。　過：過錯。

[2] 舜有盡：意思是説像舜一樣的人爲數有限。一説“有盡”二字爲衍文，當刪。

[3] 中（zhòng）：符合。　程：法度。

[4] 畢：盡。指全部按法令辦事。

[5] 驕：通“矯”。矯正，糾正。

[6] 釋：放棄。

[7] 道：這裏是依從、採用的意思。

【簡析】本篇着重通過批評儒家對於民風之"敗"採用躬親教化之道的不可取，表達了韓非所主張的君主應當以"程"（法度）爲據、"處勢而驕下"的法家思想。文章中，處於堯爲帝王時的舜，無論是做人還是做事，都能"躬藉處苦而民從之"，起到"救敗"的作用而充分體現儒家"仁"和"德化"的精神。韓非認爲，這對於"救敗"和治國來説是不可取的。他推論説，既然其時帝王爲人稱聖君的堯，則舜就無可彰顯德化。肯定舜的德化，則堯的"明察"有假；而肯定堯的"明察"，則舜的"救敗"非真，二者是"不可兩譽"的，正如無堅不摧的"矛"與無堅能摧的"盾"不能同時存在一樣。所以，面對天下的問題，應當用法度來"救敗"和進行治理。而"處勢而驕下"，其實乃是容易做到的。應當特別注意的是，中國哲學史上著名的"矛盾"之説，即典出於此。

# 常用詞詞義分析（三）

## K

【克】①限定。《三國志·魏志·武帝紀》："公乃與克日會戰。"②能够。《漢書·藝文志》："合於堯之克攘，易之嗛嗛，一謙而四益，此其所長也。"③制服，克制。《尚書·洪範》："沈潛剛克，高明柔克。"④戰勝，攻取。《易經·既濟》："高宗伐鬼方，三年克之。"⑤凌犯，卜兆的一種。《尚書·洪範》："乃命卜筮，曰雨，曰霽，曰蒙，曰驛，曰克，曰貞，曰悔。"

【客】①來賓，客人。《史記·司馬相如列傳》："令有貴客，爲具召之。"②謂以客禮對待。《戰國策·齊策四》："於是乘其車，揭其劍，過其友曰：'孟嘗君客我。'"③門客，食客。《戰國策·齊策四》："後孟嘗君出記，問門下諸客誰習計會。"④旅居，寄居。杜甫《去蜀》："五載客蜀郡，一年居梓州。"⑤指病邪。《靈樞·小針解》："'客'者，邪氣也。"

【孔】①通達。《漢書·西域傳》："去陽關千八百里，去長安六千三百里，辟在西南，不當孔道。"②深貌，大貌。《淮南子·精神訓》："有二神混生，經天營地，孔乎莫知其所終極。"③甚，很。《詩經·小雅·鹿鳴》："我有嘉賓，德音孔昭。"④孔洞，孔穴。《靈樞·師傳》："鼻孔在外，膀胱漏泄。"⑤姓。《史記·孔子世家》："故因名丘云，字仲尼，姓孔氏。"

【匡】①飯器。同"筐"。《易經·歸妹》："有女承匡。"②正，糾正。《論語·憲問》："管仲相桓公，霸諸侯，一匡天下，民到於今受其賜。"③輔佐，輔助。《周書·文帝紀》："及居官也，則晝不甘食，夜不甘寢，思所以上匡人主，下安百姓。"④眼眶。《素問·刺禁論》："刺匡上陷骨中脈，爲漏爲盲。"⑤彎曲。《周禮·考工記·輪人》："輪雖敝不匡。"

## L

【老】①年歲大。《管子·四時》："論孤獨，恤長老。"②老練，富有經驗。《國語·晉語一》："既無老謀，而又無壯事，何以事君？"③衰老。《詩經·衛風·氓》："及爾偕老，老使我怨。"④尊敬。《禮記·大學》："上老老而民興孝，上長長而民興弟，上恤孤而民不倍。"

NOTE

⑤死的諱稱。子蘭《城上吟》："古塚密於草，新墳侵官道。城外無閒地，城中人又老。"

【累】léi ①大繩子，特指用來綁人的。《漢書·李廣蘇建傳》："以劍斫絕累。"引申爲捆綁。《左傳·成公三年》："兩釋累囚以成其好。"lèi ②堆叠。枚乘《上書諫吳王》："危於累卵。"引申爲積累。《後漢書·班超傳》："如有卒暴，超之氣力不能從心，便爲上損國家累世之功，下弃忠臣竭力之用，誠可痛也。""累"又用於抽象的意義。《漢書·司馬遷傳》："下之不能積日累勞。"léi ③帶累，因牽連而受到損害。《素問·移精變氣論》："內無眷慕之累，外無伸宦之形。"

【厲】①磨刀石。《詩經·大雅·公劉》："取厲取鍛。"引申爲磨。《左傳·僖公三十三年》："則束載厲兵秣馬矣。"這個意義又寫作"礪"。用於抽象意義，表示磨練，激厲。柳宗元《答韋中立論師道書》："參之穀梁氏以厲其氣。"②凶惡（的災禍）。《詩經·大雅·瞻卬》："降此大厲。"特指一種惡疾，癩（大麻瘋）。《史記·范雎蔡澤列傳》："漆身爲厲，被髮爲狂。"這個意義後來寫作"癘"。引申爲外形凶惡的怪物，惡鬼。《左傳·成公十年》："晉侯夢大厲，被髮及地。"又爲形容詞。《左傳·昭公元年》："今夢黃熊入於寢門，其何厲鬼也？"③一種蔓延迅速而猛烈的病，瘟疫。這個意義也寫作"癘"。《素問·六元正紀大論》："厲大至，民善暴死。"引申爲猛烈，劇烈。《莊子·齊物論》："厲風濟。"又爲嚴厲，嚴肅。《論語·述而》："子溫而厲，威而不猛。"又爲厲害，甚。《文選·序》："變其本而加厲。"

【歷】①經過。《漢書·司馬遷傳》："足歷王庭，垂餌虎口。"②逐一地。《靈樞·經脈》："心主手厥陰心包之脈……下鬲歷絡三焦。"③清晰。左思《嬌女》："口齒自清歷。"④紀載曆法的書。《漢書·藝文志》："敬順昊天，歷象日月星辰，敬授民時。"也寫作"曆"。

【連】①連接。《戰國策·秦策》："當秦之隆，黃金萬溢爲用，轉轂連騎，炫熿於道。"又聯合。《孟子·離婁》："故善戰者服上刑，連諸侯者次之。"引申爲連續，不停止。《漢書·高帝紀》："時連雨，自七月至九月。"②同時獲得。《列子·湯問》："一釣而連六鼇。"③姻親關係。《史記·南越列傳》："（呂嘉）及蒼梧秦王有連。"④古代十個諸侯國爲連。《禮記·王制》："十國以爲連。"⑤通"鏈"，鉛礦。《史記·貨殖列傳》："長沙出連錫。"

【良】①善良。《論語·學而》："溫良恭儉讓。"②美好，良好。《文心雕龍·知音》："良書盈篋，妙鑒迺訂。"③精善，精良。《左傳·成公十年》："彼良醫也。懼傷我，焉逃之？"④的確，確實。《史記·趙世家》："諸將皆以爲趙氏孤兒良已死，皆喜。"⑤很，甚。《靈樞·經筋》："引頷目瞑，良久乃得視。"

【量】liáng ①計算物體容積。《莊子·胠篋》："爲之斗斛以量之，則並與斗斛而竊之。"引申爲量長短。《素問·六氣藏象論》："天至廣不可度，地至大不可量。"liàng ②斗斛之類的量器。《論語·堯曰》："謹權量。"引申爲容積，分量。《論語·鄉黨》："唯酒無量，不及亂。"又爲度量衡的規定。《史記·秦始皇本紀》："器械一量。"③才具，才華抱負。《三國志·蜀志·諸葛亮傳》："劉備以亮有殊量，乃三顧亮於草廬之中。"又特指寬容人的限度，度量。《晉書·武帝紀》："帝宇量弘厚，容納讜正。"④審察，揣度。《孟子·公孫丑》："量敵而後進。"

【臨】①居上視下。《後漢書·方術列傳·郭玉傳》："夫貴者處尊高以臨臣，臣懷布懾以承之。"②監視。《詩經·大雅·大明》："上帝臨女，無貳爾心。"③治理。《尚書·大禹謨》：

"臨下以簡，御衆以寬。"④面臨，面對。《墨子·尚賢》："以其唯毋臨衆發政而治民，使天下之爲善者可而勸也，爲暴者可而沮也。"⑤將要。《三國志·魏書·方技傳》："佗臨死，出一卷書與獄吏。"

【靈】①事神的女巫。《楚辭·九歌·東皇太一》："靈偃蹇兮姣服。"引申爲神，神靈。《楚辭·九歌·山鬼》："杳冥冥兮羌晝晦，東風飄兮神靈雨。"又爲鬼神的精神意志。《楚辭·九歌·國殤》："天時墜兮威靈怒。"②對死者之稱。韓愈《祭十二郎文》："使建中遠具時羞之奠，告汝十二郎之靈。"③人的精神（對肉體而言）。《文心雕龍·情采》："若乃綜述性靈，敷寫器象。"

【令】①發出命令。《史記·司馬相如列傳》："梁孝王令與諸生同舍，相如得與諸生遊士居數歲，乃著《子虛之賦》。"②法令。《書·冏命》："發號施令。"③官名，秦漢時縣官轄萬戶以上稱令。《韓非子·內儲説》："卜皮爲縣令。"④善，好。《書·太甲》："今王嗣有令緒。"⑤使。《備急千金要方·大醫精誠》："處以珍貴之藥，令彼難求。"⑥時令，季節。張濯《迎春東郊》："顓頊時初謝，句芒令復陳。飛灰將應節，賓日已知春。"⑦敬詞，多用於稱對方的親屬。《玉臺新詠·古詩〈爲焦仲卿妻作〉》："豈合令郎君。"

【流】①液體流動。《戰國策·秦策》："讀書欲睡，引錐自刺其股，血流至足。"②流散。《易經·繫辭》："旁行而不流。"③水流，河流。《荀子·勸學》："不積小流，無以成江海。"④流亡。《戰國策·楚策四》："襄王流揜於城陽。"⑤求取。《詩經·周南·關雎》："參差荇菜，左右流之。"⑥遊動，漂泊。陶淵明《歸去來兮辭》："策扶老以流憩。"⑦分散，分別。《史記·樊酈滕灌列傳論》："方其鼓刀屠狗賣繒之時，豈自知附驥之尾，垂名漢廷，德流子孫哉？"⑧類，一類人。《漢書·敍傳》："群言紛亂，諸子相騰。秦人是滅，漢修其缺，劉向司籍，九流以別。"

【亂】①不太平，與"治"相對。《墨子·兼愛》："雖至大夫之相亂家。"②紊亂，雜亂。《莊子·馬蹄》："五色不亂，孰爲文采？"③擾亂。《論語·微子》："欲潔其身而亂大倫。"④昏亂。《荀子·修身》："事亂君而通。"⑤惑亂，酒醉。《論語·鄉黨》："唯酒無量，不及亂。"⑥樂曲最後一章。《楚辭·離騷》："亂曰：已矣哉！"

【倫】①類。《禮記·中庸》："毛猶有倫。"②道理。《禮記·中庸》："今天下車同軌，書同文，行同倫。"③倫常，綱紀。專指人與人之間的道德關係。《孟子·公孫丑下》："內則父子，外則君臣，人之大倫也。"④次序。《論語·微子》："欲潔其身，而亂大倫。"⑤通"掄"，選擇。《儀禮·少牢饋食禮》："雍人倫膚九，實於一鼎。"

【論】①議論。《漢書·司馬遷傳》："仰首伸眉，論列是非。"②評定。《管子·四時》："一政曰論幼孤，舍有罪。"③理論，學説。《公孫龍子·跡府》："疾名實之散亂，因資材之所長，爲守白之論。"④推論。《史記·扁鵲倉公列傳》："聞病之陽，論得其陰；聞病之陰，論得其陽。"⑤通"倫"，次序，條理。《針灸甲乙經·序》："其本論，其文有理。"

【落】①樹葉脱落。《詩經·衛風·氓》："桑之未落，其葉沃若。"②脱落，掉下。《論衡·知實》："顏淵炊飯，塵落甑中，欲置之則不清，投地則棄飯，撥而食之。"③居處，人聚集居住的地方。《文選·沈約〈齊故安陸昭王碑文〉》："由是傾巢舉落，望德如歸。"④通"絡"，籠絡，罩住。《莊子·秋水》："落馬首，穿牛鼻。"⑤通"絡"，經絡。《漢書·藝文志》：“醫經者，原人血脈、經落、骨髓、陰陽、表裏。”

【率】lǜ①一定的標準。《孟子·盡心》：“羿不爲拙射變其彀率。”shuài②循，沿着。《詩經·大雅·縣》：“率西水滸。”引申爲遵循，依照。《禮記·中庸》：“天命之謂性，率性之謂道，脩道之謂教。”③率領。《孟子·梁惠王》：“此率獸而食人也。”④大概，一般。《禮記·祭義》：“其率用此與？”引申爲一概，一律。《靈樞·官針》：“陰刺者，左右率刺之，以治寒厥。”

【略】①劃定疆界。《左傳·昭公七年》：“天子經略。”引申爲疆界。《左傳·僖公十五年》：“東盡虢略。”②巡行。《左傳·昭公二十四年》：“楚子爲舟師以略吳疆。”③同“掠”。軍行異域強取（財物）。《左傳·宣公十五年》：“晉侯治兵於稷，以略狄土。”引申爲搶劫，掠奪。《漢書·霍光傳》：“使從官略女子。”④道術。《漢書·藝文志》：“若能修六藝之術，而觀此九家之言，舍短取長，則可以通萬方之略矣。”⑤才略，智謀。張衡《歸田賦》：“遊都邑以永久，無明略以佐時。”⑥大概，概要。《孟子·滕文公》：“此其大略也。”⑦大致，稍微。《靈樞·通天》：“黃帝曰：願略聞其意。”

# M

【漫】①水大的樣子。《素問·六元正紀大論》：“川流漫衍，田牧土駒。”引申爲没有邊際的樣子。《荀子·正名》：“長夜漫兮。”引申爲長久。王粲《登樓賦》：“遭紛濁而遷逝兮，漫踰紀以迄今。”②遍，周遍。《春秋公羊傳·定公十五年》：“曷爲不言其所食？漫也。”引申爲全，都。蘇轍《待月軒記》：“一夕舉酒延客，道隱者之語；客漫不喻。”③隨便，隨意。杜甫《聞官軍收河南河北》：“卻看妻子愁何在，漫捲詩書喜欲狂。”

【没】mò①潛游水中。《莊子·大宗師》：“且汝夢爲鳥而厲乎天，夢爲魚而没於淵。”引申爲沉没，沉。《靈樞·淫邪發夢》：“（厥氣）客於腎，則夢臨淵，没居水中。”又爲淹没，埋没。李華《弔古戰場文》：“積雪没脛。”又爲隱匿。范縝《神滅論》：“未聞刃没而利存。”又爲覆没。《漢書·司馬遷傳》：“陵未没時，使有來報。”②死，去世（委婉語）。《易經·繫辭》：“包犧氏没，神農氏作。”③依法收取犯人的財產家人入官。《漢書·刑法志》：“妾願没入爲官婢，以贖父刑罪。”méi④没有。王建《酬從侄再看詩本》：“眼暗没功夫，慵來剪刻鱗。自看花樣古，稱得少年無？”

【蒙】①覆蓋。《詩經·墉風·君子偕老》：“蒙彼縐絺。”又爲掩蓋真相以相欺騙。《左傳·僖公二十四年》：“上下相蒙。”引申爲闇昧不明，愚昧。《素問·六節藏象論》：“請夫子發蒙解惑焉。”②蒙受，遭受。《後漢書·班超傳》：“臣超區區，特蒙神靈。”③敬詞。承，承蒙。李密《陳情表》：“凡在故老，猶蒙矜育。”

【免】①脱掉，脱落。《管子·四時》：“令禁扇去笠，毋扱免，除急漏田廬。”②釋放。《左傳·僖公三十一年》：“夏四月，四卜郊，不從，乃免牲。”③避免。潘岳《馬汧督誄》：“安西之救至，竟免虎口之厄。”④離開。《論語·陽貨》：“子生三年，然後免於父母之懷。”⑤同“娩”，生孩子。《國語·越語》：“將免者以告，公令醫守之。”

【名】①命名。《尚書·吕刑》：“禹平水土，主名山川。”②名稱。《公孫龍子·迹府》：“疾名實之散亂。”③名聲，名譽。《史記·管子列傳》：“鮑叔不以爲無恥，知我不羞小節而恥功名不顯於天下。"④指稱，稱作。《傷寒論·四時病氣》："其冬有非節之暖者，名曰冬溫。"⑤姓名。《左傳·魯宣公二年》："問其名，不告而退。"⑥名義。《史記·扁鵲倉公列傳》："以此視病，盡見五臟癥結，特以診脈爲名耳。"⑦名分。《論語·子路》："必也正名乎？"⑧文字。《管子·君臣》："書同名，行同軌。"⑧著名的，名貴的。《三國志·魏書·武帝紀》："良、醜皆紹名將也，再戰，悉禽，紹軍大震。"

【明】①光明。曹操《短歌行》："月明星稀，烏鵲南飛。"②白晝。《左傳·昭公元年》："明淫心疾。"③明顯。《戰國策·齊策一》："則秦不能害齊，亦已明矣。"④公開，不隱蔽。葉適《上西府書》："懲人之過，明人之惡，加之竄殛之戮而遺其貴近之厚，是之謂罰。"⑤明白，洞曉。《戰國策·秦策》："明言章理，兵甲愈起。"⑥視力。《孟子·梁惠王》："明足以察秋毫之末。"⑦英明，聖明。《韓非子·五蠹》："故明主用其力，不聽其言。"⑧潔。《禮記·中庸》："齊明盛服。"

【莫】mù①同"暮"，日暮。《禮記·聘義》："日莫人倦。"②同"暮"，晚。《論語·先進》："莫春者，春服既成。"mò③沒有誰，沒有什麼。《嵇中散集·養生論》："而世皆不精，故莫能得之。"④勿，不要。《三国志·魏書·方技傳》："君有疾病見於面，莫多飲酒。"⑤表示否定。不，不能。《禮記·大學》："人莫知其子之惡，莫知其苗之碩。"⑥表示揣測。或許，大約。《論語·述而》："文，莫吾猶人也。躬行君子，則吾未之有得。"

【謀】①考慮，謀劃。《尚書·洪範》："汝則有大疑，謀及乃心，謀及卿士，謀及庶人，謀及卜筮。"②計策，謀略。《禮記·禮運》："故謀用是作，而兵由此起。"③營求，圖謀《論語·衛靈公》："君子謀道不謀食。"④商議。《詩經·衛風·氓》："匪來貿絲，來即我謀。"⑤會合，接觸。《三國志·蜀志·先主傳》："近漢初興，五星從歲星謀。"

【穆】①和。《詩經·大雅·烝民》："穆如清風。"②敬。《尚書·金縢》："我其爲王穆卜。"③宗廟的次序。跟"昭"相對。《左傳·僖公五年》："虢仲、虢叔，王季之穆也。"

# N

【難】nán①困難，與"易"相對。《孟子·公孫丑》："天下歸殷久矣，久則難變也。"②疑難。《莊子·說劍》："庶人之劍，蓬頭、突鬢、垂冠，曼胡之纓，短後之衣，瞋目而語難，相擊於前，上斬頸領，下決肝肺。"nàn③懼怕。《楚辭·離騷》："余既不難夫離別兮，傷靈脩之數化。"④灾難。《嵇中散集·養生論》："中道夭於衆難。"⑤責難，詰問。《三國志·魏書·方技傳》："或難其異。"

【逆】①迎，迎面。《三國志·魏書·方技傳》："小兒戲門前，逆見。"②迎接。《左傳·成公十四年》："宣伯如齊逆女。"③倒向，反向。《大戴禮記·曾子天圓》："聖人慎守日月之數，以察星辰之行，以序四時之順逆，謂之厤。"④罪孽。《新修本草·序》："用之凡庶，其欺已甚；施之君父，逆莫大焉。"⑤中醫指氣血不和、胃氣不順等所致病症。《素問·通評虛實論》："所謂逆者，手足寒也。"

【寧】①安，安寧。《素問·氣交變大論》："化氣不政，生氣獨治，雲物飛動，草木不寧，甚而搖落。"②難道，豈。《詩經·小雅·小弁》："寧莫之知？"③寧願，寧可。《史記·項羽本紀》："吾寧鬥智，不能鬥力。"④猶言豈不，難道不。《後漢書·班超傳》："超謂其官屬曰：

'寧覺廣禮意薄乎?'"

【農】①耕種。《漢書·食貨志》:"貧生於不足,不足生於不農,不農則不地著。"②農民。《論語·子路》:"吾不如老農。"③厚,謂努力。《尚書·洪範》:"農用八政。"

# P

【朋】①朋友,志同道合的人。《易經·坤》:"西南得朋,東北喪朋。"高亨注:"朋,朋友。"②朋党。《梁書·恩倖傳論》:"挾朋聚黨,政以賄成。"③群,成群。《山海經·北山經》:"群居而朋飛。"④齊,同。《後漢書·李固杜喬傳贊》:"朋心合力。"⑤倫比。《詩經·唐風·椒聊》:"碩大無朋。"

# Q

【戚】①兵器之一種,像大斧。《詩經·大雅·公劉》:"弓矢斯張,干戈戚揚。"②憂患,悲哀。《莊子·大宗師》:"哭泣無涕,中心不戚。"③親,親屬。《國語·周語》:"近臣盡規,親戚補察。"

【期】qī ①一定的時日,期限。《易經·繫辭》:"古之葬者,厚衣之以薪,葬之中野,不封不樹,喪期无數。"②預期的目的。《素問·至真要大論》:"謹察陰陽所在而調之,以平爲期。"③必定。《左傳·哀公十六年》:"期死,非勇也。"④預期,預料。《荀子·天論》:"所志於天者,已其見象之可以期者矣。"jī ⑤周年。《三國志·魏書·方技傳》:"此病後三期當發。"

【奇】qí ①奇異,不尋常。《禮記·祭義》:"合此五者,以治天下之禮也,雖有奇邪,而不治者則微矣。"②意外,使人不測。《老子·五十七章》:"以正治國,以奇用兵,以無事取天下。"③美好,美妙。《玉臺新詠·古詩〈爲焦仲卿妻作〉》:"今日違情義,恐此事非奇。"jī ④單數,與"偶"相對。《靈樞·根結》:"陰道偶,陽道奇。"⑤零數,餘數。《易經·繫辭》:"歸奇於扐以象閏。"

【齊】①整齊。《莊子·秋水》:"萬物一齊,孰短孰長?"②整飭,使整齊。《禮記·大學》:"欲治其國者,先齊其家。"③同時,一起。《素問·五常政大論》:"德流四政,五化齊修。"④相同,相等。《孟子·滕文公》:"夫物之不齊,物之情也。"⑤疾,敏捷。《荀子·修身》:"齊給便利,則節之以動止。"

【起】①起身。《三國志·魏書·方技傳》:"體中不快,起作一禽之戲。"②起始。《禮記·禮運》:"故謀用是作,而兵由此起。"③建立,確立。《荀子·性惡》:"是以爲之起禮義、制法度,以矯飾人之情性而正之,以擾化人之情性而導之也。"④病愈。《史記·扁鵲倉公列傳》:"越人能使之起耳。"⑤闡發。《漢書·藝文志》:"醫經者,原人血脈、經落、骨髓、陰陽、表裏,以起百病之本,死生之分。"

【切】qiē ①用刀切開。《禮記·少儀》:"牛與羊魚之腥,聶而切之爲膾。"②古代刻削加工珠玉骨器的工藝名稱。《詩經·衛風·淇奥》:"如切如磋,如琢如磨。"qiè ③切合,符合。《針灸甲乙經·序》:"雖不切於近事,不甚刪也。"④急迫,緊迫地。《素問·調經論》:"必切而出,大氣乃屈。"⑤譴責,批評。《後漢書·班超傳》:"帝知超忠,乃切責邑。"⑥中醫以手摸脈診斷病症曰切。《史記·扁鵲倉公列傳》：“不待切脈、望色、聽聲、寫形，言病之所在。”

【且】①將，將要。《三国志·魏書·方技傳》：“時人以爲年且百歲而貌有壯容。”②姑且，暫且。《禮記·檀弓》：“夫祖者，且也；且，胡爲其不可以反宿也？”③尚且。《孟子·梁惠王》：“庖有肥肉，廄有肥馬，民有飢色，野有餓莩，此率獸而食人也。獸相食，且人惡之。”④而且。《論語·泰伯》：“邦有道，貧且賤焉，恥也。邦無道，富且貴焉，恥也。”⑤還，仍然。杜甫《詠懷古跡》：“羯胡事主終無賴，詞客哀時且未還。”⑥句首語氣詞。《戰國策·趙策三》：“且微君之命命之也，臣固且有效於君。”

【竊】①偷盜。《淮南子·覽冥訓》：“羿請不死之藥於西王母，姮娥竊以奔月。”②盜賊。《禮記·禮運》：“是故謀閉而不興，盜竊亂賊而不作，故外戶而不閉，是謂大同。”③非法佔據。《莊子·胠篋》：“竊國者爲諸侯。”④偷偷地，暗中。《史記·孫子吳起列傳》：“齊使者如梁，孫臏以刑徒陰見，説齊使。齊使以爲奇，竊載與之齊。”⑤私下。用作謙詞。《史記·扁鵲倉公列傳》：“竊聞高義之日久矣。”

【親】①情意懇摯。《荀子·不苟》：“交親而不比，言辯而不辭。”②父母。《傷寒論·序》：“上以療君親之疾。”③親人。《國語·周語》：“近臣盡規，親戚補察。”④親近，結合。《嵇中散集·養生論》：“使形神相親，表裏俱濟也。”⑤親自，親身。《三国志·魏書·方技傳》：“後太祖親理，得病篤重。”

【禽】①鳥獸的總名。《易經·屯卦》：“即鹿無虞，以從禽也。”引申爲一般的鳥獸。《孟子·滕文公》：“終日而不獲一禽。”②鳥類。《素問·移精變氣論》：“往古人居禽獸之間，動作以避寒，陰居以避暑。”③同“擒”，捉，逮住。《戰國策·秦策》：“昔者神農伐補遂，黃帝伐涿鹿而禽蚩尤。”

【青】①綠色。李白《長干行》：“郎騎竹馬來，繞床弄青梅。”②黑色。《尚書·禹貢》：“厥土青黎。”③藍色。《莊子·逍遙遊》：“絕雲氣，負青天。”

【傾】①傾斜，不正。《老子·六章》：“高下相傾。”②傾倒，傾覆。范仲淹《岳陽樓記》：“牆傾楫摧。”③傾軋，排斥。《嵇中散集·養生論》：“心戰於內，物誘於外，交賒相傾，如此複敗者。”④傾向。杜甫《自京赴奉先縣詠懷五百字》：“葵藿傾太陽，物性固莫奪。”⑤盡，竭盡。杜甫《巴西聞收宮闕送班司馬入京》：“傾都看黃屋，正殿引朱衣。”⑥欽慕，敬佩。《史記·司馬相如列傳》：“相如不得已，彊往，一坐盡傾。”

【窮】①盡。《管子·四時》：“是以聖王治天下，窮則反，終則始。”②終極。杜甫《自京赴奉先縣詠懷五百字》：“窮年憂黎元，歎息腸內熱。”③窮究，徹底推求。《針灸甲乙經·序》：“窮神極變，而針道生焉。”④困厄。《戰國策·秦策》：“貧窮則父母不子，富貴則親戚畏懼。”⑤貧窮。《柳宗元集·宋清傳》：“天下之窮困廢辱得不死亡者眾矣。”

【秋】①穀物成熟。《禮記·月令》：“靡草死，麥秋至。”②收成。《尚書·盤庚》：“若農服田力穡，乃亦有秋”。③秋季。《後漢書·班超傳》：“六年秋，超遂發龜兹、鄯善等八國兵合七萬人，及吏士賈客千四百人討焉耆者。”④秋霜，形容白髮。李白《古詩五十九首》：“春容舍我去，秋髮已衰改。”⑤年。《史記·梁孝王世家》：“上與梁王燕飲，嘗從容言曰：‘千秋萬歲後傳於王。’”⑥時期，日子。《史記·魏公子列傳》：“今公子有急，此乃臣效命之秋也。”

【屈】qū　①彎曲。《素問·厥論》：“好臥屈膝。”②屈服。《孟子·滕文公》：“富貴不能淫，貧賤不能移，威武不能屈。”③委屈。《三國志·蜀書·諸葛亮傳》：“此人可就見，不可屈致也。”jué ④竭，盡。《漢書·食貨志》：“生之有時，而用之亡度，則物力必屈。”

【取】①捕取，捕獲。《周禮·大司馬》：“大獸公之，小禽私之，獲者取左耳。”②奪取，攻下。《孫子兵法·虛實》：“攻而必取者。”③求。《易經·繫辭》：“近取諸身，遠取諸物。”④通“聚”，聚集。《左傳·昭公二十年》：“鄭國多盜，取人於萑苻之澤。”

【卻（却）】①退。《素問·氣穴論》：“帝捧手逡巡而卻。”②推遲，延緩。《素問·上古天真論》：“夫道者，能卻老而全形，身年雖壽，能生子也。”③推辭不受。《史記·李斯列傳》：“向使四君卻客而不內，疏士而不用，是使國無富利之實，而秦無彊大之名也。”④除去。《抱樸子·內篇》：“卻惡衛身。”⑤反而。司空圖《漫書五首》：“逢人漸覺鄉音異，卻恨鶯聲似故山。”⑥推後，後。《三國志·魏志·武帝紀》：“公謂運者曰：‘卻十五日爲汝破紹，不復勞汝矣。’”xì ⑦通“隙”，嫌隙，隔閡。《史記·項羽本紀》：“夫將軍居外久，多內卻，有功亦誅，無功亦誅。”

【權】①秤，秤錘。《素問·脈要精微論》：“秋應中衡，冬應中權。”用如動詞，表示衡量。《孟子·梁惠王》：“權，然後知輕重。”②權力，權勢。賈誼《過秦論》：“比權量力。”③權變，變通。跟“經”相對。《公羊傳·桓公十一年》：“權者反於經。”④謀略，計謀。《左傳·宣公十二年》：“軍行，右轅，左追蓐，前茅慮無，中權，後勁。”⑤權柄，權力。《後漢書·班超傳》：“汝雖匈奴侍子，而今秉國之權。”

【勸】①鼓勵，獎勵。《莊子·胠篋》：“雖有軒冕之賞弗能勸。”②努力。《禮記·中庸》：“子庶民則百姓勸。”③勸導，勸說。《三國志·魏書·武帝紀》：“左右疑之，荀攸、賈詡勸公。”④助長，輔助。《尚書·盤庚》：“汝不謀長，以思乃災，汝誕勸憂。”⑤通“觀”。《管子·君臣》：“稱德度功，勸其所能。”

# 古代漢語通論三　語法

　　語法作爲語言的三大要素之一，是遣詞造句的規則。在說話的時候，人們根據它可以把話說“對”（符合語言規則），從而正確清晰地表達想要表達的意思，並在必要情況下作出“對”的科學解釋。在閱讀或者聽人說話的時候，人們根據它則可以正確明白地理解他人所表達的意思，或者分析他人的話“對”還是“不對”及其理由。所以，語法對於我們有着特別的作用與意義。

## 第一節　古今漢語語法比較與古代漢語特殊語法

　　語言學告訴我們，語言，尤其是語言的語法結構具有一定的穩固性。所以，將古代漢語與現代漢語的語法作一比較我們就會發現，總體來說，二者基本上是一致的。然而，語言又總是隨着社會歷史的發展變化而發展變化的，其中語法也不例外。幾千年來，古今漢語語法畢竟也有了不少的差異。古代漢語語法靈活性強，自由度大，不像現代漢語那樣相對更爲“嚴謹”

和“規範”。在遣詞造句方面，古代漢語不同於現代漢語的某些語法規律和方法，對於閱讀古書可能會造成不同程度的困難。所以，有必要熟悉和掌握古代漢語的語法，尤其是古代漢語不同於現代漢語的特殊語法。

在實詞方面，除了量詞以外，現代漢語中的名詞、動詞、形容詞及數詞，其詞性、用法和詞義一般都是較爲穩定的。其中的兼類並不是不穩定，祇是具有多個詞性、用法和詞義而已。古代漢語中，其詞性、用法和詞義雖然也較爲穩定，但靈活性很強，經常臨時改變詞性和用法，詞義也隨之而變。如名詞活用作動詞、名詞活用作狀語、形容詞活用作動詞，以及使動用法、意動用法、爲動用法等。顯然，這些都是特殊的用法。這類情況有一個統一的稱謂，叫做“詞類活用”。如果單就其中的實詞而言，則稱作“實詞活用”。

古今漢語虛詞的不同，除代詞和副詞外，主要表現在具體的用字和用法方面。具體的用字大多不同，用法則差異顯著，尤其是其中最常用的如“之”“其”“也”“所”等，用法極其靈活，具體意義完全需要根據上下文來確定。由此甚至可以認爲，古今漢語虛詞的不同，是整個體系或總體的不同。

古今漢語的詞組，從體現一種語言根本特色的結構角度來看，幾乎完全一致。由於它是從詞到句的過渡和組詞成句的中堅，所以在古今漢語語法中具有特殊重要的作用和意義。其一致性也詮釋了古今漢語語法何以歷經數千年而總體上基本穩定和變化不大這一重要的問題，也因此説詞組方面古今漢語很少不同，即古代漢語很少有特殊之處。

句子最能體現一種語言根本特色的也是結構。由於複句祇是增加了反映不同語句關係的關聯詞語，而其關係不難理清，所以最能體現句子根本結構特色的當然就是單句了。我們知道，無論是古代漢語還是現代漢語，除了獨立成分外，一個完整的單句，主要成分都是主語、謂語和賓語三者，非主要成分或者説附加成分則是定語、狀語和補語三者。一般情況下，三個主要成分的位置是主語在前，謂語居中，賓語在後；三個非主要成分的位置是定語在主語或賓語之前，狀語在謂語之前，補語在謂語之後。這裏需要注意，漢語語法規定，修飾謂語的成分，在謂語之前的爲狀語，在謂語之後的爲補語。這些關係用一個簡要格式表示，就是（定語）主語＋（狀語）謂語（補語）＋（定語）賓語。

這些規則在現代漢語中得到了充分的體現，在古代漢語中則不然。在古代漢語中，或由於早期語法本身的規則，或由於後世的模仿，或由於表達的習慣、愛好以及求新求異等原因，主語和謂語、謂語和賓語、定語和主語、定語和賓語的位置都常有變換。總結起來，分別稱之爲主謂倒裝、賓語前置、定語後置等。這與現代漢語相比，顯得很不相同。因爲都是語序的變化，所以也有一個統一的稱謂，叫作“特殊語序”。

古代漢語中還有一些句子，表達方法及格式也跟現代漢語很不相同。梳理起來，主要有判斷句、被動句、固定結構等。歸攏而言，就是一般所説的“特殊句式”。

通過對漢語語法框架中古今漢語語法的逐一比較，我們可以認識到，古代漢語的特殊語法，主要體現在詞類活用、文言虛詞、特殊語序及特殊句式這幾個方面，這樣研習和應用古代漢語語法的着力點就很清楚了。

NOTE

## 第二節　古代漢語詞類活用和特殊動賓關係的辨識

### 一、古代漢語詞類活用的辨識

在古代漢語中，某類詞有某種詞性以及它們在句中的作用和意義一般都是固定的，但在一定的語言環境條件下可以靈活運用，使某類詞臨時具有另一類詞的語法功能，其意義也相應有所變化，這就是所謂詞類活用。

如，《孟子·許行》："許子冠乎？"句中的"冠"字，原本是個名詞，並沒有動詞的詞性、用法和意義，但這裏却臨時用作動詞，起了謂語詞的作用，表達了原本沒有的"戴帽子"的意義。這就屬於詞類活用，爲"名詞活用作動詞"的現象。又如，《戰國策·齊策一》："吾妻之美我者，私我也。"句中的"私"，原本是個形容詞，句中却臨時用作動詞，表達了"偏愛"的意義。這也屬於詞類活用，爲"形容詞活用作動詞"的現象。再如，《老子》第八十章："甘其食，美其服，安其居，樂其俗。"句中的"甘""美""安""樂"四字，原本都是形容詞，句中却臨時用作動詞，分別表達了"以……爲甘美""以……爲華麗""以……爲安適""以……爲快樂"的意義。這仍然屬於詞類活用，不過是其中特殊的活用，爲意動用法。

詞類活用並不是祇有古代漢語中才有的現象，現代漢語中也有出現。如"宣傳群衆"中的"宣傳"，究其實質，也屬於詞類活用現象，意思是"向……宣傳"。但因爲是今人對古代漢語語法的習慣性沿用，加之今詞今義淺顯明瞭，數量又有限，所以一般並不作爲一種特殊語法現象對待，也基本不擴展其用法。

在研究詞類活用時，要注意它與詞的兼類是不同的語言現象。詞的兼類又稱一詞多類，是指一個詞原本就有多個詞性、用法和意義。當它在不同的地方表現出不同的詞性、用法和意義時，並不屬於詞類活用。例如"故"字，在"桓侯使人問其故"中是名詞，義爲"緣故"；在"發故粟以田數"中是形容詞，義爲"陳舊的"；在"繼故不言即位"中是動詞，義爲"弑"，殺的婉辭；在"宥過無大，刑故無小"中是副詞，義爲"故意"；在"燕人無惑，故浴狗矢"中則爲連詞，義爲"反而"。這裏列舉的"故"同時兼有五種詞性，是"故"本身所固有的，而不是臨時的偶然發生的現象，所以不是活用而是兼類。詞類活用則是臨時的偶然的用法，活用後的詞性不是該詞固有的語法屬性。活用的詞在離開特定的句子結構之後，仍舊屬於原來的詞類，而不是分屬於幾個詞類。

對詞類活用，還要特別注意它與動詞、形容詞的名物化不同。動詞、形容詞的名物化，是動詞和形容詞在上下文中臨時指稱某類或某種"名物"（事物）的現象，具有使語言非常簡潔生動的特點。如歐陽修《賣油翁》："吾射不亦精乎？"句中的"射"，指"射箭的技術"。又如《戰國策·楚策一》："吾被堅執銳，赴強敵而死。"句中的"堅""銳"，分別指"堅固的戰衣"即鎧甲、"銳利的武器"如刀劍長矛之類。這類現象在古文中數量較大，很像詞類活用的情況，但並不是詞類活用。主要原因，它是在上下文中臨時對某類或某種"名物"（事物）的指稱，字面上表達的是範圍化或者說種類化的東西，具體意義需結合上下文進行聯繫、聯想來確定，不像詞類活用那樣，意義從一開始就很具體。

詞類活用的現象，主要有名詞活用作動詞、名詞活用作狀語、形容詞活用作動詞、使動用法、意動用法、爲動用法等。

辨識詞類活用現象的根本辦法，是熟悉並掌握必要的詞彙量及其本來的詞性、用法和意義。祇有熟悉了詞彙本來的詞性、用法和意義，才能在閱讀中看出其使用的特殊之處。當然，熟悉並掌握前人總結出來的辨識規律，既是必要的，也是重要的。

### （一）名詞活用作動詞的辨識

名詞活用作動詞，是指一個名詞在上下文中臨時具有了動詞的詞性、用法和意義的現象。

要識別一個名詞是否活用作動詞，主要看它在句子中所處的地位，前後有哪些詞類的詞與它結合，構成什麼樣的句法關係，具備了哪些語法特點等。根據發生的原因和具備的條件，即可予以辨識和解釋。歸納起來，其發生的原因與條件主要有以下七種。

**1. 名詞前面有副詞修飾，活用作動詞**

①小信未孚，神弗福也。(《左傳·莊公十年》)

②又隆冬，貧者席地而臥，春氣動，鮮不疫矣。(方苞《獄中雜記》)

副詞不能修飾名詞。例①中的"福"前面有副詞"弗"修飾，例②中的"疫"前面有副詞"不"修飾，故活用作動詞，其義分別爲"賜福""患病"。

**2. 名詞前面有能願動詞修飾，活用作動詞**

①假舟楫者，非能水也，而絕江河。(《荀子·勸學》)

②左右欲刃相如，相如張目叱之，左右皆靡。(《史記·廉頗藺相如列傳》)

能願動詞不能修飾名詞。例①中的"水"前面有能願動詞"能"修飾，例②中的"刃"前面有能願動詞"欲"修飾，故活用作動詞，其義分別爲"游泳""殺"。

**3. 名詞的後面是代詞作賓語，活用作動詞**

①綦毋張喪車，從韓厥，曰："請寓乘。"從左右，皆肘之，使立於後。(《左傳·成公二年》)

②驢不勝怒，蹄之。(柳宗元《三戒》)

例①中的"肘"、例②中的"蹄"，後面都有代詞"之"作賓語，故均活用作動詞，分別義爲"用肘制止""用蹄子踢"。

**4. 名詞的前面或後面有介賓詞組修飾，活用作動詞**

①不以此形彼，亦不以一人例衆人。(沈括《良方》自序)

②后妃率九嬪蠶於郊，桑於公田。(《呂氏春秋·上農》)

介賓詞組是修飾或補充修飾動詞及動詞性詞組、形容詞及形容詞性詞組的。例①的"形"，前面有介賓詞組"以此"修飾，即用作動詞，義爲"對照"。例②中的"蠶""桑"，則是後面有介賓詞組"於郊""於公田"修飾，用作動詞，其義分別爲"養蠶""種桑"。由於古代漢語中介詞在不害意的情況下經常被省略，所以需要注意介詞省略現象。如，《史記·項羽本紀》："沛公軍霸上，未得與項羽相見。"句中"軍"和"霸上"之間省略了介詞"於"。

**5. 名詞的前面或後面有連詞"而""且"連接，活用作動詞**

①孟嘗君怪其疾也，衣冠而見之。(《戰國策·齊策四》)

②犁牛之子騂且角，雖欲勿用，山川其舍諸！（《論語·雍也》）

連詞 "而" "且" 一般是用來連接動詞及動詞性詞組、形容詞及形容詞性詞組的虛詞，不能用來連接名詞。例①中的 "衣冠" 和例②中的 "角"，前面分別有連詞 "而" 和 "且" 連接，所以都用作動詞，其義分別爲 "穿好衣服、戴好帽子" "角長得周正"。

**6. 非判斷句中名詞作謂語，可活用作動詞**

①大楚興，陳勝王。（《史記·陳涉世家》）

②沛公左司馬曹無傷使人言於項羽曰："沛公欲王關中。"（《史記·項羽本紀》）

兩個名詞連用，如果形成了主謂關係或述賓關係，則成爲謂語詞或述詞的詞，即處在謂語位置上並起了謂語作用的那個名詞，就可活用作動詞。例①中的名詞 "王" 與其前的 "陳勝" 形成了主謂關係，例②中的名詞 "王" 與其後的 "關中" 形成了述賓關係，故均活用作動詞，其義分別爲 "爲王" "做……王"。

**7. 名詞前面有特指代詞 "所"，活用作動詞**

①乃丹書帛曰 "陳勝王"，置人所罾魚腹中。（《史記·陳涉世家》）

②嘗得瓜果，輒進所後叔母任氏。（《晉書·皇甫謐傳》）

在所字結構中，特指代詞 "所" 字後面的詞，詞性都是動詞。如果不是動詞，則用作動詞，例①中的 "罾"、例②中的 "後"，前面都有特指代詞 "所"，故活用作動詞，其義爲 "用網捕" "過繼"。

### （二）名詞活用作狀語的辨識

從詞的語法功能來看，名詞在句中一般不能充當狀語，但是當名詞直接用在動詞謂語的前面，但與動詞又不是主謂關係，而是用來修飾或限制它後面的動詞謂語，說明動詞所表示的動作行爲的時間、處所、方位、憑據、工具、方式、狀態時，這種現象稱爲名詞活用作狀語。在現代漢語中，通常衹有時間名詞才能用作狀語，普通名詞用作狀語的很少見。古代漢語中不但時間名詞，而且普通名詞都可以活用作狀語。辨識分析的方法，簡而言之，就是名詞直接在動詞的前面，如果不是主語，就活用作狀語。名詞活用作狀語而發生修飾作用或表示修飾意義，主要有以下幾種情況。

**1. 表示動作進行的狀態**　這是以普通名詞所表示的人或事物的狀態特徵，去描繪動詞所表示的行爲動作，多帶有比喻的意義，可譯作 "像……一樣" 或 "跟……似的"。

①是以古之仙者爲導引之事，熊頸鴟顧，引輓腰體。（《三國志·華佗傳》）

②十四通五經大旨，百家之言，先儒未諭，一覽冰釋。（張說《故吏部侍郎元公碑銘》）

例①中的 "熊" 和 "鴟"、例②中的 "冰" 分別是對 "頸" 與 "顧" "釋" 的比喻，活用作狀語，義爲 "像熊一樣" "像鴟（鷂鷹）一樣" "像冰（消融）一樣"。

**2. 表示對動作行爲的態度**　這種用法是以對待作狀語的那個名詞所代表的人或事物的態度，來對待處置動詞後的賓語所代表的人或物，同樣含有比喻的意味。可譯作 "像對待……一樣" 等。

①沛公曰："君爲我呼入，吾得兄事之。"（《史記·項羽本紀》）

②令五人者保其首領，以老於户牖之下，則盡其天年，人皆得以隸使之。（張溥《五人墓碑記》）

例①中的"兄"、例②中的"隸",分別表示的是對"事""使"的態度,活用作狀語,義爲"像對待兄長一樣""像對待僕隸一樣"。

**3. 表示動作行爲的憑借或依據**　譯解時可在用作狀語的名詞前面加上介詞"憑""根據""按照"等。

①夫神仙雖不目見,然記籍所哉,前史所傳,較而論之,其有必矣。(嵇康《養生論》)

②予分當引決,然而隱忍以行。昔人云:"將以有爲也。"。(文天祥《指南錄後序》)

例①中的"目"、例②中的"分"與其後的動詞"見""引決"都不是主謂關係,而是分別表示這些動作行爲的憑據,都活用作狀語,義爲"憑着眼睛""按照本分"。

**4. 表示動作行爲的工具或方式**　譯解時可在用作狀語的名詞前面加上介詞"用""拿"等。

①乃遂收盛樊於期之首,函封之。(《戰國策·燕策三》)

②黔無驢,有好事者船載以入。(柳宗元《三戒》)

例①中的"函"、例②中的"船",分別表示的是"封""載"的工具或方式,活用作狀語,義爲"用匣子""用船"。

**5. 表示動作行爲的處所或方位**　譯解時可在用作狀語的名詞前面加上介詞"在""在……上""從"等。

①四方之士來者,必廟禮之。(《國語·越語上》)

②北飲大澤。未至,道渴而死。(《山海經·海外北經》)

③沛公已去,間至軍中。(《史記·項羽本紀》)

例①"廟",與其後的動詞"禮"不是主謂關係,表示的是"禮"的處所,活用作狀語,義爲"在廟堂上"。例②中的"道",與其後的動詞"渴"也不是主謂關係,表示的是"渴"的處所,活用作狀語,義爲"在道路上"。例③中的"間",表示的是"至"的方位,義爲"從小路"。

方位名詞在動詞之前用作狀語時,也可以表示動作行爲的趨向,譯解時可在前面加上介詞"向""往"等。

④過夏首而西浮兮,顧龍門而不見。(屈原《哀郢》)

⑤秦將王翦破趙……進兵北略地,至燕南界。(《戰國策·燕策三》)

例④中的"西"、例⑤中的"北",分別表示的是其後動詞"浮""略"的趨向,義爲"向西""向北"。方位名詞作狀語,表示動作行爲的趨向,在古代漢語裏頗爲多見。其用法雖然可以用介賓短語去譯解,但不能因此誤認爲作狀語的名詞前省略了介詞,因爲古人行文時本來就習慣於把普通名詞直接放在動詞前作狀語,而不必借助於介詞。

**6. 表示動作行爲的時間**　譯解時可在用作狀语的名词前面加上介詞"在"或"到"等。

①且君嘗爲晉君賜矣,許君焦、瑕,朝濟而夕設版焉。(《左傳·僖公三十年》)

②項伯乃夜馳之沛公軍,私見張良。(《史記·項羽本紀》)

例①中的"朝""夕"、例②中的"夜",與其後的動詞"濟""設""馳"都不是主謂關係,分別表示的是"濟""設""馳"的時間,故都活用作狀語,義爲"在早晨""在傍晚""到了夜晚"(或"在夜晚")。

**7. 時間名詞在句中作爲狀語以表示時間修飾**　這在古今漢語都有。但古代漢語裏"日""月""年"等在動詞之前用作狀語時，它們所表示的意義跟平時的意義有所不同。其一，它們用在具有行動性的動詞前表示動作行爲的經常性，分別義爲"每天（天天）""每月""每年"等。其二，其中"日"字用在具有變化性的動詞前，還常常表示情況的持續性，義爲"一天天地"。

①日削月割，以趨於亡。（賈誼《六國論》）

②宣德間，宮中尚促織之戲，歲征民間。（《聊齋志異·促織》）

③形之疾病，莫知其情，留淫日深，著於骨髓，心私慮之。（《素問·寶命全形論》）

例①中的"日""月"、例②中的"歲"，分別表示的是"消""割""征"這些動作行爲的經常性狀況。其中的"日"義爲"每天"，"月"義爲"每月"，"歲"義爲"每年"。例③中的"日"則表示"深"（加重）的持續性，義爲"一天天地"。

### （三）形容詞活用作動詞的辨識

形容詞活用作動詞，是指一個形容詞在上下文特定语境中臨時具有了動詞的詞性及其作用和意義的現象。

形容詞活用作動詞的原因和條件，主要是看形容詞的後面有沒有名詞、代詞或名詞性詞組受其支配，即充當它的賓語。因爲形容詞本來不能帶賓語，如果它具有表示動作行爲的意味而在句子中帶上賓語時，就活用爲動詞。如：

①故外户而不閉，是謂大同。（《禮記·禮運》）

②國之大臣，榮其寵禄，任其大節，有菑禍興，而無改焉，必受其咎。（《左傳·昭公元年》）

③令尹子蘭聞之，大怒，卒使上官大夫短屈原於頃襄王。（《史記·屈原賈生列傳》）

例①中的"外"、例②中的"榮"、例③中的"短"都帶了賓語，所以都活用作動詞，義爲"打開""榮受""詆毀"。

### （四）使動用法的辨識

使動用法及意動用法、爲動用法，不要説與現代漢語語法相比是特殊語法，在古代漢語中也是特殊語法，可以説是特殊中的特殊，所以應當用心揣摩，認真分析，方能較好地辨識。

在古代漢語語法中，句子的主語、謂語和賓語的通常關係與現代漢語一樣，即主語是謂語意義的發出者，謂語是陳述或説明主語的情況，賓語則是謂語涉及的對象。其語序形式都是主語在前，謂語居中，賓語在後。含有使動用法的句子，其語序形式並無變化，但三者的關係却發生了改變。動詞或活用作動詞的形容詞及名詞在充當謂語時，它們所表示的動作行爲，不是由主語所代表的人或事物發出的，而是在主語影響下使賓語所代表的人或事物發出的。因爲這是"使賓語動"，含有"致使"的性質，所以就叫使動用法。其中充當謂語的詞，無論是動詞還是活用作動詞的形容詞、名詞，都稱作使動詞。

使動用法中主語、謂語和賓語之間的關係，用一個立體的形式來表示，就是：

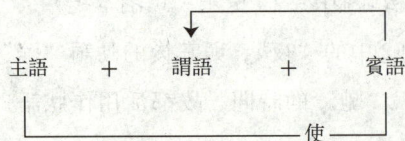

主語　＋　謂語　＋　賓語

使

把這一立體的形式拉成平面的綫條形式，也即理解和語譯時的形式，就是：

主語 +［使］賓語 + 謂語

對使動詞的解譯，都是“使（讓、令、叫）……使動詞”的格式。如：

①求也退，故進之；由也兼人，故退之。（《論語·先進》）

②諸侯恐懼，會盟而謀弱秦。（賈誼《過秦論》）

③故王不如東蘇子，秦必疑而不信蘇子矣。（《戰國策·燕策》）

例①中的謂語“進”義爲“進取”；“退之”的“退”義爲“謙退”。在句中，二詞的意義不是省略的主語“我”（孔子）發出的，而分別是賓語“之”（冉求、仲由）發出的，所以都是動詞的使動用法，依次解譯爲“使……進取”“使……謙退”。例②中的“弱”，其意義不是主語“諸侯”發出的，而是賓語“秦”發出的，所以是形容詞的使動用法，義爲“使……衰弱”。例③中的“東”，其意義也不是主語“王”發出的，而是賓語“蘇子”發出的，所以是名詞的使動用法，義爲“讓……向東去”。

使動用法在古代漢語裏很常見，其中尤以不及物動詞、形容詞用作使動爲多見。不及物動詞就是不能涉及事物，即不能帶賓語的動詞，所以當它帶了賓語，就是使動用法。例①中的“進”“退”就屬於這種情況。在使動用法中，充當謂語的名詞和形容詞也都先是用作了動詞，然後發生使動關係。例②的“弱”、例③的“東”都是如此。

還應注意的是，有一些動詞，原本就含有使動意義。像讀作去聲的“飲”，其意義原本就是“使……飲（喝、服用）”，所以不必強調使動用法。如，《左傳·襄公十七年》：“衛孫蒯田於曹隧，飲馬於重丘。”例中的“飲”，就是這種情況。

使動用法的作用主要是使語言的表達更加精練，使詞語更富於表現力。如蘇軾《前赤壁賦》“舞幽壑之潛蛟，泣孤舟之嫠婦”兩句中，“舞”和“泣”都是動詞活用作使動，表現了吹笛之聲所產生的巨大感染力。所以，使動用法這種語言格式爲古代學人所喜用，在古代醫籍中也時常可見，應予以重視。

### （五）意動用法的辨識

古代漢語中含有意動用法的句子，其主語、謂語和賓語的語序並没有改變，都是主語在前，謂語居中，賓語在後，但三者之間的關係却有了改變。这种改變與使動用法不同。使動用法是説明“主語使賓語怎麽樣”，而意動用法是指活用作動詞的形容詞或名詞在充當謂語時，它們所表示的意義不是實際發生的，而是主語所代表的人或事物主觀上的一種看法。簡而言之，就是“認爲賓語怎麽樣”或”把賓語當作什麽”。其中充當謂語的詞，無論是形容詞還是名詞，都稱作意動詞。與使動用法的道理一樣，充當謂語的形容詞或名詞也都是首先用作動詞，然後表達意動意義。

一般認爲，動詞不具備意動用法。据此，意動用法包括形容詞的意動用法和名詞的意動用法兩類。

**1. 形容詞的意動用法**　形容詞用作意動時，它不再是修飾後面的詞語，而是以後面的詞語作賓語，表示“主語認爲賓語具有謂語所表達的意義”或“主語以賓語爲謂語”這兩種情況。其主語、謂語和賓語之間的關係，用立體的形式來表示，就是：

用平面的綫條形式，也即理解和語譯時的形式來表示，就是：

NOTE

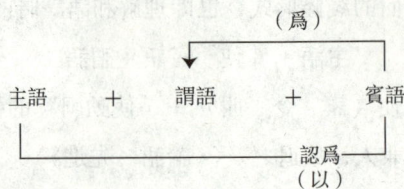

$$（爲）$$

主語　　＋　　謂語　　＋　　賓語

認爲
（以）

主語 + ［認爲］賓語 + 謂語

或是：

主語 + ［以］賓語 + ［爲］+ 謂語

對形容詞意動用法中意動詞的解譯，可以是"認爲……+意動詞"的格式，也可以是"以……爲+意動詞"的格式。如：

①孔子登東山而小魯，登泰山而小天下。（《孟子·盡心下》）

②輕身重財，二不治也。（《史記·扁鵲倉公列傳》）

例①中的謂語兩個"小"字，在句中不是分別說明主語"孔子"怎麼樣，而是分別說明認爲賓語"東山""天下"怎麼樣，即主語"孔子"認爲賓語"魯"和"天下""小"了。這是一種主觀意識的改變，所以是意動用法，解譯爲"認爲……小了"。例②中的"輕""重"則是主觀意識及態度的改變，可解譯爲"以……爲輕""以……爲重"。

**2. 名詞的意動用法**　名詞用作意動時，也是以後面的詞語爲賓語，表示"主語把賓語當作謂語所表達的意義"的情況。其主語、謂語和賓語之間的關係，立體的表示形式是：

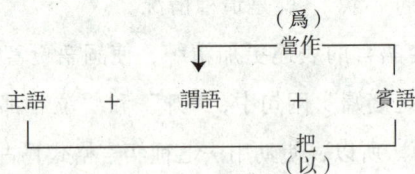

$$（爲）$$
當作
主語　　＋　　謂語　　＋　　賓語

把
（以）

其平面的綫條形式，也即理解和語譯時的形式，就是：

主語 + ［把］賓語 + ［當作］+ 謂語

或爲：

主語 + ［以］賓語 + ［爲］+ 謂語

對名詞意動用法中意動詞的解譯，可以是"把……當作+意動詞"的格式，也可以是"以……爲+意動詞"的格式。如：

①故人不獨親其親，不獨子其子。（《禮記·禮運》）

②況吾於子漁樵於江渚之上，侶魚蝦而友麋鹿。（蘇軾《前赤壁賦》）

例①中的謂語，前一個"親"和前一個"子"，在句中不是說明主語"人"怎麼樣，而是說明賓語後一個"親"和後一個"子"的情況，即主語"人"把賓語（後一個"親"和後一個"子"）當作"親"和"子"，所以是意動用法。顯然，這是一種主觀態度發生改變的表現，可分別解譯爲"把……當作親人""把……當作兒子"。例②中的"侶"和"友"，同理，分別解譯爲"把……當作伴侶""把……當作朋友"。

NOTE

### （六）爲動用法的辨識

爲動用法的 "爲"，讀去聲，介詞。它與使動用法、意動用法相比，可以說是頗具特點的一種特殊語法現象。在含有爲動用法的句子中，主語是 "爲" 賓語，或者 "因" 賓語而發出謂語所表達的意義的。句中的主語本身就是謂語意義的發出者，謂語本身也是陳述説明主語的情況，在形式上與通常的主謂關係一致。其不同之處，關鍵在於賓語。在含有爲動用法的句子中，賓語不是謂語涉及的對象，而是主語發出謂語之義的目的、對象或者原因。也正因爲這樣，才有了爲動用法這一名稱。

具有爲動用法功能的有動詞、名詞和形容詞三類，都稱作爲動詞。其中充當了謂語的名詞和形容詞，也都是首先用作動詞，然後表達爲動意義的。

**1. 動詞和名詞的爲動用法**　動詞和名詞的爲動用法是指 "主語爲賓語而發出謂語所表達的意義" 的特殊語法現象。簡言之，就是 "爲賓語怎麼樣"。其中介詞 "爲"，是解譯時加在賓語之前的，組成 "爲＋賓語" 的介賓結構來修飾謂語。"爲" 字主要包含兩種意思：一是當 "爲了" 講，表示目的；二是當 "給、替" 講，表示對象。二者的文言説法都是 "爲"。其主語、謂語和賓語之間的關係，用立體的形式表示，就是：

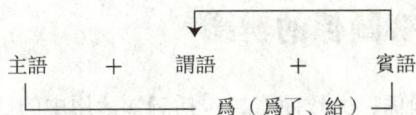

$$\text{主語} \quad + \quad \text{謂語} \quad + \quad \text{賓語}$$
$$\text{爲（爲了、給）}$$

用平面的綫條形式，也即理解和語譯時的形式來表示，就是：

主語＋［爲（爲了、給）］賓語＋謂語

對爲動用法中爲動詞的解譯，是 "爲（爲了、給）……爲動詞" 的格式。如：

①癸酉，師陳於鞌，邴夏御齊侯，逢丑父爲右。晉解張御郤克，鄭丘緩爲右。（《左傳·成公二年》）

②伯夷死名於首陽之下，盜跖死利於東陵之上。（《莊子·駢拇》）

③予嘉庭舉之用心，因序其本末如此。（文天祥《金匱歌·序》）

④父曰："履我！" 良業爲取履，因長跪履之。（《史記·留侯世家》）

例①中的兩個爲動詞 "御"，在句中分別是主語 "邴夏" 和 "解張" 爲（給、替）賓語 "齊侯" 和 "郤克" 發出的，解譯爲 "爲（給、替）……駕車"。例②中的兩個爲動詞 "死"，都解譯爲 "爲（爲了）……而死"。例③中的爲動詞 "序"，解譯爲 "爲（給）……作序"。例④中的兩個爲動詞 "履"，都解譯成 "爲（給）……穿上鞋"。

**2. 形容詞的爲動用法**　形容詞的爲動用法是 "主語爲（因爲）賓語而發出謂語所表達的意義" 的特殊語法現象。其主語、謂語和賓語之間的關係，立體表示形式是：

$$\text{（而）}$$
$$\text{主語} \quad + \quad \text{謂語} \quad + \quad \text{賓語}$$
$$\text{爲（因爲）}$$

用平面的綫條形式，也即理解和語譯時的形式來表示，就是：

NOTE

主語＋［爲（因爲）］賓語＋［而］＋謂語

對形容詞爲動用法中爲動詞的解譯，是“爲（因爲）……而＋爲動詞”的格式。如：

①哀州土之平樂兮，悲江介之遺風。（屈原《哀郢》）

②多情自古傷離別，更那堪冷落清秋節！（柳永《雨霖鈴》）

例①中的謂語“哀”和“悲”，在句中分別是省略的主語“我”（屈原）爲（因爲）賓語“州土之平樂”和“江介之遺風”而發出的，所以是爲動用法。又“哀”和“悲”屬互文的情況，意義相同，所以解譯爲“爲（因爲）……而悲哀”。例②中的“傷”，則解譯爲“爲（因爲）……而傷感”。

詞類活用除了以上六種情況，還有數詞活用作動詞的現象。如《周禮·天官·醫師》：“兩之以九竅之變，參之以九藏之動。”句中的數詞“兩”用作動詞，義爲“比較”。這是因爲數詞不能帶賓語，當數詞“兩”帶了賓語“之”，則活用作動詞。又如，孫思邈《備急千金要方·論風毒脚氣》》：“三方鼎峙，風教未一。”句中的數詞“一”用作動詞，義爲“統一”。這是因爲數詞不受副詞修飾，當數詞“一”受副詞“未”修飾時，則活用作“統一”。不過，數詞活用作動詞的情況非常少見。

## 二、古代漢語特殊動賓關係的辨識

古代漢語中特殊的動賓關係，大致而言，包括詞類活用中的使動用法、意動用法、爲動用法和特殊語序中的賓語前置等的動賓關係。使動用法、意動用法、爲動用法中的動賓關係，已見前述，這裏僅論賓語前置句式中的動賓關係。

所謂賓語前置，即賓語和謂語的語序發生顛倒的現象，是說原本應當在後的賓語却被置於謂語之前，而原本應當在前的謂語却被置於賓語之後。但古代漢語這種特有的語序並沒有影響充當謂語的動詞和賓語的語義關係，也就是説儘管賓語和謂語的語序發生了顛倒，但賓語仍然是謂語涉及的對象，祇是語氣和側重點有所變化而已。

賓語前置的發生，大多是有一定規則的，所以在古文中也就應當説是正常的現象。但由於即使在古文中也與多數表達狀況不同，與現代漢語相比就更不同了，所以現在把它歸於特殊語序。在一定規則下發生的賓語前置現象，有的沒有強調賓語之意，有的則是爲了強調賓語。而在非規則下發生的賓語前置現象，則多是爲了強調賓語。但究竟是爲了強調還是沒有強調賓語之意，需要根據具體情況來判斷。

歸納賓語前置中特殊的動賓關係，主要有以下四種。

**1. 疑问句中疑問代詞作賓語，賓語置於動詞謂語之前**

①皮之不存，毛將焉附！（《新序·雜事》）

②王曰：“縛者曷爲者也?”（《晏子春秋·内篇雜下》）

例①中的“焉附”、例②中的“曷爲”，分別是疑問代詞“焉”“曷”作了賓語，置於各自的動詞謂語“附”“爲”之前，調整爲現代漢語的語序，則分別爲“附焉”“爲曷”。

這類疑問句中的疑問代詞，常常還附帶一些詞語同作賓語。

③夫晉，何厭之有？（《左傳·僖公三十年》）

④不惜其命，若是輕生，彼何榮勢之云哉！（張仲景《傷寒論·序》）

例③中的疑問代詞"何"後帶"厭"，例④中的疑問代詞"何"後帶"榮勢"。兩例通常的動賓語序依次爲"有何厭""云何榮勢"。

疑問代詞賓語也偶爾有放在動詞後面的，如"子夏云何？"（《論語·子張》）但這種情況在先秦時極爲罕見。後世的文言作品，由於仿古，一般都沿用先秦時疑問代詞賓語前置的格式。到了現代，這種特殊動賓關係還形成了保留至今的一些書面詞彙，如"安在""何如"等。

**2. 否定句中代詞作賓語，賓語置於動詞謂語之前**

①孔子對曰："軍旅之事，未之學也。"（《論語·衛靈公》）

②不吾知其亦已兮，苟余情其信芳。（屈原《離騷》）

以上兩例都有否定詞"未"或"不"，所以都是否定句。作賓語的則都是代詞：例①爲"之"，例②爲"吾"，分別置於動詞謂語"學""知"之前。

在上述"否定詞＋代詞賓語＋動詞"的格式中間，有時又插入其他成分。可分兩種情況：一種是"否定詞＋代詞賓語＋插入成分＋動詞"，另一種則是"否定詞＋插入成分＋代詞賓語＋動詞"。如：

③保民而王，莫之能禦也。（《孟子·梁惠王上》）

④旁無介紹，惴惴然疑先生未必我見也。（袁枚《小倉山房詩文集·徐靈胎先生傳》）

上述例③插入成分爲能願動詞"能"，例④插入成分爲副詞"必"。

值得一提的是，古代漢語中否定句代詞賓語前置不像疑問代詞賓語前置那樣嚴格。在先秦古籍中，這種賓語已經有一些不前置了。如：

⑤祭肉不出三日，出三日，不食之矣。（《論語·鄉黨》）

⑥自古及今，未嘗有之矣。（《荀子·解蔽》）

以上兩例說明在先秦時期否定句代詞賓語前置與後置兩種格式是並存的。當然，大致說來，前置的情況要多得多。後世的文言作品中兩種格式並用，則往往是仿古的緣故。

**3. 在"唯（惟、維）……是（之）""是（之）"作格式或標誌的條件下，賓語前置於動詞謂語**

①皇天無親，惟德是輔；民心無常，惟惠之懷。（《尚書·蔡仲之命》）

②而世人不察，惟五穀是見，聲色是耽。（嵇康《養生論》）

③《詩》曰："如臨深淵，如履薄冰。"小之謂也。（《新唐書·孫思邈傳》）

④取其色之美，而不必唯土之信，以求其至精，凡爲此也。（柳宗元《與崔連州論石鐘乳書》）

例①用"惟……是"和"惟……之"的格式，分別把賓語"德""惠"置於動詞謂語"輔""懷"之前。例②用"惟……是"的格式和以"是"爲標誌，分別把賓語"五穀""聲色"置於動詞謂語"見""耽"之前。例③用"之"作爲標誌，把賓語"小"置於動詞謂語"謂"之前。例④則用"唯……之"的格式，把賓語"土"置於動詞謂語"信"之前。

在這些賓語前置的格式或標誌中，真正起作用的是"是（之）"。"是（之）"既與"唯（惟、維）"合用或單獨使用，來作賓語前置的格式或標誌，又用以複指並強調前置的賓語，但其本身卻沒有實義。至於"唯（惟、維）"，則可能是有實義的詞，義爲"祇""祇是"。它在實質上原本應與賓語前置無關，但一則它的意義爲"祇""祇是"，有強調的作用，即強調動作的單一性和排他性；二則正因於此，它與"是（之）"合用時能起到更好的強調作用，於是經常合用。合用日久，就形成了特定的格式。所以，它與賓語前置又有密切的關係，所起的作用主要就在於與"是（之）"合用，來強調前置的賓語。

"唯（惟、維）……是（之）"格式的賓語前置現象，在現代漢語中仍有保留，不過祇存有使用"唯""是"二字構成的"唯……是"格式，如"唯利是圖""唯你是問""唯命是從""唯馬首是瞻"等。

**4. 其他**　除了上述情況以外，動賓關係中還有個別既沒有規則也沒有格式或標誌的賓語前置現象，一般都是爲了強調賓語。

①素位而行學，孰大於是？而何必舍之以他求！（袁枚《小倉山房文集·與薛壽魚書》）

②時方盛行陳師文、裴宗元所定大觀二百九十七方，翁窮晝夜是習。（戴良《九靈山房集·丹溪翁傳》）

例①中的"他"、例②中的"是"，分別置於動詞謂語"求""習"之前，都是爲了強調前置的賓語。

## 第三節　理解古代漢語虛詞的要素

虛詞在古代漢語語法的研究中佔有特別重要的地位，跟實詞相比，虛詞的數量雖然少得多，但使用的頻率却高得多，並且用法靈活多樣。可以説，不掌握文言虛詞，就讀不懂文言作品。就虛詞本身而言，虛詞是沒有完整意義，但有語法意義或功能意義的詞。也就是説，虛詞是沒有完整意義、不能獨立使用、祇有在句子中才能體現出應有的詞性、用法（作用）和意義的詞。因此，要準確理解虛詞，上下文及詞性、用法和意義就成爲不可或缺的幾個要素。

### 一、從上下文中把握虛詞

上下文是理解虛詞的首個要素。之所以這樣説，主要原因在於它是一個決定性的背景——決定虛詞在句中的具體詞性、用法（作用）和意義的語法背景。就此並結合概念進行考察，虛詞自然具有不能離開句子進行理解的特點，而這又反過來強化了上下文對理解虛詞的要素意義。

上下文對理解虛詞的具體作用，主要在於把虛詞放到語法關係中來考察並確定其在句中的詞性、用法（作用）和詞義。一個包含虛詞的完整句子，能夠充當句子成分的實詞是它的主幹部分。除了代詞以外，不能充當句子成分的其他虛詞則是作爲這些實詞的修飾成分來進行細化的部分。如此，所謂虛詞不能離開句子，實質是指虛詞不能離開充當了不同句子成分的實詞，並看它們細化的語法意義或功能意義是些什麽從而進行理解。

這裏以典型的虛詞"其"爲例來予以説明。

①誣善之人其辭遊。（《周易·繫辭》）

②王送知罃曰："子其怨我乎？"（《左傳·成公三年》）

③今夫韓、魏，中國之處而天下之樞也。王其欲霸，必親中國以爲天下樞，以威楚、趙。

（《史記·范雎蔡澤列傳》）

　　④路曼曼其脩遠兮，吾將上下而求索。（屈原《離騷》）

　　⑤彼人是哉，子曰何其？（《詩經·魏風·園有桃》）

　　例①的"其"，考察它與前後詞語的語法關係，在句中既用來稱代它前面的"譖善之人"，又用來限定它後面的"辭"的範圍，所以詞性是代詞，表示第三人稱和領屬，用法是作定語，義爲"他們的"。例②的"其"，是對它後面的"怨我"的揣度，爲副詞，義爲"大概""也許"。王引之《經傳釋詞》："其，猶殆也。"例③的"其"，是對"欲霸"的假設，爲連詞，義爲"如果"。《戰國策·秦策三》作"王若欲霸"。例④的"其"，是爲了加強"脩遠"的語氣，爲助詞，無實義。例⑤的"其"，表示疑問，助詞，義爲"呢"。《毛傳》："夫人謂我欲何爲乎？"王引之《經傳釋詞》："其，問辭之助也。"

　　這還是關於虛詞"其"大致的介紹，如果進一步考察，就更能體會"其"在古文中的運用情況了。茲再舉"其"作爲副詞的幾個義項爲例。

　　⑥吾子其無廢先君之功！（《左傳·隱公三年》）

　　⑦晉不可啟，寇不可翫。一之謂甚，其可再乎？（《左傳·隱公元年》）

　　⑧教訓不善，政事其不治。（《管子·小匡》）

　　例⑥的"其"，表示祈使，義爲"不要"。例⑦的"其"，表示反詰，義爲"豈、難道"。例⑧的"其"，表示時間，義爲"將、將要"。郭沫若《管子集校》："謂'政事將不治'也。"

　　虛詞"其"在《漢語大詞典》中列舉了20多個義項，在《故訓匯纂》中有119條書證材料。要辨識這麼繁複多變的"其"，緊扣上下文，仔細、準確揣摩文意是第一要素。

## 二、從詞性、用法、詞義三個方面綜合考察虛詞

　　虛詞的詞性、用法和詞義，既是虛詞自身的三大問題，也因而成爲理解虛詞時除上下文以外的三大要素。

　　對於虛詞的這三大要素，一般來説，人們首先和主要重視的是其中的詞義，有了進一步理性需求時才重視用法，至於詞性則大多並不重視，甚至很不重視。虛詞的詞義固然最爲重要，但要全面、理性和深入地理解虛詞，換言之，要想知其然並且知其所以然，用法和詞性無疑是不可輕視的。打個比方，詞性就像花木的根，由此可以知其屬性；用法就像花木的枝幹，由此可以知其門道；詞義則如花木的花葉果實，由此可以知其爲何物。祇知其爲何物，却不知其門道和屬性，是不能説已然理解的。

　　理解虛詞的詞性、用法和詞義的原則與方法，首先是要將虛詞放在上下文的語法背景和關係中進行考察，然後根據其語法意義或功能意義，或者説在語法關係中所起的作用，依次來確定具體的詞性、用法和詞義。比如，在詞語之間起連接作用並表示某種邏輯關係的，就是連詞；對不同關係的連接方式與方法，就是用法；連接時對應於現代漢語的意義，就是詞義了。又比如，用來修飾、限制動詞或形容詞，表示時間、地點、範圍、程度、肯定、否定、情態、語氣等等的，就是副詞。其用法、詞義的探究，則可比照跟連詞一樣的道理予以確定。一般來説，虛詞祇要弄清了詞性和用法，詞義基本上都不言而喻了。

　　這裏以最典型的虛詞"之"爲例來進行説明。

NOTE

①窈窕淑女，寤寐求之。(《詩經·周南·關雎》)

②知以之言也問乎狂屈。(《莊子·知北遊》)

③東方物所始生，西方物之成孰。(《史記·六國年表》)

以上三例中的"之"，起的都是稱代或指代作用，所以都是代詞，但用法和意義不同。例①的"之"，指代的是人，即上句的"淑女"，故義爲"她"。例②的"之"，近指其後的"言"，義爲"這"。陸德明《經典釋文》引司馬彪注："之，是也。"例③的"之"，特指其後動詞"成孰(熟)"的範圍，又與上文"所"互文對舉，所以等於"所"，義爲"……的地方"。

④丹朱之不肖，舜之子亦不肖。(《孟子·萬章上》)

⑤故民無常處，見利之聚，無之去。(《吕氏春秋·功名》)

例④中"丹朱之不肖"的"之"，用以表達已然之意，所以是副詞，義爲"已經"。例⑤中的兩個"之"，前者接"見利"，后者接"無(利)"，下接分別爲动词"聚""去"，兩兩对照，其意自明，也是副詞，相當於"則"，義爲"就"。

⑥皇父之二子死焉。(《左傳·文公十一年》)

⑦我之大賢與，與人何所不容？我之不賢與，人將拒我，如之何其拒人也？(《論語·子張》)

⑧側弁之俄，屢舞傞傞。(《詩經·小雅·賓之初筵》)

⑨今夫易牙，子之不能愛，將安能愛君？君必去之。(《管子·戒》)

以上四例中除"如之何""君必去之"的"之"以外的五個"之"，都是起連接的作用，所以都爲連詞，但用法和意義不同。例⑥的"之"，連接的"皇父""二子"是並列關係的詞語，所以義爲"和""與""及"之類。王引之《經傳釋詞》卷九："之，與也。"俞樾《古書疑義釋例·古書連及之詞例》："'之'字，古人亦或用爲連及之詞。"例⑦中"我之大賢與"和"我之不賢與"的"之"，則起的是假設作用，義爲"如果"。例⑧的"之"，連接的是動詞"側"及其狀態"俄"，相當於"而"。例⑨中"子之不能愛"的"之"，表遞進關係，義爲"尚且"。

⑩目好之五色，耳好之五聲，口好之五味，心利之有天下。(《荀子·勸學》)

⑪衣之龙服，遠其躬也；佩以金玦，棄其衷也。(《左傳·閔公二年》)

例⑩中的四個"之"，在於分別引出其前面的動詞"好"的對象"五色""五聲""五味"和"利"的目標"有天下"，故爲介詞，相當於"於"。俞樾《諸子平議》："此文四之字，並猶於也。"例⑪的"之"，引出的是"衣"的内容"龙服"，也是介詞，又與"佩以金玦"的"以"互文對舉，義爲"用"。

⑫虎兕出於柙，龜玉毁於櫝中，是誰之過與？(《論語·季氏》)

⑬師道之不傳也久矣，欲人之無惑也難矣！(《師説》)

⑭武帝下車泣曰："嘻！大姊，何藏之深也！"(《史記·外戚世家》)

⑮如子之言，我且賢之用，能之使，勞之論，我何以報子？(《韓非子·外儲説左下》)

⑯銜枚無言藿嘩，唯令之從。(曹操《兵書要略》)

⑰之屏之翰，百辟爲憲。(《詩經·小雅·桑扈》)

⑱天油然作雲，沛然下雨，則苗浡然興之矣。(《孟子·梁惠王上》)

⑲楚越之間，有寢之邱者。此其地不利，而名甚惡。(《呂氏春秋·異寶》)

以上八例中的"之"都是助詞，但用法和意義差異明顯。例⑫的"之"，是定語和中心詞的標誌詞或曰結構助詞，義爲"的"。例⑬的"之"，用於主謂結構"師道不傳"之間，作用是取消句子的獨立性，並使之成爲整句的主語部分，無實義。例⑭的"之"，是補語的標誌詞，義同"得"。例⑮中"如子之言"的"之"，是結構助詞，義爲"的"。"賢之用，能之使，勞之論"的"之"，則起的是賓語前置的標誌詞並強調賓語的作用，無實義。例⑯的"之"，與"唯"構成賓語前置的格式，但它本身還是作賓語前置的標誌詞並強調賓語，無實義。例⑰、⑱的"之"，用以協調音節，無實義，祇是位置不同而已。例⑲中"楚越之間"的"之"，結構助詞，義爲"的"。"有寢之邱者"的"之"，比較特殊，是夾在本即固定的詞彙中，起語助或協調音節的作用，無實義。畢沅注："《列子·説過符篇》《淮南·人間訓》，皆作'寢邱'。"

⑳淵深而魚生之，山深而獸往之，人富而仁義附焉。(《史記·貨殖列傳序》)

㉑昭王之出不復，君其問之水濱。(《史記·齊太公世家》)

這兩個例子也較爲特殊，除"昭王之出不復"句中的"之"外，其他三個"之"都是一身二任，兼有兩個虛詞的詞性和詞義，故爲兼詞。例⑳的兩個"之"，與下文的兼詞"焉"互文對舉，兼"於""之"二詞。"於"義爲"在"，"之"義爲"那裏"。例㉑中"君其問之水濱"的"之"，則兼"之""於"二詞。"之"指"昭王之出不復"之事，"於"義爲"向"。

# 知識點鏈接　古代漢語修辭舉隅

"修辭"是一個古來的詞語。早在《周易·乾》曾有"脩辭立其誠，所以居業也"的説法。陳望道先生在《文法簡論》中則這樣説道："文法（語法）貴乎受經，修辭則側重權宜。"語法和修辭可以説是學習研究古代漢語的兩個門徑。修辭學作爲語言學的一個學科，研究如何運用各種語文材料及表現方式，使語言表達得準確、鮮明而生動有力。古人説話作文，非常重視修飾美化詞句，以增強語言的表達效果。隨着漢語的發展，修辭方法也在不斷地推陳出新。古書中運用廣泛的一些修辭方法有的已不常見，甚至某些較爲特殊的修辭現象幾乎銷聲匿跡，這給我們閱讀領會古書造成了相當的困難。這裏着重介紹八個古代漢語修辭方法的基本特點，以期增強文言閱讀能力。

## 一、引用

爲了求得含蓄、典雅而又深化文章含意的表達效果，古人常常使用"引用"的修辭方法。"引用"就是援引前人的言論或事蹟來證實自己的觀點。劉勰《文心雕龍·事類》："事類者，蓋文章之外，據事以類義，援古以證今者也。"文中所謂"據事""援古"就是引用古書，援用古事。

引用一般有兩種分類方法。其一，從所引用的内容來説：援引前人言論的，稱作引經，又

NOTE

叫引文；援引前人事蹟的，稱作用典，又叫稽古。其二，從所引用的材料有無出處來説：凡説明出處或雖不加説明而讓人看得出是引用的，叫做明引；凡不説明出處，而祇是將前人的言論或事蹟組織在文章中的，叫作暗用。這裏主要從"引經""用典"兩個方面來舉例分析。

**1. 引經**　引經一般引用的都是古書的正面言論，先秦著作以援引《詩經》《尚書》《周易》爲多，如《荀子》引用《詩經》竟達七十次之多。到了戰國時代，引經已經成爲風氣。到了漢代，引經範圍又一步擴大了。如：

①老吾老，以及人之老；幼吾幼，以及人之幼：天下可運於掌。《詩》云："刑於寡妻，至於兄弟，以御於家邦。"言舉斯心加諸彼而已。（《孟子·梁惠王上》）

②故《周書》曰："皇天無親，惟德是輔。"（《左傳·僖公五年》）

③仁之與義，敬之與和，相反而相成也。《易》曰："天下同歸而殊塗，一致而百慮。"（《漢書·藝文志》）

**2. 用典**　用典是援引前人的事蹟來證實自己的觀點，這在古代作品裏頗爲常見。

①蓋鍾子期死，伯牙終身不復鼓琴，何則？士爲知己者用，女爲悦己者容。（司馬遷《報任安書》）

②金屋妝成嬌侍夜，玉樓宴罷醉和春。（白居易《長恨歌》）

③懷舊空吟《聞笛賦》，到鄉翻似爛柯人。（《劉禹錫《酬樂天揚州初逢席上見贈》》）

④我欲乘風歸去，又恐瓊樓玉宇，高處不勝寒。（蘇軾《水調歌頭》）

用典有明有暗。例①、例②是明引，句中出現歷史人名或事名，熟悉古書的人一見就大致瞭解歷史故事的出處。例①事見《列子·湯問》《呂氏春秋·本味》。例②"金屋"出自魏晉志怪小説《漢武故事》"金屋藏嬌"的故事。例③、例④是暗引，這就不易瞭解其出處，導致難解文意。例③"懷舊"事見《晉書·向秀傳》，以"聞笛"爲悼念故人之詞。"到鄉"事見南朝梁任昉《述異記》卷上，"爛柯人"指久離家而剛回故鄉的人，亦指飽經世事變幻的人。例④暗用《列子·黃帝》的典故。列子説他向老商氏學道，達到了物我兩忘的境界，"意不知風乘我邪？我乘風乎？"蘇軾用此典表達自己曠達的心境。

## 二、委婉

古人行文，或出於謙恭，或有所顧忌，或由於禮儀和外交的需要，或追求典雅端莊，因而不忍或不便直言其事，而採用含蓄曲折的言詞來加以表達，這一修辭方法叫作委婉，也叫婉辭、婉曲、婉轉。

委婉手法在古書中使用得相當普遍，最有特色的是用於避忌。避忌主要是避兇險、避粗俗。

**1. 避兇險**　對人來説，兇險不吉之事，莫過於死亡和生病。爲了滿足説者和聽者感情上、心理上的需要，人們常常自覺或不自覺地回避"死"或"病"字，因而有關委婉語便使用得極爲廣泛。在古代，身份不同，使用的委婉語也有區別。爲帝王、王后專用的關於"死"的委婉語有宮車駕崩、山陵崩、崩殂、千秋之後、升遐等；屬於一般人的則有填溝壑、捐館、大歸、長逝等。生病的委婉説法則有負薪之憂、違和、有所隙等。如：

①生孩六月，慈父見背。（李密《陳情表》）

②又有一士大夫不快，佗曰："君病深，當破腹取。"（《三國志·魏志·方技傳》）

例①"見背"意爲"抛棄我"，謂父母或長輩去世。例②"不快"指身體不適，生病了。

**2. 避粗俗**　對於涉及人的私密部位以及性生活之類，古人總感到太粗俗，登不上大雅之堂，既羞於啟齒，又恥於落筆，因而常採用一些相對模糊的詞語加以暗示。如：

①荒侯市人病，不能爲人。（《史記·樊酈滕灌列傳》）

②即陽爲病狂，臥便利。（《漢書·玄成傳》）

例①"爲人"指發生兩性關係。例②"便利"指大小便。

## 三、割裂

截取古書中現成語句的一部分以表達本意，這種修辭方法叫作割裂。割裂可以看作一種特殊形式的代稱。運用得當，可以使語句簡練、形象，引人思索聯想，增強表達效果。不過，如果把意義完整的詞句任意分割開來，或者把意義無關的詞語隨便組合，就可能產生畸形詞語，影響語言的完整性。

根據被截取的詞語所表示的意義，割裂可分爲兩類。

**1. 表示被截取成語中的另一部分詞語的意義**

①陛下降於友于。（《後漢書·史弼傳》）

②行行向不惑，淹留遂無成。（陶淵明《飲酒》）

例①"友于"出自《尚書·君陳》"惟孝友于兄弟"。這是割取詞語的前一半來表示後一半的意思，叫"歇後"。例②"不惑"出自《論語·爲政》"四十而不惑"。這是割取詞語的後一半來表示前一半的意思，叫"藏頭"。

**2. 表示被截取成語的全部意義**

①君匪從流，臣進逆耳。（蕭統《文選序》）

②豈不旦夕念，爲爾惜居諸。（韓愈《符讀書城南》）

例①"從流"出自《左傳·成公六年》"從善如流，宜哉"。例②"居諸"出自《詩經·邶風·柏舟》"日居月諸，胡迭而微"。句中"日月"指"時光"，"居""諸"都是語助詞，無實義。這兩例都是任意割取語句中的兩個字，組合起來表示整個語句原來的意思。

## 四、代稱

事物本來都有自己的名稱，但有時出於修辭的需要，就借助兩個不相類似的事物間的聯繫，用一事物的稱謂來代稱另一事物，這種修辭方法叫作代稱，又叫借代。

代稱不同於比喻。比喻是說"甲像乙"，衹是用類似點來比擬，實際上甲不是乙。代稱則是因爲甲乙兩種事物性質雖不同但仍有某種關係，就直接以另一名稱來代替事物本來的名稱。

代稱的類型很多，在古書中常見的有下列十六種。

**1. 以特徵代事物**

黃髮垂髫，並怡然自樂。（陶淵明《桃花源記》）

例中"黃髮"，舊說是長壽的特徵，文中代稱老人。"垂髫"指小孩子束髮時垂下的短髮，用以代稱小孩。

**NOTE**

**2. 以性狀代事物**

知否知否，應是綠肥紅瘦。（李清照《如夢令》）

例中"綠肥紅瘦"的"綠"代稱海棠葉，"紅"代稱海棠花。

**3. 以標記代事物**

先君子以縫掖稱作者，託於醫以隱。（江應宿《名醫類案》跋）

例中"縫掖"亦作"縫腋"。大袖單衣，古儒者所服，因用以代稱儒者。

**4. 以功能代事物**

鬲肓之上，中有父母。（《素問·刺禁論》）

例中"父母"代稱心肺。按中醫理論，心爲陽，主血，肺爲陰，主氣，而血氣共營衛於全身，如同父母具有養育護衛的功能，故稱。

**5. 以所屬代事物**

鄭、衛、桑間，《韶虞》《武象》者，異國之樂也。（李斯《諫逐客書》）

例中"鄭、衛、桑間"代稱鄭、衛兩國和桑間這一地方的音樂。這是以事物的所屬代稱事物。

**6. 以所在代事物**

猥以微賤，當侍東宮。（李密《陳情表》）

例中的"東宮"代稱太子，因東宮是太子所居之處。

**7. 以工具代事物**

干戈未靖，鄉村尚淹。（吳尚先《理瀹駢文》）

例中的"干戈"指盾牌和戈戟，是古代常用武器，故用作兵器的通稱。後常以"干戈"代稱以干戈爲工具的戰爭。

**8. 以原料代事物**

時窮節乃見，一一垂丹青。（文天祥《正氣歌》）

例中"丹"和"青"即丹砂和青腰，兩種可做顏料的礦石。古代丹冊紀勳，青史紀事，故以"丹青"代稱史冊。

**9. 以專名代通名**

春草碧色，春水淥波，送君南浦，傷如之何？（江淹《別賦》）

例中的"南浦"事見《楚辭·九歌·河伯》："子交手兮東行，送美人兮南浦。"王逸注："願河伯送己南至江之涯。"本指南面的水邊，後常用以代稱送別之地。

**10. 以人名代事物**

何以解憂？惟有杜康。（曹操《短歌行》）

例中的"杜康"傳說爲最早造酒的人，詩中則以"杜康"代稱酒。

**11. 以地名代人物**

紹昌黎之道脈，豈興八代之衰！（陳汝元《金蓮記·構釁》）

例中"昌黎"本爲地名，即今河北省昌黎縣。唐韓愈世居潁川，常據先世郡望自稱昌黎人；宋熙寧七年詔封昌黎伯，後世因尊稱他爲昌黎先生。故古文中常以"昌黎"代稱韓愈。

**12. 以官名代人物**

以三閭橘頌，情采芬芳。（劉勰《文心雕龍·頌贊》）

例中"三閭"即三閭大夫，屈原曾任此官職，這裏以"三閭"代稱屈原。

**13. 以具體代抽象**

藺相如徒以口舌爲勞，而位居我上。（《史記·廉頗藺相如列傳》）

例中"口舌"本指口和舌，是説話的器官。文中則以"口舌"代稱外交辭令。

**14. 以抽象代具體**

與人忠，葬枯粟乏。（袁枚《小倉山房文集·徐靈胎先生傳》）

例中的"枯"和"乏"都是形容詞，意義抽象，句中則分別代稱意義具體的"尸骨""貧乏窮苦之人"。

**15. 以部分代全體**

遠棄風雅，近師辭賦。（劉勰《文心雕龍·情采》）

例中"風雅"本指《國風》和《小雅》《大雅》，是《詩經》的主要部分，這裏用以代稱《詩經》。

**16. 以全體代部分**

伯有被甲，彭生豕見，《墳》《素》著其事。（范縝《神滅論》）

例中"墳"謂三墳，"素"（一説本作"索"，是）謂八索，皆泛指古籍，是爲全體。"伯有被甲""彭生豕見"事出於《左傳·昭公七年》和《左傳·莊公八年》。《左傳》祇是古籍的一部分，因此文中説法是以全體代部分。

## 五、倒置

在辭賦、駢文或散文中，由於對仗、平仄和押韻的需要，或者爲了營造一種特殊的意境，寫作者往往着意造了一些詞序顛倒的句子。這種故意不規則的修辭方法叫作倒置，也叫錯綜。

①使人意奪神駭，心折骨驚。（江淹《別賦》）

②竹喧歸浣女，蓮動下漁舟。（王維《山居秋暝》）

③與猿吟兮，秋鶴與飛。（韓愈《柳州羅池廟碑》）

例①"心折骨驚"應理解爲"心驚骨折"。之所以倒置，一是出於對仗和平仄的要求，即"心"對"意"是平對仄，"骨"對"神"是仄對平；二是出於押韻的要求，即"驚"與上文的"名""盈"及下文的"精""英""聲""情"等字押韻。例②還原後的正常語序是"竹喧浣女歸，蓮動漁舟下"。之所以倒置，首先是由於押韻的需要，"舟"與上文"後""秋""流"及下文"留"押韻；其次通過交錯語序，在吟讀時造成一種聲韻美的節奏感。例③"秋鶴與飛"即"秋與鶴飛"。之所以倒置，是要與上文"春與猿吟"形成參差不一的語勢，營造一種特別的意境。

## 六、對文

對文是指錯綜使用同義詞以避免字面重複的一種修辭手法，也叫避複。由於相對的兩個詞爲同義詞，可以互相訓釋，所以又叫作同義互訓。這種修辭手法可以在同一語言環境中避免用

NOTE

詞雷同，使文章、詩句增強文采，加重語氣或感情，顯得活潑而富有生氣。

**1. 單句内使用對文**

①屈平正道直行，竭忠盡智以事其君。（《史記·屈原列傳》）

②明言章理，兵甲愈起。（《戰國策·蘇秦連橫約從》）

例①"正道直行"的"正""直"都是公正、正直的意思，"竭忠盡智"的"竭""盡"都是全部用出的意思。例②"明言章理"的"明""章"都是明著、彰顯的意思，而且都是使動用法。如果這句話説成"明言明理"或"章言章理"，那就顯得泥滯呆板。

**2. 對偶句或排比句内對文**

①殫其地之出，竭其廬之人。（柳宗元《捕蛇者説》）

②奉之彌繁，侵之愈急。（蘇洵《六國論》）

③上稱帝嚳，下道齊桓，中述湯武。（史記·屈原列傳》）

④今之嗣主，忽於至道，皆惛於教，亂於治，迷於言，惑於語，沈於辯，溺於辭。（《戰國策·蘇秦連橫約從》）

例①中的"殫"和"竭"都是用盡、全部拿出的意思。例②中的"彌""愈"都是副詞"越"的意思。例③中的"稱""道""述"都是稱述、叙述的意思。例④中"惛於教，亂於治"二句對文，其中"惛"與"亂"同義，"教"與"治"同義（"教"爲教化，"治"爲文治，基本意思相近）。"迷於言，惑於語，沈於辯，溺於辭"四句也爲對文。其中"迷""惑""沈""溺"四字意義相同惑相近，"言""語""辯""辭"四字在句中的意義也基本相同。這個句子中的對文都是遊説申辯的話語。同一個內容用連續變換的不同詞語反復申説，給人印象就非常之深，其強調與突出的作用是十分明顯的。

## 七、互文

爲了行文簡約精練，或適應文體表達的某些需要（如韻文對字數的限制）等，把一個語意比較複雜的句子有意識地拆分成兩個形式相同、用詞交錯有致的語句，其上下文義互相隱含，互相闡發，互相呼應，互相補足，從而增強語言美感和氣勢。這種修辭手法叫作互文，也稱互文見義、互言、互備、互體等。

**1. 本句内的互文**

①岸芷汀蘭，鬱鬱青青。（范仲淹《岳陽樓記》）

②秦時明月漢時關，萬里長征人未還。（王昌齡《出塞》）

③朝歌夜弦，爲秦宮人。（杜牧《阿房宫賦》）

④草行露宿，日與北騎相出没於長淮間。（文天祥《指南錄後續》）

例①中"岸芷汀蘭"是互文，應理解爲"岸汀芷蘭"，即岸上和小洲（汀）上長着白芷和蘭花。例②中"秦時明月漢時關"是互文，應理解爲"秦時和漢時的明月和關塞"。例③中"朝歌夜弦"是互文，應理解爲"朝夜歌弦"，即早上晚上都是唱歌彈琴。例④中"草行露宿"是互文，應理解爲"草露行宿"，即在草露中奔走，在草露中歇宿。

**2. 對句内互文**

①將軍百戰死，壯士十年歸。（《樂府詩集·木蘭詩》）

②悍吏之來吾鄉，叫囂乎東西，隳突乎南北。（柳宗元《捕蛇者說》）

③不以物喜，不以己悲。（范仲淹《岳陽樓記》）

④戰城南，死郭北，野死不葬烏可食。（《樂府詩集·戰城南》）

例①中"將軍百戰死，壯士十年歸"是互文，應理解爲"將軍壯士百戰死十年歸"。意思是將軍和壯士身經百戰，有的戰死了，有的回到家鄉。例②中"叫囂乎東西，隳突乎南北"是互文，應理解爲"叫囂隳突乎東西南北"，意思是在東西南北各處狂叫吵鬧、橫行騷擾。例③中"不以物喜，不以己悲"是互文，"物"與"己"互補，"喜"與"悲"互補，即"不以物己而喜悲"，意思是不因爲處境（的好壞）和自己（的得失）而歡喜或悲傷。例④中"戰城南，死郭北"是互文，"戰"與"死"互補，"城南"與"郭（外城）北"互補，應理解爲"戰於城南郭北，死於城南郭北"。由此看出，互文的主要特點就是互相補充，彼此包含。在讀到這類語句時，不能機械地死扣字面，而要細心體會，深入理解。

## 八、並提

在行文中，把本來應該寫成兩個短語或兩個句子的，合併在一起來表述，但在文意上卻仍然需要按照兩個短語或兩個句子的組合相承關係來理解，這種修辭方法叫作並提，也叫分承。

**1. 詞或短語的並提**

①普施行之，年九十餘，耳目聰明，齒牙完堅。（《三國志·魏志·華佗傳》）

②師之耳目，在吾旗鼓。（《左傳·成公二年》）

③近古之事，桀紂暴亂而湯武征伐。（《韓非子·五蠹》）

例①中"耳目聰明"四字在形式上是一個主謂結構，即"耳目"並提充當主語，"聰明"並提充當謂語。但實際上，按文意理解，應該是"聰（聽覺靈敏）"承"耳"爲主謂結構，"明"承"目"爲主謂結構，兩個主謂結構並列，即"耳聰目明"。"齒牙完堅"情況相同，應理解爲"齒完牙堅"，意思是門齒完備、大牙堅固。例②中"師之耳目，在吾旗鼓"應理解爲"師之耳在吾鼓，師之目在吾旗"。例③理解起來比較複雜，是兩個並提、雙重分承。按句意，"桀紂暴亂而湯武征伐"應理解爲"桀暴亂而湯王征伐，紂暴亂而武王征伐"。"桀紂""湯武"並提，"暴亂""征伐"則分承之。整句而言，"湯武征伐"分承"桀紂暴亂"。

**2. 分句的並提**

①問女何所思？問女何所憶？女亦無所思，女亦無所憶。（《樂府詩集·木蘭詩》）

②草木暢茂，禽獸繁殖，五穀不登，禽獸逼人。（《孟子·滕文公上》）

③惟江上之清風，與山間之明月，耳得之而爲聲，目遇之而爲色。（蘇軾《前赤壁賦》）

例①四句應理解爲"問女何所思？女亦無所思；問女何所憶？女亦無所憶"。兩個"問"句並提，兩個"無所"句並提，理解起來則是分承之，構成兩套平行的複句。例②應理解爲"草木暢茂，五穀不登；禽獸繁殖，禽獸逼人"。後兩個分句"五穀不登""禽獸逼人"分承前兩個分句"草木暢茂""禽獸繁殖"。如此則句順意通。例③中後兩個分句"耳得之而爲聲""目遇之而爲色"分承前兩個分句"江上之清風""山間之明月"，構成"江上之清風，耳得之而爲聲"和"山間之明月，目遇之而爲色"這兩套平行的複句。

從上述並提式結構的分承關係來看，一般都是第一個詞（或短語，或分句）和第三個相

NOTE

承，第二個和第四個相承。這種情況佔了大多數，稱作順承。與之不同的如"師之耳目，在吾旗鼓"例，是"耳"與"鼓"、"目"與"旗"的相承，從順序上説是第一個與第四個、第二個與第三個的相承關係，這稱爲錯承，古書中例子少一點，但須細心看出。運用並提分承式的修辭方法，可以使行文緊湊，收到言簡意賅之效。

### 【思考與實踐】

**思考題**

1. 《管子·四時》："不知四時，乃失國基。""是故陰陽者，天地之大理也；四時者，陰陽之大經也；刑德者，四時之合也。"你是如何理解的？

2. 結合《〈老子〉四篇》談一談《老子》中的説理方法與語言特色。

3. 《墨子·非命上》："有本之者，有原之者，有用之者。於何本之？上本之於古者聖王之事。於何原之？下原察百姓耳目之實。於何用之？廢以爲刑政，觀其中國家百姓人民之利。此所謂言有三表也。"請結合"言有三表"，談一談《墨子》散文的語言特點。

4. 莊子散文擅於運用"三言"——寓言、重言、卮言，結合《莊子·胠篋》談一談莊子散文的語言藝術。

5. 舉例説明《莊子·胠篋》中運用了哪些修辭手法。

6. 試比較《老子》與《莊子》在語言與論證方式上的異同點。

7. 説一説排比修辭在《荀子·天論》篇中的應用。

8. 談談《呂氏春秋》中寓言的應用對於表達文意思想的作用。

9. 結合《韓非子·歷山之農者侵畔》談談《韓非子》的論證方法與特色。

10. 結合本單元文選，以《老子》《莊子》《韓非子》爲代表，簡述先秦説理散文的特點。

11. 指出下列材料中所出現的語法現象。

（1）一不得直，則怫然怒，再則罵而仇。（柳宗元《宋清傳》）

（2）病方進，則不治其太甚，固守元氣，所以老其師。（徐靈胎《用藥如用兵論》）

（3）不此之責，而反誚我爲何哉？（方孝孺《鼻對》）

（4）夫以秦王之威，而相如廷叱之。（《史記·廉頗藺相如列傳》）

12. 結合語法現象，説明下列句子的意思。

（1）葉公見之，棄而還走，失其魂魄，五色無主。（《新序·雜事》）

（2）楚人爲食，吳人及之；奔，食而從之。（《左傳·定公四年》）

13. 指出下列材料中所使用的修辭方法。

（1）蒹葭蒼蒼，白露爲霜。所謂伊人，在水一方。（《詩經·秦風·蒹葭》）

（2）如欲以寬緩之政治急世之民，猶無轡策而御駻馬。（《韓非子·五蠹》）

（3）國危則無樂君，國安則無憂民。（《荀子·王霸》）

14. 下列句子中使用何種修辭手法？對於表達句子含義有什麼作用？

（1）刑法清，則狴犴空矣，則人無死於桎梏之憂。（《附廣肘後方·序》）

（2）昔者有王命，有採薪之憂，不能造朝。（《孟子·公孫丑下》）

（3）咸能綜緝遺文，垂諸不朽，豈必克傳門業，方擅箕裘者哉！（《晉書陳壽司馬彪等傳論》）

15. 説明下列材料中的修辭手法，並思考修辭手法在中醫文獻中的應用。

（1）陽明病，譫語，有潮熱，反不能食者，胃中必有燥屎五六枚也。（《傷寒論·辨陽明病脈證並治》）

（2）欲知藏府之虛實，必先診其脈之盛衰。（竇漢卿《標幽賦》）

（3）齎百年之壽命，持至貴之重器，委付凡醫，恣其所措。（《傷寒論·序》）

**實踐練習 1**

夫子之哂由何也？

夫子何哂由也？

何夫子之哂由也？

要求：

①説明以上三個句式的語法結構特點。

②説明以上三個句式在表達疑問語氣中的語義強弱。

**實踐練習 2**

（一）

年五十（　），輕健若少年。

年五十（　），而已衰。

（二）

孺子可教（　）。

孺子可教（　）。

要求：

1. 選擇合適的虛詞填入括號中，將上述語句補充完整。

2. 就所選擇的不同虛詞，分析語義、語氣与語感的不同。

**實踐練習 3**

古之欲明明德於天下者，先治其國。欲治其國者，先齊其家。欲齊其家者，先修其身。欲修其身者，先正其心。欲正其心者，先誠其意。欲誠其意者，先致其知；致知在格物。物格而後知至，知至而後意誠，意誠而後心正，心正而後身修，身修而後家齊，家齊而後國治，國治而後天下平。（《大學》）

要求：

1. 找出《大學》中這段文字所使用的三種修辭手法。

2. 説明不同修辭手法對於文意表達的作用。

**實踐練習 4**

晉陽處父侵蔡楚子上救之與晉師夾泜而軍陽子患之使謂子上曰吾聞之文不犯順武不違敵子若欲戰則吾退舍子濟而陳遲速惟命不然紓我老師費亦無益也乃駕以待子上欲涉大孫伯曰不可晉

NOTE

人無信半涉而薄我悔敗何及不如紓之乃退舍陽子宣言曰楚師遁矣遂歸楚師亦歸大子商臣譖子上曰受晉賂而辟之楚之恥也罪莫大焉王殺子上（《左傳·僖公三十三年》）

要求：

1. 給上文加標點。

2. 補出文中所省略的部分。

**實踐練習 5**

任翻題台州寺壁詩曰前峰月照一江水僧在翠微開竹房既去有觀者取筆改一爲半字翻行數十里乃得半字亟欲回易之則見所改字因嘆曰台州有人（李東陽《麓堂詩話》）

要求：

1. 給上文加標點。

2. 以本則小故事爲例，説説古人煉字的藝術。

# 參考書目

## 一、書目導讀

春秋戰國時期百家爭鳴，先秦説理散文作爲戰國時期各個學派的著作，反映了不同學派的思想傾向、政治主張和哲學觀點。對於諸子各家的著作均可以參考中華書局出版的《新編諸子集成》本。

王先謙先生的《荀子集解》在慎選底本的基礎上，充分吸收唐人楊倞及清代盧文弨、王念孫、顧千里、劉台拱、郝懿行、俞樾、陳奐、洪頤煊等學者注釋考證之成果，對《荀子》文字及其"微言大義"重加校釋疏通。

朱謙之先生的《老子校釋》以唐景龍二年易州龍興觀《道德經》碑文爲主，參考諸刻本共 100 餘種，校勘嚴謹，資料詳審。

孫詒讓先生的《墨子閒詁》不僅集清代墨學研究之大成，更是推動近代以來墨學研究尤其是中國古代邏輯研究空前發展的文本基礎。

王先謙先生的《莊子集成》集納了前人注莊的許多成果，又提出了自己的一些新解，要言不煩，便於披覽，爲研究莊子者所必讀。劉文典先生的《莊子補正》就莊子中最重要的内篇部分對集解做了許多補充訂正，也頗有參考價值。

此外，陳鼓應先生的《老子注譯及評介》，以 1993 年湖北郭店戰國楚墓出土的竹簡本爲底本，早於通行的魏晉王弼注譯本及 1973 年馬王堆漢墓出土的帛書甲乙本，很可能更接近老子原本。陳先生的著作偏重於哲學研究，無論對初讀《老子》還是精研《老子》，都有很大的幫助。研讀《莊子》也可參考陳鼓應先生的《莊子今譯今注》，以及錢穆先生的《莊子纂箋》。

王先慎先生的《韓非子集解》以宋乾道本爲主，不僅參考了多個版本，更充分利用了《太平御覽》《藝文類聚》《群書治要》《事類賦》《白孔六帖》等類書以及《老子》《荀子》

《戰國策》《史記》《淮南子》《文選》等著作的相關資料，並吸取了盧文弨《群書拾補》、顧廣圻《韓非子識誤》、王念孫《讀書雜誌》、俞樾《諸子平議》、孫詒讓《劄迻》等著作的校釋成果，內容豐富，研究精詳，具有很高的學術價值。此外，陳奇猷先生的《韓非子新校注》以彙集前人注釋成果和體現當代學術水準爲主，在闡釋和評注方面有其獨創的見解，也值得一讀。

《孫子》的研究以《十一家注孫子校理》爲代表，十一家指的是曹操、杜牧、李筌、王皙、梅堯臣、賈林、張預等十一家對《孫子》的研究注釋。各家注釋不僅解釋文字、疏通文意，而且加入了大量歷史故事，對作戰謀略的闡釋不僅僅流於單純的說理，使讀者在研讀時，能夠更深刻地理解兵家策略。

漢語對於語法研究，首先是從虛詞開始的，漢代已經出現了對虛詞進行整理和解釋的著作《語助》，而真正的漢語語法學則以馬建忠先生編寫的《馬氏文通》爲開端，誕生於 19 世紀末期。

《馬氏文通》是我國第一部系統研究漢語語法的專著。作者參照了西方語法體系研究漢語文言語法，既開創了白話語法研究的先河，又爲古代漢語語法的研究打下了基礎。書中以先秦至韓愈古文的語言材料爲分析對象，共分十卷，卷一講正名，介紹主要的術語，相當於該書的語法大綱。卷二至卷九依次論述各類實詞和虛詞。卷十論句讀，是句法的總論。書中將漢語的詞類分爲九種，分別是名詞、代詞、動詞、形容詞、副詞、介詞、連詞、助詞和嘆詞。書中的例證一概引用古文，對於詞的性質、作用、詞組、分句和複句等都作了確切的解釋，並歸納出規律，實際上是對於古代漢語語法現象的歸納和總結，已經形成了完整的語法體系。

呂叔湘先生的《中國文法要略》是另一部重要的漢語語法著作。該書成書於 1941 年，共分三卷。上卷於 1942 年出版，中下卷於 1944 年出版。1956 年，商務印書館再版時合并爲兩卷。1982 年，商務印書館將其列入《漢語語法叢書》重印。全書共有二十三章，上卷八章寫詞的種類和配合，句子的種類與結構。下卷十五章，敘述範疇和關係的各種表達方式，從語義出發對漢語的句法進行分析。該書以豐富的語言材料爲基礎，探索漢語的特點和規律，所引用的材料大多數取自當時的語文課本，文言白話兼收。主要內容包括字和詞、詞的種類和配合、句子和詞組的轉換。《中國文法要略》是我國現代語法學產生以來第一部從語義角度描寫句法的著作，在總結《馬氏文通》以來四十多年漢語語法討論的成果的同時，提出了很多新的觀念，建立了全新的語法體系，是一部總結性與開創性相結合的著作。從影響上來看，這部書在內容上開掘的深度和廣度歷來爲海內外學者所稱道，對漢語語法研究的影響極大，其成果的權威性也爲世人公認。

對於虛詞的研究向來是文言語法的重點，這部分的相關著作不少。清代劉淇的《助字辨略》是清人研究漢語文言虛詞的名著，初刻於康熙五十年（1711）。全書分五卷，按聲調編排，前兩卷爲平聲，三、四、五卷分別爲上聲、去聲與入聲。書中共收虛詞 476 個，依照一百零六韻的次序排列，用正訓、反訓、借訓、互訓、轉訓六種方法加以解釋。這部書中的書證取自先秦，除先秦兩漢古書以外，下及唐詩宋詞，除了經史子集之外，雜說俗語均有收錄，資料相當丰富。中華書局 1954 年根據開明書店原版重印本中附有筆畫檢字索引，查找較爲方便。

另一部清人寫的虛詞工具書是王引之編寫的《經傳釋詞》，成書於嘉慶三年（1798），刊行於嘉慶二十四年（1819）。全書共十卷，收録了周秦西漢經傳和其他古籍中的虚字共160個，從其虚字範圍的選擇可以看出，這是一部以上古漢語爲主體的虚字字典。書中對於所收的虚詞按其不同用法先分爲若干條，再從古書中援引例證，然後加以解釋。對於該詞的原始來源以及演變狀況作了全面的介紹，注重虚詞的辨析。這部書着眼於上古漢語的語言材料，可以幫助讀者在閲讀先秦古籍時有效地掃清虚字障礙，但它的缺點也在於此，由於將研究範圍限定於周秦西漢的經傳諸子等著作之中，上古之後的作品一概不録，取材過於狹窄，使它所能發揮的作用受到了一定的限制。在它之後，清代的孫經世撰有《經傳釋詞補》和《經傳釋詞再補》，補充了王引之書中未收録的17個虚字，這三本書在使用時可以相互參照。

近現代關於虚字的專著也多有所得，如吕叔湘的《文言虚字》，楊伯峻的《古漢語虚詞》，何樂士、敖鏡浩等人編寫的《古代漢語虚詞通釋》，楊樹達的《詞詮》，以及裴學海的《古書虚字集釋》等，其中着重介紹後兩種。

楊樹達先生的《詞詮》是有關文言虚詞學習的重點工具書，共收録古書中常見的虚詞546個，包括介詞、連詞、助詞、歎詞和一部分代名詞、内動詞、副詞，曾經創下虚詞收録數量的記録。作者在《助字辨略》《經傳釋詞》和《馬氏文通》的研究基礎上，總結了一些文言虚詞的使用方法，揭示了它們的使用規律。全書採用注音字母編排順序，體例是每解一個虚詞，先注音，次辯明其詞類，再説明其意義和用法，然後列舉書證。結合詞類具體指明古漢語中虚詞的語法作用，是虚詞研究的發展。本書共收虚詞469個字，其中包括不常見的虚字。另一點值得注意的是，在《詞詮》中，對於虚實兼義詞，既説明其虚詞用法，也交待其實詞意義，使讀者對於該詞有較爲全面的理解，這種做法在虚詞著作中可謂首開先河。

另一部重要的虚詞工具書是裴學海先生編著的《古書虚字集釋》，這是繼楊樹達《詞詮》之後於20世紀30年代出版的又一部重要的虚詞著作。其中收録先秦兩漢常見的虚字298個，彙集了王引之《經傳釋詞》、劉淇《助字辨略》、俞樾《古書疑義舉例》、楊樹達《詞詮》、章太炎《新方言》、孫經世《經傳釋詞補》等各家虚字注釋的大成，在採用各書材料時，均加以説明。該書尤爲注重收集前人解釋不完備的虚字，每一字先注明不同用法，然後分別舉例，每種用法一至十數例不等。《集釋》對他人著作做了大量的補充修訂工作，是一部純粹的文言虚字工具書，在古籍整理和漢語虚詞的研究工作中具有重要的作用。

除虚詞研究之外，近年來還出現了大量關於古代漢語斷代語法、特殊語法、文言句式以及指代詞、量詞等方面的著作，如易孟醇的《先秦語法》，志村良治的《中國中世語法史研究》，劉世儒的《魏晉南北朝量詞研究》，楊伯峻、何樂士的《古漢語語法及其發展》等。

中國傳統的修辭研究，自魏晉已然發端，然而真正建立起中國修辭學科學體系的標誌是陳望道先生于1932所出版的《修辭學發凡》。這是我國第一部系統和科學的修辭學專著。全書共分爲十二篇，第一篇爲引言；第二篇爲語辭的概貌；第三篇爲修辭的兩大分野；第四篇爲消極修辭；第五篇至第八篇介紹了積極修辭的三十八種辭格；第九篇論述積極修辭的辭趣；第十篇爲修辭現象的變化和統一；第十一篇爲文體或辭体，介紹了體性方面的四組八種體式；第十二篇爲結語，敍述了修辭學的萌芽和發展。這部修辭學的巨著，第一次爲漢語修辭學的研究划定了邊界，總結出了漢語修辭的使用規律和發展情況。自此，漢語修辭學作爲一門學科開始獨立。

NOTE

　　另一部重要的修辭學著作是楊樹達先生的《漢文文言修辭學》，這是一部中型文言修辭學專著。全書共分爲十八章，分析研究了漢語文言中的修辭現象，解釋了修辭名稱的由來，敍述了修辭的重要以及文言修辭的方法和方式。作者從青銅銘文開始，蒐集了大量古籍中的例句，將其列入各修辭格内。每個例句後面再加按語，對修辭的使用情況加以説明，能夠幫助讀者深入地理解古籍，同時掌握修辭的運用。

## 二、書目一覽

1. 王先謙．莊子集解．北京：中華書局，2012.

2. 孫詒讓．墨子閒詁．北京：中華書局，2014.

3. 王先慎．韓非子集解．北京：中華書局，2013.

4. 孫武撰，曹操等注，楊丙安校注．十一家注孫子校理．北京：中華書局，2012.

5. 朱謙之．老子校釋．北京：中華書局，1984.

6. 王先謙．荀子集解．北京：中華書局，2013.

7. 陳鼓應．老子注譯及評介．北京：中華書局，2009.

8. 陳奇猷．韓非子新校注．上海：上海古籍出版社，2000.

9. 馬建忠．馬氏文通．北京：商務印書館，2010.

10. 吕叔湘．中國文法要略．北京：商務印書館，2014.

11. 王引之，李花蕾點校．經傳釋詞．上海：上海古籍出版社，2014.

12. 楊伯峻．古漢語虛詞．北京：中華書局，1981.

13. 楊樹達．詞詮．上海：上海古籍出版社，2013.

14. 裴學海．古書虛字集釋．北京：中華書局，2004.

15. 陳望道．修辭學發凡．上海：復旦大學出版社，2014.

# 第四單元

## 文　選

### 二十五、諫逐客書

【題解】本文選自《史記·李斯列傳》，據中華書局 1959 年版。作者李斯（？—前 208），楚上蔡（今屬河南）人，秦代政治家。初爲郡小吏，後從荀卿學。戰國末入秦，始爲吕不韋舍人，後受到秦王政（秦始皇）的賞識，從客卿拜爲長史，漸進至左丞相。曾建議對六國採取各個擊破的政策。秦統一六國後，推行郡縣制，焚《詩》《書》，禁私學。他以小篆爲標準，推行"書同文"的政策，對我國文字的統一做出了貢獻。始皇死後，李斯被權臣趙高的奸謀所惑，廢太子扶蘇而立次子胡亥爲帝，後趙高誣斯謀反，腰斬於咸陽市。李斯可謂秦代文學的唯一作家。工書，相傳泰山、琅玡等刻石均爲他所手書。著有《諫逐客書》和《蒼頡篇》（今佚，有出土漢代殘卷，王國維有《重輯蒼頡篇》二卷）。

　　臣聞吏議逐客，竊以爲過矣。昔繆公求士[1]，西取由余於戎[2]，東得百里奚於宛[3]，迎蹇叔於宋[4]，來丕豹、公孫支於晉[5]。此五子者，不産於秦，而繆公用之，并國二十，遂霸西戎。孝公用商鞅之法[6]，移風易俗，民以殷盛，國以富彊，百姓樂用，諸侯親服，獲楚、魏之師，舉地千里，至今治彊。惠王用張儀之計[7]，拔三川之地[8]，西并巴蜀[9]，北收上郡[10]，南取漢中[11]，包九夷[12]，制鄢、郢[13]，東據成臯之險[14]，割膏腴之壤，遂散六國之從[15]，使之西面事秦，功施到今。昭王得范雎[16]，廢穰侯[17]，逐華陽[18]，彊公室，杜私門，蠶食諸侯，使秦成帝業。此四君者，皆以客之功。由此觀之，客何負於秦哉！向使四君却客而不内，疏士而不用，是使國無富利之實，而秦無彊大之名也。

【注釋】

[1] 繆公：即秦穆公，春秋時秦國君主，公元前 657～前 621 年在位，爲春秋五霸之一，繆，通"穆"。

[2] 由余：春秋時晉國人，流亡入戎，奉戎國命出使秦國。秦穆公用計離間由余與戎王，並收他爲謀臣。後由余幫助秦消滅十二戎國，拓地千里。　戎：古代對西部少數民族的泛稱。

[3] 百里奚：春秋時楚國人，曾任虞國大夫。晉滅虞後，作爲晉獻公女兒陪嫁的奴僕入秦。後逃到楚國，被俘。秦穆公聽説他賢能，用五張黑羊皮將其贖回，並任用爲相。　宛：楚邑名，在今河南省宛縣。

[4] 蹇叔：春秋時秦國岐（今陝西岐山東北）人，寓居宋國。秦穆公以厚禮聘蹇叔入秦，任爲上大夫。

[5] 丕豹：春秋時晉國大夫丕鄭的兒子。晉惠公殺了他的父親，丕豹逃到秦國。穆公任他爲大將攻晉，生俘晉惠公。　公孫支：春秋時秦國岐人，字子桑，寓居於晉。秦穆公聘其爲謀士，任大夫。

[6] 孝公：秦孝公，戰國時秦國君主，公元前361～前338年在位。　商鞅：戰國時衛國人，名鞅，因秦封他於商，故名。任秦相十年，先後兩次變法，奠定了秦統一六國的基礎。

[7] 惠王：秦惠文王，戰國時秦國君主，公元前337～前331年在位。　張儀：戰國時魏國人，惠文王任之爲秦相，他用連橫之計破壞六國的合縱，對秦後來兼并六國起了巨大作用。

[8] 拔：攻取。　三川之地：指黃河、洛水、伊水，故稱“三川”。

[9] 巴蜀：當時的兩個小國。巴在今四川省東部，蜀在今四川省西部。

[10] 上郡：魏郡名，在今陝西省榆林及内蒙部分。

[11] 漢中：戰國時楚地，在今陝西省漢中一帶。

[12] 包：囊括。　九夷：當時楚國境内的少數民族。九，虛指數量之多。

[13] 制：控制。　鄢（yān）：楚地，在今湖北省宜城縣東南。　郢（yǐng）：楚國國都，在今湖北江陵縣北。

[14] 成皋（gāo）：在今河南滎陽汜水鎮，爲古代軍事重地。

[15] 六國：韓、魏、燕、趙、齊、楚。　從：同“縱”。合縱。指東方六國結成聯合戰綫以抵抗秦國的一種策略。

[16] 昭王：指秦昭襄王，戰國時秦國君主。　范雎（jū）：戰國時魏國人。

[17] 穰（ráng）侯：即魏冉。秦昭王母宣太后的異父同母弟。

[18] 華陽：指華陽君，宣太后的弟弟。


今陛下致昆山之玉[1]，有隨和之寶[2]，垂明月之珠，服太阿之劍[3]，乘纖離之馬[4]，建翠鳳之旗[5]，樹靈鼉之鼓[6]。此數寶者，秦不生一焉，而陛下説之，何也？必爲秦國之所生然後可，則是夜光之璧不飾朝廷，犀象之器不爲玩好，鄭衛之女不充後宫[7]，而駿馬駃騠不實外厩[8]，江南金錫不爲用，西蜀丹青不爲采[9]。所以飾後宫、充下陳、娱心意、説耳目者[10]，必出於秦然後可，則是宛珠之簪[11]，傅璣之珥[12]，阿縞之衣[13]，錦繡之飾，不進於前，而隨俗雅化、佳冶窈窕趙女不立於側也[14]。夫擊甕叩缶[15]，彈箏搏髀[16]，而歌呼嗚嗚快耳目者，真秦之聲也；鄭衛桑間、韶虞武象者[17]，異國之樂也。今棄擊甕叩缶而就鄭衛，退彈箏而取韶虞，若是者何也？快意當前，適觀而已矣。今取人則不然，不問可否，不論曲直，非秦者去，爲客者逐。然則是所重者在乎色樂珠玉，而所輕者在乎人民也。此非所以跨海内、制諸侯之術也。

【注釋】

[1] 致：羅致。　昆山之玉：即和田玉。昆侖山北麓的和田出產美玉。

[2] 隨和之寶：指隨侯珠、和氏璧。

[3] 服：佩帶。　太阿：寶劍名，相傳爲春秋時吳國名匠歐冶子與干將所鑄。

[4] 纖離：古駿馬名。

[5] 建：竪立。　翠鳳之旗：用翠鳥羽毛做成鳳鳥形狀裝飾起來的旗子。

[6] 樹：設置。　靈鼉（tuó）：鰐魚的一種，聲音洪亮，皮可制鼓。

[7] 鄭衛之女：當時人們認爲鄭國、衛國多美女，此處泛指各國的美女。

[8] 駃騠（juétí）：駿馬名。　外廄（jiù）：宮外的養馬棚。

[9] 丹青：古代作畫的顏料。　不爲采：不被採用。

[10] 下陳：古代殿堂臺階下陳列禮品、站列姬妾的地方。

[11] 宛珠之簪：用宛地出產的珍珠裝飾的髮簪。

[12] 傅璣之珥：鑲嵌有珍珠的耳飾。傅，通"附"，附著。璣，不圓的珠子。珥，耳飾。

[13] 阿縞：齊國東阿（今山東東阿）所產的縞。縞，白色絹。

[14] 隨俗雅化：隨着時尚的變化而打扮得雅致漂亮。

[15] 甕：一種樂器。形如陶製的盛水器。　缶（fǒu）：一種樂器。形如瓦罐。

[16] 搏髀（bì）：拍擊大腿。

[17] 鄭衛：國名，以盛行新興民間音樂著名。　桑間：是當時衛國男女歡聚歌唱的地方，後來用作當地民間音樂的代稱。　韶虞：舜樂名。　武象：周樂名。

　　臣聞地廣者粟多，國大者人衆，兵彊則士勇。是以太山不讓土壤[1]，故能成其大；河海不擇細流[2]，故能就其深；王者不却衆庶，故能明其德[3]。是以地無四方，民無異國，四時充美，鬼神降福，此五帝三王之所以無敵也。今乃棄黔首以資敵國，却賓客以業諸侯[4]，使天下之士退而不敢西向，裹足不入秦，此所謂"藉寇兵而賫盜糧"者也[5]。

【注釋】

[1] 讓：辭讓，拒絕。

[2] 擇：挑選。此指排除。

[3] 明：使其德行昭著。

[4] 業諸侯：成就別國諸侯的功業。

[5] 藉：借給。　寇：敵人，入侵者。　兵：武器。　賫（jī）：送物給人。

　　夫物不產於秦，可寶者多；士不產於秦，而願忠者衆。今逐客以資敵國，損民以益讎[1]，内自虛而外樹怨於諸侯[2]，求國無危，不可得也。

【注釋】

[1] 益讎：使敵人增加好處。

[2] 自虛：使自己空虛。

【簡析】本文是李斯給秦王的一個奏章。公元前237年，秦國破獲了韓國派到秦國的間諜，遂從宗室大臣之請，下令逐客，李斯也在被逐之列。他遂上書秦王，抓住秦欲統一六國這一戰略問題剖明利害，批駁逐客的錯誤主張。書上，終於打動了秦王，於是廢除逐客之令。《諫逐客書》一文可謂議論文結構的標準範式。文章排比鋪張，有戰國縱橫辭説的氣質，是秦代散文的代表作之一。第一自然段直接提出論點：驅逐客卿的做法是錯誤的。第二自然段採用排比句式，力陳客卿在歷史上對秦國發展所起的重大作用，論述了逐客的錯誤。第三自然段以鋪陳手段，列舉大量實例論説“物不産於秦，可寶者多”。秦王搜羅天下珍奇異寶，喜好各國音樂，均以“快意當前，適觀而已”爲取舍的標準。借此，從側面論證：在對待客卿的問題，應持“爲我所用”的原則，而不應“非秦者去，爲客者逐”。第四自然段中的“太山不讓土壤，故能成其大；江海不擇細流，故能就其深”几句在大量事實論證的基礎上引出，論理透辟，補實以虛，不僅使全文的論證虛實相映，事理渾然一體，而且使全文的內容與形式更趨於完美。本段的末尾幾句話略陳驅逐客卿的後患，增強了文章的張弛感。

# 二十六、論積貯疏

【題解】本文選自《漢書·食貨志》，据中華書局1962年版，題目是後加的。“疏”是向皇帝陳述意見的一種文體。作者賈誼（前200—前168），洛陽（今屬河南）人。西漢初年著名的政論家、文學家。18歲即有才名，二十餘歲被文帝召爲博士。不久，升爲太中大夫。但在23歲時，因遭群臣忌恨，被貶爲長沙王的太傅。後被召回長安，爲梁懷王太傅。梁懷王墜馬而死後，賈誼深自歉疚，至33歲憂傷而死。其著作主要有散文和辭賦兩類。散文如《過秦論》《論積貯疏》《陳政事疏》等都很有名；辭賦以《吊屈原賦》《鵩鳥賦》最著名。

　　筦子曰[1]：“倉廩實而知禮節[2]。”民不足而可治者，自古及今，未之嘗聞。古之人曰：“一夫不耕，或受之饑；一女不織，或受之寒。”生之有時，而用之亡度[3]，則物力必屈[4]。古之治天下，至孅至悉也[5]，故其畜積足恃。今背本而趨末[6]，食者甚衆，是天下之大殘也[7]；淫侈之俗，日日以長，是天下之大賊也。殘賊公行，莫之或止[8]；大命將泛[9]，莫之振救。生之者甚少，而靡之者甚多，天下財産何得不蹶[10]！漢之爲漢，幾四十年矣，公私之積，猶可哀痛。失時不雨，民且狼顧[11]，歲惡不入[12]，請賣爵子[13]，既聞耳矣，安有爲天下阽危者若是而上不驚者[14]？

【注釋】

[1] 筦子：管仲，名夷吾，春秋時齊國人。他主張通貨積財，富國強兵，輔助齊桓公成爲春秋五霸之首。筦，“管”的異體字。

[2] 倉廩：糧倉。語見《管子·牧民第一》。

[3] 亡：通“無”。

[4] 屈：窮盡，竭盡。

[5] 孅：同“纖”。細緻。　悉：詳密。

[6] 本：指農業。　末：指工商。

[7] 殘：危害，傷害。此處用作名詞，意爲災害。下文“賊”義同此。

[8] 或：句中語氣詞。

[9] 大命：國家的命運。　泛：傾覆，覆滅。

[10] 蹶：竭，盡。

[11] 狼顧：比喻人有所顧慮。

[12] 歲惡：年成壞。　不入：指納不了稅。

[13] 賣爵子：朝廷賣爵位、百姓賣兒女。

[14] 爲天下：治理天下。　阽（diàn）危：危險。

　　世之有饑穰[1]，天之行也，禹湯被之矣[2]。即不幸有方二三千里之旱，國胡以相恤[3]？卒然邊境有急，數千百萬之衆，國胡以饋之[4]？兵旱相乘[5]，天下大屈。有勇力者，聚徒而衡擊[6]；罷夫羸老[7]，易子而齩其骨[8]。政治未畢通也[9]，遠方之能疑者[10]，並舉而争起矣。迺駭而圖之[11]，豈將有及乎？

【注釋】

[1] 饑穰：荒年和豐年。

[2] 被：遭受。指禹曾遭九年水災，湯曾遭七年旱災。

[3] 胡：疑問代詞，什麽。　恤：救濟。

[4] 饋：以食物供人。

[5] 兵：指戰争。　乘：侵襲，欺凌。

[6] 衡擊：横行搶劫。衡，同“横”。

[7] 罷夫羸老：老弱病殘的人。罷，通“疲”，疲困。羸，瘦弱。

[8] 齩（yǎo）：同“咬”。

[9] 畢通：全都走上軌道。

[10] 能：疑爲衍文。　疑：同“擬”。指與皇帝比擬。此指僭越造反的人。

[11] 迺：“乃”的異體字。　圖：圖謀，對付。

　　夫積貯者，天下之大命也[1]。苟粟多而財有餘，何爲而不成？以攻則取，以守則固，以戰則勝。懷敵附遠[2]，何招而不至？今敺民而歸之農[3]，皆著於本[4]，使天下各食其力，末技遊食之民[5]，轉而緣南晦[6]，則畜積足而人樂其所矣。可以爲富安天下，而直爲此廩廩也[7]。竊爲陛下惜之。

【注釋】

[1] 命：命脈。

[2] 懷敵：使敵對者來歸順。　附遠：使遠方的人來歸附。

[3] 敺民：驅使人們。敺，同“驅”。

[4] 著於本：指從事農業。著，附著。

[5] 末技：古代指工商業。

[6] 緣南晦：趨向農業。緣，沿，循着。晦，同“畝”。

[7] 廩廩：危殆，貼危。廩，通"懍"。

【簡析】本文針對當時棄農經商的人爲數甚多，淫侈之風日益增長，以至於影響到農業生產和國家安危的情況，上了這篇奏章，建議皇帝重視農業生產，增加糧食的積貯，以期國富民強。文中首先引用管子"倉廩實而知禮節"和"一夫不耕，或受之饑，一女不織，或受之寒"的論斷，從理論上闡明糧食儲備對治國安邦的重大作用。接着指出西漢建國近四十年，由於"生之者甚少，而靡之者甚衆"，因而"公私之積，猶可哀痛"，國家時有糧食匱乏導致顛覆的危險。緊接着提出積貯以備災荒的主張，指出不積貯糧食的危害：一旦發生旱災，國家無以賑災；萬一邊境有急，國家無以籌糧。這樣"兵旱相乘，天下大屈"，萬一有人聚衆作亂，則後果不堪設想。這樣就從反面論證了爲了内安社會，外禦強敵，儲備充足的物資是必要的。最後從正面歸結到"夫積貯者，天下之大命也"，指出"苟粟多而財有餘，何爲而不成""懷敵附遠，何招而不至"的大利。同時，進一步提出了"敺民而歸之農，皆著於本，使天下各食其力"的具體辦法。

## 二十七、論貴粟疏

【題解】本文選自《漢書·食貨志》，据中華書局 1962 年版。原文無標題，爲後世所加。作者鼂錯（前200—前154），西漢潁川（今河南禹州）人，文帝、景帝時的著名學者和政治家。歷任太常掌故、博士、太子家令、御史大夫等職。政治上主張加强中央集權，削減藩王封地；軍事上建議實邊備塞，抗禦匈奴；經濟上力主"重本抑末"。公元前154年，吳楚等七國封侯以"清君側"爲名舉兵反叛，景帝受奸臣袁盎挑唆，遂冤殺鼂錯。據《漢書·藝文志》載，鼂錯有文章三十一篇，流傳至今的唯有散見於《漢書》中的《言兵事疏》《守邊勸農疏》《論貴粟疏》《賢良文學對策》和《削藩策》等少數幾篇政論散文。

聖王在上而民不凍飢者，非能耕而食之[1]，織而衣之也[2]，爲開其資財之道也。故堯、禹有九年之水[3]，湯有七年之旱[4]，而國亡捐瘠者[5]，以畜積多而備先具也。今海内爲一，土地人民之衆不避禹、湯[6]，加以亡天災數年之水旱，而畜積未及者，何也？地有遺利，民有餘力，生穀之土未盡墾，山澤之利未盡出也，遊食之民未盡歸農也。

民貧則姦邪生。貧生於不足，不足生於不農，不農則不地著[7]，不地著則離鄉輕家，民如鳥獸[8]。雖有高城深池，嚴法重刑，猶不能禁也。夫寒之於衣，不待輕暖[9]；飢之於食，不待甘旨[10]；飢寒至身，不顧廉恥。人情一日不再食則飢，終歲不製衣則寒。夫腹飢不得食，膚寒不得衣，雖慈母不能保其子[11]，君安能以有其民哉？明主知其然也，故務民於農桑，薄賦斂，廣畜積，以實倉廩[12]，備水旱，故民可得而有也。

【注釋】

[1] 食（sì）：给……吃。

[2] 衣（yì）：给……穿。

[3]"堯、禹"句：史載堯時洪水滔天，先用鯀治水，九年未成，後由大禹治理成功。事見《書·堯典》《史記·夏本紀》等。

[4]"湯有"句：《說苑·君道》等言湯時有七年大旱，《呂氏春秋·順民》曰爲五年。

[5]亡：通"無"。後文"亡天災"同。　捐：棄。一說指骨不得埋者。　瘠：腐肉，腐屍。一說爲瘦病義。

[6]不避：不讓，不亞於。

[7]地著（zhuó）：指依附於土地。

[8]民如鳥獸：比喻民衆行動如鳥獸般飛走無常。

[9]輕暖：指狐貉之裘、絲綿之衣一類衣物。

[10]甘旨：此泛指一切美食。旨，美。

[11]母：《漢書》百衲本作"父"。　保：養。

[12]倉廩：泛指糧庫。倉，儲藏穀物的庫房。廩，儲藏米的庫房。


民者，在上所以牧之[1]，趨利如水走下，四方亡擇也[2]。夫珠玉金銀，饑不可食，寒不可衣，然而衆貴之者，以上用之故也。其爲物輕微易臧[3]，在於把握，可以周海內而亡饑寒之患[4]。此令臣輕背其主，而民易去其鄉，盜賊有所勸[5]，亡逃者得輕資也[6]。粟米布帛，生於地，長於時，聚於力[7]，非可一日成也。數石之重[8]，中人弗勝[9]，不爲姦邪所利；一日弗得而饑寒至。是故明君貴五穀而賤金玉。

【注釋】

[1]上：國君。　牧：牧養。此爲統治義。

[2]"趨利"二句：意謂哪裏有利，百姓就會去哪，如水往低處流一樣，東西南北沒有固定選擇。趨，追逐。

[3]臧（cáng）：同"藏"。

[4]周：周遊。

[5]勸：鼓勵。

[6]輕資：指輕便而貴重的財物。

[7]聚於力：聚合勞力。王念孫《讀書雜誌》據《漢書·孝文紀》"聚於市"一語，以爲此處"力"當作"市"。

[8]石（dàn，古讀 shí）：漢代計量單位。一石凡十斗，合今天 61.5 斤。

[9]中人：指中等體力的人。　勝：擔負。


今農夫五口之家，其服役者不下二人，其能耕者不過百畮[1]，百畮之收不過百石。春耕夏耘，秋穫冬臧[2]，伐薪樵，治官府，給繇役[3]；春不得避風塵，夏不得避暑熱，秋不得避陰雨，冬不得避寒凍，四時之間亡日休息。又私自送往迎來[4]，弔死問疾，養孤長幼在其中[5]。勤苦如此，尚復被水旱之災，急政暴賦[6]，賦斂不時，朝令而暮改。當具，有者半賈而賣[7]，亡者取倍稱之息[8]。於是有賣田宅、鬻子孫以償責者矣[9]。而商賈大者積貯倍息[10]，小者坐列販賣[11]，操其奇贏[12]，日遊都市，乘上之急，所賣必倍。故其男不耕耘，女不蠶織，衣必文采[13]，食必粱肉；亡農夫之苦，有仟伯之得[14]。因其富厚，交通王侯[15]，力過吏勢[16]，以利相傾[17]；千里遊敖[18]，冠蓋相望[19]，乘堅策肥[20]，履絲曳縞[21]。此商人所以兼并農人，農人所以流亡者也。今法律賤商人[22]，商人已富貴矣；尊農夫，農夫已貧賤矣。故俗之所貴[23]，主之所賤也；吏之所卑[24]，法之所尊也。上下相反，好惡乖迕，而欲國富法立，不可得也。

**【注釋】**

[1] 畮：同"畝"。

[2] 臧（cáng）：同"藏"。

[3] 繇："徭"的異體字。

[4] 私自：意謂下文所做皆農民自家的事情。

[5] 養孤長（zhǎng）幼：養育孤童幼兒。孤，古稱無父為孤。長，養。

[6] 急政暴賦：徵收賦稅又急又猛。政，通"征"。暴，猛。賦，百衲本同，王先謙本"賦"字作"虐"。

[7] 賈：同"價"。

[8] 倍稱：加倍償還，借一還二。稱，相等。

[9] 責：同"債"。

[10] 積貯倍息：囤積物資，獲取加倍利息。

[11] 坐列：坐於列肆之中。

[12] 奇（jī）贏：指商賈所獲利潤。奇，餘物。贏，贏利。

[13] 文采：指飾有紋彩的錦繡。文，同"紋"。

[14] 仟伯：通"阡陌"。田間道路。此代田地。

[15] 交通：交接。

[16] 勢：《漢書》百衲本作"埶"。埶，同"勢"。

[17] 傾：凌，壓。

[18] 敖：同"遨"。

[19] 冠蓋相望：形容商賈華服軒車往來於道上。冠蓋，官帽和車蓋，為古者仕宦所有。此代考究的衣服和車乘。

[20] 乘堅策肥：乘着堅車，騎着肥馬。策，用鞭子趕馬。

[21] 履絲曳縞：腳穿絲鞋，身披綢衣。曳，拖着。縞，精細的白絹。

[22] "今法律"句：漢高祖時為限制商人地位曾制定律令，禁止商人衣絲乘車並課以重稅。該類律令雖然在高后惠帝時有所鬆弛，但迄文帝時當尚有遺存。

[23] 俗之所貴：指商人。

[24] 吏之所卑：指農夫。

方今之務，莫若使民務農而已矣。欲民務農，在於貴粟；貴粟之道，在於

NOTE

使民以粟爲賞罰[1]。今募天下入粟縣官[2]，得以拜爵[3]，得以除罪。如此，富人有爵，農民有錢，粟有所渫[4]。夫能入粟以受爵，皆有餘者也。取於有餘以供上用，則貧民之賦可損[5]，所謂損有餘、補不足，令出而民利者也。順於民心，所補者三：一曰主用足，二曰民賦少，三曰勸農功[6]。今令民有車騎馬一匹者，復卒三人[7]。車騎者，天下武備也，故爲復卒。神農之教曰："有石城十仞，湯池百步，帶甲百萬，而亡粟，弗能守也。"以是觀之，粟者，王者大用，政之本務。令民入粟受爵，至五大夫以上[8]，乃復一人耳，此其與騎馬之功相去遠矣[9]。爵者，上之所擅，出於口而亡窮；粟者，民之所種，生於地而不乏。夫得高爵與免罪，人之所甚欲也。使天下人入粟於邊，以受爵免罪，不過三歲，塞下之粟必多矣。

【注釋】

[1] 以粟爲賞罰：指以農功高下、入粟多少作爲賞罰標準。

[2] 入粟縣官：向朝廷繳納糧食。縣官，漢代每以此爲皇帝代稱。《史記·絳侯世家》："盜賣縣官器。"司馬貞《索隱》："縣官，謂天子也。"

[3] 爵：指無實職的秩位。

[4] 渫（xiè）：散。

[5] 損：減。

[6] 勸農功：鼓勵農民從事農業生產。功，事。

[7] 復卒三人：免除應服兵役者三人。復，免除賦役。卒，此指兵役。

[8] 五大夫：漢代爵位分爲二十級，五大夫爲第九級。

[9] "此其"句：意謂當下入粟拜爵者之功比之出騎馬者相差太遠。

【簡析】西漢初年，經過連年休養生息，經濟得到恢復和發展。但是由於名田制的破壞，漢文帝時開始出現土地兼併現象，大批農民破產流亡，兩極分化加劇，加之商業繁榮帶來穀賤傷農現象，社會矛盾逐步激化。作爲政治家，晁錯敏銳地洞悉到這一社會問題，寫下《論貴粟疏》這篇著名奏疏，旨在通過論述發展農業生產而強調糧食問題的重要性，謀劃長治久安之道。全篇以博文廣見和透徹入微的分析，深刻揭示出漢朝表面上重農輕商而實際已商重農輕的現實局面，闡明由此給國家政治帶來的嚴重危害，重申重農貴粟的重要性並爲此提出具體可行的解危之策。晁錯的政策後來被文帝採納實施，爲"文景之治"的形成和武帝時期漢王國的強大奠定了堅實的物質基礎。難怪此文被魯迅先生譽爲"沾漑後人，其澤甚遠"的"西漢鴻文"。（《漢文學史綱要》）

## 二十八、獄中上梁王書

【題解】本文選自《漢書·賈鄒枚路傳》，據中華書局 1962 年版。作者鄒陽，齊（今山東東部）人，活動於文帝、景帝時期，西漢文學家。爲人有智謀才略，忼直不苟合。初與嚴忌、枚乘等俱仕吳，皆以文辯著稱。吳王謀反，鄒陽上書婉諫而不納，遂與枚乘等改投梁孝王劉武門下。孝王爲景帝同母弟，後有嗣位之意，鄒陽力爭以不可，遂爲羊勝、公孫詭所讒，被捕下獄。他在獄中上書，慷慨陳辭。梁王讀後，立即釋放了他，並敬鄒陽爲上客。據《漢書·藝文志》著録，鄒陽有文章七篇，今唯存《上吳王書》及《上梁王書》。《史記》《漢書》均有傳。

臣聞"忠無不報，信不見疑"，臣常以爲然，徒虛語耳。昔荆軻慕燕丹之義[1]，白虹貫日[2]，太子畏之[3]；衛先生爲秦畫長平之事[4]，太白食昴[5]，昭王疑之。夫精變天地[6]，而信不諭兩主[7]，豈不哀哉！今臣盡忠竭誠，畢議願知[8]，左右不明，卒從吏訊[9]，爲世所疑。是使荆軻、衛先生復起，而燕、秦不寤也。願大王孰察之。昔玉人獻寶，楚王誅之[10]；李斯竭忠，胡亥極刑[11]。是以箕子陽狂[12]，接輿避世[13]，恐遭此患也。願大王察玉人、李斯之意，而後楚王、胡亥之聽[14]，毋使臣爲箕子、接輿所笑。臣聞比干剖心[15]，子胥鴟夷[16]，臣始不信，乃今知之。願大王孰察，少加憐焉！

【注釋】

[1] 荆軻：戰國末期衛人。好讀書擊劍，爲人慷慨俠義。後入燕國，由田光推薦給燕太子丹。　燕丹：即燕太子丹，戰國末年燕王喜的太子。曾在秦爲質，逃回燕國後，爲阻秦國兼併之勢，厚交荆軻，使刺秦王，未成，荆軻被殺，丹也爲懼秦攻燕的父親所殺。

[2] 白虹貫日：古人常以天人感應之説解釋罕見的天文、氣象。此指荆軻的精誠感動了天地，以至於出現不平常的現象。貫，穿過。

[3] 畏之：指畏其不去。荆軻爲等候一個友人而拖延了赴秦的行期，太子丹擔心他變卦不去。

[4] 衛先生：秦人。秦將白起手下的謀士。　長平之事：公元前260年，白起大破趙軍於長平（今山西高平西北），欲趁勢滅趙，派衛先生説秦昭王增撥兵糧。秦相范雎從中阻撓，害死衛先生。下文"昭王疑之"即指此事。

[5] 太白食昴（mǎo）：意謂太白星運行到昴宿的位置，遮住了昴宿。主趙國將遭遇軍事失利。太白，即金星。古時認爲主戰爭徵兆。昴，星宿名，趙爲其分野。

[6] 精：王先謙本作"精誠"二字。

[7] 諭：使明白。

[8] 畢議願知：意謂盡言其計，願王知之。

[9] 從：聽憑。

[10] "昔玉人"二句：楚人卞和得璞（藴玉之石），獻於楚武王，武王的玉匠説是石頭，於是卞和以欺君之罪被砍下右脚。文王即位後，卞和又獻，文王也以爲是石頭，又砍去卞和左脚。成王時，卞和抱着璞在郊外哭泣，成王讓玉匠治理，果得美玉。後人遂稱此玉爲和氏璧。誅之，此爲"刑之"義。

[11] 胡亥：秦二世名。二世即位，荒淫無道，李斯上書諫戒，胡亥不聽，反而聽信趙高誣陷李斯謀反的話，腰斬李斯。

[12] 箕子：名胥餘，商紂王的叔父。因封國於箕（今山西太谷縣東北），爵爲子，故稱箕子。紂王荒淫昏亂，箕子屢諫不聽。比干死後，箕子歎曰："知不用而言，愚也；殺身以彰君之惡，不忠也。二者不可然且爲之，不祥莫大焉。"遂解髮佯狂而去。

[13] 接輿：春秋時楚國隱士。姓陸，名通，字接輿。因對社會不滿，剪去頭髮，佯狂不仕，故被稱爲楚狂。

[14] 後：使……後。意即不要那樣做。

[15] 比干：紂王的叔父，因極力勸諫，被紂王剖心而死。

[16] 子胥：春秋時楚人伍員（yún），字子胥。其父兄皆被楚平王殺害，子胥逃到吳國，先後輔佐吳王闔閭、夫差破楚敗越。彼時夫差不乘勝滅越，却以重兵北伐齊國。子胥力陳吳之患在越，夫差不聽，反信伯嚭讒言，迫使子胥自殺，並用皮囊盛骸沉入江中。　鴟夷：又作鴟鵊，馬皮制的袋。

語曰："有白頭如新，傾蓋如故[1]。"何則？知與不知也[2]。故樊於期逃秦之燕，藉荆軻首以奉丹事[3]；王奢去齊之魏，臨城自剄以卻齊而存魏[4]。夫王奢、樊於期非新於齊、秦而故於燕、魏也，所以去二國、死兩君者，行合於志，慕義無窮也。是以蘇秦不信於天下，爲燕尾生[5]；白圭戰亡六城，爲魏取中山[6]。何則？誠有以相知也。蘇秦相燕，人惡之燕王，燕王按劍而怒，食以駃騠[7]；白圭顯於中山[8]，人惡之魏文侯[9]，文侯賜以夜光之璧。何則？兩主二臣，剖心析肝相信，豈移於浮辭哉[10]！

故女無美惡，入宮見妒；士無賢不肖，入朝見嫉。昔司馬喜臏脚於宋，卒相中山[11]；范雎拉脅折齒於魏，卒爲應侯[12]。此二人者，皆信必然之畫[13]，捐朋黨之私，挾孤獨之交[14]，故不能自免於嫉妒之人也。是以申徒狄蹈雍之河[15]，徐衍負石入海[16]，不容於世，義不苟取比周於朝[17]，以移主上之心。故百里奚乞食於道路[18]，繆公委之以政[19]；甯戚飯牛車下[20]，桓公任之以國。此二人者，豈素宦於朝，借譽於左右，然後二主用之哉？感於心，合於行，堅如膠漆[21]，昆弟不能離，豈惑於衆口哉？故偏聽生姦，獨任成亂。昔魯聽季孫之説逐孔子[22]，宋任子冉之計囚墨翟[23]。夫以孔、墨之辯，不能自免於讒諛，而二國以危。何則？衆口鑠金，積毀銷骨也[24]。秦用戎人由余而伯中國[25]，齊用越人子臧而彊威、宣[26]。此二國豈拘於俗[27]，牽於世，繫奇偏之浮辭哉[28]？公聽並觀，垂明當世。故意合則胡越爲兄弟，由余，子臧是矣；不合則骨肉爲讎敵，朱、象、管、蔡是矣[29]。今人主誠能用齊、秦之明，後宋、魯之聽，則五伯不足侔[30]，而三王易爲也[31]。

【注釋】

[1] "有白頭"二句：意謂有些人相識多年，直到頭髮白了，還和新結識一樣，沒有什麼感情；有些人路上偶遇，駐車傾談，却好像多年故交一般。傾蓋，指兩車緊緊挨着，把傘蓋都擠歪了。

[2] "知與"句："傾蓋如故"是因爲相知，"白頭如新"是因爲不相知。

[3] "故樊於期"二句：秦將樊於期因伐趙兵敗，亡命燕國，受到太子丹禮遇。秦王懸重賞捉拿他。荆軻入秦行刺，樊於期慷慨自刎，讓荆軻用其頭作爲晉見秦王的禮物。

[4]　"王奢"二句：齊臣王奢，因得罪齊王，逃到魏國。後來齊伐魏，王奢登城對齊將說："講義氣的人不苟且偷生，我絕不爲了自己使魏國受累。"於是自刎而死。

[5]　"蘇秦"二句：蘇秦爲戰國時縱橫家，曾遊說六國聯合抗秦，爲縱約之長，並相六國。後來秦壞合縱之約，蘇秦失信於諸國，祇有燕國仍信用他，使之爲相。後蘇秦佯裝去燕之齊，受到慜王重用，暗中仍效忠燕王以圖弱齊強燕，事情敗露後被處以車裂。尾生，《漢書·古今人表》謂其名高，魯人。是古代傳說中堅守信約的男子。《莊子·盜跖》："尾生與女子期於梁下，女子不來，水至不去，抱梁柱而死。"此處用尾生來比喻蘇秦以生命守信於燕。

[6]　"白圭"二句：白圭爲戰國初中山國之將，因連失六城，中山王要治他死罪，他逃到魏國，魏文侯待他極厚，於是他轉而助魏攻滅了中山國。

[7]　食以駃騠（juétí）：猶言"奉之以駃騠"。意謂蘇秦得到燕王厚待。駃騠，良馬名。

[8]　"白圭顯於"句：意謂白圭因取中山而顯貴。

[9]　魏文侯：名斯，一名都。魏桓子之孫。三家分晉後，至魏文侯始被周威烈王冊列爲諸侯。

[10]　移：改變。此指改變心跡。

[11]　"司馬喜"二句：《史記·魯仲連鄒陽列傳》云："昔者司馬喜髕腳於宋，卒相中山。"後來三次爲中山國宰相。髕，古代肉刑之一，剔除膝蓋骨。腳，小腿。

[12]　"范雎"二句：范雎，戰國時魏人。初隨魏國中大夫須賈出使齊國，齊襄公聽說范雎口才好，派人送禮金給他，須賈回國後報告魏相，中傷范雎通齊，使范雎遭到笞刑，以致脅斷齒脫。後來范雎逃到秦國爲相，被封爲應侯。拉，亦作"摺"，折斷。

[13]　"信必然"句：意謂深信自己認爲必然可行之計劃。

[14]　"挾孤獨"句：意謂靠自己單槍匹馬做事。挾，依恃。

[15]　申徒狄：複姓司徒，名狄。商代人。因諫君不聽，投水而死。狄先投入雍水而後流入黃河，故云其"蹈雍之河"。　雍：同"灉"，古代黃河支流，久已堙。故道約在今山東菏澤附近。

[16]　徐衍：史書無傳，據《漢書》服虔注，爲周之末世人。惡世之亂，自殺而亡。

[17]　"義不苟取"句：按照道義不肯隨便採取結黨於朝的手段。比（bì）周，結黨營私。

[18]　"百里奚"句：《漢書》應劭注曰："（百里奚）聞秦繆公賢，欲往干之，乏資，乞食以自致也。"百里奚，春秋時虞國人，曾被楚國捉去放牛。秦繆公知其名，將其贖買至秦，舉以爲相。

[19]　繆公：即秦穆公（？—前621）任好，春秋五霸之一。史書中"秦穆公"與"秦繆公"多混稱雜用，蓋上古繆、穆雙聲通假。一說，繆公爲穆公謚號。

[20]　甯戚：春秋時衛人。因不被用而行商，宿於齊東郭門外。齊桓公夜出迎客，甯戚邊喂牛邊敲着牛角高歌"生不逢堯與舜禪"，桓公聽了，知是賢者，舉用爲大夫。　飯：喂。

[21]　桼：同"漆"。

[22]　季孫：即魯大夫季桓子，名斯。據《論語·微子》載，齊國饋贈女樂給魯國，季桓子故意使魯定公收下女樂，致使魯君怠於政事，三日不聽政，孔子爲此棄官離開魯國。

[23]　"宋任"句：據《史記·魯仲連鄒陽列傳》云："宋信子罕之計而囚墨翟。"《索隱》云："《漢書》作子冉。不知冉是何人。文穎云：'子冉、子罕也。'"未詳確否。

[24] 毀：讒言。　銷：熔化。

[25] 由余：又稱繇余。春秋時人，其祖先爲晉人，後來入居西戎。戎人聽説秦穆公賢明，派由余到秦國考察，穆公發現他很有才幹，於是用計迫其降秦。後來秦國在由余謀劃下攻滅西戎衆多小國，開地千里，稱霸一時。

[26] 子臧：人名。史書無傳。《史記·魯仲連鄒陽列傳》作“越人蒙”。漢末學者張晏説子臧或爲蒙之字也。　威、宣：指齊威王、齊宣王。齊威王（？—前320），任用鄒忌爲相，田忌爲將，孫臏爲軍師，國力漸強。齊宣王（？—前301），齊威王之子。

[27] 拘：原本作“係”，此據《文選》改。

[28] 繫：束縛。　奇偏之浮辭：謂離奇偏頗而没有根據的言論。

[29] 朱：指丹朱，堯之子。相傳他頑凶不肖，因而堯禪位於舜。　象：舜的同父異母弟。曾與父母同謀，想害死舜。　管、蔡：指管叔，蔡叔，皆周武王之弟。武王滅商後，封紂的兒子武庚於殷商故地，讓管叔、蔡叔輔佐他。武王死後，子成王年幼，由周公攝政。管、蔡挾武庚反，周公東征，殺死了武庚、管叔，流放了蔡叔。

[30] 伴：相等。此處指相提並論。

[31] 易爲：《文選》於此下多一“比”字。


是以聖王覺寤，捐子之之心[1]，而不説田常之賢[2]，封比干之後[3]，修孕婦之墓[4]，故功業覆於天下。何則？欲善亡厭也。夫晉文親其讎而彊伯諸侯[5]；齊桓用其仇而一匡天下[6]。何則？慈仁殷勤，誠加於心，不可以虛辭借也[7]。

至夫秦用商鞅之法，東弱韓、魏，立強天下，卒車裂之[8]。越用大夫種之謀[9]，禽勁吳而伯中國，遂誅其身。是以孫叔敖三去相而不悔[10]，於陵子仲辭三公爲人灌園[11]。今人主誠能去驕傲之心，懷可報之意[12]，披心腹，見情素[13]，墮肝膽[14]，施德厚，終與之窮達[15]，無愛於士[16]，則桀之犬可使吠堯，蹠之客可使刺由[17]，何況因萬乘之權，假聖王之資乎[18]？然則荆軻湛七族[19]，要離燔妻子[20]，豈足爲大王道哉？

【注釋】

[1] 子之：戰國時燕王噲之相。噲極信任子之，遂學堯舜禪讓傳位於子之，結果燕國大亂。齊國乘機伐燕，燕王噲死，子之被剁成肉醬。

[2] 説：同“悦”。　田常：即陳恒。春秋時齊簡公的左相。後殺簡公而立其弟平公，相平公，五年專國政。後來齊國終於被田氏所篡奪。　賢：此處偏指才能。

[3] “封比干”句：據説武王伐紂後，曾封比干之子。

[4] “修孕婦”句：紂曾剖孕婦之腹以觀其胎産。此句當指武王克商後，爲此婦修墓。

[5] “晉文”句：晉文公重耳爲公子時，其父獻公聽信驪姬讒言，派宦者寺人披殺他，重耳跳牆逃脱。後重耳歸國爲君，晉臣呂甥、郤芮要殺他，寺人披求見重耳告密，重耳不念舊惡迎見他，遂得免於難。讎，此處指寺人披。

[6] “齊桓”句：齊襄公死後，魯送公子糾回國，其異母弟桓公小白由莒先入。齊魯交戰

中，管仲曾射中桓公的帶鉤。後桓公立，聽從鮑叔牙舉薦，重用管仲爲相，齊國遂霸。仇，此處指管仲。

[7] 以虛辭借：借用空話之義。借，借用。

[8] 車裂：古代的一種酷刑，用牛或馬駕車分裂人身，俗稱五馬分屍。秦孝公死後，商鞅被貴族誣害，車裂而死。

[9] 種：即文種。文種與范蠡均爲春秋時越王勾踐的大臣，曾使已經滅亡的越國復興，使勾踐稱霸諸侯，但後來文種被迫自殺，范蠡逃亡。

[10]「孫叔敖」句：《莊子·田子方》說孫叔敖「三爲令尹而不榮華，三去之而無憂色」。《史記·循吏列傳》也說孫叔敖「三得相而不喜，知其材自得之也；三去相而不悔，知非己之罪也」。孫叔敖，春秋時楚人，曾三次相楚莊王，爲令尹。

[11] 於陵子仲：即陳仲子，戰國時齊人，其先與齊同族。兄戴爲齊相，子仲以爲不義，攜妻適楚，隱居於陵，自稱於陵子仲。楚王聞其賢，派使者持金百鎰欲聘其爲相。子仲不許，與妻子逃走，爲人灌園。

[12]「懷可報」句：懷着讓人可以報答之意。此言是要梁王推誠待士。

[13] 見：同「現」。　情素：真心實意。素，通「愫」，真情。

[14] 墮肝膽：猶言「肝膽塗地」。

[15]「終與之」句：意謂始終與士子同甘苦，共命運。窮，困頓。達，顯貴。

[16] 愛：吝嗇。

[17] 由：指許由。相傳堯欲把天下讓給他，他退而隱於潁水之陽，箕山之下。堯又召他爲九州長，許由聽說後認爲玷污了他的耳朵，於是洗耳於潁水之濱。

[18] 資：能力。

[19] 荊：原本無此字，此據《文選》加。　湛七族：荊軻爲燕刺秦，未成而死，族人皆坐罪被殺（依應劭說）。然顏師古質之曰，遍尋史籍而無荊軻沉七族之事。湛，通「沈」。七族，上自曾祖、下至曾孫謂之七族。

[20] 要離：春秋時吳國刺客。吳王闔閭派專諸刺殺吳王僚後，又懼僚子慶忌復仇。要離用苦肉計，要闔閭斬斷自己右手並燒死自己妻兒，然後逃到慶忌那裏，伺機行刺，爲闔閭效死。　燔（fán）：燒。

臣聞明月之珠[1]，夜光之璧[2]，以闇投人於道，眾莫不按劍相眄者[3]。何則？無因而至前也。蟠木根柢[4]，輪囷離奇[5]，而爲萬乘器者[6]，以左右先爲之容也[7]。故無因而至前，雖出隨珠和璧[8]，祇怨結而不見德[9]；故有人先遊[10]，則枯木朽株，樹功而不忘。今夫天下布衣窮居之士，身在貧羸，雖蒙堯、舜之術，挾伊、管之辯[11]，懷龍逢、比干之意[12]，而素無根柢之容，雖竭精神，欲開忠於當世之君，則人主必襲按劍相眄之跡矣。是使布衣之士不得爲枯木朽株之資也。

【注釋】

[1] 明月之珠：即下文隨侯珠，又名夜明珠。因珠光晶瑩似月，故云。

　　[2] 夜光之璧：指夜間放光的珍貴之璧。

　　[3] 眄：斜視。

　　[4] 蟠木：屈曲的樹。　柢（dǐ）：樹根。

　　[5] 輪囷（qūn）：盤曲貌。　離奇：盤繞屈曲貌。

　　[6] 萬乘：指天子。　器：指服玩之屬。

　　[7] 容：雕飾。

　　[8] 隨珠和璧：《文選》作"隨侯之珠、夜光之璧"。隨珠，相傳隨國之侯見一條大蛇受傷，療而愈之。蛇銜明珠以報其德，故稱隨珠或隨侯珠。隨，春秋時國名。

　　[9] 祇：通"適"。按，《文選》於此字下多一"足"字。

　　[10] 故：原本無"故"字，此據《文選》加。　先遊：介紹薦引。顏師古注："先遊，謂進納之也。"

　　[11] 伊：伊尹。爲商湯賢相，助其滅夏建商。　管：管仲。

　　[12] 龍逢：關龍逢，夏末賢臣，因忠諫夏桀，被囚殺。

　　是以聖王制世御俗，獨化於陶鈞之上[1]，而不牽乎卑辭之語，不奪乎衆多之口[2]。故秦皇帝任中庶子蒙嘉之言[3]，以信荊軻，而匕首竊發[4]；周文王獵涇渭[5]，載呂尚歸[6]，以王天下。秦信左右而亡，周用烏集而王[7]。何則？以其能越攣拘之語[8]，馳域外之議[9]，獨觀乎昭曠之道也[10]。今人主沈諂諛之辭，牽帷廧之制[11]，使不羈之士與牛驥同皁[12]，此鮑焦所以憤於世也[13]。

【注釋】

　　[1]"獨化"二句：意謂君王治理天下，駕馭世俗，當和陶工轉鈞一樣，自有權術。鈞，陶工製作陶器時放在模具下面能夠旋轉的工具。

　　[2] 奪：指受到影響而改變。

　　[3] 中庶子：官名。戰國時爲掌管公族事務的官，漢以後爲太子的屬官。　蒙嘉：人名。秦王寵臣。荊軻入秦，先以千金之禮厚賂蒙嘉，蒙嘉遂在秦王面前爲其美言，使荊軻得以面見秦王。

　　[4] 匕首竊發：荊軻刺秦時，以燕督亢地圖卷匕首獻於秦王，展圖將盡，匕首露，荊軻持匕以刺秦王，不中被殺。

　　[5] 涇渭：二水名。都在今陝西省。

　　[6] 呂尚：姓姜，字子牙。因祖先封於呂，又稱呂尚。呂尚釣於渭水，文王出獵，在渭水之濱見到呂尚，交談後認定呂尚是賢者，於是載之以歸。後來呂尚輔佐武王而有天下。

　　[7] 烏集：像烏鴉一樣猝然聚合。此指烏集之人，即素不相識的人。

　　[8] 越：超出。　攣拘：黏滯，固執。

　　[9] 域外之議：即不受任何局限的議論。

　　[10] 昭：光明。　曠：空曠，寬廣。

　　[11] 帷廧：指近臣妻妾。帷，床帳，喻指妃妾。廧，"牆"的異體字，指宮牆，喻指近臣。　制：制約。

[12] 皁：“皂”的異體字。牲口槽。

[13] 鮑焦：春秋時齊國隱士。相傳因不滿時政，抱木餓死。


　　臣聞盛飾入朝者不以私汙義[1]，底厲名號者不以利傷行[2]。故里名勝母，曾子不入[3]；邑號朝歌[4]，墨子回車[5]。今欲使天下寥廓之士[6]，籠於威重之權[7]，脅於位勢之貴，回面汙行[8]，以事諂諛之人，而求親近於左右，則士有伏死堀穴岩藪之中耳[9]，安有盡忠信而趨闕下者哉[10]？

**【注釋】**

[1] 義，通“儀”。

[2] 底厲名號：指修身立名。底厲，同“砥礪”。本俱指磨刀石，此皆爲修治義。

[3] “里名勝母”二句：《淮南子·説山訓》：“曾子立孝，不過勝母之閭。”勝母，古地名。曾子，名參，爲孔子弟子，以純孝著稱。

[4] 朝歌：殷之故都，在今河南淇縣。紂王曾作樂亦名“朝歌”。

[5] 墨子回車：《淮南子·説山訓》：“墨子非樂，不入朝歌之邑。”墨子主張“非樂”，認爲朝歌就是早晨唱歌的意思，故回車不入以“朝歌”爲名的城邑。

[6] 寥廓：廣遠貌。此指氣度遠大。

[7] 籠：籠絡。

[8] 回面：掉轉面孔。意謂改變態度。

[9] 藪：湖澤。

[10] 闕下：宮闕之下。喻指君王。


　　**【簡析】**梁王平亂建功後，漸有嗣位之意。鄒陽争以不可，被讒入獄，罹患殺身之禍。但他並不曲意逢迎，求憐乞饒，而是繼續諫静，以理抗争，寫下這篇辯誣奇文。文章廣引史實，借古喻今，比物連類，氣勢恢宏，雄辯地揭示了人主沉讒諛則危、任忠信則興的道理，字裏行間勃發一股凜然不遜之氣。全文思路開闊，縱橫捭闔；文氣沉雄，深摯感人；語意鋪排，層見復出；詞采斐然，酣暢淋漓。文章綜合運用了比喻、用典、對比、排比、對偶等多種修辭手法，兼以文體上駢散結合，使文勢摇曳生姿，内容豐贍深透，韻律舒緩有致，更難得滔滔奇文，一氣呵成，難怪梁王閱後立即釋放了他，並敬爲上賓。文章不僅反映出鄒陽作爲策士的膽氣“智略”（《漢書·賈鄒枚路傳》班固語，下同），也充分展示出他“忼慨不苟合”的雄士風格。


# 二十九、上書諫吳王

　　**【題解】**本文選自《漢書·賈鄒枚路傳》，据中華書局1962年版，個别地方參以《文選》李善注本。作者枚乘（？—前140），字叔，淮陰（今屬江蘇）人，西漢辭賦家。初與嚴忌、鄒陽等俱仕吳，爲吳王劉濞郎中，以文辭著稱。吳王謀反，枚乘上書諫阻，不爲聽用，遂與鄒陽等改投梁孝王劉武門下。劉濞起兵後，枚乘再次上書勸諫。七國之亂平定後，漢景帝拜他爲弘農都尉，不久，即託病辭去。武帝即位後，以安車蒲輪召其入京，死於途中。枚乘善於辭賦，《漢書·藝文志》著録“枚乘賦九篇”，所作《七發》今傳於世。原有集二卷，已散佚。《漢書》有《枚乘傳》。近人丁福保輯有《枚叔集》。

　　臣聞“得全者昌，失全者亡[1]”。舜無立錐之地，以有天下；禹無十户之聚[2]，以王諸侯。湯武之土不過百里，上不絶三光之明[3]，下不傷百姓之心者，有王術也[4]。故父子之道，天性也[5]。忠臣不避重誅以直諫，則事無遺策，功流萬世。臣乘愿披腹心而效愚忠，惟大王少加意念惻怛之心於臣乘言[6]。

【注釋】

　　[1] 全：完備，指行爲完美無瑕。原本在兩個“者”後都有“全”字，此據《文選》刪去。

　　[2] 聚：村落。

　　[3]“上不絶”句：意謂天無日食月食現象，衆星也運轉正常。古人認爲：天象異常乃是上天對帝王的警示，反之則表明天下有道。　三光：高誘《淮南子注》曰：“三光，日、月、星也。”

　　[4] 王（wàng）術：王天下之術。

　　[5]“故父子”二句：語出《孝經·聖治章》。此處説“父子”下句説“臣”，意謂父子君臣的道理是一樣的。

　　[6] 惻怛（dá）：猶云惻隱，憐憫之義。

　　夫以一縷之任[1]，係千鈞之重，上縣無極之高[2]，下垂不測之淵，雖甚愚之人猶知哀其將絶也。馬方駭鼓而驚之[3]，係方絶又重鎮之[4]；係絶於天不可復結，隊入深淵難以復出[5]。其出不出，間不容髮[6]。能聽忠臣之言，百舉必脱[7]。必若所欲爲，危於累卵[8]，難於上天；變所欲爲，易於反掌，安於太山。今欲極天命之上壽[9]，敝無窮之極樂[10]，究萬乘之勢，不出反掌之易，以居泰山之安，而欲乘累卵之危，走上天之難，此愚臣之所以爲大王惑也。

【注釋】

　　[1] 任：負擔，擔當。

　　[2] 縣：同“懸”。

　　[3] 方：將。

　　[4] 係：縷。　重：指加大重量。　鎮：壓。

　　[5] 隊：同“墜”。墜落。

　　[6]“其出不出”二句：意謂出得來與出不來，其間相差極微。暗示可否脱離災禍，取決於今日一念之間。

　　[7] 脱：指脱離災禍。

　　[8] 累（lěi）：“累”的古字。堆疊。

　　[9] 天命之上壽：即天賦之上壽。命，賦予。上壽，上等之壽，指百歲之上。一説上壽指

百二十歲。原本無"上"字，此據《文選》加。

　　[10] 敝：通"弊"。盡。此指享盡。


　　人性有畏其景而惡其跡[1]，卻背而走，迹逾多，景逾疾，不知就陰而止[2]，景滅迹絕。欲人勿聞，莫若勿言；欲人勿知，莫若勿爲。欲湯之滄[3]，一人炊之，百人揚之[4]，無益也，不如絕薪止火而已。不絕之於彼，而救之於此，譬猶抱薪而救火也。養由基，楚之善射者也[5]，去楊葉百步，百發百中。楊葉之大，加百中焉，可謂善射矣。然其所止，乃百步之內耳，比於臣乘，未知操弓持矢也[6]。

【注釋】

　　[1] 景：《漢書》作"影"，今按《昭明文選》作"景"。景，同"影"。　　跡：腳印。

　　[2] 陰：指陽光照射不到的地方。

　　[3] 湯：沸水。　　滄（cāng）：寒冷。

　　[4] 揚：指將沸水舀起再傾下，使之散熱。

　　[5] "養由基"二句：事見《史記·周本紀》："楚有養由基者，善射者也，去柳葉百步而射之，百發而百中之。"

　　[6] "然其所止"四句：意謂自己所見甚遠，而養由基所見止於百步之內，與作者相比，等於是未知操弓持矢。


　　福生有基，禍生有胎[1]；納其基[2]，絕其胎，禍何自來？泰山之霤穿石[3]，單極之統斷幹[4]。水非石之鑽，索非木之鋸，漸靡使之然也[5]。夫銖銖而稱之，至石必差；寸寸而度之，至丈必過。石稱丈量，徑而寡失[6]。夫十圍之木，始生如蘗[7]，足可搔而絕[8]，手可擢而拔[9]，據其未生，先其未形也。磨礱底厲[10]，不見其損，有時而盡；種樹畜養，不見其益[11]，有時而大；積德累行，不知其善，有時而用；棄義背理，不知其惡，有時而亡。臣願大王孰計而身行之[12]，此百世不易之道也。

【注釋】

　　[1] 胎：始。

　　[2] 納：接受。

　　[3] 霤：本指水從屋簷流下，此處指從山上往下流的水。

　　[4] "單極之統（gěng）"句：意謂水井上那根橫木，因爲繩索的反復纏繞可致磨斷。極，本指屋樑，此指轆轤上的橫木。統，通"綆"，汲水之繩。幹，通"榦"，也指轆轤上的橫木。

　　[5] 靡：通"摩"。摩擦。

　　[6] 徑：直接。

　　[7] 如：《文選》作"而"。　　蘗（niè）：樹木被伐去後新長出的嫩芽。

　　[8] 搔：此指用腳趾撓撥。

NOTE

[9] 擢：拔，揪。　拔：指拔出來。

[10] 礱（lóng）：磨。　底厲：《文選》作"砥礪"。皆爲"磨"義。

[11] 益：生長。

[12] 孰：同"熟"。仔細。

【簡析】本篇是枚乘首次上書。其時吳王尚未起兵，爲免授人以柄，全篇對所諫之事不著一詞，對事理分析也未便明言。如此諫書，貌似無從下筆，而枚乘却寫得風生水起，氣勢逼人而又情理交融。全文以旁敲側擊、迂曲暗示之法影射説理，將重點放在揭示危局上。爲申明懸崖勒馬、變所欲爲方可避災遠禍之意，作者不惜筆墨，廣引博喻，鋪排誇飾，情詞激越，將吳王處境之艱、吉凶正懸於一綫的危險不遺餘力地做了渲染，如"係絶於天不可復結，墜入深淵難以復出""必欲如若所爲，危若累卵，難於上天"等句，詞鋒犀利之極，而又用心良苦之至，讀後令人有履冰臨谷、心驚膽懾的觸動。文章雖屢作危言聳聽之論，却全無語過之嫌，就在於文中滲透了作者的真情實意。

## 三十、報任安書

【題解】本文選自《漢書·司馬遷傳》，中華書局 1962 年 6 月出版。個別地方參以《文選》李善注本。作者司馬遷，其生平及作品介紹見前《司馬相如列傳》"題解"。本文是司馬遷寫給朋友任少卿的一封復信。少卿名安，西漢滎陽（今屬河南）人，曾任益州刺史等職。征和二年（前 91），戾太子發兵殺江充等，曾命當時任北軍使者護軍（監理京城禁衛軍北軍的官員）的任安發兵。任安接受了命令，但按兵未動。太子事平後，任安也被判腰斬。他生前曾寫信給司馬遷，希望司馬遷利用中書令一職"推賢進士"，司馬遷沒有立即答復，直至任安臨刑前，才寫了這封著名的回信，表達了"刑餘之人"難以薦士的苦衷。在信中，司馬遷以無比激憤的心情，申訴了自己的不幸遭遇，抒發了内心的巨大痛苦和所遭受的精神折磨，反復説明"隱忍苟活"的原因，是爲完成《史記》的創作，從而反映了司馬遷爲實現個人理想而甘受凌辱、堅韌不屈的可貴精神。

太史公牛馬走司馬遷再拜言少卿足下[1]：曩者辱賜書[2]，教以慎於接物，推賢進士爲務[3]。意氣勤勤懇懇[4]，若望僕不相師，而用流俗人之言[5]。僕非敢如是也。僕雖罷駑[6]，亦嘗側聞長者之遺風矣[7]。顧自以爲身殘處穢[8]，動而見尤[9]，欲益反損[10]，是以抑鬱而無誰語[11]。諺曰："誰爲爲之？孰令聽之[12]？"蓋鍾子期死，伯牙終身不復鼓琴[13]。何則？士爲知己者用，女爲悦己者容[14]。若僕大質已虧缺矣[15]，雖材懷隨、和[16]，行若由、夷[17]，終不可以爲榮，適足以發笑而自點耳[18]。書辭宜答，會東從上來[19]，又迫賤事[20]，相見日淺[21]，卒卒無須臾之間得竭指意[22]。今少卿抱不測之罪[23]，涉旬月[24]，迫季冬[25]，僕又薄從上上雍[26]，恐卒然不可諱[27]，是僕終已不得舒憤懑以曉左右[28]，則長逝者魂魄私恨無窮[29]。請略陳固陋[30]。闕然久不報[31]，幸勿過[32]！

## 【注釋】

[1] "太史公"句:《漢書》無此十二字,今據文本格式從《文選》補入。 太史公:官名,即太史令。 牛馬走:自謙之詞,意謂像牛馬一樣供役使的僕人。走,指僕人。

[2] 曩(nǎng):從前,過去。 辱:表謙副詞,猶言承蒙。

[3] "教以"二句:司馬遷受刑出獄後,任中書令一職,總管宮廷書記並負責舉薦人才,所以任安這樣說。接物,待人接物。推賢進士,推舉賢能,引進才士。爲務,作爲應做的事務。

[4] 意氣:指來信的用意和語氣。 勤勤懇懇:誠懇的樣子。

[5] "若望"二句:好像抱怨我沒能遵從你的話行事,而採納了世俗庸人的意見。望,怨,遺憾。師,效法,遵從。

[6] 罷駑:疲弱無用的劣馬。比喻才能低下。罷,通"疲"。駑,劣馬。

[7] 嘗:《漢書》本無此字,今據文義從《文選》補。 側聞:在旁聽到,表謙之詞。長者:指德高望重者。

[8] 顧:但,衹是。 身殘:指身受腐刑。 處穢:處於污穢可恥的境地。

[9] 見尤:被指責。尤,過錯,此處用作動詞。

[10] 欲益反損:本想做點有益的事,反而會把事情搞壞。

[11] 抑鬱:憂愁苦悶的樣子。 無誰語:謂沒有知己可以申訴情懷。

[12] "誰爲爲之"二句:即"爲誰爲之? 令孰聽之?"意謂即使自己想要有所作爲,也因情勢所限,缺乏知音,而沒有誰會聽從自己的。

[13] "蓋鍾子期"二句:事見《吕氏春秋·本味篇》和《列子·湯問》。鍾子期與伯牙俱爲春秋時期楚國人。伯牙善鼓琴,而子期最能從琴聲中聽出伯牙的心意,二人遂結爲至交。後子期亡,伯牙認爲世上再無知音,於是破琴絶弦,終身不復鼓琴。

[14] 者:此句"者"和下句"者"字原本無,此據《昭明文選》加。 説(yuè):同"悦"。喜悦,此指寵愛。 容:修飾、打扮之義。

[15] "若僕"句:指身體已遭受宮刑。大質,指身體。矣,原本無,此據《昭明文選》加。

[16] 隨、和:即隨侯珠與和氏璧,是春秋時期極爲貴重的兩樣寶物。後人常用以比喻才能出衆。

[17] 由、夷:許由和伯夷。古人認爲二人是品質高尚的典型。許由,傳說中人物。相傳堯曾想把君位讓給他,他逃到箕山下種田自食,不肯接受。後來堯又請他做九州長,他却跑到潁水旁去洗耳,表示不願聽從。伯夷,商末孤竹君的長子,爲和弟弟叔齊推讓君位繼承權而逃離孤竹。武王伐紂時,他曾馬前諫阻,認爲臣下不該攻殺君上。商亡後,伯夷和叔齊痛心疾首,逃到首陽山,不食周粟而死。

[18] 自點:自取污辱。點,玷污。

[19] 會:適逢。 東從上來:指征和二年(前91)七月庚太子舉兵後,武帝自甘泉宮(在今陝西淳化縣西北)回到長安。上,皇上,指漢武帝。

[20] 又迫賤事:又迫於應付雜事。賤事,謙詞,指煩瑣的事務。

[21] 淺:少。

NOTE

［22］卒卒（cùcù）：倉猝急迫的樣子。卒，通“猝”。　得竭指意：能夠盡述内心的意旨。指回信。指，通“旨”。

［23］不測之罪：指大罪，死罪。不測，不可預料。多指禍患。

［24］涉旬月：過了一個月。旬，滿，周匝。

［25］迫：近。　季冬：冬天的第三個月，即夏曆十二月。漢律規定於此月處決囚犯。

［26］薄：迫，靠近。　上上：前一個“上”字指皇帝，後一個“上”字指登上。　雍：地名，春秋時秦國故都，在今陝西省鳳翔縣南。那裏築有祭祀天神的高壇。據《漢書·武帝紀》記載，征和三年（前90）正月，武帝曾到過雍。

［27］不可諱：“死”的委婉説法，意指任安恐怕會受刑而死。

［28］終已：猶言終於。　左右：指任安。不直稱對方，而稱對方左右的人，表示尊敬。

［29］長逝者：即死者，指任安。

［30］固陋：固塞鄙陋之見。表謙之詞。

［31］“闊然”句：意謂長時間沒有復信。闊然，時隔很久。報，答復。遠在未犯罪之前任安就給司馬遷來了信，故云。

［32］幸：希望。　過：責怪。

　　僕聞之，修身者，智之府也[1]；愛施者，仁之端也[2]；取予者，義之符也[3]；恥辱者，勇之決也[4]；立名者，行之極也[5]。士有此五者，然後可以託於世[6]，列於君子之林矣。故禍莫憯於欲利[7]，悲莫痛於傷心，行莫醜於辱先[8]，而詬莫大於宮刑[9]。刑餘之人[10]，無所比數[11]，非一也[12]，所從來遠矣。昔衛靈公與雍渠同載，孔子適陳[13]；商鞅因景監見，趙良寒心[14]；同子參乘，爰絲變色[15]：自古而恥之。夫中材之人[16]，事關於宦豎[17]，莫不傷氣[18]，況忼慨之士乎[19]！如今朝雖乏人，奈何令刀鋸之餘[20]，薦天下豪儁哉？

　　僕賴先人緒業[21]，得待罪輦轂下[22]，二十餘年矣。所以自惟[23]：上之，不能納忠效信[24]，有奇策材力之譽，自結明主[25]；次之，又不能拾遺補闕[26]，招賢進能，顯巖穴之士[27]；外之，又不能備行伍[28]，攻城野戰，有斬將搴旗之功[29]；下之，不能累日積勞，取尊官厚禄，以爲宗族交遊光寵[30]。四者無一遂，苟合取容[31]，無所短長之效[32]，可見於此矣[33]。鄉者[34]，僕亦嘗廁下大夫之列[35]，陪外廷末議[36]，不以此時引綱維[37]，盡思慮，今已虧形爲埽除之隸[38]，在闒茸之中[39]，乃欲卬首信眉[40]，論列是非[41]，不亦輕朝廷，羞當世之士邪！嗟乎！嗟乎！如僕，尚何言哉！尚何言哉！

【注釋】

［1］“修身者”二句：意謂一個人祇有修身不懈，才能不斷增進才智水準。府，指所聚之處。一本“府”作“符”。

［2］“愛施者”二句：意謂一個人是否有同情及樂善好施之心，是考察他仁愛與否的首要條件。端，開端，起點。

[3] "取予者"二句：意謂一個人的取捨標準乃是考察他行爲是否合乎義理的憑證。符，信符，憑證。一本"府"作"表"。

[4] "恥辱者"二句：意謂從一個人對待恥辱的態度中，可以判斷他是否勇敢。決，判斷，決斷。

[5] "立名者"二句：意謂一個人若能名垂青史，就表明他的品行已到達了最高境界。立名，樹立好的名聲。行，品行。極，窮盡，文中指最高的境界。

[6] 託：寄託，生存。

[7] 憯：通"慘"。　欲利：貪欲私利。

[8] 辱先：污辱祖先。

[9] 詬（gòu）：耻辱。　宫刑：也稱腐刑，是古代一種閹割男子生殖器的酷刑。

[10] 刑餘之人：指在刑罰下得到餘生的人，即受過刑的人，此處指宦者。

[11] 無所比數：意謂人們都不屑於將"刑餘之人"視爲同輩，計算在同類之中。比，並列，放在一起。數（shǔ），計算。

[12] 非一也：意謂這樣的事不止一兩例。一本"一"後有"世"字。

[13] "昔衛靈公"二句：衛靈公名允，是春秋時期衛國的無道之君。有一次，他與夫人同車出遊，讓宦者雍渠陪坐在右邊，讓孔子坐第二輛車，招摇過市。孔子感到很耻辱，説："我没見過像這樣好色的人，"於是離開了衛國到陳國去。事見《史記·孔子世家》。

[14] "商鞅"二句：商鞅是靠着秦君寵宦景監的引見才得以面見孝公，得官受封的。這在當時被認爲是不名譽的事，所以賢士趙良爲他感到寒心。事見《史記·商君列傳》。商鞅，本是衛國的庶公子，故又稱衛鞅。戰國時著名的政治家。他曾西入秦國，佐孝公變法，使秦變得富强起來。後來孝公以商於之地（今陝西省商縣）封鞅，因號商鞅或商君。趙良，當時秦國的賢士。

[15] "同子參乘"二句：有一次，漢文帝坐車去朝見母親，令宦官趙談參乘，爰盎伏在車前諫阻説："我聽説與天子同車者，都是天下豪傑，今漢雖乏人，陛下也不至與宦者同乘吧？"於是文帝笑令趙談下車。事見《漢書·爰盎傳》。同子，司馬遷爲避父（司馬談）諱，將文帝時的宦官趙談稱爲"同子"。其中"同"指名字相同，"子"是尊稱。參乘，陪坐在車的右邊。爰絲，亦作"袁絲"。名盎，字絲。漢文帝時人，官至太常，以敢於直諫而聞名。變色，變了臉色，指發怒。

[16] 中材之人：指一般人。

[17] 宦豎：即宦官。豎，宫廷中服雜役的小臣，後來也常用以泛指卑賤者。

[18] 傷氣：挫傷了志氣。指感到羞辱。

[19] 忼慨之士：此處指才志非凡、氣概昂揚的人。忼，同"慷"。

[20] 刀鋸之餘：意同前文"刑餘之人"。刀鋸，古代的刑具。

[21] 緒業：前人留下來的事業。這裏指司馬遷繼承父職任太史令。

[22] 待罪：謙詞，指做官。　輦轂（niǎngǔ）下：本指皇帝車駕的左右，漢代以後也泛指京城。

[23] 惟：思。

[24] 納忠：進納忠言。　效信：獻出自己誠實的心意。

［25］結：結識。文中指取得信任。

［26］拾遺補闕：做些別人遺漏的小事，彌補一些事務中的缺欠。這是謙虛的説法。

［27］顯：使顯貴。　巖穴之士：隱居在山岩洞穴中的有用之才。

［28］備行（háng）伍：指供職於軍隊。行伍，古代軍隊的編制。五人爲伍，五伍爲行。此代指軍隊。

［29］搴（qiān）旗：指作戰中拔取敵人的旗幟。搴，拔取。

［30］宗族交遊：即親戚朋友。　光寵：光榮。

［31］苟合取容：勉強求和以獲得容身。

［32］無所：即無有。　短長：猶言大小。　效：成就，貢獻。

［33］"可見"句：即"於此可見矣"。

［34］鄉者：從前。鄉，通"嚮"。

［35］廁：置身於，參與。　下大夫：指太史令一職。漢代的太史令秩俸六百石，以古制比之，相當於周代的下大夫。這裏是謙詞。

［36］外廷：外朝。漢代將朝廷裏的官員分爲中朝官和外朝官，太史令屬於外朝官。　末議：指微不足道的議論。這也是謙詞。

［37］引綱維：援引綱常法令。意思是按照國法做些有用的事。綱維，總綱和四維比喻國家的綱紀法令。

［38］埽除之隸：打掃污穢的差役。比喻自己地位低下。埽，通"掃"。隸，差役。

［39］闒茸（tàróng）：下賤。此指微賤之人。

［40］卬：通"昂"。　信：通"伸"。

［41］列：陳述。


　　且事本末未易明也[1]。僕少負不羈之才[2]，長無鄉曲之譽[3]，主上幸以先人之故，使得奉薄技[4]，出入周衛之中[5]。僕以爲戴盆何以望天[6]，故絕賓客之知[7]，忘室家之業，日夜思竭其不肖之才力，務壹心營職[8]，以求親媚於主上[9]，而事乃有大謬不然者[10]。

【注釋】

［1］本末：指事情從頭到尾的整個經過。

［2］負：欠，欠缺。一説爲"恃，依靠"之意。　不羈之才：指才志高遠，不可約束。

［3］鄉曲之譽：鄉里的稱譽，指被地方上舉爲"賢良方正"。漢代士子多以此爲下層政治階梯，司馬遷不由此進身，故自云無"鄉曲之譽"。鄉曲，鄉里。譽，稱譽，好評。

［4］奉：進獻。　薄技：小技，微薄的才能。

［5］周衛之中：護衛周密的地方。指宮禁之中。

［6］"戴盆"句：爲當時諺語，是説戴着盆子與望天，二者不可兼得。比喻自己一心營職，無暇他顧。

［7］"故絕"句：所以和朋友們斷絕了來往。知，瞭解，引申指音訊。

［8］務：致力於。

[9] 親媚：親近討好之意。

[10] 乃：竟然。　大謬：大錯。　不然：不像所想的那樣。是說在自己的仕宦生涯中出了意外的亂子。

夫僕與李陵[1]，俱居門下[2]，素非相善也，趣舍異路[3]，未嘗銜杯酒接殷勤之歡[4]。然僕觀其爲人自奇士；事親孝，與士信，臨財廉，取予義，分別有讓[5]，恭儉下人[6]。常思奮不顧身，以徇國家之急[7]。其素所畜積也[8]，僕以爲有國士之風[9]。夫人臣出萬死不顧一生之計，赴公家之難，斯已奇矣。今舉事壹不當，而全軀保妻子之臣，隨而媒孽其短[10]，僕誠私心痛之！且李陵提步卒不滿五千，深踐戎馬之地，足歷王庭[11]，垂餌虎口[12]，橫挑彊胡[13]，卬億萬之師[14]，與單于連戰十餘日[15]，所殺過當[16]。虜救死扶傷不給[17]，旃裘之君長咸震怖[18]，乃悉徵左右賢王[19]，舉引弓之民[20]，一國共攻而圍之。轉鬥千里，矢盡道窮，救兵不至，士卒死傷如積。然李陵一呼勞軍，士無不起躬流涕[21]，沫血飲泣[22]，張空弮[23]，冒白刃，北首爭死敵者[24]。陵未沒時[25]，使有來報[26]，漢公卿王侯皆奉觴上壽[27]。後數日，陵敗書聞，主上爲之食不甘味，聽朝不怡[28]，大臣憂懼，不知所出。僕竊不自料其卑賤，見主上慘悽怛悼[29]，誠欲效其款款之愚[30]，以爲李陵素與士大夫絕甘分少[31]，能得人之死力，雖古名將不能過也。身雖陷敗彼，觀其意，且欲得其當而報漢[32]；事已無可奈何，其所摧敗，功亦足以暴於天下[33]。僕懷欲陳之，而未有路，適會召問，即以此指，推言陵功[34]。欲以廣主上之意，塞睚眦之辭[35]。未能盡明，明主不深曉，以爲僕沮貳師[36]，而爲李陵遊説，遂下於理[37]，拳拳之忠[38]，終不能自列[39]。因爲誣上，卒從吏議[40]，家貧，貨賂不足以自贖[41]。交遊莫救，左右親近不爲壹言[42]。身非木石，獨與法吏爲伍，深幽囹圄之中[43]，誰可告愬者，此正少卿所親見，僕行事豈不然邪？李陵既生降，隤其家聲[44]，而僕又佴以蠶室[45]，重爲天下觀笑[46]。悲夫！悲夫！事未易一二爲俗人言也[47]。

【注釋】

[1] 李陵（？—前74）：漢武帝時期的名將，隴西成紀（今甘肅静寧南）人，字少卿，西漢名將李廣之孫。天漢二年（前99），漢武帝出兵三路攻打匈奴，以其寵妃李夫人之弟李廣利爲主力，李陵爲偏師。在一次深入敵後的戰役中，李陵以五千步兵對敵匈奴十萬騎兵，勇戰十餘日，重創匈奴，後因矢盡援絕被擒而降。事跡詳見《史記·李將軍列傳》或《漢書·李陵傳》。

[2] 俱居門下：李陵曾任侍中，司馬遷當時任太史令，都是能出入宫廷的官，故曰"俱居門下"。

[3] 趣舍異路：各人所走或不走的道路彼此不同，比喻兩人志向不同。趣，奔向，奔赴。一本作"趨"。舍，止。

[4]“未嘗”句：不曾有喝上一杯酒、彼此殷勤接觸的交情。

[5]分別：指能分別長幼尊卑。　有讓：有謙讓之禮。

[6]恭儉：偏義複詞，義偏於“恭”。　下人：下於人，即謙居於人下之意。

[7]徇：捨身以從其事。徇，同“殉”。

[8]畜積：此指平常一貫的表現。

[9]國士：指一國之中才能優秀的人物。

[10]媒孽：亦作“媒糵”。原指酵母和酒麴。後比喻藉端誣陷，釀成別人的罪過。

[11]王庭：指匈奴君王所居之所。

[12]“垂餌”句：李陵想誘敵深入，故云。

[13]橫挑：此指勇敢地挑戰。

[14]卬：同“仰”。仰攻。漢軍向北，匈奴向南，北方地高，故曰“仰”。

[15]單于：漢時匈奴君長的稱號。

[16]所殺過當：指所殺之敵超過了漢軍的數目。當（dàng），相當的，相等的。

[17]不給（jǐ）：猶言不暇，來不及。給，供給。

[18]旃（zhān）裘：原指匈奴等古代北方遊牧民族所穿的用獸毛製成的衣服，此指匈奴。旃，通“氈”。

[19]左右賢王：即左賢王、右賢王。是匈奴最高的官位，分領東西兩部。

[20]“舉引弓”句：發動所有能拉弓射箭的人。舉，發動。

[21]起躬：意謂士卒已經負傷倒地了，又爬起作戰。躬，身。

[22]沬（huì）血：以血洗面，意謂血流滿面。沬，洗臉。

[23]弮（quān）：弩弓。

[24]死敵：猶言死於敵，意謂跟敵人拼命。

[25]沒：指軍隊覆沒。

[26]使有來報：據《漢書·李陵傳》載，李陵出兵後，“舉圖所過山川地形，使麾下騎陳步樂還以聞。步樂召見，道陵將率得士死力，上甚説，拜步樂爲郎”。該句當指此事。

[27]奉觴上壽：一般指在宴會上向尊者進酒祝壽。此指祝捷。觴，指盛了酒的爵。上壽，獻祝壽之詞。

[28]聽朝：指上朝聽政。

[29]慘愴怛（dá）悼：皆“悲傷”意。

[30]款款：懇切忠誠貌。

[31]絕甘分少：把好吃的東西讓給大家，不多的東西與人共用。形容待己刻薄，待人優厚。

[32]得其當：得到合適的時機。當，合，此指合適的時機。

[33]暴（pù）：暴露，昭示。

[34]推言：猶言闡述。推，推廣。

[35]睚眥（yázì）之辭：指怨家之辭（見周壽昌《漢書注校補》）。睚眥，怒目而視。

[36]沮：毀壞。　貳師：即貳師將軍李廣利。太初元年（前104），武帝曾派其至大宛國貳師（地名）奪取良馬，因以貳師爲廣利之號。李陵兵敗降敵後，武帝震怒，遷爲李陵開脫，

武帝便以爲司馬遷曲護李陵目的是詆毀李廣利從而將其治罪。

[37] 理：即大理。九卿之一，掌管訴訟刑獄之事。此官秦時稱廷尉，景帝時改稱大理，武帝時又改回。此是沿用舊名。

[38] 拳拳：忠誠恭謹的樣子。

[39] 列：列舉。此指陳述。

[40] "因爲誣上"二句：獄吏因而認定司馬遷是誣上之罪，而武帝最終也同意了獄吏的判決。

[41] "貨賂"句：依照漢律，免除死罪的方法有二：一是出錢五十萬，二是處以宮刑。貨賂，即財物。

[42] 左右親近：此指皇帝左右近臣。

[43] 幽：禁閉，關閉。 囹圄（língyǔ）：監獄。

[44] 隤（tuí）：敗壞。

[45] 佴（èr）：相次，隨後。 蠶室：古代執行宮刑及受宮刑者所居之獄室。受過宮刑的人懼怕風寒，所居之室必須嚴密而溫暖，就像養蠶的屋子一樣，所以稱蠶室。

[46] 重（chóng）：深深地。

[47] "事未易"句：意謂如果我把心裏的話全説出來，就更不爲俗人所瞭解了。


僕之先人[1]，非有剖符丹書之功[2]，文史星曆[3]，近乎卜祝之間[4]，固主上所戲弄，倡優畜之[5]，流俗之所輕也。假令僕伏法受誅，若九牛亡一毛，與螻螘何異[6]？而世又不與能死節者比[7]，特以爲智窮罪極，不能自免，卒就死耳。何也？素所自樹立使然[8]。人固有一死，死有重於泰山，或輕於鴻毛，用之所趨異也[9]。太上不辱先[10]，其次不辱身，其次不辱理色[11]，其次不辱辭令[12]，其次詘體受辱[13]，其次易服受辱[14]，其次關木索、被箠楚受辱[15]，其次鬄毛髮、嬰金鐵受辱[16]，其次毀肌膚、斷肢體受辱[17]，最下腐刑，極矣[18]！傳曰"刑不上大夫[19]。"此言士節不可不勉也[20]，猛虎處深山，百獸震恐，及其在穽檻之中[21]，搖尾而求食，積威約之漸也[22]。故士有畫地爲牢勢不入[23]，削木爲吏議不對[24]，定計於鮮也[25]。今交手足[26]，受木索，暴肌膚[27]，受榜箠[28]，幽於圜牆之中[29]。當此之時，見獄吏則頭槍地[30]，視徒隸則心惕息[31]。何者？積威約之勢也。及已至此，言不辱者，所謂彊顏耳[32]，曷足貴乎！且西伯，伯也，拘羑里[33]；李斯，相也，具五刑[34]；淮陰，王也，受械於陳[35]；彭越、張敖[36]，南鄉稱孤[37]，系獄具罪[38]；絳侯誅諸呂，權傾五伯，囚於請室[39]；魏其，大將也，衣赭，關三木[40]；季布爲朱家鉗奴[41]；灌夫受辱居室[42]：此人皆身至王侯將相，聲聞鄰國，及罪至罔加[43]，不能引決自財[44]，在塵埃之中[45]，古今一體[46]，安在其不辱也！由此言之，勇怯，勢也；彊弱，形也[47]。審矣[48]，曷足怪乎！且人不能蚤自財繩墨之外[49]，已稍陵夷至於鞭箠之間[50]，乃欲引節[51]，斯不亦遠乎？古人所以重施刑於大夫者[52]，殆爲此也。夫人情莫不貪生惡死，念親戚[53]，顧妻子[54]，至激於義理者不然[55]，乃有不得已也[56]。今僕不幸，蚤失二親，無兄弟之親，獨身孤立。少卿視僕於妻子何如哉[57]？且勇者不必死節，怯夫慕義，何處不勉焉[58]！僕雖怯耎欲苟活[59]，亦頗識去就之分矣[60]，何至自湛溺縲絏之辱哉[61]！且夫臧獲婢妾猶能引決[62]，況若僕之不得已乎[63]？所以隱忍苟活[64]，函糞土之中而不辭者[65]，恨私心有所不盡[66]，鄙没世而文采不表於後也[67]。

**【注釋】**

[1] 先：先人。

[2] 剖符丹書：漢代皇帝賜給功臣的特殊待遇。剖符，即將竹制的契約（符）分剖爲二，皇帝與受賜功臣各執其一。上邊刻有同樣的誓言，意思是說皇帝永久信任有關功臣，不會改變其爵位。丹書，又稱丹書鐵券，是在鐵製的券契上用朱砂寫上誓詞，作爲後代子孫有罪可以赦免的憑信。

[3] 文史星曆：文獻、史籍、天文、律曆，這些都是太史令所掌管的事。星，指天文學。

[4] 卜：占卜之官。　祝：祭祀時贊辭的人。

[5] “固主上”二句：意謂自己像社會地位卑下的藝人一樣被統治者戲弄、養活着。倡優，樂工伶人。此處用爲狀語。畜（xù），蓄養。

[6] 螻螘：即螻蟻。螘，“蟻”的異體字。

[7] 死節者：堅守節操而死者。　比：並列。此指相提並論。

[8] 所自樹立：自己用以立身於世者。指自己的工作和職位。

[9] “用之”句：意謂因死的趨向不一樣（而有泰山鴻毛之分）。用，因爲。之，指死。趨，趨向。

[10] 太上：最上，第一位。

[11] 不辱理色：道理和臉面上都未受到屈辱。

[12] 不辱辭令：不被人用言辭教令來加以申斥。

[13] 詘（qū）體：猶言屈體。彎曲肢體，謂被繩索捆綁。

[14] 易服：指換上罪人的赭（深紅）色囚衣。

[15] 關木索：戴上刑具。關，貫，指戴上。木，指枷。索，繩索。　被箠（chuí）楚：遭受杖刑。被，遭受。箠，杖。楚，荆條。

[16] 鬄毛髮：剃光頭髮去做工，即所謂“髡（kūn）刑”。鬄，通“剃”。　嬰金鐵：頸上帶着鐵鏈去做工，即所謂“鉗刑”。嬰，環繞。

[17] 毀肌膚斷肢體：指遭受黥（qíng）、劓（yì）、刖（yuè）、臏（bìn）等殘酷肉刑。

[18] 極矣：指壞到頂點了。

[19] “刑不上”句：語見《禮記·曲禮上》。指大夫犯法，可以不受刑罰。

[20] 士節：士的氣節。　厲：同“礪”。磨礪。

[21] 穽：同“阱”。捕獸的陷阱。　檻：關野獸的木籠。

[22] “積威約”句：意謂長期的威力約制，漸漸地把猛虎馴服下來。漸（jiān），浸漬，引申爲漸進。此處用作名詞，指逐漸受感染的結果。

NOTE

[23]“故士有”句：意謂即使在地上畫個範圍作爲監牢，也勢不能進入。極言監牢的可怖。

[24]“削木”句：意謂即使刻個木人做獄吏，衆人認爲也不可面對着它。極言封建時代獄吏的兇殘。

[25]“定計”句：意謂不必等到遇刑受辱，就準備自殺。鮮，不以壽終爲鮮（依清沈欽韓説）。

[26]交手足：指手足被捆綁。

[27]暴肌膚：指受刑時被剝去衣服。

[28]榜：鞭打。

[29]圜（yuán）牆：指牢獄。

[30]槍地：叩頭觸地。槍，通“搶”。觸，碰。

[31]徒隸：指獄卒，即獄中看管囚犯的差役。　心惕息：膽戰心驚、不敢喘息之意。惕，怕。息，喘氣。

[32]彊（qiǎng）顔：強作笑顔，即“厚着臉皮”之意。彊，同“強”。

[33]“且西伯”三句：據《史記·周本紀》載，崇侯虎曾在紂王面前誣陷西伯昌，説他積善累德，將不利於殷紂，於是紂王將西伯囚於羑（yǒu）里。西伯，即周文王姬昌，當時是西方諸侯之長。伯，方伯，指一方諸侯之長。牖里，從《史記》當作“羑里”，是紂王囚禁文王的地方，在今河南湯陰縣境內。

[34]“李斯”三句：據《史記·李斯列傳》載，秦二世胡亥即位後，荒淫無道，丞相李斯上書諫戒，胡亥不但不聽，反而聽信趙高的誣詞，把李斯殺害了。具五刑，受遍五刑。據《漢書·刑法志》載：“漢興之初……其大辟（死刑）尚有夷三族之令。令曰：‘當三族者皆先黥（在臉上刺字）劓（割鼻子），斬左右趾，笞殺之，梟（懸頭示衆）其首，菹（zū，即醢hǎi，剁成肉醬）其骨肉於市，其誹謗詈詛者又先斷舌。’故謂之具五刑。”漢初承用秦制，秦時的五刑也當如此。

[35]“淮陰”三句：據《史記·淮陰侯列傳》載，韓信被封楚王第二年，有人誣告他謀反。劉邦用陳平計，假託南遊雲夢，會諸侯於陳（今河南淮陽，爲楚地）。屆時韓信來見，劉邦遂命武士將他捆綁起來，解送洛陽，降爲淮陰侯。後來韓信和下文提到的彭越皆“具五刑”而死，這裏祇是説他們最初受拘辱的事。械，木枷和鐐銬一類的刑具。此處用作動詞，戴上手銬、脚鐐。

[36]彭越：據《史記·魏豹彭越列傳》載，彭越爲昌邑（今山東金鄉縣西北）人氏，字仲。初事項羽，不久歸降劉邦，因多建奇功而封梁王。後來被人誣告謀反，夷滅三族。　張敖：據《史記·張耳陳餘列傳》載，趙王張耳之子張敖嗣位四年後，曾因屬下貫高等人私謀反漢一事敗露而被牽連入獄。

[37]南鄉（xiàng）：面向南方。古代帝王坐北朝南，故云。鄉，向。　孤：古代王侯皇帝的謙稱，意謂少德之人。

[38]系：縛，拘囚。

[39]“絳侯”三句：據《史記·絳侯周勃世家》載，劉邦死後，呂后專權，大封呂氏爲王。她死後，呂祿爲上將軍，呂産任相國，意欲顛覆漢朝，周勃與陳平定計誅滅了諸呂，迎立

劉邦次子代王劉恒爲文帝。後來，周勃也曾因人誣告謀反而被囚於請室。絳侯，即周勃。最初從劉邦起事，多有軍功，封絳侯。高祖、惠帝時兩任太尉，文帝時爲右丞相，卒謚武侯。諸呂，指劉邦之妻呂后的親族呂産、呂禄等。權傾五伯，意謂周勃當時擁有迎立新帝的權利，權力之大實可凌駕於春秋五霸。伯，通"霸"。請室，大臣待罪之室。

[40]"魏其"四句：據《史記·魏其武安侯列傳》載，景帝時竇嬰爲大將軍，因平"七國之亂"有功，封魏其侯。武帝時他因救灌夫一事被誣下獄，判爲死罪。赭，即赭衣，古代犯人所穿的赤褐色的囚衣。三木，加在頸、手、足三處的刑具，即枷及桎梏。

[41]"季布"句：據《史記·季布欒布列傳》載，季布，楚國人，因好任俠而有名於楚。初爲項羽部將時，曾數次困辱劉邦。項羽敗滅後，劉邦懸賞重金捉拿他。季布被迫匿於濮陽周氏家。後與周氏定計，剃發帶鉗易姓名，賣身到魯國大俠客朱家爲奴，藉以藏身。後來朱家通過汝陰侯夏侯嬰勸説劉邦，赦免了季布，並拜爲郎中，後官至河東太守。鉗，以鐵束頸。

[42]"灌夫"句：據《史記·魏其武安侯列傳》記載，灌夫是潁陰侯灌嬰所寵倖的舍人張孟之子，因而冒姓灌氏。景帝平"七國之亂"時，他衝鋒陷陣，以勇名於天下，拜爲中郎將。武帝時官至太僕，與竇嬰相善。曾因得罪丞相田蚡（fén）被囚於居室。居室，本是少府所屬的官署名，有時也用爲系囚之所。

[43] 罔加：即法網加身。罔，通"網"。羅網，文中指法網。

[44] 引決：下決心。　自財：指自殺。財，通"裁"。

[45] 塵埃之中：指受辱的境地。下文"糞土之中"與此義同。

[46] 一體：一律，一樣。

[47]"勇怯"四句：意謂一個人或勇或怯、或強或弱，都是客觀形勢造成的。一旦權勢條件有變，勇怯、強弱也會跟着發生變化。形，狀態，形勢。

[48] 審：明白，清楚。

[49] 蚤：通："早"。　繩墨：木匠畫直線用的工具，比喻規矩和法度。文中指法律。

[50] 稍：漸漸。　陵夷：偏義複詞，义偏於"夷"。陵，高。夷，平，引申指低下、卑下。

[51] 引節：即死節，死於名節。

[52] 重：慎重考慮。

[53] 親戚：古謂父母爲親戚。

[54] 顧：念。

[55] 不然：指不那樣顧念父母妻子。

[56] 不得已：指"捨生取義"與"顧念家人"二者不可得兼。

[57] 於妻子何如：對於妻子又怎樣呢？意謂自己並不顧念妻子和兒女。

[58]"且勇者"三句：意謂勇猛之人容易輕身自殺，却未必爲名節而死；怯懦之人如能尚節義，隨時都可自勉，爲義理獻身。

[59] 耎（ruǎn）：同"軟"。軟弱，怯懦。

[60] 去就：指舍身就義。

[61] 湛：通"沉"。沉溺。　縲紲（léixiè）：本指捆綁犯人的繩索，這裏指被囚下獄。縲，古時拘系犯人的大索。紲，古時綁縛犯人的長繩。

[62] 臧獲：古人罵奴婢的賤稱。《方言》卷三："荊淮海岱雜齊之間，罵奴曰臧，罵婢曰獲。"　　引決：是上文"引決自財"的省語，猶言自裁、自殺。

[63] 不得已：指受辱的情況，讓人難以制止自殺的想法。已，止。

[64] 隱忍：勉力含忍。

[65] 函：指陷身其中。　　糞土之中：指極爲污穢惡劣的環境。

[66] "恨私心"句：遺憾內心想做的事尚未成功。

[67] 没世：終了一生，指死。《論語·衛靈公》："子曰：'君子疾没世而名不稱焉。'"

　　古者富貴而名摩滅[1]，不可勝記，唯倜儻非常之人稱焉[2]。蓋西伯拘而演《周易》[3]；仲尼厄而作《春秋》[4]；屈原放逐，乃賦《離騷》；左丘失明，厥有《國語》[5]；孫子臏脚，《兵法》脩列[6]；不韋遷蜀[7]，世傳《呂覽》[8]；韓非囚秦，《説難》《孤憤》[9]；《詩》三百篇，大氏賢聖發憤之所爲作也[10]。此人皆意有所鬱結，不得通其道[11]，故述往事，思來者[12]。及如左丘無目[13]，孫子斷足，終不可用，退論書策以舒其憤[14]，思垂空文以自見[15]。僕竊不遜[16]，近自託於無能之辭[17]，網羅天下放失舊聞[18]，考之行事，稽其成敗興壞之理，上計軒轅，下至於茲，爲十表、本紀十二，書八章，世家三十，列傳七十[19]，凡百三十篇，亦欲以究天人之際[20]，通古今之變，成一家之言[21]。草創未就，適會此禍，惜其不成，是以就極刑而無愠色[22]。僕誠已著此書，藏之名山，傳之其人[23]，通邑大都[24]，則僕償前辱之責[25]，雖萬被戮，豈有悔哉！然此可爲智者道，難爲俗人言也。

【注釋】

[1] 摩：通"磨"。

[2] 倜儻（tìtǎng）：才氣豪邁，不受拘束。　　稱：稱道。指爲人所知。

[3] "蓋西伯"句：相傳周文王被紂拘禁於羑里後，推演古代的八卦爲六十四卦，成爲《周易》一書的主要内容。西伯，此指周文王。演，推演。

[4] "仲尼"句：據《史記·孔子世家》記載，孔子周遊列國十四年，到處碰壁而不得用，於是回到魯國，致力於學術研究，晚年著成《春秋》一書。厄，困厄，此處指孔子在政治上不得意。

[5] "左丘失明"二句：左丘失明後著《國語》一事，僅見於此文，不見於他書。左丘，即左丘明，春秋時魯國史官。失明，喪失視力。厥，句首語氣詞。

[6] "孫子臏脚"二句：據《史記·孫子吳起列傳》記載，孫子（即孫臏）曾與龐涓同學兵法。龐涓事魏後爲惠王將軍，自以爲才不及孫，於是將其騙至魏國處以臏刑。後來孫臏事齊威王，大敗魏軍於馬陵，龐涓也自剄而死。世傳孫臏著有兵法八十九篇，但久未見到，直到1972年4月才在山東臨沂銀雀山出土了該書的若干竹簡，已由文物出版社整理出版。臏，一種别去膝蓋骨的肉刑。脩，同"修"，撰著。

[7] 不韋遷蜀：據《史記·呂不韋列傳》記載，呂不韋原是戰國末年陽翟（今河南禹州

市）的大商人，秦孝文王次子子楚（即莊襄王）得其力才立爲太子，故嗣位後拜不韋爲丞相。始皇即位後，又尊爲相國，號稱“仲父”。始皇十年，不韋因嫪毐一事被免職，後又奉命遷蜀，自度難免被誅，遂飲鴆而死。

[8] 世傳《吕覽》：指“不韋遷蜀”後，《吕覽》始傳佈於世。《吕覽》，即《吕氏春秋》，是吕不韋任丞相時召集門客各著所聞集體編成的一部書。

[9] “韓非囚秦”二句：據《史記·老子韓非列傳》所載，韓非是戰國末年韓國的貴公子，曾多次上書諫韓王，韓王不用，於是作《説難》《孤憤》等篇十余萬言。書傳到秦國，很受秦王讚賞，秦因此急攻韓國，韓王於是派韓非出使秦國。至秦後，因受李斯等讒毀而被害。

[10] 大氏（dǐ）：即大抵、大凡之意。　發憤：抒發内心的激憤。

[11] 通其道：指實現自己的理想。通，行。

[12] 思來者：意謂留書後人，使他們得以瞭解自己的志向。

[13] 及如：即至如、至於之義。

[14] 退論書策：退而論列自己的見解，寫爲書册。策，成編的竹簡。

[15] 垂：流傳。　空文：是與實際功業相對而説的。　見：同“現”。表現。

[16] 遜：謙虛。

[17] 無能之辭：猶言文筆拙劣，自謙之詞。

[18] 放失：散失。放，散。失，通“佚”，散失。

[19] “上計”七句：“上計軒轅”至“列傳七十”二十六字，《漢書》删去，此從《文選》補入。

[20] 究：徹底推求。　天人之際：指天與人的關係。

[21] 成一家之言：指開創獨立的學術流派。

[22] 極刑：污辱至極之刑，指腐刑。　慍色：怒色。

[23] 其人：指與自己志同道合的人。

[24] 通：流布。　邑：城鎮。　都：大城市。

[25] 責：同“債”。

　　且負下未易居[1]，下流多謗議[2]。僕以口語遇遭此禍[3]，重爲鄉黨戮笑[4]，污辱先人，亦何面目復上父母之丘墓乎？雖累百世，垢彌甚耳[5]！是以腸一日而九回[6]，居則忽忽若有所亡[7]，出則不知其所如往[8]。每念斯恥，汗未嘗不發背沾衣也！身直爲閨閤之臣[9]，寧得自引深藏於巖穴邪[10]！故且從俗浮湛[11]，與時俯仰[12]，以通其狂惑[13]。今少卿乃教以推賢進士，無乃與僕之私指謬乎[14]？今雖欲自彫瑑[15]，曼辭以自解[16]，無益，於俗不信[17]，祇取辱耳[18]。要之死日[19]，然後是非乃定。書不能盡意，故略陳固陋。謹再拜[20]。

【注釋】

[1] 負下：服罪受辱的情況下。　未易居：不容易處世。指常常受人歧視。

[2] 下流：水的下游。此處比喻卑俗之人。　謗議：誹謗非議。

[3] 口語：指爲李陵辯護。

〔4〕鄉黨：相傳周制以五百家爲黨，一萬兩千五百家爲鄉，後以鄉黨泛指鄉里。　戮笑：耻笑。戮，羞辱，耻辱。

〔5〕垢：耻辱。

〔6〕"是以"句：比喻内心愁思鬱結，痛苦不堪。回，轉。

〔7〕忽忽：意謂恍恍惚惚。　亡：失。

〔8〕所如往：所至所往。如，與"往"同義。

〔9〕直：僅僅，不過。　閨閤之臣：指宦官一類的官職。閨閤，都是宫中的小門，此指内廷深密之地。

〔10〕自引：指自己引身而退。　深藏於巖穴：指過山居穴處的隱士生活。臧，通"藏"。

〔11〕從俗浮湛：指隨俗行事，自己無所作爲。湛，通"沉"。

〔12〕與時俯仰：指跟着形勢走。與上句意思相同。

〔13〕"以通"句：用以達到狂惑。這是作者的激憤之詞。狂惑，據李善引《鶡子》說，知善不行叫狂，知惡不改叫惑。

〔14〕私指：自己的態度和意向。

〔15〕自彫瑑（zhuàn）：自我修飾、美化。指用推賢進士的行爲來掩蓋自己的耻辱。彫，"雕"的異體字。瑑，玉器上雕飾的凸紋。

〔16〕曼辭：美辭，動聽的話語。曼，美。

〔17〕於俗不信：即不見信於俗。

〔18〕祇（zhǐ）：僅僅。

〔19〕要之：總之。

〔20〕謹再拜：舊時書信末尾常用的客套話。《漢書》原無此三字。此據文意從《文選》補入。謹，表敬副詞。

【簡析】司馬遷稱陵取禍後，慘遭宫刑。出獄後，又做了通常由宦者充任的中書令，思想上懷憂痛苦，深以爲耻。而任安既是朋友，又是將刑之人，因此在回信中，司馬遷將久蓄胸中的一腔憂憤，淋漓盡致地傾瀉於筆端，遂成就一篇千古奇文。縱觀全文，自始自終貫穿着一股鬱勃不平之氣。或哀婉悽楚，如泣如訴；或激越悲壯，如飛流直瀉；或筆墨酣暢，或下筆含蓄，或於奔騰流注處戛然煞住。作者於文思大開大合、情緒起起落落之中收放自如，將自己受刑之後複雜而細緻的心理狀態表述無遺。該信不僅成爲研究司馬遷生平思想的重要資料，也是一篇文情並茂、義理交輝的傑出散文。尤其作者將個人悲劇與許多歷史人物的悲劇命運聯繫在一起，從而抒一己之憤，立不朽之言，更令人回思警醒。

# 三十一、知實

【題解】本文節選自《論衡·知實》，據中華書局《論衡注釋》1979年版。作者王充（27—約97），字仲任，會稽上虞（今屬浙江）人，東漢傑出的思想家、哲學家。王充年少時就成了孤兒，後來到京城，到太學（中央最高學府）裏學習，拜著名史學家班彪爲師。他博聞強識，通百家之言。曾任郡功曹等職，後辭官家居，專事著述。《論衡》是王充的代表作，共三十卷，八十五篇，今佚《招致》一篇。自稱"傷偽書俗文多不實誠，故作《論衡》之書"

NOTE

（《自紀》）。全書主旨是"解釋世俗之疑，辨照是非之理"（《對作》）。書中對當時佔據統治地位的讖緯迷信思想進行了批判，在我國哲學史上有重要影響。王充對醫學也很有研究，重視養生，批判服食求仙等無稽之談，曾著《養性書》，惜佚。

　　凡論事者，違實不引效驗[1]，則雖甘義繁說，衆不見信。論聖人不能神而先知，先知之間，不能獨見，非徒空說虛言，直以才智準況之工也[2]，事有證驗，以效實然。何以明之？

【注釋】

[1] 違實：違背事實。　效驗：證據。

[2] 準況：據此推斷。

　　孔子問公叔文子於公明賈曰[1]："信乎，夫子不言、不笑、不取[2]，有諸？"對曰："以告者過也。夫子時然後言[3]，人不厭其言；樂然後笑，人不厭其笑；義然後取，人不厭其取。"孔子曰："豈其然乎[4]！豈其然乎！"天下之人，有如伯夷之廉[5]，不取一芥於人，未有不言不笑者也。孔子既不能如心揣度，以決然否，心怪不信，又不能達視遙見[6]，以審其實，問公明賈乃知其情。孔子不能先知，一也。

【注釋】

[1] 公叔文子：姓公孫，名拔，春秋時衛獻公之孫。曾做衛國大夫，"文"是謚號。　公明賈：姓公孫，名賈。公叔文子的使臣。

[2] 夫子：指公叔文子。　取：索取，要。

[3] 時：適時。

[4] 豈其然乎：意思是難道公叔文子是這樣的人嗎！

[5] 伯夷：商末孤竹君之子。武王滅商後，他與其弟叔齊恥食周粟，採薇而食，餓死於首陽山。儒家把他們樹爲道德高潔的典範。

[6] 達視遙見：看得非常透徹、非常遠。

　　陳子禽問子貢曰[1]："夫子至於是邦也，必聞其政。求之與？抑與之與[2]？"子貢曰："夫子溫、良、恭、儉、讓以得之。"溫、良、恭、儉、讓，尊行也[3]。有尊行於人，人親附之。人親附之，則人告語之矣。然則孔子聞政以人言，不神而自知之也。齊景公問子貢曰："夫子賢乎？"子貢對曰："夫子乃聖，豈徒賢哉？"景公不知孔子聖，子貢正其名；子禽亦不知孔子所以聞政，子貢定其實。對景公云"夫子聖，豈徒賢哉"，則其對子禽亦當云"神而自知之，不聞人言"。以子貢對子禽言之，聖人不能先知，二也。

【注釋】

[1] 陳子禽：名亢，字子禽，春秋時陳國人，孔子的學生。

［2］抑：還是。　與之與：告訴他的呢？

［3］尊行：高尚的德行。

　　顏淵炊飯，塵落甑中[1]，欲置之則不清，投地則棄飯，掇而食之[2]。孔子望見，以爲竊食。聖人不能先知，三也。

【注釋】

［1］甑（zèng）：古代蒸飯用的瓦器。

［2］掇（duō）：挑選，撿取。

　　塗有狂夫[1]，投刃而候[2]；澤有猛虎，屬牙而望[3]。知見之者，不敢前進。如不知見，則遭狂夫之刃，犯猛虎之牙矣。匡人之圍孔子[4]，孔子如審先知，當早易道，以違其害。不知而觸之，故遇其患。以孔子圍言之，聖人不能先知，四也。

【注釋】

［1］塗：通“途”。道路。　狂夫：強暴的人。

［2］投刃：把刀戳在地上，指準備行凶。　候：等候。

［3］屬：同“礪”。磨。

［4］匡：春秋時衛國地名，在今河南長垣縣西南。　圍孔子：公元前496年，孔子從衛國到陳國去，曾在匡地被當地百姓圍困了五天。事見《論語·子罕》《史記·孔子世家》。

　　子畏於匡[1]，顏淵後。孔子曰：“吾以汝爲死矣。”如孔子先知，當知顏淵必不觸害，匡人必不加悖[2]。見顏淵之來，乃知不死；未來之時，謂以爲死。聖人不能先知，五也。

【注釋】

［1］畏：懼，指受到威脅。

［2］悖：亂，暴逆。這裏指弄死、殺害。

　　陽貨欲見孔子，孔子不見，饋孔子豚[1]。孔子時其亡也[2]，而往拜之，遇諸塗。孔子不欲見，既往，候時其亡，是勢必不欲見也。反，遇於路。以孔子遇陽虎言之，聖人不能先知，六也。

【注釋】

［1］饋（kuì）：贈送。　豚（tún）：小豬。這裏指蒸熟的小豬。

［2］時：通“伺”。窺伺，伺機。　亡：無。這裏指不在家。

　　長沮、桀溺耦而耕[1]，孔子過之，使子路問津焉[2]。如孔子知津，不當更問。論者曰[3]：“欲觀隱者之操。”則孔子先知，當自知之，無爲觀也；如不知而問之，是不能先知，七也。

【注釋】

[1] 長沮（jǔ）桀溺：春秋時兩個隱士。　耦而耕：兩人各執一耜（sì）一塊耕地。

[2] 津：渡口。

[3] 論者：指爲孔子辯護的人。

　　孔子母死，不知其父墓，殯於五甫之衢[1]。人見之者以爲葬也[2]。蓋以無所合葬，殯之謹，故人以爲葬也。鄉人鄒曼甫之母告之[3]，然後得合葬於防[4]。有塋自在防[5]，殯於衢路，聖人不能先知，八也。

【注釋】

[1] 殯：停放棺材。這裏指臨時性的淺葬。　五甫之衢：五甫衢，一作五父衢，路名，在今山東曲阜縣東南。《左傳·襄公十一年》杜預注：「五父衢，道名，在魯國東南。」衢（qú），大路。

[2] 葬：這裏指正式埋葬。古人埋棺於坎爲殯，殯淺而葬深。

[3] 鄒曼甫：人名。

[4] 防：防山，在今山東曲阜東。以上事參見《禮記·檀弓》。

[5] 塋（yíng 營）：墳地。

　　既得合葬，孔子反。門人後，雨甚。至，孔子問曰：「何遲也？」曰：「防墓崩。」孔子不應。三[1]，孔子泫然流涕曰[2]：「吾聞之，古不修墓[3]。」如孔子先知，當先知防墓崩，比門人至，宜流涕以俟之。門人至乃知之，聖人不能先知，九也。

【注釋】

[1] 三：再三。指門人説了好幾遍。

[2] 泫然：淚流滿面的樣子。

[3] 修墓：壘墳頭。以上事參見《禮記·檀弓》

　　子入太廟[1]，每事問。不知故問，爲人法也。孔子未嘗入廟，廟中禮器衆多非一，孔子雖聖，何能知之？「以嘗見，實已知，而復問，爲人法。」孔子曰：「疑思問[2]。」疑乃當問邪！「實已知，當復問，爲人法」，孔子知五經，門人從之學，當復行問，以爲人法，何故專口授弟子乎？不以已知五經復問爲人法，獨以已知太廟復問爲人法，聖人用心，何其不一也？以孔子入太廟言之，聖人不能先知，十也。

【注釋】

[1] 太廟：天子或諸侯的祖廟。這裏指周公廟。

[2] 疑思問：有疑問要想到請教別人。

【簡析】漢儒認爲，聖人能"前知千歲，後知萬世，有獨見之明，獨聽之聰，事來則名，不學自知，不問自曉"。（《實知篇》）《白虎通》則宣稱："聖人所以能獨見前睹，與神通精者，蓋皆天所生也。"王充在本文中選了十個事例，批判了宣揚聖人的觀點，闡明了知識來源於經驗這一基本觀點。爲了闡明這一觀點，王充在開篇即指出："凡論事者，違實不引效驗，則雖甘義繁説，衆不見信。"他論述道，"聖人不能神而先知，先知之間，不能獨見"，並不是"空説虚言"，光憑才智加以推論，而是有事實作爲依據的。爲了破除聖人能先知的迷思，王充進一步引證各種事例，把聖人放到與賢人同等的地位。他指出，聖人"耳聞目見，與人無別，遭事睹物，與人無異，差賢一等爾，何以謂神而卓絶"。王充否定"生而知之"並肯定"學之乃知"，在當時確實有着高度的批判精神。

# 三十二、思賢

【題解】本文選自《潛夫論》卷二，以《四部叢刊》本爲底本，校以清汪繼培箋本。作者王符（約85—163），字節信，安定臨涇（今甘肅鎮原）人，東漢後期思想家。王符性情耿介，不苟同於世俗，終身不仕，隱居著書，以抨擊時政之得失。因王符著書不欲顯揚其名，故取名爲《潛夫論》。《潛夫論》共十卷，三十六篇，多數是討論治國安民之術的政論文章，少數也涉及哲學問題。他提出農、桑爲"富國之本"，認識上反對"虚論""華飾"，主張"名理者必效於實"，反對聖人"生知"説，認爲"雖有至聖，不能生知，雖有至材，不生而能"。

　　國之所以存者，治也；其所以亡者，亂也。人君莫不好治而惡亂，樂成而畏亡。然常觀上記[1]，近古以來，亡代有三，滅國不數[2]，夫何哉？察其敗，皆由君常好其所亂，而惡其所治；憎其所以存，而愛其所以亡。是雖相去百世，縣年一紀[3]，限隔九州，殊俗千里，然其亡徵敗跡，若重規襲矩，稽節合符[4]。故曰：雖有堯舜之美，必考於《周頌》[5]；雖有桀紂之惡，必議於《版》《蕩》[6]。"殷鑒不遠，在夏后之世"[7]。

【注釋】

[1] 上記：上古之書。

[2] 不數：無數。

[3] 縣：同"懸"，隔。　一紀：説法不一。若干年數循環一次爲一紀，如有以一千五百二十年爲一紀者。《史記·天官書》："夫天運，三十歲一小變，百年中變，五百載大變；三大變一紀，三紀而大備。"

[4] 稽節合符：完全一致。稽，合。節、符，古代使者所持的憑證。

[5] 考：觀。　周頌：《詩經》中《頌》的一部分。

[6] 議：稽查，察看。　版蕩：《詩經·大雅》中的兩篇篇名。

[7] "殷鑒不遠"二句：出自《詩經·大雅·蕩》。意爲殷朝明鏡不遠，近在夏后氏朝代。

　　"夫與死人同病者，不可生也；與亡國同行者，不可存也。"豈虚言哉[1]！何以知人之且病也？以其不嗜食也。何以知國之將亂也，以其不嗜賢也。是故病家之厨，非無嘉饌也[2]，乃其人弗之能食，故遂於死也[3]。亂國之官，非無賢人也，其君弗之能任，故遂於亡也。夫生飰秔粱[4]，旨酒甘醴，所以養生也，而病人惡之，以爲不若菽麥糠糟欲清者[5]，此其將死之候也。尊賢任能，信忠納諫，所以爲安也，而闇君惡之，以爲不若姦佞闒茸讒諛之言者[6]，此其將亡之徵也。《老子》曰：“夫唯病病[7]，是以不病。”《易》稱“其亡其亡，繫於苞桑[8]”。是故養壽之士，先病服藥，養世之君，先亂任賢，是以身常安而國永保也。

【注釋】

[1] 虛言：假話。上述引文見《韓非子·孤憤》。

[2] 嘉饌（zhuàn）：美食。饌，食物。

[3] 於：猶“以”。因，因爲。後省略代詞“之”。

[4] 生飰秔粱：精美的飯食。生，新。飰，“飯”的俗字。秔，“粳”的異體字。

[5] 欲清：疑作“飲清”。清，涼。

[6] 闒茸（tàrǒng）：指品格卑陋的人。

[7] 病病：把病當作病。引文見《老子》第七十一章。

[8] 苞桑：根深蒂固的桑樹。引文見《易·否卦》。

上醫醫國[1]，其次醫疾。夫人治國，固治身之象。疾者，身之病；亂者，國之病也。身之病，待醫而愈；國之亂，待賢而治。治身有黄帝之術，治世有孔子之經。然病不愈而亂不治者，非鍼石之法誤，而《五經》之言誣也[2]，乃因之者非其人。苟非其人，則規不圓而矩不方，繩不直而準不平，鑽燧不得火[3]，鼓石不下金[4]，金馬不可以追速，土舟不可以涉水也。凡此八者，天之張道，有形見物。苟非其人，猶尚無功，則又況乎懷道術以撫民氓[5]，乘六龍以御天心者哉[6]？

【注釋】

[1] 上醫：高明的醫生。　醫國：醫治國家的弊病。

[2] 五經：指《詩經》《尚書》《禮記》《易經》《春秋》。

[3] 鑽燧（sù）：原始的取火方法。燧，古代取火的工具。

[4] 鼓：冶煉。　金：金屬。

[5] 民氓（méng）：人民。氓，民。

[6] 六龍：古代天子的車駕爲六馬，因作天子車駕的代稱。

夫治世不得真賢，譬猶治疾不得良醫也。治疾當真人參，反得支羅服[1]；當得麥門冬，反烝橫麥[2]。已而不識真，合而服之，病以侵劇[3]，不自知爲人所欺也。乃反謂方不誠而藥皆無益於病，因棄後藥而弗敢飲，而便求巫覡者[4]，雖死可也。人君求賢，下應以鄙；與直[5]，下應以枉。已不別真，受猥官之[6]，國以侵亂，不自知爲下所欺也。乃反謂《經》不信而賢皆無益於救亂，因廢真賢不復求進，更任俗吏，雖滅亡可也。三代以下，皆以支羅服、烝横麥合藥，病日痁而遂死也[7]。

【注釋】

[1] 支羅服：野蘿蔔的根。

[2] 烝：通"蒸"。　横麥：當爲"穬麥"。大麥的一種。

[3] 侵：漸漸。

[4] 巫覡（xí）：巫的通稱。女巫曰巫，男巫曰覡。

[5] 與：通"舉"。推舉，選拔。

[6] 受：同"授"。　猥：猥諸侯"的略稱。漢代爵位名。

[7] 痁：通"貼"。（臨近）病危。

《書》曰[1]："人之有能，使修其行，國乃其昌。"是故先王爲官擇人，必得其材，功加於人，德稱其位，人謀鬼謀，百姓與能[2]，務順以動天地如此。三代開國建侯，所以傳嗣百世，歷載千數者也。

【注釋】

[1] 書：指《尚書》。以下引文見該書《洪範》，文字有出入。

[2] "人謀"二句：語出《易經·系辭下》。意爲與人謀議以定得失，卜筮鬼神以考吉凶，那麼天下的人都親附能人。與，親附。

自春秋之後，戰國之制，將相權臣，必以親家[1]。皇后兄弟，主婿外孫[2]，年雖童妙[3]，未脱桎梏[4]，由藉此官職[5]，功不加民，澤不被下而取侯，多受茅土[6]，又不得治民效能以報百姓，虛食重禄，素餐尸位[7]，而但事淫侈，坐作驕奢[8]，破敗而不及傳世者也。子産有言[9]："未能操刀而使之割，其傷實多。"是故世主之於貴戚也，愛其嬖媚之美，不量其材而授之官，不使立功自託於民，而苟務高其爵位，崇其賞賜，令結怨於下民，縣罪於惡[10]，積過既成，豈有不顛隕者哉？此所謂"子之愛人，傷之而已"哉[11]！

【注釋】

[1] 親家：親戚。

[2] 主婿：女婿。主，指公主。

[3] 童妙：幼小。妙，幼小。

[4] 桎梏：此指童幼。桎梏本指手鎊、脚鐐之類，而童蒙情識未定，宜加管束，故云。

[5] 藉：登記。指獲取。

[6] 受茅土：接受封地。

[7] 素餐尸位：意爲居位食禄而不盡職。尸，喻坐享禄位。

[8] 坐：祇，僅僅。

[9] 子產：即公孫僑。春秋時政治家。以下引文見《左傳·襄公三十一年》。

[10] 縣：同"懸"。系。"縣罪於"下脫二字，當與上"結怨於下民"相對成文。"惡"當屬下，後脫"既"字。"惡既積""過既成"，亦相對成文。

[11] "子之"二句：語出《左傳·襄公三十一年》。

　　先主之制，官民必論其材[1]，論定而後爵之，位定然後祿之。人君也此君不察[2]，而苟以親戚色官之人典官者[3]，譬猶以愛子易御僕[4]，以明珠易瓦礫，雖有可愛好之情，然而其覆大車而殺病人也必矣。《書》稱"天工人其代之[5]"，《傳》曰："夫成天地之功者，未嘗不蕃昌也[6]。"由此觀之，世主欲無功之人而彊富之，則是與天鬬也。使無德況之人與皇天鬬[7]，而欲久立，自古以來，未之嘗有也。

【注釋】

[1] 官民：使民做官。

[2] 人君也此君不察：此句有誤。《潛夫論·賢難》云："時君俗主不此察也。"此句同於彼。鼓鐸《潛夫論箋》認爲此句當作"今之君也不此察"，可從。

[3] 色官：以美貌而獲官。　典官：任官。典，執掌。

[4] 御僕：車夫。

[5] 天工人其代之：意爲天的職司，那些不稱職的人怎麼能代替呢？引文見《尚書·皋陶謨》。

[6] 蕃昌：繁衍昌盛。引文語出《國語·鄭語》："夫成天地之大功者，其子孫未嘗不章。"

[7] 德況：德賜。況，通"貺"，賜予。

【簡析】思賢就是思慕賢人。本文主要強調了賢人在政治中的重要作用，希望君主任人唯賢，不要任用沒有才能的親戚。文章採用了類比的論證手法，把治身與治國進行類比，說明治身與治國有相同之處。文章首先從歷史上存亡治亂的經驗教訓出發，指出"亡代""滅國"的原因都是因爲君主"不嗜賢"，不能任用賢人。接着作者進一步提出了君主必須求得"真賢"的問題。如果"因之者非其人"，國家的混亂局面還是不能治理好，所以治國必須訪得真正的賢人。如何獲得"真賢"呢？作者借鑒歷史的經驗，提出了一些具體的措施，如"功加於人，德稱其位""人謀鬼謀，百姓與能""官民必論其材，論定而後爵之，位定然後祿之"等。與此同時，作者抨擊了君主"不量其材"、讓"功不加民、澤不被下"的"親戚"當官"取侯"而"強富之"的做法，指出這種"愛之"，實在是"傷之而已"，最終必將"破敗""顛隕"。

# 常用詞詞義分析（四）

## R

【然】①“燃”的古字，燃燒。《孟子·公孫丑》：“凡有四端於我者，知皆擴而充之矣，若火之始然，泉之始達。”②如此，這樣。《論語·雍也》：“文質彬彬，然後君子。”③對，是的。《論語·微子》：“曰：是魯孔丘之徒與？對曰：‘然。’”④正確，認爲正確。《孟子·公孫丑》：“得之爲有財，古之人皆用之，吾何爲獨不然？”⑤然而，但是。《史記·留侯世家》：“然卒破楚者，此三人力也。”⑥應答之詞，表示肯定。《史記·季布欒布列傳》：“諸將皆阿呂後意，曰：‘然。’”⑦詞尾，……的樣子。《史記·扁鵲倉公列傳》：“舌撟然而不下。”

【讓】①責問，責備。《左傳·昭公二十五年》：“平子怒，益宮於郈氏，且讓之，故郈昭伯亦怨平子。”②謙讓，辭讓。《禮記·大學》：“一家讓，一國興讓。”③容忍，容許。楊巨源《春雪題興善寺廣宣上人竹院》：“竹風催淅瀝，花雨讓飄颻。”④推舉，推崇。《大戴禮記·曾子立事》：“既能行之，貴其能讓也。”⑤用酒食之類款待，請人接受招待。《左傳·成公十二年》：“若讓之以一矢，禍之大者，其何福之爲？”

【仁】①仁愛，古代一種道德觀念。《禮記·禮運》：“著有過，刑仁講讓，示民有常。”②愛。《禮記·檀弓》：“喪人無寶，仁親以爲寶。”③果核的種子部分。《神農本草經·下品》：“桃核仁，味苦，平，主淤血。”④假借爲“人”。《論語·雍也》：“雖告之曰：‘井有仁焉。’其從之也？”朱熹注引劉聘君曰：“‘有仁’之‘仁’當作‘人’。”⑤指人的運動、感覺等機能，謂痛癢相知。《素問·痹論》：“其不痛不仁者，病久入深，榮衛之行濇，經絡時疏，故不通，皮膚不營，故爲不仁。”

【任】①承擔，擔當。《後漢書·班超傳》：“妾竊聞古者十五受兵，六十還之，亦有休息不任職也。”②任用。《周禮·天官冢宰》：“六曰事典，以富邦國，以任百官，以生萬民。”③任憑。嵇康《琴賦》：“齊萬物兮超自得，委性命兮任去留。”④放縱，不拘束。《商君書·弱民》：“上舍法，任民之所善，故奸多。”⑤同“妊”，懷孕。《大戴禮記·保傅》：“周后妃任成王於身。”

【柔】①柔韌。《詩經·小雅·巧言》：“荏染柔木，君子樹之。”又柔軟。《靈樞·癰疽》：“如堅，勿石，石之者死，須其柔，乃石之者生。”又柔嫩。《詩經·小雅·采薇》：“采薇采薇，薇亦柔止。”②柔和，和順。《管子·四時》：“然則柔風甘雨乃至，百姓乃壽，百蟲乃蕃，此謂星德。”又溫和。《禮記·內則》：“問所欲而敬進之，柔色以溫之。”③安撫。《書·舜典》：“柔遠能邇，惇德允元。”

【如】①隨順，依照。《公羊傳·桓公元年》：“繼弒君不言即位，此其言即位何，如其意也。”②好像，相似。《論語·子張》：“君子之過也，如日月之食焉。”③及，比得上。《論語·公冶長》：“弗如也，吾與女弗如也。”④如果。《論語·先進》：“如或知爾，則何以哉？”⑤或者。《論語·先進》：“方六七十，如五六十，求也爲之。”⑥若，至於。《論語·先進》：“如其禮樂，以俟君子。”⑦往，到……去。《左傳·成公十年》：“如廁，陷而卒。”⑧詞尾，猶“然”。《論語·子路》：“君子於其所不知，蓋闕如也。”

【若】①香草名，即杜若。《楚辭·九歌·雲中君》：“浴蘭湯兮沐芳，華采衣兮若英。”②等同。《孟子·滕文公》：“布帛長短同，則賈相若。”③你。《列子·天瑞》：“今將告若矣。”④這，這個。《論語·憲問》：“君子哉若人！尚德哉若人！”⑤假若，如果。《國語·魯語》：“若我往，晉必患我，誰爲之貳。”⑥如同，好像。《備急千金要方·大醫精誠》：“見彼苦惱，若己有之。”⑦其。《左傳·昭公元年》：“子若免之，以勸左右可也。”⑧詞尾，猶“然”。《嵇中散集·養生論》：“悶若無端。”⑨及得上，比得上。《論語·學而》：“未若貧而樂，富而好禮者也。”

【弱】①柔弱，與“強”相對。《漢書·藝文志》：“清虛以自守，卑弱以自持。”②喪失，減少。《左傳·昭公三年》：“又弱一個焉。”③年少。《國語·楚語》：“昔莊王方弱。”

# S

【善】①吉利。《大戴礼記·曾子天圓》：“而善否治亂所興作也。”②好，與“惡”相對。《禮記·中庸》：“舜好問而好察邇言，隱惡而揚善。”③善事。《禮記·中庸》：“回之爲人也，擇乎中庸，得一善則拳拳服膺而弗失之矣。”④擅長，善於。《三国志·魏書·方技傳》：“阿善針術。”⑤多。《靈樞·師傳》：“令人縣心善飢。”⑥愛惜。《荀子·強國》：“善日者王，善時者霸。”⑦贊許。《荀子·非相》：“王如善之，則何爲不行。”

【傷】①傷害。《國語·周語》：“川壅而潰，傷人必多。”②損害。《嵇中散集·養生論》：“知名位之傷德，故忽而不營。”③妨礙。《論語·先進》：“何傷乎？亦各言其志也。”④觸冒，沖犯。《素問·刺志論》：“氣盛身寒，得之傷寒；氣虛身熱，得之傷暑。”⑤創傷，皮肉破損處。《左傳·僖公二十二年》：“君子不重傷，不禽二毛。”

【賞】①獎賞，賞賜。《史記·司馬相如列傳》：“是時邛筰之君長聞南夷與漢通，得賞賜多，多欲願爲内臣妾，請吏，比南夷。”②贈送，給予。《淮南子·説林》：“毋賞越人章甫，非其用也。”③褒揚，贊賞。《左傳·襄公十四年》：“善則賞之，過則匡之。”④欣賞，玩賞。《管子·霸言》：“是故先王之所師者，神聖也；其所賞者，明聖也。”⑤通“尚”，尊重。《荀子·王霸》：“賞賢使能以次之。”

【尚】①增加。《禮記·中庸》：“《詩》曰：‘衣錦尚絅’，惡其文之著也。”②尊崇。《易·剝》：“君子尚消息盈虛，天行也。”③久遠。《吕氏春秋·古樂》：“故樂之所由來者尚矣，非獨爲一世之所造也。”④猶，還。《史記·司馬相如列傳》：“上林之事未足美也，尚有靡者。臣嘗爲《大人賦》，未就，請具而奏之。”⑤希望。柳宗元《爲韋京兆祭太常崔少卿文》：“嗚呼哀哉！伏惟尚饗。”

【少】shǎo ①數量小，不多。桓寬《鹽鐵論·備胡》：“少發則不足以更適，多發則民不堪其役。”②輕視。《史記·蘇秦列傳》：“求説周顯王。顯王左右素習知蘇秦，皆少之。弗信。”③稍，略微。《戰國策·秦策》：“願大王少留意，臣請奏其效。”④少傾，不多時。《孟子·萬章》：“少則洋洋焉。”shào ⑤年幼，年輕。《史記·扁鵲倉公列傳》：“少時爲人舍長。”⑥小。《素問·玉機真藏論》：“少腹冤熱而痛，出白。”

【生】①植物生長。《荀子·勸學》：“蓬生麻中，不扶而直。”②出生，生育。《三国志·魏書·方技傳》：“前當生兩兒。”③生存，活。《詩經·邶風·擊鼓》：“死生契闊，與子成説。”④使之生，救活。《史記·扁鵲倉公列傳》：“臣能生之。”⑤滋生。《左傳·昭公元年》：“今無乃壹之，則生疾矣。”⑥生產。《國語·周語》：“衣食於是乎生。”⑦生活。《戰國策·秦策》：“人生世上，勢位富貴，蓋可忽乎哉！”

【繩】①繩子。《易經·繫辭》：“作結繩而爲罔罟，以佃以漁。”②木工用於取直的墨線。《荀子·勸學》：“木直中繩。”引申爲標準，法則。《商君書·開塞》：“王道有繩。”引申爲按一定的標準去衡量，糾正。《書·冏命》：“繩愆糾謬。”③稱贊。《吕氏春秋·古樂》：“以繩文王之德。”④繼續。《詩經·大雅·下武》：“繩其祖武。”

【勝】shèng ①能够承受，禁得起。《孫子兵法·謀攻》“將不勝其忿。”②盡。《孟子·梁惠王》：“不違農時，穀不可勝食也。”③勝利。《孟子·梁惠王》：“鄒人與楚人戰，則王以爲孰勝？”④勝過，超過。《論語·雍也》：“質勝文則野，文勝質則史。”⑤充足，充盛。《墨子·明鬼》：“必擇六畜之勝腯肥倅，毛以爲犧牲。”⑥運氣學説術語“勝氣”的省稱。《素問·至真要大論》：“治諸勝複，寒者熱之，熱者寒之。”shēng ⑦通“升”，容量單位。《商君書·賞刑》：“贊茅、岐周之粟，以賞天下之人，不人得一勝。”一本作“升”。

【施】shī ①施行，實行。《荀子·天論》：“有齊而無畸，則政令不施。”②施加。《禮記·大學》：“外本内末，爭民施奪，是故財聚則民散，財散則民聚。”③鋪陳。《荀子·勸學》：“施薪若一，火就燥也。”④散佈。《墨子·尚賢》：“索天下之隱事遺利以上事天，則天鄉其德，下施之萬民，萬民被其利，終身無已。”shǐ ⑤棄置，忘却。《論語·微子》：“君子不施其親，不使大臣怨乎不以。”劉寶楠《正義》：“《釋文》作‘不弛’。施、弛二字古多通用。”yì ⑥蔓延。《詩經·豳風·東山》：“果蠃之實，亦施於宇。”

【師】①軍隊編制單位。《周禮·地官·小司徒》：“五人爲伍，五伍爲兩，四兩爲卒，五卒爲旅，五旅爲師，五師爲軍。”②軍隊。《史記·李斯列傳》：“獲楚、魏之師，舉地千里，至今治彊。”③人衆。《禮記·大學》：“殷之未喪師。”④老師。《孟子·滕文公》：“師死而遂倍之。”⑤效法。《孟子·離婁》：“莫若師文王。”

【食】shí ①食物。《論語·鄉党》：“食不厭精。”②俸禄。《周禮·醫師章》：“歲終，則稽其醫事，以制其食。”③吃。《論語·鄉党》：“色惡，不食。”④通“蝕”，指日月虧蝕。《詩經·小雅·十月之交》：“日有食之。”sì ⑤使之食。《論語·微子》：“止子路宿，殺雞爲黍而食之，見其二子焉。”⑥供養。《孟子·滕文公》：“治於人者食人。”

【時】①四時，四季。《周禮·醫師章》：“食齊視春時。”②時辰。《史記·扁鵲倉公列傳》：“‘其死何如時？’曰：‘雞鳴至今。’”③時代，時期。《荀子·堯問》：“時世不同。”④時機。《論語·陽貨》：“好從事而亟失時，可謂知乎？”⑤按時。《史記·扁鵲倉公列傳》：“太子病血氣不時，交錯而不得泄。”⑥伺，窺伺。《論語·陽貨》：“孔子時其亡也而往拜之。”

【世】①三十年。《論語·子路》：“如有王者，必世而後仁。”②時代。《易經·繫辭》：“上古穴居而野處，後世聖人易之以宮室，上棟下宇，以待風雨。”③世間。《傷寒論·序》：“怪當今居世之士。”④世人。《嵇中散集·養生論》：“而世常謂一怒不足以侵性。”⑤一生。《論語·衛靈公》：“君子疾没世而名不稱焉。”

【事】①官職。《尚書·立政》：“任人、準夫、牧，作三事。”②事情。《禮記·大學》：“物有本末，事有終始，知所先後，則近道矣。”③從事。《韓非子·五蠹》：“不事力而養足。”④侍奉。《禮記·大學》：“孝者，所以事君也；弟者，所以事兄長也。”⑤奉行。《論語·顔

NOTE

淵》："回也不敏，請事斯語。"⑥事故。賈誼《過秦論》："天下多事，吏不能也。"

【侍】①在尊長旁邊陪着。《素問·徵四失論》："黃帝在明堂，雷公侍坐。"②服侍，伺候。《史記·司馬相如列傳》："居久之，蜀人楊得意爲狗監，侍上。"又侍從，侍女。《後漢書·梁冀傳》："宮衛近侍，並所親樹。"③進諫，進言。《史記·趙世家》："荀欣侍以選練舉賢，任官使能。"

【是】①對，正確。《詩經·魏風·園有桃》："彼人是哉？子曰何其。"②以爲……正確。《墨子·耕柱》："功皆未至，子何獨自是而非我哉？"③此，這。《論語·子路》："吾黨之直者異於是。"④助詞，賓語前置標誌。《傷寒論·序》："惟名利是務。"

【視】①看。《禮記·大學》："心不在焉，視而不見，聽而不聞，食而不知其味。"②看待。《左傳·成公三年》："賈人如晉，荀罃善視之。"③診候，診察。《三國志·魏書·方技傳》："呼佗視脈。"④比照，參照。《周禮·天官·食醫》："凡食齊視春時。"⑤分別，辨別。《傷寒論·序》："夫欲視死別生，實爲難矣。"

【適】shì ①到（某地）去。《論語·子路》："子適衛。"②嫁。《儀禮·喪服·子夏傳》："女子子適人者。"③正巧，恰在這個時候。《後漢書·班超傳》："會徐幹適至，超遂與幹擊番辰，大破之，斬首千餘級，多獲生口。"dí ④通"嫡"。正妻所生子。《左傳·文公十八年》："殺適立庶。"

【守】①官職，職責。《漢書·藝文志》："王官之一守。"②郡守，太守。《三国志·魏書·方技傳》："守瞋恚既甚。"③防守，與"攻"相對。《左傳·襄公二十九年》："聞守卞者將叛，臣帥徒以討之。"④掌管。《左傳·昭公二十年》："山林之木，衡鹿守之。"⑤遵守。《大戴禮記·曾子天圓》："聖人慎守日月之數，以察星辰之行，以序四時之順逆，謂之曆。"⑥保持。《禮記·中庸》："擇乎中庸而不能期月守也。"⑦操守，節操。《易經·繫辭》："失其守者其辭屈。"

【殊】①死。《史記·淮陰侯列傳》："軍皆殊死戰，不可敗。"②不同，有分別。《史記·司馬相如列傳》："所以言雖外殊，其合德一也。"引申爲特別的，卓越超群的。諸葛亮《出師表》："蓋追先帝之殊遇，欲報之於陛下也。"③甚，極。《戰國策·趙策四》："老臣今者殊不欲食，乃自強步，日三四里，少益耆食，和於身也。"

【書】①書寫。《易經·繫辭》："上古結繩而治，後世聖人易之以書契。"②文字。《易經·繫辭》："書不盡言，言不盡意。"③書信。《三国志·魏書·方技傳》："當得家書。"④書籍，著作。《韓非子·五蠹》："藏孫吳之書者家有之。"⑤指《尚書》。《漢書·藝文志》："《書》以廣聽，知之術也。"

【疏】shū ①稀疏。跟"密"相對，又跟"數"相對。《素問·玉機真藏論》："真脾脈至，弱而乍數乍疏，色黃青不澤，毛折乃死。"引申爲關係遠，不親。《孟子·梁惠王》："將使卑踰尊，疏踰戚。"又引申爲同樣的行爲重複的時間相隔得久。也跟"數"相對。《孟子·公孫丑》："且王者之不作，未有疏於此時者也。"②疏通，特指疏通江河。《孟子·滕文公》："禹疏九河。"shù ③分條登記或分條陳說。《漢書·匈奴傳》："疏記以計識其人衆畜牧。"引申爲上給皇帝的奏議。杜甫《秋興詩·其三》："匡衡抗疏功名薄，劉向傳經心事違。"④注解的一種。一般是疏通經義並對古人的注加以引申和說明。如《左傳》是杜預注，孔穎達疏。

【庶】①衆多。《新修本草·序》："備庶物之形容。"②民衆，百姓。《禮記·大學》："自天子以至於庶人，壹是皆以脩身爲本。"③庶子，與"嫡"相對。《左傳·文公十八年》："殺嫡立庶。"④差不多。《嵇中散集·養生論》："若此以往，庶可以與羨門比壽，王喬爭年。"⑤希望。《重廣補注黃帝內經素問·序》："庶厥昭彰聖旨，敷暢玄言，有如列宿高懸，奎張不亂。"

【數】shù ①六藝之一，算術。《周禮·地官·大司徒》："三曰六藝：禮、樂、射、御、書、數。"②規律，法則。《後漢書·鄧寇傳論》："漢世外戚，自東、西京十有餘族，非徒豪橫盈極，自取災故，必於貽釁後主，以至顛敗者，其數有可言焉。"③氣數，命運。《史記·李將軍列傳》："以爲李廣老，數奇。"④數目。《易經·繫辭》："古之葬者，厚衣之以薪，葬之中野，不封不樹，喪期无數。"⑤技藝，方術。《楚辭·卜居》："數有所不逮，神有所不通。" shǔ ⑥計算。《三國志·魏書·方技傳》："疾者前入坐，見佗北壁縣此蛇輩約以十數。" shuò ⑦屢次，頻頻。《三國志·魏書·方技傳》："但旁人數爲易湯，湯令煖之，其旦即愈。"⑧中醫脈象之一，指脈來急促。《素問·脈要精微論》："夫脈者，血之府也，長則氣治，短則氣病，數則煩心。"

【樹】①木本植物之總稱。《左傳·昭公二年》："有嘉樹焉，宣子譽之。"②種植。《易經·繫辭》："古之葬者，厚衣之以薪，葬之中野，不封不樹，喪期无數。"③樹立，建立。《尚書·泰誓》："樹德務滋，除惡務本。"④屏風。《爾雅·釋宮》："屏謂之樹。"⑤直豎。《漢書·揚雄傳》："皆稽顙樹頷。"

【説】shuō ①談説，述説。《國語·吳語》："夫差將死，使人説於子胥。"②説法，解釋。《戰國策·齊策四》："王曰：'有説乎？'"③理論，學説。《孟子·滕文公》："世衰道微，邪説暴行。" shuì ④説服，遊説。《戰國策·秦策》："蘇秦始將連橫説秦惠王。" yuè ⑤喜悦，高興。《論語·學而》："學而時習之，不亦説乎？"

【司】①掌管。《史記·扁鵲倉公列傳》："雖司命無奈之何。"②官府，官署。張喬《送三傳赴長城尉》："登科精魯史，爲尉及良時。高論窮諸國，長才併幾司。"③官吏。李密《陳情表》："郡縣逼迫，催臣上道，州司臨門，急於星火。"④同"辭"，訴訟。《管子·幼官》："和好不基，貴賤無司，事變日至。"⑤同"伺"，窺察。《靈樞·外揣》："故遠者司外揣內，近者司內揣外。"

【思】sī ①思考，考慮。《靈樞·本神》："意之所存謂之志，因志而存變謂之思。"②思念，懷念。《後漢書·班超傳》："縱超擁愛妻，抱愛子，思歸之士千餘人，何能盡與超同心乎？"③思緒，情懷。曹操《短歌行》："慨當以慷，憂思难忘。"④語氣助詞，無實義。《詩經·大雅·文王》："思皇多士，生此之國。" sāi ⑤胡須多的樣子。《左傳·宣公二年》："于思于思，棄甲復來。"

【斯】①析，砍。《詩經·陳風·墓門》："墓門有棘，斧以斯之。"②此，這樣。《論語·學而》："《詩》云：'如切如磋，如琢如磨'，其斯之謂與？"③則，就。《淮南子·本經訓》："人之性，心有憂喪則悲，悲則哀，哀斯憤，憤斯怒，怒斯動，動則手足不静。"④盡，全部。《呂氏春秋·報更》："斯食之，吾更與女。"⑤語氣助詞，相當於"呢"。《類經·序》："吁！余何人斯，敢妄正先賢之訓？"

【素】①本色生帛。《論語·八佾》："'巧笑倩兮，美目盼兮，素以爲絢兮。何謂也？'子曰：'繪事後素。'"②本質，本性。《素問·陽明脈解》："踰垣上屋，所上之處，皆非其素所能也。"③平素，向來。《史記・司馬相如列傳》："素與臨邛令王吉相善。"④同"愫"，真情。《漢書・司馬遷傳》："披心腹，見情素。"⑤素，通"索"，探索。楊炯《臥讀書架賦》："讀《易》則期於素隱，習《禮》則防於志悅。"

【隨】①跟隨。《後漢書・班超傳》："臣老病衰困，冒死瞽言，謹遣子勇隨獻物入塞。"②跟着，順着。《尚書・禹貢》："禹敷土，隨山刊木。"③追逐。《易經・隨卦》："九四，隨有獲，貞凶。"④聽任。《史記・魏世家》："聽使者之惡之，隨安陵氏而亡之。"⑤隨即，接着。《漢書・司馬遷傳》："隨而媒蘖其短。"

【遂】①逃亡。《逸周書・武稱》："赦其衆，遂其咎。"②順從。《史記・孟子荀卿列傳》："不遂大道，而營於巫祝。"③達。《戰國策・齊策四》："非不尊遂也，然而形神不全。"④稱心，如意。《重广補注黃帝內經素問・序》："詢謀得失，深遂夙心。"⑤成就，成功。《吕氏春秋・仲秋紀》："四方來雜，遠鄉皆至，則財物不匱，上無乏用，百事乃遂。"⑥竟然，終於。《三國志・魏書・方技傳》："佗遂下手，所患尋差，十年竟死。"⑦於是，就。《左傳・僖公五年》："遂襲虞，滅之。"

【歲】①歲星。《管子・四時》："此謂歲德。"②年。《類經・序》："凡歷歲者三旬。"③年齡。《楚辭・九歌・山鬼》："歲既晏兮，孰華予？"④收成。《荀子・天論》："耘耨失薉。"⑤歲月，時光。《論語・陽貨》："日月逝兮，歲不我與。"

【索】①大繩，繩子。《墨子・尚賢》："傅說被褐帶索，庸築乎傅巖。"用作動詞時，表示製作繩索，絞。《詩・豳風・七月》："宵爾索綯。"②探尋，索取。《史記・平原君虞卿列傳》："士不外索，取於食客門下足矣。"③散，孤獨。《禮記・檀弓》："吾離群而索居。"④盡，完了。《韓非子・初見秦》："士民病，蓄積索。"⑤尋求，探索。《墨子・尚賢》："王公大人有一罷馬不能治，必索良醫。"

# 古代漢語通論四　古書的句讀

句讀（dòu 逗），名稱始見於東漢何休的《公羊傳・序》："援引他經，失其句讀。"稍後高誘亦提到："自誘之少，從故侍中同縣盧君，受其句讀，誦舉大義。"（《淮南子・敍》）句、讀之別，唐代僧人湛然在《法華文句記》卷一中作了明確交代："凡經文語絕處謂之句，語未絕而點之以便誦詠謂之讀。"

專門用作句讀符號的標記，《說文解字》中正式收入了兩個。其一是"、"（zhǔ）。《說文解字・、部》："、，有所絕止，、而識之也。"楊樹達先生在《古書句讀釋例・敍論》中說："、，今音之庾切，古音則讀如豆。古人用、以為絕句之記號，後人因假籀書子讀為句讀之讀。然則、為本字，讀乃假字，以音近通假耳。"其二是"亅"（jué）。《說文解字・亅部》："亅，鈎識也。從反亅。"段玉裁注："鈎識者，用鈎表識其處也。"又云："此非甲乙字，乃正亅字也。今人讀書有所鈎勒即此。"除此之外，實際上先秦、漢代還有一些具有句讀標識作用的其他符號，諸如大小不一的實心圓點●、圓圈○、三角形▲、重文號〓、扁方框▢等，它們散在於遺存的金文、簡冊、帛書中。不過，這些符號在當時沒有形成統一的用法和固定的格式。

前人寫作時一般不會加上句讀。但遇着容易混淆的地方，有時也會自己加上一些句讀以示區分。羅振玉、王國維編著的《流沙墜簡》内《屯戍叢殘》保存了一部分漢代屯戍西陲時所留下的木簡，其中有一簡云："隧長常賢□充世□綰□禕等候廄稟郡界中門戍卒王韋等十八人皆相從。"王國維分析説："隧長四人，前三人名下皆書□以乙之，如後世之施句讀。蓋以四人名相屬，慮人誤讀故也。"

自宋以後，不乏讀書时私下使用"標點"以便於理解和記憶的情況。《宋史·何基傳》："凡所讀書，無不加標點。義顯意明，有不待論説而自見者。"一般認爲，其"點"言其句讀；其"標"指標示書中重要或特殊内容的各種符號。如清儒錢泰吉《曝書雜記》云："常熟毛黼季，藏元人標點《五經》……《尚書標點》王魯齋先生凡例：朱抹者，綱領大旨；朱點者，要語警語也。墨抹者，考訂制度；墨點者，事之始末及言外意也。"

刻書有句讀始自宋朝，不過，其後加句讀者究爲少數。南宋岳珂《刊正九經三傳沿革例》："監蜀諸本皆無句讀，惟建監本始仿館閣校書式從旁加圈點。開卷了然，於學者爲便，然亦但句讀經文而已。唯蜀中字本與興國本並點注文，益爲周盡。"宋代用於刻本上的句讀符號祇有小圓圈"。"和瓜子點"、"兩種。其使用格式，其一爲：句號用"。"，讀（逗）號用"、"，皆點於字的右側；其二爲：全部採用"。"或"、"，用作句號者置於字的右側，用作讀（逗）號者置於兩字中間，正如南宋毛晃《增修互注韻略》所云："今秘書省校書式，凡句絶則點於字之旁，讀分則微點於字之中間是也。"

句讀分文法句讀與音節句讀兩種，前者以文義言，後者以聲氣言。黃侃先生《論句讀有關於音節與關於文法之異》一文指出："以文義言，雖累百名而爲一句，既不治之以口，斯無嫌於冗長，句中不更分讀可也。以聲氣言，字多則不便諷誦，隨其節奏以爲稽止，雖非句而成句可也。"（《文心雕龍札記·章句》）

## 第一節　培養古書句讀能力的必要性提示

古書中很少使用斷句符號，因一些經過後人標點的古書，難免紕漏。因此，句讀能力誠爲閱讀古代文獻之前提。

### 一、明白句讀方能知曉文意

古人云："文以載道。"（周敦頤《通書·文辭》）句讀確切與否，關乎我們能否正確理解文意。正如清末民初學者孫德謙所云："不達用點之法，且有失解之患。"（《古書讀法略例》）例如：

> 哀公問於孔子曰："吾聞夔一足，信乎？"曰："夔，人也；何故一足？彼其無他異而獨通於聲。堯曰：'夔一而足矣。'使爲樂正。故君子曰：'夔有一，足'；非一足也。"（《韓非子·外儲説左下》）

上例中，魯哀公之疑，即源於將"夔有一足"四字視爲一句而産生"夔僅有一隻足"之錯覺。如非孔子幫助釋疑，"君子"關於"夔有一足"這句話，便極有可能讓無數類似魯哀公一樣的後人對"夔"想入非非了。可見，句讀之事，不僅"視之若甚淺，而實則頗難"（楊樹達《古書句讀釋例·敍論》），更直接影響到我們能否真正讀懂古書，無怪古諺曰："學問如何看點書。"（《資暇集》卷上引稷下諺）正是爲了培養"點書"能力，古人自幼便接受相關訓

NOTE

練，韓愈在《師説》中如此説道："彼童子之師，授之書而習其句讀者，非吾所謂傳其道解其惑者也。"而句讀"不通"者，難免受別人奚落，蒲松齡在《聊斋志異·仙人島》中寫道："我言君不通，今益驗矣。句讀尚不知邪？"即使在近代，讀書人也時常會遇到句讀問題的考驗。魯迅在《花邊文學·點句的難》一文中這樣説："常買舊書的人，有時會遇到一部書，開首加過句讀，夾些破句，中途却停了筆：他點不下去了。"所以，爲了督促學子加速句讀能力的形成，兩千多年前《禮記·學記》還有"一年視離經辨志"以考查學生學習成績的記載。

## 二、重視句讀有利於正確校注

古籍浩如煙海。整理研究古籍的任務之一，便是校注。句讀與校注關係密切，錯誤的句讀不但會導致對文義、史實的誤解，造成注釋失誤，還可能導致校勘的失誤，造成誤改、誤删、誤補、誤乙。例如：

①成帝河平元年二月庚子泰山山桑谷有㦬焚其巢男子孫通等聞山中羣鳥㦬鵲聲往

視見巢㦬盡墮地中有三㦬鷇燒死（《漢書·五行志》）

此處"往視"後，本應句讀爲："巢㦬，盡墮地，中有三㦬鷇燒死。"㦬，古"然"字（據顏師古注）。句意謂鳥巢燃燒，完全掉落到地上，其中有三隻㦬鷇已被燒死。但因顏師古於"墮地中"注斷，清以前官本鑒於"地中"二字無義，遂想當然地將"地"字改爲"池"字。（楊樹達《古書句讀釋例》）

②杜欽字子夏茂陵杜鄴與欽同姓字俱以材能稱京師故衣冠謂欽爲盲杜子夏以相別

（《漢書·杜周傳》）

此文本應"俱以材能稱京師"七字連讀，即二人皆憑藉才能見稱於京師。然因《白帖》十二引作"京師衣冠謂欽爲盲杜子夏"、《漢紀》作"俱好學以材能稱"，均將原文中"稱"字與下文"京師"二字斷開。故清代學者王念孫認爲："'俱以材能稱'絶句，'故'字當在'京師'上，而以'故京師衣冠'五字連讀。京師衣冠謂京師士大夫也。"楊樹達不以爲然，指出王念孫誤乙之錯："原文可通，不當如王讀倒字。"（楊樹達《古書句讀釋例》）

事實説明，校勘者若不明句讀，或不重視句讀而盲從誤讀，恣意修改增删原文，可能背離作者原意，後果嚴重。

## 第二節　古書句讀實踐的注意事項

古書句讀是綜合性的學習。要正確標點古書，必須掌握比較豐富的古漢語文字、詞彙、語法及古代文化知識，甚至知道一點音韻知識。如果是標點古醫書，則還需具備扎實的中醫藥知識。這些都必須經過長年累月的積累才能養成古書句讀能力，但平時實踐時也有一些應該注意的事項或方法可供借鑒。

## 一、明确句讀的基本要求

**1. 字句能夠講通是前提**　從事斷句或標點，必須反復斟酌，確保經過斷句或標點的每一個字詞和每一句話都能得到允當的解釋。例如：

①子厚前時少年。勇於爲人。不自貴重。顧藉謂功業可立就。（《國學基本叢書

NOTE

簡編〈韓昌黎集·柳子厚墓誌銘〉》）

據韓愈《爲河南令上留守鄭相公啓》“愈無適時才用，漸不喜爲吏，得一事爲名，可自罷去，不啻如棄涕唾，無一分顧藉心”，“顧藉”義近“顧惜”。此例將“顧藉”與下文相連，以致形成令人費解的“顧藉謂功業可立就”一句，顯然未能達到句讀的基本要求。反之，若將“顧藉”二字上讀，連成“不自貴重顧藉”，則文通理順，反映出柳子厚少年勇悍、不善自保的性格特點。

　　②雖二者俱名驚風，而虛實之有不同，所以急慢之名亦異。凡治此者，不可不顧，其名以思其義。（《中醫古籍臨證必讀叢書〈兒科卷·小兒則·驚風〉》）

此例中上文“不可不顧”與下文“其名以思其義”本當連爲一句。這里之所以將句子斷破，致“其名以思其義”因獨立成句而無解，原因就在於句讀者僅關注上文“不可不顧”四字成句之理由，而不問“名以思其義”是否講得通。

**2. 語法音韻無誤是基礎**　基於句讀的對象爲古書，它是按照當時的語言結構法則或音韻規則寫就的，因此斷句或標點，必須保證無違其時的語法規律及虛詞用法習慣，韻文則無違其音韻。例如：

　　①王曰。然。誠有百姓者。齊國雖褊小。吾何愛一牛。即不忍其觳觫。若無罪而就死地。故以羊易之也。（《四書白話注解〈孟子·梁惠王上〉》）

觳觫，恐懼顫栗貌。楊樹達針對上文指出：“如此讀，‘若’字義不可通。此當以‘即不忍其觳觫若無罪而就死地’十三字作一句讀。‘觳觫若’猶言‘觳觫然’也。”（楊樹達《古書句讀釋例》）

　　②小針之要，易陳而難入。麤守形，上守神。神乎！神客在門，未睹其疾，惡知其原？（《內經講義》）

上文見於《靈樞·九針十二原》。中間四句正確的句讀應爲“麤守形，上守神。神乎神，客在門。”其中“神乎神，客在門”的句式類似於《素問·八正神明論》“神乎神，耳不聞”和《史記·淮陰侯列傳》“時乎時，不再來”。雖然“神乎！神客在門”於語義勉強可通，但既失去了句子固有的節奏感，又使本由“形”“神”“門”三個韻脚組成的韻文原貌遭到破壞，因而韻律盡失。

**3. 內容符合情理是原則**　句讀實踐中，有可能經過斷句或標點後的字詞和句子似乎文義可通，語法音韻無誤，然而內容不盡合乎情理。這種情況一旦出現，提示斷句或標點尚存紕繆，有待完善。例如：

　　①諸壘相次土崩，悉棄其器甲，爭投水死者十餘萬，斬首亦如之。（《資治通鑑》卷一四六）

就“爭投水死者十餘萬”八個字而言，此例將其連成一句，句意當理解爲“十余萬戰敗士兵爭相投水自殺”。顯然，如此有悖情理的句讀，難以服人。“爭投水”是過程，“死者十餘萬”是結果，祇有讀成“爭投水，死者十餘萬”方爲的當。

　　②勝金丹……服七九。二七九。白酒下。赤井水下。治痢。（《袖珍方》卷一）

勝金丹由乾薑、黃蠟各等份製成，用治痢疾。此例言其服法，初看“白酒下”似乎可通，然隨後“赤井水下”一句則令人難解：這裏對患者吞服“勝金丹”是要求用“赤井”之水，還是“赤色的”井水呢？井水果有色赤者乎？“赤井”又位居何方？果若依此思路，無疑會讓人感到作者對服藥用水的要求近乎苛刻，顯然不合情理。考《丹溪心法附餘》該方服法作“白痢，酒下；赤痢，井華水下”，真相遂明。原來“白”“赤”二字下均承後省略一“痢”字。其“白酒下赤井水下”七字當標點爲：“白，酒下；赤，井水下。”

## 二、掌握句讀的基本技巧

**1. 統攬全文，先整體後局部**　給古文斷句或標點，首先要通觀全文，在快速掃描、把握文章基本輪廓的基礎上，分出若干意群，進而根據意群弄清句子結構，逐字逐句漸次落實。例如：

①孟子言老吾老以及人之老庭棟久失怙恃既無吾老之可老今吾年七十有五又忽忽不覺老之及吾宜有望於老吾者之使吾克遂其老也嗣孫應谷年甫弱齡未能老吾之老並不知吾之老吾惟自知其老自老其老而已老之法非有他也宋張耒曰大抵養生求安樂亦無深遠難知之事不過起居寢食之間爾（曹庭棟《老老恒言》）

綜觀此段文字，大體可分五個層次。第一層，以孟子之言引領下文，故當於“老吾老，以及人之老”爲讀；第二層，申明自己無親可奉養，宜於“既無吾老之可老”爲讀；第三層，因己之衰老而渴望有奉養之人，宜於“宜有望於老吾者之使吾克遂其老也”爲讀；第四層，以嗣孫懵懂説明養老的主體總在自身，宜於“自老其老而已”爲讀；第五層，以張耒《粥記》之言交代老人養生的關鍵。故可標點爲：

孟子言：“老吾老，以及人之老。”庭棟久失怙恃，既無吾老之可老。今吾年七十有五，又忽忽不覺老之及吾，宜有望於老吾者之使吾克遂其老也。嗣孫應谷年甫弱齡，未能老吾之老，並不知吾之老；吾惟自知其老，自老其老而已。老之法非有他也，宋張耒曰：“大抵養生求安樂，亦無深遠難知之事，不過起居寢食之間爾。”

②徐羨之起自布衣……沈密寡言，不以憂喜見色；頗工弈棋、觀戲，常若未解，當世倍以此推之。（《資治通鑒》卷一一九）

此例中“頗工弈棋、觀戲，常若未解”令人生疑：其一，“弈棋”固有“工”“拙”之別，“觀戲”難道亦論“工”與“拙”？其二，既“頗工弈棋、觀戲”，又“常若未解”，豈不自相矛盾？顯然，這裏句讀有誤，誤在句讀者下筆前疏於通觀上下文而眼睛祇盯着局部個別詞或句子，以至貿然誤將“弈棋”“觀戲”並列。其實，句讀者若首先統攬全文，其錯誤或可避免，因爲原文環環相扣的文意脈絡並不難捕捉：首先總述南朝宋人徐羨之的性格特徵，所謂“不以憂喜見色”；次言徐氏特長是“頗工弈棋”；次以“觀戲常若未解”拓展了“頗工弈棋”的意境，更讓“不以憂喜見色”的性格特徵得以印証；最後用“當世倍以此推之”收束，揭示出其性格之魅力。因此，該文正確的標點宜爲：

徐羨之起自布衣……沈密寡言，不以憂喜見色。頗工弈棋，觀戲常若未解，當世倍以此推之。

**2. 利用虛詞，注意語法、邏輯**　虛詞在表達語氣和構造句子方面起着重要的作用。劉勰《文心雕龍·章句》云：“夫惟蓋故者，發端之首唱；之而於以者，乃劄句之舊體；乎哉矣也者，亦送末之常科。據事似閑，在用實切。”雖然劉氏這裏言及的虛詞爲數有限，但它顯然昭示了虛詞被使用時確有其一定的規律性。例如：

置於句首者，多見於：①句首語氣助詞，如“夫”“且夫”“若夫”“蓋”“粵”“夷”

"維（惟）"。②時間副詞，如"曩者""向者""昔夫""是時""俄而""須臾""方今""乃今""既而"。③謙敬副詞：如"請""竊""忝"。

置於句末者，多見於句末語氣助詞，如"爾""耳""矣""焉""哉""耶（邪）""也""歟""乎""兮"。

獨立成句者，多見於：①嘆詞：如"噫""噫嘻""吁""嗚呼""嗟夫""嗟乎"。②承轉連詞：如"然則""然而""雖然"。③疑問語氣助詞：如"何則"等。

因此，认识虛詞的使用規律，利用這些虛詞作爲界定句子始末的參考，可望爲句讀提供一定的便利。例如：

> 孔子曰："中心物愷，兼愛無私，此仁義之情也。"老聃曰："噫，幾乎後言！夫兼愛，不亦迂乎！無私焉，乃私也。夫子若欲使天下無失其牧乎？則天地固有常矣，日月固有明矣，星辰固有列矣，禽獸固有群矣，樹木固有立矣。夫子亦放德而行，遁道而趨，已至矣！又何偈偈乎揭仁義，若擊鼓而求亡子焉！噫，夫子亂人之性也。"

（《莊子·天道》）

文中以"矣""也""乎""焉"作爲句末標誌者，有十三處；以"噫"獨立成句者，二處。顯而易見，識別這些標誌，已然爲句讀其文奠定主要基礎。不過，值得注意的是，虛詞具有一詞多義的特點，如"夫"既可作發語詞，也可作句末語氣詞，還可如本文中與"子"結合組成"夫子"之類的雙音詞等。"乎"既可作句末語氣詞，也可作介詞，還可用作詞尾組成如本文中"偈偈乎"一類的多音詞等。因此，虛詞標誌一般祇能作爲句讀參考，而非依據，即如本例"幾乎後言"句中，若盲目以"乎"爲讀，則失其宜。由是可知，句讀時仍有必要結合內容的邏輯性、古漢語的語法特點和節奏感等綜合分析，反復斟酌。

**3. 識辨句式，尊重古漢語規律**　古人行文，講究修辭，駢文自不待言，散文亦時有所見，如常常用到對偶、排比、聯珠等句式。因此，一旦捕捉到文章中句式整齊的綫索，相應標點的確定就自然水到渠成了。如：

> 博學之審問之慎思之明辨之篤行之有弗學學之弗能弗措也有弗問問之弗知弗措也有弗思思之弗得弗措也有弗辨辨之弗明弗措也有弗行行之弗篤弗措也人一能之己百之人十能之己千之果能此道矣雖愚必明雖柔必強（《中庸》）

此例中，除"果能此道矣"一個一般散文句外，屬於排比句者有二組：一組爲單句排比（自"博學之"至"篤行之"），一組爲複句排比（自"有弗學"至"行之弗篤，弗措也"），而在複句排比中，又兼夾聯珠句式。屬於對偶句者二組：一組爲複句對偶（自"人一能之"至"己千之"），一組爲單句對偶（"雖愚必明，雖柔必強"）。所以，根據上述句式特點，可標點爲：

> 博學之，審問之，慎思之，明辨之，篤行之。有弗學，學之弗能，弗措也；有弗問，問之弗知，弗措也；有弗思，思之弗得，弗措也；有弗辨，辨之弗明，弗措也；有弗行，行之弗篤，弗措也。人一能之，己百之；人十能之，己千之。果能此道矣，雖愚必明，雖柔必強。

由此可見，識辨句式誠爲句讀實踐重要的一環。需要注意的是，我們不僅要善於識辨上述整齊句式，而且要尊重古漢語規律，重視對凝固結構、特殊語序以及實詞活用現象的感知。

常見凝固結構如"不亦……乎""奚（何）以……爲""無乃……乎""得無（毋）……

乎”“庸（豈、其）……哉（乎）”“與其……孰若……”“如（奈、若）……何”“何以……也”“何其……哉（也）”等。雖然置入其間的文字內容長短各異，但因其句型格式固定，故而一旦辨識，有利於我們判斷句子起止。

某些情況下，古文中的實詞活用和特殊語序，可能給句讀帶來一定的難度。爲此，句讀時應考慮諸如主謂倒裝、賓語前置、定語後置等特殊語序及實詞活用現象的存在與否。如果其客觀存在能夠得到及時確認，則句讀障礙可望迅速排除。如：

　　　齊侯陳諸侯之師與屈完乘而觀之齊侯曰豈不穀是爲先君之好是繼與不穀同好如何
（《左傳·僖公四年》）

此例初看似覺茫然，其實立足古人行文習慣，便會發現：特點就在於有兩個賓語前置句，皆以“是”作爲賓語前置的標誌。認知到這一特點，標點便可隨之確定：

　　　齊侯陳諸侯之師，與屈完乘而觀之。齊侯曰：“豈不穀是爲？先君之好是繼。與
　　不穀同好，如何？”

**4. 借助韻脚，把握用韻特點**　古人爲了便於吟誦，在詩、詞、曲、賦及歌訣中講究押韻。其押韻格式，除首句有入韻、不入韻兩種形式外，後面韻文的規律多爲隔句相押。因此，句讀時不妨採取且吟且讀的方式，其方式或許有助於我們去發現作品的用韻特點和規律，進而據以斷句。例如：

　　　①甑裏翻身甲挂金於今頭戴草堂深相逢二八求斤正硝煅青礞倍若沉十七兩中零半
　　兩水丸桐子意當斟千般怪證如神效水瀉雙身卻不任（《丹溪心法附餘·滾痰丸》）

此例首句即入韻，韻脚“金”“深”“沉”“斟”“任”古音同屬侵尋部。故據此而讀，斷句當無滯礙。值得指出的是，古人不但在詩、詞、曲、賦及歌訣中講究押韻，而且在某些散文體的文章中，也全部或部分地採用韻文。其所用韻部，或一韻到底，或中途換韻。例如：

　　　②言未既有笑於列者曰先生欺余哉弟子事先生於茲有年矣先生口不絕吟於六藝之
　　文手不停披於百家之編記事者必提其要纂言者必鉤其玄貪多務得細大不捐焚膏油以繼
　　晷恆兀兀以窮年先生之業可謂勤矣觝排異端攘斥佛老補苴罅漏張皇幽眇尋墜緒之茫茫
　　獨旁搜而遠紹障百川而東之迴狂瀾於既倒先生之於儒可謂有勞矣沉浸醲郁含英咀華作
　　爲文章其書滿家上規姚姒渾渾無涯周誥殷盤佶屈聱牙春秋謹嚴左氏浮誇易奇而法詩正
　　而葩下逮莊騷太史所錄子雲相如同工異曲先生之於文可謂閎其中而肆其外矣（《昌黎
　　先生集·進學解》）

此段文字中，除夾了少數幾句不押韻的散文外，餘皆韻文。前後一共換了四次韻，這裏分別以“雙下畫線”“雙波浪線”“粗線”“點式底線”分類標出者，即爲其韻脚。韻脚通常處於句尾，故而這些韻脚無疑可成爲斷句的重要依據。唯其中“勞”字因後面附有句末語氣助詞“矣”，屬於句中韻；其他均隔句爲韻，而“法”“葩”則鄰句相押，是爲常中之變，句讀時當因文制宜，不可執泥。

**5. 參閱古注，兼顧內容形式**　閱讀古籍，若參閱舊注，常可收事半功倍之效。不僅如此，某些情況下還是必由之路。因爲流傳至今的古注，一般源於歷代注家對原文的反復鑽研，其注解的針對性之強，非任何辭書所能及，盡管個別紕繆在所難免，但絕大部分應無妨我們參考利用。古注的價值在於：不僅其內容可使我們得以準確快速地理解文意而有利句讀，同時其形式亦不乏標誌意義。古書的注文大都採用雙行夾注，夾注所在一般亦即語意暫時終結之處。

例如：

> 子適衛冉有僕子曰庶矣哉冉有曰既庶矣又何加焉曰富之曰既富矣又何加焉曰教之

上述爲《論語·子路》原文。文中如"子適衛冉有僕子曰"之類，若不參閱古注，今天的讀者要想快速地準確斷句，可能並非那麼容易。然而一旦參閱朱熹《四書集注》，則有雲開月朗之感：

> 子適衛冉有僕僕御車也子曰庶矣哉庶衆也冉有曰既庶矣又何加焉曰富之庶而不富則民生不遂故制田里薄賦斂以富之曰既富矣又何加焉曰教之富而不教則近於禽獸故必立學校明禮儀以教之（《四書集注〈論語·子路〉》）

此處朱注不但將關鍵字及孔子有關主張的原理解釋得十分清楚，而且其夾注的位置也對斷句有客觀提示作用。因此，我們可以順暢地把原文標點爲：

> 子適衛，冉有僕。子曰："庶矣哉！"冉有曰："既庶矣，又何加焉？"曰："富之。"曰："既富矣，又何加焉？"曰："教之。"

## 第三節　古書句讀致誤原因的思考

句讀不易，如前所述的古諺"學問如何看點書"，正提示"點書"水準的高低常因人而異。因此，受句讀者學術功底或治學行爲的影響，誤讀時有發生。綜觀古今誤斷文句的現象，大致可總括爲四類，即當斷而失斷、不當斷而誤斷、當屬上而誤屬下、當屬下而誤屬上。此外，以出版的標點本來看，則還有雖然斷句無誤然而標點符號使用失當者。下面試結合有關實例，就其致誤原因進行探析。

## 一、意義不明

句讀之前，必須真正讀懂原文。若似懂非懂，便貿然而斷，錯誤在所難免。這通常見於以下幾種情況。

### 1. 不明詞義，不審文情

> 今有聲於此，耳聽之必慊，已聽之則使人聾，必弗聽；有色於此，目視之必慊，已視之則使人盲，必弗視；有味於此，口食之必慊，已食之則使人瘖，必弗食。是故聖人之於聲色滋味也，利於性則取之，害於性則舍之，此全性之道也。（《呂氏春秋·本生》，中華書局 2006 年《諸子集成》本）

此例依其句讀，每個分句前半部分的"……必慊"云云似乎僅爲鋪墊，文意所強調的衹是對"聲""色""滋味"毋"已聽""已視""已食"的強調。然仔細玩味上下文，依下文"是故聖人之於聲色滋味也，利於性則取之，害於性則舍之"的結語，發現其中"利於性則取之"與"害於性則舍之"是處在同樣被強調的位置的。因此語意當爲："聲""色""滋味"令人"慊"（快意，滿足），則可分別"聽之""視之""食之"。而如果使人"聾""盲""瘖"，則應主動回避。其句讀致誤的原因爲：句讀者對"已""則"之類的虛詞詞義把握得不夠準確，對上下文的內在聯繫及文章的主旨認識不夠到位。正確的標點應爲：

> 今有聲於此，耳聽之必慊已，聽之；則使人聾，必弗聽。有色於此，目視之必慊已，視之；則使人盲，必弗視。有味於此，口食之必慊已，食之；則使人瘖，必弗

NOTE

食。是故聖人之於聲色滋味也，利於性則取之，害於性則舍之，此全性之道也。

### 2. 缺乏歷史知識，不明事實

周主從容問譯曰我脚杖痕誰所爲也對曰事由烏丸軌王軌蓋賜姓烏丸氏故稱之

宇文孝伯因言軌捋須事宇文孝伯何爲出此言也欲自求免死邪然終於不免也（《資治通鑒·陳紀七》胡省三注）

此例中大字爲《資治通鑒》原文，小字系宋末元初的學者胡省三所注。根據胡氏所注，不難看出胡氏對原文的句讀是：

周主從容問譯曰："我脚杖痕，誰所爲也？"對曰："事由烏丸軌。"宇文孝伯因言軌捋須事。

依該句讀，似乎宇文孝伯乘烏丸軌被舉報之機，舉出了昔日烏元軌對周武帝（宇文邕）"捋須"之事。然而，事實並非如此。文中"周主"即周宣帝（宇文贇），"譯"爲鄭譯。根據《北史·王軌傳》和《周書·鄭譯傳》，周宣帝征伐土谷渾時，周武帝令烏丸軌和宇文孝伯並從。因宣帝軍中"頗有失德"，而鄭譯等皆共同參預，故班師回朝時，烏丸軌、宇文孝伯等向武帝舉報宣帝和鄭譯等的劣行，武帝由此大怒，鞭撻宣帝，並處罰了鄭譯。宣帝由是對此事耿耿於懷，因而有了這裏宣帝與鄭譯的交談場景。顯然，其"因言軌捋須事"一句的主語乃鄭譯，而非宇文孝伯。所以，正確的句讀當爲：

周主從容問譯曰："我脚杖痕，誰所爲也？"對曰："事由烏丸軌、宇文孝伯。"因言軌捋須事。

### 3. 缺乏古代文化常識，疏於查考

史記天官書云。牽牛爲犧牲。其北河鼓。河鼓大星。上將左右。左右將。（《萬有文庫·苕溪漁隱叢話》後集，商務印書館本）

牽牛即牛宿，象徵祭祀時所用的牛羊豬。河鼓，亦稱"天鼓"，俗稱"牛郎星"，其三顆星位處牽牛星之北，分別爲中央大星和左右兩星，象徵天子三將軍。相關資料見於唐代張守節《史記正義》中。此例由於句讀者對古代天文知識缺乏瞭解，遇到疑難却不擅查閱有關資料，遂致句子被誤讀。正確的句讀應爲：

《史記·天官書》云："牽牛爲犧牲，其北河鼓。河鼓大星，上將；左右，左右將。"

### 4. 囿於既有文字，不辨通假

無置錐之地而王公不能與之爭。名在一大夫之位則一君不能獨畜。一國不能獨容。成名况乎。諸侯莫不願以爲臣。是聖人之不得埶者也。（《荀子·非十二子篇》，句讀據唐代楊倞《荀子注》）

此例中"成"通"盛"，"况"通"皇"。晚清學者俞樾、孫詒讓皆主張"成名况乎諸侯"六字連讀。楊倞因拘泥於文中原有文字，未能辨識其通假現象，以致無法準確把握文義，遂成誤讀。正確的句讀當爲：

無置錐之地而王公不能與之爭。名在一大夫之位則一君不能獨畜。一國不能獨容。成名况乎諸侯。莫不願以爲臣。是聖人之不得埶者也。

## 二、語法不明

作爲語言要素之一的語法，是語言的結構方式，涉及詞的構成和變化、詞語和句子的組

織。漢語古今語法雖然原則上一脈相承，但隨着歷史發展的進程，仍然會存在一些差異。如果漠視這種差異或不明古代的語法規律來爲古文句讀，勢必難以保證其準確性。這方面原因致誤者，一般以下面兩種情況居多。

**1. 不明古語句法習慣**　例如：

①夫有大功而無貴仕。其人能靖者與。有幾。（《左傳·僖公二十三年》，句讀據陸德明《經典釋文》）

此例語意爲：有偉大的功勞却没有尊貴的地位，這樣的人能安定國家者有幾個？其中"與"爲語助詞。陸德明之所以以"與"絕句，可能拘於其多處句末的常例。似未能意識到：在疑問句中，"與"與句末一、二字連讀亦其慣例，如《國語·越語》："如寡人者，安與知恥！"據此，此例正確的句讀當爲：

夫有大功而無貴仕，其人能靖者與有幾？

②公用射隼。於高墉之上獲之。無不利。（《易·解卦》，句讀據武億）

此例武氏句讀之誤在於未能尊重古代漢語固有的句法規律。在古代漢語中，用"於"字帶賓語表示與動作有關的處所、位置時，其句法規律是每每將該介賓結構放在動詞之後。此例置於動詞之前，有違常規。正確的句讀當爲：

公用射隼於高墉之上，獲之，無不利。

**2. 不曉實詞活用現象**　例如：

梁嘗有櫟陽逮。請蘄獄掾曹咎書。抵櫟陽史司馬欣。以故事乃已。（《漢書·項籍傳》，句讀據應劭注）

此例由於應劭將句中"書"視爲名詞"書籍"，文意被理解成"從蘄獄掾曹咎取書與司馬欣"，因而誤將"書抵"二字斷開。然而，實際文意爲：項梁曾因犯法傳付櫟陽獄，通過請獄掾曹咎寫信給司馬欣説情，從而得以了結該案。句中"書"本爲動詞"寫信"，"書抵"當連讀，即"寫給……"之意。是以正確句讀當爲：

梁嘗有櫟陽逮。請蘄獄掾曹咎書抵櫟陽史司馬欣，以故事乃已。

## 三、音韻不明

韻文有"隨其節奏以爲稽止，雖非句而成句可也"的特點，因此能否從夾雜韻文的散文中，準確感知其韻文部分的節奏，辨明韻脚，對句讀成敗至關重要。雖然因爲不懂音韻而誤讀的情況相對較少，但例證却並非罕有，例如：

①生生生，何事倒而橫我，今施正法，無損母命，無損兒身，急急如天醫使者律令。（《湖湘名醫典籍精華·婦科卷·生生實錄》，湖南科學技術出版社，2000）

此例係書中"産難"部分用治橫生倒産時的咒語。其"生""橫""命""令"四字在《中原音韻》中皆屬庚青韻部，本爲韻脚。由於句讀者不明音韻或未意識到其韻文特點，誤將"橫我"二字連讀，不僅使原文在語義上所針對的對象變得混亂，而且使句子固有的節奏感和韻文原貌遭到破壞，因而韻律盡失。正確的句讀應爲：

生生生，何事倒而橫？我今施正法，無損母命，無損兒身，急急如天醫使者律令。

②趙王餓。乃歌曰。諸呂用事兮。劉氏微。迫脅王侯兮。彊授我妃。我妃既妒

**NOTE**

分。誣我以惡。讒女亂國兮。上曾不寤。我無忠臣兮何故。棄國自快中野兮。蒼天與
直。吁嗟不可悔兮。寧早自賊。(《漢書·高五王傳》,句讀據顏師古注)

此例中整首歌除具有隔句押韻(三次換韻)的基本特點外,節奏也呈現一個基本規律,
即:"兮"字後一般隨之以一個三字句或四字句;唯"我無忠臣兮何故"一句,則在"兮"字
後僅附二字,語氣迫促,有違文例。句讀者所以以"故"爲讀,似拘於與上文"寤"字協韻,
而忽視了與下文韻脚"直""賊"相押。事實上,"何故棄國"的"國"因與"直""賊"屬
於同一個韻部,乃韻脚所在。顯而易見,以"何故棄國"連讀,則節奏韻律無違,文義亦順。
因此,正確的句讀應爲:

趙王餓。乃歌曰。諸呂用事兮。劉氏微。迫脅王侯兮。彊授我妃。我妃既妒兮。
誣我以惡。讒女亂國兮。上曾不寤。我無忠臣兮。何故棄國。自快中野兮。蒼天與
直。吁嗟不可悔兮。寧早自賊。

## 四、失於校勘

古書因傳抄翻刻,間有魯魚之變,如果失於校勘,自然難免誤讀。其中多見於下面幾種
情況。

### 1. 字訛

汗出入水中。如水傷心。歷節黃汗出。故曰歷節。趺陽脈浮而過滑。則穀氣實。
浮則汗自出。(《新編金匱要略方論》,商務印書館,1955)

此例"趺陽脈浮而過滑"令人生疑:脈象滑則滑矣,豈有"過滑"? 原文出自《金匱要略
方論·中風歷節病脈證並治第五》。以該書及明代趙以德《金匱方論衍義》等書校之,在
"過"字位置上均作"滑"字,顯然"過"乃"滑"字之訛。由於句讀者未能校出其訛,遂
致將"過滑"連讀。句讀之人未必對此無疑,僅僅因爲懶於窮究而勉強爲之罷了。毫無疑問,
其正確的句讀當爲:

汗出入水中,如水傷心,歷節黃汗出,故曰歷節。趺陽脈浮而滑:滑則穀氣實,
浮則汗自出。

### 2. 字脫

夫詩書禮樂之分。固非庸人之所知也。故曰一之而可再也。有之而可久也。廣之
而可通也。慮之而可安也。反鉛察之而俞可好也。以治情則利。以爲名則榮。以羣則
和。以獨則足。樂意者其是邪。(《荀子·榮辱篇》,句讀據楊倞注)

此例"樂意"連讀,其義難解,故楊樹達先生曾云:"'樂意'不詞。"爲此,王念孫認
爲:"此當讀'以獨則足樂'爲句。"然隨後有人提出異議:"'以羣則和,以獨則足',句法一
律。'足'下加'樂'字,反爲贅設。"(王先謙《荀子集解》)直到清末學者陶鴻慶據該篇下
文"是夫羣居和一之道也"及《荀子·禮論篇》"人所以羣居和一之理盡矣"等爲證,指出:
"'和'字下奪一'一'字",真相遂明。楊倞、王先謙之誤,關鍵在於:疏於校勘,未能意識
到其中存在脫文。原文及正確的句讀當爲:

夫詩書禮樂之分。固非庸人之所知也。故曰一之而可再也。有之而可久也。廣之
而可通也。慮之而可安也。反鉛察之而俞可好也。以治情則利。以爲名則榮。以羣則
和一。以獨則足樂。意者其是邪。

**3. 字衍**

　　古之王者。知命之不長。是以並建聖哲。樹之風聲。分之采物。著之話言。爲之律度。陳之藝極。引之表儀。予之法制。告之訓典。教之防利。委之常秩。道之以禮。則使毋失其土宜。眾隸賴之。而後即命。(《十三經注疏〈春秋左傳正義·文公六年〉》)

　　此例"樹之風聲"以下十句句式相同，唯"道之以禮"有別，且下文"則使毋失其土宜"亦於文義不順。之所以誤讀如是，在於句讀者未能察知句中"以"乃衍字。因爲據《唐石經》校之，該句無"以"字。因此，原文及正確的句讀當爲：

　　古之王者。知命之不長。是以並建聖哲。樹之風聲。分之采物。著之話言。爲之律度。陳之藝極。引之表儀。予之法制。告之訓典。教之防利。委之常秩。道之禮則。使毋失其土宜。眾隸賴之。而後即命。

## 五、不諳標點符號用法

　　標點符號在幫助書面語言表達意思上有舉足輕重的作用。有時即便斷句無誤，但標點符號用得不妥，同樣會妨礙原意的表達，甚至誤導其他讀者。例如：

　　①扁鵲名聞天下。過邯鄲，聞貴婦人，即爲帶下醫；過雒陽，聞周人愛老人，即爲耳目痹醫；來入咸陽，聞秦人愛小兒，即爲小兒醫；隨俗爲變。(《醫古文·扁鵲傳》，上海科學技術出版社，1978)

　　②扁鵲名聞天下。過邯鄲，聞貴婦人，即爲帶下醫；過雒陽，聞周人愛老人，即爲耳目痹醫；來入咸陽，聞秦人愛小兒，即爲小兒醫，隨俗爲變。(《醫古文·扁鵲傳》，上海古籍出版社，2005)

　　上面兩例皆屬對標點符號使用方法不夠準確致誤。例①"即爲小兒醫"後使用了分號。分號一般用於表示複句內部並列分句之間的停頓，該處使用分號將使人理解成：下文"隨俗爲變"與上文的三個分句是並列關係，似乎扁鵲除了在邯鄲擔任"帶下醫"、雒陽擔任"耳目痹醫"、咸陽擔任"小兒醫"之外，另再"隨俗爲變"。例②"即爲小兒醫"後使用逗號。逗號用於表示句子內部的一般性停頓，該處使用逗號則使人理解成：下文"隨俗爲變"僅限於扁鵲在咸陽時。顯然，二者均非作者原意。基於"隨俗爲變"乃歸納上文三個分句的結語，而冒號有提示下文或總結上文的作用，故其前"即爲小兒醫"下以用冒號爲當。當然，此處若用句號亦不爲誤。

　　這裏值得指出的是，某些情況下，不僅標點符號的使用具有一定的靈活性，而且數讀皆通的可能性也同樣存在。大致有兩種情況。

　　其一，屬於可斷可不斷的句子。例如：

　　①孔子曰："求！君子疾夫舍曰欲之而必爲之辭。"(《十三經今注今譯〈論語·季氏〉》，岳麓書社，1994)

　　②孔子曰：求！君子疾夫舍曰欲之，而必爲之辭。(《四書集注》〈論語·季氏〉》，岳麓書社，1985)

　　其二，爲目前無法確定作者初衷，暫時數讀可通者。例如：

　　①晉人有馮婦者，善搏虎。卒爲善，士則之。野有眾逐虎，虎負嵎，莫之敢攖。望見馮婦，趨而迎之，馮婦攘臂下車，眾皆悅之，其爲士者笑之。(《十三經今注今

譯〈孟子·盡心下〉》，岳麓書社，1994）

　　②晉人有馮婦者，善搏虎，卒爲善士。則之野，有衆逐虎。虎負嵎，莫之敢攖。望見馮婦，趨而迎之。馮婦攘臂下車。衆皆悅之，其爲士者笑之。（《四書集注〈孟子·盡心下〉》，岳麓書社，1985）

　　綜上所述，正確地句讀古籍實非易事，而造成句讀錯誤的原因亦頗複雜。因此，無論是爲了避免自己句讀的錯誤，抑或爲了提高對他人句讀的審辨能力，我們既要重視詞義、語法、音韻、校勘和古代歷史、文化，乃至某個專業等各方面知識的積累，又要注重對古籍的泛覽博涉和利用博覽進行句讀練習，多查多問，更要培養自己態度嚴謹、勤於思考、敢於質疑、追求真理的治學精神。

# 知識點鏈接　古文今譯：標準與方法

　　“將升岱嶽，非徑奚爲？欲詣扶桑，無舟莫適。”在幫助今人克服古今語言障礙，讀懂原文的過程中，注釋和今譯無疑具有重要作用。今譯就是將古代文獻翻譯成現代漢語。所譯成的現代漢語無外口語和書面語言兩種形式，這裏討論的是後者。較之於注釋，今譯因其使詞義以及文章的語氣、邏輯、連貫性都得到反映，有助於較爲快捷地獲取原文的内容主旨、寫作風格，化解單純依靠注解所無法消除的疑惑。

## 一、今譯的標準

　　基於今譯的對象有散文體與韻文體之別，因而今譯的方式通常亦會有側重於直譯或意譯的不同。直譯要求譯文忠實地再現原文的内容和語言風格，因而它一般與原文在詞性、詞義、語法結構、邏輯關係上一一對應，鮮有改動或增删，便於讀者逐詞逐句對照，理解掌握原文。意譯旨在傳達原文的思想内涵，故一般不拘於原文詞序、語法結構，無需與原文保持嚴格的對應關係，因此相對具有更大的靈活性。值得指出的是，無論直譯還是意譯，都不能脱離今譯的標準。其標準，一言以蔽之，就是信、達、雅。

　　信、達、雅原爲外語的翻譯而提出。清末著名翻譯家嚴復在其譯著《天演論》（英國赫胥黎原著，1898）卷首的《譯例言》中指出：“譯事三難：信、達、雅。求其信，已大難矣；顧信矣，不達，雖譯猶不譯也，則達尚焉……《易》曰：‘修辭立誠。’子曰：‘辭達而已。’又曰：‘言之無文，行之不遠。’三者乃文章正軌，亦即爲譯事楷模，故信、達而外，求其爾雅。”這個標準固然是我們今天外語翻譯所遵循的原則，無疑同樣適應於古語今譯。

　　**1. 信**　強調忠實於原文，内容準確，這是古文今譯最起碼的要求。爲了達到這一要求，譯文務必語義精準，將原文的意思準確而完整地表達出來，不能望文生義地穿鑿附會，或隨心所欲地增枝裁葉。要想準確地表達原意，前提就在於對原文的正確理解。爲此，我們既要注意古今詞義的差異，認知詞義多樣性，結合語境反復推敲；又要熟悉聯綿詞、偏義複詞以及實詞活用的特點，懂得特殊語序、凝固結構的翻譯規律。

　　例一：

　　　[原文] 方者，一定不可易之名。有是病者，必主是藥，非可移遊彼此，用之爲

嘗試者也。（汪昂《醫方集解·序》）

［譯文一］所謂醫方，就是（有定規而）不能隨意更改的稱謂。有這種疾病就必須專用治療這種疾病的方藥，是不能在此與彼之間遲疑不決（隨便更換），用藥（在病人身上）進行試驗的。

［譯文二］方劑，一經確定不可輕易改變其名稱。有這種病，必須用主治這種疾病的藥來治，不可在選方時彼此間猶豫不決，在病人身上用藥來進行試驗。

上面關於“方者，一定不可易之名”的兩則譯文，皆屬望文生義致誤。從事醫學的人都知道：方劑的名稱絕非重要到“一定不可更改”，一方多名者比比皆是。其實，這裏“易”有“輕視”義，如《左傳·襄公四年》：“戎狄薦居，貴貨易土。”“之”與“其”同，如《漢書·曹參傳》：“卿大夫以下吏及賓客見參不事事，來者皆欲有言。至者，參輒飲以醇酒，度之欲有言，復飲酒，醉而後去。”“名”有“功”之義，如《國語·周語》：“勤百姓以爲己名。”唯有將“方者，一定不可易之名”，譯成“方劑，一定不可輕視它的功用”，才能更好地體現它與下文“有是病者，必主是藥，非可移遊彼此，用之爲嘗試者也”之間一以貫之強調方劑作用的語意。因此，該文正確的語譯當爲：

方劑，一定不可輕視它的功用。對有這種疾病的人，必須使用治療這種疾病的藥物，不可遲疑不決，用藥進行嘗試。

例二：

［原文］今自大畢、伯仕之終也，犬戎氏以其職來王。（《國語·周語上》）

［譯文一］現在，自從大畢、伯仕這兩個君王死後，犬戎氏都按照他們的職守來朝見。

［譯文二］自從大畢、伯仕這兩位君王歸順之後，犬戎氏至今都按照他們的職守來朝見。

上面兩則譯文中，顯然譯文二更符合“信”的要求。“譯文一”將“終”譯爲“死”，於上下文不順，與史實相違。因爲大畢、伯仕，是犬戎族的兩個國君，犬戎歸服始自他倆，而非在他倆死後。其“終”含上文提到的“終王”（即荒遠地區的首領終身祇朝見周天子一次以示歸順）之意，而非“去世”。

**2. 達** 意謂通順，即要求譯文表達明晰，行文流暢，符合現代漢語表達習慣。要做到“達”，譯者不僅要具備良好的現代漢語水準與表達能力，而且必須在確切地掌握古漢語的詞義及文句語意的基礎上，能夠熟練靈活地運用今譯技巧。如果不顧現代漢語的表達習慣而一味拘泥於原文字詞的對譯，拙於運用今譯技巧相機變通，則可能導致譯文詰屈，文義障隔。

例一：

［原文］鄧侯曰：“人將不食吾餘。”對曰：“若不從三臣，抑社稷實不血食，而君焉取餘？”（《左傳·莊公六年》）

［譯文一］鄧侯説：“（如果這樣做）人們就會不吃我的剩餘了。”三個人回答説：“如果不聽我們三個臣子的話，社稷之神就得不到祭享，而君王到哪裏去取得剩餘呢？”

［譯文二］鄧侯説：“（這樣做）世人將不會吃我剩下的食物。”三人回答説：“如果不聽我們的意見，國家滅亡，連土神穀神都得不到祭享，國君您還到哪裏去拿剩餘

NOTE

的東西給人吃?"

　　[譯文三] 鄧侯説:"(如果這樣做)人們會唾棄我而不吃我剩下的東西的。"三個人回答説:"如果不聽我們三個人的話,土地和五穀的神靈就得不到祭享,君主到哪裏去取得祭神的剩餘呢?"

　　原文"不食餘",是當時俗語,含"唾棄、看不起"之意,"譯文一"和"譯文二"未能將原文中隱含的這一語意體現出來;而"抑社稷實不血食",暗含"國家滅亡"之意,"譯文一"和"譯文三"亦未能作必要表達。所以皆讓人有"以其昏昏,使人昏昏"之感。究其原因,就在於死守原文字句,疏於對隱含信息的補充。綜合三者,比較理想的譯文宜爲:

　　鄧侯説:"(如果這樣做)人們會唾棄我而不吃我剩下的食物。"三個人回答説:"如果不聽我們三個人的意見,一旦國家滅亡,連土神穀神都得不到祭享,國君您還到哪裏去拿剩餘的東西給人吃?"

例二:

　　[原文] 孔子云:生而知之者上,學則亞之。多聞博識,知之次也。余宿尚方術,請事斯語。(張機《傷寒論・序》)

　　[譯文] 孔子説過:生下來就有知識的人是上等的,經過學習而有知識的人那就次一等。廣泛地探求記取知識的人,又次一等。我素來愛好醫學,請允許我遵照"學而知之、多聞博識"這句話去做吧。

　　"生而知之者上,學則亞之",語出《論語・季氏》:"生而知之者,上也;學而知之者,次也;困而學之,又其次也;困而不學,民斯爲下矣。"顯而易見,這裏孔子祇將人們的認知能力及學習態度分爲四個等次。下文"多聞博識,知之次也"語出《論語・述而》:"子曰:蓋有不知而作之者,我無是也。多聞,擇其善者而從之,多見而識之,知之次也。"張機之所以將孔子這兩句在不同語境下所説的話挪移於一處,意在以孔子之言自相闡釋,即:以"多聞博識"釋上文的"學",指明學習的方法;以"知之次"釋"亞之"。因此,譯文將"多聞博識,知之次也"譯作"廣泛地探求記取知識的人,又次一等",不僅没有体現"知之次"即"智之次(者)"所具有的定語後置特點,更可能給人造成的誤解是"多聞博識"不但不屬於"學",而且比"學"更次。有鑒於是,可考慮譯成:

　　孔子説:生來就明白事理的人是上等,通過學習而懂得事理的人是第二等。多聞廣記,就是這次一等智慧之人。我一向崇尚醫術,願奉行"學而知之""多聞博識"這些教導。

　　3. 雅　意指優美。即要求語譯用詞凝練,語言規範,富於文采,在表達準確的基礎上,盡可能地做到文辭並茂,不失原文的風格、韻味。要做到"雅",譯者除了要具備淵博的知識、深厚的文化底蘊和掌握豐富的詞滙外,還必須注意運用靈活的表達技巧,行文措辭言簡意賅。特別是作爲書面語言的今譯,既要避免用詞的艱深晦澀,又要具有書卷氣而不宜過於口語化。

例一:

　　[原文] 夾岸數百步,中無雜樹,芳草鮮美,落英繽紛。(陶淵明《桃花源記》)

　　[譯文一] 桃林沿着河岸延伸了好幾百步,中間没有別的樹,芳香的草新鮮美麗,落花繁多。

［譯文二］桃林沿着河岸蔓延幾百步，中間沒有任何雜樹，芳草青翠可愛，落花飄灑林間。

此例中兩則譯文都基本合乎"信""達"要求，然而，就其用詞典雅和再現原文意境、韻味而言，譯文二顯然超出譯文一。

例二：

［原文］法於往古，驗於來今，觀於窈冥，通於無窮。麤之所不見，良工之所貴。莫知其形，若神彷彿。（《靈樞‧官能》）

［譯文一］取法和運用古人的學術，都可以使它有驗於現在，例如觀察體內營衛氣血的變化，就是一種通達事理的診法，才會永遠流傳後世。由於形體內部生理病理上的複雜現象，粗率的醫者都不容易發現，惟有學識經驗都很豐富的醫工才能診斷出來，這也是他和一般人的不同之處。正因爲營衛氣血都在體內活動，在外看不到形跡，好像神氣的運行，若有若無一樣。

［譯文二］要繼承古人的成就，並在現代的醫療實踐中加以檢驗，祇有仔細觀察微渺難見的變化，才可以通達變化無窮的疾病。平庸的醫生是不會注意這些方面的，而醫術精良的醫生却很珍視它。如果診察不到細微的形跡變化，那麼疾病就顯得神秘莫測，難以把握了。

對此例兩則譯文稍加比較，亦不難看出其優劣。譯文一語言囉嗦，邏輯混亂。如以"例如觀察體內營衛氣血的變化，就是一種通達事理的診法，才會永遠流傳後世"對譯原文"觀於窈冥，通於無窮"，不僅表達得不夠準確，讀之令人如墜雲霧，更無從感受到原文固有的風格、韻味。譯文二由於譯者較爲深刻地理解了原文內涵，把握了文意脈絡，在注意行文措辭技巧的同時，尤其重視對勾連詞語的精準使用，因此其譯文以相對縝密的邏輯性和比較簡潔凝煉的行文特色，給人一氣呵成之感，在一定程度上再現了原文的風格、韻味。

總而言之，"信""達""雅"三者雖各有側重，却相互關聯。"信"是根本，是關鍵，失"信"，則譯文即便"達""雅"，亦如同失去靈魂的軀殼，變爲異物。"達"是基礎，無"達"，則譯文無由示"信"，無從言"雅"，正如嚴復所云："不達，雖譯猶不譯也。""雅"如同樹冠之花葉，譯文無"雅"則似花葉凋殘之枯木，色黯神傷，令人不忍卒讀，所謂"言之無文，行之不遠"。因此，務必三者兼顧，方能相輔相成。

## 二、今譯的方法

今譯的具體方法很多，前人爲適應直譯需要而提煉出的"留、對、換、删、補、移"六字，被公認是確實行之有效的重要技巧，有利於實現今譯的目的並達到其標準。

### (一) 對、換相輔，精準爲本

鑒於古代漢語與現代漢語在用詞、造句的方法上相同多於相異，今譯時應盡可能保證譯文與原文在詞性、詞義、句法結構上的對應。因此，爲了實現二者間的對應性，一種最爲簡便而實用的有效措施，就是將原文中的單音詞對譯成相應的以該詞作詞素的現代漢語雙音節詞。例如：

［原文］業精於勤，荒於嬉；行成於思，毀於隨。（韓愈《進學解》）

［譯文］學業的精深在於勤奮，（學業的）荒疏在於嬉戲；德行的修成在於思考，

（德行的）失敗在於隨俗。

此例譯文將原文的單音詞逐一譯成以之爲詞素的雙音詞，不但保持了與原文在詞序、句式上的對應，使人一目了然，而且原文固有的對稱美和節奏感亦盡皆再現。

又如：

[原文] 若顛木之有由蘖，天其永我命於茲新邑，紹復先王之大業，厎綏四方。（《尚書·盤庚上》）

[譯文] 如同倒伏的樹木又長出新枝嫩芽，上天將使我們的國運在這個新的都邑延續，（讓我們）繼承復興先王的大業，安定天下。

此例雖仍然基本採用以原文作詞素對譯爲相應雙音詞的方法翻譯，但原文中“若”被替換成現代漢語的常用詞“如同”；“顛”被替換成“倒伏”。“由”指倒木新生的枝條，被替換成“新枝”；蘖指被砍之樹長出的新芽，被替換成“嫩芽”；“其”替換成“將”；“永”替換成“使……延續”；“茲”替換成“這個”；“紹”替換成“繼承”；“厎綏”替換成“安定”；“四方”替換成“天下”。由此說明，語譯中，常常有必要用現代漢語義近意同且比較通俗的詞語替換原文中不宜對譯的詞語。不宜對譯的詞語，除了一類不宜以原文作詞素組成現代漢語雙音詞的普通詞外，通常還包括字形爲此而義實爲彼的通假字、古今字、同形詞語以及某些成語、複用詞語、聯綿詞、疊音詞和具有臨時性語法功能的詞語等。因此，換譯既要注意詞語隨時代變遷所發生的詞義變化，又要注意其在特定語境中的特定意義或特殊用法。

例一：

[原文] 夏，大旱。公欲焚巫、尫。臧文仲曰：“旱非備也。修城郭、貶食、省用、務穡、勸分，此其務也。”（《左傳·僖公二十一年》）

[譯文] 夏天，發生大旱災。僖公想要燒死巫人和仰面朝天的畸形人。臧文仲說：“這不是防備旱災的辦法。修理城牆、減少飲食、節省開支、致力農事、鼓勵施捨，這些才是應該做的事。”

此例原文中“尫”，特指胸脯向前凸起而仰面向天的畸形人，僖公之所以要將他燒死，是鑒於當時人們認爲：尫的“仰面向天”，使天產生了憐惜之情，天因擔心落下的雨水灌入其鼻孔，故而不肯下雨。因而爲了讓天解除後顧之憂，爲了懲罰“失職”的巫，才有“公欲焚巫、尫”。這裏如果僅以“尫人”對譯，對於現代大多數普通讀者來說，恐怕仍然難以理解，所以譯文用“仰面朝天的畸形人”較爲傳神地替換了“尫”。此外，原文中“貶食”的“貶”和“務穡”“勸分”之類的詞及短語，亦不適宜採用“以原文作詞素組成現代漢語雙音詞”的對譯法，故而根據文意另選合適的詞或短語分別進行了替換。

例二：

[原文] 故聖人耐以天下爲一家，以中國爲一人者，非意之也，必知其情。（《禮記·禮運》）

[譯文] 聖人所以能夠把天下治理得像一家，把中原境內治理得像一個人，並不是憑藉主觀臆想，而是必須懂得“人情”。

此例原文中的“耐”通“能”，故當以本字換譯借字。“中國”非爲現代意義上的“中國”，原指中原一帶，亦必須換譯。

例三：

[原文] 甲戌，將戰。郵無恤御簡子，衛太子爲右。登鐵上，望見鄭師衆，太子懼，自投於車下。子良授太子綏而乘之，曰："婦人也。"(《左傳·哀公二年》)

[語譯] 甲戌日，將要作戰。郵無恤爲趙簡子駕車，衛國太子做車右。登上鐵丘，望見鄭國軍隊人很多，太子害怕，自己從車上掉下來。郵無恤把拉繩遞給他讓他上了車，說："你象個婦人。"

此例原文"自投於車下"並非自己投奔到車下，而是被敵軍嚇得從戰車上掉下來。其"投"常用義爲擲、扔、拋棄、投贈、投奔、投送、投合等，然而在文中特定的語言環境中，如以上述詞義譯之皆顯失當，故需要按照這個詞所處的具體語境以確定它的具體含義，譯作"掉下來"。

例四：

[原文] 於是焉河伯始旋其面目，望洋向若而歎。(《莊子·秋水》)

此例中"望洋"屬於聯綿詞，意爲"仰視而眼睛迷茫的樣子"。不可譯爲"望着海洋"，因爲直到宋朝，"洋"才有海洋之義，故有必要根據文意換譯。

例五：

[原文] 七十者衣帛食肉，黎民不饑不寒，然而不王者，未之有也。(《孟子·梁惠王上》)

此例中的"衣""王"皆臨時性地具有動詞功能，故必須根據文意換譯成相應的動詞。

### (二) 酌情留、移，理順邏輯

衆所周知，正是由於古代漢語與現代漢語的源流關係，決定了現代漢語與古代漢語的某些共性和差異。因此，今譯時不妨或充分利用其共性酌情以"留"，或針對其異而藉"移"完成古今語詞之序變。

**1. 留**　所謂留，即在譯文裏仍然沿用原文中的詞語。通常適宜保留的詞語，大致有兩種情況。

(1) 專用名詞術語　如書名、人名字號、國名、朝代名、年號、地名、官職名、典章制度名、度量衡名以及有專業屬性的專用名詞術語。例如：

初，鄭武公娶於申，曰武姜，生莊公及共叔段。莊公寤生，驚姜氏，故名曰寤生，遂惡之。(《左傳·隱公元年》)

此例文中"寤生"出現二次：第一次爲動詞，"寤"通"牾"，"寤生"謂其逆生，可換譯爲"難產"；第二次爲人名，則須沿用。此外，其他人名、國名亦皆宜被原汁原味地保留。

(2) 古今意義一致的基本詞及人盡皆知的成語典故　如天、地、馬、牛、杯水車薪等。例如：

故學者必須博極醫源，精勤不倦，不得道聽途說，而言醫道已了，深自誤哉。

(孫思邈《備急千金要方·大醫精誠》)

此例文中成語"道聽途說"，既不宜依照字面進行對譯，亦不宜以其通常的喻意譯釋，不若保留原貌而在其前後略添過渡詞語，以貫通文意。可考慮將"不得道聽途說，而言醫道已了"譯成：(不能憑藉) 道聽途說 (來的零散知識)，就聲稱對醫學已經完全掌握。

**2. 移**　所謂移，即在原文出現不符合現代漢語表達習慣的語序與表達方式時，根據語義邏輯進行詞語的挪移調整。需要調整的對象主要見於三類。

NOTE

（1）特殊語序　如主謂倒裝、賓語前置、定語後置等。如：

①宜乎百姓之謂我愛也。（《孟子·梁惠王上》）

②子曰："不患人之不己知，患不知人也。"（《論語·學而》）

③慮此外必有異案良方，可以拯人，可以壽世者，輯而傳焉，當高出語録陳言萬萬。（袁枚《與薛壽魚書》）

上三例皆屬含有特殊語序的句子。例①宜按"百姓之謂我愛宜乎也"語序譯出；例②"不患人之不己知"宜按"不患人之不知己"語序譯出；例③"慮此外必有異案良方，可以拯人，可以壽世者"宜按"慮此外必有可以拯人，可以壽世之異案良方"語序譯出。

（2）慣用表達結構　如數詞置於動詞前、介賓詞組作補語等。例如：

①於是秦王不懌，爲一擊缻。（《史記·廉頗藺相如列傳》）

②苟全性命於亂世，不求聞達於諸侯。（諸葛亮《出師表》）

③夫水之積也不厚，則其負大舟也無力。（《莊子·逍遙遊》）

以上三例屬於與現代漢語表達習慣不同的古漢語慣用表達方式。例①宜將數詞挪移到動詞後，按"爲擊一缻"語序譯成"爲他敲了一下缻"。例②宜分別將兩句中作補語的介賓詞組調整到動詞前作狀語處理，按"於亂世苟全性命，不求於諸侯聞達"語序譯成"祇求在亂世裏苟全性命，不想在諸侯中顯身揚名。"例③"夫水之積也不厚"屬於"名詞＋（之）＋動詞＋也＋形容詞"的句式，宜按照現代漢語"名詞＋動詞＋得＋形容詞"的模式譯爲"水積得不深"。

（3）某些特殊修辭　如分承、互文、承後省略等。例如：

①繁啓蕃長於春夏，畜積收藏於秋冬，是又禹桀之同也。（《荀子·天論》）

②孤寡不聞犬豕之食，煢獨不見牛馬之衣。（楊衒之《洛陽伽藍記·王子坊》）

③猿猴錯木據水，則不若魚鱉；歷險乘危，則騏驥不如狐狸。（《戰國策·齊策》）

上三例都使用了特殊修辭。例①介賓結構"於春夏"依次上承"繁啓""蕃長"；介賓結構"於秋冬"依次上承"畜積""收藏"。這裏皆宜採用"分譯"的方法譯出。所謂"分譯"，是一種爲使譯文結構清晰、意思顯明而將一些緊縮複句或晦澀詞句分爲兩個或多個分句譯出的方法。例②上下句爲互文，宜採用"合譯"的方法譯出。

所謂"合譯"，就是把幾個句子或詞語合併或並連起來譯出，如此例可按"孤寡煢獨不聞犬豕之食，不見牛馬之衣"的語序翻譯。例③"歷險乘危"前，承後省略主語"騏驥"二字，故宜將下句中的"騏驥"二字挪移至"歷險乘危"前譯出。

### （三）審慎删、補，把握語境

由於時代的差異，古代漢語和現代漢語的表達方式以及語氣詞所表達的語氣不可能一一相當。譯者倘不顧實際情況祇知一味拘泥於原文字面強作對譯，則往往容易造成譯文生硬，甚至讓人無法理解。鑒於此，常有必要結合語境，靈活而審慎地適當使用或删略或增補的方法。

**1. 删略**　所謂删略，即把原文中某些不具有實際意義的文言虛詞在譯文中删去不譯。一般來説，所删略的對象主要爲兩類。

（1）結構助詞　包括用在主謂之間作爲取消句子獨立性標誌的"之"；作爲特殊語序標誌的"之""是""者"；連接整數與零數之間的"有""又"等。例如：

①故天之親德也，可謂不察乎！（《論衡·福虛篇》）

②割地而朝者，三十有六國。（《韓非子·五蠹》）

以上兩例中，例①"之"爲取消句子獨立性的結構助詞，例②"有"僅在十位數與個位數之間起連接作用，今譯均宜刪略。

（2）語氣助詞　包括句首語氣助詞諸如"今、夫、夷、蓋、粤、且"等；句中語氣助詞諸如"者、惟、或、斯"等；句末語氣助詞諸如"也、焉、哉"等。此外，某些謙敬副詞如"伏、竊"等亦可酌情刪略。例如：

①今夫楊，橫樹之則生，倒樹之則生，折而樹之又生。然使十人樹楊，一人拔之，則無生楊矣。（《戰國策·魏策》）

②伏念本草一書，關係頗重，謬誤實多，竊加訂正。（顧景星《李時珍傳》）

例①文中的"今"屬於沒有實義的發語詞，故譯文宜略去。例②文中的"伏"和"竊"都是謙敬副詞。"伏"是俯伏之義，常用於臣下對皇上的表章、奏摺中；"竊"是私下之義，多用於表述自己的意見、想法。這些詞在現代漢語中已不慣用，皆可刪略不譯。

**2. 增補**　所謂增補，即在仔細審讀上下文而把握語境的前提下，針對原文省略內容而採用增補適當詞句的方法，以實現文意完整暢達。值得強調的是，使用"增補"一法，務必推敲再三，慎而又慎，萬勿隨心所欲，恣意增枝添葉。一般來說，原文省略主要分爲兩類。

（1）成分省略　包括因承前、蒙後或習慣而省略的主語、謂語、賓語、定語、中心詞、介詞等。今譯當補出原文中省略的成分。

例一：

［原文］請京，使居之，謂之京城大叔。（《左傳·隱公元年》）

［譯文］姜氏（替共叔段）請求京邑，鄭莊公就讓他居住在那裏，人們於是稱他爲京城大叔。

例二：

［原文］楚人爲食，吳人及之，奔。食而從之，敗諸雍澨。（《左傳·定公四年》）

［譯文］楚軍做飯，吳軍追上他們，楚軍逃跑了。吳軍吃了他們已經做好的飯又追擊他們，在雍澨打敗了他們。

例一原文除"居"之後省略介詞外，三句都無主語：第一句承上省略"姜氏"，第二句承上省略"鄭莊公"，第三句根據文意主語當爲鄭莊公、姜氏之外的其他人。例二"奔"前省略了"楚人"，"食而從之"前省略了"吳人"。故譯文要將每句的主語分別補充出來以明確所指，方能使其文意完整。

（2）邏輯省略　今譯須根據上下文的邏輯關係，增補出一些關聯詞語。

例一：

［原文］爾何知？中壽，爾墓之木拱矣。（《左傳·僖公三十二年》）

［譯文］你知道什麼？倘若你祇活到六七十歲，那麼你墓地上的樹木現在該長到兩手合抱了。

例二：

［原文］肺腑無語，冤鬼夜嗥。（汪廷珍《温病條辨·敘》）

［譯文］正因爲肺腑不能説話，祇有任憑醫生誤治，所以冤死的鬼魂深夜叫號。

例一"中壽"与"爾墓之木拱矣"兩句間如果不通過一定的連詞進行勾連，很難讓人明白其暗含的邏輯關係，若照字直譯，必然文義懸隔，令人迷惑。故而譯文通過在兩句前分別添加假設連詞"倘若"、順承連詞"那麼"，不但使其固有的假設複句關係得到顯示，更能使原文蘊含的義理瞬間昭然。例二的"肺腑無語"與"冤鬼夜嚎"兩句間，不僅存在一種因果關係，而且還具有一種語意的跳脱。因爲"肺腑無語"乃取俗語"山川而能語，葬師食無所；肺腑而能語，醫師色如土"之意化用而成，意謂由於臟腑不能説話，導致任憑醫生誤診亂治，其結果是使原本不該死亡的病人被誤治而死，於是才有"冤鬼夜嚎"。顯然，今譯時既要將兩句間隱含的因果關係通過連詞體現出來，還應該將跳脱的内容以必要的過渡句適當進行補充。

以上僅就今譯的標準和主要技巧簡要進行了介紹，實際上今譯過程中需要注意的問題還有很多。總之，不管問題如何紛繁，堅實的古文功底和較高的現代漢語表達能力，仍是譯者應該具備的最爲重要的素質和條件。

## 【思考與實踐】

### 思考題

1. 李斯是在怎樣背景下寫作《諫逐客書》一文的？

2. 《諫逐客書》在語言表達上有哪些特點？試舉例説明。

3. 《論積貯疏》是怎樣論述不重視儲蓄糧食危害的？

4. 《論貴粟疏》被魯迅譽爲"西漢鴻文"，你是如何體會的？

5. 試比較賈誼的《論積貯疏》與鼂錯的《論貴粟疏》在内容和寫法上有哪些異同？

6. 《獄中上梁王書》哪些地方體現了鄒陽的"抗直"與"不遜"（皆《史記》司馬遷語）？

7. 試比較枚乘《上書諫吳王》與鄒陽《獄中上梁王書》在内容和寫法上有何異同？

8. 《報任安書》反映了司馬遷怎樣的生死觀和文學觀？

9. 《知實》通過十個具體事例，論述了什麼觀點？文中是如何顯現論辯能力的？

10. 《思賢》認爲不任用賢人有哪些危害？任用賢人的具體措施是什麼？

11. 本單元多篇文選論及人才問題，試綜合有關内容歸納之。

12. 古諺"學問如何看點書"給了我們什麼提示？

13. 古文沒有標點，如何分辨反問句與陳述句？

14. 在句讀實踐過程中，你認爲導致自己誤讀的關鍵是什麼？如何突破？

15. 爲何説"言之無文，行之不遠"？

### 實踐練習 1

田饒事哀公而不見察田饒謂魯哀公曰臣將去君而鴻雁舉矣哀公曰何謂也田饒曰君獨不見乎雞乎頭戴冠者文也足傅距者武也敵在前敢鬥者勇也見食相呼者仁也守夜不失時信也雞雖有此五者君猶曰瀹而食之何則以其所從來近也夫鴻鵠一舉千里止君園池食君魚鱉啄君菽粟無此五者君猶貴之以其所從來遠也臣請鴻鵠舉矣哀公曰止吾書子之言也田饒曰食其食者不毀其器蔭其樹者不折其枝有士不用何書其言爲遂去之燕燕立爲相三年燕之政大平國無盜賊哀公問之慨然太息爲之避寢三月抽損上服曰不慎其前而悔其後何可復得（劉向《新序·雜事五》）

要求：

1. 爲上文標點。

2. 翻譯標有下劃線的部分。

3. 故事給了我們什麼啓示？

**實踐練習 2**

楊修字德祖魏初弘農華陰人也爲曹操主簿曹公至江南讀曹娥碑文背上別有八字其辭云黃絹幼婦外孫蒜臼曹公見之不解而請德祖卿知之不德祖曰知之曹公曰卿且勿言待我思之行卅里曹公始得令祖先説祖曰黃絹色絲絶字也幼婦少女妙字也外孫女子好字也蒜臼受辛辤字也謂絶妙好辤曹公笑曰實如孤意俗云有智無智隔卅里此之謂也（裴啓《語林》）

要求：

1. 爲上文標點。

2. 文中哪一句點明主旨？

**實踐練習 3**

客有短吳起於魏武侯者曰吳起貪不可用也武侯疏吳起公子成入見曰奚爲疏吳起也武侯曰人言起貪寡人是以不樂焉公子成曰君過矣夫起之能天下之士莫先焉惟其貪也是以來事君不然君豈能臣之哉且君自以爲與殷湯周武王孰賢務光伯夷天下之不貪者也湯不能臣務光武王不能臣伯夷今有不貪如二人者其肯爲君臣乎今君之國東距齊南距楚北距燕趙西有虎狼之秦君獨以四戰之地處其中而彼五國頓兵坐視不敢窺魏者何哉以魏有吳起以爲將也周詩有之曰赳赳武夫公侯干城吳起是也君若念社稷惟起所願好而予之使起足其欲而無他求坐殲五國之師所失甚小所得甚大乃欲使之飯糲茹蔬被短褐步走以供使令起必去之起去而天下之如起者却行不入大梁君之國空矣臣竊爲君憂之武侯曰善復進吳起（劉基《郁離子·枸櫞》）

要求：

1. 爲上文標點。

2. 解釋加點詞語。

3. 本文講了一個什麼樣的故事？想説明什麼意思？

**實踐練習 4**

陛下幸募民相徙以實塞下使屯戍之事益省輸將之費益寡甚大惠也下吏誠能稱厚惠奉明法存恤所徙之老弱善遇其壯士和輯其心而勿侵刻使先至者安樂而不思故鄉則貧民相募而勸往矣臣聞古之徙遠方以實廣虛也相其陰陽之和嘗其水泉之味審其土地之宜觀其草木之饒然後營邑立城制里割宅通田作之道正阡陌之界先爲築室家有一堂二內門户之閉置器物焉民至有所居作有所用此民所以輕去故鄉而勸之新邑也爲置醫巫以救疾病以修祭祀男女有昏生死相恤墳墓相從種樹畜長室屋完安此所以使民樂其處而有長居之心也（《漢書·爰盎鼂錯傳》）

要求：

1. 爲上文標點。

2. 解釋加點詞語。

3. 查閱《漢書》,説説本文内容的前因後果是怎樣的?

**實踐練習 5**

　　<u>王汝南既除所生服遂停墓所兄子濟每來拜墓略不過叔叔亦不候濟脱時過</u>止寒温而已後聊試問近事答對甚有音詞出濟意外濟極惋愕仍與語轉造精微濟先略無子侄之敬既聞其言不覺懍然心形俱肅遂留共語彌日累夜濟雖俊爽自視缺然乃喟然歎曰家有名士三十年而不知濟去叔送至門濟從騎有一馬絶難乘少能騎者濟聊問叔好騎乘不曰亦好爾濟又使騎難乘馬叔姿形既妙回策如索名騎無以過之濟亦歎其難測非復一事既還渾問濟何以暫行累日濟曰始得一叔渾問其故濟具歎述如此渾曰何如我濟曰濟以上人武帝每見濟輒以湛調之曰卿家癡叔死未濟常無以答既而得叔後武帝又問如前濟曰臣叔不癡稱其實美帝曰誰比濟曰山濤以下魏舒以上於是顯名年二十八始宦(《世説新語・賞譽》)

　　要求:

1. 爲上文標點。
2. 語譯標有下劃線的部分。
3. 閱讀本文可以給我們什麽啓示?

# 參考書目

## 一、書目導讀

　　研讀《史記》,張大可編著的《史記今注》可供參閲。而若論《史記》研究的扛鼎之作,非《史記會注考證》莫屬。該書由日本漢學家瀧川資言(1865—1946)編纂,收集了宋以前的《史記》版本,將來自中日歷代 120 餘種典籍中的有關注釋進行整理研究,以"考證"的形式,與經訂補後的三家注,合刻於《史記》正文之下,系統研究《史記會注考證》的校勘成果,不僅可望得出一個相對精審的《史記》版本,而且借鑒其考釋《史記》的方法,於從事古籍校勘不無裨益。

　　研讀《漢書》,施丁主編的《漢書新注》可爲入門工具。其書廣泛地借鑒了古今中外名家力作諸如顔師古《漢書注》、王念孫《讀書雜志》、楊樹達《漢書窺管》等的研究成果,注文簡要、通俗,是繼王先謙《漢書補注》以來一部收集資料較全的《漢書》全譯本。王繼如主編的《漢書今注》以南宋蔡琪家刻本作底本,參校其他八個重要版本,注釋廣泛吸收已有的學術成果,以簡明曉暢見長,可資參考。

　　提到《論衡》,由張宗祥校注、鄭紹昌標點的《論衡校注》,搜羅了自宋以來幾乎所有刊本、校本,徵引資料數百種,堪稱是此書之最善本。若欲瞭解《論衡》研究的新進展,可參讀楊寶忠的《論衡校箋》,該書既彙集前賢時哲校注凡兩千餘條,又利用文字學知識和出土的新材料採用本校、理校的方法在校勘方面不乏新成果。

　　對《昭明文選》有興趣者,如果閱讀唐顯慶年間李善注感覺困難,可參近人高步瀛《文選李注義疏》。該書不但校明各種李注版本和六臣本等的異同,還以故宮博物院藏古抄本、敦煌唐寫本殘卷等校正各本之誤，並針對讀者可能存在的疑惑，説明行文用詞的理由，勾勒文章層次，是一部集大成的《文選》學研究著作。

欲在古書句讀方面登堂入室，張倉禮、陳光前先生的《古文斷句與標點》可作階梯。其書注重句讀理論系統性，是一部研究斷句標點的帶有總結性的著作。而説到古書句讀之失，尤以楊樹達先生編著的《古書句讀釋例》言簡意賅。該書採集來自經、史、子、集的誤讀例句分門別類，並作簡要評説，考證詳備，深入淺出。

談及文言今譯，除殷德厚、張必錕的《文言語譯概説》，吳其寬、吳瑞華的《文言今譯技巧》外，以陳蒲清先生的《文言今譯學》論述較爲系統。作者在借鑒外語翻譯的規律與經驗的基礎上，探討了文言今譯本身的規律，注意引領讀者展開對於今譯相關問題的探討。

## 二、書目一覽

1. 注釋組. 鼂錯集注釋. 上海：上海人民出版社，1976.

2. 蘇軾. 鼂錯論. 北京：中華書局，2000.

3. 吳雲，李春台. 賈誼集校注（增訂版）. 天津：天津古籍出版社，2010.

4. 張大可. 史記今注. 南京：鳳凰出版社，2013.

5. 司馬遷. 吳樹平，李零譯. 文白對照全譯史記. 北京：新世界出版社，2009.

6. 施丁. 漢書新注. 西安：三秦出版社，1994.

7. 王繼如. 漢書今注. 南京：鳳凰出版社，2013.

8. 楊寶忠. 論衡校箋. 石家莊：河北教育出版社，1999.

9. 袁華忠，方家常. 論衡全譯. 貴陽：貴州人民出版社，1993.

10. 汪繼培箋，彭鐸校正. 潛夫論箋校正. 北京：中華書局，1985.

11. 張覺. 潛夫論全譯. 貴陽：貴州人民出版社，1999.

12. 蕭統著，李善注. 昭明文選. 上海：上海古籍出版社，1986.

13. 楊樹達. 古書句讀釋例. 北京：中華書局，1954.

14. 張倉禮，陳光前. 古文斷句與標點. 長春：吉林文史出版社，1986.

15. 陳蒲清. 文言今譯學. 長沙：岳麓書社，1999.

# 第五單元

## 文　選

### 三十三、答李翊書

【題解】本文選自《韓愈選集》，据上海古籍出版社 1996 年版。韓愈（768—824），字退之，河陽（今河南孟縣）人，祖籍昌黎（今河北境内），晚年任吏部侍郎，故稱"韓昌黎""韓吏部"，死后謐"文"，又稱"韓文公"。唐代傑出文學家、思想家，唐代古文運動的倡導者和文壇領袖。政治上反對藩鎮割據、指責朝政弊端，思想上尊儒排佛，倡導"師道"，尊重人才。韓愈位居唐宋八大家之首，堪稱中國散文史上的一座豐碑，主張"文以載道"，反對六朝以後文學上的形式主義駢儷文風。蘇軾贊揚他"文起八代之衰，而道濟天下之溺"。他的散文風格雄奇渾浩，博大深沉，氣勢豪邁；他的詩歌力求新奇，以文入詩，開宋詩議論化、散文化之先聲。其哲學名著《原道》《原性》等強調自堯舜至孔孟一脈相承的道統，而《師說》"弟子不必不如師，師不必賢於弟子"的見解則十分精闢合理。有《昌黎先生集》通行本四十卷、《外集》十卷、遺文一卷存世。

六月二十六日，愈白，李生足下[1]，生之書辭甚高[2]，而其問何下而恭也[3]？能如是，誰不欲告生以其道[4]？道德之歸也有日矣，況其外之文乎[5]？抑愈所謂望孔子之門牆而不入於其宫者[6]，焉足以知是且非邪[7]？雖然，不可不爲生言之。

【注釋】

[1] 李生：指李翊（yì），唐德宗貞元十八年（802）中進士。年少於韓愈，曾多次寫信向韓愈求教，韓愈此復信寫於貞元十七年。　生：常用在前輩對年輕讀書人的稱呼中。

[2] 書辭：這裏指來信的文辭。

[3] 其問：指李翊寫信向韓愈請教問題。　下：謙下。

[4] 其道：指韓愈"文以載道"的文學主張。其中的"道"即儒家的仁義之道。

[5] 其外之文：意謂體現思想道德的文章。

[6] "抑愈"句：此句出自《論語·子張》："夫子之牆數仞，不得其門而入，不見宗廟之美，百官之富。"作者自謙學問不高，沒有得到儒家真諦。抑，不過。宫，房屋。

[7] 且：還是。表選擇。

生所謂立言者是也[1]。生所爲者與所期者甚似而幾矣。抑不知生之志蘄勝於人而取於人邪[2]？將蘄至於古之立言者邪？蘄勝於人而取於人，則固勝於人而可取於人矣[3]。將蘄至於古之立言者，則無望其速成，無誘於勢利；養其根而竢其實[4]，加其膏而希其光[5]。根之茂者其實遂[6]，膏之沃者其光曄[7]；仁義之人，其言藹如也[8]。

**【注釋】**

[1] 立言：著書立説。出自《左傳·襄公二十四年》："太上有立德，其次有立功，其次有立言，雖久不廢，此之謂不朽。"意爲在思想、理論方面有所建樹，人的言語文辭能留傳後代。

[2] 蘄（qí）：通"祈"。祈求。

[3] 固：固然。

[4] 竢（sì）：等待。

[5] 膏：油脂。此喻道德。

[6] 遂：飽滿。

[7] 曄：火光很盛的樣子。

[8] 藹如：和氣可親的樣子。

抑又有難者，愈之所爲，不自知其至猶未也。雖然，學之二十餘年矣。始者非三代兩漢之書不敢觀[1]，非聖人之志不敢存；處若忘，行若遺，儼乎其若思[2]，茫乎其若迷；當其取於心而注於手也，惟陳言之務去，戛戛乎其難哉[3]！其觀於人，不知其非笑之爲非笑也[4]。如是者亦有年，猶不改，然後識古書之正偽[5]，與雖正而不至焉者[6]，昭昭然白黑分矣。而務去之，乃徐有得也。當其取於心而注於手也，汩汩然來矣[7]。其觀於人也，笑之則以爲喜，譽之則以爲憂，以其猶有人之説者存也[8]。如是者亦有年，然後浩乎其沛然矣[9]。吾又懼其雜也，迎而距之[10]，平心而察之，其皆醇也[11]，然後肆焉[12]。雖然，不可以不養也。行之乎仁義之途，游之乎《詩》《書》之源，無迷其途，無絕其源，終吾身而已矣。氣[13]，水也；言，浮物也。水大而物之浮者大小畢浮。氣之與言猶是也，氣盛則言之短長與聲之高下者皆宜[14]。雖如是，其敢自謂幾於成乎？雖幾於成，其用於人也奚取焉？雖然，待用於人者其肖於器邪[15]？用與舍屬諸人。君子則不然：處心有道，行己有方；用則施諸人，舍則傳諸其徒，垂諸文而爲後世法。如是者其亦足樂乎？其無足樂也？

**【注釋】**

[1] 三代：指夏、商、周三個朝代。

[2] 儼乎：莊重的樣子。　其：語氣詞，補充音節。

　　[3] 戛戛（jiájiá）：艱難的樣子。

　　[4] "不知"句：意爲不怕別人譏笑自己的文章不合時俗。非笑，譏笑。

　　[5] 正僞：真假。此指與"聖人之志"相合的及不相合的言論品行。

　　[6] 不至：没有達到頂點。

　　[7] 汩汩然：水流急速的樣子。此喻文思勃發。

　　[8] 人之説：他人的見解。

　　[9] 浩乎：水勢盛大的樣子。　沛然：盛大的樣子。"浩乎""沛然"喻文思充沛奔放。

　　[10] 迎而距之：意謂在寫作之前，對文章的意思從反面提出詰難。距，通"拒"。

　　[11] 醇：比喻純正。

　　[12] 肆：不受拘束，放手去寫。

　　[13] 氣：此指作家的思想修養和文章的氣勢，是韓愈文學思想的核心。

　　[14] 短長：語句的長短。　高下：聲調的揚抑。

　　[15] 肖：相似。


　　有志乎古者希矣[1]。志乎古必遺乎今。吾誠樂而悲之。亟稱其人[2]，所以勸之，非敢褒其可褒而貶其可貶也。問於愈者多矣，念生之言不志乎利，聊相爲言之[3]。愈白。

　　**【注釋】**

　　[1] 希：少。

　　[2] 亟（qì）：多次。　其人：指有志於學習古人的人。

　　[3] 聊：姑且。


　　**【簡析】**《答李翊書》是一篇闡述有關古文理論的論説文，是韓愈在中國文學批評史上最著名的代表作品。他通過自己治學爲文的經歷，提出了著名的"文氣説"，闡明了"爲人"與"爲文"、"立行"與"立言"之間的辯證關係，強調道德修養對治學爲文的重要作用，充分展示了韓愈力排世俗的勇氣和頑強精神。作者從正面揭示中心論點，即道德修養是爲文的源泉、文章的風骨，爲文須去陳言，這種觀點在中國古代散文的發展中起到了矯弊糾謬的積極作用，也是韓愈在古文運動中的重要主張。他還提出學習古文寫作要做到持久、專心、深思、創新、堅守、德高。文中有關"氣"的論述是全文的靈魂，也充分體現了思想內容決定語言形式的寫作法則。

## 三十四、答韋中立論師道書

　　**【題解】**本文選自《柳宗元集》，據中華書局 1979 年版。作者柳宗元（773—819），字子厚，河東（今山西永濟）人，晚年曾任柳州刺史，故有"柳河東""柳柳州"之稱。唐代傑出文學家、思想家。柳宗元具有強烈的用世之志，力圖改革時弊，曾与刘禹錫等參加主張革新的王叔文集團，任礼部員外郎，失敗後貶爲永州（今湖南零陵）司馬，十四年後病逝於貶謫地柳州。柳宗元是"唐宋八大家"之一，提出了"文道合一""務去陳言""辭必己出"等一系列思想理論和文學主張，世以“韓柳”並稱。他的散文峭拔矯健，説理深刻，結構嚴謹，筆鋒犀利。如《捕蛇者説》等篇，揭露社會矛盾，批判時弊，尖銳有力。他的寓言精短警策，飽含深意，遊記則借景言志，多所寄託。在哲學上有《天時》《天説》《封建論》等名著，影響深遠。有《柳河東集》四十五卷傳世。

　　二十一日，宗元白：辱書云欲相師[1]，僕道不篤，業甚淺近，環顧其中[2]，未見可師者。雖常好言論，爲文章，甚不自是也。不意吾子自京師來蠻夷間[3]，乃幸見取。僕自卜固無取[4]，假令有取，亦不敢爲人師。爲衆人師且不敢[5]，況敢爲吾子師乎？

【注釋】

[1] 相師：指拜師。

[2] 其中：指自己的思想。

[3] 蠻夷：指作者謫居偏遠落後的永州。

[4] 卜：估量。

[5] 衆人：普通人。

　　孟子稱：“人之患在好爲人師[1]。”由魏、晉氏以下，人益不事師。今之世，不聞有師。有輒譁笑之，以爲狂人。獨韓愈奮不顧流俗，犯笑侮，收召後學，作《師説》，因抗顏而爲師[2]。世果羣怪聚罵，指目牽引[3]，而增與爲言辭。愈以是得狂名，居長安，炊不暇熟，又挈挈而東[4]，如是者數矣。屈子賦曰：“邑犬羣吠，吠所怪也[5]。”僕往聞庸蜀之南[6]，恒雨少日，日出則犬吠，余以爲過言。前六七年，僕來南，二年冬[7]，幸大雪[8]，踰嶺被南越中數州[9]，數州之犬，皆蒼黄吠噬狂走者累日[10]，至無雪乃已，然後始信前所聞者。今韓愈既自以爲蜀之日，而吾子又欲使吾爲越之雪，不以病乎[11]？非獨見病，亦以病吾子。然雪與日豈有過哉？顧吠者犬耳。度今天下不吠者幾人，而誰敢衒怪於羣目[12]，以召鬧取怒乎？

【注釋】

[1]“孟子”句：出自《孟子·離婁上》。　患：憂患。

[2] 抗顏：態度嚴正。抗，正直。

[3] 指目牽引：指人們對韓愈敢於爲人師持輕視、否定的態度。　牽引：牽拉。

[4] 挈挈（qièqiè）：急切的樣子。

[5]“邑犬”二句：出自屈原《楚辭·九章·懷沙》。

[6] 庸蜀：這裏泛指四川。庸，古國名，在今湖北竹山縣東南。

[7] 二年冬：指唐憲宗李純元和二年（807）的冬天，是柳宗元被貶到永州的第二年。

[8] 幸：恰巧。

[9] 嶺：指五嶺。五座大山的總稱。位於江西、湖南、廣東、廣西四省之間，是長江與珠

江流域的分水嶺。　南越：指廣東、廣西一帶。

[10] 蒼黃：慌張。又作"倉皇"。

[11] 以：通"已"。甚。

[12] 衒：炫耀。　怪：罕見。指韓愈敢爲人師的行爲被世俗少見多怪。

僕自謫過以來[1]，益少志慮。居南中九年[2]，增腳氣病，漸不喜鬧，豈可使呶呶者早暮咈吾耳、騷吾心[3]？則固僵仆煩憒[4]，愈不可過矣。平居望外[5]，遭齒舌不少，獨欠爲人師耳。

【注釋】

[1] 謫過：因罪過而被貶謫。

[2] 南中：泛指南方。

[3] 呶呶（náonáo）：喋喋不休。　咈（fú）：違逆。此指自己不喜歡聽的話。

[4] 僵仆：此指遭貶落魄之狀。仆，倒。　煩憒：心煩意亂。憒，神志昏亂。

[5] 平居：安居無事。　望外：指發生出乎意料之事。

抑又聞之，古者重冠禮[1]，將以責成人之道[2]，是聖人所尤用心者也。數百年來，人不復行。近有孫昌胤者，獨發憤行之。既成禮，明日造朝至外廷，薦笏言於卿士曰[3]："某子冠畢[4]。"應之者咸憮然[5]。京兆尹鄭叔則怫然曳笏却立[6]，曰："何預我耶？"廷中皆大笑。天下不以非鄭尹而快孫子[7]，何哉？獨爲所不爲也[8]。今之命師者大類此。

【注釋】

[1] 冠禮：古代男子二十歲舉行的加冠之禮，表示已成人。

[2] 責：要求。

[3] 薦：通"搢"。插。　笏：古代臣子朝見君王時所執的狹長形板子。

[4] 某：我。自稱之詞。

[5] 憮（wǔ）然：驚怪之貌。

[6] 京兆尹：官名。京都地區的行政長官。尹，古代官的通稱。　怫（fèi）然：憤怒貌。這裏指不耐煩的樣子。　却立：後退站立。

[7] 快：好。認爲正確。句中"非"用法同此。

[8] 爲：通"謂"。認爲。　所不爲：不應該做的事情。指舉行冠禮之事。

吾子行厚而辭深，凡所作，皆恢恢然有古人形貌[1]，雖僕敢爲師，亦何所增加也？假而以僕年先吾子[2]，聞道著書之日不後，誠欲往來言所聞，則僕固願悉陳中所得者[3]。吾子苟自擇之，取某事去某事，則可矣。若定是非以教吾子，僕材不足，而又畏前所陳者，其爲不敢也決矣。吾子前所欲見吾文，既悉以陳之，非以耀明於子，聊欲以觀子氣色誠好惡何如也[4]。今書來，言者皆大過。吾子誠非佞譽誣諛之徒[5]，直見愛甚故然耳[6]。

【注釋】

[1] 恢（huī）恢然：寬闊廣大的樣子。這裏指氣魄宏大。

[2] 而：你。

[3] 中：此指心中。

[4] 聊：姑且。　氣色：此指觀察韋中立的内心想法。

[5] 佞譽：曲意贊美。　誣諛：以不實之詞奉承人。

[6] 直：衹不過。　見：被。


　　始吾幼且少，爲文章，以辭爲工[1]。及長，乃知文者以明道[2]，是固不苟爲炳炳烺烺[3]，務采色、夸聲音而以爲能也[4]。凡吾所陳，皆自謂近道，而不知道之果近乎，遠乎？吾子好道而可吾文，或者其於道不遠矣。故吾每爲文章，未嘗敢以輕心掉之[5]，懼其剽而不留也[6]；未嘗敢以怠心易之，懼其弛而不嚴也；未嘗敢以昏氣出之[7]，懼其昧没而雜也[8]；未嘗敢以矜氣作之[9]，懼其偃蹇而驕也[10]。抑之欲其奥[11]，揚之欲其明，疏之欲其通，廉之欲其節[12]，激而發之欲其清[13]，固而存之欲其重[14]，此吾所以羽翼夫道也[15]。本之《書》以求其質[16]，本之《詩》以求其恒，本之《禮》以求其宜[17]，本之《春秋》以求其斷，本之《易》以求其動，此吾所以取道之原也。參之穀梁氏以厲其氣[18]，參之《孟》《荀》以暢其支[19]，參之《莊》《老》以肆其端[20]，參之《國語》以博其趣[21]，參之《離騷》以致其幽[22]，參之太史以著其潔[23]，此吾所以旁推交通而以爲之文也[24]。凡若此者，果是耶，非耶？有取乎，抑其無取乎？吾子幸觀焉擇焉，有餘以告焉[25]。苟亟來以廣是道[26]，子不有得焉，則我得矣[27]，又何以師云爾哉？取其實而去其名，無招越、蜀吠怪，而爲外廷所笑[28]，則幸矣！宗元白。

【注釋】

[1] 工：巧。指講究文辭精妙。

[2] 明道：闡明治道。“文以明道”是唐代古文運動的核心主旨。

[3] 炳炳（bǐngbǐng）烺烺（lǎnglǎng）：文采鮮明的樣子。

[4] 聲音：指文章的聲韻。

[5] 輕心掉之：輕率不重視。成語“掉以輕心”本此。掉，隨便。

[6] 剽：輕浮淺薄。

[7] 昏氣：指不清醒的頭腦。

[8] 昧没：隱晦。

[9] 矜氣：驕傲之氣。

[10] 偃蹇：傲慢的樣子。蹇，驕縱。

[11] 奥：此指含蓄。

[12] 廉：收斂。意爲使文章簡潔。

[13] 激：激揚。此指揚棄污濁。

[14] 固：凝固。　重：凝重。

[15] 羽翼：喻輔助。　道：此指聖人之道。

[16] 書：指《尚書》。　質：淳樸。

[17] 禮：指《周禮》《儀禮》《禮記》，合稱"三禮"。　宜：合理。

[18] 穀梁氏：指《春秋·穀梁傳》。　屬：鼓勵。

[19] 支：同"枝"。指文章的條理。

[20] 肆其端：意爲放縱文章的思路。端，邊際。

[21] 趣：情趣。柳宗元認爲《國語》裏文章風格有情味。

[22] 致其幽：使文章含義達到深沉。

[23] 太史：指司馬遷的《史記》。

[24] 旁推交通：融會貫通。　交通：交流。

[25] 有餘：空閒時間。

[26] 亟（qì）：多次。

[27] 則：卻。表轉折。

[28] 外廷：指作者所居住的貶謫之地，照應上文"廷中大笑"而言。

【簡析】本文是作者被貶永州時寫給韋中立拜師的回信，是唐古文運動作品中的名篇和文學理論的代表作。全文主要圍繞師道和寫作展開論述。文章前半部分重點申明勇於"爲師"的行爲應當稱贊，批判師道衰落的世風，從中也道出自己不敢爲師的原因。文章後半部分系統地提出"文以明道"的主張，介紹寫作體會以及借鑒古人的正確態度和方法。作者明謂不敢爲師，實則諷刺世風日下，欽佩韓愈的凜然正氣，説明"師道"推行之難。以"蜀犬吠日""粵犬吠雪"，喻指社會是非顛倒，充滿激憤之情。作者闡明文章需明道，寫作重態度，手法應豐富，重視借鑒古人作品，集中體現了柳宗元的文藝思想，揭示了文學發展的客觀規律，對當時散文的發展起到了很大的指導作用。

## 三十五、答道州薛郎中論方書書

【題解】本文選自《劉禹錫集》，据中華書局1990年版。劉禹錫（772—842），字夢得，洛陽（今屬河南）人，晚年曾拜官太子賓客，世稱"劉賓客"。唐代著名文學家、思想家，唐代古文運動的積極倡導者。劉禹錫一生關心社會現實，敢於批判宦官和藩鎮割据勢力，是王叔文革新派的核心人物，革新運動失敗後遭貶多年。和柳宗元交誼很深，人称"刘柳"，後與白居易唱和甚多，並稱"劉白"。劉禹錫的文章體裁多樣，論説文博辯雄健，推理縝密，長於用典。他的詩歌風格自然清新，善用比興，富有民歌特色，爲唐詩中別開生面之作。他還對天文、哲學、醫學、經學、書法有研究，重要哲學著作有《天論》三篇。著有《劉賓客文集》四十卷，共收錄文章兩百餘篇，詩歌八百多首。另有方藥專著《傳信方》二卷。

禹錫再拜[1]。初，兄出中臺[2]，守江華[3]，人咸曰："函牛之鼎以之烹小鮮[4]，惜乎餘地澶漫而無庸也[5]。”愚獨心有概焉[6]。以爲君子受乾陽健行之氣[7]，不可以息。苟吾位不足以充吾道[8]，是宜寄餘術百藝以洩神用[9]。其無暇日，與得位同。久欲以是理求有得於兄，而未有路。會崔生來，辱書教，果惠以所著奇方十通[10]。商古今之宜，而去其並猥[11]，以一物足以了病者居多[12]，非累試輒效，不在是族[13]，或取諸屑近[14]，亦以攟拾[15]。慮恒人多怠忽不省，必建言顯白[16]，揚其功於已然。其它立論，率以弭病於將然爲先[17]，而攻治爲後。言君臣必以時[18]，言宣補必以性，言砭灸必本其輸滎，言被禳必因其風俗[19]。齊和之宜[20]，炮剝之良[21]，暴炙有陰陽之候[22]，煎烹有少多之取。撓勞以制駛[23]，露置以養潔[24]。味有所走[25]，薰有所歸。存諸孅悉[26]，易則生患。非博極羣覽之士，孰能知其所從來哉？

**【注釋】**

[1] 再拜：敬詞。舊時用於書信的開頭或末尾的客套語。

[2] 中臺：尚書省。執掌國政。

[3] 江華：唐代縣名，在今湖南省南部，唐代屬道州。據《新唐書·藝文志》載，薛景晦在唐憲宗元和年間任刑部郎中，元和九年被貶任道州刺史。

[4] “函牛”句：喻大材小用。函牛之鼎，能容納一頭牛的大鼎。鮮，魚。

[5] 餘地：空餘的地方。　澶（dàn）漫：寬長貌。

[6] 概：通“慨”。感慨。

[7] 乾陽健行：天陽剛健。意取《易·乾》：“天行健，君子以自強不息。”

[8] 位：此指官位。　吾道：自己的學說或主張。

[9] 餘術百藝：指儒術以外的各項技藝。　洩：同“泄”。發泄。

[10] 奇方：指薛景晦所著《古今集驗方》，共十卷，今已佚。　通：卷或篇的称谓。

[11] 並猥：重複繁雜。猥，雜濫。

[12] 一物：此指藥物。

[13] 族：種類。

[14] 屑近：指微小淺近的藥物。屑，細碎。

[15] 攟（jùn）拾：又寫作“攗拾”。採集。攟，拾取。

[16] 顯白：表明。

[17] 弭（mǐ）：消除。　將然：將要發生的疾病。

[18] 君臣：指君藥和臣藥。

[19] 被禳：消災除凶的祭祀活動。

[20] 齊和：藥物的劑量、配伍。齊，同“劑”。

[21] 炮剝：藥物加工。

[22] “暴炙”句：炮製藥物有晾乾日曬、文火烤與武火烤的差別。暴，同“曝”。

[23] 撓勞：此指攪拌藥物。　制駛：指控制藥物的副作用。

[24] 露：露天。

[25] 走：此指藥物歸經。

[26] 孅悉：細微詳盡。孅，同"纖"。

愚少多病，猶省爲童兒時，夙具襦袴[1]，保母抱之以如醫巫家[2]。針烙灌餌[3]，呭然啼號，巫嫗輒陽陽滿志[4]，引手直求，竟未知何等方何等藥餌。及壯，見里中兒年齒比者[5]，必睨然武健可愛[6]，羞己之不如。遂從世醫號富於術者，借其書伏讀之。得《小品方》[7]，於羣方爲最古。又得《藥對》[8]，知《本草》之所自出。考《素問》，識榮衞、經絡、百骸、九竅之相成[9]。學切脈以探表候，而天機昏淺，布指於位，不能分累菽之重輕[10]，第知息至而已[11]。然於藥石不爲懵矣。爾來垂三十年[12]，其術足以自衞。或行乎門内[13]，疾輒良已，家之嬰兒未嘗詣醫門求治者。

【注釋】

[1] 襦袴：短衣與褲。泛指衣服。

[2] 如：到。

[3] 針烙：用火針刺。　餌：藥物。

[4] 陽陽：自得的樣子。陽，通"揚"。

[5] 齒比：年齡相同。

[6] 睨（nì）然：高視貌。比喻羡慕。

[7] 小品方：書名。在《隋書·經籍志》中載此書，共十二卷，東晉人陳延之編寫，今已佚。

[8] 藥對：書名。當指《雷公藥對》，共四卷，約成書於公元2世紀初，今已佚。

[9] 相成：相互補充。

[10] 累菽：多顆大豆。此謂脈象復雜。菽，豆類總稱。　重輕：古人診脈有輕按、中按、重按的不同。

[11] 息：脈息。

[12] 垂：接近。

[13] 門内：家内。

頃因欲編次已試者爲一家方書[1]，顧力不足。今兄能我先，所以辱貺之喜[2]，信踰拱璧[3]，有以賞音適道耳[4]。常思世人居平不讀一方[5]，病則委千金於庸夫之手[6]，至於甚殆，而曰不幸。豈真不幸邪？甚者，或乘少壯之氣[7]，笑人言醫，以爲非急。昌言曰[8]："飴口飽腹，藥其如我何！"所承之氣[9]，有時而既，於禱神佞佛[10]，遂甘心焉。兄以愚言覆觀之[11]，其人固比肩耳[12]。

【注釋】

[1] 編次：編輯整理。　一家方書：指劉禹錫編集的《傳信方》兩卷。元代後已散佚，今人從古方書輯録成《傳信方集釋》一書，共收四十五方。

[2]　貺（kuàng）：賜予。指對方贈書給自己。

[3]　拱璧：大璧。常喻極其珍貴之物。

[4]　賞音適道：志同道合的知音。賞音，知音。適道，歸於同道。適，歸向。

[5]　居平：平時。

[6]　委：交付。　千金：形容身體。

[7]　乘：憑藉。

[8]　昌言：此指説話人義正言辭、鑿鑿有理的口氣。

[9]　所承之氣：此指先天的好身體。

[10]　佞佛：討好於佛。

[11]　覆觀：審察。

[12]　其人：此指對醫藥没有正確認識的人。　比肩：形容人衆多。


前蒙示藥焙法，謹如教[1]。地之慝果不能傷[2]，雖茈胡、水瀉[3]，喜速朽者，率久居而無害[4]。萬物不可以無法，謂生不由養致，其誣乎[5]！山川匪迤，事使之遠[6]，形不接而諭者[7]，莫賢乎書。臨紙怊悵[8]，不宣[9]。禹錫再拜。

【注釋】

[1]　如：依照。

[2]　慝（tè）：惡。意謂存放藥物的地方不好。

[3]　茈胡：藥名。即柴胡。　水瀉：藥名。即澤瀉。

[4]　久居：指藥物長期存放。

[5]　誣：欺騙。

[6]　事：指人事。

[7]　諭：明白。

[8]　怊（chāo）悵：惆悵。

[9]　不宣：不一一細説。舊時書信末尾常用此語。


【簡析】本文是劉禹錫遭貶連州期間寫給友人薛景晦的一封信。作者首先贊揚薛郎中所著方書的價值，進而論述醫方藥理，提出預防爲先的治病原則，並通過自學醫术診病的原因、經過，闡明知曉藥理、醫理的重要性，同時對輕視醫學、迷信神佑的世風給予揭露和批判。文章開篇以“乾陽健行之氣，不可以息”鼓勵同仁，擲地有聲，又添文章沉雄豪健之氣。“防病爲先”“門内行醫”更顯劉禹錫深厚的醫學造詣，也折射出雖身處逆境，仍樂觀向上的生活態度。第二、三段將童年刻骨銘心的求醫經歷描寫得形象生動，寥寥數語，就把童年的恐懼、巫嫗的得意、同伴的健壯刻畫得入木三分。同時對近於巫術的治法給予批判和否定，也爲下文駁斥“笑人言醫”的觀念留下伏筆。第四段論述進一步升華，從哲學高度闡述遵循規律和保養身體的辯證關係，這是具有科學精神的觀點，也是本文的點睛之筆。

NOTE

## 三十六、朋黨論

【題解】本文選自 1959 年中華書局本《古文觀止》。作者歐陽修（1007—1072），字永叔，號醉翁，晚年又號六一居士，吉州吉水（今屬江西）人，北宋著名文學家、史學家。宋仁宗天聖八年（1030）進士。由於直言敢諫，並支持范仲淹推行的"慶曆新政"，因而爲官早期曾屢遭貶斥。後累官至翰林學士、樞密副使、參知政事。晚年對王安石推行"青苗法"有所批判。卒諡文忠。歐陽修是北宋詩文革新運動的領袖，唐宋古文八大家之一。爲文以韓愈爲宗，大力反對宋初"西昆派"浮靡文風，主張文學要切合實用。歐文説理暢達，抒情委婉，明白易曉。詩如其文，多平易疏朗，自然清新。詞則尤富情韻，婉麗而有南唐餘風。著有《歐陽文忠公文集》《六一詞》。曾與宋祁合修《新唐書》，並獨撰《新五代史》。又喜收集金石文字，編有《集古錄》，對宋代金石學頗有影響。

　　臣聞朋黨之説，自古有之[1]，惟幸人君辨其君子小人而已[2]。大凡君子與君子以同道爲朋[3]，小人與小人以同利爲朋，此自然之理也。

　　然臣謂小人無朋，惟君子則有之。其故何哉？小人所好者禄利也，所貪者財貨也。當其同利之時，暫相黨引以爲朋者[4]，僞也；及其見利而爭先，或利盡而交疏，則反相賊害[5]，雖其兄弟親戚，不能相保。故臣謂小人無朋，其暫爲朋者，僞也。君子則不然。所守者道義，所行者忠信，所惜者名節。以之修身，則同道而相益；以之事國[6]，則同心而共濟[7]；終始如一，此君子之朋也。故爲人君者，但當退小人之僞朋，用君子之真朋，則天下治矣。

【注釋】

[1]"朋黨之説"二句：《韓非子·孤憤》："朋黨比周以弊主。"《史記·蔡澤列傳》載"吳起爲楚悼王立法""禁朋黨以勵百姓"。王禹偁《朋黨論》："夫朋黨之來遠矣，自堯、舜時有之。八元、八凱，君子之黨也。四兇族，小人之黨也。"

[2]幸：希望。

[3]同道：志同道合。

[4]黨引：結爲私黨，互相援引。

[5]賊害：殘害。

[6]事國：爲國效力。

[7]共濟：謂共圖取得成功。這裏亦有同舟共濟、患難相助之意。

　　堯之時，小人共工、驩兜等四人爲一朋[1]，君子八元、八愷十六人爲一朋[2]。舜佐堯，退四凶小人之朋，而進元、愷君子之朋，堯之天下大治[3]。及舜自爲天子，而皋、夔、稷、契等二十二人並列於朝[4]，更相稱美[5]，更相推讓，凡二十二人爲一朋，而舜皆用之，天下亦大治。

　　《書》曰："紂有臣億萬，惟億萬心；周有臣三千，惟一心[6]。"紂之時，億萬人各異心，可謂不爲朋矣，然紂以亡國。周武王之臣，三千人爲一大朋，而周用以興[7]。

後漢獻帝時[8]，盡取天下名士囚禁之，目爲黨人[9]。及黃巾賊起[10]，漢室大亂，後方悔悟，盡解黨人而釋之，然已無救矣[11]。唐之晚年，漸起朋黨之論[12]。及昭宗時，盡殺朝之名士，或投之黃河，曰："此輩清流，可投濁流[13]。"而唐遂亡矣。

**【注釋】**

[1]"小人"句：指共（gōng）工、驩兜（huāndōu）、鯀（gǔn）、三苗四人。相傳他們是堯、舜時代四個惡名昭彰的部落首領，因貪殘不馴而被舜流放，也即下文的"四凶"。驩，原本作"讙"，據別本改。

[2]"君子"句：八元、八愷都是上古時期傳說中人物。《左傳·文公十八年》稱，黃帝曾孫高辛氏有八位忠肅共懿、宣慈惠和的才德之士，稱"八元"，即伯奮、仲堪、叔獻、季仲、伯虎、仲熊、叔豹、季貍。黃帝之孫高陽氏也有八位齊聖廣淵、明允篤誠的才德之士，稱"八愷"，即蒼舒、隤敱（tuíái）、檮戭（táoyǎn）、大臨、尨（máng）降、庭堅、仲容、叔達。詳見《史記·五帝本紀》。元，善。愷，和。二字都是美稱。愷，原本作"凱"。

[3]"舜佐堯"四句：《左傳·文公十八年》載"舜臣堯，舉八愷，使主后土""舉八元，使布五教於四方""流四凶族"。

[4]皋（gāo）、夔（kuí）、稷（jì）、契（xiè）：《尚書·舜典》載皋陶（yáo）、后夔、后稷、契。傳說他們都是舜時的賢臣，分別掌管刑法、音樂、農業和教育。

[5]更（gēng）相：互相。

[6]"書曰"五句：引文見《尚書·泰誓上》："受有臣億萬，惟億萬心；予有臣三千，惟一心。"《泰誓上》爲武王伐紂，會師孟津（今河南孟縣南）時所作，紂王，名受，商朝最後的君主，爲周所滅。周，指周武王，周朝開國君主。惟，句中語氣詞。億萬，極言其多。

[7]用：因此。

[8]後漢獻帝：指東漢末帝劉協，公元189～220年在位。

[9]"盡取"二句：《後漢書·黨錮列傳》載東漢桓帝時，一些名士如李膺、杜密、陳寔、范滂等因反對宦官專權，被後者逮捕囚禁。靈帝時，宦官又大興黨獄，李膺、范滂等一百多人被殺死於獄中，各州郡"死、徙、廢、禁者六七百人"受到株連，史稱"黨錮之禍"。文中指爲獻帝時事，當係作者誤記。

[10]黃巾賊：東漢靈帝中平元年（184），張角兄弟領導農民起義，因起義軍頭戴黃色頭巾，故被稱作黃巾軍。屢次擊潰官軍。後爲皇甫嵩、朱儁等所鎮壓。各地分散的起義軍仍繼續戰鬥，堅持了二十多年。"賊"是舊時代對黃巾軍的蔑稱。

[11]"後方悔悟"三句：《後漢書·黨錮列傳》："中平元年，黃巾賊起，中常侍呂彊言於帝曰：'黨錮久積，人情多怨。若久不赦宥，輕與張角合謀，爲變滋大，悔之無救。'帝懼其言，乃大赦黨人，誅徙之家，皆歸故郡。"

[12]朋黨之論：唐穆宗至宣宗年間（821—859），統治集團內部形成以牛僧孺爲首的牛黨和以李德裕爲首的李黨兩大官僚之間的傾軋爭鬥，史稱"牛李黨爭"或"朋黨之爭"。雙方

NOTE

勢不兩立，此起彼伏，前後延續了近四十年（821—859）。見《舊唐書》中《牛僧孺傳》《李宗閔傳》《李德裕傳》。

[13]"及昭宗時"五句：唐哀帝天祐二年（905），爲打擊異己，權臣朱溫將士大夫裴樞、獨孤損、崔遠等三十多人，一夜間全部殺死在白馬驛（今河南滑縣北）。其謀士李振讒曰："此輩自謂清流，宜投於黃河，永爲濁流。"朱溫笑而從之，遂投尸黃河。見《舊五代史·梁書·李振傳》。文中指爲唐昭宗時事，也當係作者誤記。或，一作"咸"。清流，指品行高潔的人。濁流，指品格卑污的人。

夫前世之主，能使人人異心不爲朋，莫如紂；能禁絕善人爲朋，莫如漢獻帝；能誅戮清流之朋，莫如唐昭宗之世；然皆亂亡其國[1]。更相稱美推讓而不自疑，莫如舜之二十二臣，舜亦不疑而皆用之；然而後世不誚舜爲二十二人朋黨所欺[2]，而稱舜爲聰明之聖者，以能辨君子與小人也[3]。周武之世，舉其國之臣三千人共爲一朋，自古爲朋之多且大莫如周；然周用此以興者，善人雖多而不厭也[4]。

夫興亡治亂之跡[5]，爲人君者可以鑒矣。

**【注釋】**

[1] 皆：一本下有"以"字。

[2] 誚（qiào）：責備。

[3] 能：原本無此字，據別本補。

[4] 多而不厭：意指多多益善。厭，滿足。

[5] 跡：事跡。這裏指史跡。

**【簡析】** 宋仁宗於慶曆三年（1043）啓用范仲淹爲參知政事，富弼、韓琦爲樞密副使，共同推行新政。保守派遂廣造輿論，攻擊范仲淹。爲駁其謬説，歐陽修於慶曆四年（1044）向仁宗皇帝進呈了一封奏章，即《朋黨論》。文中劃清了"君子之黨"和"小人之黨"的界限，一再引用事實，説明治國安邦必須"退小人之僞朋，用君子之真朋"的道理，希望仁宗能明辨是非，進賢退惡。文章立意高明，以退爲進。入筆之始即承認朋黨的客觀存在，並進而指出朋黨與朋黨之間的本質區別，這就避免了消極替朋黨之誣作辯解的被動，不僅使自己立於不敗之地，更可反戈一擊，爭取主動，使文章具有更爲深刻的批判性。

## 三十七、答司馬諫議書[1]

**【題解】** 本文選自《四部叢刊》影明本《臨川先生文集》卷七十三。王安石（1021—1086），字介甫，晚年號半山，撫州臨川（今屬江西）人。曾封荆國公，世稱王荆公，卒諡文，又稱王文公，北宋著名政治家、文學家、思想家。少好讀書，博聞強記，年十七八，即以天下为己任。慶曆二年（1042）進士。宋神宗熙寧年間（1068—1077），曾兩次出任宰相，堅持推行變法革新，世稱王安石變法。由於受到反對派的強烈攻擊，新政推行迭遭阻礙，最後失敗，王安石憂憤而卒。王安石在散文、詩詞等方面都有獨特的成就。他是唐宋八大家之一，主張爲文應"有補於世""以適用爲本"。散文峭厲精悍，雄健剛直，具有很强的说服力量。詩作亦如散文，老健深邃，能以瘦硬雄直之气入律。文集今有《臨川先生文集》《王荆公文集》兩種。後人輯有《周官新義》《詩義鉤沉》。

某啓[2]：昨日蒙教[3]，竊以爲與君實遊處相好之日久[4]，而議事每不合，所操之術多異故也[5]。雖欲强聒[6]，終必不蒙見察[7]，故略上報[8]，不復一一自辨[9]。重念蒙君實視遇厚[10]，於反覆不宜鹵莽[11]，故今具道所以，冀君實或見恕也[12]。

【注釋】

[1] 司馬：指司馬光，字君實，北宋政治家、史學家，時任翰林學士、右諫議大夫。曾寫信反對王安石變法，本文是王安石的回信。

[2] 某啓：我的陳述。某，作者在信稿上用來代替自己的名字。此處代"安石"二字，古人正式發信時就要寫本人名字，而草擬文稿或編輯文集時習慣用"某"代替。啓，古人用在書信上表示有所陳説。

[3] 蒙教：承蒙指教，這是接到來信的客套話。蒙，受。教，指教。

[4] 竊：謙詞。私自，私下。 君實：司馬光的字。 遊處：交往共處，指來往。 相好：彼此友好。

[5] 所操之術：所持的主張和方法。司馬光對宋神宗説，他與王安石之間"猶冰炭之不可共器，若寒暑之不可同時"。王安石也表示與司馬光之間的矛盾不可調和。操，持。術，政治上的主張，治國之術。

[6] 强聒（qiǎngguō）：强作辯解。聒，喧擾，囉嗦，這裏指多話。

[7] 見察：被了解。察，了解。

[8] 上報：寫回信的一種客氣説法，這裏指王安石的上一次回信。王安石收到司馬光的長信後，祇簡單地回了他一封信。司馬光又給王安石寫了一封長信，王安石才寫了這封回信。

[9] 辨：同"辯"。辯解。

[10] 重（chóng）念：又想。 視遇：看待。

[11] 反覆：指書信往來。 鹵莽：粗魯，草率。鹵，同"魯"。

[12] "故今"二句：詳細地説明（變法的）原因。冀，希望。或見恕，也許會寬恕我。見恕，被寬恕，寬恕我。

蓋儒者所爭，尤在於名實[1]，名實已明，而天下之理得矣[2]。今君實所以見教者，以爲侵官、生事、征利、拒諫[3]，以致天下怨謗也[4]。某則以謂受命於人主[5]，議法度而修之於朝廷，以授之於有司，不爲侵官[6]；舉先王之政，以興利除弊，不爲生事[7]；爲天下理財[8]，不爲征利；闢邪説[9]，難壬人[10]，不爲拒諫。至於怨誹之多，則固前知其如此也。人習於苟且非一日，士大夫多以不卹國事、同俗自媚於衆爲善[11]。上乃欲變此[12]，而某不量敵之衆寡，欲出力助上以抗之，則衆何爲而不洶洶[13]？然盤庚之遷[14]，胥怨者民也[15]，非特朝廷士大夫而已[16]。盤庚不爲怨者改其度[17]，蓋度義而後動[18]，是而不見可悔故也[19]。

【注釋】

[1]"蓋儒者"二句：謂儒者特別重視綜核名實，即名稱與實質必須相符。儒者，讀書人。王安石和司馬光都自命爲信奉孔孟之道的人。爭，重視。名實，名義和實際。

[2]"天下"句：天下的大道理就弄清楚了。

[3]侵官、生事、征利、拒諫：這是司馬光信中指責王安石變法的四條罪狀。侵官，指增設新官，侵犯原來官吏的職權。生事，指王安石派人到各地推行新法，名目繁多，生事擾民。征利，設法生財，與民爭利。拒諫，指拒絕接受反對者的意見。

[4]怨謗：怨恨非議，就是說王安石變法招致了天下的怨謗。

[5]以謂：以爲。　人主：皇帝，此指任用王安石實施變法的宋神宗。

[6]"議法度"三句：意爲從皇帝那裏接受變法命令，又在朝廷上商討、制定新法，交給主管官署去執行，這不是侵官。議，商討。法度，法令制度。修，修訂，制定。授，下達。有司，主管官署。

[7]"舉先王"三句：王安石變法以《周禮》作爲理論根據，旨在革新，卻打着"復古"的旗號。舉，重振，恢復。先王之政，指周代政治制度。先王，泛指古代所謂的賢明君主。

[8]天下：指國家。　理財：整頓財政收入。

[9]闢邪説：指批駁錯誤言論。闢，摒除，駁倒。

[10]難壬（rén）人：批駁巧言獻媚的人。《尚書·虞書·舜典》："而難任人。"難，責難，批駁。壬人，喬裝打扮、巧辯諂媚的壞人。壬，同"佞"，僞善。

[11]"人習於"三句：意爲人們習慣於得過且過由來已久，做官的人多以不爲國家大事操心、附和舊習、討好衆人爲善。苟且，因循敷衍，得過且過。卹，憂慮，操心。同俗，附和世俗。自媚於衆，向人討好。

[12]上：皇帝，此指宋神宗趙頊。

[13]洶洶：波濤聲。此指爲反對新法而大聲吵鬧的聲音。司馬光給王安石的第二封信中有"光不認視天下議論之洶洶"的話，這裏是對此而發。

[14]盤庚之遷：商朝君主盤庚即位後，認爲國都設在商地（今河南商丘）不適宜實行教化，決定遷都殷（今河南安陽縣小屯），並改國號爲殷。盤庚遷殷，人民怨恨，都不願意遷徙。見《尚書·盤庚》和《史記·殷本紀》。盤庚，商代中興的一位君主。

[15]胥（xū）：一齊，全都。

[16]非特：不但，不僅。

[17]"盤庚不爲"句：意爲盤庚不因爲有人怨恨的緣故，就改變他的計劃。度，計劃。

[18]度義而後動：考慮到理由正當，然後行動。度（duó），考慮，揣量。

[19]是：做得對，正確。據《史記·殷本紀》載，盤庚說服反對的人，遷都於殷，使商朝復興。　不可見悔：看不出有什麼要後悔的。

如君實責我以在位久，未能助上大有爲，以膏澤斯民[1]，則某知罪矣[2]；

如曰今日當一切不事事[3]，守前所爲而已，則非某之所敢知[4]。無由會晤[5]，不任區區向往之至[6]。

【注釋】

[1] 膏澤：恩澤。此用作動詞，給予恩惠。膏，油脂。澤，雨水。　斯民：指當時的老百姓。自居爲人民的施恩者，是封建統治者照例的美化説法。

[2] 知罪：承認錯誤。

[3] "一切"五字：意爲什麼事都不做。事事，做事。前一個"事"字是動詞。

[4] "則非"句：那就不是我所敢承認的。這裏指想遵守祖宗的陳規舊法，不想予以改革。

[5] 會晤：見面。

[6] "不任"句：意爲不勝敬仰。不任（rén），不勝。區區，小，指自己，謙詞。向往之至，仰慕到極點。這兩句是古代書札往返的禮節性結束語。

【簡析】本文是一篇書信體駁論文。文中對司馬光加給作者的"侵官、生事、征利、拒諫、致怨"五個罪名逐一作了反駁，有理有據，柔中寓剛，是古代的駁論名篇之一。全文除開頭和結尾段用幾句酬答的禮貌語言以外，其餘各處則言辭犀利，針鋒相對。第一段主要闡明寫這封信的原因和目的。第二段是全文駁斥的重點部分，作者以"名實已明，而天下之理得矣"爲論證的立足點，緊緊扣住保守派幾個主要論點一一進行駁斥，表明自己堅持變法的立場。第三段則進一步明確自己的立場和態度。本文的論證方式是駁論，其反駁的方法是多種多樣的。有直接反駁，也有舉出根據進行反駁，更有舉出史實進行反駁，整個反駁是明確而有力的，説服力很強。

# 三十八、留侯論[1]

【題解】本文選自商務印書館1957年版《國學基本叢書》本《蘇東坡集·應詔集》卷九。蘇軾（1037—1101），字子瞻，號東坡居士，眉州眉山（今屬四川）人，北宋傑出文學家、書畫家。嘉祐二年（1057）進士。歷任地方官吏，做過不少興利除弊、有益民生的事情。也曾任翰林學士、禮部尚書等職。在新舊兩派的政治鬥爭中，因不願阿附而不見容於任何一方，致一生宦途坎坷，屢遭貶謫，最後遠徙瓊州（今海南島），遇赦北還後次年病死常州。南宋時追諡文忠。與父洵、弟轍，並稱"三蘇"。唐宋八大家之一，其散文汪洋恣肆，收縱自如，與韓愈、柳宗元、歐陽修並稱。其詩各體皆工，尤擅七言，清新豪健，揮灑自如，與黃庭堅並稱"蘇黃"。其詞"無意不可入，無事不可言"，是豪放詞派的開創者，與辛棄疾並稱"蘇辛"。書法擅長行書、楷書，與蔡襄、黃庭堅、米芾並稱"宋四家"。蘇軾是中國歷史上少有的多才多藝的人物，其散文詩詞，表現了北宋文學的最高成就，其書畫作品，在藝術表現方面亦獨具風格。著有《易傳》《書傳》《論語説》《仇池筆記》《東坡志林》等。後人輯其詩文奏牘爲《東坡七集》一百一十卷。

古之所謂豪傑之士者，必有過人之節[2]，人情有所不能忍者[3]。匹夫見辱[4]，拔劍而起，挺身而鬥，此不足爲勇也。天下有大勇者，卒然臨之而不驚[5]，無故加之而不怒[6]，此其所挾持者甚大[7]，而其志甚遠也。

【注釋】

[1] 留侯：即張良，字子房，他是"漢初三傑"之一，輔劉邦定天下，封爲留侯。

[2] 節：操守。

[3] "人情"句：意爲常人在情感上根本不能忍受的度量。

[4] 匹夫見辱：一個普通的人受到侮辱。見，被。

[5] 卒：同"猝"。突然，倉猝。　臨：逼近。

[6] 加：侵淩。

[7] 挾持者甚大：謂胸懷廣闊，志意高遠。挾持者，指懷抱的理想。

　　夫子房受書於圯上之老人也[1]，其事甚怪[2]。然亦安知其非秦之世有隱君子者出而試之[3]。觀其所以微見其意者，皆聖賢相與警戒之義。而世不察，以爲鬼物[4]，亦已過矣。且其意不在書[5]。當韓之亡[6]，秦之方盛也，以刀鋸鼎鑊待天下之士[7]，其平居無罪夷滅者[8]，不可勝數；雖有賁、育[9]，無所復施。夫持法太急者，其鋒不可犯，而其勢未可乘[10]。子房不忍忿忿之心，以匹夫之力，而逞於一擊之間[11]。當此之時，子房之不死者，其間不能容髮[12]，蓋亦已危矣！千金之子[13]，不死於盜賊。何者？其身之可愛，而盜賊之不足以死也[14]。子房以蓋世之才，不爲伊尹、太公之謀[15]，而特出於荊軻、聶政之計[16]，以僥倖於不死，此圯上老人之所爲深惜者也。是故倨傲鮮腆而深折之[17]，彼其能有所忍也，然後可以就大事，故曰："孺子可教也。"

【注釋】

[1] 受書於圯（yí）上之老人：語本《史記·留侯世家》。張良曾在圯橋遇黃石公，得兵法。圯，橋。

[2] 其事甚怪：《史記·留侯世家》："太史公曰：'學者多言無鬼神，然言有物。至如留侯所見老父予書，亦可怪矣。'"

[3] 隱君子者：隱居逃避塵世的高士，指圯上老人。

[4] 以爲鬼物：王充《論衡·自然》："張良遊泗水之上，遇黃石公，授太公書。蓋天佐漢誅秦，故命令神石爲鬼書授人……黃石授書，亦漢且興之象也。妖氣爲鬼，鬼象人形，自然之道，非或爲之也。"

[5] 其意不在書：謂圯上老人主要的意思不在授張良以書。

[6] 韓之亡：韓國亡於公元前230年。秦亡六國，首先滅韓。

[7] "以刀鋸鼎鑊"句：謂秦王殘殺成性，以刀鋸殺人，以鼎鑊烹人。賈誼《過秦論》："秦俗多忌諱之禁，忠言未卒於口，而身爲戮沒矣。"刀鋸鼎鑊，四者皆古代刑具，借指酷刑。

[8] 平居：平日。

[9] 賁（bēn）、育：孟賁、夏育，周代時著名勇士，衛人，傳說能力舉千鈞。

[10] 其勢未可乘：謂形勢有利於秦，還没有可乘之機。《孟子·公孫丑上》："齊人有言曰：'雖有智慧，不如乘勢；雖有鎡基（田器），不如待時。'"

[11] "子房"三句：《史記·留侯世家》載"秦滅韓"，張良"悉以家財求客刺秦王，爲韓報仇……得力士，爲鐵椎重百二十斤。秦皇帝東遊，良與客狙擊秦皇帝博浪沙中，誤中副車。秦皇帝大怒，大索天下，求賊甚急，爲張良故也。良乃更名姓，亡匿下邳"。

[12] 其間不能容髮：空隙間容不下一根毛髮。比喻情勢危急。語出枚乘《上書諫吳王》。

[13] 千金之子：舊時用以稱富貴人家的子弟。《史記·越王勾踐世家》："吾聞千金之子，不死於市。"

[14] 不足以死：不值得因之而死。

[15] 伊尹、太公之謀：謂安邦定國之謀，用智慧化解危機的謀略。伊尹，商之賢相，名摯，輔佐湯建立商朝。太公，即太公望，姜姓，呂氏，名尚，字子牙，俗稱姜太公。周文王時太師，是周武王的開國大臣。

[16] "而特出於"句：謂行刺之下策。荆軻刺秦王與聶政刺殺韓相俠累兩事，均見《史記·刺客列傳》，此語即指張良暗殺秦始皇之事。

[17] 鮮腆（tiǎn）：缺少善意。腆，美好，善。

楚莊王伐鄭，鄭伯肉袒牽羊以迎[1]，莊王曰："其君能下人，必能信用其民矣。"遂捨之。勾踐之困於會稽，而歸臣妾於吳者[2]，三年而不倦。且夫有報人之志，而不能下人者，是匹夫之剛也。夫老人者，以爲子房才有餘，而憂其度量之不足，故深折其少年剛銳之氣，使之忍小忿而就大謀。何則？非有生平之素[3]，卒然相遇於草野之間，而命以僕妾之役[4]，油然而不怪者[5]，此固秦皇之所不能驚，而項籍之所不能怒也[6]。

【注釋】

[1] 肉袒：袒衣露體。

[2] 歸臣妾於吳：謂投降吳國爲其臣妾。

[3] 非有生平之素：猶言素昧平生（向來不熟悉）。

[4] 僕妾之役：指黃石公讓張良橋下"取履"之事。

[5] 油然：自然而然。亦作"由然"。

[6] "此固秦皇"二句：與前文"天下有大勇者，卒然臨之而不驚，無故加之而不怒"的意思相呼應。意爲這樣秦始皇當然不能使他驚怕，而項羽也不能使他暴怒了。

觀夫高祖之所以勝，而項籍之所以敗者，在能忍與不能忍之間而已矣。項籍惟不能忍，是以百戰百勝，而輕用其鋒[1]。高祖忍之，養其全鋒，以待其弊[2]。此子房教之也。當淮陰破齊而欲自王，高祖發怒，見於詞色[3]。由此觀之，猶有剛強不忍之氣，非子房其誰全之？

太史公疑子房以爲魁梧奇偉，而其狀貌乃如婦人女子[4]，不稱其志氣[5]。

嗚呼！此其所以爲子房歟[6]！

【注釋】

[1] “項籍惟不能忍”三句：謂項籍迷信武力足以征服天下，多方面樹敵，雖能百戰百勝，但兵力消耗太甚，卒致敗亡。詳見《史記·項羽本紀》。

[2] “高祖忍之”三句：謂漢高祖劉邦在强大的楚軍面前，經常採取守勢，以保持軍隊實力。詳見《史記·高祖本紀》。

[3] “當淮陰破齊”三句：《史記·淮陰侯列傳》：“漢四年，遂皆降平齊。使人言漢王曰：‘齊僞詐多變，反覆之國也，南邊楚，不爲假王以鎮之，其勢不定，願爲假王便。’當是時，楚方急圍漢王於滎陽，韓信使者至，發書，漢王大怒，罵曰：‘吾困於此，旦暮望若來佐我，乃欲自立爲王！’張良、陳平躡漢王足，因附耳語曰：‘漢方不利，寧能禁信之王乎？不如因而立，善遇之，使自爲守；不然，變生。’漢王亦悟，因復罵曰：‘大丈夫定諸侯，即爲真王耳，何以假爲！’乃遣張良往立信爲齊王，徵其兵擊楚。”韓信後降，封爲淮陰侯，故稱爲淮陰。

[4] “太史公疑子房”二句：《史記·留侯世家》：“太史公曰：‘余以爲其人計魁梧奇偉，至見其圖，狀貌如婦人好女。’”魁梧，身材高大。

[5] 不稱：不相，不相當。

[6] “此其”句：謂張良志氣宏偉而内涵不露，貌似柔弱，正是他獨特過人之處。

【簡析】本文爲宋仁宗嘉祐六年（1061）時蘇軾應“制科”考試時所上《進論》之一。蘇軾對《史記·留侯世家》所記載張良圯下受書及輔佐劉邦統一天下的事例，提出了一種截然不同的見解，認爲圯橋老人折辱張良是爲了教會他“忍”，所謂“忍小忿而就大謀”，祇有“忍”才能成大事。爲使論點具有説服力，作者廣徵史實，不僅引用了鄭伯肉袒迎楚、勾踐臥薪嘗膽等善於隱忍的正面典型，而且引項羽、劉邦等不善於隱忍的反面典型，從正反兩方面加以論證發揮。作者引證史實層層遞進，流轉變化，不離其宗，抓住留侯能忍這一主線，一步步地闡明張良能忍的效果是扶助高祖成就帝王大業。這篇文章是作者早年所作，字裏行間洋溢着青年蘇軾的不落俗套和獨具匠心。明代楊慎在《三蘇文範》中評價道：“東坡文如長江大河，一瀉千里。至其渾浩流轉，曲折變化之妙，則無復可以名狀，而尤長於陳述敍事。留侯一論，其立論超卓如此。”

# 三十九、戊午上高宗封事[1]

【題解】本文選自《宋史》卷三七四《胡銓列傳》，据中華書局 1977 年版。胡銓（1102—1180），字邦衡，號澹庵，廬陵（今江西吉安）人。南宋高宗建炎二年（1128）舉進士，紹興五年（1135）任樞密院編修官。紹興八年（1138）因上書高宗反對向金人求和，請斬王倫、秦檜和孫近三人，觸怒投降派，被流配到廣西、廣東，交地方官監管，歷時二十多年。至宋孝宗即位（1163），他才被起用。後官至工部侍郎、資政殿學士。胡銓是南宋著名抗金人物，一生堅決反對和議，力主修武備、蓄兵力，以收復失地。其上書之作，議論慷慨正大，語言通達明暢，顯示了強烈的愛國情操。著有《澹庵文集》，共一百卷。

臣謹案[2]：王倫本一狎邪小人[3]，市井無賴，頃緣宰相無識[4]，遂舉以使虜[5]。專務詐誕[6]，欺罔天聽[7]，驟得美官[8]，天下之人切齒唾罵。今者無故誘致虜使，以詔諭江南爲名[9]，是欲臣妾我也[10]，是欲劉豫我也[11]！劉豫臣事醜虜，南面稱王，自以爲子孫帝王萬世不拔之業，一旦豺狼改慮，捽而縛之[12]，父子爲虜。商鑑不遠[13]，而倫又欲陛下效之。夫天下者，祖宗之天下也，陛下所居之位，祖宗之位也。奈何以祖宗之天下爲金虜之天下，以祖宗之位爲金虜藩臣之位[14]！陛下一屈膝，則祖宗廟社之靈盡污夷狄[15]，祖宗數百年之赤子盡爲左衽[16]。朝廷宰執盡爲陪臣[17]，天下之士大夫皆當裂冠毀冕[18]，變爲胡服，異時豺狼無厭之求，安知不加我以無禮如劉豫也哉！夫三尺童子，至無識也，指犬豕而使之拜，則怫然怒[19]；今醜虜則犬豕也，堂堂大國，相率而拜犬豕，曾童孺之所羞[20]，而陛下忍爲之邪？

**【注釋】**

[1] 戊午：戊午年，指宋高宗紹興八年（1138）。　封事：密封的奏章。古時臣下上書奏事，爲防洩露，封以皂囊，稱爲封事。

[2] 案：通“按”。考察。

[3] 王倫：字正道，莘縣（今屬山東）人。出身破落官僚家庭，行爲鄙薄不端，屢做無賴犯法之事。北宋末王倫任兵部侍郎，南宋高宗紹興初，屢次出使金國，答應割地議和。促成了紹興十一年（1141）屈辱的合約。後被金人所殺。　狎（xiá）邪：行爲放蕩，品行不端。

[4] 頃：不久以前。　緣：因爲。　宰相：指秦檜。

[5] 舉以使虜：推舉他出使金國。虜，對敵人的蔑稱，此指金。下文醜虜、犬戎、夷狄等，皆有蔑視義。

[6] 詐誕：弄虛作假。詐，欺騙。誕，虛妄，説大話。

[7] 欺罔：欺騙。　天聽：指皇帝的聽聞。

[8] 驟：突然，迅速。　得美官：指王倫因使金議和，於紹興七年至八年間升任徽猷閣直學士、端明殿學士等職。

[9] “今者”二句：紹興八年金國派遣簽書宣會院事蕭哲、左司郎中張通古爲江南詔諭使，同王倫使宋，以“詔諭”爲名，即將宋視爲屬國，引起宋朝士人抗議。致，使……到來。虜使，指金的使臣。詔諭，皇帝對臣下發的命令、指示。這裏用作動詞。

[10] 臣妾我：使我爲臣妾。臣妾，古代奴僕男稱臣，女稱妾。

[11] 劉豫我：使我變成劉豫那樣的附庸。劉豫，字彥遊，阜城（今河北交河）人，南宋叛臣。宋哲宗元符年間進士。宋徽宗時召拜殿中侍御史，後出爲河北西路提刑。金軍南下即棄官躲避，宋高宗時用其爲濟南府知府，金兵進攻濟南時降金。公元1130年被金人立爲“大齊”皇帝，建都大名（今屬河北），後遷汴京（今河南開封）。屢次配合金兵攻宋。紹興七年（1137）被金廢黜，父子二人皆爲階下囚，後遷居臨潢（今內蒙古巴林左旗附近）而死。

[12] 捽（zuó）：抓，揪。

[13] 商鑑不遠：即殷鑒不遠。宋人避宋太祖父趙弘殷諱，改殷爲商。語出《詩經·大雅·蕩》：“殷鑒不遠，在夏后之世。”謂殷人子孫應以夏的滅亡爲鑒戒，後來泛指可以作爲後人鑒戒的往事。文中是指劉豫稱臣而終被金人誅殺的教訓。

NOTE

[14] 藩臣：附屬國國王對宗主國皇帝的自稱。

[15] 盡污夷狄：指都被金人所玷污。

[16] 赤子：初生的嬰兒。這裏比喻百姓。　左衽：衣襟左掩。我國古代漢族衣襟右掩，稱爲右衽；而少數民族衣襟左掩，稱爲左衽。這裏"左衽"意爲改變風俗，受金人統治。

[17] 宰執：指執掌國家政事的重臣。　陪臣：古代諸侯對天子稱臣，諸侯的大夫對天子稱陪臣。

[18] 裂冠毀冕（miǎn）：指廢棄漢族的禮服。冠是帽子。冕，古代天子、諸侯、卿大夫等行朝儀、祭禮時所戴的禮帽。

[19] 怫（fú）然：憤怒貌。

[20] 曾：乃。加強肯定語氣。

　　倫之議乃曰[1]："我一屈膝，則梓宮可還[2]，太后可復[3]，淵聖可歸[4]，中原可得。"嗚呼！自變故以來[5]，主和議者，誰不以此説啗陛下哉[6]？然而卒無一驗[7]，則虜之情僞已可知矣[8]。而陛下尚不覺悟，竭民膏血而不恤，忘國大仇而不報，含垢忍恥[9]，舉天下而臣之甘心焉[10]。就令虜決可和[11]，盡如倫議，天下後世謂陛下何如主[12]？況醜虜變詐百出，而倫又以姦邪濟之[13]，則梓宮決不可還，太后決不可復，淵聖決不可歸，中原決不可得。而此膝一屈，不可復伸，國勢陵夷[14]，不可復振，可爲痛哭流涕長太息矣。

【注釋】

[1] 議：言論，意見。

[2] 梓宮：用梓木做的皇帝的棺材。此指宋徽宗趙佶的靈柩。宋徽宗被金擄去，於紹興五年（1135）死於金國。

[3] 太后：指高宗生母韋賢妃。她與徽宗同時被俘金國。高宗即位後，遙尊其母爲皇太后。後迎歸宋。

[4] 淵聖：指宋欽宗趙桓。高宗即位後稱欽宗爲孝慈淵聖皇帝。

[5] 變故：指靖康之變。靖康元年（1127），金兵南下，攻克汴京，俘虜徽欽二帝，北宋滅亡。

[6] 啗："啖"的異體字。拿東西給別人吃，引申爲利誘。

[7] 驗：應驗。

[8] 情僞：真假。

[9] 含垢忍恥：忍受恥辱。

[10] "舉天下"句：意爲拿天下來臣事金人。

[11] 就令：即令，即使。　決：一定。

[12] 何如主：怎樣的君主。

[13] 濟：説明，助成。

[14] 陵夷：衰落，衰微。《漢書·成帝紀》："帝王之道日以陵夷。"顏師古注："陵，丘陵也；夷，平也。言其頹替若丘陵之漸平也。"形容由盛到衰。

　　向者陛下間關海道[1]，危如累卵[2]，當時尚不忍北面臣敵，況今國勢稍張[3]，諸將盡銳[4]，士卒思奮[5]。祇如頃者敵勢陸梁[6]，偽豫入寇[7]，固嘗敗之於襄陽[8]，敗之於淮上[9]，敗之於渦口[10]，敗之於淮陰[11]，較之往時蹈海之危[12]，固已萬萬[13]。儻不得已而至於用兵[14]，則我豈遽出虜人下哉[15]？今無故而反臣之，欲屈萬乘之尊，下穹廬之拜[16]，三軍之士不戰而氣已索[17]，此魯仲連所以義不帝秦[18]，非惜夫帝秦之虛名，惜夫天下大勢有所不可也。今內而百官，外而軍民，萬口一談，皆欲食倫之肉。謗議洶洶[19]，陛下不聞，正恐一旦變作，禍且不測。臣竊謂不斬王倫，國之存亡未可知也。

**【注釋】**

[1] "向者"句：指建炎三至四年（1129—1130）宋高宗在金兵追擊下從建康（今南京）逃往杭州、明州（今寧波）並乘船航海到溫州一事。向者，過去。間關，謂道路崎嶇難行。

[2] 累卵：把難卵堆疊起來。比喻極其危險。

[3] 稍張：逐漸伸張。指形勢好轉。

[4] 盡銳：竭盡銳氣（殺敵）。

[5] 思奮：渴望奮起（抗戰）。

[6] 陸梁：橫行無阻。這裏形容金人的勢力到各處侵擾。

[7] 偽豫：指劉豫的偽政權。

[8] 敗之於襄陽：指紹興四年（1134），岳飛擊潰劉豫大將李成，收復襄陽等地。事見《宋史·岳飛傳》。

[9] 敗之於淮上：指紹興四年（1134）韓世忠擊潰金及劉豫大軍，追至淮水一事。事見《宋史·韓世忠傳》。

[10] 敗之於渦口：指紹興六年（1136）楊存中、張宗顏大敗劉豫三十萬大軍之事。事見《宋史·楊存中傳》。渦口，渦水入淮水之口，在今安徽省懷遠縣東北。

[11] 敗之於淮陰：紹興六年（1136）韓世忠引兵淮陰（今屬江蘇）擊敗劉豫軍。

[12] 蹈海：指上文"間關海道"。

[13] 萬萬：謂遠遠勝過當初萬萬倍。

[14] 儻：同"倘"。倘若。

[15] 遽：遂，就。

[16] 穹廬：古代遊牧民族居住的氈帳。這裏借指金國。

[17] 索：盡，完結。

[18] 魯仲連：戰國時期齊人。善於出謀劃策，常周遊各國，爲其排難解紛。據《戰國策·趙策三》記載：趙孝王九年（前257），秦軍圍困趙國國都邯鄲。魏王派使臣勸趙王尊秦爲帝，趙王猶豫不決。魯仲連力陳以秦爲帝之害，説服趙、魏兩國聯合抗秦。兩國接受其主張，秦軍以此撤軍。　義：根據道義。

[19] 謗議：非議。　洶洶：形容聲勢盛大。

　　雖然，倫不足道也，秦檜以心腹大臣而亦爲之[1]。陛下有堯、舜之資，檜不能致陛下如唐、虞，而欲導陛下爲石晉[2]。近者禮部侍郎曾開等引古誼以折之[3]，檜乃厲聲責曰：“侍郎知故事[4]，我獨不知！”則檜之遂非愎諫[5]，已自可見。而乃建白[6]，令臺諫侍臣僉議可否[7]，是蓋畏天下議己，而令臺諫侍臣共分謗耳。有識之士，皆以爲朝廷無人，吁，可惜哉！孔子曰：“微管仲，吾其被髮左衽矣[8]。”夫管仲，霸者之佐耳[9]，尚能變左衽之區而爲衣裳之會[10]。秦檜，大國之相也，反驅衣冠之俗而爲左衽之鄉[11]。則檜也不唯陛下之罪人，實管仲之罪人矣。孫近附會檜議[12]，遂得參知政事[13]。天下望治有如饑渴，而近伴食中書[14]，漫不敢可否事[15]。檜曰敵可議和，近亦曰可和；檜曰天子當拜，近亦曰當拜。臣嘗至政事堂[16]，三發問而近不答，但曰“已令臺諫侍從議矣”。嗚呼！參贊大政徒取充位如此[17]，有如虜騎長驅[18]，尚能折衝禦侮耶[19]？臣竊謂秦檜、孫近亦可斬也。

**【注釋】**

[1] 秦檜：字會之，江寧（今江蘇南京）人。宋徽宗政和五年（1115）進士，補密州教授，曾任太學學正。北宋末年任御史中丞。靖康之禍後被擄至金國，後南歸，出任禮部尚書，兩任宰相，前後執政十九年，因力主對金求和，陷害名將岳飛而臭名昭著。

[2] 石晉：指五代石敬瑭建立的後晉政權。石敬瑭勾引契丹兵滅除後唐，割燕、雲十六州給契丹，受其冊封，國號爲晉，稱契丹主爲父皇帝，自稱兒皇帝。

[3] 曾開：字天遊，曾任禮部侍郎兼侍讀官。他反對議和，因而觸怒秦檜，被貶徽州。古誼：古人所說的道理。誼，通“義”。 折：駁斥，責難。

[4] 故事：舊事，典故。

[5] 遂非：堅持錯誤。 愎（bì）諫：固執而不聽他人意見。

[6] 建白：陳述意見或有所倡議。

[7] 臺諫侍臣：指御史臺和諫議官。宋時以專司糾彈的御史爲臺官，以職掌建言的給事中、諫議大夫等爲諫官。兩者雖各有所司，而職責往往相混，故多以“臺諫”泛稱之。 僉（qiān）：皆，共同。

[8] “孔子”句：語出《論語·憲問》，意爲如果沒有管仲，我們可能還受外族的統治。微，非，無。管仲，名夷吾，字仲，春秋時期齊國著名的政治家。他被稱爲“春秋第一相”，輔佐齊桓公成爲春秋時期的第一霸主。被髮，散髮。被，同“披”。

[9] 霸者：指齊桓公。春秋時齊國國君。任用管仲改革，國力強盛，成爲春秋五霸之首。佐：輔助。

[10] 衣裳之會：指實行漢族禮俗的都會。謂管仲能使戎狄等少數民族地區臣服，遵從周王朝的禮制。會，都會。

[11] 衣冠：古代士以上的服裝。這裏指漢族地區的物質文明。

[12] 孫近：字叔諸，南宋無錫人，進士出身，累官至翰林院學士承旨。紹興八年（1138）附和秦檜主和，除參知政事，旋兼以同知樞密院事，對金使卑躬屈膝。 附會：附和，迎合。

[13] 參知政事：官職名稱。參知政事和樞密使、副使、知樞密院事、簽書樞密院事等，

通稱執政，與宰相合稱宰執。

[14] 伴食中書：指居宰輔之位而無所作爲。宋朝皇宮内别置中書，叫作"政事堂"，是宰相辦公的地方，孫近身爲宰相副職，處處附和秦檜，不作主張，所以稱他爲"伴食中書"。語出《舊唐書·盧懷慎傳》："懷慎與姚崇對掌樞密，懷慎自以爲吏道不及崇，每事皆推讓之。時人謂之'伴食宰相。'"伴食，陪同進食。唐時朝會畢，宰相率百僚集尚書省都堂會食，後遂因以指身居相位而庸懦不能任事者。

[15] 漫：完全。　可否：贊成或反對。

[16] 政事堂：即中書，唐宋時宰相辦公處。

[17] 參贊大政：參與決定國家大事。　取充位：佔據官位而不負責任。

[18] 有如：如果。

[19] 折衝：抗拒敵人。

　　臣備員樞屬[1]，義不與檜等共戴天。區區之心，願斷三人頭，竿之藁街[2]。然後羈留虜使[3]，責以無禮，徐興問罪之師[4]，則三軍之士不戰而氣自倍。不然，臣有赴東海而死爾[5]，寧能處小朝廷求活邪[6]！

**【注釋】**

[1] 備員樞屬：充當樞密院一名屬員。當時胡銓任樞密院編修，故云。備員，充數，這裏是謙稱。

[2] 竿之藁（gǎo）街：用竹竿把（秦檜等三人）頭懸於金國使臣住的街上以示衆。竿，用作動詞，猶言"懸"。把頭挂在竹竿上。藁街，漢時街名，在長安城南門内，爲屬國使節館舍所在地。這裏是借指金使所居之街。

[3] 羈留：扣押。

[4] 徐興：從容不迫地發起。

[5] 赴東海而死：這是借用戰國魯仲連的話，以此表示他堅決反對議和的態度。魯仲連曾云："彼則肆然而爲帝，過而遂正於天下，則連有赴東海而死矣，吾不忍爲之民也！"

[6] 小朝廷：指如果議和告成，宋朝將成爲金國的附庸，成爲偏安一隅的政權。

　　**【簡析】**《戊午上高宗封事》是胡銓寫給宋高宗一篇有名的奏疏。紹興八年秋，宋金議和重開，端明殿學士王倫秉承宰相秦檜的旨意出使金國，與金簽立賣國和約，南宋向金國俯首稱臣，並進貢金銀玉帛，金熙宗隨即遣使"詔諭江南"，儼然以上國自居，將南宋視爲屬地，激起全國上下義憤填膺。身爲樞密院編修的胡銓怒不可遏，毅然以封事的形式上書高宗，指名道姓，直斥宰相秦檜包藏禍心，賣國求榮。其文正氣浩然，辭意激切，說理有力，膽識過人，字字金石，錚錚有聲，既震懾金人之野心，又極大地鼓舞了抗金愛國將士的鬥志，使"勇者服，怯者奮"（南宋周必大《胡忠簡公神道碑》）。金軍以千金購得此書，讀之變色，驚嘆曰："南宋有人！"並"深以爲忌"，乃至於"自是不敢南顧者，二十有四年"。

# 四十、酌古論

　　**【題解】**本文節選自《陳亮集》，據中華書局 1974 年標點本。作者陳亮（1143—1194），字同甫，原名汝能，後改名陳亮，世稱龍川先生。婺州永康（今屬浙江）人。南宋思想家、文學家。孝宗乾道五年（1169）、淳熙五年（1178）、淳熙十五年（1188）三次上書，反對和議，力主抗金。遭投降派誣陷，曾三次入獄。光宗紹熙四年（1193），中進士第一名，授官僉書建康府判官廳公事。卒諡文毅。陳亮的政論文、史論，如《上孝宗皇帝書》《中興五論》《酌古論》等，提出"任賢使能""簡法重令"等革新圖強言論，無不以功利爲依歸。其哲學論文，具有樸素唯物主義思想，爲永康學派的代表。他提倡"實事實功"，有益於國計民生，並對理學家空談"盡心知性"，譏諷爲"皆風痹不知痛癢之人"。他還與朱熹多次進行論辯。陳亮詞作74首。自抒胸臆且豪放，曾自言其詞作"平生經濟之懷，略已陳矣"（《水心集》卷二十九《書龍川集後》）。有《龍川文集》《龍川詞》。

## 诸葛孔明下

孔明[1]，伊周之徒也[2]。而論之者多異說，以其適時之難而處英雄之不幸也[3]。夫衆人皆進而我獨退[4]，雍容草廬[5]，三顧後起[6]。挺身託孤[7]，不放不攝[8]，而人無間言[9]。權偪人主而上不疑[10]，勢傾羣臣而下不忌[11]。屬精治蜀，風化肅然[12]。"宥過無大，刑故無小[13]"，帝者之政也。"以佚道使人，雖勞不怨，以生道殺人，雖死不怨殺者[14]"，王者之事也。孔明皆優爲之，信其爲伊周之徒也。而論者乃謂其自比管樂[15]，委身偏方，特霸者之臣爾。是何足與論孔子之仕魯與自比老彭哉[16]！甚者至以爲非仲達敵[17]，此無異於兒童之見也。彼豈非以仲達之言而信之耶？而不知其言皆譎也[18]。仲達不能逞其譎於孔明，故常伺孔明之開闔[19]，妄爲大言以譎其下。論者特未之察耳。

**【注釋】**

[1] 孔明：即諸葛亮（181—234），字孔明，號臥龍，諡號忠武侯，琅琊陽都（今山東沂南）人，三國時期蜀漢丞相，傑出的政治家、軍事家、散文家、書法家、發明家。諸葛亮一生"鞠躬盡瘁、死而後已"，是中國傳統文化中忠臣與智者的代表人物。

[2] 伊周之徒：意爲孔明是伊尹、周公一樣的聖賢人物。伊，伊尹，名伊，一說名摯，夏末商初人。曾輔佐商湯王建立商朝，被後人尊爲中國歷史上的賢相。伊尹一生對中國古代的政治、軍事、文化、教育等多方面都做出過卓越貢獻，是傑出的思想家、政治家、軍事家。周，周公，輔佐周王治理天下，是周文王姬昌的第四子、周武王姬發的同母弟，華夏族。因封地在周（今陝西寶雞岐山北），故稱周公或周公旦。爲西周初期傑出的政治家、軍事家、思想家和教育家，被尊爲儒學奠基人。徒，同類的人。

[3] "以其"句：意爲這是因爲他身逢亂世，而又正碰上英雄身處不幸的境況之中。

[4] 進：進身爲官。　退：隱退爲民。

[5] 雍容：舒緩，從容不迫。

[6] 三顧：指劉備三顧茅廬之事。

[7] 託孤：指劉備白帝城託孤之事。《三國志》載："先主泣曰：'君才十倍曹丕，必能安邦定國，終定大事。若嗣子可輔，則輔之；如其不才，君可自爲成都之主。'"

[8] 不放不攝：既不放任又不獨攬政權。攝，攝政。

［9］間言：亦作“閒言”“閑言”。非議，異議。

［10］偪：同“逼”。威脅。

［11］傾：壓倒，勝過。

［12］肅然：嚴謹貌。

［13］“宥（yòu）過無大”二句：意爲一時過失，雖大也可以寬恕，明知故犯，雖小也要懲罰。宥，寬恕。過，過失。語見《尚書·大禹謨》。

［14］“以佚”四句：意爲依據（讓百姓）安逸的原則去役使百姓，百姓即使勞累也不怨恨；依據（讓百姓）生存的原則去殺人，被殺的人雖死不怨殺他的人。語出《孟子·盡心上》。

［15］管：管仲。　樂（yuè）：樂毅。

［16］老：老子。　彭：彭祖。

［17］仲達：司馬懿（179—251），字仲達，河内郡溫縣（今河南溫縣）人。三國時期魏國政治家、軍事家，西晉王朝的奠基人。司馬炎稱帝後，追尊司馬懿爲宣皇帝。

［18］譎：欺詐，詭詐。

［19］開闔：指用兵的間隙和疏漏。《孫子·九地》：“敵人開闔，必亟入之。”

　　始孔明出祁山[1]，仲達出兵拒之[2]，聞孔明將芟上邽之麥[3]，卷甲疾行[4]，晨夜往赴。孔明糧乏已退，仲達譎言曰：“吾倍道疲勞[5]，此曉兵者之所貪也[6]。亮不敢據渭水[7]，此易與耳[8]。”夫軍無見糧而轉軍與戰[9]，縱能勝之，後何以繼？此少辨事機者之所必不爲也[10]。仲達心知其然，外爲大言以譎其下耳。已而孔明出斜谷[11]，仲達又率兵拒之。知孔明兵未逼渭，引軍而濟[12]，背水爲壘。孔明移軍且至，仲達譎言曰：“亮若勇者，當出武功，依山而陣。若西上五丈原[13]，諸軍無事矣。”夫敵人之兵已在死地，而率衆直進，求與之戰，此亦少辨事機者之所不爲也。仲達知其必不出此，姑誑爲此言以妄表其怯，以示吾之能料，且以少安其三軍之心也。故孔明持節制之師，不用權譎，不貪小利，彼則曰：“亮志大而不見機[14]，多謀而少決，好兵而無權。”凡此者，皆伺孔明之開闔，妄爲大言以譎其下，此豈其真情哉！

【注釋】

　　[1]孔明出祁山：據《三國志·蜀書·諸葛亮傳》載，諸葛亮與魏國進行過六次戰爭，此處應指第六次。即建興十二年（234）春，亮悉大衆由斜谷出，以流馬運，據武功五丈原，與司馬宣王對於渭南。亮每患糧不繼，使己志不申，是以分兵屯田，爲久駐之基。耕者雜於渭濱居民之間，而百姓安堵，軍無私焉。相持百餘日。其年八月，亮疾病，卒於軍，時年五十四。

　　[2]拒：抵抗。

　　[3]芟（shān）：割草。此指收割。

　　[4]卷甲：卷起鎧甲。形容輕裝疾進。《孫子·軍爭》：“是故卷甲而趨，日夜不處，倍道兼行，百里而爭利，則擒三將軍。”

[5] 倍道：兼程而行。指一日走兩日的路程。

[6] 所貪：爲有所圖。

[7] 據：憑依，倚仗。

[8] 易與：容易對付。含有輕蔑之意。《史記·項羽本紀》：“漢易與耳，今釋弗取，後必悔之。”

[9] 見糧：現成的糧食。見，同“現”。

[10] 辨事機者：謂隨機處變的智者。

[11] 斜（yé）谷：山谷名。在陝西省終南山。谷有三口，南曰褒，北曰斜，故亦稱褒斜谷。

[12] 引：領。　濟：渡，過河。

[13] 五丈原：位於八百里秦川西端，太白山北麓的寶雞岐山縣五丈原鎮。三國時諸葛亮屯兵用武、勞竭命隕的古戰場，勝跡累累，遠近聞名。

[14] 見機：識機微，辨情勢。

夫善觀人之真情者，不於敵存之時，而於敵亡之後。孔明之存也，仲達之言則然。及其殁也，仲達按行其營壘，斂衽而歎曰[1]：“天下奇才也！”彼見其規矩法度出於其所不能爲，恍然自失[2]，不覺其言之發也。可以觀其真情矣。論者不此之信，而信其譎，豈非復爲仲達所譎哉！

【注釋】

[1] 斂衽：整理衣襟，表示恭敬。

[2] 恍然：仿佛。

唐李靖，談兵之雄者也。吾嘗讀其問對之書[1]，見其述孔明兵制之妙，曲折備至[2]，曾不一齒仲達。彼曉兵者，固有以窺之矣。書生之論[3]，曷爲其不然也！孔明距今且千載矣，未有能諒其心者。吾憤孔明之不幸，故備論之，使世以成敗論人物者其少戒也夫。

【注釋】

[1] 問對：文體名。徐師曾《文體明辨序說·問對》：“問對者，文人假設之詞也。其名既殊，其實復異，故名實皆問者，屈平《天問》、江淹《邃古篇》之類是也。名問而實對者，柳宗元《晉問》之類是也。”

[2] 曲折備至：曲折變化，細緻完備。

[3] 書生：指那些祇會讀書而無實戰經驗的人。

【簡析】陳亮在十八九歲時便寫成了具有獨特風格的名著《酌古論》。陳亮從一般對文武的看法中跳脫出來，作出新的論定，認爲文以處世之才爲標準，武以料敵之智爲標準，才智運用於實際得到了檢證，才算真才智，而不能祇從名義的形式來判斷才智。陳亮在《酌古論》中共評論了十九位歷史人物，即漢光武帝、劉備、曹操、孫權、苻堅、韓信、薛公、鄧禹、馬援、諸葛亮、呂蒙、鄧艾、羊祜、崔浩、李靖、封常清、馬燧、李愬、桑維翰。陳亮並不是對這些人物的各個方面都加以評價，而是僅就他們的軍事活動來進行分析與總結。其寫作目的，如《酌古論》序中所言，"可以觀，可以法，可以戒，大則興王，小則臨敵，皆可以酌乎此也"。本文是其中節選，文中對諸葛亮給予充分理解和深切同情，駁斥了一些人對諸葛亮的攻擊和貶損，並且明確反對以成敗論英雄。

# 常用詞詞義分析（五）

## T

【體】①身體。《三國志·魏書·方技傳》："體中不快，起作一禽之戲。"②肢體，特指手足。《論語·微子》："四體不勤，五穀不分。"③形體，形狀。《脈經·序》："脈理精微，其體難辨。"④體統，準則。《荀子·天論》："天有常道矣，地有常數矣，君子有常體矣。"⑤體恤，體諒。《禮記·中庸》："敬大臣也，體群臣也。"

【田】①農田，耕種用的土地。《戰國策·秦策》："田肥美，民殷富。"②同"佃"，耕種。《墨子·明鬼》："其三年，周宣王合諸侯而田於圃，田車數百乘，從數千，人滿野。"③同"畋"，打獵。《左傳·宣公二年》："宣子田於首山。"④指田野。《易經·乾卦》："見龍在田。"⑤古代統治者賜予親屬臣僚的封地。《左傳·襄公二十三年》："乃弗於田。"

【聽】①以耳聞聲。《論語·公冶長》："始吾於人也，聽其言而信其行；今吾於人也，聽其言而觀其行。"②聽從，順從。《逸周書·周祝解》："教之以禮民不爭，被之以刑民始聽。"③任憑，聽任。《莊子·徐無鬼》："郢人堊慢其鼻端若蠅翼，使匠石斲之，匠石運斤成風，聽而斲之，盡堊而鼻不傷，郢人立不失容。"④治理。《左傳·昭公元年》："君子有四時，朝以聽政，晝以訪問，夕以脩令，夜以安身。"⑤考察。《尚書·洪範》："五事：一曰貌，二曰言，三曰視，四曰聽，五曰思。"

【通】①通行，沒有阻塞可以通過。陶潛《桃花源記》："初極狹，纔通人；復行數十步，豁然開朗。"②疏通。《素問·痿論》："各補其榮，而通其俞，調其虛實。"③通曉。《漢書·藝文志》："若能修六藝之術，而觀此九家之言，舍短取長，則可以通萬方之略矣。"④全部。韓愈《師說》："李氏子蟠，年十七，好古文，六藝經傳皆通習之，不拘於時，學於余。"⑤共同的。《孟子·滕文公》："治於人者食人，治人者食於人，天下之通義也。"

【投】①拋擲，拋向。《詩經·衛風·木瓜》："投我以木瓜。"引申爲拋棄，扔掉。王勃《滕王閣序》："有懷投筆，慕宗愨之長風。"②投入。《呂氏春秋·察今》："有過於江上者，見人方引嬰兒而欲投之江中，嬰兒啼，人問其故。"引申爲投合，迎合。《楚辭·大招》："二八接舞，投詩賦祇。"③投靠，依託。《南史·王懿傳》："有遠來相投者，莫不竭力營贍。"引申爲到……住宿。杜甫《石壕吏》："暮投石壕村。"又引申爲到，接近。《後漢書·循吏傳·仇覽》："母守寡養孤，苦身投老，奈何肆忿於一朝，欲致子以不義乎？"

【徒】①步兵。《褚氏遺書·除疾》："善用兵者，徒有車之功。"②類，同類。《溫病條辨·敍》："而下士聞道若張景岳之徒。"③官府中供差役的人。《周禮·天官·序官》："胥十有二人，徒百有二十人。"④空，白白地。《戰國策·秦策》："夫徒處而致利，安坐而廣地。"⑤祇，僅僅。《劉賓客文集·鑒藥》："今夫藏鮮能安穀，府鮮能母氣，徒爲美疢之囊橐耳。"

【推】①以手從後用力使物體前移。《靈樞·水脹》："至其成如懷子之狀，久者離歲，按之則堅，推之則移。"引申爲移。《史記·淮陰侯列傳》："解衣衣我，推食食我。"又引申爲順着遷移。《易經·繫辭》："剛柔相推而生變化。"②推廣。《孟子·梁惠王》："故推恩足以保四海，不推恩無以保妻子。"引申爲推論。《韓非子·五蠹》："推是言之，是無亂父子也。"③舉，推舉。《漢書·司馬遷傳》："曩者辱賜書，教以慎於接物，推賢進士爲務。"

# W

【亡】①逃亡。《墨子·七患》："民見凶飢則亡，此皆備不具之罪也。"②消亡，滅亡。《左傳·僖公五年》："虢亡，虞必從之。"③死亡。《尚書·湯誓》："時日曷喪，予及汝皆亡。"④損耗，耗竭。《素問·生氣通天論》："風客淫氣，精乃亡，邪傷肝也。"⑤散失，丟失。《漢書·藝文志》："以書頗散亡。"⑥疏忽。《嵇中散集·養生論》："亡之於微，積微成損，積損成衰。"

【罔】①同"網"。漁獵用的網。《易經·繫辭》："作結繩而爲罔罟，以佃以漁。"②騙取，欺騙。《商君書·賞刑》："則不能以非功罔上利。"③無，沒有。《史記·秦始皇本紀》："初並天下，罔不賓服。"④不。《尚書·盤庚》："罔罪爾聚衆，爾無共怒，協比讒言予一人。"⑤迷惘。《論語·學而》："學而不思則罔，思而不學則殆。"

【危】①高，高處。《劉賓客文集·鑒藥》："蹈危如平，嗜糲如精。"②不穩，不安定。《論語·泰伯》："危邦不入，亂邦不居。"③危險。《針灸甲乙經·序》："君父危困，赤子塗地，無以濟之。"④正直，端正。《管子·弟子職》："危坐鄉師，顏色無怍。"⑤驚懼，憂懼。《戰國策·西周策》："夫本末更盛，虛實有時，竊爲君危之。"

【威】①尊嚴，威嚴。《論語·學而》："君子不重，則不威；學則不固。"②刑罰。《尚書·洪範》："惟辟作福，惟辟作威，惟辟玉食。"③威懾，威脅。《漢書·藝文志》："弧矢之利，以威天下。"④畏懼，警戒。《尚書·洪範》："嚮用五福，威用六極。"⑤法則。《詩經·周頌·有客》："既有淫威，降福孔夷。"

【微】①隱蔽，隱匿。《左傳·哀公十六年》："白公奔山而縊，其徒微之。"②衰敗。《漢書·藝文志》："皆起於王道既微。"③細小，輕微。《大戴禮記·文王官人》："探取其志以觀其情，考其陰陽以觀其誠，覆其微言以觀其信。"④貧賤。《尚書·舜典序》："虞舜側微。"⑤無，沒有。《論語·憲問》："微管仲，吾其被髮左衽矣。"

【圍】①環繞。《莊子·則陽》："精至於無倫，大至於不可圍。"引申爲以軍隊包圍。《三國志·魏書·武帝紀》："遂解白馬圍，徙其民，循河而西。"②獵時的包圍圈。《漢書·霍光傳》："張圍獵黃山苑中。"③量詞，合抱爲一圍。枚乘《上書諫吳王》："夫十圍之木，始生如蘖。"

【衛】①衛士，衛兵。《左傳·僖公二十四年》："秦伯送衛於晉三千人。"又保衛，防護。《漢書·司馬遷傳》："僕少負不羈之才，長無鄉曲之譽，主上幸以先人之故，使得奉薄伎，出入周衛之中。"②中醫學名詞，衛氣。《靈樞·營衛生會》："營在脈中，衛在脈外，營周不休，五十而復大會。"③箭上的羽毛。《論衡·儒增》："見寢石，以爲伏虎，將弓射之，矢沒其衛。”④驢的別稱。范攄《雲溪友議》：“衣布縷，乘牝衛。”

【謂】①說，用於評論人物。《論語·公冶長》：“子謂子產，有君子之道四焉。”②對……說。《論語·陽貨》：“謂孔子曰：‘來！予與爾言。’”③叫作，稱爲。《易經·繫辭》：“一陰一陽之謂道。”引申爲指稱，意指。《左傳·隱公元年》：“其是之謂乎！”④通“爲”。《左傳·僖公五年》：“一之謂甚，其可再乎？”

【文】wén ①彩色交錯爲文。《易經·系辭》：“物相雜，故曰文。”②文采，與“質”相對。《論語·雍也》：“質勝文則野，文勝質則史。”③花紋，紋理。《史記·扁鵲倉公列傳》：“若以管窺天，以郤視文。”④文字。《孟子·萬章》：“故說詩者不以文害辭。”⑤文章，文辭。《重廣補注黃帝内經素問·序》：“其文簡，其意博。”⑥文學，典籍。《論語·雍也》：“君子博學於文。”⑦謚號，學勤好問曰文。《論語·公冶長》：“孔文子何以謂之文也？”wèn ⑧修飾，文飾。《論語·憲問》：“文之以禮樂，亦可以爲成人矣。”⑨掩飾，粉飾。《論語·子張》：“小人之過也必文。”

【聞】①聽說，聽到。《禮記·大學》：“心不在焉，視而不見，聽而不聞。”②知道，瞭解。《史記·扁鵲倉公列傳》：“聞病之陽，論得其陰。”③見聞，知識。《傷寒論·序》：“多聞博識，知之次也。”④聞名，著稱。《論語·顏淵》：“在邦必聞，在家必聞。”⑤指使君主聽見，謂向君主報告。《史記·扁鵲倉公列傳》：“書聞，上悲其意。”⑥用鼻子嗅。《韓非子·十過》：“共王駕而自往，入其幄中，聞酒臭而還。”

【務】①專力從事，致力於。《管子·四時》：“是故聖王務時而寄政焉，作教而寄武焉，作祀而寄德焉。”②追求。《傷寒論·序》：“惟名利是務。”③事務，事情。《易經·繫辭》：“惟幾也，故能成天下之務。”④務必，一定。《尚書·泰誓》：“樹德務滋，除惡務本。”

# X

【息】①喘息，呼吸。《傷寒論·序》：“動數發息，不滿五十。”②歎息。《楚辭·離騷》：“長太息以掩涕兮，哀民生之多艱。”③滅，消失。《禮記·中庸》：“其人亡，則其政息。”④停止。《戰國策·秦策》：“辯言偉服，戰攻不息。”⑤通“瘜”，贅肉。《素問·病能論》：“夫癰氣之息者，宜以針開除去之。”

【悉】①詳盡。《戰國策·秦策》：“雖然，臣願悉言所聞，大王裁其罪。”②全，都。《史記·司馬相如列傳》：“司馬相如病甚，可往從悉取其書。”③知道，瞭解。《後漢書·酷吏列傳》：“‘悉誰載卧入城者？’門者對：‘惟有廷掾耳。’”④盡其所有。《戰國策·韓策》：“料大王之卒，悉之不過三十萬。”

【惜】①愛惜。《韓非子·難二》：“惜草茅者耗禾穗，惠盜賊者傷良民。”②吝惜，捨不得。《後漢書·光武帝紀》：“既至郾、定陵，悉發諸營兵，而諸將貪惜財貨，欲分留守之。”③痛惜，哀傷。《後漢書·班超傳》：“朝廷愍惜焉，使者弔祭，贈賵甚厚。”又可惜。《左傳·宣公二年》：“惜也，越竟乃免。”

【錫】xī ①一種金屬。《史記·李斯列傳》：“江南金錫不爲用，西蜀丹青不爲採。”特指僧人的錫杖。《高僧傳·忘身·釋僧群》：“忽有一折翅鴨舒翼當梁，頭就唼群。群欲舉錫撥之。”②通“緆”，細麻布。《列子·周穆王》：“衣阿錫。”cì ③通“賜”，賜給。《素問·至真要大論》：“余錫以方士。”

【先】①謂時間或次序在前，與“後”相對。《禮記·大學》：“物有本末，事有終始，知所先後，則近道矣。”②前導，前驅。《史記·淮南衡山列傳》：“大將軍號令明，當敵勇敢，常爲士卒先。”③首先。《公孫龍子·跡府》：“此先教而後師之也。”④祖先。《史記·孔子世家》：“其先宋人也。”⑤稱已故者。《左傳·昭公二十年》：“豐於先君有加矣。”⑥致意，介紹。《莊子·秋水》：“莊子釣於濮水，楚王使大夫二人往先焉，曰：‘願以境內累矣。’”⑦超過。《孟子·滕文公》：“未能或之先也。”⑧優先。《老子·六章》：“是以聖人後其身而身先。”

【陷】①陷阱。《禮記·中庸》：“驅而納諸罟擭陷阱之中。”引申爲墜落，陷入。《左傳·成公十年》：“將食，張，如廁，陷而卒。”又深入。《史記·魏其武安侯列傳》：“戰常陷堅。”②陷害。《史記·酷吏列傳》：“三長史皆害湯，欲陷之。”③刺穿。《韓非子·難一》：“吾楯之堅，物莫能陷也。”④攻破。《舊唐書·黃巢傳》：“逼潼關，陷華州。”

【獻】①獻祭。《詩經·豳風·七月》：“四之日其蚤，獻羔祭韭。”②奉獻。《後漢書·班超傳》：“月氏由是大震，歲奉貢獻。”特指主人敬酒給賓客。《詩經·小雅·楚茨》：“爲賓爲客，獻酬交錯。”③熟知史實的賢人。《論語·八佾》：“文獻不足故也。”

【相】xiàng ①視，觀察。《後漢書·張王种陳列傳》：“綱乃單車入嬰壘，大會，置酒爲樂，散遣部衆，任從所之；親爲卜居宅，相田疇；子弟欲爲吏者，皆引召之。”②贊禮者。《論語·先進》：“願爲小相焉。”③輔助，輔佐。《尚書·洪範》：“相協厥居。”④丞相，宰相。《三国志·魏書·方技傳》：“沛相陳珪舉孝廉。”⑤面相。《史記·李將軍列傳》：“豈吾相不當侯邪？”xiāng ⑥相互。《老子·六章》：“音聲相和。”⑦指代動作對象。《傷寒論·序》：“相對斯須，便處湯藥。”⑧遞相，相繼。《左傳·昭公元年》：“故有五節，遲速本末以相及。”

【向】①朝北的窗子。《詩經·豳風·七月》：“十月蟋蟀入我床下，穿窒熏鼠，塞向墐戶。”②朝着，對着。《三國志·魏書·武帝紀》：“夫以公之神武明哲而輔以大順，何向而不濟！”③歸向，趨向。《韓非子·外儲說左》：“今西伯昌，人臣也，修義而人向之。”④從前，過去。《穀梁傳·成公二年》：“今之屈，向之驕也。”⑤接近，臨近。《外臺秘要·序》：“凡古方纂得五六十家，新撰者向數千百卷。”

【寫】①同“瀉”。傾注，傾瀉。《素問·氣穴論》：“孫絡之脈別經者，其血盛而當寫者。”又爲除去（憂愁）。《詩經·邶風·泉水》：“駕言出遊，以寫我憂。”②畫，摹畫。劉向《新序雜事五》：“葉公子高好龍，鉤以寫龍，鑿以寫龍，屋室雕文以寫龍。”引申爲摹倣，倣效。《淮南子·本經》：“雷震之聲，可以鼓鐘寫也。”又爲描繪，描寫。江淹《別賦》：“誰能摹暫離之狀，寫永訣之情者乎？”③對着文本抄錄。《後漢書·班超傳》：“爲官寫書，受直以養老母。”引申爲書寫。《抱朴子·遐覽》：“諺曰：‘書三寫，魚成魯，虛成虎。’”

【信】xìn ①誠實。《論語·學而》：“弟子入則孝，出則悌，謹而信，汎愛衆，而親仁。”②相信，信任。《韓非子·五蠹》：“行義修則見信。”③確實，果真。《三国志·魏書·方技傳》：“若妻信病，賜小豆四十斛。”④兩宿，兩晚。《劉賓客文集·鑒藥》：“予受藥以餌，過信而骹能輕，痹能和，涉旬而苛癢絕焉。”⑤隨便，任意。《荀子·哀公》：“故明主任計不信怒，闇主信怒不任計。”shēn ⑥通“伸”。伸直，伸長。《周禮·考工記·鮑人》：“引而信之，欲其直也。信之而直，則取材正也。”

【興】xīng ①興起，起源。《易經·同人》：“伏戎於莽，升其高陵，三歲不興。”②產生。

《禮記·禮運》："是故謀閉而不興，盜竊亂賊而不作。"③起身。《詩經·衛風·氓》："夙興夜寐，靡有朝矣。"④建立。《漢書·藝文志》："漢興，改秦之敗，大收篇籍，廣開獻書之路。"⑤發動，動用。《左傳·哀公二十六年》："大尹興空澤之士千甲，奉公自空桐入，如沃宮。"xìng ⑥興致，情趣。《漢書·王徽之傳》："乘興而行，興盡而反。"

【行】①行走。《詩經·唐風·杕杜》："獨行踽踽。豈無他人？不如我同父。"②運行，循行。《尚書·洪範》："日月之行，則有冬有夏，月之從星，則以風雨。"③流動，流通。《素問·舉痛論》："寒則腠理閉，氣不行，故氣收矣。"④流行，流傳。阮瑀《爲曹公作書與孫權》："疫旱並行，人兵減損。"⑤實施。《易經·繫辭》："形而上者謂之道，形而下者謂之器，化而裁之謂之變，推而行之謂之通。"⑥行爲，品行。《易經·繫辭》："存乎德行。"⑦將，將要。《三國志·魏書·方技傳》："十八歲當一小發，服此散，病亦行差。"

【刑】①刑罰，懲罰。《漢書·司馬遷傳》："李斯，相也，具五刑。"②殺，割。《呂氏春秋·順說》："甲之事，兵之事也，刈人之頸，刳人之腹，隳人之城郭，刑人之父子也。"③災害，傷害。《列子·楊朱》："從性而遊，不逆萬物所好，死俊之名，非所取也，故不爲刑所及。"④通"型"，鑄造器物的模子。《荀子·強國》："刑范正，金錫美，工冶巧，火齊得，剖刑而莫邪已。"⑤通"型"，法度。《左傳·隱公十一年》："許無刑而伐之，服而舍之。"

【幸】①徼幸。《史記·廉頗藺相如列傳》："君不如肉袒伏斧質請罪，則幸得脫矣。"②幸運。《史記·扁鵲倉公列傳》："偏國寡臣幸甚。"③幸而，幸虧。韓愈《論孔戣致仕狀》："今戣幸無疾疢，但以年當致事，據禮求退。"④指皇帝親臨。《史記·孝文本紀》："帝初幸甘泉。"⑤希望。《漢書·司馬遷傳》："闕然久不報，幸勿爲過。"

【修】①修飾。《禮記·禮運》："義之修而禮之藏。"②修建，整修。《尚書·禹貢》："既修太原，至於岳陽。"③修訂，編輯。《新修本草·序》："遂表請修定，深副聖懷。"④調整，矯正。《呂氏春秋·盡數》："譬之若射者，射而不中，反修於招，何益於中？"⑤長，高。曹植《洛神賦》："穠纖得衷，修短合度，肩若削成，腰如約素。"⑥善，美好。張衡《思玄賦》："伊中情之信修兮，慕古人之貞節。"⑦修養。《晉書·皇甫謐傳》："修身篤學，自汝得之。"⑧學習，研究。《漢書·藝文志》："若能修六藝之術，而觀此九家之言，舍短取長，則可以通萬方之略矣。"

【脩】①乾肉。《周禮·天官·膳夫》："凡肉脩之頒賜，皆掌之。"鄭玄注引鄭司農云："脩，脯也。"②乾枯。《詩經·王風·中穀有蓷》："中谷有蓷，暵其脩矣。"毛傳："脩，且乾也。"③同"修"，高，長。《戰國策·齊策》："鄒忌脩八尺有餘，身體昳麗。"

【羞】①進獻。《尚書·洪範》："人之有能有爲，使羞其行，而邦其昌。"②美食。《周禮·醫師章》："食醫掌王之百羞之齊。"③羞慚。李陵《答蘇武書》："殺身無益，適足增羞。"④以爲羞恥。《史記·管子列傳》："鮑叔不以爲無恥，知我不羞小節。"⑤嘲弄，侮辱。《漢書·司馬遷傳》："今以虧形爲掃除之隸，在闒茸之中，乃欲仰首伸眉，論列是非，不亦輕朝廷，羞當世之士邪！"

【循】①順着。《三國志·魏書·武帝紀》："遂解白馬圍，徙其民，循河而西。"引申爲遵循，沿襲。《尚書·顧命》："臨君周邦，率循大卞。"②撫摩。《素問·平人氣象論》："夫平心脈來，累累如連珠，如循琅玕。"引申爲安慰，慰問。《漢書·蕭何傳》："拊循勉百姓。"③通"巡"。巡視。《漢書·宣帝紀》："遣大中大夫強等十二人循行天下。"

NOTE

# 古代漢語通論五　古代的文體及其特點

## 第一節　古代文體的分類解讀

文體是指文學的體裁、體制和樣式。中國古代文論中所稱的文體，既包括文章、文學的體裁，也包括文章、文學的風格。

中國文學的產生，最早可以上溯到遠古時期的原始神話傳說、歌謠。這些原始形態的歌謠、傳說口耳相傳，其中一部分用文字記錄下來，成爲後代文學的源頭。隨着社會的發展進步，文學作品、文學形式越來越豐富，文學體裁也隨之呈現多樣化發展趨勢。

中國古代文體分類的嘗試，可在歷代文學總集的分類中約略窺見。就文體的構成而言，本就具有外在的形式和內容的要求雙重因素，所以分類就具有多角度性。我國古代的詩賦作品，根據文體特點往往從語言節奏、韻律的角度分類，因此就有了我們常見的四言、五言、六言、七言、雜言、古詩、律詩、絕句、古賦、駢賦、律賦、文賦等稱呼；也可以從內容的角度劃分，如山水詩、詠史詩、詠懷詩、京都賦等。散文的劃分從應用的角度分爲詔、令、章、表、議、封事、彈文等。此外，還可以根據內容的不同而分爲歷史散文、諸子散文等。

中國古代文體演變大致可以分爲四個主要階段：一是漢以前的產生階段，二是魏晉南北朝的成熟階段，三是隋唐宋元的發展階段，四是明清的總結階段。

## 一、漢以前的產生階段

中國古代對文體分類的認識與文學作品的發展密切相關。文學史上出現最早而且得到充分發展的當屬詩歌，其次才是散文。古代的散文在其發展過程中，融入了中國傳統文化的審美意識，不斷地呈現出新的文體、新的風格。

古人對文體類別形成的初步認識，始於兩千多年前的周代。例如，我國最早的詩歌總集《詩經》就是按照文體歸類而編寫成的，內部還細分出風、雅、頌三大類。《尚書》雖然被當今學者鑒定爲僞書，但是不可否認其出現的年代依然較爲久遠。《尚書》中的文章，已經按照應用功能不同被分成了典、謨、訓、誥、誓、命等類別。《周禮·太祝》中也有對散文的大致分類："作六辭以通上下、親疏、遠近，一曰辭，二曰命，三曰誥，四曰會，五曰禱，六曰誄。"東漢班固《漢書·藝文志》引劉向、劉歆父子的觀點，將文章分爲六藝、詩賦、諸子、兵書、數術、方技等類。劉歆《七略》中的《詩賦略》分詩賦爲五種，其中賦爲四家，歌詩爲一家。四家賦包括屈原賦類、陸賈賦類、孫卿賦類、客主賦類。劉氏父子的這一分類對後世文體分類產生非常大的影響。因此，劉師培在《中國中古文學史講義》中提出："文章各體，至東漢而大備。漢魏之際，文家承其體式，故辨別文體，其說不淆。"

## 二、魏晉南北朝的成熟階段

中國古代專門研究文體分類的論文、著作出現較晚，約肇始於魏晉，盛於齊梁。這段時期出現了一大批研究文體的著作和文章，預示着文體分類研究步入成熟期。

**1. 曹丕《典論·論文》**　曹丕的《典論·論文》是中國文學批評史上第一部文學專論。文中不僅提出了文學具有重要的社會功用，認爲作家個性和作品風格有關，還指出不同文體應有不同特點、標準。曹丕將文體歸納成奏議、書論、銘誄、詩賦四科八體，而且每一類文體的審美標準各異："奏議宜雅，書論宜理，銘誄尚實，詩賦欲麗。"

**2. 陸機《文賦》**　西晉陸機的《文賦》被認爲是中國文學批評史上第一篇完整而系統的文學理論論著。它採用賦的形式，細緻地分析了文學創作的過程，採用押韻的文字提出不同的文體宜有不同的特質和審美標准："詩緣情而綺靡，賦體物而瀏亮。碑披文以相質，誄纏綿而悽愴。銘博約而溫潤，箴頓挫而清壯。頌優遊以彬蔚，論精微而朗暢。奏平徹以閒雅，說煒曄而譎誑。"陸機還指出無論哪種文體，都要滿足禁邪而制放、辭達而理舉的審美要求。

**3. 摯虞《文章流別集》**　如果説曹丕、陸機的文字涉及文體分類的探討，那麼，西晉摯虞的《文章流別集》可稱得上我國古代第一部文體論專著。摯虞是針灸名著《針灸甲乙經》作者皇甫謐的及門弟子。雖然這部著作已經失佚了，但是從《志論》的片段文字及《藝文類聚》《太平御覽》等類書的條目中可窺其一斑。

摯虞將文體大致分爲頌、賦、詩、七、箴、銘、誄、哀辭、嘲解、碑、圖讖11類。他在《文章流別論》對文體的異同、性質、體制特點、歷史演變、發展趨勢、審美評價等都做了精細的研究。摯虞認爲頌、賦、楚辭皆源於《詩》，是因爲《詩》"發乎情，止乎禮義"，兼備風、雅、頌、賦、比、興之"六義"，構成諸體之本源。他論頌則提出頌的流別，論賦則提出賦的流別，注重流別的觀念，已是文學批評的一大進步了。

**4. 李充《翰林論》**　東晉李充的《翰林論》可稱得上《文章流別論》的姐妹篇，但該書已佚。從佚文中可知他對書、儀、贊、表、駁、論、奏、檄等八類文體作了論述。於每體之中，列舉幾首以爲此體的代表作，並對魏晉時代的主要詩人一一加以點評。

**5. 蕭統《昭明文選》**　由南朝梁太子蕭統領銜編寫的《昭明文選》（簡稱《文選》）是中國現存的最早一部詩文總集，已經注意到將文學作品與非文學作品區隔開來。《昭明文選》共30卷，選録了先秦至南朝梁代八九百年間、130多家、700餘篇各種體裁的文學作品。上起春秋時代的子夏（《文選》所署《毛詩序》的作者，名卜商）、屈原，下迄當時，唯不録生人。編排的標準是"凡次文之體，各以匯聚。詩賦體既不一，又以類分。類分之中，各以時代相次"（《文選序》）。從分類的實際情況來看，大致劃分爲賦、詩、雜文三大類，細分爲賦、詩、騷、七、詔、册、令、教、文、表、上書、啓、彈事、箋、奏記、書、移、檄、對問、設論、辭、序、頌、贊、符命、史論、史贊、論、連珠、箴、誄、哀文、哀册、碑文、墓誌、行狀、吊文、祭文38小類。其中賦、詩所佔比重最多，這部分又按内容分爲京都、郊祀、耕藉等15門，把詩分爲補亡、述德、勸勵等23門。這樣的分類體現了蕭統對古代文學發展，尤其是對文體分類及源流的理論觀，反映了文體辨析在當時已經進入了非常細緻的階段。儘管章學誠曾在其《文史通義》中批評《文選》分類有瑣碎之嫌，但是《文選》對於文章的整體分類，確定了後世文章的分類框架，後來的文章分類基本上是在《文選》所提供的整體分類形式的框架下進行局部修改、增删和調整。

《文選》文體分類目録如下：

賦類

京都、郊祀、耕藉、畋獵、紀行、遊覽、宮殿、江海、物色、鳥獸、志、哀傷、論文、音樂、情

詩類

補亡、述德、勸勵、獻詩、應詔、公宴、祖餞、詠史、百一、遊仙、招隱、遊覽、詠懷、哀傷、贈答、行旅、軍戎、郊廟、樂府、輓歌、雜歌、雜詩、雜擬

騷類、七類、詔類、册類、令類、教類、文類、表類、上書類、啓類、彈事類、箋類、奏記類、書類、移書類、檄類、對問、設論、辭、序、頌、贊、符命、史論、史述贊、論、連珠、箴、銘、誄、哀文、碑文、墓誌、行狀、吊文、祭文

　　蕭統的《文選》以類分文，以時代先後排列，實際上完成了一個古今文體的全面考察工作。

　　**6. 劉勰《文心雕龍》**　與蕭統同時，劉勰《文心雕龍》的出現對文體有更爲詳細的劃分。

　　劉勰，字彥和，祖籍山東莒縣，永嘉之亂時其祖先南遷至京口，遂在京口定居。劉勰的生卒年不可確考，据史料記載推算，大抵約生於 465 年前後，約卒於 532 年前後。劉氏家族雖然是京口大族，劉勰這一支却比較寂寥。他幼年喪父，20 歲左右喪母，因家貧不能婚娶，跟隨沙門僧祐居處，博通諸經。所著《文心雕龍》得到了沈約的讚賞和器重，曾任中軍臨川王記室等職。519 年，兼任東宮通事舍人、步兵校尉。在此期間與昭明太子蕭統接近，爲太子所敬重。531 年，蕭統去世，劉勰回到定林寺與沙門慧震撰經，後請求出家，帝允許出家，改名慧地，終其一生。

　　《文心雕龍》是中國文學理論批評史上第一部有嚴密體系的"體大而慮周"（章學誠《文史通義·詩話篇》）的文學理論專著。劉勰在書中對於文學原理、文學批評的標準、創作論、作家作品、文體等問題，都做了深入的分析與探討，提出了富有見地的觀點，堪稱中國文學史上一部承上啓下、影響極其巨大的文學理論著作。全書共 10 卷，分爲上、下部，各 25 篇，共計 50 篇。其中卷一總論 5 篇，是全書的總綱，作者稱"文之樞紐"。從卷二"明詩"篇至卷五"書記"篇，爲文體論 20 篇，每篇分論一種或兩三種文體。創作論 19 篇，分論創作過程、作家風格、文質關係、寫作技巧、文辭聲律等；批評論 5 篇，從不同角度對前代的文風及作家的成就提出批評，並對批評方法作了探討，也是全書精彩部分；最後一篇《序志》是全書的總序，説明了自己的創作目的和全書的部署意圖。其中文體論中，僅從篇名來看，即可發現他粗略分出 33 類文體，包括詩、樂府、賦、贊、頌、祝、盟、箴、碑、哀、雜文、諧、隱、史傳、諸子、論、説、詔、策、檄、移、封禪、章、表、奏、啓、議、對、書、記、銘、誄等。此外，他還將楚辭體提到總論部分，作《辨騷》篇。這三十四類是比較大的分類，在論述過程中還有許多細類。他還就各種文體的發源提出自己的見解："故論、説、辭、序，則《易》統其首；詔、策、章、奏，則《書》發其源；賦、頌、歌、贊，則《詩》立其本；銘、誄、箴、祝，則《禮》總其端；紀、傳、銘、檄，則《春秋》爲根。"

## 三、隋唐宋元的發展階段

　　隋唐宋元出現了一大批文章總集。這些文集的編寫往往仿效前代如《文選》的按體編排、摯虞的《文章流別集》的以體編排，兼夾評論的形式。在文章分類上也是在前代基礎上稍作增删。這段時期是文體研究的發展期。

　　宋姚鉉編的《唐文粹》凡 100 卷，主要選録了《文苑英華》中唐人作品，收文、賦 1104 篇，詩 961 篇，分古賦、古今樂章、古調歌篇、頌、贊、表奏書疏、檄、露布、制策、文、論、議、古文、碑、銘、記、箴、誡、銘、書、序、傳録紀事等 23 類，其分類基本上是在《文選》基礎上的增删。

## 四、明清的總結階段

　　到了明清時期，學者除了繼承前代研究的成果，還在這些成果的基礎上作了源流考證，制定了優劣評價的標準，是文體研究的總結時期。

　　明代吴訥的《文章辨體》和徐師曾的《文體明辨》被稱爲 "明朝辨體的雙璧"。

　　吴訥的《文章辨體》是文體學的專著。全書 50 卷，收明以前詩文並將這些詩文分爲 58 類，有古歌謡辭、古賦、樂府、古詩、諭告、璽書、批答、詔、册、制、誥、制策、表、露布、奏疏、議、彈文、檄、書、記、序、論、説、解、辨、原、戒、題跋、雜著、箴、銘、頌、贊、七體、問對、傳、行狀、謚法、謚議、碑、墓碑、墓碣、墓表、墓誌、墓記、埋銘、誄辭、哀辭、祭文，以及外集中分爲連珠、判、律賦、律詩、排律、絶句、聯句詩、雜體詩、近代詞曲等 58 類。每類以時代的先後順序排列，前有小序，考其名稱，敍述源流。該書對文體研究非常深入，他常常將一種文體的來龍去脈、特點等問題論述得比較精當。其中有關喪葬的文體多達 11 類，反映了古代慎終追遠的風俗。

　　徐師曾的《文體明辨》也是文體學著作。全書 84 卷，是取明初吴訥的《文章辨體》而損益之。全書收上古至明詩文，分正編、附編兩部分，分文體 121 類，該書是明以前有關文體論的全書。

　　清姚鼐的《古文辭類纂》，75 卷，選録了自戰國至清朝的文章辭賦 700 篇，分爲 13 類，即論辨類、序跋類、奏議類、書説類、贈序類、詔令類、傳狀類、碑誌類、雜記類、箴銘類、頌贊類、辭賦類、哀祭類。

　　姚鼐在書序中對這 13 類文體的源流和特點都作了詳細的描述，如他對序跋的論述寫道："序跋類者，昔前聖作《易》，孔子爲作《繫辭》《説卦》《文言》《序卦》《雜卦》之傳，以推論本原，廣大其義。《詩》《書》皆有《序》，而《儀禮》篇後有《記》，皆儒者所爲。其餘諸子，或自序其意，或弟子作之，《莊子·天下》篇、《荀子》末篇，皆是也。余撰次古文辭，不載史傳，以不可勝録也。惟載太史公、歐陽永叔表志敍論數首，序之最工者也。向、歆奏校書各有序，世不盡傳，傳者或僞，今存子政（劉向）《戰國策序》一篇，著其概。其後目録之序，子固（曾鞏）獨優已。"姚鼐對序跋文體的源流作了梳理，推出序的最佳之作的評判標準。

## 第二節　歷代散文概述

　　散文産生於文字發明之後，是最具實用性的文體之一。散文這個名稱，隨着文學的發展，它的含義和範圍也在不斷演變。中國古代把與韻文、駢體文相對的散體文章統稱爲散文，即除詩、詞、曲、賦之外，不押韻，不重排偶的散體文章。

　　我國古代散文大致經歷了以下幾個發展時期。

NOTE

## 一、先秦時期散文的興起和成熟

先秦散文是我國古典散文的一個重要發展時期，從目前的文獻資料看，我國最早的"書面文學"應該起源於商朝的甲骨卜辭及青銅器銘文。春秋戰國時代是中國古典散文的第一個黃金時代。

### （一）我國最早的散文集——《尚書》

《尚書》，原稱《書》，是我國現存最早的散文集。《尚書》是商周記言史料的彙編，按朝代分爲《虞書》《夏書》《商書》《周書》四部分；按文體分爲誥、訓、謨、誓、命、典六種。從性質上看，《尚書》中的文章都是一些官方的文告；從體裁上看，主要是記言文，兼有記事、論說文等。"典"是重要史實或專題史實的記載，"謨"是記君臣謀略的，"訓"是臣開導君主的話，"誥"是勉勵臣民的文告，"誓"是君主訓誡士衆的誓詞，"命"是君主的命令。

《尚書》文字古奧典雅，語言技巧超過了甲骨卜辭及青銅銘文。這些文誥單獨成篇，結構漸趨完整，有一定的層次，已注意在命意謀篇上用功夫，對先秦歷史敘事散文影響極大。秦漢以後，各個朝代的制誥、詔令、章奏之文都明顯地受它的影響。劉勰《文心雕龍》認爲"詔策""檄移""章表""奏啓""議對""書記"等文體都可溯源到《尚書》。

### （二）春秋戰國時期——散文的成熟期

從春秋後期到戰國，經歷了我國古代社會歷史的大變革，社會急劇變化，衆多著名的思想家、政治家、史學家、軍事家紛紛著書立说，宣揚自己的思想主張，形成了百家爭鳴的局面，學術文化空前繁榮。這一時期出現了一大批散文作品，成为我國散文發展史上的一個重要階段。春秋戰國時期的散文可分爲兩大類：一類是以記述歷史人物、事件爲主的敘事散文；一類是以議論、説理爲主的説理散文，又稱諸子散文。這個時期所構建起的文化、學術、科技等成就對我國後世產生了深遠影響。

**1. 敘事散文**　重視記錄歷史史實是我國古代的優良傳統。班固《漢書·藝文志》曰："古之王者，世有史官，君舉必書，所以慎言行，昭法式也。左史記言，右史記事。"紀事和記言成爲這類散文的主要内容。

自殷商時代起就有了敘事散文。到了周朝，各諸侯國的史官以樸素的語言、簡潔的文字記錄了列國間的史實，基本上是官修歷史。第一位以私人身份修史的是孔子。他根據魯國史料編纂的《春秋》，全書記錄了自魯隱公元年至魯哀公十四年總共 242 年的歷史大事，全書僅 1.6 万餘字。紀事方式是："以事繫日，以日繫月，以月繫時，以時繫年。"（杜預《春秋左傳集解》序）

除了《春秋》，《左傳》《國語》《戰國策》等也是先秦敘事散文的代表作品。

就敘事散文文體而言，還可細化：《國語》《戰國策》爲國別體敘事散文；《春秋》《左傳》《竹書紀年》爲編年體敘事散文。《尚書》《國語》和《戰國策》以記言爲主，記事爲輔；《春秋》《左傳》《竹書紀年》以敘事爲主。有的記言體著作也有敘事篇章，同時敘事體著作裏也有大段的記言内容，不能截然分割。

《左傳》《国語》《戰國策》等敘事散文的體例、思想、寫作藝術等對後代的文學創作產生了深遠影響。《史記》的體例是在先秦編年史、國別史的基礎上創新和發展的，甚至少數精彩篇目司馬遷不加改動而直接引用。先秦敘事散文在散文發展史上具有崇高的地位，是後世散文的楷模。

**2. 説理散文** 先秦説理散文大發展，經歷了由萌芽到成熟的過程。

春秋戰國是社會大變革的時代，各種學術流派紛紛著書立説，形成百家爭鳴的局面。秉持不同觀點的各家著作，促進了散文的發展，而且由於各家思想、審美不盡相同，這些散文的風格也各異。記載諸子言論的精華著作流傳至今的有《論語》《老子》《孟子》《墨子》《莊子》《韓非子》等。

儒家道家的代表作品《論語》《老子》，以其弘深的思想、詞簡義豐的語言特點，對後世説理散文影響廣泛。如《論語》基本上是以語錄體、格言體爲主要格式，文字比較簡練質樸，篇章短小，長的幾百字，短的祇有幾個字。內容往往具有深刻的哲理性、策略性，所以又稱爲哲理散文。《老子》是散韻結合的格言體。但是這個時期作品的論述往往沒有充分展開，還帶有某些片段性，正説明了這時的哲理散文還處在初創階段。

此後，以《墨子》《孟子》《莊子》爲代表的説理散文呈現出由語錄體向論辯文發展的全過程。説理文體制最早在《墨子》中形成。《孟子》對話式的論辯體，以辯論説理見長，在體制上已具有一定規模，語言生動活潑，表達自由酣暢。《莊子》散文已經擺脫了問答形式，代之以寓言來結構成文，在論述中，形象情感與邏輯思辨結合在一起，別具一格，是抒情性的説理散文。《荀子》《韓非子》多爲專題式的論説文，標誌着説理散文體制的定型。諸子散文雖然大多數爲説理文，但也有例外，如《晏子春秋》及《呂氏春秋》主要就是記敍文。由於成書歷史的長期性和複雜性，有的諸子書中也存在不同的文體。如《墨子》《韓非子》《管子》，既有論辯體説理文，又有語錄體、解經體。

先秦説理散文是我國散文創作的典範，它以深厚的思想內涵、成熟的説理文體制、形象化的説理方式、豐富多彩的創作風格和語言藝術，影響着後代的文學創作。

就文學而言，先秦散文的各種表現手段，一直被視爲後世各類文體的源頭。章學誠在《文史通義·詩教上》中讚嘆道："至戰國而後世之文體備。"唐代古文運動的領袖韓愈就曾説他"非三代兩漢之書不敢觀，非聖人之志不敢存"。南宋真德秀的《文章正宗》將《左傳》等史傳散文選入古文選本。明代的前後七子提出了"文必秦漢，詩必盛唐"的文學主張。清代以桐城派爲首的古文家大力提倡推崇先秦散文。方苞認爲："古者所從來遠矣，六經、《語》、《孟》，其根源也。得其枝流而義法最精者，莫如《左傳》《史記》。"

## 二、秦漢散文的進一步發展

秦至西漢是中國散文體裁逐漸完備的時期。呂不韋的《呂氏春秋》、李斯的《諫逐客書》，文風暢達，辭采華美，是這一時期散文的代表之作。尤其是李斯的《諫逐客書》，排比鋪陳，音節流暢，理氣充足，挾戰國縱橫説辭之風，兼漢賦之華美，堪稱駢體之祖。

漢代建立，在國家政權大一統的廣闊社會背景之下，文人們有了施展才華的舞臺，散文取得很高的成就，在中國文學史上佔有重要地位。

漢代散文的品類更加繁多，劉勰在《文心雕龍》文體論中所涉及的三十餘種散文文體都已獨立出現，且每種文體又細分爲若干不同的小類。

漢代散文大多爲應用文，少有現代觀念中的純文學散文。這些應用類作品不僅具有很強的工具性意義，還爲了取得最佳的表達效果，十分講究布局謀篇、句式結構、修辭藻飾等形式上的完美，善於運用比興、取象的手法，在敍事、説理或感情抒發中都追求感性的直觀。而且無論所涉及的是何種題材，即便是對宇宙人生的哲學思考，也總是注入内心强烈的投入意識，寄託自己的理想願望、愛憎褒貶，從始至終流蕩着激情，使文章自然地洋溢着形式美、形象美與情感美，有很强的審美價值。

**1. 政論散文**　政論性散文較之戰國諸子散文，其體裁風格已發生了明顯的變化，論理深刻且具文采，其中以賈誼、鼂錯成就爲最高。

賈誼曾爲漢帝國的大政方針出謀畫策，有"王佐之才""管晏之儔"的美譽。其作品不但顯示了政治家的才幹，同時又具有很高的文學價值，代表了漢初政論散文的最高成就。《漢書·藝文志》記載賈誼散文 58 篇，大致可分爲三類：一類是專題性政論文，如《過秦論》；一類是針對各種具體問題所寫的疏牘文，著名的有《陳政事疏》《論積貯疏》；一類是雜論。《過秦論》是賈誼最著名的作品。在語言表達上明顯吸收戰國論辯的長處，極富文采藻飾，在手法上善用排比、對偶、鋪敍誇張，氣勢雄健，有極强的感染力和説服力，體現出經國濟世的實用價值和語言藝術的審美價值完美統一。賈誼的散文都有善用比喻的特點，語言富於形象性，他的文章風格對唐宋的政論文有較大影響。

鼂錯是繼賈誼後出現的重要政論散文家，他的《論貴粟疏》《言兵事書》《賢良文學對策》等，都是針對西漢朝廷所面臨的實際問題而寫的。他的政論散文在語言藝術上也達到了當時的最高水平。與賈誼相較，鼂錯的散文更爲沉實，不刻意求奇。他的《賢良文學對策》是最早以對策爲名的散文，寫作上鋪排而頌、委婉而諷的風格也開了散文辭賦化的先聲。

西漢散文豐富多彩，除了賈誼、鼂錯外，還有很多著名的散文作品。例如，劉安的《淮南子》、董仲舒和劉向的散文、司馬相如的《難蜀父老》、東方朔的《答客難》、桓寬的《鹽鐵論》、揚雄的《解嘲》《解難》等。此外，還有一些書信體的散文，如鄒陽的《獄中上梁王書》、枚乘的《諫吳王書》、司馬遷的《報任安書》等，直抒胸臆，或嬉笑怒罵，或痛陳事理，成爲流芳千古的美文。東漢時期的政論散文中，王充的《論衡》、王符的《潛夫論》較爲著名。

**2. 歷史散文**　漢武帝時，罷黜百家，獨尊儒術，封建王朝迫切需求總結古代文化，給予大一統的統治局面以哲學和歷史的解釋。這一時期司馬遷的《史記》代表了古代歷史散文的最高成就。

司馬遷《史記》的貢獻和特點主要體現在以下幾個方面：一是開創了紀傳體通史的體例，衝破了以往歷史散文的局限。司馬遷繼承歷代傳統，在《史記》中以本紀、表、書、世家、列傳五體結構，創造性地探索了以人物爲主體的歷史編纂方法。二是《史記》開創了政治、經濟、民族、文化等各種知識的綜合纂史方法。從傳説的黄帝開始，一直寫到漢武帝時期，記載了我國近三千年的歷史，是我國第一部規模宏大、貫通古今、内容廣博的百科全書式的通史。三是秉筆直書，發揚了我國寶貴的史學傳統，忠於歷史事實，既不溢美，也不苛求，按照歷史的本來面貌撰寫歷史。《史記》明確表示反對那種"譽者或過其實，毁者或損其真"的做法。《史記》開創了紀傳體文學的先河，成爲傳記文學的典範，古代散文的楷模。唐宋八大家、明代前後七子、清代桐城派都對《史記》推崇備至，深受司馬遷的影響。

在《史記》的影響下，東漢產生了不少歷史散文著作，班固的《漢書》便是其中的傑出代表。《漢書》開創了斷代爲史的編纂體例。這種斷代爲史的體例，受到後來封建史家的讚譽，並成爲歷代“正史”編纂的依據。

此外，東漢碑文和遊記類散文也走向成熟。蔡邕的碑文最爲著名。馬第伯的《封禪儀記》是迄今爲止可見到的最早遊記散文。

漢代的散文總體上來説，有着很高的成就。一方面在先秦諸子散文和歷史散文的基礎上，創造了富有個性的文體，給後世很大的影響。另一方面，漢代的政論文也是在先秦散文基礎上發展起來一種新的散文體，對後世政論文的寫作有很大的影響。漢代的散文，無論在敍事或説理方面，抑或是在塑造人物、描寫社會現實方面，都較先秦的散文有很大的進步。

## 三、隋唐宋時期的古文運動

唐代散文的改革較詩歌的發展略晚一些。盛唐至中唐時期相繼出現了一批以提倡古文爲己任的作家。他們上承“唐初四傑”、陳子昂，下開韓愈、柳宗元，成爲古文運動的先驅。這個時期，散文開始增多，詔誥、疏議、墓誌、碑文漸由駢體轉爲散文。駢文、散文的分工也因而日趨明朗。凡是需要歌詠贊頌的應酬文字，多用駢文；凡是務實致用的文章，多用散文。天寶中，蕭穎士、李華、賈至等文人提出效法三代古文。“安史之亂”後，唐經歷了由盛轉衰的劇烈變化，復古思潮十分盛行。士人們主張用散文明道載道，用“典謨誓命訓誥之書”來取代那些講究四聲八病的“儷偶章句”。唐代中期散體文的創作達到高峰，但是還不足以與駢體文抗衡，直到韓愈、柳宗元的出現，散體文的創作別開生面、生機益然。

唐代古文運動是發生在唐德宗貞元到唐憲宗元和這二三十年的一次文體革命，提出了“文以明道”，即用散文闡明儒道的基本宗旨，擺脱駢偶體裁的束縛，讓形式爲内容服務，將復興儒學思潮推向高峰。這次運動最主要的領導者是韓愈和柳宗元，由於韓柳二人既有理論指導，又有創作實踐，在當時形成了較大規模的文學浪潮，唐代散文進入了一個嶄新的發展階段。

韓愈大力反對浮華的駢儷文，提倡作古文，一時從者甚眾，後又得到柳宗元大力支持，古文創作業績大增，影響更大，成爲文壇的主要風尚。以韓柳爲首的古文運動的勝利，樹立了一種擺脱陳言俗套、自由抒寫的新文風，大大提高了散文的抒情、敍事、議論、諷刺的藝術功能。韓愈、柳宗元二人先後創作了八百多篇散文，涉及政論、書啓、贈序、雜説、傳記、祭文、墓誌、寓言、遊記、傳奇小説等多種體裁。唐代古文運動不僅改變了當時文風，使散文代替駢文的流行，同時帶來傳奇小説的興盛，成爲後世章回小説、戲曲的先声。唐代的古文運動更影響宋代的古文運動，以及明清的古文運動，为我國散文的發展開拓了恢闊的道路。

中唐以後，古文運動一度衰落。宋初承襲唐末五代的陋習，“四六文”盛行，學者衹知道雕琢字面，堆砌辭藻，外形雖然裝飾得華麗，却没有真實的情感，在文學上價值很少。柳開、穆修、尹洙等要變更當時的文體，衹因能力薄弱，没有多大影響。至歐陽修出力推崇古文，倡導師法韓愈、柳宗元，力掃雕琢堆砌之弊，蘇氏父子等人互相應和，才使得宋初華麗的風氣爲之一變。王安石、曾鞏、蘇軾、蘇洵、蘇轍等人都在古文革新運動的影響之下取得了各自的成就，被称爲宋代散文六大家。後称將他們與唐代韓愈、柳宗元合稱爲“唐宋八大家”。

北宋的歷史文學家司馬光編有一部歷史巨著《資治通鑒》，它除了具有史學價值外，還非常具有文學價值。

南宋散文家在北宋諸位大家影響下，產生了一部分上書言事的政論文，表現了作者鮮明的政治態度，胡銓、陳亮、葉適是這方面的代表作家。古文運動的推展，使散文更切合實用，南

NOTE

宋時大量出現的筆記雜文便是一個明證。洪邁的《容齋隨筆》、王明清的《揮塵錄》等是筆記雜文中的佳作。此外，朱熹的古文長於説理，造詣非淺。

## 四、元明清散文的總結期

中國傳統古文發展到了中唐、北宋，已邁入其輝煌的頂峰。南宋以後，理學統治了思想文化界，重道輕文，許多作品呈現出一副道學家的面孔，内容陳腐。明代散文的發展，使散文創作呈現出不同的面目。明代出現了"前後七子"的復古派、反對"復古"的唐宋派、主張"性靈"的公安派，出現了歸有光等散文大家。

明初的宋濂是"開國文臣之首"，他的一部分傳記文很有現實意義，比較著名的作品有《秦士錄》《王冕傳》《李疑傳》等。明中葉以後，針對程朱理學、八股文的束縛，以李夢陽、何景明爲首的"前七子"發起"復古運動"，宣導"文必秦漢"。但是他們在掃蕩八股文風的同時，又走上了盲目模擬古人的路子。後來以李攀龍、王世貞爲代表的"後七子"復古運動，則重蹈了他們的覆轍。

歸有光等唐宋派首先起來反對復古派，進而是萬曆年間的公安派也加入猛烈抨擊擬古主義的隊伍。

公安派以袁宗道、袁宏道、袁中道（時稱"三袁"）爲代表，其中袁宏道最爲著名。他們認爲不同的時代有不同的文學，因此反對貴古賤今，模擬古人。袁宏道更出於作家的主觀要求提出了"性靈説"。公安派的散文創作特點是：衝破傳統古文的陳規舊律，自然流露個性，語言不事雕琢。

與公安派存在的同時，還有以鍾惺、譚元春爲代表的竟陵派，他們也主張獨抒性靈。公安派與竟陵派革新的直接產物是晚明大量出現的小品散文，這是傳統散文的一個發展。其中最爲著名的小品散文作家有張岱等人。張岱的代表作品有《陶庵夢憶》《西湖尋夢》等。

有清一代270餘年間，各種思想與學派都能找到它的繼承者。清代的散文，可説是桐城派的天下。散文在桐城派的領導之下，自成一格。除了清初時候的幾位名士，都以"唐宋八大家"爲宗。清中葉以後，受到桐城派影響的先後有陽湖派與湘鄉派。桐城派篤守宋學，與以考據爲特點的漢學派對峙。道咸年間，則於程朱理學中融入經世致用的思想，與洋務派、改良派有某些共通之處。在清末，他們又以程朱理學爲武器對抗新思想、新文化。桐城派歷時兩百多年，幾與清朝的統治相始終。前期桐城文人的經歷體現了清初統治者對文人恩威並施的政策，清代中葉之後，桐城派文人與政治的關係更爲密切，其中有像曾國藩這樣的輔弼大臣，也有像薛福成、吳汝綸這樣的洋務派成員，還有像嚴復、林紓這樣對於傳播西方思想起過重要作用的翻譯文學家。總之，桐城派文人在清代歷史中留下了一段不可泯滅的痕跡。研究桐城派的文學歷史，也就相當於研究清代散文的發展史了。

## 第三節　駢體文和賦體的構成及流變

## 一、駢體文

駢體文，也稱駢文、四六文，大致產生於漢以後魏晉時期。但是起初它並没有一個正式而固定的稱呼。梁陳時稱作"今文""今體"，劉勰《文心雕龍》稱"儷辭"，此外還有"麗辭""麗語""偶語""俳語"等，這些稱呼僅僅是提出這種文體的修辭特點。唐宋時叫做"時文"，皆相對於古文而言，意思是時下流行的文體。也有人稱之為"六朝文"。

### (一) 駢體文的由來

駢體文是最能突出中國語言特色的一種文體。它是從古代文學中的對偶、排比等修辭手法逐漸演變發展而來的，介於韻文與散文之間，講究聲韻、對仗、語句工整，但是不強求押韻。駢文的發展經歷了一個漫長而又富於變化的過程。

先秦"六經"中的儷辭，對駢體文的形成起到了引領作用。"六經"語式、楚辭日趨工整的對偶和崇尚鋪陳、辭采的藝術追求，成為駢體文形成的直接源頭。魏晉南北朝間，文學家在文學創作上更加注重個性化、文學性，文章講究對偶、聲律、藻飾之美，文章的句式結構也在逐漸變化，其結果促成駢體文的出現和成熟。魏晉時期，散文日趨駢偶化，駢偶句多為四言，句式不甚工整，用典較為淺易。但是已經有追求音節、色彩、修辭的駢體文了。南北朝時期，四六格式已經具備，行文要求駢偶、四六、平仄、用典、藻飾，出現了大量的優秀駢體文作品。初唐、盛唐時期，駢體文仍居文章之首，但能擺脫浮艷，風格清新，題材也有所擴大。古文運動以後，駢體文走上了散文化的道路。元明時駢體文漸趨衰敗。清代駢體文創作作者眾多，作品數量激增，文體風格趨於多樣化、個性化。

### (二) 駢體文的構成

駢體文的表達方式與一般散文不同，了解駢體文的構成及特點，可以幫助我們閱讀古籍，包括一些用這種方式寫成的古醫籍。駢體文的特點主要有以下三方面。

1. 語句講究駢偶。駢偶，就是句式兩兩相對，猶如兩馬並駕齊驅，故稱駢體，所以駢偶亦稱對仗。如：

(1) 燕歌遠別，悲不自勝；楚老相逢，泣將何及。(庾信《哀江南賦》)

(2) 漁舟唱晚，響窮彭蠡之濱；雁陣驚寒，聲斷衡陽之浦。(王勃《滕王閣序》)

(3) 落霞與孤鶩齊飛，秋水共長天一色。(王勃《滕王閣序》)

(4) 飲食伺釁，成腸胃之眚；風濕候隙，遘手足之災。(孔志約《新修本草序》)

駢偶一般要求前後兩句的句法結構對稱，即主謂結構對主謂結構，動賓結構對動賓結構，偏正結構對偏正結構。同時還要求詞性也要相同，即名詞對名詞，動詞對動詞，形容詞對形容詞。

如：

(1) 潘岳之文彩，始述家風；陸機之辭賦，先陳世德。(庾信《哀江南賦序》)

(2) 鉛翰昭章，定羣言之得失；丹青綺煥，備庶物之形容。(孔志約《新修本草》序)

(3) 幽秀含雲，深谿蓄翠。(吳均《與顧張書》)

(4) 英辭潤金石，高義薄雲天。(沈約《謝靈運傳論》)

當然，還有一點需要注意的是，駢體文句式結構、詞性相互對應，前後兩句的字數是相同的。但是句首句尾的虛詞，共有的句子成分不算在對仗之內。如：

(1) 民稟天地之靈，含五常之德。(沈約《謝靈運傳論》)

(2) 且將升岱嶽，非徑奚為；欲詣扶桑，無舟莫適。(王冰《黃帝內經素問注

序》）

2. 在聲韻上，講究平仄，韻律和諧。

3. 句子一般是四字句或者六字句。

駢體文一般以四字句、六字句居多。劉勰《文心雕龍·章句》中曾經總結道："四字密而不促，六字格而非緩；或變之以三五，蓋應機之權節也。"既指出了駢體文四六字句居多的原因，又説明除了四六字句外，還稍有一些變化。駢體文對字數的要求也經歷了一個發展過程。魏晉時期駢體文對句子字數的要求還不算嚴格，多以四字句爲多。劉宋時，"四六"的格式已具雛形。齊梁以後，"四六"的格式完全形成。唐宋之後，"四六"的格式固定化了。如：

關山難越，誰悲失路之人；萍水相逢，盡是他鄉之客。（王勃《滕王閣序》）

這就是典型的上四下六的"四六"文。

4. 講究用典與藻飾。駢體文用典的目的是爲了文章的典雅和含蓄，而且用典不是明引，往往是經過一番化裁和融合，使之與自己的文章風格融爲一體。如：

他日趨庭，叨陪鯉對；今茲捧袂，喜託龍門。（王勃《滕王閣序》）

其中揉入了孔鯉趨庭和"登龍門"的典故。

所謂藻飾，就是文章追求詞藻的華美，其主要表現在鋪陳、誇張、煉字等方面。

## 二、賦體

賦是介於詩與散文之間的一種韻文。賦在表現手法上誇張鋪陳，描繪細膩，文采華麗，以狀物爲主要功能。它多以設辭問答的形式展開。在句式上，韻散相間，排比對偶。賦不拘字數，以四言、六言爲主，並且多夾雜散文句式。賦的用韻，有的是句句押韻，有的隔句押韻，有的不押韻，比較自由。由於賦的篇幅較長，往往要換韻，換韻一般是與内容段落相一致的。按照賦的形式特點大致可以分成古賦、駢賦、律賦、文賦四類。

### (一) 賦體的産生和發展

賦，作爲文體名稱，最初見於戰國後期荀子的《賦篇》。西漢建立後，楚文化影響力增大，屈原、宋玉等人的楚辭受到越來越多的文人重視，這種影響從南向北，流傳並影響到全國。在楚辭的影響下，漢代文人嘗試著新的創作，從模倣楚辭的風格和文體，到逐漸從楚辭中脱胎出來，形成新的文體——漢代的辭賦。漢代人把辭和賦看成一體，統稱辭賦。漢代的辭賦大多被看成是古賦，主要經歷了騷體賦、散體大賦、抒情小賦三個發展階段。

漢初的賦體基本上是繼承楚辭的一些特點，以抒情爲主。取得較高成績的是賈誼，主要作品有《吊屈原賦》《鵩鳥賦》。他的《吊屈原賦》抒發憤懣，鋪排敍典，集騷體賦之大成。

稍晚，枚乘《七發》的出現，標誌着漢代新體賦初步形成，奠定了漢賦的基礎。枚乘是漢代散體大賦的開山者，他的作品多達 120 餘篇。其代表作《七發》是在一個虛構的故事中，以問答體展開。它假託楚太子有疾，吳客探病，以要言妙道治愈太子疾病。此後，大賦基本上採用這種虛構框架和問答體的形式。而且《七發》以後，漢代大賦脱離了楚辭抒情的特點，轉而成爲以鋪陳寫物爲中心的高度散文化的文體。《七發》不僅奠定了漢代大賦的基礎，還成爲辭賦中的一個特殊支派——"七"體的開創之作。漢代中葉，社會穩定，生活富足，漢武帝喜愛辭賦，他在宮廷中招集文人創作辭賦，漢賦創作達到了全盛。這個時期的代表作家和作品是司馬相如的《子虛賦》《上林賦》。此類大賦的最突出特點是極度鋪張揚厲，内容基本上是描寫與帝王貴族生活相關的游樂、田獵等的奢靡，以及宮殿、帝都、名山大川、土地物產、花囿山林等的壯美。一些賦的結尾還帶上幾句說教，就是所謂曲終奏雅。

作爲漢代文人創作的主流，辭賦到了西漢末年、東漢初年依然保持旺盛的生命力。西漢末最著名的賦體大家當屬揚雄，他的《甘泉賦》《河東賦》《羽獵賦》《長楊賦》《反離騷》《解嘲》《解難》等比較著名。由於西漢末年到東漢初，創作賦的作家身份出現了變化，使得賦出現了新的題材——紀行賦，如劉歆的《遂初賦》、班彪的《北征賦》。還有另一種題材——京都賦。最早揚雄寫作了《蜀都賦》，但影響不算很大。後來，由於杜篤寫就《論都賦》，引起文人興趣，於是這一題材的作品噴湧而出，班固的《兩都賦》、張衡的《二京賦》、左思的《三都賦》都是名篇。

東漢末年，辭賦的形式和內容出現了重大轉變，一些具有現實意義的小賦興起。如趙壹的《刺世疾邪賦》，頗有新意。東漢後期最突出的辭賦家是蔡邕，其代表作品爲《述行賦》。

魏晉南北朝是辭賦發展的重要時期，由於這個時期文人意識到文學不是政治教化的工具，是作者個人心靈、感受的表達，文學作品對美的追求成爲首要任務。藻飾、駢偶、用典、聲律，逐漸成爲普遍使用的手段，這些都使文章語言更具表現力。其間，抒情小賦佔據了主導地位。

魏晉南北朝時期的辭賦在藝術形式上，比一般駢體文更爲講究，藻飾、駢偶、用典、聲律這四种修辭手段被大量使用，語言極爲工整華麗。此時較著名的有曹植的《洛神賦》、王粲的《登樓賦》、庾信的《哀江南賦》等。

唐代開始盛行科舉考試專用的律賦，這種文體直到元朝才逐漸退出科舉舞臺。律賦更追求對仗工整和平仄，且有較爲固定的行文要求，一般不超過四百字，限定八個韻字。宋代王銍《四六話序》說："唐天寶十二載，使詔舉人策問，外試詩賦各一首，於是八韻律賦始盛。"例如，唐代李昂《旗賦》以"風日雲野軍國清肅"爲韻，宋代范仲淹《金在鎔賦》以"金在良冶求鑄成器"爲韻，除韻字有規定外，甚至押韻的次序，韻腳的平仄也有規定。

文賦是受古文運動影響產生的。中唐以後，古文家所作的賦，逐漸以散代駢，句式參差，押韻也比較隨便。形式與六朝賦差別很大，與漢賦倒很接近。因此有人把唐宋以後的賦和漢賦合在一起，也叫古賦。其實唐宋時代的文賦和漢賦無論在內容上或是在形式上都是有區別的。在形式上，文賦不像漢賦那樣一味地重視鋪排和藻飾，而是用寫散文的方法寫賦，通篇貫串散文的氣勢，重視清新流暢。杜牧的《阿房宮賦》已開文賦的先聲，蘇軾的《前赤壁賦》則是文賦的典型作品。此外，文賦的句子結構也頗與散文不同。例如，蘇軾《前赤壁賦》"縱一葦之所如，凌萬頃之茫然""寄蜉蝣於天地，渺滄海之一粟"。從整個內容安排上說，文賦的確是十分接近散文了。

唐宋以後，賦的內容、形式及功用都發生着變化，除了文學作品外，以賦體形式寫成的應用類文章也逐漸增多。蘇軾的《服胡麻賦》還保持着文學作品的特點，元代以後醫學的很多作品就用賦的形式呈現出來，韻律和諧，便於記誦。如託名扁鵲越人的《玉龍賦》、竇漢卿的《標幽賦》《通玄指要賦》《靈光賦》等，由於切合實用，頗爲流行。

### （二）賦體的結構

賦，多採用問答體的形式，韻文中夾雜散文。如枚乘的《七發》就是採用主客問答的形式，但是全篇不強調押韻。司馬相如的《子虛賦》《上林賦》是用子虛和烏有先生、亡是公三人的對話組成，兩篇賦的首尾部分都是不押韻的散文，《上林賦》中間主要部分還有一些不押韻的地方。

每篇賦前一般會有一段散文，近似序，中間是賦的主體，結尾類似騷體，有一段議論的散文。

### （三）賦體的語言特點

漢賦繼承了《詩經》《楚辭》的句式，以四言、六言爲主，但還有許多長句。如司馬相如的《子虛賦》。

> 楚使子虛使於齊，王悉發車騎與使者出畋。畋罷，子虛過詫烏有先生。亡是公存焉。坐安，烏有先生問曰：“今日畋，樂乎？”子虛曰：“獲多乎？”曰：“少。”“然則何樂？”對曰：“僕樂齊王之欲誇僕以車騎之衆，而僕對以雲夢之事也。”曰：“可得聞乎？”子虛曰：“可。”

在用詞方面，漢賦喜歡用許多生僻字。劉勰在《文心雕龍·練字》中所批評的“壞怪”“字林”，正是漢代賦家用詞的特點。如

> 《上林賦》：“橫流逆折，轉騰潎冽，滂濞沆溉。穹隆雲橈，宛潬膠盭。逾波趨浥，涖涖下瀨。批岩沖擁，奔揚滯沛。臨坻注壑，瀺灂霣墜，沈沈隱隱，砰磅訇礚，滈滈溫溫，潏潗鼎沸。”

這一段用以描寫水流氣勢的詞語，用字用詞皆較偏。

六朝賦是俳賦。俳賦又叫駢賦。孫梅《四六叢話》説：“左（左思）陸（陸機）以下，漸趨整煉，益事妍華，古賦一變而爲駢賦。”六朝的賦與漢賦有很大的差別。這時期的賦篇幅一般比較短小，像左思《三都賦》那樣的長篇大賦是很少的。六朝賦除用韻與漢賦相同外，駢偶、用典是它與漢賦顯然不同的地方。由此看來，所謂駢賦實際上是押韻的駢體文。

駢偶的來源很遠，漢賦中就有一些對句，但是漢賦往往是用多句排比，而很少是雙句對偶。六朝賦則篇中的駢偶變得非常突出，往往全篇都是四字對和六字對，而且盡可能避免同字相對。例如，庾信的《小園賦》。

> 一寸二寸之魚，三竿兩竿之竹。雲氣蔭於叢著，金精養於秋菊。棗酸梨酢，桃榹李薁。落葉半床，狂花滿屋。名爲野人之家，是謂愚公之谷。試偃息於茂林，乃久羨於抽簪。雖無門而長閉，實無水而恒沉。三春負鋤相識，五月披裘見尋。問葛洪之藥性，訪京房之卜林。草無忘憂之意，花無長樂之心。鳥何事而逐酒？魚何情而聽琴？

這一段都是四字對和六字對，除“於”“之”“而”等虛詞外，都採用了避復的對仗方式，而且許多地方對得很工整。

用典是六朝賦不同於漢賦的又一特色。其用典多是把典故融化在句子裏。

六朝賦到了後期，有明顯的詩歌化趨勢，多夾用五七言詩句。例如，庾信的《春賦》，前以七言詩起，後以七言詩結，中間也摻有七言詩句。這種賦到唐初更盛，可説是駢賦的變體。

律賦的字數，則有一定限制，一般不超過四百字。科舉考試，特別講究程式，因此律賦近乎一種文字遊戲，其文学价值比较小。

# 知識點鏈接　古代重要詩文總集一覽

**1.《詩經》**　《詩經》是我國第一部詩歌總集，原稱《詩》或"詩三百"，收集了周初到春秋中葉 500 多年間的作品，共 305 篇，另有 6 篇笙詩。先秦稱爲《詩》，或取其整數稱《詩三百》。西漢時被尊爲儒家經典，始稱《詩經》，並沿用至今。《詩經》産生的時代長，涉及的地域廣，作者成分複雜。全詩分爲風、雅、頌三個部分。"風"即音樂的曲調，國風就是帶有地方色彩的音樂，包括《周南》《召南》《邶風》《鄘風》《衛風》等 15 國風，計 160 篇，爲各地民謠土樂。"雅"有《小雅》和《大雅》，計 105 篇。雅，即正，爲宫廷正聲雅樂。"頌"有《周頌》《魯頌》《商頌》，計 40 篇，爲宗廟祭祀之樂。在内容上，《詩經》從各個方面真實地反映了當時的社會生活，如一幅畫卷，真實地展示了周代政治、經濟、軍事、文化生活、民風民俗等多方面的生活，是我國最早的富於現實主義精神的詩歌。在藝術上，《詩經》以四言爲主，節奏簡約明快；常用重章疊句，情致迴旋往復；多用比興手法，意蘊豐贍含蓄。《詩經》是我國文學的源頭，很多作品有很高的思想性和藝術性，對我國後代文學的發展産生深遠的影響。

《詩經》表現手法上分爲賦、比、興三種。其中"賦"就是鋪敍直陳的手法；"比"即是打比方，"比喻"；"興"即是起興，"先言它物以引起吟詠之詞也"。賦、比、興與風、雅、頌合稱"六義"。

**2.《楚辭》**　《楚辭》是繼《詩經》以後，對我國文學具有深遠影響的一部詩歌總集，也是我國第一部浪漫主義詩歌總集和騷體類文章的總集。"楚辭"之名首見於《史記·酷吏列傳》。其本義，當是泛指楚地的歌辭，以後才成爲專稱，指以戰國時楚國屈原的創作爲代表的新詩體。西漢末年，劉向將屈原、宋玉的作品以及漢代淮南小山、東方朔、王褒、劉向等人承襲模仿屈原、宋玉的作品彙編成集，計十六篇，定名爲《楚辭》。《楚辭》運用楚地（今湖南、湖北、安徽西部一帶）的方言聲韻，敍寫楚地的山川人物、歷史風情，具有濃厚的地域文化色彩，如宋人黃伯思所説，"皆書楚語，作楚聲，紀楚地，名楚物"（《東觀餘論》），全書以屈原作品爲主，其餘各篇也都承襲屈賦的形式，感情奔放，想象奇特。與《詩經》古樸的四言體詩相比，楚辭的句式較活潑，句中有時使用楚國方言，在節奏和韻律上獨具特色，更適合表現豐富複雜的思想感情。由於屈原的《離騷》是楚辭的代表作，所以楚辭又被稱爲"騷"或"騷體"，又成了"楚辭"體詩的代名詞。《楚辭》在中國詩史上佔有重要的地位。它的出現，打破了《詩經》以後兩三個世紀的沉寂而在詩壇上大放異彩。後人也因此將《詩經》與《楚辭》並稱爲《風》《騷》。

**3.《花間集》**　《花間集》是後蜀人趙崇祚編選的一部詞集，在 1900 年敦煌石室藏《雲謠集》發現之前，《花間集》被認爲是最早的詞選集。集中搜録晚唐至五代 18 位詞人的作品，凡 500 首，分 10 卷。18 位詞人中，除温庭筠、皇甫松、和凝三位與蜀無關外，其餘 15 位都曾活躍於五代十國之一的西蜀。《花間集》中所收録的是供歌筵酒席演唱的側艷之詞，因此有縟采輕艷、綺靡温馥的風格。花間詞的内容以歌詠旅愁閨怨、合歡離恨、男女燕婉的情感爲主。花間詞派的代表詞人是温庭筠和韋莊。《花間集》在詞史上是一座里程碑，標誌着詞體已正式

NOTE

登上文壇，也確立了宋以來"詞爲豔科"的詞學傳統。

**4.《昭明文選》**　《昭明文選》係南朝梁文學家蕭統編集，亦稱《文選》，是我國現存最早的詩文總集，共 30 卷。蕭統（501—531），字德施，南蘭陵（今江蘇常州市西北）人。梁武帝長子，曾立爲太子，未及即位而卒，謚昭明，世稱昭明太子。該書選編先秦至南朝梁作家近 130 家，上起先秦的子夏（《文選》所署《毛詩序》的作者）、屈原，下迄梁代的陸倕，在世作家不予收錄。詩、文、賦等各體文章 700 餘篇，分爲賦、詩、騷、七、詔、册、令、教等 38 小類。其中賦、詩所佔比重最多，又根據內容將詩分爲補亡、述德、勸勵等 23 門，賦分爲京都、郊祀、耕籍等 15 門。這樣的分類體現了蕭統對古代文學發展，尤其是對文體分類及源流的理論觀點，反映了文體辨析在當時已經進入了非常細緻的階段。

蕭統在文學上主張文質並重，所以《文選》的選錄標準以"詞人才子"的名篇爲主，以"文爲本"（《文選序》）。經、史、子的著作一律不選，但是史傳中的贊論序述部分卻予收錄。這一選錄標準的着重點顯然不在思想內容而在於講究辭藻華美、聲律和諧，以及對偶、用事切當這樣的藝術形式，但它爲文學劃定了範疇，與經史子類別劃清了界限，對文學的獨立發展有促進作用。

這部詩文總集爲後人研究這七八百年文學史提供了重要的資料。《文選》自唐初李善加以注釋後，就廣爲流傳，被視爲學習文學的範本。

**5.《玉臺新詠》**　《玉臺新詠》係南朝陳徐陵編選。徐陵（507—583），字孝穆，東海郯（今山東郯城）人，詩人，文學家。武帝蕭衍時期任東宮學士，常出入禁闈，爲當時宮體詩人，與庾信齊名，並稱"徐庾"。《玉臺新詠》是繼《詩經》《楚辭》之後中國古代的第三部詩歌總集。收錄作品上至西漢、下迄南朝梁代，歷來認爲是南朝徐陵在梁中葉時所編。收詩 769 篇，計有五言詩 8 卷，歌行 1 卷，五言四句詩 1 卷，共爲 10 卷。除第 9 卷中的《越人歌》相傳作於春秋戰國之間外，其餘都是自漢迄梁的作品。

據徐陵《玉臺新詠序》說，本書編纂的宗旨是"選錄豔歌"，即主要收男女閨情之作。入選各篇，皆取語言明白，而棄深奧典重者，所錄漢時童謠歌、晉惠帝時童謠等都屬這一類。《玉臺新詠》比較重視民間文學，如中國古代長篇敍事詩《孔雀東南飛》就首見此書。它重視南朝時興起的五言四句的短歌句，收錄達一卷之多，對於唐代五言絕句這一詩體的發展有一定推動作用。它選錄了梁中葉以後不少詩人的作品。這些詩作比"永明體"更講究聲律和對仗，可以較清楚地看出"近體詩"的成熟過程。曹植的《棄婦詩》、庾信的《七夕詩》，以及班婕妤、鮑令暉、劉令嫻等女作家的作品也賴此書得以保存和流傳。

現存的版本以明無錫孫氏活字本爲早，《四部叢刊》有影印本。明末趙均有覆宋刊本，後有文學古籍刊行社影印本。清吳兆宜的注釋及紀容舒的《考異》都曾參考趙本。

**6.《文苑英華》**　《文苑英華》係宋太宗趙炅命李昉、徐鉉、宋白及蘇易簡等二十餘人共同編纂。太平興國七年（982）九月開始纂修，雍熙三年（986）12 月完成。

全書上自蕭梁，下迄唐五代，選錄文章近兩萬篇，可謂卷帙浩繁。按賦、詩、歌行、雜文、中書制誥、翰林制誥等文體分爲 39 類。每類之中又按題材分若干子目，如賦類下分天象、歲時、地、水、帝德、京都等 42 小類。書中約十分之一是南北朝作品，十分之九是唐人作品，多數是根據當時流傳不多的抄本詩文集收錄的。《文苑英華》中還收錄不少詔誥、書判、表疏、碑誌，保存了很多有價值的文獻資料，校記裏還附注有別本的異文，可以用以輯補校勘唐人的詩文集。清朝纂修《全唐詩》《全唐文》和《四庫全書》時都曾以該書用作參考。其與《册府元龜》《太平廣記》《太平御覽》合稱爲"北宋四大書"。

**7.《樂府詩集》**　　《樂府詩集》是繼《詩經》之後，一部總括我國古代樂府歌辭的著名詩歌總集，北宋郭茂倩編。書凡 100 卷，是現存收集樂府歌辭最完備的一部。主要輯錄漢魏到唐、五代的樂府歌辭兼及先秦至唐末的歌謠，共 5000 多首。將樂府詩分爲郊廟歌辭、燕射歌辭、鼓吹曲辭、橫吹曲辭、相和歌辭、清商曲辭、舞曲歌辭、琴曲歌辭、雜曲歌辭、近代曲辭、雜歌謠辭和新樂府辭 12 大類。其中又分若干小類，如《橫吹曲辭》又分漢橫吹曲、梁鼓角橫吹曲等類；相和歌辭又分爲相和六引、相和曲、吟歎曲、平調曲、清調曲、瑟調曲、楚調曲和大曲等類；清商曲辭又分爲吳聲歌與西曲歌等類。各類有總序，每曲有題解。在現存的詩歌總集中，《樂府詩集》是成書較早、收集歷代各種樂府詩最爲完備的一部重要書籍。

《樂府詩集》的編次是把每一種曲調的"古辭"（較早的無名氏之作）或較早出現的詩放在前面，後人的擬作列於後面，使讀者瞭解到某些文人詩是受了民歌或者前代文人的影響。

《樂府詩集》對各類樂曲的起源、性質及演唱時所使用的樂器等都作了較詳細的介紹和説明。書中這些説明徵引了許多業已散佚的著作，如劉宋張永的《元嘉正聲伎錄》、南齊王僧虔的《伎錄》、陳釋智匠的《古今樂錄》等書，使許多珍貴的史料得以保存。這對文學史和音樂史的研究都有極重要的價值。

**8.《四六法海》**　　《四六法海》係歷代駢文總集，明代王志堅編選。此書依據《文選》《藝文類聚》《文苑英華》《唐文粹》《宋文鑒》《元文類》等書，參以諸家文集及正史、野史所載，選魏晉至元駢文共 702 篇，唐以前作品居大多數。以文體分類，計 40 類。卷首有自序，論述"四六"文源流，頗有見地。編選者主張知人論世，"每篇之末，或箋注其本事，或考證其異同，或臚列其始末"；"皆元元本本，語有實徵"。（《四庫全書總目》）

**9.《明文海》**　　《明文海》係明代文章總集，原稱《明文案》，清代黃宗羲編。黃宗羲（1610—1695），字太沖，號南雷，學者稱梨州先生，浙江余姚人，明清之際著名的思想家、史學家、文學家。《明文案》編於康熙七年（1668），最初有 217 卷，360 餘家，後擴充爲 482 卷，收明朝各家文集 2000 多種，費時 26 年。全書凡分 28 類，即賦、奏疏、詔表、碑、議、論、説、辨、考、頌、贊、銘、箴、戒、解、原、述、讀、問答、文、諸體、書、序、記、傳、墓文、哀文、稗文。黃宗羲編此書意在發掘"埋没於應酬訛雜之内"的"情至之語"。

這部著作對明朝三百年間各個學派的學術思想作了系統的、完整的介紹和評述，爲我國歷史上第一部學術思想史的傑作。黃宗羲 84 歲那年，《明文海》問世，這是他一生中最大的一部著作。

**10.《古文觀止》**　　《古文觀止》是清代以來最爲流行的古代散文選本之一。清代吳楚材、吳調侯於康熙三十三年（1694）編選。所選之文上起先秦，下至明末，大體反映了先秦至明末散文發展的大致輪廓和主要面貌。其中包括《左傳》34 篇，《國語》11 篇，《公羊傳》3 篇，《禮記》6 篇，《戰國策》14 篇，韓愈文 17 篇，柳宗元文 8 篇，歐陽修文 11 篇，蘇軾文 11 篇，蘇轍文 3 篇，王安石文 3 篇，共 222 篇。本書入選之文皆爲語言精練、短小精悍、便於傳誦的佳作。選者以古文爲正宗，也不排斥駢文，計收入 4 篇，在當時是難能可貴的。在文章中間或末尾，選者有一些夾批或尾批，對初學者理解文章有一定幫助。體例方面一改前人按文體分類的習慣，而是以時代爲經，以作家爲緯。從所選文章中不難看出編者細緻和周到的眼光。

NOTE

作爲一種古代散文的入門書，《古文觀止》三百年來廣爲流傳。

**11.《古詩源》**　《古詩源》係清代沈德潛選編。沈德潛（1673—1769），字確士，號歸愚，長洲（今江蘇蘇州）人，詩人，詩論家。《古詩源》選輯了先秦至隋各個時代的詩歌，也包括一些民歌謠諺，共 700 餘首，分 14 卷。其中古逸 1 卷，漢詩 3 卷，魏詩 2 卷，晉詩 3 卷，宋詩 2 卷，齊詩 1 卷，梁詩 1 卷，陳、北魏、北齊、北周、隋詩 1 卷。唐以前的詩歌中，比較著名的篇章（除《詩經》《楚辭》外）基本都已選錄在内。内容豐富，具有資料價值，是唐之前古詩最重要的選本。

**12.《古文辭類纂》**　《古文辭類纂》係清代姚鼐選編。姚鼐（1731—1815），字姬傳，一字夢谷，室名惜抱軒，世稱惜抱先生、姚惜抱，安徽桐城人，著名散文家，與方苞、劉大櫆並稱爲“桐城三祖”。該書所選文章，以“唐宋八大家”之作爲主。其前選入戰國、秦漢的部分作品，其後選入明代歸有光、清代方苞、劉大櫆的作品，中間選入元結、李翱、張載、晁補之的一些作品。魏晉六朝之作，祇在辭賦類中選錄晉代張華、劉伶、陶淵明、鮑照的賦各 1 篇，潘岳的賦 3 篇，在頌贊類中選錄晉袁宏的贊 1 篇。全書分爲論辨、序跋、奏議、書説、贈序、詔令、傳狀、碑誌、雜記、箴銘、頌贊、辭賦、哀祭 13 類，文約 700 篇，合爲 74 卷。卷首《序目》，略述各類文體的特點和源流。書成於乾隆四十四年（1779），是代表“桐城派”散文觀點的一部選本，曾經流行一時。

清末王先謙曾編《續古文辭類纂》34 卷，黎庶昌也編有《續古文辭類纂》28 卷，選錄清中葉以後散文，都是姚氏選本的續書。

**13.《駢體文鈔》**　《駢體文鈔》係歷代駢文總集，也可謂歷來最好的駢文選本，由清代李兆洛編選。李兆洛（1769—1841），字申耆，晚號養一老人，陽湖（今江蘇常州）人，學者、文學家。該書標舉魏晉、六朝宗旨，輯入先秦至隋的作品共 31 卷。全書分爲上、中、下三編。上編包括銘、頌、箴、誄、詔、策令、檄移、彈劾等 18 體，是所謂“廟堂之制，奏進之篇”；中編包括書、論、序、碑記等 8 體，多屬指事述意之作；下編包括設辭、連珠、箋牘、雜文等 5 體，多屬緣情託興之作。編者認爲，文之起源不分駢散，故主張駢散合一。該書入選司馬遷的《報任安書》、諸葛亮的《出師表》等便是這一主張的具體體現。書成於嘉慶末年。有嘉慶末唐氏原刻本，《四部備要》譚獻評點本。

**14.《全唐詩》**　《全唐詩》係清朝初年曹寅、彭定求等奉敕編纂的唐代詩歌總集，共900 卷。該書共計收詩 49403 首，殘句 1555 條，作者共 2873 人。康熙四十二年（1703），康熙帝考慮編纂該書。康熙四十四年（1705）三月，他將主持修書的任務交給江寧織造曹寅，並將内府所藏季振宜《唐詩》一部發下，作爲校刊底本。同年五月，曹寅主持在揚州開局修書，參加校刊編修的有彭定求、沈三曾、楊中訥、潘從律、汪士絃、徐樹本、車鼎晉、汪繹、查嗣瑮和俞梅共十人。至次年十月，全書即編成奏上。全書以季振宜《唐詩》爲主，兼採胡震亨的《唐音統簽》編纂而成。

該書編成的次年，即由内府精刻刊行，後又有揚州詩局刻本。二本皆爲 120 册，分裝 10函。1960 年，中華書局據揚州詩局本斷句排印，並改正了一些明顯的錯誤。書中附乾隆年間《知不足齋叢書》中所收日本上毛河世寧（即市河世寧）輯《全唐詩逸》3 卷。近人陳尚君有《全唐詩補編》，收錄王重民等補遺 5 種，存詩 6000 餘首。

**15.《全唐文》**　《全唐文》係清代官修的唐五代的文章總集。由董誥領衔，阮元、徐松

等百余名學者參加編纂。始作於嘉慶十三年（1808），完成於嘉慶十九年（1814）。全書共
1000 卷，收入文章 18488 篇，涉及作者 3042 人，每一位作者都附有小傳。《全唐文》是有唐一
代（包括五代）文章的總集，也是迄今唯一最大的唐文總集。《全唐文》在陳邦彥所編的《唐
文》稿本基礎上，用《文苑英華》《唐文粹》等總集補其缺略，又從《永樂大典》輯錄了唐文
的單篇殘段，並旁採他書和金石資料編校而成。

編次以唐及五代諸帝居首，其次是后妃、諸王、公主，再次爲各朝作者、釋道、閨秀，宦
官、四裔附編書末。該書編寫正是乾嘉樸學鼎盛之時，編者可以充分利用內府圖書，文章本身
也不像詩歌那樣流傳多歧而容易以訛傳訛，所以《全唐文》的品質較之《全唐詩》要好得多。

該書編成後，即頒發揚州，由督理兩淮鹽政阿克當阿等負責校刻，嘉慶二十四年（1819）
刻成，此即所謂揚州官本。後來又有廣雅書局翻刻本。中華書局 1985 年出版了據原刻本影印
的斷句本，附印了清末陸心源的《唐文拾遺》和《唐文續拾》，是現在通行的比較便於閱讀的
本子。

**16.《千家詩》**　　《千家詩》係舊時坊刻之書，由宋代謝枋得所選《重訂千家詩》和明代
王相所選《五言千家詩》兩書合併而成。該書實際錄有 122 家詩，按朝代，分爲唐代 65 家，
宋代 52 家，五代 1 家，明代 2 家，無從查考年代的無名氏作者 2 家。《千家詩》是我國古代帶
有啓蒙性質的格律詩選本，因爲它所選的詩歌大多是唐宋時期的名家名篇，易學好懂，題材多
樣，所以在民間流傳非常廣泛，影響也頗大。但該書注解膚淺，時有謬説，所題謝枋得選，當
係僞託。

**【思考與實踐】**

**思考題**

1. 閱讀《答李翊書》，理解"氣"的論述，説説對做人、治學有怎樣的指導意義。
2. 柳宗元闡述文學寫作的方法有哪些，其作用是什麼？
3. 劉禹錫是怎樣認識人的壽命與自然的關係的？
4. 《答道州薛郎中論方書論》中排偶句的運用對論述藥理有何幫助？
5. 《答司馬諫議書》立意的創造性和新穎性表現在哪裏？本文的寫作特色是什麼？
6. 《答韋中立論師道書》論述了唐王朝什麼樣的社會現象？
7. 歐陽修是怎麼看待朋黨的？從歷史的興衰來看，明君應該怎樣對待朋黨？爲什麼？
8. 爲什麼説王安石的《答司馬諫議書》是駁論名篇？試舉例説明。
9. 古人評《留侯論》"一字立骨，總冒全篇"，説説本文是如何圍繞"忍"字結構全
篇的。
10. 胡銓曾説："凡文皆生於不得已。"談談你對這句話的理解。
11. 與韓愈、柳宗元論説文相比較，舉例談談劉禹錫論説文的獨特風格。
12. 魏晉南北朝時期有哪些研究文體的專著與論文？各家是如何將文體進行分類的？
13. 什麼是賦？舉例説明賦的語言特點。
14. 略述漢代歷史散文的發展概況及其影響。
15. 舉例説明駢體文的語言特點。

NOTE

**實踐練習 1**

大凡物不得其平則鳴草木之無聲風撓之鳴水之無聲風蕩之鳴其躍也或激之其趨也或梗之其沸也或炙之金石之無聲或擊之鳴人之於言也亦然有不得已者而後言其謌也有思其哭也有懷凡出乎口而爲聲者其皆有弗平者乎樂也者鬱於中而泄於外者也擇其善鳴者而假之鳴金石絲竹匏土革木八者物之善鳴者也維天之於時也亦然擇其善鳴者而假之鳴是故以鳥鳴春以雷鳴夏以蟲鳴秋以風鳴冬四時之相推敚其必有不得其平者乎（《韓愈选集·送孟東野序》）

要求：

1. 給上文加標點。

2. 説明文章的中心論點。

**實踐練習 2**

古今號文章爲難足下知其所以難乎非謂比興之不足恢拓之不遠鑽礪之不工頗纇之不除也得之爲難知之愈難耳苟或得其高朗探其深賾雖有蕪敗則爲日月之蝕也大圭之瑕也曷足傷其明黜其寶哉且自孔氏以來茲道大闡家脩人勵刓精竭慮者幾千年矣其間耗費簡札役用心神者其可數乎登文章之籙波及後代越不過數十人耳其餘誰不欲争裂綺繡互攀日月高視於萬物之中雄峙於百代之下乎率皆縱臾而不克躑躅而不進力蹙勢窮吞志而没故曰得之爲難（《柳宗元集·與友人論爲文書》）

要求：

1. 給上文加標點。

2. 總結文中闡述的寫作之難。

**實踐練習 3**

禹錫白零陵守以函置足下書爰來屑末三幅小章書僅千言申申亹亹茂勉甚悉相思之苦懷膠結贅聚至是泮然以銷所不如晤言者無幾書竟獲新文二篇且戲余曰將子爲巨衡以揣其鈞石銖黍余吟而繹之顧其詞甚約而味黯然以長氣爲幹文爲支跨躒古今鼓行乘空附離不以鑿枘咀嚼不有文字端而曼苦而腴佶然以生纚然以清余之衡誠懸於心其揣也如是子之戲余果何如哉夫矢發乎弝殼而中微存乎它人子無曰必我之師而後我衡苟然則譽弈者皆弈也可乎索居三歲俚言蕪而不治臨書軋軋不具禹錫白（《劉禹錫·答柳子厚書》）

要求：

1. 給上文加標點。

2. 閱讀本文，説説作者提出了哪些文學創作思想？

**實踐練習 4**

良嘗閑從容步遊下邳圯上有一老父衣褐至良所直墮其履圯下顧謂良曰孺子下取履良鄂然欲毆之爲其老強忍下取履父曰履我良業爲取履因長跪履之父以足受笑而去良殊大驚隨目之父去裏所復還曰孺子可教矣後五日平明與我會此良因怪之跪曰諾五日平明良往父已先在怒曰與老人期後何也去曰後五日早會五日雞鳴良往父又先在復怒曰後何也去曰後五日復早來五日良夜未半往有頃父亦來喜曰當如是出一編書曰讀此則爲王者師矣後十年興十三年孺子見我濟北穀城下黃石

即我矣遂去無他言不復見旦日視其書乃太公兵法也良因異之常習誦讀之（《史記・留侯世家》）

要求：

1. 給上文加標點。

2. 黃石公是如何考驗張良的？

**實踐練習 5**

文武之道一也後世始歧而爲二文士專鉛槧武夫事劍楯彼此相笑求以相勝天下無事則文士勝有事則武夫勝各有所長時有所用豈二者卒不可合耶吾以謂文非鉛槧也必有處事之才武非劍楯也必有料敵之智才智所在一焉而已凡後世所謂文武者特其名也吾鄙人也劍楯之事非其所習鉛槧之業又非所長獨好伯王大略兵機利害頗若有自得於心者故能於前史間竊窺英雄之所未及與夫既已反之而前人未能別白者乃從而論著之使得失較然可以觀可以法可以戒大則興王小則臨敵皆可以酌乎此也命之曰酌古論（陳亮《酌古論・序》）

要求：

1. 上文加標點。

2. 作者文中所説的“酌”字真正的含義是什麼？

# 參考書目

## 一、書目導讀

孫昌武先生的《韓愈選集》約選取韓愈作品的七分之一，所選篇目兼顧了作家思想、藝術等方面最具代表性的作品，按詩、文、賦三類，依年代排列，便於讀者認識、理解韓愈思想、藝術的發展脈絡。書中注釋和引證十分詳盡，每篇之後都加有評箋。如果尤其對韓愈的散文感興趣，可閱讀童第德先生選注的《韓愈文選》，書中共選入韓愈比較有代表性的優秀散文54篇，最有特點的是除注釋外，每篇後都對本文的思想内容和藝術特色進行分析，方便讀者理解作品的深刻內涵。想要搜集韓愈研究的資料，可參閱吳文治先生的《韓愈資料彙編》，全書共四冊，是以韓愈的思想、詩文創作進行評述的資料爲主，所收評述五百三十餘家，資料年代從中唐至五四運動時期，大多選取最早評述文章，連同韓文傳本中有訛、脱、衍、倒現象的也作了一些必要的校正。郭紹虞的《中國文學批評史》和羅宗強的《隋唐五代文學思想史》，是綜合性院校研究生使用教材，對唐代古文運動興起發展的來龍去脈詳盡闡述。這些著作詳細梳理出各個階段文學思想的因承轉接綫索，可幫助我們追尋文學家的思想軌跡和創作靈感。

中華書局出版的《柳宗元集》，共四冊，全面展示柳宗元的作品。本書是由多所大學參與校點完成的，吸取了前人校勘和標點的成果，爲閱讀與研究柳宗元著作提供了較好的版本，被列入中國古典文學基本叢書中。同類型的書籍還有上海古籍出版社的《柳河東集》，共上、下兩冊，也可同時閱讀王國安的《柳宗元集箋釋》。吳文治先生的《柳宗元評傳》，是較早的全面系統地介紹和評價柳宗元的學術性著作，資料詳實全面，對柳宗元在中國思想史、文學史等方面的成就給予了客觀的評價。孫昌武先生的《柳宗元傳論》是研究多年的傾心之作，對柳

NOTE

宗元一生的政治活動和文學活動進行分析和評價。他的另一本專著同名爲《柳宗元評傳》則更側重於記述作爲思想家的柳宗元的傳記，此書被列入中國思想家評傳叢書。要想欣賞劉禹錫作品的影印刻本風采，可參閱陝西人民出版社的《劉賓客文集》。該書是根據北京圖書館所藏的明刻本影印的，分上、下兩册。之後中華書局也出版了《劉賓客文集》。這兩個版本是新中國出版劉禹錫文集的較早版本，也爲後來研究劉禹錫提供了方便。最早記載劉禹錫生平的有劉昫等編撰的《舊唐書·劉禹錫傳》和歐陽修、宋祁等編修的《新唐書·劉禹錫傳》，都是唐以後人們研究劉禹錫的重要參考文獻。以下幾部書還可讓你更全面、更深入地瞭解唐代這位著名文學家、政治家、哲學家，探索他的内心世界和文學創作歷程。現代文史大家瞿蛻園先生的《劉禹錫集箋證》共上、中、下三册，屬中國古典文學系列叢書。被譽爲當代劉禹錫研究奠基人的卞孝萱先生校訂的《劉禹錫集》共兩册，是以宋代刻本紹興本爲工作底本，同時又參考了其他主要五種版本，該書被列入中國古典文學基本叢書之中。他的另一本《劉禹錫評傳》，是集自己所有劉禹錫研究之大成，書中全面展示了劉禹錫的卓越風采。要對劉禹錫一生有較深入的瞭解，還可以參閱吳汝煜編寫的《劉禹錫傳論》，該書主要以劉禹錫堅韌不拔、頑強進取的精神爲基調，以他的三次挫折爲綫索而展開撰寫的。

《王安石散文精選》係《唐宋八大家散文精選》系列叢書之一。王安石不僅是銳意革新的政治家，而且也是成就斐然的文學家。該書共精選王安石的傳世佳作106篇，包括議論、記敍、書信、奏疏、序文、雜著、墓誌銘等各種文體。以政治家安身立命的王安石，他的散文具有政論色彩，其文學宗旨在於經世致用、重道崇經。書中既有充滿哲理的遊記散文《遊褒禪山記》，又有縱論國事的《上仁宗皇帝言事書》，而他的《伯夷》《鯀説》等史論文則更是別出新意。此外，他的雜著、序文、墓誌銘也值得一讀。

《蘇軾選集》收錄的詩、詞、文可以反映出蘇軾作品的大致風貌。了解蘇軾可參看林語堂的《蘇東坡傳》，這部書被譽爲20世紀四大傳記之一。書中記錄了蘇東坡仕途坎坷、歷經磨難的一生。儘管他多次遭遇不公，困厄深重，但却没有抱怨和頹廢，總是那樣豁達大度、隨遇而安，總能找到快樂的理由，這正是蘇東坡人生哲學的體現。

《北宋新舊党争與文學》是一部從政黨政治角度研究文學史的著作，也是一部對宋代文學作品認真地專題研究並取得成功的著作。作者蕭慶偉。該書材料豐富，視野寬闊，立論堅實，文筆流暢。北宋新舊兩黨因政見政策歧異，自王安石熙寧變法起，直到北宋滅亡，兩黨之争綿延六七十年之久。由於新舊兩黨更迭執政，又多運用政治手段迫害政敵，不但使北宋政局大壞，也使文人命運飽經憂患。北宋中期的許多名家大家，幾乎都捲入了這場黨争。文學命運受政黨政治影響之深之巨，可謂前所未有。研究宋代文學者，可以從中吸取有價值的東西是不少的。

胡銓的《澹庵文集》成書不易。其書楊萬里原序云："先生既殁後20年，其子澥與其族子涣族孫秘裒集其詩文七十卷目，曰《澹庵文集》，欲刻板以傳。貧，未能也。之官中都舟過池陽，太守蔡侯必勝相見，因問家集，慨然請其書刻之。命郡文學周南、董振之，學錄何其源校讎之，未就。而蔡侯移官山陽，雷侯孝友、顔侯棫踵成之。"宋刻本《澹庵文集》有百卷，後屢經兵燹，散佚不見其半。其後裔裒集遺稿重新刊印。該書現存32卷，由論、雜撰、雜著、策、制誥、奏疏、書、小諫、序、記、疏、詩、青詞、祝文、祭文、墓銘、傳、行狀、題跋、附錄等篇章組成。《四庫全書》集部别集類收有《澹庵文集》，分六卷。

《陳亮集》舊稱《龍川文集》，由其子輯成，葉適作序。全書共40卷，今存30卷。内容分爲疏、策、論、表、書、啓、詩、詞、記、序等。可參看中華書局1974年標點本。令人感興趣的是，《陳亮集》中有陳亮致朱熹的八封信和朱熹答覆的十五封信。這些書信反映了名震中國思想史的那場朱陳論戰。論戰的主要問題是功利之學與心性之學的分歧。

看《陳龍川傳》就像翻閱一部南宋歷史，呈現在我們面前的是一幅屈辱到令人氣短的畫圖。當大多數人被危急存亡的困境所震撼，感到無可措手的苦悶，甚至因此灰心絕望的時候，亦有志士竭盡心力，挽狂瀾於既倒。這位“推倒一世之智勇，開拓萬古之心胸”的龍川先生陳亮，就是其中重要的一員。作者鄧廣銘先生懷抱“理解之同情”，施以融鑄貫串之力，栩栩如生地勾勒出那個時代的輪廓，展現出陳氏鮮活明朗的人格。該書原是作者1936年在北京大學史學系讀書時的畢業論文，當時得到指導教師胡適先生的高度評價。此書採用純然敍述的體裁，不屬雜考證和議論的成份在内，而把詳審的考訂工作，收於書後作爲附錄三則。這使得傳記敍述的文思酣暢淋漓，而專題考據則凝練其中。

對於古代文體的研究，可以參看許嘉璐先生的《古代文體常識》。這是一部關於古代文體的入門必讀書。這部書共分爲三個部分。第一部分總論，簡要介紹了問題的概念，古人對於文體的研究；第二部分分論，將古代文體分爲十二大類，從内容和形式兩方面介紹了各自的特點；第三部分附錄，共收錄了八篇能夠代表文體特點的文章。此外，褚斌傑的《中國古代文體概論》則更爲系統。該書以詩賦、文章兩種題材爲主，介紹了中國古代文學的體制、文學體裁的基本知識，在綜合他人研究所得的基礎上，對文體加以分類，介紹了各類文體形成和進化的過程及其規律。

## 二、書目一覽

1. 黃進德. 歐陽修評傳. 南京：南京大學出版社，1998.

2. 何寄澎. 唐宋古文新探. 北京：北京大學出版社，2010.

3. 董浩. 全唐文. 北京：中華書局，1983.

4. 馬其昶. 韓昌黎文集校注. 上海：上海古籍出版社，2014.

5. 郭紹虞. 中國歷代文論選. 上海：上海古籍出版社，1979.

6. 孫昌武. 柳宗元評傳. 南京：南京大學出版社，2011.

7. 范文瀾. 文心雕龍注. 北京：人民文學出版社，1958.

8. 羅根澤. 中國文學批評史. 上海：上海古籍出版社，1984.

9. 梁啓超. 王安石傳. 長沙：湖南人民出版社，2013.

10. 王水照. 蘇軾選集. 上海：上海古籍出版社，1984.

11. 林語堂. 蘇東坡傳. 武漢：長江文藝出版社，2012.

12. 胡銓. 澹庵文集（影印本）. 上海：上海古籍出版社，1987.

13. 鄧廣銘. 陳龍川傳. 上海：生活·讀書·新知三聯書店，2007.

14. 許嘉璐. 古代文體常識. 北京：中華書局，2013.

15. 陰法魯. 古文觀止譯注（修訂本）. 北京：北京大學出版社，2011.

NOTE

# 第六單元

## 文　選

### 四十一、《詩經》三首

【題解】《詩經》是中國最早的一部詩歌總集。《詩經》本稱《詩》，儒家列爲經典之一，故稱《詩經》。其産生時代上自西周初年（前 11 世紀），下至春秋中葉（前 6 世紀），共五百多年。作品大抵産生於今陝西、山西、河南、山東及湖北等地。據《史記》等記載，係孔子删定，後人多有疑其説者。《詩經》收周代詩歌三百零五篇，分爲風、雅、頌三大類。《風》有十五國風，《雅》有《大雅》《小雅》，《頌》有《周頌》《魯頌》《商頌》。《詩經》反映了當時廣闊的社會生活，揭露了貴族政治的黑暗和混亂，表現了人民對統治者的憤怒呼聲和反抗情緒。其中民間歌詞"採風"部分有"男女相悦"之詞，表現了勞動者的日常生活和愛情，是《詩經》的精華所在。部分《頌》的作品則提供了周初經濟制度和生産情況的重要資料。《詩經》的詩篇以四言爲主，運用賦、比、興的手法，語言樸素優美，描寫生動真切，聲調和諧自然，富有藝術感染力，許多篇章都有強烈的現實主義精神和極高的藝術價值。漢代傳《詩》者有魯、齊、韓、毛四家，自東漢鄭玄爲"毛詩"作箋後，學"毛詩"者日盛，其他三家則逐漸衰廢失佚。魏晉後通行的《詩經》就是《毛傳》（即《毛詩詁訓傳》）。歷代爲《詩經》作注的很多，較好的通行注本有《毛詩正義》（漢毛亨傳，鄭玄注，唐孔穎達疏）、《詩集傳》（宋朱熹著）、《詩毛氏傳疏》（清陳奂著）、《毛詩傳箋通釋》（清馬瑞辰著）。

#### 漢廣（周南）[1]

南有喬木[2]，不可休思[3]；漢有遊女[4]，不可求思。漢之廣矣，不可泳思；江之永矣[5]，不可方思[6]。

翹翹錯薪[7]，言刈其楚[8]；之子于歸[9]，言秣其馬[10]。漢之廣矣，不可泳思；江之永矣，不可方思。

翹翹錯薪，言刈其蔞[11]；之子于歸，言秣其駒[12]。漢之廣矣，不可泳思；江之永矣，不可方思。

【注釋】

[1] 漢廣：篇名。《詩經》每篇都用第一句裏的幾個字（一般是兩個字）作爲篇名。　周

南：《詩經·國風》之一。後人認爲《周南》所收大抵爲今陝西、河南、湖北之交的民歌，内容多爲頌揚周朝德化。漢以後被作爲詩教的典範。

[2] 喬木：高大的樹木。

[3] 休：休息。此句謂高木無蔭，不能休息。　思：語助詞，下文“思”同。

[4] 漢：水名。漢水，也稱漢江，是長江最長的支流。發源於今陝西省寧強縣，流經湖北省，在武漢市入長江。　遊女：出遊的女子。一説爲漢水女神。

[5] 永：指水流長。

[6] 方：竹木編成的筏。此處用作動詞，謂以舟、筏渡水。

[7] 翹翹（qiáoqiáo）：衆多貌。王引之《經義述聞·毛詩上》：“翹翹爲衆多之貌。”錯薪：雜亂叢生的柴草。

[8] 言：助詞。朱熹《集傳》：“言，辭也。”　刈（yì）：割取。　楚：木名。又名牡荆。

[9] 之子：這個女子。　于：動詞詞頭。　歸：出嫁。後世遂用“于歸”指女子出嫁。

[10] 秣（mò）：喂馬。

[11] 蔞（lóu）：蔞蒿。也叫白蒿，嫩時可食，老則爲薪。

[12] 駒：小馬。

【簡析】《周南·漢廣》是一首民間情歌，寫的是一位男子追求女子而不能得。男主人公是青年樵夫。他愛慕一位美麗的姑娘，却始終難遂心願。他痛苦於情思纏繞，無以解脱，祇能面對浩渺的江水，用歌聲傾訴滿懷惆悵的愁緒。全詩三章。首章起興之句既暗示青年的身份，更直接地渲染了詩的基調——失落與無奈。八句中四曰“不可”，將青年的失望甚至絶望推向極致。二、三章反復吟唱，却是由失望而反生出的幻想與癡望，其詩境可概括爲“可見而不可求”（《毛詩稽古編》），可謂淋漓盡致。

## 静女（邶風）[1]

静女其姝[2]，俟我於城隅[3]。愛而不見[4]，搔首踟蹰[5]。

静女其孌[6]，貽我彤管[7]。彤管有煒[8]，説懌女美[9]。

自牧歸荑[10]，洵美且異[11]。匪女之爲美[12]，美人之貽。

【注釋】

[1] 邶（bèi）：周朝諸侯國名，在今河南淇縣以北至湯陰縣一帶。

[2] 静：嫺雅安詳。　其：形容詞詞頭。　姝（shū）：美麗。

[3] 俟（sì）：等候。　城隅：指城上的角樓。

[4] 愛而不見：意謂因愛而故意隱藏不見。一説，愛，通“薆”，隱蔽。

[5] 搔：撓。　踟蹰（chíchú）：徘徊不前貌。

[6] 孌（luán）嬌美。

[7] 貽（yí）：贈給。　彤管：歷來説法不一。有説指古代女史用以記事的杆身漆朱的筆；一説指樂器；一説是紅色管狀的初生的草，即下文的“荑”。

[8] 有：形容詞詞頭。　煒（wěi）：色紅而有光澤。

[9] 説：同"悦"。　懌（yì）喜歡。　女：同"汝"，指彤管。

[10] 牧：放牧之地。　歸（kuì）：通"饋"。贈送。　荑（tí）：茅草的嫩芽。汪熷《〈長生殿〉序》："是以歸荑贈芍，每託諭於美人；扈芷滋蘭，原寄情於君父。"

[11] 洵（xún）：確實。　異：與衆不同。

[12] 匪：通"非"。　女：你。此處指"荑"。

【簡析】《邶風·静女》是寫青年男女幽會的情詩。詩是從男子一方來寫的，刻畫他赴情人約會時前後不同的心理活動。首章描寫男子赴約時的情景，他抓耳撓腮，徘徊不安，如癡如醉，活脱脱的情種形象。二、三章是男子在城隅等候他的心上人時的回憶，塑造的卻是那位嫻雅而又美麗的姑娘形象。彤管、荑草同時傳遞了雙方追求心靈相通的真情。這兩章句式勻稱，詞采洵美，意象鮮明，意味雋永，生動地體現了本首詩"寫形寫神之妙"（《讀詩識小録》）。

## 鹿鳴（小雅）

呦呦鹿鳴[1]，食野之蘋[2]。我有嘉賓，鼓瑟吹笙[3]。吹笙鼓簧[4]，承筐是將[5]。人之好我，示我周行[6]。

呦呦鹿鳴，食野之蒿[7]。我有嘉賓，德音孔昭[8]。視民不恌[9]，君子是則是效[10]。我有旨酒[11]，嘉賓式燕以敖[12]。

呦呦鹿鳴，食野之芩[13]。我有嘉賓，鼓瑟鼓琴。鼓瑟鼓琴，和樂且湛[14]。我有旨酒，以燕樂嘉賓之心。

【注釋】

[1] 呦呦（yōuyōu）：鹿的叫聲。朱熹《詩集傳》："呦呦，聲之和也。"《毛詩故訓傳》："呦呦然鳴而相呼，懇誠發乎中，以興嘉樂賓客，當有懇誠相招呼以成禮也。"

[2] 蘋：草名。白蒿類，即藾蕭。陸璣《毛詩草木鳥獸蟲魚疏》："藾蕭，葉青白色，莖似箸而輕脆，始生香，可生食，又可蒸食。"

[3] 瑟：撥弦樂器。春秋時已流行，常與古琴或笙合奏。　笙：管樂器名。由簧片、笙管、斗子三部分組成。

[4] 簧：笙裏有彈性的薄片，用竹箬或銅片製成，作爲發聲的振動體。孔穎達疏："吹笙之時，鼓其笙中之簧以樂之。"

[5] 承筐：奉上禮品，借指歡迎賓客。朱熹《詩集傳》："承，奉也。筐，所以盛幣帛者也。"　將：送，獻。

[6] 示：告訴，告知。　周行：至善之道。

[7] 蒿：蒿草。此指青蒿，菊科植物。莖、葉可入藥。嫩者可食。也叫"香蒿"。

[8] 德音：美好的品德聲譽。　孔：很。

[9] 視：通"示"。以事或物示人。　恌：輕薄，輕佻。

[10] 則：仿效，效法。

[11] 旨：甘美。

[12] 式：語助詞。　燕：通"宴"。宴飲，宴請。　敖：遊玩，遊逛。

[13] 芩（qín）：蘆葦一類的植物。朱熹《集傳》："芩，草名，莖如釵股，葉如竹，蔓生。"

[14] 湛（dān）：喜樂。《毛傳》："湛，樂之久。"陸德明《釋文》："字又作耽。"

【簡析】《小雅·鹿鳴》是《小雅》的第一篇，也是《詩經》中所謂"四始"之一。這是周朝宴飲群臣賓客的一首宮廷樂歌。全詩每章開頭皆以鹿鳴起興，營造出一個熱烈而又和諧的氛圍。從"呦呦鹿鳴"的意境進入"鼓瑟吹笙"的音樂聲中，詩中自始至終洋溢着歡快的氣氛。故朱熹《詩集傳》云："蓋君臣之分，以嚴爲主；朝廷之禮，以敬爲主。然一於嚴敬，則情或不通，而無以盡其忠告之益，故先王因其飲食聚會，而制爲燕饗之禮，以通上下之情；而其樂歌，又以鹿鳴起興。"據說這首樂歌後來逐漸推廣到民間，在鄉人的宴會上也唱了起來，影響有千餘年之久。

## 四十二、《楚辭》二篇

【題解】楚辭本是戰國時期以屈原爲代表的楚國人所創作的詩歌，是《詩經》三百篇之後的一種新詩體。楚辭最主要的作家是屈原。屈原（約前340—約前278），名平，字原，又自云名正則，字靈均。他出身於楚國的貴族家庭，學識淵博，善於辭令，楚懷王時，官至左徒。屈原嚮往賢能政治，力主改革圖強，爲反對勢力所不容，遭讒去職竟至放逐，最後悲憤無望，投汨羅江（在今湖南省東北）自沉。在流放期中，屈原寫出了許多憂國憂民、悲憤沉痛的詩歌，主要作品有《離騷》《九歌》《九章》《天問》等。楚辭作家中還有宋玉、唐勒、景差等人，但他們的成就與影響較之屈原相差甚遠。西漢劉向把屈原、宋玉等楚國作家的作品以及漢代如淮南小山、枚乘、王逸等人的模仿楚辭之作彙編成集，題爲《楚辭》。這樣《楚辭》就成爲一個總集名，共十七篇，以屈原作品爲主，其餘各篇也都是承襲屈賦的形式。《楚辭》作品都是運用楚地的文學樣式，是在楚國民間歌謠的基礎上發展創造出來的。這些作品都是"書楚語，作楚聲，紀楚地，名楚物"，故具有濃郁的地方色彩。後世因此稱之爲"楚辭體"，又因屈原作品中以《離騷》最著名，而稱爲"騷體"。現存最早的《楚辭》注本是東漢王逸的《楚辭章句》。後世較通行的《楚辭》注本有宋洪興祖的《楚辭補注》、宋朱熹的《楚辭集注》、清蔣驥的《山帶閣注楚辭》。

### 山鬼

若有人兮山之阿[1]，被薜荔兮帶女蘿[2]。既含睇兮又宜笑[3]，子慕予兮善窈窕[4]。

【注釋】

[1] 若：仿佛。　人：指山鬼，即山中女神。　阿（ē）：（山、水或其他的）彎曲處，指偏僻的角落。

[2] 被（pī）：同"披"。　薜（bì）荔：又稱木蓮。王逸注："薜荔，香草也，緣木而生藥實也。"　帶：衣帶。用作動詞，以……爲帶，等於説系着。　女蘿：又名"菟絲""松蘿"，蔓生植物名。

[3] 含睇（dì）：指微微斜視的那種含情的眼神。睇，微微地斜視貌。　宜笑：適宜於笑。指口齒美好，笑時很美。

[4] 子：山鬼稱自己所思慕的對象。下文"公子""君"同。　予：山鬼自稱。下文"余""我"同。　善：指美好的品行。　窈窕：安静美好的樣子。

乘赤豹兮從文狸[1]，辛夷車兮結桂旗[2]。被石蘭兮帶杜衡[3]，折芳馨兮遺所思[4]。余處幽篁兮終不見天[5]，路險難兮獨後來[6]。

【注釋】

[1] 赤豹：《毛傳》："毛赤而文黑謂之赤豹。"　從：跟隨。使動用法，讓……跟隨。文狸：毛色有黃黑相雜花紋的狸貓。

[2] 辛夷車：用辛夷做成的車。辛夷，香木名，指辛夷樹或它的花。洪興祖《補注》："《本草》云：辛夷，樹大連合抱，高數仞。此花初發如筆，北人呼爲木筆。其花最早，南人呼爲迎春。"　結：編織。　桂旗：用桂枝做的旗。王逸《注》："結桂與辛夷以爲車旗，言其香絜也。"

[3] 石蘭：香草名。蘭草的一種，又名山蘭。　杜衡：香草名。即杜若，亦作"杜蘅"。

[4] 芳馨：泛指香花香草。　遺（wèi）：贈送。

[5] 幽篁（huáng）：幽深的竹林。篁，竹林。　終：始終。

[6] 險：道路艱難。　獨：一個人。　後來：遲到，來晚了。

表獨立兮山之上[1]，雲容容兮而在下[2]。杳冥冥兮羌晝晦[3]，東風飄兮神靈雨[4]。留靈脩兮憺忘歸[5]，歲既晏兮孰華予[6]？

【注釋】

[1] 表：特出，迥異於衆貌。王逸《注》："表，特也。言山鬼後到，特立於山之上而自異也。"

[2] 容容：煙雲浮動貌。

[3] 杳（yǎo）：深遠貌。　冥冥：幽暗貌。　羌：句首助詞。　晦：陰暗。

[4] 神靈：指雨神。　雨：降雨。用作動詞。

[5] 靈脩：即山鬼所思念的那個人。脩，同"修"。　憺（dàn）：安樂貌。

[6] 歲：年歲。　晏：晚，遲。　孰華予：有誰能使我年輕呢？華，同"花"，使動用法，使……如花（謂年輕）。

采三秀兮於山間[1]，石磊磊兮葛蔓蔓[2]。怨公子兮悵忘歸[3]，君思我兮不得閒[4]。

【注釋】

[1] 三秀：靈芝草的別名。靈芝一年開花三次，故又稱三秀。

[2] 磊磊：衆石堆積貌。　葛：一種蔓生植物。　蔓蔓：蔓延貌。

[3] 公子：指上文中的"靈脩"。　悵（chàng）：惆悵，失望。

[4]“君思”句：你想念我，却抽不出一點空間時間（來與我相會）。這是山鬼未會到所思之人而爲對方設想的自我解怨之辭。

山中人兮芳杜若[1]，飲石泉兮蔭松柏[2]，君思我兮然疑作[3]。靁填填兮雨冥冥[4]，猨啾啾兮狖夜鳴[5]。風颯颯兮木蕭蕭[6]，思公子兮徒離憂[7]。

【注釋】

[1] 山中人：山鬼自稱。　芳杜若：像杜若一樣芳香。杜若，香草名。

[2] 石泉：山石中的泉水。　蔭松柏：住在松柏的樹蔭下。蔭，以……爲蔭。

[3]“君思”句：你是否想念我呢？我時而相信，又時而懷疑。然，與“疑”相對，表示肯定。

[4] 靁：同“雷”。　填填：猶“隆隆”，形容雷聲大。　冥冥：彌漫，形容雨大。

[5] 猨：“猿”的異體字。　啾啾（jiūjiū）：象聲詞。猿的哀叫聲。　狖（yòu）：長尾猿。

[6] 颯颯（sàsà）：象聲詞。風聲。　蕭蕭：象聲詞。風吹樹木發出的聲音。

[7] 徒：徒然，白白地。　離憂：憂傷。馬茂元注：“離憂，就是憂愁的意思。楚地方言。”

【簡析】《山鬼》是屈原《九歌》中的第九首。《九歌》原是楚國一組民間祭神的樂歌，共十一篇。前十篇每篇主祭一個神，末篇是送神曲《禮魂》。經屈原在其基礎上加工整理再創作，而成爲現在所看到的《九歌》。《九歌》反映了楚地人民的生活和精神面貌，其中有不少篇章描述了鬼神的愛情生活，如《湘君》《湘夫人》《雲中君》等，《山鬼》也是如此。山鬼即一般所説的山神，因爲未獲天帝正式册封在正神之列，故仍稱山鬼。關於山鬼的身份乃至性別，學術界理解不一，尚無定論。從本篇來看，可認爲是女性形象。《山鬼》中的女神要與心上人相會，愛人却没有來。詩中極寫女主人公相思、怨恨、懷疑、憂傷的情緒，描繪了一個瑰麗而又離奇的神鬼形象。《山鬼》採用女神内心獨白的方式，又構築了簡單的情節，故事性很强。全詩將幻想與現實交織在一起，具有濃郁的浪漫主義色彩。詩人在篇中賦予山鬼以人的性格，歌頌了她對愛情的忠貞，反映了楚人的愛情生活。

## 卜居

屈原既放[1]，三年不得復見[2]。竭知盡忠[3]，而蔽鄣於讒[4]。心煩慮亂，不知所從。乃往見太卜鄭詹尹曰[5]：“余有所疑，願因先生決之[6]。”詹尹乃端策拂龜[7]，曰：“君將何以教之[8]？”

【注釋】

[1] 放：放逐。

[2] 見：指見到楚懷王。

[3] 知：同“智”。智慧。

[4] 蔽鄣：阻隔，阻礙。鄣，“障”的異體字。　讒：指讒佞之人。

[5] 太卜：官名，卜官之長。　鄭詹尹：太卜的姓名。

[6] 因：靠着，借着。　決：決定。

[7] 端策：把蓍（shī）草擺端正。　拂龜：拂去龜殼上的灰塵。策、龜，即蓍草和龜殼，都是古代卜筮用的工具。

[8] "君將"句：您將用什麼指教我呢？這是客套話，意思是"你要占卜什麼事呢"？

屈原曰："吾寧悃悃款款朴以忠乎[1]，將送往勞來斯無窮乎[2]？寧誅鋤草茅以力耕乎[3]，將遊大人以成名乎[4]？寧正言不諱以危身乎[5]，將從俗富貴以媮生乎[6]？寧超然高舉以保真乎[7]，將呢訾栗斯、喔咿儒兒以事婦人乎[8]？寧廉潔正直以自清乎[9]，將突梯滑稽、如脂如韋以絜楹乎[10]？寧昂昂若千里之駒乎[11]，將氾氾若水中之鳧，與波上下，偷以全吾軀乎[12]？寧與騏驥亢軛乎[13]，將隨駑馬之跡乎[14]？寧與黃鵠比翼乎[15]，將與雞鶩爭食乎[16]？此孰吉孰凶？何去何從？世溷濁而不清[17]：蟬翼爲重，千鈞爲輕[18]；黃鐘毀棄，瓦釜雷鳴[19]；讒人高張[20]，賢士無名[21]。籲嗟默默兮[22]，誰知吾之廉貞！"

**【注釋】**

[1] 寧：寧願。　悃悃（kǔnkǔn）款款：忠誠貌。　朴以忠：樸實而忠心。

[2] 將：還是。　送往勞（lào，今讀láo）來：亦作"送往迎來"。送往者，迎來者。多指應酬客人，接送官員。勞，慰勞。　斯：則，乃。　無窮：謂無往而不通。

[3] 誅鋤：謂用鋤頭除去草茅。誅、鋤同義。　力耕：努力耕作。

[4] 遊大人：往來於大人之間，指遍謁、逢迎達官貴人。　成名：樹立名聲，以求升官。

[5] 危身：謂危及於身。

[6] 媮生：苟且求活，無所作爲地生活。朱熹《集注》："媮，音偷，舊音俞，非是。"

[7] 超然：高超出衆。　高舉：高其行，行爲超出凡俗。　真：本性。

[8] 呢訾（zúzǐ）：阿諛奉承。洪興祖《楚辭補注》："呢訾，以言求媚也。"一說，呢訾即越趑，欲行而不前。俞樾《俞樓雜纂·讀〈楚辭〉》："呢訾即越趑也。訾從此聲，越從次聲，本同部字，古得相通。"　栗斯：獻媚之態。王逸注："承顏色也。"一本作"粟斯"。喔咿（wōyī）：獻媚強笑貌。　儒兒（ér）：強顏歡笑貌。王逸注："喔咿、儒兒，強笑貌也。"一本作"嚅唲"。朱熹《楚辭集注》："儒兒，一作嚅唲，音同。"按，以上四詞皆聯綿詞，摹擬強作笑顏以承人意的樣子。　婦人：指鄭袖，楚懷王的寵姬，主張聯秦。

[9] 自清：使自己清白。

[10] 突梯：圓滑貌。　滑（gǔ）稽：形容圓轉順俗的態度。按，"突梯滑稽"皆聯綿詞。王逸注："轉隨俗已。"　脂：脂膏。　韋：去毛熟治的獸皮，柔軟的皮革。　絜（jié）楹：比喻圓滑諂諛，善於揣度人之所好。一本作"潔楹"。蔣天樞《楚辭校釋》："楹，屋柱。絜，圍而度之。絜楹，喻善能揣度權貴者之所好。"按，絜（xié），即用繩量度筒形物體的粗細。

[11] 昂昂：出群，志行高潔。

[12] "將氾氾"三句：氾氾：漂浮無定貌。亦作"汎汎""泛泛"。　鳧（fú）：野鴨。明李時珍《本草綱目·禽一·鳧》："鳧，東南江海湖泊中皆有之。數百爲羣，晨夜蔽天，而飛聲如風雨，所至稻粱一空。"　偷：苟且。

[13] 騏驥：皆爲駿馬。　亢軛：謂齊驅並駕。王夫之《楚辭通釋》："亢，與伉同，並也。軛，轅端駕馬木。與良馬同軛相並，則行必齊力。"

[14] 駑馬：劣馬。

[15] 黃鵠（hú）：鳥名。《商君書·畫策》："黃鵠之飛，一舉千里。"　比翼：謂併翅飛翔。

[16] 鶩（wù）：鴨。

[17] 溷（hùn）濁：混亂污濁。

[18] 千鈞：三十斤爲一鈞，千鈞即三萬斤。常用來形容器物之重或力量之大。

[19] "黃鐘毀棄"二句：比喻賢才不用，庸才顯赫。朱熹《楚辭集注》："黃鐘，謂鐘之律中黃鐘者，器極大而聲最閎也。瓦釜，無聲之物。雷鳴，謂妖怪而作聲如雷鳴也。"黃鐘，亦作"黃鍾"，古之打擊樂器，多爲廟堂所用。瓦釜，陶製的炊器。古代也用作簡單的樂器，後以指粗俗的音樂或平庸的事物。

[20] 讒人：進讒言之人。　高張：謂居高位而囂張跋扈。王逸《楚辭注》："高張，居朝堂也。"洪興祖《楚辭補注》："張音帳，自侈大也。"

[21] 無名：沒有名位，指不被任用。

[22] 籲（xū）嗟：表示憂傷或有所感。嘆詞。

　　詹尹乃釋策而謝曰[1]："夫尺有所短，寸有所長[2]；物有所不足，智有所不明[3]；數有所不逮[4]，神有所不通[5]。用君之心[6]，行君之意。龜策誠不能知此事。"

【注釋】

[1] 謝：辭。

[2] "尺有所短"二句：比喻人或事物各有其長處和短處。依朱熹說：尺長於寸，但當一尺還不夠的時候，就算有所短；寸短於尺，但當一寸已經有餘的時候，就算有所長。

[3] "物有所不足"二句：謂物有欠缺不足的地方，人的智慧有不明事理的地方。

[4] 數：術數。此指占卦。　逮：及，達到。

[5] 不通：不通達。以上幾句是比喻卜官替人占卦，並不能隨時解決問題。

[6] 君：指屈原。

【簡析】《卜居》相傳爲屈原所作，近世學者多認爲是楚國人在屈原死後爲了悼念他而記載下來的有關傳說。"卜居"的意思是占卜自己該怎麼處世。但其意並非真的問卜決疑，祇不過設爲問答之語，以宣泄自己的憤世嫉俗之意。《卜居》記述了屈原對人生道路的堅定選擇，顯示了一位偉大志士身處黑暗世道仍然堅持真理的錚錚風骨。全文以屈原問卜開篇，以詹尹"釋策而謝"的答語收結。文中共提八問，重重疊疊而錯落有致，開創了後世辭賦雜文中賓主問答體的先河。

## 四十三、漢魏六朝詩四首

### 行行重行行

【題解】《行行重行行》是"古詩十九首"之一。"古詩十九首"是東漢末葉中下層文人學習民歌所寫的五言抒情詩。它不是一人一時之作。原作數量當然不止這十九首，南朝梁蕭統編《昭明文選》收録十九首，合爲一組，題爲"古詩十九首"。内容多寫夫婦、朋友之間的離情別緒和士人的仕途失意彷徨，主要反映了當時中下層士人的思想感情，既有對社會黑暗、生活動蕩的不滿，有時又表現出悲歎人生無常和追求及時行樂的消極情緒。在藝術上，"古詩十九首"保持着漢樂府民歌的特點，語言自然樸素，描寫生動真切，對後世五言詩的發展有較大影響。

行行重行行[1]，與君生別離[2]。相去萬餘里，各在天一涯[3]。道路阻且長[4]，會面安可知？胡馬依北風，越鳥巢南枝[5]。相去日已遠，衣帶日已緩[6]；浮雲蔽白日[7]，游子不顧反[8]。思君令人老，歲月忽已晚。棄捐勿復道[9]，努力加餐飯[10]。

[1]"行行"句：意即行了又行，走個不停。重（chóng），再，又。

[2] 生別離：難以再見的離別。《楚辭·九歌·少司命》："悲莫悲兮生別離，樂莫樂兮新相知。"

[3] 涯：方面。李善《文選注》引《廣雅》："涯，方也。"

[4] 阻：艱險，難行。《詩經·秦風·蒹葭》："遡洄從之，道阻且長。"

[5]"胡馬"二句：意即鳥獸尚且眷戀故土，何況在外的游子呢？胡馬，泛指産在西北胡地的馬。依，依戀。越鳥，泛指南方越地的鳥。巢南枝，築巢於南向的樹枝。李善《文選注》引《韓詩外傳》："《詩》曰：'代（今山西東北部）馬依北風，飛鳥棲故巢。'皆不忘本之謂也。"後因用爲思念故鄉或故國之典。

[6] 緩：寬鬆。"衣帶日已緩"表示人一天天瘦下去了。

[7]"浮雲"句：比喻游子心有所惑。以浮雲喻邪，以白日喻正。蔽，遮蔽。這是家中婦人想象丈夫在外被人所惑，另有所歡。

[8] 顧：念，想。　反：同"返"。

[9]"棄捐"句：意即什麽都撇開不要再説了。棄、捐，皆爲"拋棄"義。

[10]"努力"句：有兩説。一説此話是對游子所説，還是希望他在外努力加餐，多加保重。另一説此話是思婦自我慰藉：我還是努力加餐，保養好身體，也許將來還有相見的機會。

【簡析】《行行重行行》是"古詩十九首"中的第一首，作者無名氏。這是一首在東漢末年動蕩歲月中的離亂相思之歌，内容是寫一個婦女對遠離家鄉的丈夫的思念。首句五字，連疊四個"行"字，僅以一"重"字縮結，極寫"行"之遠。此遠不僅指空間，也指時間，更指相思的悠遠，全詩由此展開。詩中善用比興手法，襯映烘託，語短情長，含蓄蘊藉，回味無窮。如"胡馬依北風，越鳥巢枝頭""浮雲蔽白日，遊子不顧反"等都是千古名句。

## 步出夏門行（觀滄海）

【題解】作者曹操（155—220），字孟德，小名阿瞞，沛國譙縣（今安徽亳州）人，三國時期政治家、軍事家、詩人。曾舉孝廉。在鎮壓黃巾起義和討伐董卓的戰爭中逐步擴充軍事力量。建安元年（196），迎漢獻帝建都許昌（今屬河南），從此用獻帝名義發號施令，逐漸統一了中國北部，形成了與吳、蜀鼎立的三國局面。建安二十一年（216），封魏王。建安二十五年（220），病死洛陽。同年，子曹丕廢獻帝，代漢稱帝，國號魏，追尊父曹操爲太祖武皇帝。曹操能文善詩，以此抒發自己的政治抱負，並反映漢末人民的苦難生活。詩風氣勢雄偉，慷慨悲涼。其詩歌作品現存二十餘首，皆爲樂府歌辭。著有《魏武帝集》，已佚，有明人輯本。今有整理排印本《曹操集》。

東臨碣石[1]，以觀滄海[2]。水何澹澹[3]，山島竦峙[4]。樹木蓁生[5]，百草豐茂。秋風蕭瑟[6]，洪波湧起。日月之行，若出其中。星漢粲爛[7]，若出其裏。幸甚至哉，歌以詠志[8]。

【注釋】

[1] 碣石：山名。原在河北省昌黎縣北。碣石山餘脈的柱狀石亦稱"碣石"，該石自漢末起已逐漸沉沒海中。

[2] 滄海：我國古代對東海的別稱。滄，同"蒼"，因海水呈青蒼色，故名滄海。《初學記》卷六引晉代張華《博物志》："東海之別有渤澥，故東海共稱渤海，又通謂之滄海。"

[3] 澹澹（dàndàn）：水波蕩漾貌。

[4] 竦（sǒng）峙：聳立，挺立。

[5] 蓁（cóng）生：草木等聚集在一起生長，多形容茂盛。蓁，同"叢"。

[6] 蕭瑟：形容秋風吹拂樹木所發出的聲音。

[7] 星漢：天河。

[8] 詠志：謂以詩歌抒發心志。

【簡析】曹操的《步出夏門行》寫於建安十二年（207），與烏桓（部落名）作戰時。《步出夏門行》又名《隴西行》，屬古樂府《相和歌辭·瑟調曲》。曹操是借舊調舊題寫時事。全篇由五部分組成，開頭是"豔"（序曲），以下有《觀滄海》《冬十月》《土不同》《龜雖壽》四解（四章），各解的內容都可以獨立。《觀滄海》是曹操登臨碣石山時所作，寫出了登高望海所見的初秋景色和大海的遼闊雄壯，表現了作者的開闊胸襟和豪邁氣魄。這首詩可說是我國詩史上的一首比較完整的寫景詩。詩中並無直抒胸臆的感慨之辭，但是誦讀全詩，能令人感到它所深深寄託的情懷。

## 鬱鬱澗底松

【題解】作者左思（（約250—約305），字太沖，齊國臨淄（今山東淄博市臨淄區北）人，西晉文學家。出身寒微，才華出衆，不喜交遊。曾官秘書郎。後退出仕途，專事典籍。其詩文語言質樸、凝練、剛健，所作《三都賦》頗受當時稱頌，一時"洛陽紙貴"。代表詩作《詠史》八首，託古諷今，連類引喻，"詠古人而己之性情俱見"（清沈德潛《古詩源》），頗有建安風骨。原有集，已散佚，後人輯有《左太沖集》。

鬱鬱澗底松[1]，離離山上苗[2]。以彼徑寸莖[3]，蔭此百尺條[4]。世胄躡高位[5]，英俊沈下僚[6]。地勢使之然[7]，由來非一朝。金、張籍舊業[8]，七葉珥漢貂[9]。馮公豈不偉[10]，白首不見招。

**【注釋】**

[1] 鬱鬱：茂盛貌。　澗底松：澗谷底部的松樹。多喻德才高而屈居下位的人。

[2] 離離：盛多而下垂貌。　山上苗：比喻無才能而居高位的世族子弟。苗，出生的草木。

[3] 彼：指山上苗。　徑寸：徑長一寸。常用以形容圓形物之細小。

[4] 蔭：遮蔽。　此：指澗底松。

[5] 世胄（zhòu）：世家子弟，貴族後裔。胄，古代帝王或貴族的後嗣。　躡（niè）高位：猶"登高位"。躡，登上。

[6] 英俊：才智出衆的人。　沈：亦作"沉"。　下僚：低微的職位。

[7] 地勢：地位，權勢。

[8] 金、張：此指金日（mì）磾（dī）和張安世的子孫們。金、張二人都是漢宣帝時的顯臣，後世因以"金、張"爲顯臣的代稱。　籍：通"藉"。憑藉。　舊業：指先人的功業。金、張二人的子孫幾代都藉先人有功而做大官。

[9] 七葉：七世，七代。指從漢武帝到漢平帝。　珥（ěr）：插，戴。　貂：指貂尾，古代多用作帝王貴近之臣的冠飾。李善《文選注》引董巴《輿服制》："侍中、中常侍，冠武弁，貂尾爲飾。"

[10] 馮公：指西漢馮唐。　偉：才識卓越。

**【簡析】**左思的代表詩作是《詠史》八首，都是借詠古人古事來抒發自己個人的懷抱。劉勰《文心雕龍》說他"盡銳於《三都》，拔萃於《詠史》"。《鬱鬱澗底松》是其中的第二首，詩中對當時的門閥制度、世族特權進行了揭露和抨擊。詩的前半部分以貼切而形象的比喻揭露了門閥制度的不合理，後半部分更指出了這種現象的根深蒂固，加強了批判的感染力。左思的詠史詩想象開闊，富有氣勢，筆力矯健，情調高亢，具有浪漫主義特色，名爲詠史，實爲詠懷，對後世產生了良好的影響。

## 讀山海經

**【題解】**作者陶淵明（365或372或376—427），一名潛，字元亮，私謚"靖節"，世稱靖節先生，潯陽柴桑（今江西九江）人，東晉著名詩人。有謂其係東晉名將陶侃曾孫，但無定論。曾任江州祭酒、鎮軍參軍、彭澤令等，但任職時間均不長。最後終因"不爲五斗米折腰"，去職歸隱，絕意仕途。工於詩文辭賦，其作品表現了對當時社會的不滿以及對理想社會的追求。他長期隱居田園，寄情詩酒，一向被視爲"田園詩人"。其實在平和、平淡之中包含着不滿和憤慨之情，並有"金剛怒目"（魯迅語）式的作品。其詩文語言質樸自然，而又清朗精煉，具有獨特風格，對後世的文學有巨大的影響。有《陶淵明集》。清人陶澍編注的《靖節先生集》是較好的注本。

　　孟夏草木長[1]，繞屋樹扶疏[2]。衆鳥欣有託，吾亦愛吾廬。既耕亦已種，時還讀我書。窮巷隔深轍[3]，頗迴故人車[4]。歡言酌春酒[5]，摘我園中蔬。微雨從東來，好風與之俱。泛覽《周王傳》[6]，流觀《山海》圖[7]。俯仰終宇宙[8]，不樂復何如？

【注釋】

[1] 孟夏：夏季的第一個月，農曆四月。

[2] 扶疏：枝葉繁茂、分披四布貌。

[3] 窮巷：冷僻簡陋的小巷。　隔：阻隔，隔絕。　深轍：深深的車轍，表示經常有車來往。

[4] 頗：甚，猶言"多"。　迴：回轉。

[5] 春酒：冬釀春熟之酒，亦稱春釀秋冬始熟之酒。《詩經·豳風·七月》："爲此春酒，以介眉壽。"馬瑞辰《毛詩傳箋通釋》："春酒即酎酒也。漢制，以正月旦作酒，八月成，名酎酒。周制，蓋以冬釀經春始成，因名春酒。"

[6] 周王傳：即《穆天子傳》，又名《周穆王遊行記》。西晉太康二年（281），在今河南汲縣發現一座戰國時期魏王墓葬，出土先秦古書《汲塚書》，其中有《穆天子傳》《周穆王美人盛姬死事》，後合併爲至今流傳的《穆天子傳》。文辭質樸，較有小說意味。

[7] 山海圖：《山海經》的圖，此指《山海經》。

[8] 俯仰：一俯一仰，低頭和抬頭之間，表示時間短暫。　終：窮盡。　宇宙：此指宇宙間的事。

【簡析】陶淵明的《讀山海經》是他隱居中耕種之餘觀覽《山海經》時有感而作的一組詩，共十三首。《孟夏草木長》是第一首，是組詩的發端，内容是寫讀《山海經》的樂趣，標題另加。其餘各首則是歌詠《山海經》所載的各項事物。本詩的前六句描寫初夏之際，詩人寓居在綠樹環繞的草廬，自尋其趣，耕作之餘悠閒地讀起書來。中間六句寫自己居住在幽深僻遠的村巷，與外界不相往來，没有了人世間的喧鬧和干擾，是多麼的自在與自得！詩的最後四句概述讀書狀況，抒發讀書所感。本詩抒發了詩人回歸田園的平和胸懷，在物我交融的鄉居生活中，以純樸真誠的筆觸，抒發了真實的人生樂趣，體現了詩人高遠曠達的生命境界。

## 四十四、唐詩六首

### 長干行[1]

【題解】作者李白（701—762），字太白，號青蓮居士。祖籍隴西成紀（今甘肅天水市附近），先世流入西域，遷居安西都護府碎葉城（今吉爾吉斯斯坦托克馬克附近），李白即出生於此。後隨父遷徙入蜀，居住於錦州昌隆（今西川江油）青蓮鄉。少年即顯露才華，博學廣覽，吟詩作賦，喜好遊歷行俠。他不僅是一個“十五觀奇書，作賦凌相如”的青年才子，同時還是“十五遊神仙”“十五好劍術”的少年游俠和羽客。從25歲起離川，長期在各地漫遊，對社會生活多所體驗。天寶元年（742）應詔入長安任翰林供奉，三年不到即受排擠憤而離開。天寶三年（744），在洛陽與杜甫結交。“安史之亂”時，加入永王李璘的幕府。後李璘兵敗被殺，李白受牽連而下獄，被判流放夜郎（今貴州桐梓），後途中遇赦。寶應元年（762）病死於當塗（今屬安徽）。李白是古代偉大的浪漫主義詩人。其詩表現出蔑視權貴的傲岸精神，對當時政治的腐敗作了尖銳的批判，對人民的疾苦表示極大的同情。詩風雄奇豪放，想象豐富莫測，語言流轉自然，詩體自由多樣。他的作品成就達到盛唐詩歌藝術的巔峰。與杜甫齊名，世稱“李杜”。比較完善的注本有清代王琦的《李太白全集》。

妾髮初覆額，折花門前劇[2]。郎騎竹馬來，繞床弄青梅[3]。同居長干里[4]，兩小無嫌猜，十四爲君婦，羞顏未嘗開[5]。低頭向暗壁，千喚不一回。十五始展眉，願同塵與灰[6]。常存抱柱信[7]，豈上望夫臺[8]。十六君遠行，瞿塘灩澦堆[9]。五月不可觸，猿聲天上哀。門前遲行跡[10]，一一生綠苔。苔深不能掃，落葉秋風早。八月蝴蝶黃[11]，雙飛西園草。感此傷妾心，坐愁紅顏老[12]。早晚下三巴[13]，預將書報家。相迎不道遠，直至長風沙[14]。

【注釋】

[1] 長干行：樂府舊題《雜曲歌辭》調名。本爲長江下遊一帶民歌，其源出自《清商西曲》，其歌内容多寫船家婦女的生活。長干，古建康里巷名。故址在今間江蘇南京市南。《文選·左思〈吳都賦〉》：“長干延屬，飛甍舛互。”劉逵注：“江東謂山岡間爲‘干’。建鄴之南有山，其間平地，吏民居之，故號爲‘干’。中有大長干、小長干，皆相屬。”行，古詩的一種體裁。

[2] 劇：遊戲。

[3] 床：此指坐具。　弄：逗弄。

[4] 長干里：在今南京市秦淮河南，其地靠近長江，當年係船民集居之地。

[5] 未嘗：《全唐詩》校作“尚不”。

[6] 塵與灰：意謂死了化塵化灰也要在一起。喻至死不渝。

[7] 抱柱信：《莊子·盜跖》：“尾生與女子期於梁下，女子不來，水至不去，抱樑柱而死。”後以“抱柱”爲堅守信約的典故。

[8] 望夫臺：古迹名。各地多有，均屬民間傳說，類似的說法還有望夫石、望夫山等。謂婦人佇立望夫日久化而爲石。

[9] 瞿塘：峽名，即“瞿唐峽”。爲長江三峽之首，也稱夔峽。在今重慶奉節縣東。　灩澦堆：長江瞿塘峽口的險灘。王琦注引《太平寰宇記》：“灩澦堆，周回二十丈，在夔州西南二百步蜀江中心瞿塘峽口。冬水淺，屹然露百餘尺。夏水漲，没數十丈。其狀如馬，舟人不敢進。”

[10] 遲（zhì）：等待。一作"舊"。

[11] 黄：《全唐詩》作"來"。

[12] 坐：因。

[13] 早晚：何時。 三巴：古地名。巴郡、巴東、巴西的合稱。相當今四川嘉陵江和綦江流域以東的大部地區。

[14] 長風沙：地名。在今安徽安慶市的長江邊上，距南京約700里。據南宋陸游《入蜀記》説，其700里間地極端險。

【簡析】李白的五言樂府《長干行》是一首愛情敘事詩。詩中通過一個少婦的自敘口吻，寫她對長年經商在外的丈夫的思念，感情濃烈而真切，其間還帶有情節性。開首六句寫雙方孩童時的天真爛漫。"十四爲君婦"以下八句，通過心理描寫，生動細膩地描繪了小新娘出嫁後的新婚生活。前四句寫初嫁時的嬌羞之態，後四句寫婚後的親昵愛戀。"十六"四句以濃重的筆墨描寫閨中少婦爲丈夫遠行而操心，聲聲叮嚀在耳。"門前"以下八句，通過節氣變化和不同景物的描寫，寫出少婦的青春感觸和盼夫思情。最後四句是全詩的歸結，熱切地表達了少婦對丈夫的忠貞感情。清代紀昀説："興象之妙不可言傳，此太白獨有千古處。"李白的這首詩塑造出一個具有豐富深摯情感的古代少婦形象，是不可多得之作。

## 滕王閣[1]

【題解】作者王勃（649—676），字子安，絳州龍門（今山西河津）人，唐代詩人。少年聰慧，年十四即及第，授朝散郎，曾任虢州參軍。後往交趾（唐初嶺南道交州治所，今越南河內西北）探父，渡海溺水，受驚而死。王勃和楊炯、盧照鄰、駱賓王"以文章齊名天下"，並稱"初唐四傑"。他們的作品開始突破齊梁以來形式主義的綺麗詩風的束縛，漸漸顯露出唐詩獨特的時代風貌。王勃的詩以"高華"著稱，内容較六朝宫體詩擴大，音調的婉轉變化，則吸取了樂府的特色。王勃的文章多爲駢體，以《滕王閣序》最爲有名。有《王子安集》十六卷。

滕王高閣臨江渚[2]，佩玉鳴鸞罷歌舞[3]。畫棟朝飛南浦雲[4]，珠簾暮捲西山雨[5]。閒雲潭影日悠悠[6]，物換星移幾度秋[7]。閣中帝子今何在[8]？檻外長江空自流[9]。

【注釋】

[1] 滕王閣：故址在今江西南昌市贛江之濱。唐高祖第二十二子李元嬰（630—684）爲洪州（治豫章，即今南昌市）刺史時所建，後元嬰封滕王，故名。其後閻伯嶼爲洪州牧，宴群僚於閣上，王勃省父過此，即席作《滕王閣序》。閣歷經修建，後焚毀，亦省作"滕閣"。

[2] 渚（zhǔ）：水邊。

[3] 佩玉鳴鸞（luán）：指鳴佩玉鳴鸞，謂宴畢人散。《禮記·玉藻》："君子在車，則聞鸞和之聲，行則鳴佩玉。"佩玉，古代系於衣帶用作裝飾的玉，行走時則相撞擊發出響聲。鸞，車鈴，車行則搖動發出聲響。

[4] 畫棟：有彩繪裝飾的棟樑。　南浦：地名。在南昌西南，章江至此分流。

[5] 珠簾：珍珠綴成的簾子。　西山：山名。在南昌西北，一名南昌山。

[6] 閒雲：悠然飄浮的雲。　潭影：此指雲在潭中的倒影。　日：日日，天天。　悠悠：閒適貌。猶"悠然"。

[7] 物換星移：景物改變，星辰移動。形容時序和世事的變化。

[8] 帝子：帝王之子。此指滕王。

[9] 檻（jiàn）：欄杆。

【簡析】王勃的七言古詩《滕王閣》常因其影響更大的駢文《滕王閣序》而被湮没。其實，二者可謂雙璧同輝，相得益彰。本詩首句直接點題，第二句則由今及古，遥想當年滕王興建此閣時的盛況。第三、第四兩句寫畫棟飛上南浦之雲，珠簾捲入西山之雨，用了誇張手法凸顯出滕王閣居高臨遠之勢，情景交融，寄慨良深。第五、第六兩句的筆觸由空間轉入時間，時日的悠長自然生發了"物換星移"的感慨。末尾兩句，詩人在提出建閣人如今何在的疑問後，以景作結，似答非答，與李白的詩句"唯見長江天際流"的意境相似。

## 旅夜書懷

【題解】作者杜甫（712—770），字子美，祖籍襄陽（今屬湖北），出生鞏縣（今屬河南）。杜甫出身於"奉儒守官"的官僚世家。十三世祖杜預是西晉名將，祖父杜審言是武則天時著名詩人，父親杜閑曾爲兗州司馬和奉天縣令。杜甫早年刻苦學習，知識淵博，頗有政治抱負。35 歲前曾過了十年"壯遊"生活，但幾次應試進士未取，後來又在長安困居近十年，仕途上很不得志。安禄山作亂時，杜甫逃至鳳翔，做了唐肅宗的左拾遺，不久，即獲罪被貶。後來，他棄官入蜀，在成都築了一所草堂，世稱浣花草堂，於此安家定居。後一度在西川節度使嚴武幕中任參謀，嚴武並舉薦他爲檢校工部員外郎，故世稱杜工部。晚年時攜家出蜀，準備到郴州投奔舅父，不料阻水，病死於湘江上的一條小船中。杜甫是一位偉大的現實主義詩人。在動蕩和戰亂中，流離失所，貧困交加，到處漂泊，他親身經歷了社會的黑暗，看到了人民的疾苦。杜甫憂國憂民，他的整個詩歌創作真實地反映了他身處的那個時代，故被稱作"詩史"。杜甫的詩風以沉鬱爲主，語言精粹，具有高度的表達能力。有《杜工部集》。較詳盡的注本有清代仇兆鰲的《杜少陵集詳注》。

　　細草微風岸[1]，危檣獨夜舟[2]。星垂平野闊[3]，月湧大江流[4]。名豈文章著[5]，官應老病休[6]。飄飄何所似[7]？天地一沙鷗[8]。

【注釋】

[1] 細草：小草。

[2] 危檣：高聳的桅杆。　獨夜：孤獨之夜。

[3] "星垂"句：謂平坦的原野廣闊無際，遠處近地的天邊星點如垂。

[4] "月湧"句：謂長江奔流不息，月亮如從江中湧出一般。

[5] 豈：反詰之詞，本句是"反言以見意"。

[6] 應：表示料想之詞，猶"想必"，實爲激憤難平。

[7] 飄飄：漂泊貌。　似：像似。

[8] 沙鷗：棲息於沙灘、沙洲上的鷗鳥。

【簡析】五言律詩《旅夜書懷》寫於唐代宗永泰元年（765），杜甫五十四歲時。其年五月，杜甫攜家人離開成都草堂，乘舟東下，當船行經渝州（今重慶）、忠州（今忠縣）一帶時，杜甫寫下了這首詩。詩中"二句言景物，二句言情""所遇之時，喪亂不已"（《瀛奎律髓》）。這一年正月，杜甫辭去嚴武幕府職務；四月，嚴武卒。杜甫在成都失去依靠，又一次面臨漂泊不定的生活，對仕途已經絕望，故以孤獨的沙鷗自比。"星垂平野闊，月湧大江流"兩句骨力過人，氣象萬千，與李白的"山隨平野盡，江入大荒流"有異曲同工之妙。

# 無題

【題解】作者李商隱（813—858），字義山，號玉谿生，懷州河內（今河南沁陽）人，唐代詩人。唐文宗開成二年（837）進士，授秘書省校書郎。因受當時朝廷內部牛李（牛僧孺、李德裕）黨爭影響，屢遭排擠，潦倒終身。李商隱詩歌的許多作品關心現實政治，揭露和批判當時藩鎮割據、宦官擅權，不少詠史詩主要也是諷刺上層統治集團的腐朽糜爛。影響很大的描寫愛情的"無題"詩也有所寄託，至其實際含義，諸家所釋不一。在晚唐詩人中，李商隱的詩歌有很高的藝術成就。他擅長律、絕，富於文才，構思奇幻，情深綿邈。唯其用典很多，有的晦澀難懂。現存作品有《樊南文集詳注》八卷，《玉谿生詩詳注》三卷，清人馮浩注。

　　來是空言去絕蹤，月斜樓上五更鐘[1]。夢爲遠別啼難喚[2]，書被催成墨未濃[3]。蠟照半籠金翡翠，麝熏微度繡芙蓉[4]。劉郎已恨蓬山遠[5]，更隔蓬山一萬重。

【注釋】

[1]"來是"二句：寫遠別後久思成夢，醒後卻偏逢月斜樓上，鐘報五更。

[2]"夢爲"句：寫夢中爲別離而啼泣，卻難喚其回。

[3]"書被"句：寫夢醒後急於寫信傾訴衷情。催，是爲夢境所催。

[4]"蠟照"二句：描寫室內景物和氣氛以烘託心情。蠟，蠟燭。半籠，半映，指燭光隱約，不能全部照到床上。金翡翠，以金線繡成翡翠鳥圖樣的帷帳或羅罩。麝，俗稱香獐，能分泌麝香，此即指香氣。度，透過。繡芙蓉，指華麗的繡花帳子。

[5]劉郎：指東漢劉晨。相傳劉晨和阮肇一同入天臺山採藥，爲仙女所邀，留半年，求歸，抵家時子孫已七世。見劉義慶《幽明錄》載。後世因以借指情郎。蓬山，即蓬萊山，相傳爲仙人所居。

【簡析】李商隱的七言律詩《無題》（來是空言去絕蹤）究竟寫何人、何事，至難確定，但其感情之深，盡可體會。可以假定這首詩爲男女遠別後的思念之作，詩中的主角，也可假定爲女方。詩的逐句解讀按《玉谿生詩意》所評析的："一相期久別；二此時難堪；三夢猶難別；四幸通音信；五六孤燈微香，咫尺千里；七八遠而又遠，無可如何矣。"總括該詩"語極搖曳，思却沉摯"（《唐詩箋注》）亦爲確當的評斷。

# 問劉十九[1]

【題解】作者白居易（772—846），字樂天，晚年自號香山居士，原籍太原（今屬山西），曾祖時遷居下邽（今陝西渭南北）。早年家境貧困，在藩鎮作亂、社會動蕩中長大，生活顛沛流離，對下層人民疾苦有較多接觸和瞭解。唐德宗貞元十六年（800）進士，授秘書省校書郎。憲宗元和三年（808）任左拾遺，後因直言敢諫，得罪權貴，被貶爲江州（治所在今江西九江）司馬。以後歷任杭州、蘇州刺史，太子少傅，官至刑部尚書。白居易是一位傑出的現實主義詩人，其創作在唐代詩人中是最多的一個。早期諷喻詩深切地反映人民的痛苦，比較尖銳地揭露當時的各種弊端。晚年詩文多怡情悅性、流連光景之作。白居易在文學上宣導新樂府運動，其詩作語言通俗，平易近人。他的感傷詩中有兩篇敘事長詩《長恨歌》和《琵琶行》相當有名。與同時期詩人元稹（字微之）爲知己，二人齊名，世稱"元白"。晚年與劉禹錫唱和甚多，人稱"劉白"。有《白氏長慶集》共七十一卷。

綠螘新醅酒[2]，紅泥小火爐。晚來天欲雪，能飲一杯無[3]？

【注釋】

[1] 劉十九：未詳何人。作者另有《劉十九同宿詩》，詩中有"唯共嵩陽劉處士"語，應是河南登封人。十九，指排行。

[2]"綠螘"句：指未經濾過的新酒，上有浮渣如蟻，故稱。螘，同"蟻"。醅（pēi），未濾去糟的酒。

[3] 無：猶"否"。

【簡析】白居易的五言絕句《問劉十九》是頗能體現白詩"婦孺都解"平易風格的一首詩。讀此詩，你可以設想這樣一個場景：冬日某時，邀友相聚，小飲取樂，或兼禦寒，生活中的常事，在詩人筆下構成一個極富想象的詩的意境。詩中三個意象：新酒、火爐、暮雪；三種色彩：綠（螘）、紅（泥）、白（將雪未雪）。組成多麼溫馨的畫面，營造多麼暖心的境界，表達多麼融融的友情。按《唐詩三百首》陳婉俊補注所說："信手拈來，都成妙諦，詩家三昧，如是如是。"又如《詩境淺說續編》所言："尋常之事，人人意中有，而筆不能達者，得生花江管寫之，便成絕唱，此等詩是也。"所評誠然不虛！

# 寄揚州韓綽判官[1]

【題解】作者杜牧（803—853），字牧之，號樊川，京兆萬年（今陝西西安）人，唐代文學家。其祖父杜佑是唐代著名史學家，著有《通典》兩百卷。唐文宗大和年間進士，爲弘文館校書郎。曾入江西、宣歙及淮南使府之幕，歷任監察御史及數州刺史，官終中書舍人。少年時家道已中落，生活貧困，但胸懷大志，又好談兵。以濟世之才自負，曾注曹操所定《孫子兵法》十三篇。在晚唐詩人中，杜牧頗有自己的特色，其詩明媚流轉，俊逸生動，七絕尤有情緻，也寫過一些渲染聲色、頹廢輕薄的作品。杜牧在當時與李商隱齊名，人稱"小李杜"。後人又稱杜甫爲"老杜"，稱杜牧爲"小杜"。其文《阿房宮賦》頗爲有名。有《樊川文集》。清人馮集梧有《樊川詩集注》。

青山隱隱水迢迢[2]，秋盡江南草木彫[3]。二十四橋明月夜[4]，玉人何處教吹簫[5]？

【注釋】

[1] 韓綽：生平不詳。　判官：古代官名。唐代節度使等均置判官，爲地方長官的僚屬，輔理政事。

[2] 隱隱：隱約不分明貌。　迢迢：水流綿長貌。一本作"遙"。

[3] 草木彫：似爲作者據其所見實景而直寫。木，一本作"未"。彫，通"凋"，凋殘，零落。

[4] 二十四橋：故址在江蘇揚州市江都縣西郊。祝穆《方輿勝覽》謂隋代已有二十四橋，並以城門坊市爲名。沈括《夢溪補筆談·雜誌》："揚州在唐時最盛。舊城南北十五里一百一十步，東西七里三十步，可紀者有二十四橋。"後用以指歌舞繁華之地。

[5] 玉人：美人。　教：使。

【簡析】杜牧的七言絕句《寄揚州韓綽判官》是作者離開揚州以後懷念昔日同僚韓綽判官而作。詩中着意刻畫深秋之時的揚州依然青山綠水、草木蔥蘢，二十四橋月明之夜處處樂聲悠揚，表達了詩人對以往揚州生活的深情懷念。全詩詞采清麗，畫面鮮明，"風流秀曼，一片精神"（《精選評注五朝詩學津梁》），充分體現了作者才氣的俊爽與思致的活潑。故《唐人萬首絕句選評》如此評說："深情高調，晚唐中絕作，可以媲美盛唐名家。"

## 四十五、宋詞六首

### 雨霖鈴

【題解】作者柳永（987？—1053？），字耆卿，原名三變，字景莊，排行第七，崇安（今屬福建）人，北宋詞人。少年時屢試不第，浪跡汴京、蘇杭等地，出入青樓酒館，爲樂工、歌妓填詞。景祐時得中進士，官屯田員外郎。世稱柳七、柳屯田。爲人放蕩不羈，終身潦倒。柳永的詞多反映都市的繁榮景象和中下層市民的生活，長於描寫羈旅行役、離愁別恨，也有不少同情歌妓之作。他還是第一個創作了大量慢詞的人，對詞調的發展做出了一定貢獻。柳詞語言通俗，情景交融，善於鋪敍，音律諧婉，在當時流傳很廣。今存有《樂章集》。

寒蟬淒切，對長亭晚，驟雨初歇。都門帳飲無緒[1]，方留戀處[2]，蘭舟催發[3]。執手相看淚眼，竟無語凝噎[4]。念去去、千里煙波[5]，暮靄沈沈楚天闊[6]。多情自古傷離別，更那堪、冷落清秋節[7]。今宵酒醒何處？楊柳岸、曉

NOTE

風殘月。此去經年<sup>[8]</sup>，應是良辰好景虛設。便縱有、千種風情，更與何人說<sup>[9]</sup>？

**【注釋】**

[1] 都門：京都城門。　帳飲：謂在郊野張設帷帳，宴飲送別。　無緒：沒有心情。

[2] 方：一本無"方"字。

[3] 蘭舟：木蘭舟。指木蘭木做成的船。亦用爲小舟的美稱。

[4] 凝噎：猶哽咽。喉中氣塞，哭不出聲。一本作"凝咽"。

[5] 去去：謂遠去。

[6] 暮靄：傍晚的雲霧。　楚天：南方楚地的天空。

[7] 清秋：明净爽朗的秋天。　節：季節，時節。

[8] 經年：猶言一年年，形容時間長久。

[9] 更：一本作"待"。

**【簡析】**柳永的《雨霖鈴》是一首抒寫離情的詞，是其最負盛名之作。在柳永之前，抒寫離愁別緒的詞很多，但柳永作爲一個長期浪跡江湖的游子，對生活有着獨特的體驗，因而他寫一對戀人的離別，就不同於傳統的送別詞那種紅樓深院、春花秋月的狹小境界，而表現出一種煙波浩蕩、楚天開闊的氣象。詞的上片敍寫離別時的難捨難分，對離別情景作了具體細膩的描繪；下片換成抒情，是抒寫想象中的離別後的情景，將自己的内心活動一層層地揭示了出來。詞中"今宵酒醒何處？楊柳岸，曉風殘月"數言，自是古今俊句，生動地道出了柳詞"清和朗暢""秀淡幽絶"的特色，是其婉約風格的代表。宋人俞文豹《吹劍録》記載過一則有名的軼事："東坡在玉堂日，有幕士善歌，因問：'我詞何如柳七？'對曰：'柳郎中詞，祇合十七八女郎，執紅牙板，歌楊柳岸、殘風曉月'；學士詞，須關西大漢，銅琵琶，鐵綽板，唱'大江東去。'東坡爲之絶倒。"

## 卜算子
### 黄州定慧院寓居作<sup>[1]</sup>

**【題解】**作者蘇軾，介紹見本教材《留侯論》題解。蘇軾的詞較之詩文有更大的藝術創造性。蘇詞衝破了晚唐五代以來專寫男女戀情、離愁別緒的舊框子，擴大了詞的題材，提高了詞的意境。他的詞作也改變了晚唐五代詞家婉約的詞風，成爲後來豪放派的開創者。

缺月挂疏桐<sup>[2]</sup>，漏斷人初静<sup>[3]</sup>。誰見幽人獨往來<sup>[4]</sup>，縹緲孤鴻影<sup>[5]</sup>。驚起卻回頭，有恨無人省<sup>[6]</sup>。揀盡寒枝不肯棲，寂寞沙洲冷<sup>[7]</sup>。

**【注釋】**

[1] 定慧院：又名定惠院，在黄州東南。作者有《記遊定惠院》。

[2] 缺月：不圓之月。　疏桐：枝葉稀疏的梧桐樹。

[3] 漏斷：漏聲已斷。指夜深。漏，古代計時器，即漏壺。

[4] 幽人：幽居之士。詞人自指。

[5] 縹緲：高遠隱約貌。　孤鴻：孤單的鴻雁。

　　[6] 省：知曉，明白。

　　[7] "揀盡"二句：謂孤鴻不肯棲於寒枝，而寧願宿於寂寞寒冷的沙洲。言"不肯棲"，含有不肯苟合取容的意思。

　　【簡析】蘇軾寫《卜算子》（黃州定慧院寓居作）時，正謫居黃州。詞中抒寫了自己當時的孤獨寂寞心情，詞的上片寫缺月疏桐、縹緲孤鴻的静夜景象。夜行之"幽人"歷來有不少猜測，但應該是作者自己。下片完全脱開定惠院夜景和作爲主體的"幽人"，祇寫孤鴻。從結構章法説，似乎不合常規。但正如評家所説："蓋其文章之妙，語意到處即爲之，不可限以繩墨也。"（胡仔《苕溪漁隱叢話前集卷三十九》）以孤鴻自比，恰是表現了不願隨遇而安的生活態度。

# 蘭陵王
## 柳

　　【題解】作者周邦彦（1056—1121），字美成，號清真居士，錢塘（今浙江杭州）人，北宋詞人。少年時落魄不羈，曾沿江西上，客遊荆州。後在太學讀書，因獻《汴京賦》得官。歷官太學正、廬州教授、知溧水縣等。徽宗時爲徽猷閣待制，提舉大晟府（音樂機關）。精通音律，曾創作不少新詞調。詞作内容多爲閨情與羈愁，也有詠物之作。格律講究謹嚴，詞句工麗典雅，尤善長調鋪敍，對後世詞壇有很大影響。舊時詞壇譽之爲"詞家之冠"。有《清真居士集》，已佚。今存《片玉詞》。

　　柳陰直[1]，煙裏絲絲弄碧[2]。隋堤上[3]、曾見幾番，拂水飄綿送行色[4]。登臨望故國[5]，誰識？京華倦客[6]。長亭路、年去歲來，應折柔條過千尺[7]。

　　閒尋舊蹤跡，又酒趁哀弦[8]，燈照離席[9]。梨花榆火催寒食[10]。愁一箭風快[11]，半篙波暖[12]，回頭迢遞便數驛[13]，望人在天北[14]。

　　悽惻[15]，恨堆積！漸別浦縈迴[16]，津堠岑寂[17]，斜陽冉冉春無極[18]。念月榭攜手[19]，露橋聞笛[20]。沈思前事，似夢裏，淚暗滴。

　　【注釋】

　　[1] 柳陰：柳下的陰影。亦作"柳蔭"。　直：柳樹排得很整齊，因而陰影也是筆直的。

　　[2] 絲絲：形容細柔如絲的柳樹枝條。　弄：舞弄。

　　[3] 隋堤：指當時東京（今河南開封市）附近的沿河岸修築的御道，道旁植楊柳，是隋煬帝時修建的，故後人謂之隋堤。　幾番：謂不止一次。

　　[4] "拂水"句：形容柳條輕拂水面，飄起飛絮，仿佛爲人送行。綿，指柳絮。

　　[5] 故國：此指故鄉。

　　[6] 京華：京城的美稱。因京城是文物、人才匯集之地，故稱。　倦客：客遊他鄉而對旅居生活感到厭倦的人。此爲作者自指。

　　[7] 折柔條：即折柳枝。《三輔黃圖·橋》："霸橋在長安東，跨水作橋。漢人送客至此橋折柳贈別。"後多用"折柳"爲贈別或送別之詞。柔條，特指垂柳的枝條。

［8］酒趁哀弦：謂飲酒時伴隨着哀怨的弦樂聲。

［9］燈照離席：謂燈照着錢別的宴席。

［10］“梨花”句：謂這是正當梨花盛開，準備鑽取榆柳之火，快到寒食節的時候。榆火，指榆柳火。《周禮·夏官·司爟》“四時變國火”鄭玄注：“鄭司農説以鄹子曰：‘春取榆柳之火。’”本謂春天鑽榆、柳之木以取火種，後因以“榆火”爲典，表示春景。唐宋時，朝廷於清明日取榆柳之火賜近臣，以順陽氣。寒食，舊時在清明前一日或二日爲寒食，習俗禁火三天，其來由有多種説法。

［11］一箭風快：形容風送船行，其快如箭。

［12］半篙：指船篙插入水中的祇是半截，故説“半篙”。　波暖：時近暮春，水波已暖，故曰。

［13］迢遞：遙遠貌。此指船已行出很遠。　驛：驛站。

［14］人：此指送行之人。　天北：指相距很遠的地方。

［15］悽惻：因情景凄涼而悲傷。

［16］別浦：謂船離岸啓航。浦，水邊，河岸。　縈迴：指河水盤旋回繞。

［17］津堠：渡口上供瞭望用的土堡。　岑寂：高而静。亦泛指寂静。

［18］冉冉：漸進貌。此指太陽慢慢向西移動。　春無極：春色無邊無際。

［19］月榭：月下的樓臺。榭，建在高臺上的木屋。多爲遊觀之所。

［20］露橋：露水沾濕的橋頭。

【簡析】周邦彦的《蘭陵王·柳》，並不是真正詠柳，而是送別之作，所謂借柳引人而已。該詞三疊。一疊寫柳，也寫別離。“登臨望故國，誰識？京華倦客”幾句，寫出了自己久居京城的厭倦。二疊承前，寫眼前別離情景，交遊相繼別去，往事皆成舊夢。離情盡抒，遠行客望送別之人直到渺不可見。三疊抒説別後情懷。從“凄惻”的空虛心態，到“恨堆積”的惆悵和無奈，再到“沉思”的前事如夢，前後描寫虛實結合，更襯出別後凄涼意味。“斜陽冉冉春無極”一句，情景交融，“綺麗中帶悲壯，全首精神振起”（梁啓超語），可謂神來之筆。

## 永遇樂

【題解】作者李清照（1084—1151?），號易安居士，齊州章丘（今山東濟南章丘）人，南宋女詞人。她的父母都工於文章，丈夫趙明誠是金石考據家。早期生活優裕，與明誠共同致力於書畫金石的搜集整理，其詞作内容比較狹窄，多寫閨情。中原淪陷後，與丈夫南渡，不久丈夫病死，她便過着顛沛流離、凄涼愁苦的生活。自此她的詞風大變，多悲嘆、感傷之作，有的也流露出對中原的懷念，表達了南渡人士共同的哀愁。李清照的詞藝術水準較高，善用白描手法，抒情寫物，自辟蹊徑，詞風婉約俊秀，語言清麗典雅，並提出詞“別是一家”之説。她的作品散失了很多，現在所傳《漱玉詞》爲後人所輯。今人有《李清照集校注》。

落日鎔金[1]，暮雲合璧[2]，人在何處[3]？染柳煙濃[4]，吹梅笛怨[5]，春意知幾許[6]？元宵佳節，融和天氣，次第豈無風雨[7]？來相召，香車寶馬[8]，謝他酒朋詩侶[9]。

中州盛日[10]，閨門多暇，記得偏重三五[11]。鋪翠冠兒[12]，撚金雪柳[13]，簇帶爭濟楚[14]。如今憔悴，風鬟霧鬢[15]，怕見夜間出去[16]。不如向、簾兒底下，聽人笑語。

【注釋】

[1] 鎔金：熔化金屬。亦特指熔化黃金。此謂落日之色犹如熔化了的黃金一般。鎔，後作"熔"。

[2] 璧：扁平圓形、中心有孔的玉器。

[3] 人：此指親人。表明作者的孤獨寂寞。

[4] 染柳煙濃：形容柳色如染，煙濛濛一片綠色。

[5] 吹梅笛怨：因古笛曲有《梅花落》，故謂。

[6] 幾許：多少，若干。

[7] 次第：轉眼，緊跟着。此句一反前意，是對來約自己出遊的朋友推託的話，透露出作者内心好景無常的悲觀情緒。

[8] 香車寶馬：華美的車馬。

[9] 謝：謝絕，推辭。　酒朋詩侶：酒伴詩友。

[10] 中州：古時豫州（今河南省一帶）地處九州之中心，稱爲中州。此處"中州"是指東京汴梁（今河南開封市）。　盛日：昌盛的日子，指汴京未淪陷時。

[11] 偏重：特別看重。　三五：特指農曆正月十五上元節。

[12] 鋪翠冠兒：用翡翠鳥羽毛裝飾的帽子，宋時婦女所戴。

[13] 撚（niǎn）金雪柳：以金線撚絲製成的雪柳頭飾。宋時婦女在立春日和元宵節所插戴。撚，用手指搓轉。

[14] 簇帶：猶言"滿戴"，插戴得滿頭都是。簇，聚集。　濟楚：齊整漂亮。

[15] 風鬟霧鬢：形容女子的頭髮蓬鬆散亂。霧，一本作"霜"，形容髮色如霜。

[16] 怕見：怕着。見，語助詞，表示動作持續。一説猶言"懶得"。

【簡析】李清照的《永遇樂》是南渡後所作，詞中撫今追昔，流露出深深的亡國之痛，也表達了自己的孤寂之情。上闋寫眼前元夕，先從傍晚時分的景色寫起。"落日鎔金，暮雲合璧"上下四字組成工對，描摹西下夕陽、日暮之雲生動如見。接着寫人，"人在何處"之"人"乃作者自指，"何處"發問，道出故土淪陷、無家可歸、孤身漂泊江南的身世遭遇。其他柳煙梅笛的描寫，元宵遊興的闌珊，寫出了自己苟安於世的内心擔憂。下闋回頭追憶"中州盛日"，將往昔之青春歡愉與如今之憔悴避人作對比，形象地寫出了歷盡風霜而無法回首的老態，實際上是將個人的不幸遭遇置於世道變更的大環境中來暗示。雖無涕淚、哭泣等字樣，也沒有更多的情景渲染，但其内心的沉鬱悲苦却在平平的敍寫中不斷透現出來。

## 摸魚兒

【題解】作者辛棄疾（1140—1207），字幼安，號稼軒，歷城（今山東濟南）人，南宋傑出詞人。他出生時，山東已爲金兵所佔。21 歲時組織一支抗金義軍，不久即投歸南宋，任江陰僉判。後歷任湖北、湖南、江西、福建等地安撫使，努力整頓地方，積蓄軍力，準備收復故土。但他的抗金主張始終不爲朝廷所容，43 歲後，就罷職閒居，中間雖然兩度起用，但時間都很短，最後病死於江西鉛（yán）山。辛詞具有深刻的愛國主義思想，反映了時代精神。他繼承了蘇軾的豪放詞風，詞作縱橫慷慨，意境闊大，感情奮發，筆力雄厚，與蘇軾併稱“蘇辛”。辛棄疾也有一些詞作清麗嫵媚，含蓄委婉，描寫農村生活和田園景色，清新可愛。有《稼軒長短句》。今人鄧廣銘的《稼軒詞編年箋注》可資參考。

淳熙己亥[1]，自湖北漕移湖南[2]，同官王正之置酒小山亭[3]，爲賦。

更能消、幾番風雨[4]，匆匆春又歸去。惜春長怕花開早[5]，何況落紅無數[6]。春且住，見說道、天涯芳草無歸路[7]。怨春不語。算祇有殷勤，畫簷蛛網，盡日惹飛絮[8]。長門事[9]，準擬佳期又誤[10]。蛾眉曾有人妬[11]。千金縱買相如賦[12]，脈脈此情誰訴[13]？君莫舞[14]，君不見、玉環飛燕皆塵土[15]！閒愁最苦！休去倚危欄[16]，斜陽正在，煙柳斷腸處[17]。

**【注釋】**

[1] 淳熙己亥：宋孝宗淳熙六年 (1179)，爲己亥年。

[2] 湖北漕：作者當時由湖北路轉運副使改任湖南路轉運副使。漕，本指水道運輸，宋元時爲漕運司及漕司的簡稱。細析之，北宋稱轉運司，南宋稱漕司，元代稱漕運司。爲管理催徵稅賦、出納錢糧、辦理上供以及漕運等事的官員。

[3] 王正之：名正己，是作者舊交。作者調離湖北轉運副使後，由其接任原來職務，故稱“同官”。　小山亭：在鄂州（今湖北武昌縣）漕署官衙內。

[4] 消：禁受，經受。

[5] 長：常常，經常。

[6] 紅：借指花。

[7] 見說道：猶“聽說”。

[8] “算祇有”三句：謂算來祇有屋簷下的蜘蛛網殷勤地整天在那裏纏惹飄飛的柳絮，彷彿想要把春留住似的。畫簷，有畫飾的屋簷。

[9] 長門事：漢武帝時陳皇后失寵，離皇城，退居長門宮，愁悶悲思。後常以“長門”借指失寵女子居住的寂寥淒清的宮院。此藉以自比政治上的失意。長門宮，在今西安南長安縣東北。

[10] 準擬佳期：約定了的好日子。亦是比喻。準擬，料想，安排。

[11] “蛾眉”句：指朝廷當權者不信任抗金忠義之士。淳熙五年 (1178)，史浩爲右丞相，拜官之初，即將辛棄疾、王希呂兩人從在外實掌兵權的職務內調。王希呂亦爲南歸之士。《楚辭·離騷》：“眾女嫉余之蛾眉兮，謠諑謂余以善淫。”蠶蛾觸鬚細長而彎曲，因以比喻女子美麗的眉毛，亦借指女子容貌的美麗。

[12] “千金”句：陳皇后聽聞司馬相如工文章，乃奉黃金百斤，請他作一篇解愁之辭。於是相如爲作《長門賦》，武帝見而傷之，陳皇后復得親幸。事見司馬相如《長門賦序》。

[13] "脈脈"句：謂滿腔深情無處訴説。比喻自己爲當朝權貴所排擠，不能被重用。脈脈，含情欲訴貌。

[14] 君：指好嫉妒的人，也即當權者。

[15] 玉環：楊貴妃，小字玉環。唐玄宗所寵，安史亂起，被迫自縊於馬嵬坡。　飛燕：趙飛燕，漢成帝皇后。爲漢成帝所寵，成帝死後，被廢自殺。玉環、飛燕二人都寵極一時，都好嫉妒，又善舞。

[16] 危欄：高欄。欄，一本作"樓"。

[17] 斷腸：形容極度思念或悲痛。

【簡析】辛棄疾的《摸魚兒》以一個蛾眉見妒的失寵美人形象，隱喻自己對國事的滿懷憂憤。上片寫憐惜春天已逝，却還在徒然地希望留住春去的脚步。以此曲折地寫出了南宋局勢的垂危，自己圖謀恢復中原的希望却在無能爲力地消失。下片以失寵美人的苦悶獨白，隱喻自己一再地希望取信於朝廷，却屢屢遭受壓制打擊。時局愈加艱困，内心的怨恨轉爲憤慨不平，並非是個人的仕途得失，那可是國家的前途命運啊！可恨那些小人總在邀寵誤國。詞的結句"斜陽正在，煙柳斷腸處"有明顯的諷刺朝廷的意味，故《鶴林玉露》説宋孝宗"見此詞頗不悦"，是相當可信的。這首詞繼承了《楚辭》"香草美人"的比興寄託手法，把婉約和豪放兩種詞風的所長熔於一爐，詞面看似哀怨悱惻，内裏實則慷慨激昂。故梁啟超嘆道："迴腸蕩氣，至於此極；前無古人，後無來者。"

# 暗香

【題解】作者姜夔（1155？—1221），字堯章，號白石道人，饒州鄱陽（今屬江西）人，南宋詞人、音樂家。早年孤貧，一生未仕，與詩人詞客交遊。卒於杭州。具有多方面的才能，善書法，精音樂，工詩，尤以詞著稱。詞作多爲紀遊與詠物之作，意境清幽，格律嚴密，語言華美。詞集《白石道人歌曲》六卷中，包括他自己的自度曲、古曲及詞樂曲調。自度曲十七首注有"旁譜"，琴曲《古怨》中並注明指法，是研究詞樂的寶貴資料。又著《琴瑟考古圖》，未見傳本。其他著作有《白石道人詩集》《詩説》《絳帖平》《續書譜》等。

辛亥之冬[1]，予載雪詣石湖[2]。止既月[3]，授簡索句[4]，且徵新聲[5]，作此兩曲。石湖把玩不已，使工妓肄習之[6]，音節諧婉，乃名之曰《暗香》《疏影》[7]。

舊時月色，算幾番照我，梅邊吹笛？喚起玉人[8]，不管清寒與攀摘。何遜而今漸老[9]，都忘卻、春風詞筆。但怪得、竹外疏花，香冷入瑤席[10]。江國[11]，正寂寂。歎寄與路遙，夜雪初積。翠尊易泣[12]，紅萼無言耿相憶[13]。長記曾攜手處，千樹壓、西湖寒碧[14]。又片片、吹盡也，幾時見得[15]？

【注釋】

[1] 辛亥：宋光宗紹熙二年（1191）。

[2] 石湖：即南宋末著名詩人范成大（1126—1193）。他晚年居蘇州西南之石湖，自號石湖居士。

[3] 止既月：住了一個多月。止，居住。

[4] 授簡：給予簡札。謂囑人寫作。

[5] 徵新聲：謂范成大請自己創作新詞調。

[6] 工妓：樂工歌妓。　肄（yì）習：學習。

[7] 暗香、疏影：宋代詩人林逋《梅花》詩："疏影橫斜水清淺，暗香浮動月黃昏。"姜夔的《疏影》《暗香》這兩個詞牌名即取自這兩句。

[8] 玉人：稱美麗的女子。

[9] 何遜：南朝梁詩人，曾任揚州法曹，廨舍有梅花一株，常吟詠其下，作有《揚州法曹梅花盛開》詩（一本題作《詠早梅》）。此借何遜以自況。

[10] 瑤席：席子的美稱。

[11] 江國：河流多的地區。多指江南水鄉。

[12] 翠尊：飾以綠玉的酒器。亦作"翠樽"。

[13] 紅萼（è）：此指紅梅花。萼，花萼。　耿：心情悲傷。

[14] "千樹壓"二句：謂西湖邊上千百株梅樹與碧水相映，就像梅林壓在碧水上一樣。

[15] 幾時：什麼時候。

【簡析】姜夔的《暗香》及另一首《疏影》都是作者自度曲，很能代表他的藝術成就與技巧風格。詞作通過詠梅來懷人，所謂寄情寓興，至於所懷何人，尚無定論。上片起首是對"舊時"的追憶，月、梅、笛三者，是傳統的表現意象。"玉人"勾起前事之憶，自己卻已"漸老"，昔日心情已消去，卻又"香冷入瑤席"，難免再操"春風詞筆"以詠梅。下片承前而展開，"路遙"與"夜雪"陡增寄梅花於所思之人的難度，但此情此景，連"翠尊""紅萼"似乎都在懷念"玉人"。"耿相憶"三字，點明寄託。詞的末了，又回到西湖賞梅，卻物是人非，良辰難再，祇能嘆息"幾時見得"。全詞的成就之處表現在構成一種清幽的意境來寄託自己落寞的心情。

## 四十六、元曲五首

### 陽春曲

#### 題情[1]

【題解】作者白樸（1226—1306 以後），字仁甫、太素，號蘭谷先生，隩州（今山西河曲）人，居真定（今河北正定），元代戲曲作家。終身不仕，縱情詩酒生活。著有《天籟集》（詞集）兩卷，後附散曲，名《摭遺》。所作雜劇今知有十六種，現存《牆頭馬上》《梧桐雨》《東牆記》三種。

從來好事天生儉[2]，自古瓜兒苦後甜。嬭娘催逼緊拘鉗[3]，甚是嚴，越間阻越情忺[4]。

【注釋】

[1] 題情：在這個題目下，作者共寫有六首，都是以女子的口吻抒寫有關愛情的題材。

此爲其中第四首。

　　[2] 好事：指男女相愛之事。　儉：約束，拘束。

　　[3] 嬭娘：此指親娘。嬭，同"奶"。　拘鉗：管束。

　　[4] 間阻：從中阻攔。　情忺（xiān）：情投意合。忺，合意。

　　**【簡析】** 白樸的《陽春曲・題情》共有六首，"從來好事天生儉"是第四首，表現少女反抗壓制、追求美好愛情的強烈願望，感情濃烈潑辣，語言質直有力，頗有古代民歌色彩。

## 天净沙
### 秋思

　　**【題解】** 作者馬致遠（約1251—1321以後），號東籬，一説又字千里，大都（今北京市）人，元代戲曲作家、散曲家。曾任浙江行省官吏，後歸隱山林。所作雜劇今知有十五種，現存《漢宮秋》《岳陽樓》等數種。他與關漢卿、王實甫、白樸被稱爲雜劇四大家。他的散曲被推崇爲元代第一大家，後人輯有《東籬樂府》。

　　枯藤老樹昏鴉[1]，小橋流水人家[2]，古道西風瘦馬[3]，夕陽西下，斷腸人在天涯。

　　[1] 昏鴉：黄昏时的乌鸦。

　　[2] 人家：此指住户。

　　[3] 古道：古老的道路。

　　**【簡析】** 馬致遠的名作《天净沙・秋思》被稱爲"秋思之祖"。從作品本身看，似乎簡簡單單，但細讀之下深感容量巨大，意蘊深遠。本曲句法別致，前三句全由名詞性詞組構成，一共列出九種景物，可謂言簡而意豐。多種景物的並置，組合成一幅秋郊夕照圖，却烘託出一個蕭瑟蒼涼的意境。一個孤寂的游子，一匹瘦弱的老馬，一派淒涼的背景，從中透發出淪落天涯者的彷徨愁苦之情。確如王國維在《人間詞話》中所説，是"深得唐人絶句妙境"之作。

## 折桂令
### 春情

　　**【題解】** 作者徐再思（約1320年前後在世），字德可，號甜齋，嘉興（今屬浙江）人，元代散曲家。其小令多寫江南風物和閨情春思，風格清新秀麗。徐再思散曲集名爲《甜齋樂府》，當時的另一位元曲大家貫雲石有散曲集《酸齋樂府》，兩者相映成趣，二人齊名。後人合輯其作品爲《酸甜樂府》。

　　平生不會相思，纔會相思，便害相思。身似浮雲，心如飛絮，氣若遊絲，空一縷餘香在此[1]，盼千金游子何之[2]。證候來時[3]，正是何時？燈半昏時，月半明時。

**【注釋】**

[1] 餘香：殘留的香氣。有人去樓空之感。

[2] 千金游子：想象游子身份的尊貴。

[3] 證候：即症候，指相思病的症狀。

**【簡析】** 徐再思的《折桂令·春情》寫的是少女的戀情。首三句説少女害了相思病，不能自拔，感情波瀾起伏。四、五、六句寫少女相思的病狀，用浮雲、飛絮、遊絲比喻她病得魂不守舍，恍惚迷離，十分貼切。七、八句寫病因，游子一去，徒然留下一縷餘音，彼此没法相見，祇有望穿秋水地盼望。最後兩句點出相思病最難捱的時刻：燈半昏，月半明，夜已闌。半明半暗的光景，最能勾起相思之苦。

# 殿前歡
## 楚懷王

**【題解】** 作者貫雲石（1286—1324），字浮岑，號酸齋，元代散曲家。出身高昌回鶻維吾爾人貴胄，祖父阿里海涯爲元朝開國大將。初因父蔭襲爲兩淮萬户府達魯花赤，元仁宗時拜翰林侍讀學士知制誥同修國史。不久稱疾辭官，隱於江南一帶，改名“易服”，又號“蘆花道人”。精通漢文。所作散曲風格豪放，亦有比較清麗者，内容則多寫漁樂生活和男女之情，在其作品中可以看到元代各族文化互相滲透的情況。

　　楚懷王[1]，忠臣跳入汨羅江[2]。《離騷》讀罷空惆悵，日月同光[3]。傷心來笑一場，笑你個三閭强[4]。爲甚不身心放？滄浪汙你，你汙滄浪[5]。

**【注釋】**

[1] 楚懷王：戰國時楚國的國君。公元前 328～前 299 年在位。

[2] “忠臣”句：指屈原因楚懷王聽信讒言，被放逐沅、湘間，自沉汨羅江而死。汨羅江，湘江支流，在湖南省東北部。

[3] 日月同光：《史記·屈原賈生列傳》稱《離騷》“雖與日月爭光可也”。

[4] 三閭（lǘ）：指屈原。《後漢書·孔融傳》：“忠非三閭，智非鼂錯，竊位爲過，免罪爲幸。”李賢注：“即屈原也，掌王族三姓，曰昭、屈、景，故曰‘三閭’。”

[5] “滄浪汙你”二句：《孟子·離婁上》：“有孺子歌曰：‘滄浪之水清兮，可以濯我纓；滄浪之水濁兮，可以濯我足。’孔子曰：‘小子聽之，清斯濯纓，濁斯濯足矣，自取之也。’”滄浪，漢水的下游，這裏指汨羅江。汙，“污”的異體字。

**【簡析】** 貫雲石的《殿前歡·楚懷王》運用了悲涼的詞句却以笑載悲，更勝淚三分。作者讀罷《離騷》空自惆悵，認爲屈子的精神品格可與日月爭光，但即便屈原爲國投江也祇是白白送上性命罷了，傷心之餘祇有苦笑一場。作者對屈原的景仰和對歷史的沉思，種種傷感、迷惑、反思，盡在“空惆悵”三字之中。明代朱權《太和正音譜》説貫氏散曲風格如“天馬脱羈”，此曲命意奇詭灑脱，説明作者的思路確是誰也羈縛不住的。

# 山坡羊

## 潼關懷古[1]

【題解】作者張養浩（1270—1329），字希孟，號雲莊，濟南（今屬山東）人，元代散曲家。官至禮部尚書。後辭職歸隱，屢召不赴。天曆二年（1329）關中大旱，出任陝西行台中丞，辦理賑災，積勞病卒。散曲多寫棄官後的田園隱逸生活，亦有流露對官場的不滿。著有《雲莊閒居自適小樂府》《雲莊類稿》。

峯巒如聚[2]，波濤如怒，山河表裏潼關路[3]。望西都[4]，意踟躕[5]，傷心秦漢經行處[6]。宮闕萬間都做了土。興，百姓苦。亡，百姓苦。

【注釋】

[1] 潼關：關隘名。古稱桃林塞。東漢時設潼關，故址在今陝西省潼關縣東南，處陝西、山西、河南三省要衝，素稱險要。

[2] 峯巒：連綿的山峰。峯，"峰"的異體字。

[3] 表裏：猶說"內外"。《左傳·僖公二十八年》："表裏山河，必無害也。"此句是說潼關形勢險要。

[4] 西都：指長安。

[5] 踟躕：猶豫，遲疑。亦作"踟躇"。

[6] 經行：行程中經過。

【簡析】張養浩的《潼關懷古》是他赴陝西救災途經潼關所作。此曲撫今追昔，從歷代王朝的興衰更替，想到人民的苦難，一針見血地點出人民在封建社會不論怎樣改朝換代總不能擺脫痛苦的境地。這種儒家經世濟民的思想，在傳統的五七言詩歌中本爲常見，但在元代散曲中卻是少有。全曲感情沉鬱，氣勢雄渾，結語尤爲警挺。

# 四十七、歸田賦

【題解】本文選自清人胡克家刻本《文選》，據上海古籍出版社 1986 年標點本。作者張衡（78—139），字平子，南陽西鄂（今河南南陽縣石橋鎮）人，東漢著名文學家、科學家。南陽"五聖"之一。少善屬文，通五經、天文、曆算、機械製作等。東漢安帝時拜爲郎中，再遷太史令，累官至尚書。爲官直言不諱，敢對國家政事提出意見。後遭宦官讒毀，時有歸隱田園之意。發明渾天儀和候風地動儀，著有《靈憲》《算罔論》等，曾從唯物觀點出發，反對當時對於圖讖的迷信。還是東漢六大畫家之一。文學創作有《四愁詩》《同聲歌》等，著名的賦作有《二京賦》《思玄賦》《歸田賦》《南都賦》等。明人輯有《張河間集》。

遊都邑以永久[1]，無明略以佐時[2]；徒臨川以羨魚[3]，俟河清乎未期[4]。感蔡子之慷慨，從唐生以決疑[5]；諒天道之微昧[6]，追漁父以同嬉[7]。超埃塵以遐逝[8]，與世事乎長辭[9]。

NOTE

於是仲春令月[10]，時和氣清，原隰鬱茂[11]，百草滋榮。王雎鼓翼[12]，鶬鶊哀鳴[13]，交頸頡頏[14]，關關嚶嚶[15]。於焉逍遙[16]，聊以娛情。

爾乃龍吟方澤，虎嘯山丘[17]。仰飛纖繳[18]，俯釣長流。觸矢而斃[19]，貪餌吞鈎[20]。落雲間之逸禽[21]，懸淵沈之鯋鰡[22]。

於時曜靈俄景[23]，繼以望舒[24]，極般遊之至樂[25]，雖日夕而忘劬[26]。感老氏之遺誡[27]，將迴駕乎蓬廬[28]。彈五弦之妙指[29]，詠周、孔之圖書[30]。揮翰墨以奮藻[31]，陳三皇之軌模[32]。苟縱心於物外[33]，安知榮辱之所如[34]！

**【注釋】**

[1] 都邑：指東漢京都洛陽。　永久：長久。

[2] 明略：高明的謀略。　佐時：輔佐當時的君主。

[3] “徒臨川”句：《淮南子·說林訓》：“臨流而羨魚，不如歸家織網。”這句是說自己空有輔佐君主的抱負却無法實現。

[4] 俟：等待。　河清：相傳黃河水一千年清一次。古人認爲河清是政治清明的標誌。《左傳·襄公八年》：“俟河之清，人壽幾何！”　未期：不知何時。

[5] “感蔡子”二句：意爲如果像蔡澤那樣不得志，願意也請唐舉給自己決斷一下前途命運。蔡子，指戰國時燕人蔡澤。唐生，即唐舉，戰國時人。據《史記·范雎蔡澤列傳》載，蔡澤久不得志，請唐舉相面，後到秦國代范雎爲相。慷慨，此謂悲歡。決疑，請人看相事。

[6] 諒：確實。　天道：天理。　微昧：幽隱。

[7] 漁父：王逸《楚辭·漁父章句序》：“屈原放逐，在江湘之間，憂愁嘆吟，儀容變易。而漁父避世隱身，釣魚江濱，欣然自樂，時遇屈原川澤之域，怪而問之，遂相應答。”嬉，遊玩。此連上句說，天道幽隱不可預測，自己將與漁父同樂於川澤。

[8] 埃塵：比喻紛亂污濁的現實。　遐逝：遠去。

[9] 長辭：永別。因政治昏亂，自己與時代不合，故下定退隱的決心。

[10] 令：善。令月，即好的月份。

[11] 原：平地。　隰：低的地方。　鬱茂：草木繁盛貌。

[12] 王雎：鳥名。一種水鳥，即雎鳩。《詩經·周南·關雎》：“關關雎鳩，在河之洲。”

[13] 鶬鶊（cānggēng）：即黃鶯。

[14] 頡頏（jiéháng）：鳥上下翻飛貌。飛而上叫頡，飛而下叫頏。

[15] 關關嚶嚶：鳥和鳴聲。關關指王雎，嚶嚶指鶬鶊。這兩句寫以上兩種鳥上下翻飛，交頸和鳴，自得其樂。

[16] 於焉：於是乎。

[17] “爾乃”二句：這兩句寫自己在山澤間從容吟嘯，類似龍虎。爾乃，於是。方澤，大澤。

[18] 纖：細。　繳（zhuó）：生絲縷，系在箭的尾部，用以弋射禽鳥。纖繳，這裏指箭。此句描寫仰射高飛的鳥。

[19] 觸矢而斃：這句寫鳥因觸矢而斃命。

[20] 貪餌吞鈎：這句寫魚因貪餌而吞鈎。

[21] 落：鳥在雲間被射中而落下。　逸禽：指高飛的鳥。一說指鴻雁。

[22] 懸：魚在深淵被鈎起。　魦（shā）：即吹沙魚。似鯽魚而體形小，有黑點，常張口吹沙。　鰡（liú）：魚名。又名"鯔"。

[23] 曜靈：太陽。　俄：斜。　景：同"影"。日光。

[24] 望舒：傳說爲月神駕車的人，這裏指月亮。這句是說月亮繼日而出現。繼，胡刻本作"係"，據四部叢刊六臣注本改。

[25] 般（pán）遊：遊戲。

[26] 劬（qú）：勞苦。

[27] 老氏之遺誡：指老子《道德經》第十二章所云"馳騁畋獵，令人心發狂"語。

[28] 迴：返。　駕：車駕。　蓬廬：茅屋。此比喻作者之前的平民居所。

[29] 五弦：五弦琴，相傳爲舜所作。　指：同"旨"。意趣。這裏"彈五弦"隱有追慕先賢的意思。

[30] 周、孔之圖書：指周公、孔子所修的典籍。

[31] 翰：筆。　奮：發。　藻：詞藻。這句寫揮筆著文。

[32] 陳：陳述。　三皇：上古聖皇。或謂天皇、地皇、人皇；或謂燧人、伏羲、神農；或謂伏羲、神農、女媧，傳說不一。　軌模：法則。

[33] 苟：且。

[34] 如：往，去。以上兩句說，且放任自己的心神於世外，哪裏還考慮什麼榮辱得失的結果呢！

【簡析】《歸田賦》是張衡晚年的作品，它一洗漢賦繁重凝滯、虛誇堆砌的弊病，轉爲平淡清麗、結構靈活的駢賦，開闢了抒情小賦的新徑，對後世的詩賦發展有深遠的影響。本賦前幾句"遊都邑以永久，無明略以佐時"說明作者從宦多年，心志不得舒展，憑自己的孤身薄力，無法挽救日益腐敗的時政，看來是自謙自嘲之詞，實則含有強烈的諷刺意味和無可奈何的嘆息。在慨嘆之餘，決心不如"退而結網"，退出官場污境，回歸田園過平民生活。第二段之後作者通過妙月、清風、茂林、百鳥齊鳴等描寫，生動自然地勾勒出一幅田園景色生活圖畫。而到末段卻忽念老子遺訓，感到過分娛樂消磨人的心智，因而駕車返回，轉而寄情於翰墨琴書，以聖賢爲楷模，追逐漁夫，真正表現了他的情志高雅、從容而自然的曠達。

## 四十八、登樓賦

【題解】本文選自《王侍中集》，據江蘇古籍出版社 2002 年版《漢魏六朝百三名家集》本。作者王粲（177—217），字仲宣，山陽高平（今山東鄒縣西南）人，東漢末年著名文學家。少有才名，博聞多識，文思敏捷。早年在長安遭逢戰亂，南下荊州避難，依附劉表卻未被重用，後歸曹操，任丞相掾，累官至侍中。長於詩賦，辭氣慷慨，亦講求駢麗華彩。部分詩作反映了漢末離亂和人民痛苦，現實性頗強烈。爲"建安七子"之一，或譽爲"七子之冠冕"。後人將他與曹植並稱爲"曹王"。著有詩賦論議六十篇，原有集，已散佚。明代張溥所輯《漢魏六朝百三名家集》中有《王侍中集》一卷。

NOTE

登茲樓以四望兮[1]，聊暇日以銷憂[2]。覽斯宇之所處兮[3]，實顯敞而寡雠[4]。挾清漳之通浦兮[5]，倚曲沮之長洲[6]，背墳衍之廣陸兮[7]，臨皋隰之沃流[8]。北彌陶牧[9]，西接昭邱[10]。華實蔽野[11]，黍稷盈疇[12]。雖信美而非吾土兮[13]，曾何足以少留[14]！

【注釋】

[1] 茲樓：指麥城城樓。麥城故城在今湖北省當陽市東南，漳、沮二水匯合處。

[2] 聊：姑且，暫且。　暇：閑。一作"假"，借。

[3] 覽：原作"覺"，據胡刻《文選》校改。　斯宇：指麥城城樓。

[4] 顯敞：明亮寬大。　寡雠：很少可以匹敵。

[5] 挾：帶。　漳：水名，指漳水，在麥城東。　通浦：兩條河流相通之處。浦，小水匯入大水處。

[6] 倚：靠。　曲沮（jū）：彎曲的沮水。沮，水名，在麥城西，與漳水會合南流入長江。　長洲：水中長形陸地。指彎曲的沮水中間是一塊長形陸地。這句說城樓位於曲折的沮水邊，好像倚長洲而立。

[7] 背：背靠，指北面。　墳衍：地勢高起爲墳，廣平爲衍。

[8] 臨：面臨，指南面。　皋：水邊之地。　隰（xí）：低濕的地方。　沃：美。

[9] 彌：極至。　陶：鄉名。春秋時越國的范蠡幫助越王勾踐滅吳後棄官來到陶，自稱陶朱公，相傳爲其葬地。　牧：郊外。湖北江陵西有陶朱公墓，故稱陶牧。

[10] 昭邱：楚昭王的墳墓。在湖北省當陽市郊外，麥城西南的沮水邊上。亦作"昭丘"。

[11] 華實：花和果實。華，同"花"。

[12] 黍（shǔ）：黃米。　稷（jì）：一种食用作物，即粟。一説稷即高粱。此二者泛指農作物。　盈疇（chóu）：遍布田野。

[13] 信美：確實美。　非吾土：不是我的故鄉。

[14] 曾，語氣助詞。《文選》李善注引《説文》曰："曾，謂辭之舒也。"

遭紛濁而遷逝兮[1]，漫逾紀以迄今[2]。情眷眷而懷歸兮[3]，孰憂思之可任[4]？憑軒檻以遙望兮[5]，向北風而開襟[6]。平原遠而極目兮，蔽荊山之高岑[7]。路逶迤以脩迴兮[8]，川既漾而濟深[9]。悲舊鄉之壅隔兮[10]，涕橫墜而弗禁[11]。昔尼父之在陳兮，有歸歟之歎音[12]。鍾儀幽而楚奏兮[13]，莊舄顯而越吟[14]。人情同於懷土兮，豈窮達而異心[15]？

【注釋】

[1] 紛濁：紛擾污穢，比喻亂世。　遷逝：遷徙流亡。本句指作者因董卓之亂而避難荊州。

[2] 漫：漫漫長遠貌。　逾：超過。　紀：十二年。

[3] 眷眷：形容思念的深切。

[4] 孰：誰。　任：承受。這句是説，有誰能承受得起這種懷念家鄉的憂思呢？

[5] 憑：倚靠。　軒檻：欄板。

[6] 開襟：敞開胸襟。

[7] 荆山：在湖北省南漳縣。　岑：小而高的山。這兩句説，自己極目向北方的故鄉眺望，但終於爲高岑的山峰所遮蔽。

[8] 逶迤：長崦曲折之貌。　脩：長。　迥（jiǒng）：遠。

[9] 漾：水流長。　濟：渡。

[10] 壅隔：阻塞，隔絶。

[11] 弗禁：止不住。

[12] "昔尼父"二句：尼父，即孔子。據《論語·公冶長》記載，孔子周遊列國的時候，在陳、蔡絶糧時感嘆："歸歟！歸歟！"

[13] "鍾儀"句：鍾儀是楚國樂官。《左傳·成公九年》載，楚人鍾儀被鄭國作爲俘虜獻給晉國，晉侯讓他彈琴，仍不忘彈奏家鄉的樂曲。晉侯稱讚説："樂操土風，不忘舊也。"後多以"鍾儀"爲拘囚異鄉或懷土思歸者的典型。

[14] "莊舄（xì）"句：指莊舄身居要職，仍説家鄉方言。《史記·張儀列傳》載，越人莊舄在楚國做大官時病了，楚王説，他原來是越國的窮人，現在楚國做了大官，還能思念越國嗎？便派人去看，他依舊發着越國的語音。後以"莊舄越吟"指懷鄉之詠與感傷之情。

[15] "人情"二句：意爲人們思念鄉土的情感是相似的，並不因爲遭到患難或富貴顯達而有所不同。懷土，懷念故鄉。

　　惟日月之逾邁兮[1]，俟河清其未極[2]。冀王道之一平兮[3]，假高衢而騁力[4]。懼匏瓜之徒懸兮[5]，畏井渫之莫食[6]。步棲遲以徙倚兮[7]，白日忽其將匿。風蕭瑟而並興兮，天慘慘而無色。獸狂顧以求群兮[8]，鳥相鳴而舉翼。原野闃其無人兮[9]，征夫行而未息。心悽愴以感發兮[10]，意忉怛而憯惻[11]。循階除而下降兮[12]，氣交憤於胸臆[13]。夜參半而不寐兮[14]，悵盤桓以反側[15]。

【注釋】

[1] 逾邁：過往。

[2] 河清：古稱黃河千年一清，因以"河清"比喻時機難遇。《左傳·襄公八年》："子駟曰：《周詩》有之曰：'俟河之清，人壽幾何？'"杜預注："逸詩也。言人壽促而河清遲。"　極：至。

[3] 冀：期望。　王道：猶王政。　平：穩定。

[4] 假：憑借。　高衢：大道。這兩句説，期望時世清平之時，就可以施展自己的才力了。

[5] "匏（páo）瓜"句：《論語·陽貨》："吾豈匏瓜也哉？焉能繫而不食？"意爲我不能像匏瓜那樣祇是挂在那裏，而不爲世所用。匏瓜，葫蘆的一種。

[6] 井渫（xiè）：《周易·井卦》："井渫不食，爲我心惻。"孔穎達疏："井渫而不見食，猶人脩己全潔而不見用。"謂井雖浚治，潔淨清澈，但不被飲用。比喻潔身自持，而不爲人所知。渫，淘井，除去穢濁。

[7] 棲遲：遊息。    徙倚：行止不定的樣子。

[8] 狂顧：驚恐地回頭望。

[9] 闃（qù）：靜寂。

[10] 悽愴：悲傷。

[11] 忉怛（dāodá）：悲痛。    憯（cǎn）側：悽傷。

[12] 循：沿着。    除：階梯。

[13] "氣交憤"句：意爲胸中悶氣鬱結，憤懣難平。

[14] 夜參半：半夜。參，分，一説及。

[15] 盤桓：原爲徘徊不進貌，這裏借指想來想去。    反側：身體翻來覆去不能安臥。

【簡析】《登樓賦》是王粲於建安九年在荆州登麥城城樓而作，爲建安時期抒情小賦的代表作。該賦主要抒發了作者濃重的思念故土之情，傾吐了懷才不遇、宏圖難展的苦悶，表現了渴望施展政治抱負的迫切心情。文章開頭即以一個"憂"字奠定了抒情基調，並始終貫通全篇。首段描寫異鄉風光，山川秀美，物産富饒。但異鄉之景越是美好，思鄉之情就越殷切，以眼前樂景反襯心中哀情。最後一段對思鄉之情作進一步的開掘，揭示了"憂思"的深層政治内涵。他的"憂思"已非關乎一己的鄉土私情，而是一種無法實現經邦治國理想的苦悶和怨憤。在賦的結尾部分，作者遙顧開頭，以"循階除而下降兮"，呼應"登兹樓以四望兮"，以"氣交憤於胸臆"，呼應"聊暇日以銷憂"。作者本爲消憂而登樓，誰知登樓消愁愁更愁！故北宋歸來子曰："蓋魏之賦極此矣。"

# 四十九、與朱元思書[1]

【題解】本文選自《藝文類聚》中華書局1982年版卷七。作者吴均（469—520），吴興故鄣（今浙江安吉）人，南朝梁文學家。出身貧寒，好學，有俊才，通史學，善詩文。曾做過吴興主簿、奉朝請等官。其詩清新流麗，且多反映社會現實之作。其文工於寫景，文辭清新挺拔，有古氣，爲時人所仿效，號稱"吴均體"。曾作《齊春秋》三十卷、注范曄《後漢書》九十卷等。原有《吴均集》二十卷，皆惜未流傳。現存《吴朝請集》明人輯本一卷。別有小説《續齊諧記》。保留下來的作品亦收集在《全梁文》《藝文類聚》裏。

風煙俱淨[2]，天山共色[3]。從流飄蕩[4]，任意東西。自富陽至桐廬[5]，一百許里[6]，奇山異水，天下獨絶[7]。水皆縹碧[8]，千丈見底。遊魚細石，直視無礙[9]。急湍甚箭[10]，猛浪若奔。夾岸高山[11]，皆生寒樹[12]。負勢競上[13]，互相軒邈[14]；争高直指[15]，千百成峰。泉水激石[16]，泠泠作響[17]；好鳥相鳴[18]，嚶嚶成韻[19]。蟬則千轉不窮[20]，猿則百叫無絶[21]。鳶飛戾天者[22]，望峰息心[23]；經綸世務者[24]，窺谷忘反[25]。橫柯上蔽[26]，在晝猶昏；疏條交映[27]，有時見日[28]。

【注釋】

[1] 朱元思：《六朝文絜》作宋元思。黎經誥《六朝文絜》箋注："宋，一作朱，非。按

宋元思，字玉山。劉峻有《與宋玉山元思書》。"

　　[2] 風煙：指江上的風和煙霧。　俱淨：都消散盡淨了。

　　[3] 天山共色：形容天和山是一樣的顏色。

　　[4] 從流飄蕩：乘船隨着江流漂蕩。從，順，隨。

　　[5] 富陽、桐廬：皆縣名，現皆爲杭州市的屬縣。

　　[6] 許：表約略估計數。上下，左右。

　　[7] 獨絕：獨一無二。

　　[8] 縹（piǎo）碧：淺青色。縹，淡青色，青白色。碧，青綠色。

　　[9] 直視無礙：一直看下去，可以看得很清楚，毫無障礙。這裏形容江水清澈見底。

　　[10] 急湍（tuān）：猶言急流。湍，水勢急而旋。　甚箭：甚於箭，比箭還快。

　　[11] 夾岸：水流的兩岸，堤岸的兩邊。

　　[12] 寒樹：寒天的樹木，冷清凋殘的樹林。

　　[13] 負勢競上：謂兩岸的高山都依仗着高峻的山勢，爭着向上。

　　[14] 互相軒邈：互比高遠。軒，高，此指向高處伸展。邈，遠，此指向遠處伸展。

　　[15] 直指：筆直地向上，直趨。

　　[16] 泉水激石：謂江水受石頭的阻礙而激蕩。激，指水流因受阻而騰湧、飛濺。

　　[17] 泠泠（línglíng）：水聲。

　　[18] 好鳥：美麗的鳥兒。

　　[19] 嚶嚶：鳥鳴聲。　韻：此指和諧動聽的聲音。

　　[20] "蟬則"句：蟬兒久久地鳴叫而不休。轉（zhuàn），通"囀"，鳥鳴。這裏指蟬鳴。

　　[21] 無絕：不絕。與上文中的"不窮"相對。

　　[22] 鳶（yuān）飛戾（lì）天：出自《詩經·大雅·旱麓》。原意是鳶高飛而至於天，這裏比喻追求高位。鳶，一種兇猛的鳥，俗稱老鷹，善高飛。戾，至。

　　[23] 望峰息心：意爲看到這些雄奇的山峰，就會止息其追逐名利之心。

　　[24] 經綸（lún）世務：指籌劃治理國家大事。整理絲縷、理出絲緒叫經，編絲成繩叫綸，統稱經綸。意爲籌劃、治理。

　　[25] 窺谷忘反：意爲看到這些幽美的山谷，就會流連忘返。窺，看。反，通"返"，返回。

　　[26] 橫柯：橫斜的樹枝。　上蔽：在上面遮蔽着。

　　[27] 疏條：稀疏的枝條。　交映：互相掩映。映，遮蔽。

　　[28] 日：太陽，陽光。

　　【簡析】《與朱元思書》是一篇著名的山水小品，是吳均寫給好友朱元思（一作宋元思，其人其事不詳）的信中的一個片段，被視爲駢文中寫景的名作。文章敍述作者乘船自桐廬至富陽途中所見，描繪了富春江兩岸清朗秀麗的景色，使人讀後如身臨其境。文中先是總寫，勾勒全景，寫出富春江山水之美。然後由遠及近，由景及人，寫出泛舟情景和暢遊心情。再描繪富春江的靜態美，寫其江水之色，青白一片，水流清澈，"千丈見底"。接着又轉寫富春江的動態美，連用生動比喻。面對富春江"夾岸高山"，作者不是具體地描摹某山某景，而是用概括而形象的語言刻畫出江流險峻的山勢和山中種種奇異的景物，從舟中仰視夾岸群山從而創造出一種清新自然的意境，令人悠然神往。

## 五十、哀江南賦序

【題解】本文選自四部叢刊影印明屠隆合刻評點本《庾子山集》，參 2002 年上海古籍出版社出版的朱潤東主編《中國歷代文學作品選・上編》第二冊。作者庾信（513—581），字子山，南陽新野（今屬河南）人，北周文學家。少聰敏好學，有才名。初仕梁，爲昭明太子伴讀，曾任東宮學士等官。梁元帝時出使西魏，值西魏滅梁，被強留北方。歷仕西魏、北周，官至驃騎大將軍、開府儀同三司，故世稱“庾開府”。庾信的文學創作，以他 42 歲時出使西魏爲界，可以分爲兩個時期。前期在梁，出入宮禁，善作宮體詩，風格華豔，與徐陵並爲宮廷文學代表，時稱“徐庾體”。作品多爲宮體性質，輕豔流蕩，富於辭采之美。羈留北朝後，詩賦大量抒發了自己懷念故國鄉土之思和羈宦北國的悲憤感情，風格也變得蒼勁沉鬱。後人輯有《庾子山集》。

　　粵以戊辰之年[1]，建亥之月[2]，大盜移國[3]，金陵瓦解[4]。余乃竄身荒谷[5]，公私塗炭[6]。華陽奔命[7]，有去無歸[8]。中興道銷[9]，窮於甲戌[10]。三日哭於都亭[11]，三年囚於別館[12]。天道周星，物極不反[13]。傅燮之但悲身世，無處求生[14]；袁安之每念王室，自然流涕[15]。

【注釋】

[1] 粵：發語詞。　戊辰：指梁武帝太清二年（548）。

[2] 建亥之月：夏曆十月。

[3] 大盜：指侯景。侯景原先在魏做官，後降梁。他於太清二年八月起兵叛梁，十月即攻陷梁國都。　移國：篡國。《南史・梁武帝紀》：“太清二年八月戊戌，侯景舉兵反。十月，至建業。”

[4] 金陵：梁國都。即建業，今江蘇南京市。

[5] 竄身：逃匿。　荒谷：荒野的山谷。此藉指江陵（今屬湖北，古楚地）。《北史・庾信傳》：“侯景作亂，梁簡文帝命信率宮中文武千餘人營於朱雀航。及景至，信以衆先退。臺城陷後，信奔於江陵。”

[6] 公私：公室和私門。　塗炭：謂陷於泥淖和炭火之中，比喻極困苦的境遇。《尚書・仲虺之誥》：“有夏昏德，民墜塗炭。”

[7] 華陽：地名，因在華山之陽（山南爲陽）而稱。《尚書・禹貢》：“華陽黑水惟梁州。”注：“東據華山之南，西距黑水。”胡渭《禹貢錐指》考證華陽即今陝西商縣地。西魏京都在長安，故此處以華陽借指西魏。　奔命：奉命奔走。梁元帝承聖三年（554），庾信奉命由江陵出使西魏，北至西魏首都長安。

[8] 有去無歸：江陵被西魏攻陷，庾信遂被扣留北方，不得南歸。

[9] 中興道銷：指梁元帝於承聖元年（552）平侯景之亂，開啓中興之業，但江陵又被西魏所攻陷，中興之道，就此消亡。銷，同“消”，消滅。

[10] 窮：盡，完。謂"中興道銷"到了極點。　甲戌：即承聖三年（554）。這一年，西魏派于謹攻梁，陷江陵，梁元帝被殺。

[11] 都亭：都邑中的亭舍。秦法，十里一亭。郡县治所則置都亭。《晉書·羅憲傳》："魏之伐蜀，憲守永安城。及成都敗，知劉禪降，乃率所統臨於都亭三日。"臨，哭。此句描寫對梁亡的哀痛。

[12] 別館：使館之外的館舍。謂使者應該居住在使館內，因被囚禁，故處於別館。句中所言"三年"不知所指，或信爲此賦時被羈已三年。俟考。

[13] "天道"二句：謂天道總是那么周而復始，物極必反。而梁朝之亡，卻從此不再復興，因而說"物極不反"。天道，天理。周星，即歲星，也稱太歲，木星。因其一十二年繞天一周，故名。

[14] "傅燮"二句：傅燮，字南容，東漢末年人。據《後漢書·傅燮傳》載："燮爲漢陽太守，王國、韓遂等攻城，城中兵少糧乏，其子勸燮棄城歸鄉，燮慨歎：'汝知吾必死耶……世亂不能養浩然之志，食禄又欲避其難乎？吾行何之，必死於此！'遂令左右進兵，臨陣戰死。"庾信感到自己和傅燮遭遇相似，無處可以求生。

[15] "袁安"二句：袁安，字邵公，後漢時人，官至司徒。據《後漢書·袁安傳》載："安爲司徒，以天子幼弱，外戚擅權，每朝會進見及與公卿言國家事，未嘗不噫鳴流涕。"作者借此自喻對國事的悲嘆。


　　昔桓君山之志士[1]，杜元凱之平生[2]，竝有著書，咸能自序[3]。潘岳之文采，始述家風[4]；陸機之詞賦，先陳世德[5]。信年始二毛[6]，即逢喪亂[7]；藐是流離[8]，至於暮齒[9]。燕歌遠別，悲不自勝[10]；楚老相逢，泣將何及[11]。畏南山之雨[12]，忽踐秦庭[13]；讓東海之濱，遂飡周粟[14]。下亭漂泊[15]，高橋羈旅[16]。楚歌非取樂之方[17]，魯酒無忘憂之用[18]。追爲此賦，聊以記言[19]，不無危苦之詞，惟以悲哀爲主[20]。

【注釋】

[1] 桓君山：名譚，字君山，後漢光武時人。著有《新論》二十九篇。　士：倪璠注《庾子山集》作"事"。志事，謂有志於事業。

[2] 杜元凱：名預，字元凱，西晉時人，著有《春秋左氏經傳集解》。

[3] 自序：古人著書往往有自序內容，表述自己的身世和寫作旨趣。桓譚《新論》自序今佚。《太平御覽》卷六百十四載杜預自序云："少而好學，在官則觀於吏治，在家則滋味典籍。"

[4] "潘岳"二句：潘岳，字安仁，晉代詩人。曾作《家風詩》，自述家族風尚。

[5] "陸機"二句：陸機，字士衡，晉代詩人。祖父陸遜，父陸抗，均東吳名將，世有功勳。陸機的《文賦》有"詠世德之駿烈"之句，又作《祖德》、《述先》二賦。陳，陳述。

[6] 二毛：本謂頭髮有黑白二色，常用以指老年人。但此處"二毛"指三十餘歲。典出潘岳《秋興賦序》："余春秋三十有二，始見二毛。"《哀江南賦序》倪璠注："以滕王逌序'己亥，年六十七歲'逆數之，逢亂之歲，子山時年三十有六。"

[7] 喪亂：指侯景之亂和江陵淪陷被留西魏。侯景之亂時庾信年三十六歲，使魏時年四十二歲。

[8] 藐：遠。按：藐是，《哀江南賦序》倪璠注：一作"狼狽"。

[9] 暮齒：指晚年。庾信作此賦時已是晚年。

[10] "燕歌"二句：燕歌，魏文帝曹丕有《燕歌行》，王褒（庾信同時代詩人）曾作《燕歌》。《北史·王褒傳》："褒作《燕歌》，妙盡塞北苦寒之言。元帝及諸文士和之，而競爲淒切。"今《庾子山集》中亦有此作。《燕歌》大多描寫離別之情，非常淒切。

[11] "楚老"二句：楚老，代指故國父老。《漢書·龔勝傳》載：楚人龔勝於王莽時不願"一身事二姓""遂不復開口飲食，積十四日死"。庾信世居楚地，故引此事深慚自己身事二姓。泣將何及，《後漢書·逸民列傳》："桓帝世黨錮事起，守外黃令陳留張升去官歸鄉里，道逢友人，共班草而言……因相抱而泣。老父趨而過之，植其杖，太息言曰：'吁！二大夫何泣之悲也，夫龍不隱鱗，鳳不藏羽，網羅高懸，去將安所？雖泣何及乎！'"

[12] 南山之雨：《列女傳·賢明傳》："南山有玄豹，霧雨七日而不下食者，何也？欲以澤其毛而成文章也，故藏而遠害。"這裏庾信自喻當初本圖隱藏遠害，忽奉命出使。梁元帝即位後，非常猜忌，曾殺兄弟和宗族數人。庾信那時畏讒懼禍，内心非常苦悶。此句言當時迫於君命，不敢不使魏。

[13] 踐秦庭：《史記·楚世家》載：楚昭王時，楚都被吳國所攻陷，申包胥至秦庭乞師救楚，遂復楚國。此句謂自己使魏，本求保梁。

[14] "讓東海"二句：據《史記·伯夷列傳》載，孤竹君之子伯夷、叔齊因相互推讓君位，先後逃至海濱，後聞西伯（周文王）善養老而歸周。周武王滅紂，二人以爲不義，遂不食周粟，餓死於首陽山。二句喻自己本以謙讓自守，但竟不能如夷、齊那樣以身殉義。

[15] 下亭：《後漢書·獨行列傳》載，孔嵩被徵召入京師，路宿下亭（地名），馬匹被盜。此句寫自己旅途中漂泊的遭遇。

[16] 高橋：一作"皋橋"，在今江蘇吳縣閶門内。《後漢書·梁鴻傳》載：梁鴻"至吳，依大家皋伯通，居廡下"。漢時富豪皋伯通居高橋旁，梁鴻曾依皋家做傭工，住廡（廊下的小屋子）下。此句言庾信以梁鴻自比，寫自己寄居他鄉的生活。

[17] 楚歌：楚地民歌。《漢書·高帝紀》載，劉邦欲立戚夫人子趙王如意爲太子，不成。戚夫人涕泣。"帝謂戚夫人曰：'爲我楚舞，吾爲若楚歌。'"庾信來自南方，留居秦地，聽楚歌更引起家鄉之思，故說它不是取樂之方。

[18] 魯酒：猶薄酒、淡酒。許慎《淮南子》注曰："楚會諸侯，魯、趙俱獻酒於楚王，魯酒薄而趙酒厚。楚之主酒吏求酒於趙，趙弗與。吏怒，乃以趙厚酒易魯薄酒。奏之楚王，以趙酒薄，故圍邯鄲也。"　忘憂：陶淵明《飲酒》："汎此忘憂物，遠我遺世情。"這裏用"魯酒"之典說酒也不能忘憂。

[19] 記言：《漢書·藝文志》："古之王者，世有史官，左史記言，右史記事。"據此可知庾信爲此賦，非惟慨嘆身世，亦兼記史也。

[20] "不無"二句：本嵇康《琴賦》序："稱其材幹，則以危苦爲上；賦其聲音，則以悲哀爲主。"危苦，危懼愁苦。

　　日暮途遠[1]，人間何世[2]！將軍一去，大樹飄零[3]；壯士不還，寒風蕭瑟[4]。荆璧睨柱，受連城而見欺[5]；載書橫階，捧珠盤而不定[6]。鍾儀君子，入就南冠之囚[7]；季孫行人，留守西河之館[8]。申包胥之頓地，碎之以首[9]；蔡威公之淚盡，加之以血[10]。釣臺移柳，非玉關之可望[11]；華亭鶴唳，豈河橋之可聞[12]！

**【注釋】**

[1] 日暮途遠：天色已晚而路程尚遠。常比喻力竭計窮。此謂年歲已老，離鄉路遠。《史記·伍子胥列傳》："吾日莫（同"暮"）途遠，吾故倒行而逆施之。"遠，一作"窮"。

[2] 人間何世：《莊子》有《人間世》篇，寫人與人、世與世的相互代謝。王先謙《集解》："人間世，謂當世也。"此句說，這人間是什麼世界呢！感嘆世事的混亂多變。

[3] "將軍"二句：東漢大將馮異人稱"大樹將軍"。《東觀漢記·馮異傳》："異爲人謙退，每止頓，諸將共論功伐，異常屏止樹下，軍中號'大樹將軍'。"此以馮異自喻自己的去國和梁朝淪亡。大樹飄零，比喻軍隊潰散。侯景進攻金陵時，庾信率宮中文武千餘人駐紮朱雀航（即朱雀橋），侯景兵到，信率眾先退。

[4] "壯士"二句：壯士，指荆軻。《戰國策·燕策》《史記·刺客列傳》載：荆軻欲刺秦王，燕太子丹在易水邊爲其餞行，高漸離擊筑，荆軻歌曰："風蕭蕭兮易水寒，壯士一去兮不復還。"蕭瑟，形容秋風吹拂樹木所發出的聲音。這兩句喻自己出使西魏，一去不歸。

[5] "荆璧"二句：荆璧，即和氏璧，因楚人卞和得之楚山而名。睨，斜視。連城，相連之城。見，被。《史記·廉頗藺相如列傳》載：戰國時，趙惠文王得楚和氏璧。秦昭王遺趙王書，願以十五城換璧。藺相如自願奉璧出使秦國，並表示："城入趙而璧留秦；城不入，臣請完璧歸趙。"相如入秦獻璧後，見秦王無意償趙城，乃設法復取璧，派從者送回趙國。庾信借用此典暗指自己使魏而被欺。

[6] "載書"二句：載書，盟書，會盟時所訂的誓約文件。珠盤，用珠子裝飾的盤，古代諸侯盟誓時用的器具。《周禮·天官·玉府》："合諸侯則共珠槃（同"盤"）玉敦。"鄭玄注："敦、槃類，珠玉以爲飾。古者以槃盛血，以敦盛食。合諸侯者必割牛耳，取其血歃之以盟。珠槃以盛牛耳，尸盟者執之。"橫階，用戰國時趙國平原君門下食客毛遂事。《史記·平原君列傳》："平原君與楚合縱，言其利害，日出而言之，日中不決。毛遂按劍歷階而上……謂楚王之左右曰：'取雞狗馬之血來！'毛遂奉銅盤而進之……於是定縱。"二句意爲自己出使西魏却未能締約，梁朝反遭魏國攻打。

[7] "鍾儀"二句：《左傳·成公九年》載：鍾儀，春秋時楚人。曾爲鄭國所獲，被獻於晉。晉侯見鍾儀，問之曰："南冠而縶者誰也？"有司對曰："鄭人所獻楚囚也。"釋而慰問之，問其族。對曰："伶人也。"晉侯曰："能樂乎？"對曰："先人之職也，敢有二事？"與之琴，操楚音。晉侯語於范文子。文子曰："楚囚，君子也。言稱其先職，不背本也；樂操土風，不忘舊也。"後多以"鍾儀"爲拘囚異鄉或懷土思歸者的典型。此以鍾儀自比，謂自己本楚人而羈留魏、周，猶如鍾儀的被囚，頭戴南冠，心中不忘故國。

[8] "季孫"二句：季孫，即季孫意如，春秋時魯國正卿，史稱"季平子"。行人，官名，掌朝覲聘問之官。西河，古地區名，所指非一。此指春秋衛地，今河南浚縣、滑縣一帶。《左

傳·昭公十三年》載：諸侯盟於平丘，邾、莒等國告發魯侵伐其地，因而無力向晉進貢。晉遂扣住季孫意如不放，留在西河。句中庾信以季孫意如比況自己被魏扣留而難歸。

[9]“申包胥”二句：申包胥，春秋時楚國大夫。頓地，叩頭至地。事見《左傳·定公四年》。吳伐楚，申包胥至秦求兵，“立依於庭牆而哭，日夜不絕聲，勺飲不入口，七日。秦哀公爲之賦《無衣》，九頓首而坐。秦師乃出”。此二句喻自己出使西魏，爲救梁而竭盡心力。

[10]“蔡威公”二句：劉向《説苑·权謀》載：下蔡威公閉門而泣，三日三夜，泣盡而繼之以血，曰：“吾國且亡。”下蔡，春秋時邑名，蔡昭侯時蔡國的都城，在今安徽壽縣一帶。此喻自己對梁亡深感悲痛。

[11]“釣臺”二句：釣臺，古跡名。亦稱“釣魚臺”。句中所指在今湖北武昌縣西北，相傳三國時孫權曾駐兵於此。此指南方故土。移柳，據《晉書·陶侃傳》載，晉陶侃鎮武昌時，因西北玉門關一帶氣候寒冷，不生楊柳，曾令諸營種植柳樹。移，一作“秽（yí）”，柳的一種。玉關，玉門關。漢武帝時置，因西域輸入玉石時取道於此而得名，漢時爲通往西域各地的門户。故址在今甘肅敦煌西北小方盤城。此指北地。此二句謂滯留北地的人是再也見不到南方故土的楊柳了。

[12]“華亭鶴唳”二句：劉義慶《世説新語·尤悔》：“陸平原（即西晉诗人陸機，曾官平原内史）河橋敗，爲盧志所讒，被誅，臨刑嘆曰：‘欲聞華亭鶴唳，可復得乎？’”華亭在今上海市松江區西。陸機於吳亡入洛以前，常與弟陸雲遊於華亭墅中。後以“華亭鶴唳”爲感慨生平，悔入仕途之典。河橋，古代橋名。故址在今河南孟縣西南、孟津縣東北黃河上。此二句謂故鄉鳥鳴已非身處異地者所能聞，喻自己不能回到故鄉了。

　　孫策以天下爲三分，眾纔一旅[1]；項籍用江東之子弟，人唯八千[2]；遂乃分裂山河，宰割天下[3]。豈有百萬義師，一朝卷甲[4]；芟夷斬伐[5]，如草木焉[6]。江淮無涯岸之阻[7]，亭壁無藩籬之固[8]。頭會箕斂者[9]，合從締交[10]；鋤耰棘矜者[11]，因利乘便[12]。將非江表王氣，終於三百年乎[13]？是知并吞六合[14]，不免軹道之災[15]；混一車書[16]，無救平陽之禍[17]。嗚呼！山嶽崩頹[18]，既履危亡之運[19]；春秋迭代[20]，必有去故之悲[21]；天意人事，可以悽愴傷心者矣！況復舟檝路窮[22]，星漢非乘槎可上[23]；風飇道阻[24]，蓬萊無可到之期[25]。窮者欲達其言，勞者須歌其事[26]。陸士衡聞而撫掌，是所甘心[27]；張平子見而陋之[28]，固其宜矣[29]！

【注釋】

[1]“孫策”二句：孫策：175—200年，字伯符，三國時吳郡富春（今浙江富陽）人。吳主孫權之兄。先以數百人依袁術，後得其父孫堅部曲，渡江轉戰，在江東建立政權。三分，指魏、蜀、吳三分天下。旅，軍隊編制單位。古代以五百人爲一旅。《周禮·地官·小司徒》：“乃會萬民之卒伍而用之。五人爲伍，五伍爲兩，四兩爲卒，五卒爲旅。”《吳志·陸遜傳》：“遜上疏曰，昔桓王（孫策諡號長沙桓王）創基，兵不一旅，而開大業。”

[2]“項籍”二句：項籍，前232—前202年，字羽，秦末下相（今江蘇宿遷西南）人。從叔父項梁在吳中起義，梁敗死，籍領其軍，與秦兵九戰皆捷。秦亡後，自立爲西楚霸王。繼

與劉邦爭天下，戰無不利。後劉邦用張良、陳平計，圍籍於垓下。籍突圍，至烏江，乃自刎死。江東，習慣上稱蕪湖、南京以下的長江南岸地區爲江東。《史記・項羽本紀》載：項羽兵敗烏江，謂亭長曰："籍與江東子弟八千人渡江而西，今無一人還，縱江東父兄憐而王我，我何面目見之？"

[3] "遂乃"二句，本賈誼《過秦論》："宰割天下，分裂山河。"宰割，支配，分割。

[4] "豈有"二句：百萬義師，指平定侯景之亂的梁朝大軍。卷甲，卷起鎧甲。形容敗北投降。

[5] 芟（shān）夷：鏟除，削平。芟，除草。　斬伐：誅殺。

[6] 如草木焉：據《南史・侯景傳》載，侯景反，梁將王質率兵三千無故自退，謝禧棄白下城走，援兵至北岸，號稱百萬，後皆敗走，其脆弱有如草木。

[7] 江淮：指長江、淮河。　涯岸：水邊高岸。

[8] 亭壁：指亭燧（烽火亭）和軍營壁壘。　藩籬：指用竹木編成的籬笆或柵欄等屏障。此句說，梁朝一些軍壘並未起屏藩作用，不能固守。

[9] 頭會箕斂：按人數徵稅，用畚箕裝取所徵的穀物。謂賦稅苛刻繁重。《史記・張耳陳餘列傳》："外內騷動，百姓罷敝，頭會箕斂，以供軍費。"裴駰《集解》引《漢書音義》："家家人頭數出穀，以箕斂之。"此句意指搜聚民財起事的人。

[10] 合從締交：本賈誼《過秦論》："合從締交，相與爲一。"合從，亦作"合縱"。原爲戰國時六國聯合拒秦的一種謀略。因秦在西方，六國地處南北，故稱合從。締交，結盟。此指起事者們彼此串聯，相互勾結。

[11] 鋤櫌（yōu）：鋤和櫌（狀如槌，用以擊碎土塊，平整土地和覆種）。農具名。一說指鋤柄。棘，通"戟"。　矜（qín）：矛或戟的柄。一說"棘矜"即戟柄。賈誼《過秦論》："鋤櫌棘矜，非銛於鉤戟長鎩也。"句中指用農具爲武器以起事的人。

[12] 因利乘便：憑藉有利的形勢或條件。賈誼《過秦論》："因利乘便，宰割天下，分裂河山。"此指陳霸先乘梁朝衰亂，取而代之。陳霸先，南北朝時期陳朝開國皇帝。他出身低微，後在梁朝爲官。通過平定"侯景之亂"，陳霸先漸漸控制了梁朝的政權，太平二年（557）廢梁敬帝，自立爲帝，建立大陳，改元永定，是爲陳武帝。

[13] "將非"二句：將非，豈不是。江表，江外。指長江以南的地區。亦指南朝宋、齊、梁、陳及其統治下的地區。王氣，王者之氣。古以爲天子所在地有祥雲王氣籠罩。三百年，指金陵作爲國都，從孫權稱帝江南，歷東晉、宋、齊、梁四代，前後約三百年的時間。

[14] 六合：天地四方。此指天下，人世間。賈誼《過秦論》："吞二周而亡諸侯，履至尊而制六合，執搞朴以鞭笞天下，威振四海。"此句說秦始皇統一中國。

[15] 軹（zhǐ）道：亭名。在今陝西西安市東北。《史記・高祖本紀》記高祖入關，"秦王子嬰素車白馬，奉天子璽符，降軹道旁。"此借指亡國投降。即江陵陷後，梁元帝投降西魏。

[16] 混一車書：指統一天下。混一，齊同，統一。《禮記・中庸》："今天下車同軌，書同文。"公元265年，司馬炎（晉武帝）代魏稱帝，國號晉，都洛陽，史稱西晉。太康元年（280）滅吳，統一全國。

[17] 平陽之禍：據《晉書・孝懷帝本紀》，永嘉五年（311）劉聰攻陷洛陽，殺懷帝於平陽。又《孝愍帝本紀》記建興四年（316）劉曜陷長安，又殺愍帝於平陽。平陽，今山西臨汾

市西南。以上四句謂建立王朝者，終不免於滅亡。

[18] 山嶽崩頹：喻王朝覆亡。山嶽，高大的山。《左傳·莊公二十二年》：“山嶽則配天。”嶽，“岳”的異體字。

[19] 履：踏上。

[20] 春秋迭代：即四時更替，比喻朝代更替。迭代，更替。

[21] 去故：離別故國。

[22] 舟檝（jí）：泛指船隻。亦指行船。檝，同“楫”，船槳。

[23] 星漢：天河。　槎（chá）：木筏。張華《博物志》卷三：“舊說云，天河與海通。近世有人居海渚者，年年八月有浮槎去來不失期。”

[24] 飈（biāo）：暴風。

[25] 蓬萊：古代傳說海外有三座仙山，即蓬萊、方丈、瀛洲，上有不死之藥，人們的船靠近它時，總有風把船引去，不能到達。以上四句以星漢、蓬萊喻家鄉，言道路阻絕，形勢險惡，不能回去。

[26] “窮者”二句：窮者，指仕途困窘的人。達，表達，表露。《晉書·王隱傳》：“隱曰：‘蓋古人遭時，則以功達其道；不遇，則以言達其才，故否泰不窮也。’”勞者，操勞者，勞苦者。何休《春秋公羊傳解詁·宣公十五年》：“飢者歌其食，勞者歌其事。”此二句說明自己作賦之志。

[27] “陸士衡”二句：陸士衡，晉詩人陸機，字士衡。他初到洛陽時，擬作《三都賦》，聽說左思也在作，便撫掌大笑，寫信給其弟陸雲說：“此間有傖父，欲作《三都賦》。等分寫成，以覆酒甕耳。”等左思賦出，陸機驚歎無以超越，竟停筆不作。撫掌，拍手。多表示高興、得意。

[28] 張平子：張衡，字平子。　陋：輕視。張衡看到班固的《兩都賦》，薄而陋之，因另作《兩京賦》。

[29] 宜：應當。此處四句是作者自謙之詞，意爲這篇賦出來被人們譏笑和鄙薄，都是甘心承受和理所當然的事。


【簡析】《哀江南賦》是庾信的名作，內容主要是哀痛梁朝的滅亡和慨歎個人身世。“哀江南”一語出於《楚辭·招魂》的“魂兮歸來哀江南”句。庾信晚年留在北朝，雖位高名顯，甚受優待，但常常思念故國，因此作賦以致意。賦文篇幅過長，這裏祇選錄它的序言。序中簡單概括地說明了作賦的背景和原因，表達了作賦的目的是“傷身世”，但更主要的是“哀江南”，即哀悼梁朝的覆亡。序文以個人身世爲綫索，以歷史事件爲中心，深刻揭露了梁朝覆亡前後的歷史巨變，凝聚着對故國和人民遭受劫亂的哀傷。寫法上以敘述爲主，又於敘述中穿插描寫與抒情，使虛實相生，疏密相間。全篇以駢文寫成，多用典故來暗喻時世和表達自己悲苦欲絕的隱衷，體現了庾信在辭賦和駢文創作中的特色。

# 常用詞詞義分析（六）

## Y

【厭】yā ①一物壓在另一物上。《禮記·深衣》："帶，下毋厭髀，上毋厭脅，當無骨者。"②壓制，抑制。《漢書·翼奉傳》："臣願陛下徙都於成周……東厭諸侯之權，西遠羌胡之難。"yàn ③討厭，憎惡。《論語·憲問》："夫子時然後言，人不厭其言；樂然後笑，人不厭其笑；義然後取，人不厭其取。"④飽。一般寫作"饜"。《孟子·離婁》："其良人出，則必饜酒肉而後反。"引申爲滿足。《論語·述而》："學而不厭。"

【焉】①鳥名。黃滔《唐城客夢》："旦，北而徂山之曲，乃見蒼翠一林，其中則楮煙墨宇，椒櫨坎地，羣焉胙充，飛而不舉。"②之。《左傳·隱公六年》："我周之東遷，晉鄭焉依。"③於之。《易經·繫辭》："聖人設卦觀象，繫辭焉而明吉凶。"④猶"乃"。《墨子·兼愛》："必知亂之所自起，焉能治之。"⑤哪裏。《左傳·成公十年》："彼良醫也，懼傷我，焉逃之?"⑥句尾語氣助詞。《論語·泰伯》："邦有道，貧且賤焉，恥也。邦無道，富且貴焉，恥也。"

【顏】①額，俗稱腦門子。《左傳·僖公九年》："天威不違顏咫尺，小白，余敢貪天子之命，無下拜，恐隕越於下，以遺天子羞，敢不下拜。"②面容。《漢書·司馬遷傳》："及已至此，言不辱者，所謂彊顏耳，曷足貴乎。"③門框上的横匾。《新唐書·馬燧傳》："帝榜其顏以寵之。"

【陽】①陽光。《詩經·小雅·湛露》："湛湛露斯，匪陽不晞。"②山的南面，水的北面。《尚書·禹貢》："岷山之陽，至於衡山。"③古代哲學概念，與"陰"相對。《大戴禮記·曾子天圓》："陽之精氣曰神，陰之精氣曰靈。"④六氣之一。《左傳·昭公元年》："六氣曰陰、陽、風、雨、晦、明也。"⑤陽氣。韓愈《重云一首李觀疾贈之》："天行失其度，陰氣來干陽。"⑥明處，公開。《備急千金要方·大醫精誠》："人行陽德，人自報之。"

【養】yǎng ①生育。《禮記·大學》："未有學養子而後嫁者也。"②養護。《禮記·禮運》："矜寡孤獨廢疾者，皆有所養。"③治療，調理。《周禮·天官·疾醫》："疾醫掌養萬民之疾病。"④蓄養，拖延。《三國志·魏書·方技傳》："小人養吾病，欲以自重。"yàng ⑤供養，奉養。《論語·爲政》："今之孝者，是謂能養。"

【業】①行業，職業。《三國志·魏書·方技傳》："以醫見業，意常自悔。"②事業，功業。《易經·乾卦》："君子進德修業，欲及時也。"③學業。韓愈《進學解》："業精於勤，荒於嬉；行成於思，毀於隨。"④從事於，以……爲業。柳宗元《種樹郭橐駝傳》："駝業種樹，凡長安豪富人爲觀遊及賣果者，皆爭迎取養。"⑤已經。《史記·司馬相如列傳》："相如欲諫，業已建之，不敢，乃著書，籍以蜀父老爲辭，而己詰難之，以風天子，且因宣其使指，令百姓知天子之意。"

【治】yí ①古水名。《説文解字》："治，水。出東萊曲城陽丘山，南入海。"zhì ②治理，管理。《禮記·大學》："欲治其國者，先齊其家。"③整理。《左傳·文公六年》："治舊洿，本秩禮，續常職，出滯淹。"④主宰，統管。《管子·君臣》："治斧鉞者，不敢讓刑；治軒冕者，不敢讓賞。"⑤備辦。《周禮·天官·小宰》："大喪小喪，掌小官之戒令，帥執事而治之。"⑥治療。《素問·五臟別論》："病不許治者，病必不治，治之無功矣。"⑦學習，研究。《漢書·董仲舒傳》："少治《春秋》，孝景時爲博士。"⑧政治。《尚書·周官》家宰掌邦治，統百官，均四海。⑨安定，太平。《易經·繫辭》："黃帝、堯、舜垂衣裳而天下治。"⑩特指血脈、精神正常。《史記·扁鵲倉公列傳》："血脈治也，而何怪？"

【移】①遷移，移動。王勃《滕王閣》："閒雲潭影日悠悠，物換星移幾度秋。"②改變，變化。《荀子·樂論》："移風易俗，天下皆寧。"③動搖。《孟子·滕文公》："貧賤不能移，威武不能屈。"④傳遞（文書）。《漢書·劉歆傳》："歆因移書太常博士。"

【遺】yí ①失掉。《詩經·小雅·谷風》："棄予如遺。"引申爲忘掉，忽略。《史記·淮陰侯列傳》："審毫釐之小計，遺天下之大數。"②留下來的。《孟子·公孫丑》："其故家遺俗，流風善政，猶有存者。" wèi ③留給，送給。《素問·五常政大論》："無盛盛，無虛虛，而遺人夭殃。"引申爲饋贈，贈送。《史記·魏公子列傳》："欲厚遺之，不肯受。"又特指送信。《史記·魏公子列傳》："公子姊爲趙惠文王弟平原君夫人，數遺魏王及公子書。"

【抑】①用手壓，摁。跟"揚"相對。《老子·七十七章》："高者抑之，下者舉之。"②常用於抽象的意義，表示按下來。《漢書·霍光傳》："朕以大將軍故，抑而不揚。"③控制。《漢書·霍光傳》："宜以時抑制，無使至亡。"④克制自己，不驕傲。陸雲《贈顧書》："謙光自抑，厥輝彌揚。"⑤不使太顯露。柳宗元《答韋中立論師道書》："抑之欲其奧。"⑥抑鬱，苦悶的樣子。白居易《與元九書》："彷徨抑鬱。"⑦表示輕微的轉折。《孟子·梁惠王》："抑王興甲兵，危士臣，構怨於諸侯，然後快於心與？"⑧表示選擇問。《禮記·中庸》："南方之強與？北方之強與？抑而強與？"

【益】①有益。《三國志·魏書·方技傳》："阿從佗求可服食益於人者，佗授以漆葉青黏散。"②增加。《後漢書·班超傳》："超復受使，固欲益其兵。"③逐漸，漸漸。《漢書·蘇武傳》："武益愈，單於使使曉武。"④更，更加。《孟子·梁惠王》："如水益深，如火益熱。"⑤同"溢"。《呂氏春秋·察今》："澭水暴益，荊人弗知。"

【意】①心志，在心爲意。《易經·繫辭》："書不盡言，言不盡意。"②意料，料想。《孫子兵法·虛實》："趨其所不意。"③思考，思慮。《後漢書·方術列傳》："醫之爲言意也。"④意旨，旨趣。《史記·司馬相如列傳》："上聞之，乃使相如責唐蒙，因喻告巴蜀民以非上意。"⑤料想，預料。《孫子·計》："攻其無備，出其不意。"⑥通"臆"，胸。《素問·金匱真言論》："故善爲脈者，謹察五藏六府，一逆一從，陰陽、表裏、雌雄之紀，藏之心意，合心於情。"

【義】①同"儀"，容貌。《漢書·高帝紀》："其有意稱明德者，必身勸，爲之駕，遣詣相國府，署行、義、年。"②合宜的。《論語·述而》："不義而富且貴，於我如浮雲。"③義的原則、品德。《莊子·胠篋》："爲之仁義以矯之，則並與仁義而竊之。"④意義，意思。《漢書·藝文志》："七十子喪而大義乖。"

【殷】①大。《莊子·山木》："翼殷不逝，目大不覩。"②眾多。《詩經·鄭風·溱洧》："士與女，殷其盈矣。"③深。《嵇中散集·養生論》："内懷殷憂，則達旦不瞑。"④富足。《戰國策·秦策》："田肥美，民殷富。"⑤正，調正。《尚書·堯典》："日中星鳥，以殷仲春。"

NOTE

【陰】①水的南面，山的北面。《孟子·萬章》：“禹薦益於天，七年，禹崩，三年之喪畢，益避禹之子於箕山之陰。”②古代哲學概念，與“陽”相對。《大戴禮記·曾子天圓》：“陽之精氣曰神，陰之精氣曰靈。”③人體陰部。《史記·扁鵲倉公列傳》：“循其兩股，以至於陰，當尚溫也。”④暗中。《戰國策·西周策》：“君不如令弊邑陰合於秦而君無攻，又無藉兵乞食。”⑤六氣之一。《左傳·昭公元年》：“六氣曰陰、陽、風、雨、晦、明也。”

【淫】①長久地下雨。《素問·五運行大論》：“其眚淫潰。”②浸淫，浸漬。《周禮·考工記·匠人》：“善防者水淫之。”③逐漸擴散，蔓延。《管子·内業》：“正形攝德，天仁地義，則淫然而自至。”④潤澤，滋養。東方朔《七諫·自悲》：“邪氣入而感内兮，施玉色而外淫。”⑤太過，過度。《漢書·食貨志》：“淫侈之俗，日日以長，是天下之大賊也。”⑥大。《列子·黄帝》：“朕之過淫矣。”⑦邪惡。《尚書·洪範》：“凡厥庶民，無有淫朋。”⑧迷惑，使昏亂。《孟子·滕文公》：“富貴不能淫，威武不能屈。”⑨不正當的男女關係，淫邪。《楚辭·離騷》：“謠諑謂余以善淫。”

【引】①拉弓，開弓。《莊子·田子方》：“列御寇爲伯昏無人射，引之盈貫。”②牽引，拉。《易經·繫辭》：“服牛乘馬，引重致遠，以利天下。”③抽取，執持，取用。張衡《西京賦》：“五都貨殖，既遷既引。”④延伸，伸長。《三國志·魏書·方技傳》：“當引某許，若至，語人。”

【隱】①短牆。《左傳·襄公二十三年》：“逾隱而待之。”②隱藏，隱蔽。《論語·泰伯》：“天下有道則見，無道則隱。”③精微深奧。《易經·繫辭》：“探賾索隱，鉤深致遠。”④隱瞞。《史記·高祖本紀》：“列侯諸將無敢隱朕。”⑤傷痛。《九歎·惜賢》：“心隱惻而不置。”

【營】①量地。東西量地爲“經”，周圍量地爲“營”。《詩經·大雅·靈台》：“經始靈台，經之營之。”②規劃，料理。《詩經·小雅·黍苗》：“肅肅謝功，召伯營之。”③軍營。《後漢書·班超傳》：“初夜，遂將吏士往奔虜營。”

【庸】①用。一般祇見於“無庸”這種固定形式。《左傳·隱公元年》：“無庸，將自及。”②平庸，一般。《韓非子·難一》：“處勢而驕下者，庸主之所易也。”③豈，難道。《左傳·莊公十四年》：“庸非貳乎？”

【用】①施行，使用。《史記·孝文本紀》：“古者殷周有國，治安皆千餘歲，古之有天下者莫長焉，用此道也。”②任用。《孟子·梁惠王》：“見賢焉，然後用之。”③享用，享有。《楚辭·離騷》：“苟得用此下土。”④功用，功效。《史記·魏公子列傳》：“臣乃市井鼓刀屠者，而公子親數存之，所以不報謝者，以爲小禮無所用。”⑤因，由。《禮記·禮運》：“故謀用是作，而兵由此起。”⑥以，用來。《重廣補注黃帝内經素問·序》：“因而撰注，用傳不朽。”

【幽】①暗，深暗。跟“明”相對，又跟“顯”相對。《大戴禮記·曾子天圓》：“天道曰圓，地道曰方，方曰幽而圓曰明。”②隱晦，隱微。溫庭筠《東郊行》：“綠渚幽香生白蘋，差差小浪吹魚鱗。”③僻靜，幽靜。杜甫《卜居》：“主人爲卜林塘幽。”④清勝，幽雅。杜甫《江村》：“長夏江村事事幽。”⑤拘囚，監禁。《漢書·司馬遷傳》：“身幽囹圄之中。”

【由】①機緣，機會。《儀禮·士相見禮》：“某也願見，無由達。”②依從，遵循。《史記·扁鵲倉公列傳》：“至今天下言脈者，由扁鵲也。”③因爲，由於。《禮記·禮運》：“故謀用是作，而兵由此起。”④自，從。《國語·晉語四》：“天之道也，由是始之。”⑤通“猶”。

《嵇中散集·養生論》："是由桓侯抱將死之疾，而怒扁鵲之先見。"

【與】yǔ ①黨與，朋黨。《史記·張耳陳餘列傳》："敵多則力分，與眾則兵彊。"②賦予。《莊子·養生主》："人之貌有與也。"③給予。《史記·扁鵲倉公列傳》："乃悉取其禁方書盡與扁鵲。"④交往。《韓非子·姦劫弑臣》："君臣之相與也，非有父子之親也。"⑤贊許，稱許。《漢書·翟方進傳》："朝過夕改，君子與之。"⑥跟，同。《史記·淮陰侯列傳》："足下與項王有故，何不反漢與楚連和，參分天下王之？"⑦和。《易經·説卦》："立天之道曰陰與陽，立地之道曰柔與剛，立人之道曰仁與義。"⑧等待。《論語·陽貨》："日月逝矣，歲不我與。"⑨同"歟"，表示疑問語氣。《禮記·中庸》："南方之強與？北方之強與？抑而強與？"yù ⑩參與。《禮記·王制》："五十不從力政，六十不與服戎，七十不與賓客之事。"

【欲】①貪欲；情欲。《素問·上古天真論》："醉以入房，以欲竭其精。"②欲望，愛好。《論語·顏淵》："己所不欲，勿施於人。"③想，願望。《論語·陽貨》："陽貨欲見孔子，孔子不見。"④要，需要。《商君書·更法》："今吾欲變法以治。"⑤將，快要。《後漢書·趙孝王良傳》："汝與伯升志操不同，今家欲危亡，而反共謀如是！"

【遇】①碰見，不期而遇。《論語·陽貨》："歸孔子豚。孔子時其亡也，而往拜之，遇諸塗。"又用於抽象的意義。《莊子·養生主》："臣以神遇而不以目視。"②對待，待遇。《史記·魏公子列傳》："然公子遇臣厚。"③被君王信任，得行其道，叫作遇。《孟子·梁惠王》："吾之不遇魯侯，天也。"

【御】①駕駛車馬。《墨子·尚賢》："譬若欲眾其國之善射御之士者，必將富之貴之，敬之譽之，然後國之善射御之士將可得而眾也。"②御車的人。《左傳·成公十六年》："其御屢顧。"③屬於天子的。《史記·平準書》："出御府禁藏以贍之。"④抵禦，抵抗。《素問·六元正紀大論》："必贊其陽火，令御甚寒。"

【愈】①病情好轉。《三國志·魏書·方技傳》："其療疾，合湯不過數種，心解分劑，不復稱量，煮熟便飲，語其節度，舍去輒愈。"②治愈。《傷寒論·序》："雖未能盡愈諸病，庶可以見病知源。"③勝過。《論語·公冶長》："子謂子貢曰：'女與回也孰愈？'"④更加，越發。《戰國策·秦策》："明言章理，兵甲愈起。"⑤通"諭"，理解。《淮南子·齊俗》："瞽師之放意相物寫神愈舞而形乎絃者，兄不能以喻弟。"

【豫】①出遊。特指天子秋日出巡。《孟子·梁惠王》："夏諺曰：'吾王不遊，吾何以休？吾王不豫，吾何以助？一遊一豫，爲諸侯度。'"②安樂，舒服。《尚書·洪範》："曰豫，恒燠若。"③喜悅，歡快。《孟子·公孫丑》："舍我其誰也？吾何爲不豫哉？"④通"預"，預備。《禮記·學記》："禁於未發之謂豫。"

【元】①頭。《左傳·僖公三十三年》："狄人歸其元。"引申作爲首的。《荀子·王制》："元惡不待教而誅。"②開始，第一。《公羊傳·隱公元年》："元年者何？君子始年也。"③善。《左傳·文公十八年》："高辛氏有才子……謂之八元。"④大。《墨子·尚賢》："《湯誓》曰：'聿求元聖，與之戮力同心，以治天下。'"

【原】①同"源"。水源，源泉。《左傳·昭公九年》："猶衣服之有冠冕，木水之有本原。"②泛指來源。《孟子·離婁》："資之深，則取之左右逢其原。"③事物的開始，起源。《管子·水地》："地者，萬物之本原。"④追究根源。《管子·小匡》："原本窮末。"⑤原野，寬廣平坦的地方。《國語·周語》："猶其原隰之有衍沃也，衣食於是乎生。"⑥赦免，原諒。

《後漢書·范丹傳》："詔書特原不理罪。"

【遠】①時間距離遠，"近"相對。《呂氏春秋·大樂》："音樂之所由來者遠矣。"②空間距離遠。《易經·繫辭》："近取諸身，遠取諸物，於是始作八卦。"③離開。《三國志·魏書·方技傳》："佗久遠家思歸。"④偏僻之地，遠方。《楚辭·哀郢》："去故鄉而就遠兮，遵江夏以流亡。"⑤迂遠，不切近事情。《史記·扁鵲倉公列傳》："臣意曰：'公所論遠矣。'"⑥内容、含義深遠，深奧。《易經·繫辭下》："其旨遠，其辭文，其言曲而中。"⑦避忌，禁忌。《素問·六元正紀大論》："發表不遠熱，攻裏不遠寒。"

# Z

【載】zǎi ①歲，年。《後漢書·班超傳》："臣前與官屬三十六人奉使絕域，備遭艱厄，自孤守疏勒，於今五載，胡夷情數，臣頗識之。"②記載。《文心雕龍·辨騷》："昆崙懸圃，非經義所載。"zài ③乘載，運載。《三國志·魏書·方技傳》："家人車載欲往就醫。"④開始。《詩經·豳風·七月》："七月鳴鵙，八月載績。"⑤通"再"。《呂氏春秋·異寶》："五員載拜受賜曰：'知所之矣。'"

【澤】①水所聚的地方，一般指湖沼。《史記·司馬相如列傳》："相如以爲列僊之傳居山澤間，形容甚臞，此非帝王之僊意也，乃遂就《大人賦》。"②光澤。《左傳·襄公二十八年》："獻車於季武子，美澤可以鑒。"③恩澤，恩惠。《素問·天元紀大論》："上下和親，德澤下流。"

【掌】①手掌，手心。《孟子·公孫丑》："武丁朝諸侯，有天下，猶運之掌也。"②動物的脚掌或掌狀物。《孟子·告子》："熊掌，亦我所欲也。"③用手掌打。揚雄《羽獵賦》："摕松柏，掌蒺藜。"④掌管，職掌。《周禮·天官·醫師》："醫師掌醫之政令，聚毒藥以共醫事。"⑤通"常"，經常，平常。《墨子·非樂》："是以食必粱肉，衣必文繡，此掌不從事乎衣食之財，而掌食乎人者也。"

【折】zhé ①折斷，把東西弄斷。韓愈《利劍》："使我心腐劍鋒折，決雲中斷開青天。"②挫折，特指軍事上的挫敗。《史記·淮陰侯列傳》："折北不救。"③夭折，死亡。《尚書·洪範》："六極。一曰凶短折。"孔穎達疏："未亂曰凶，未冠曰短，未婚曰折。"④轉，反轉。《戰國策·西周策》："周必折而入於韓。"⑤彎曲。《淮南子·覽冥》："河九折注於海。"⑥判斷，裁決。《法言·吾子》："萬物紛錯則懸諸天，衆言淆亂則折諸聖。"

【真】①本性，本質。《楚辭·卜居》："寧超然高舉以保真乎，將呢呰栗斯、喔咿儒兒以事婦人乎？"②真實。《漢書·宣帝紀》："使真僞毋相亂。"引申爲原來的。《漢書·河間獻王德傳》："從民得善書，必爲好寫與之，留其真。"③真誠。《荀子·勸學》："真積力久則入。"④的確，實在。杜甫《莫相疑行》："牙齒欲落真可惜。"

【徵】zhēng ①召，特指君召臣。《後漢書·班超傳》："肅宗初即位，以陳睦新没，恐超單危不能自立，下詔徵超。"②求取，索取。《左傳·昭公二十五年》："鸜鵒趹趹，公在乾侯，徵褰與襦。"③證明，驗證。《論語·八佾》："殷禮吾能言之，宋不足徵也。"引申爲預兆。《史記·項羽本紀》："兵未戰而先見敗徵。"zhǐ ④五音之一（宫、商、角、徵、羽爲五音）。《禮記·月令》："（孟夏之月）其蟲羽，其音徵。"

【政】①通"正"。改正，糾正。《逸周書·允文》："寬以政之，孰云不聽，聽言靡悔，遵

NOTE

養時晦。"②政令，時令。《孟子·公孫丑》："行乎國政，如彼其久也！"③政治，政事。《周禮·夏官》："使帥其屬而掌邦政。"④治理政事。《禮記·中庸》："人道敏政，地道敏樹。"⑤恰好，祇。《世説新語·規箴》："殷覬病困，看人政見半面。"

【知】zhī ①知道。《禮記·大學》："人莫知其子之惡。"②瞭解。《史記·扁鵲倉公列傳》："長桑君亦知扁鵲非常人也。出入十餘年，乃呼扁鵲私坐。"③知覺，省悟。韓愈《祭十二郎文》："死而有知，其幾何離；其無知，悲不幾時，而不悲者無窮期矣。"④主持，掌管。《易經·繫辭》："乾知大始，坤作成物。"⑤病減，病癒。《素問·腹中論》："一劑知，二劑已。"zhì ⑥同"智"。《論語·陽貨》："好從事而亟失時，可謂知乎。"

【直】①不彎曲。《尚書·洪範》："水曰潤下，火曰炎上，木曰曲直，金曰從革，土爰稼穡。"②公正，正直。《韓非子·解老》："所謂直者，義必公正，公心不偏黨也。"③坦率，率直。《後漢書·班固傳論》："遷文直而事覈，固文贍而事詳。"④同"值"，逢，遇。《漢書·李陵傳》："陵至浚稽山，與單于相直，騎可三萬圍陵軍。"⑤同"值"，價值。《戰國策·齊策三》："象床之直千金，傷此若髮漂，賣妻子不足償之。"⑥祇是，僅僅。《孟子·梁惠王》："寡人非能好先王之樂也，直好世俗之樂耳。"

【執】①逮捕，捉拿。《左傳·昭公二十年》："公使執之。"②拿，持。《禮記·中庸》："執其兩端，用其中於民，其斯以爲舜乎！"③持守。《禮記·中庸》："誠之者，擇善而固執之者也。"④判斷，處置。《禮記·中庸》："發強剛毅，足以有執也。"⑤好友，至交。《禮記·曲禮》："見父之執，不謂之進，不敢進。"⑥執拗，固執。《莊子·人間世》："將執而不化，外合而内不訾，其庸距可乎？"

【至】①到，到達。《史記·扁鵲倉公列傳》："至春，果病；四月，泄血死。"②最高的，到達極點。《禮記·大學》："大學之道，在明明德，在親民，在止於至善。"③古代以冬至、夏至爲二至，亦統稱"至"。《左傳·僖公五年》："凡分，至，啓，閉，必書雲物，爲備故也。"④最。《備急千金要方·大醫精誠》："今以至精至微之事。"

【志】①意。《禮記·禮運》："大道之行也，與三代之英，丘未之逮也，而有志焉。"②認識。《荀子·天論》："所志於天者。"③記住。《列子·湯問》："大禹行而見之，伯益知而名之，夷堅聞而志之。"④通"痣"。《神農本草經·中品》："去青黑志。"

【制】①裁斷，切割。《淮南子·主術》："賢主之用人，猶巧工之制木也。"②製作，製造。《詩經·豳風·東山》："制彼裳衣，勿士行枚。"③制定。《大戴禮記·曾子天圓》："聖人立五禮以爲民望，制五衰以別親疏。"④控制，制約。《國語·晉語一》："吾以子見天子，令子爲上卿，制晉國之政。"⑤制度，法度。《素問·至真要大論》："君一臣二，奇之制也。"

【致】①达到。《禮記·中庸》："致中和，天地位焉，萬物育焉。"②致使，導致。《脈經·序》："致微痾成膏肓之變，滯固絕振起之望，良有以也。"③招引。《三國志·蜀志·諸葛亮傳》："庶曰：'此人可就見，不可屈致也。'"④竭盡，窮盡。《大戴禮記·曾子立事》："君子之學，致此五者而已矣。"⑤通"制"，控制。《孫子兵法·虛實》："故善戰者，致人而不致於人。"

【中】zhōng ①内，裏面，與"外"相對。《素問·異法方宜論》："魚者使人熱中。"②中間，當中。《易經·繫辭》："日中爲市，致天下之民，聚天下之貨，交易而退，各得其所。"③正，正道。《荀子·性惡》："天下有中，敢直其身。"④中等。《史記·李將軍列傳》："蔡爲人在下中。”⑤半途。《嵇中散集·養生論》：“中道夭於衆難。”zhòng ⑥箭射中目標。《吕氏春秋·盡數》：“射而不中，反修於招，何益於中?”⑦傷害，侵襲。《楚辭·九辯》：“憯悽增欷兮，薄寒之中人。”⑧符合。《禮記·中庸》：“從容中道，聖人也。”⑨得當。《論語·子路》：“禮樂不興，則刑罰不中。”

【終】①極，窮盡。《莊子·天道》：“夫道，於大不終，於小不遺，故萬物備。”②終止，結束。《禮記·大學》：“物有本末，事有終始，知所先後，則近道矣。”③生命完結，死。《嵇中散集·養生論》：“從白得老，從老得終。”④自始至終。《易經·乾卦》：“君子終日乾乾，夕惕若，厲，无咎。”⑤終於。《甲乙經·序》：“華佗性惡矜技，終以戮死。”

【重】zhòng ①厚重。《易經·繫辭》：“夫茅之爲物薄，而用可重也。”②重量大，與“輕”相對。《易經·繫辭》：“服牛乘馬，引重致遠，以利天下。”③濃烈。《吕氏春秋·盡數》：“凡食，無彊厚，無以烈味重酒，是以謂之疾首。”④重要。《論語·泰伯》：“曾子曰：‘士不可以不弘毅，任重而道遠。’”⑤甚，很。《史記·扁鵲倉公列傳》：“有此一者，則重難治也。”⑥莊重。《論語·學而》：“君子不重則不威，學則不固。”chóng ⑦重複，再。《傷寒論》第八十八條：“汗家重發汗，必恍惚心亂。”

【周】①周密。《孫子兵法·謀攻》：“輔周則國必強，輔隙則國必弱。”②切合。《韓非子·五蠹》：“而不周於用。”③周遍，遍及。《漢書·食貨志》：“其爲物輕微易藏，在於把握，可以周海内而亡飢寒之患。”④周全，周備。《左傳·文公三年》：“君子是以知秦穆之爲君也，舉人之周也，與人主壹也。”⑤救濟。《孟子·萬章》：“周之則受，賜之則不受，何也?”⑥環繞一圈，周匝。《靈樞·衛氣行》：“故衛氣之行，一日一夜五十周於身。”

【諸】①衆，各。《史記·扁鵲倉公列傳》：“當晉昭公時，諸大夫強而公族弱。”②之，代詞。《左傳·文公元年》：“能事諸乎?”③之於，兼詞。《易經·繫辭》：“近取諸身，遠取諸物。”④之乎，兼詞。《孟子·梁惠王》：“方七十里有諸?”⑤於，介詞。《左傳·成公十年》：“及日中，負晉侯出諸廁，遂以爲殉。”⑥句尾語氣詞。《詩經·邶風·日月》：“日居月諸。”

【逐】①追逐，追趕。《史記·司馬相如列傳》：“是時天子方好自擊熊羆，馳逐野獸，相如上疏諫之。”②競爭。《韓非子·五蠹》：“上古競於道德，中世逐於智謀，當今爭於氣力。”③追求。《新修本草·序》：“範金揉木，逐欲之道方滋。”④驅逐。《史記·李斯列傳》：“非秦者去，爲客者逐。”⑤追隨，伴隨。杜甫《自京赴奉先縣詠懷五百字》：“煖客貂鼠裘，悲管逐清瑟。”

【著】zhù ①明顯，顯著。《禮記·中庸》：“誠則形，形則著，著則明。”②顯現，發揚。《禮記·大學》：“小人閒居爲不善，無所不至，見君子而後厭然，揜其不善而著其善。”③著述，記載。《後漢書·延篤傳》：“能著文章，有名京師。”zhuó ④附著，依附。《三國志·魏書·方技傳》：“必躁著母脊。”⑤撲。《三國志·魏書·方技傳》：“沾濡汗出，因上著粉。”zhāo ⑥圍棋下子。亦謂招數，比喻計策或手段。貫休《棋》：“著高圖暗合，勢王氣彌驕。”

【莊】①莊重，嚴肅。《荀子·樂論》：“而容貌得莊焉。”②四通八達的道路。《左傳·襄公二十八年》：“得慶氏之木百車於莊。”③村莊。杜甫《懷錦水居止》：“萬里橋西宅，百花潭北莊。”

【壯】①壯年，指三十歲以上，未到老年。《左傳·僖公三十年》：“臣之壯也，猶不如人。”②強，健。《禮記·禮運》：“使老有所終，壯有所用，幼有所長。”③表示欽佩別人的勇敢或有氣概。《史記·淮陰侯列傳》：“滕公奇其言，壯其貌。”

【卓】①高，高超。《後漢書·祭遵傳》：“卓如日月。”②遥遠。《漢書·霍去病傳》：“卓行殊遠而糧不絶。”這個意義又寫作“逴”。③停，停留。溫庭筠《思帝鄉》：“花花滿枝紅似霞，羅袖畫簾腸斷，卓香車。”

【資】①錢財。《戰國策·秦策》：“黑貂之裘弊，黃金百斤盡，資用乏絶，去秦而歸。”引申爲動詞。以錢財供應人。《戰國策·秦策》：“王資臣萬金。”又爲供給。李斯《諫逐客書》：“今逐客以資敵國，損民以益讎。”②憑藉。《素問·天元紀大論》：“太虛寥廓，肇基化元，萬物資始，五運終天。”③天性，資質。《史記·商君列傳》：“商君其天資刻薄人也。”④資格。《晉書·郤愔傳》：“愔自以資望少。”

【自】①鼻子。《説文解字》：“自，鼻也。”②從，由。《禮記·大學》：“自天子以至於庶人，壹是皆以脩身爲本。”③始，開始。《韓非子·心度》：“刑者，愛之自也。”④自己。《三國志·魏書·方技傳》：“四五日差，不痛，人亦不自寤。”⑤原來，本來。《史記·扁鵲倉公列傳》：“此自當生者。”⑥如果，假如。《傷寒論·序》：“自非才高識妙，豈能探其理致哉？”

【奏】①進，奉獻。《漢書·司馬遷傳》：“使得奏薄伎。”②特指向帝王上書或進言。《戰國策·秦策》：“願大王少留意，臣請奏其效。”③取得。韓愈《平淮西碑》：“乃敕顏、胤、愬、武、古、通，咸統於弘，各奏汝功。”④吹奏，演奏。《詩經·周頌·有瞽》：“既備乃奏，簫管備舉。”⑤通“腠”，腠理，肌肉的紋理。《儀禮·公食大夫禮》：“載者西面，魚臘飪，載體進奏。”

【祖】①祖廟，奉祀祖先的宗廟。《周禮·考工記》：“左祖右社。”②祖先。《漢書·霍光金日磾傳》：“人道親親，故尊祖；尊祖，故敬宗。”③開始。《莊子·山木》：“浮遊乎萬物之祖。”④效法。《墨子·尚賢》：“尚欲祖述堯舜禹湯之道，將不可以不尚賢。”⑤祭路神。《左傳·昭公七年》：“公將往，夢襄公祖。”

【作】①起來，起身。《禮記·少儀》：“客作而辭。”②興起，產生。《老子·六章》：“萬物作焉而不辭。”③動作，行動。《素問·上古天真論》：“余聞上古之人，春秋皆度百歲，而動作不衰。”④工作，活動。《莊子·讓王》：“日出而作，日入而息，逍遥於天地之間而心意自得。”⑤製作，造。《周禮·考工記序》：“作車以行陸，作舟以行水。”⑥撰寫，著述。《論語·述而》：“述而不作。”⑦則，就。《尚書·洪範》：“從作乂，明作哲。”

# 古代漢語通論六　詩詞曲論

## 第一節　詩與中國文學的抒情傳統

抒情性是中國詩歌文學的最大特色。從成書於春秋的《詩經》，經歷漢魏的樂府與五言詩，攀登上唐代五、七言詩歌的頂峰，到晚唐五代所產生至宋代繁榮的詞，以及元代興盛的散曲，已經在中國文學的發展之中形成了詩歌的傳統。而圍繞着“詩言志”與“詞言情”的基本定位，詩歌傳統實際上也構成了中國文學的抒情傳統。接續着元代的曲，明清傳奇與小說，

NOTE

雖然以不同於詩歌韻文學的面貌出現，但抒情性同樣佔據着主導的地位。因此可以說，如果以詩歌作爲中國文學發展的重要一脈的話，那麼抒情性就成爲中國文學在這條脈絡上的最大特色。

## 一、詩歌抒情性的自覺與獨立

詩者，志之所之也。在心爲志，發言爲詩。情動於中而形於言，言之不足故嗟歎之，嗟歎之不足故永歌之，永歌之不足，不如手之舞之、足之蹈之也。

——《詩大序》

詩的產生源於人內心的情感意志，用諧和的音樂化的語言來表達人們內心的歡樂與哀傷，表現出情感與語言的高度融合。在這裏，"詩"既是"志"的本體，又是"志"的表現，而這種表現之所以能夠實現對於情感的完美表達，一個重要的原因在於它的音樂特徵。

《墨子·公孟》說："頌詩三百，弦詩三百，歌詩三百，舞詩三百。"意謂《詩》三百餘篇，均可誦詠、用樂器演奏、歌唱、伴舞。《史記·孔子世家》又說："三百零五篇，孔子皆弦歌之，以求合韶、武、雅、頌之音。"可見，當《詩經》產生的時候，詩三百都是可以合樂演唱的，並且根據音樂曲調的不同，《詩經》305篇可以分成三個部分：風、雅、頌。一般來說，風屬於地方民歌，雅屬於朝廷樂歌，頌指代宗廟樂歌，三者所表達的主題與情感各有側重。而之所以會出現主題內容與情感的差異，首先導源於它們所附着的音樂門類不同。

"風"，又稱爲"十五國風"，包括周南、召南、邶、鄘、衛、王、鄭、齊、魏、唐、秦、陳、檜、曹、豳十五國，總計160篇。這些以"風"命名的詩篇其實是帶有各個諸侯國地方色彩的樂歌，其中絕大部分是民歌。國風中有大量關於青春愛情與征夫思婦的詩篇，充滿了自然活潑的情感，是詩三百中抒情性表達最爲強烈的部分，也是《詩經》的精華所在。像《周南》中的《關雎》《卷耳》《桃夭》《漢廣》，《邶風》中的《綠衣》《柏舟》《靜女》，《衛風》中的《淇奧》《碩人》《氓》，《鄭風》中的《將仲子》《野有蔓草》等，都是其中的代表作品。

"雅"是朝廷正聲，也就是周朝京畿地區的樂歌，其中大雅74篇，多是朝廷燕享時的樂歌，標舉"平和中正"之音。小雅31篇，有一部分作品與國風的民歌類似，例如《采薇》中"昔我往矣，楊柳依依。今我來思，雨雪霏霏。行道遲遲，載渴載饑。我心傷悲，莫知我哀！"此外，則多爲下層官吏作品，因此也有不少"不平之鳴"，被視爲"怨諷"之作。如《東山》寫出征多年的士兵在回家路上的複雜感情，"我徂東山，慆慆不歸。我來自東，零雨其濛"。以天上的細雨，襯託出憂傷的感情。

在"風"與"雅"中，詩歌的藝術價值主要基於情感的表達，比如《采薇》之中所使用的"楊柳""雨雪"，通過語言與情感的融合，使原本平常的景物成爲代指"離別"，表達"思念"的意象而凝固在詩歌中，並且被後代的詩人所不斷地沿用，從而在詩歌語言的發展過程中，具有了某種類似於源頭的地位與意義。像《采薇》中的"楊柳"，就演化爲"折柳"的意象，作爲表示"惜別"與"懷遠"的代稱。唐代李白《春夜洛城聞笛》："誰家玉笛暗飛聲，散入春風滿洛城。此夜曲中聞折柳，何人不起故園情。"王維《送元二使安西》："渭城朝雨浥輕塵，客舍青青柳色新。勸君更進一杯酒，西出陽關無故人。"宋代周邦彥的詞《蘭陵王》："柳蔭直，煙裏絲絲弄碧。隋堤上，曾見幾番，拂水飄綿送行色""長亭路，年去歲來，應折柔條過千尺"等。

相比之下，"頌"的内容最爲嚴肅，充滿了褒獎溢美之辭，可以説是廟堂文學的鼻祖，究其原因，乃是因爲"頌"是王室祭祀宗廟時所用的舞曲樂歌。

清代的詩人袁枚在《隨園詩話》卷三中説：

> 千古善言詩者，莫如虞舜教夔典樂。曰"詩言志"，言詩之必本乎性情也；曰"歌永言"，言歌之不離乎本旨也；曰"聲依永"，言聲韻之貴悠長也；曰"律和聲"，言音之貴均調也。知是四者，於詩之道盡之矣。

正因爲詩歌在其産生之初是合樂的，中國的詩歌理論甚至可以説是源於音樂理論的。

兩漢的樂府詩是處於從四言詩向魏晉五言詩轉變的時期，而魏晉五言詩的成熟正爲中國古典詩歌的主體——五七言詩提供了發展的重要契機，並由此走向並實現了唐宋兩代詩歌的繁榮與鼎盛。從這個角度上講，兩漢的樂府詩不僅是由先秦詩歌向中古詩歌轉折的關鍵，更是詩歌史上的一次飛躍，是誕生盛唐之音的重要鋪墊。

"樂府"與"樂府詩"原本是兩個概念。樂府，本來指的是漢代所設立的主管音樂的官府，漢代人把樂府中配樂演唱的詩稱爲"歌詩"。到了魏晉南北朝，這些歌詩又被稱作"樂府"。到了隋唐，有不少詩人都採用或者模擬這種形式來寫詩，叫做"樂府舊題"，也被稱作"樂府"或"樂府詩"。也就是説，樂府的名稱經歷了一個從機構名到詩作門類再到擴大化的詩作門類的過程。比如唐代詩人王維，在他現存的420多首詩作中，舊題樂府詩佔48首；王昌齡，現存詩約180首，舊題樂府詩佔46首；還有高適（《燕歌行》）、岑參（《走馬川行》、《白雪歌送武判官歸京》）、李賀（《雁門太守行》）等。最喜歡寫作樂府舊題的當數李白，在他現存的一千餘首詩中，舊題樂府詩佔了134首，其中《蜀道難》《將進酒》《梁父吟》《長干曲》《清平調》《行路難》等都廣爲人知。中唐時，白居易倡導"新樂府運動"，寫作"新題樂府"。之所以要把他所寫作的詩歌命名爲"新題樂府"而與"舊題樂府"相區別，其核心就在於音樂性上。

首先，兩漢樂府詩的基本屬性是音樂性。從漢武帝設立"樂府"之時，就是爲了選詞以配樂。

> 至武帝定郊祀之禮……乃立樂府，采詩夜誦，有趙、代、秦、楚之謳。以李延年爲協律都尉，多舉司馬相如等數十人造爲詩賦，略論律呂，以合八音之調，作十九章之歌。

——《漢書·禮樂志》

不同的樂府歌詩要配合不同的樂器，以不同的音樂特徵來表現不同的内容，從而適用於不同的場所與禮儀。南朝郭茂倩所編輯的《樂府詩集》將樂府詩分成了十二大類：郊廟歌辭、燕射歌辭、鼓吹曲辭、橫吹曲辭、相和歌辭、清商曲辭、舞曲歌辭、琴曲歌辭、雜曲歌辭、近代曲辭、雜歌謠辭、新樂府辭。其中包含漢樂府的主要是郊廟歌辭、鼓吹曲辭、相和歌辭、雜曲歌辭等八類。樂府民歌則主要保存在鼓吹曲辭、相和歌辭與雜曲歌辭這三類之中。

從音樂上來看，鼓吹曲辭是漢武帝時吸收北方民族音樂元素而形成的軍樂，雜曲歌辭是聲調失傳的雜牌曲子，而相和歌辭則是一種演唱方式，包含有"絲竹相和"與"人聲相和"兩種意思。這些樂府民歌，原本是漢代的"街陌謠謳"（沈約《宋書·樂志》），可見主要屬於民間樂的系統。這一部分的樂府歌詩，最大的特點是"感於哀樂，緣事而發"，像膾炙人口的《陌上桑》《十五從軍征》《上山采蘼蕪》等，真切、生動、全面地反映了兩漢社會生活的現實，表現活潑自然的人性和情感。因此，到了白居易提倡"文章合爲時而著，歌詩合爲事而作"的"新樂府理論"，所看中的是它突出的敍事性與濃烈的情感內涵而非音樂性。因此游國恩在《中國文學史》中説道："所謂新樂府，就是一種用新題寫時事的樂府式的詩。這裏有三點須説明：一是用新題……故又名'新題樂府'。二是寫時事……三是新樂府並不以入樂與否爲衡量的標準……這從音樂上來説，是徒有樂府之名；但從文學上來説，却又是真正的樂府，因爲體現了漢樂府精神。"

相比於樂府詩長於敍事的特點，漢魏時期的文人五言詩的抒情性則已經日益顯著，南朝梁蕭統《文選》中所收録的《古詩十九首》，代表了漢代文人五言詩的最高成就。

東漢末年，社會動盪，政治混亂。下層文士漂泊蹉跎，游宦無門。表現在《古詩十九首》中，或爲夫婦友朋間的離愁別緒，像《迢迢牽牛星》："盈盈一水間，脈脈不得語。"《涉江采芙蓉》："同心而離居，憂傷以終老。"或爲人生的失意無常，如《去者日以疏》："去者日以疏，生者日已親。"《行行重行行》："思君令人老，歲月忽已晚。"並且由於這些人生的無常與無望，產生了巨大的孤獨寂滅之感與及時行樂之思，像《生年不滿百》："晝短苦夜長，何不秉燭遊！爲樂當及時，何能待來茲。"《今日良宴會》："人生寄一世，奄忽若飆塵。何不策高足，先據要路津。"詩中這些感慨與思緒，雖然是詩人就當時的歷史與社會現實而發，但從人類情感的共通性而言，却又共同組成了"人同有之情"。故而王康在《古詩十九首繹後序》中説："逐臣棄友、思婦勞人、託境抒情、比物連類、親疏厚薄、死生新故之感，質言之、寓言之、一唱而三歎之。"

鍾嶸在《詩品》裏稱讚《古詩十九首》"驚心動魄，可謂幾乎一字千金"，抓住的正是它重於抒情且長於抒情的特徵。因此，可以看到，《古詩十九首》所選擇的詩歌從內容上來看，很好地繼承了漢樂府"緣事而發"的敍事傳統，而它所表達的情感則又進一步發展了漢樂府"感於哀樂"的抒情傳統，並且將自《詩經》以來敍事與抒情相互雜糅的最初狀態漸次分離，以情融事，以情謀篇，使得詩歌的抒情性得到了前所未有的獨立與張揚。因此劉勰在《文心雕龍》中説它"婉轉附物，怊悵切情，實五言之冠冕也"。

隨着五言詩歌抒情性的確立與藝術手段的不斷發展，自漢代到魏晉南北朝，詩歌無論是在題材走向、語言風貌還是在格律形式、風格傾向上都做好了充分的準備與積累，達到了一個相當成熟的境界。它所等待的，無非是一個契機，等待一股來自社會與歷史的宏大力量，將詩歌推向藝術的巔峰。就在這萬事俱備的時候，唐朝建立了，中國古典詩歌的巔峰時期到來了。

## 二、盛唐之音

唐代是詩歌的黃金時代。根據清代康熙年間所編纂的《全唐詩》九百卷進行統計，共收録詩人2200餘人，詩歌近五萬首，遠遠超過唐之前歷朝歷代的總和。20世紀90年代陳尚君先生編輯《全唐詩補編》，又收詩作6327首，詩人1600多位，其中新見者900餘位，接近《全唐詩》詩人的三分之一。至此，唐詩作品存世者總計已達55730首，詩人3800位，而遺漏之處尚存。可以説，唐朝的詩歌創作，形成了中國古典詩歌史上的第一個高峰。

所謂高峰，當不僅就數量而言。因爲如果僅論數量，宋詩的現存作品多達24萬首，其繁盛局面比之唐詩可謂是有過之而無不及。而事實上從宋代開始，對於唐宋詩優劣比較的爭論就從來沒有停止過，尤其是宋人自己對於宋詩的批評可謂不遺餘力。張戒的《歲寒堂詩話》，嚴羽的《滄浪詩話》都就宋詩不同於唐詩的一些特徵做了嚴厲的批評。可以説，從宋代開始，就已經出現了以唐詩作爲詩歌創作的最高典範，並且繼而對於種種有異於唐詩的風貌都予以徹底否定的決絶的態度，這種態度一直到明清，甚至到現代，依然不絶如縷。

客觀地説，唐詩和宋詩各有擅場，正如錢鍾書先生所説："唐詩、宋詩，亦非僅朝代之別，乃體格性分之殊……唐詩多以豐神情韻擅長，宋詩多以筋骨思理見勝。"（《談藝録》"詩分唐宋"條）如果對這一段話作一個簡單的概括，那便是"唐詩主情，宋詩主意"。從這一點上來看，宋詩之所以長久地在詩歌評論中受到冷落，撇開藝術手法、題材格律等具體問題不談，歸根結底，可能就在於詩的抒情性上略有不足。

習見的唐詩史將唐詩的發展分爲四期：初唐、盛唐、中唐、晚唐。雖然歷來的評論唐詩以盛唐爲尊，但盛唐不是憑空出現的，也不會戛然而止。事實上，四個時期的詩歌創作各有特色，每個時期都產生了各具風格的代表詩人與詩作。

初唐的詩風以"四傑"（王勃、楊炯、盧照鄰、駱賓王）爲代表。他們的詩歌，接續六朝駢儷的詩風而來，雖有清新之氣，然猶未全脱麗色，故而直到中唐之時，仍有人對此頗有微詞。詩聖杜甫有一首《戲爲六絶句》"楊王盧駱當時體，輕薄爲文哂未休。爾曹身與名俱滅，不廢江河萬古流"，正是爲"四傑"鳴不平之作。從杜甫的詩中可知，"四傑"的詩作被後人看作是初唐時的"當時體"，所謂當時體，實際上指的就是六朝纖柔卑靡的詩風，故而被後人看作是"輕薄"之作而"哂"之。

"國朝盛文章，子昂始高蹈。"隨着南朝北朝詩風的融合與大一統帝國的建立，六朝詩風對唐初的影響開始漸漸消退，出現了陳子昂《登幽州臺歌》這樣風骨峥嶸，充滿宇宙意識的瓊絶之作。"前不見古人，後不見來者。念天地之悠悠，獨愴然而涕下。"陳子昂有意地改革詩歌，他在《修竹篇序》中明確地反對"彩麗競繁，而興寄都絶"的齊梁詩風，提倡漢魏風骨和比興寄託，要求詩歌"骨氣端翔，音情頓挫，光英郎練，有金石聲"。《修竹篇序》的出現宣告了齊梁以來浮靡詩風的結束，使詩歌的主題衝破宮廷的束縛而走向廣闊的江山大漠，使詩歌的風調脱離纖靡柔弱的情思而轉變爲慷慨雄渾的意境。此後的張説、張九齡、賀知章、王翰等人在這一共同的導向之下，開始形成自己的風格，或韻味雋永，或沉鬱厚重，或活潑寫意，或激昂疏闊，可以説，初唐詩的成就爲盛唐之音的到來奠定了基礎。

從唐玄宗開元至天寶時期的五十年間，唐朝的國力達到了頂峰，"憶昔開元全盛日，小邑猶藏萬家室。稻米流脂粟米白，公私倉廩俱豐實。"（杜甫《憶昔》）經濟繁榮，生活富足，伴隨而來的是人們精神世界的充盈飽滿和對於理想的熱情無畏。可以説，整個盛唐都浸染在一種昂揚的狀態之中，充滿了蓬勃的生機與活力，洋溢着浪漫的氣息與風貌。這種精神面貌體現在詩歌中就成爲了"盛唐的氣象"。這種氣像是一種精神，開放的，向上的，充滿希望與激情，不畏艱險與挫折，或者説，艱險與挫折的存在反而更一步激發了人內心深處的渴求與叛逆。在詩歌中，最能夠代表"盛唐氣象"的詩人就是李白。

　　趙客縵胡纓，吳鈎霜雪明。銀鞍照白馬，颯沓如流星。十步殺一人，千里不留行。
事了拂衣去，深藏身與名。閑過信陵飲，脱劍膝前橫。將炙啖朱亥，持觴勸侯嬴。三杯吐然諾，五嶽倒爲輕。眼花耳熱後，意氣素霓生。救趙揮金錘，邯鄲先震驚。千秋二壯士，烜赫大梁城。縱死俠骨香，不慚世上英。誰能書閣下，白首太玄經。

——《俠客行》

　　這是李白的一首古樂府《俠客行》。在李白的世界裏，對於自我的期許是衝破一切有限的束縛而達到無所不能的自由。帝國的強盛極大地鼓舞了他建功立業、實現自我的雄心，使他對於自我的表達達到了前無古人的地步。這種表達，不是婉轉的，含蓄的，而是噴薄而出，一瀉千里的。"明月出天山，蒼茫雲海間。長風幾萬里，吹度玉門關。"（《關山月》）"黄河落天走東海，萬里寫入胸懷間。"（《贈裴十四》）即便是在錯綜的政治鬥争面前，他也表現出一往無前的自信與勇氣。"長風破浪會有時，直挂雲帆濟滄海！"（《行路難》）在任職永王幕府的時候，李白慷慨倡言"但用東山謝安石，爲君談笑静胡沙。"（《永王東巡歌十一首》）以東晉的名相謝安自比，既體現出才子風流，更展示出自己揮斥方遒的壯志。這種昂揚向上、不畏險阻、充滿熱情的寫作使李白的詩歌充滿了雄大恣肆之氣與浪漫不羈的情懷。

　　豐富的想象與奇特的誇張是李白浪漫主義的另一個標誌。

　　　　海客談瀛洲，煙濤微茫信難求，越人語天姥，雲霞明滅或可睹。天姥連天向天橫，勢拔五嶽掩赤城。天臺一萬八千丈，對此欲倒東南傾。我欲因之夢吴越，一夜飛渡鏡湖月。湖月照我影，送我至剡溪。謝公宿外今尚在，淥水蕩漾清猿啼。脚着謝公屐，身登青雲梯。半壁見海日，空中聞天雞。千岩萬轉路不定，迷花倚石忽已暝。熊咆龍吟殷岩泉，栗深林兮驚層巓。雲青青兮欲雨，水澹澹兮生煙。列缺霹靂，丘巒崩摧，洞天石扉，訇然中開。青冥浩蕩不見底，日月照耀金銀台。霓爲衣兮風爲馬，雲之君兮紛紛而來下。虎鼓瑟兮鸞回車，仙之人兮列如麻。忽魂悸以魄動，怳驚起而長嗟。惟覺時之枕席，失向來之煙霞。世間行樂亦如此，古來萬事東流水。别君去兮何時還？且放白鹿青崖間，須行即騎訪名山。安能摧眉折腰事權貴，使我不得開心顔。

　　　　　　　　　　　　　　　　　　　　　　　　——《夢遊天姥吟留别》

　　這首詩寫於天寶四年。李白在天寶三年被排擠出長安，經過梁、宋，到達了齊魯。後來又離開齊魯，南下吴越。在離别之際，寫了這首詩送給山東的友人。既是一首記夢詩，又是一首遊仙詩。李白並没有真正去過天姥山，而是以自己的夢境爲基礎，加入豐富的想象，或本諸傳説，或託之虚構，信筆寫來，栩栩如生，讀來使人身臨其境。

　　在詩歌中，寫到天姥山之高，詩人並没有直接寫天姥山怎樣高，而是用了比較和映襯的方法，先用天姥山跟天相比，衹見那山横在半天雲上，仿佛和天連在一起。然後再拿天姥山與其他的山相比，説它既超過五嶽，又蓋過赤城。

　　李白的想象是突破時空限制的，甚至是脱離實踐常識的，神話、夢境，萬物與我爲賓客，所有的存在都自覺或不自覺地成爲詩人精神的外化與感情的顯現。作爲中國文學史上繼屈原之後的又一個偉大的浪漫主義詩人，與屈子相比，李白是幸運的，因爲他生逢盛唐，是盛唐讓他的精神氣度在一個最適合的時空之中獲得最大程度的發揮，可以説是盛唐成就了李白。

　　李白是屬於盛唐的，而盛唐並不僅僅屬於李白。

　　盛唐的意義在於給生活以多種選擇和無限可能。詩人們可以選擇成爲一個積極熱情的用事者，爲功業而謳歌；也可以選擇作爲一個恬静的隱士，體味心靈的自由與寧静。以王維、孟浩然爲代表的山水田園詩派同以高適、岑參爲代表的邊塞詩派成爲構築盛唐之音的無可或缺的存在。

　　　　寒山轉蒼翠，秋水日潺湲。倚杖柴門外，臨風聽暮蟬。渡頭餘落日，墟里上孤煙。復值接輿醉，狂歌五柳前。

　　　　　　　　　　　　　　　　　　　　　　　　——《輞川閒居贈裴秀才迪》

NOTE

　　王維，21歲中進士，少年得志，才華橫溢，備受稱道。然而仕途並不平順，先是隨着張九齡執政而擢升，後又因張九齡罷相而浮沉，安史之亂時被迫出任僞職，戰亂平息後因此而下獄。中年喪妻，一生無子，寄情於佛。40歲後就開始過着亦官亦隱的生活。"獨坐幽篁裏，彈琴復長嘯。深林人不知，明月來相照。"（《竹裏館》）"木末芙蓉花，山中發紅萼。澗户寂無人，紛紛開且落。"（《辛夷塢》）"中歲頗好道，晚家南山垂。興來每獨往，勝事空自知。行到水窮處，坐看雲起時。偶然值林叟，談笑無還期。"（《終南山》）可見，即便是在充滿了積極與蓬勃生命的盛唐之世，也並不是每一個人都能如李白一般勇敢而恣意地活着。於是，詩人需要時在紛擾的塵世中尋找一片屬於心靈的净土。在王維的筆下，詩歌所承擔的正是這樣的職責。

　　"安史之亂"使盛唐的風流繁華一朝頓散，從杜甫的詩中我們可以清楚而生動地看到整個唐帝國由盛轉衰的歷史過程，因此，杜甫被稱爲"詩史"。接下來的中唐詩壇從流派與創作上愈加豐富多彩，出現了兩個主要的詩歌流派：一個是以白居易與元稹代表的元白詩派，他們發動新樂府運動，提倡通俗平易的語言風格，主張"爲君""爲民"，"尚實""尚質"，創作了大量摹寫現實，抨擊黑暗的作品；另一個則以韓愈和孟郊爲代表的韓孟詩派，提倡"不平則鳴"，通過個人的不幸遭遇來解釋社會的不合理，在藝術上傾向於奇絶奧僻。雖然兩派的主張並不相同，但從本質上説，都可溯源至杜甫，前者繼承的是杜詩正視現實的精神，後者繼承的是杜詩刻意求新的勇氣。

　　李賀是中唐詩壇的一個異數，這位早夭的天才詩人體弱多病，而且因爲避諱的緣故，無法參加進士考試。雖有過人的才華却無處施展，終其一生祇做了個小小的九品奉禮郎。於是，他將一切對於人生美好的期許和現實的苦悶與無望都傾注於詩歌之中。在他的詩中充滿了虚幻的想象和神秘的悽惶："南山何其悲，鬼雨灑空草。長安夜半秋，風前幾人老。低迷黄昏徑，嫋嫋青櫟道。月午樹無影，一山唯白曉。漆炬迎新人，幽壙螢擾擾。"（《感諷五首之三》）"幾回天上葬神仙，漏聲相將無斷絶。"（《官街鼓》）"東指羲和能走馬，海塵新生石山下。"（《天上謠》）對於死亡的興趣和對於時間與永恆的追求與懷疑成爲李賀詩歌中的兩大主題，也成就了他一代鬼才之名。

　　文變染乎世情，興廢繫乎時序。從唐文宗大和九年（835）"甘露之變"之後，唐王朝已經江河日下，盛年不再。"夕陽無限好，祇是近黄昏。"（《登樂遊原》）晚唐的詩壇籠罩在一片傷感而悲涼的情緒之中。這種傷感與悲涼一方面來自對於現實世界狂瀾難挽的無奈，另一方面則來自於對盛世年華的無限追憶與懷念。於是晚唐詩壇出現了對美的刻意追求，特別強調音律的錘煉、辭藻的融裁、意象的選擇和韻味的營造，李商隱無疑是這一時期最爲傑出的代表。

　　"春日在天涯，天涯日又斜。鶯啼如有淚，爲濕最高花。"（《天涯》）李商隱的詩歌向來以隱晦難解著稱，故而金代詩人元好問《論詩絶句》説："詩家都愛西崑好，祇恨無人作鄭箋。"這首《天涯》亦復如是。有評論家説"日又斜"意指徐州盧弘止，當時李商隱正爲其幕僚，適逢弘止辭世，故以"最高花"喻之；也有人説"鶯啼如有淚，爲濕最高花"乃取意於杜甫"感時花濺淚，恨别鳥驚心"句，乃自傷身世之作。如果聯繫起此詩寫作的公元851年唐王朝風雨飄搖的末世情緒，那麽這種春光易逝，生命短瞬之空虚，人生挫傷，理想幻滅之痛苦既是春天的挽歌，無如也是人生的挽歌，更是時代的挽歌。另一首《花下醉》據説是李商隱的絶筆之詩："尋芳不覺醉流霞，倚樹沉眠日已斜。客散酒醒深夜後，更持紅燭賞殘花。"日落西斜，曲終人散，空餘一份不舍之情，試圖抓住花朵最後的美麗，却無奈花已殘，縱美也凄然。氣魄已消，華彩猶存，這正是晚唐詩的風貌所在，後人説李義山的詩"語極豔，意極悲"，可謂得意之言。

# 第二節　詞，別是一家

## 一、詞的起源與燕樂

談論詞的起源，首先也要從音樂入手。因爲，從本質上説，詞和後起的曲都是音樂文藝。從隋唐的曲子（其中包括了敦煌曲子詞、古樂府、新樂府、教坊曲、大曲等），再到唐宋時期的詞，像"令""引""近""慢"（這些名稱原本就是曲調的種類），再到元代的北曲，明清的南曲等，一千五百多年的歷史長河中，這一條由"曲"到"詞"再由"詞"到"曲"的發展脈絡始終存續着。所以，當我們開始將詞或者曲上升到同詩文比肩的高度來追溯它們的産生、發展，探析它們有別於詩文的藝術風格的時候，首先需要關注的，不是作爲表現形式的文字，而是音樂。

詞濫觴於晚唐五代，與唐宋詞配合的音樂是燕樂。燕樂是隋唐時期的新樂，它的源頭可以追溯到北朝的魏、齊、周等。在這些北方少數民族統治的地區，中原的音樂逐漸同西域的胡樂融合，並且由胡樂佔據了主導地位進而形成了一種獨特的北樂系統，像西涼樂、龜茲樂、天竺樂等，後來就成爲燕樂的主要組成部分。燕樂所使用的樂器，不同於中原音樂所慣用的琴、筝、鐘、鼓，而主要是曲項琵琶、觱篥、笙、笛等，還有一些羯鼓之類的打擊樂器，其中尤以曲項琵琶爲首。琵琶有二十八調，音樂寬廣，有着豐富的表現力，可以呈現出豐富多彩的聲樂藝術和動人心弦的演奏效果。因此，直到宋代，蘇軾還稱詞爲"琵琶詞"。

這種新的音樂樣式之所以命名爲燕樂，則是就它的用途而言。它不是用於郊廟祭祀的音樂，而是用在朝廷宴會享樂之時，所以叫做"燕享之樂"。後來，它的應用範圍，漸漸從朝廷擴大到一般的公私宴集和娛樂場所，成爲雅樂之外俗樂的總稱。

由於這些新興的樂曲在宴會中使用，需要爲它們配上合乎時尚的曲辭加以演唱以佐酒助興，於是，在處處弦管、戶戶笙歌的燕樂時代，樂工伶人、青樓北里都不斷地要求創作出新的歌詞與之相配。這些歌詞就是"詞"。清代的孔尚任在《衡皋詞序》中説："夫詞，乃樂之文也。"可見詞的性質，就是配合燕樂樂曲而創作的歌詞。在唐五代的時候，詞被稱爲"曲子"或"曲子詞"，第一部由文人所編寫的詞集《花間集》就被作者歐陽炯定性爲"詩客曲子詞"，更是直接從命名上點出了它"曲子"的本質。到了兩宋的詞集，詞往往還被稱爲"樂章"與"歌詞"，像柳永的《樂章集》和銅陽居士的《復雅歌詞》，還有賀鑄的《東山寓聲樂府》，姜夔的《白石道人歌曲》等，無非也是爲了表明它們的歌詞性質。

音樂的節律決定了歌詞的節律。同雅樂平和緩慢、規整中正的風格不同，燕樂的節奏往往是繁複而多變的。因此，原先嚴整的五言、七言的詩歌明顯是無法完全適用於這種"繁聲促節"的樂曲之中的，於是這些歌詞開始以依曲拍長短爲句的長短句的形式出現，並逐漸佔據了歌詞的主導性地位，這也就是"詞"又稱爲"長短句"的由來。李清照曾批評蘇軾的詞是"句讀不葺之詩"，説的就是蘇軾以寫詩的方法寫詞，雖則句式長短不齊，形制上看起來像詞，但從它的本質屬性上仍然是詩而不是詞。

　　唐代的燕樂樂曲可以分爲大曲、次曲和小曲三類，宋代的時候逐漸歸併爲法曲、大曲和慢曲三類。如果仔細地按照節拍劃分的話，又可以分成法曲、大曲、慢曲、引、近、纏令、諸宮調、序子、三臺共九類。其中法曲和大曲的體制相同，歸併爲大曲一類。慢曲與引、近統稱爲小唱，歸併爲小曲或雜曲一類，這兩類就是唐宋詞調的主要來源。而其餘的纏令、諸宮調、序子等就成爲金、元的曲體。可見，從音樂屬性上來看，詞與曲並没有本質的區别，清代宋翔鳳的《樂府餘論》中説："宋元之間，詞與曲一也。以文寫之則爲詞，以聲度之則爲曲。"劉熙載的《藝概》中也説："詞曲本不相離，惟詞以文言，曲以聲言耳。""其實詞即曲之詞，曲即詞之曲也。"詞之後産生了曲，詞曲的本質不同不在於音樂，而在於它們的形制與語言。

　　詞從形制上可以分爲小令、中調和長調。唐五代的時候基本以小令爲主，到了宋代詞調得到新增和擴充，僅僅柳永一個人所創制的詞調就有一百多調，並且大多爲長調，開闢了詞由小令進入長調的新階段。

## 二、詞學審美的别是一家

　　詞學是專門之學。所謂專門，既着眼於它長短句的形式，富於音樂性的語言，更在於它上不似詩，下不類曲的審美特質。

　　詩詞雖然並提，但風貌差異很大，前人多有"詩莊詞媚"的説法。

　　詩言志，所言之志雖包含情感的成分，但仍然以志爲主，乃志中之情，要以志約情。而這裏的"志"，則是士人之志，"士不可以不弘毅，以天下興亡爲己任"。所以，詩在文人的筆下即是指點江山的激昂文字，上達於天，下至於民，與國運人生息息相關。

　　詞隨燕樂流波而興，"自南朝之宮體，扇北里之倡風"。（《花間集序》）其最早創作目的是爲了合樂應歌，其功能是娛賓遣興，由"綺延公子、繡幌佳人，葉葉之花箋，文抽麗錦；舉纖纖之玉指，拍按香檀。不無清絶之辭，用助妖嬈之態"。可見，花間詞其實是齊梁宮體與晚唐五代倡風的結合，所以詞所言之情，非士人之情，乃兒女之私情，故而，又有詞爲"豔科"的説法。

　　溫庭筠無疑是開創花間詞風的人物，《唐宋諸賢絶妙詞選》卷一説他"詞極流麗，宜爲《花間集》之冠"。他精通音樂，"能逐弦吹之音，爲側豔之詞"。可謂律精韻勝，自然高於晚唐的其他詞人。也正因如此，溫詞所體現的詞的風貌，造語綺靡綿密，造境幽深窈紗，成爲婉約詞風的鼻祖。而這種婉約的詞風，也就成爲後人對於詞這一文體的基本定位："詞以婉約爲宗。"比如他的名作《菩薩蠻》："小山重疊金明滅，鬢雲欲度香腮雪。懶起畫蛾眉，弄妝梳洗遲。照花前後鏡，花面交相映。新帖繡羅襦，雙雙金鷓鴣。"寫一個女子一夜候人不至，第二天再嚴妝相待的場面。色澤豔麗，而心情黯淡，失望與孤獨之感，借動作與服飾暗示出來，筆法細膩。

　　與溫庭筠並稱的另一位花間派的晚唐詞人則是韋莊。同樣是《菩薩蠻》，他的《人人盡説江南好》其風貌大大有别於溫詞。"人人盡説江南好，遊人衹合江南老。春水碧於天，畫船聽雨眠。壚邊人似月，皓腕凝霜雪。未老莫還鄉，還鄉須斷腸。"這首詞描寫了江南水鄉的風光美和人物美，表現了詩人對江南水鄉的依戀之情，也抒發了詩人漂泊難歸的愁苦之感。上片闕首兩句與結拍兩句抒情，中間四句寫景、寫人，純用白描寫法，清新明麗，真切可感。起結四句雖直抒胸臆，却又婉轉含蓄，饒有韻致。陳廷焯《白雨齋詞話》云："風流自賞，決絕語，正是悽楚語。""溫韋"並稱，但溫詞綿密而韋詞疏朗，溫詞隱約而韋詞顯露，詞風差異較大。

繼承花間婉約之風的另一位大家則當推北宋的詞人柳永。柳永，原名三變，字景莊，後改名永，字耆卿，排行第七，又稱柳七。宋仁宗朝進士，官至屯田員外郎，故世稱柳屯田。他流連於秦樓楚館，是個風流浪子型的人物，自稱"奉旨填詞柳三變"，以畢生精力作詞，並以"才子詞人，自是白衣卿相"自詡，以至於"忍把浮名，換了淺斟低唱！"（《鶴沖天》）

同溫庭筠一樣，柳永精於音律，他的詞作多刻意翻新，許多詞調都出於市井新聲，語言淺近，故而傳播極廣，"凡有井水處，皆能歌柳詞"。他的詞多描繪城市風光和歌妓生活，尤長於抒寫羈旅行役之情，創作慢詞獨多。比如由他所創調的《戚氏》，全詞三疊，共212字，爲北宋長調慢詞之最。

晚秋天，一霎微雨灑庭軒。檻菊蕭疏，井梧零亂，惹殘煙。凄然，望江關，飛雲暗淡夕陽閒。當時宋玉悲感，向此臨水與登山。遠道迢遞，行人悽楚，倦聽隴水潺。正蟬吟敗葉，蛩響衰草，相應喧喧。

孤館度日如年，風露漸變，悄悄至更闌。長天净，絳河清淺，皓月嬋娟。思綿綿，夜永對景，那堪屈指暗想從前。未名未祿，綺陌紅樓，往往經歲遷延。

帝里風光好，當年少日，暮宴朝歡。況有狂朋怪侶，遇當歌對酒競留連。別來迅景如梭，舊遊似夢，煙水程何限？念利名、憔悴長縈絆，追往事、空慘愁顔。漏箭移，稍覺輕寒，漸嗚咽、畫角數聲殘。對閒窗畔，停燈向曉，抱影無眠。

這首詞寫羈旅憂思，以時間爲序，從黃昏、深夜到清曉，將秋天的遠景與近景、詞人的往事與舊情以及客居驛館的幽思遐想漸次序入，詞境紛陳而錯綜有序。詞中鋪敍刻畫，情景交融，語言通俗，音律諧婉，堪稱柳永詞的壓軸之作。

而將婉約作爲詞的本色特質加以明確的則首推宋代的女詞人李清照。李清照的《詞論》是第一篇系統論述詞體特點的文章。在《詞論》中，她鮮明地提出"詞，別是一家"之説。

所謂"詞，別是一家"，首先將協律視爲詞的最基本的特色之一，其次是從風格上提出了詞"專主情緻"的基本觀點，標舉秦觀"情韻兼勝"（《四庫提要·淮海詞提要》），是詞之本色。秦觀的詞首先"多婉約"（張刻《淮海詞》），其次"將身世之感，打併入豔情"（周濟《宋四家詞選》），使他的情感表達區別於柳永的淺俗，而提升了文人的品格。《人間詞話》説："詞之雅正，在神不在貌。永叔、少游雖作豔語，終有品格。"不僅如此，"詞，別是一家"還包括了風格文雅、語言委婉，而秦觀的作品，如《滿庭芳》："山抹微雲，天連衰草，畫角聲斷譙門。暫停征棹，聊共飲離尊。多少蓬萊舊事，空回首、煙靄紛紛。斜陽外，寒鴉萬點，流水繞孤村。銷魂。當此際，香囊暗解，羅帶輕分。漫贏得青樓，薄幸名存。此去何時見也？襟袖上、空惹啼痕。傷情處，高城望斷，燈火已黃昏。"據説這首詞是秦觀爲他所眷戀的一個歌姬所作。當時秦觀31歲，詩文已有相當造詣，但在仕途上却還是塞促無門，連舉鄉貢也沒有成功，故而詞人自哂"漫贏得青樓，薄幸名存"。這一闋詞的語言歷來爲人稱道，如晁補之所説："近世以來，作者皆不及秦少游。如'斜陽外，寒鴉萬點，流水繞孤村'，雖不識字，亦知是天生好言語。"

因此，在這樣的標準之下，李清照指責蘇軾的詞作是"句讀不葺之詩"就不難理解了。

李清照對於詞體的要求雖然有些過於苛求，但是從維護詞學傳統，嚴格詩詞界限的角度來

NOTE

看，她所抓住的恰恰是詞的審美特質：以委婉曲折的語言，描摹深隱幽微的情思。所謂"詩之境闊，詞之言長"正在此處。

## 三、詞體的雅俗之辨

因爲詞爲"豔科"，所以在唐五代，詞一方面由於它遥深綿邈的寫情特色而深爲時俗所好，創作群體由樂師伶人迅速地向文人群體轉化。另一方面，却又被主流創作群體目作"小道"，而爲正論所輕。這就使得文人對待詩詞創作與評論往往採用了迥然不同的態度。《宋史·蜀世家》記載西蜀卿相生活奢侈，而歐陽炯却頗爲儉素。"嘗擬白居易諷喻詩五十篇以獻"，論詞却"淫靡甚於韓偓"。

入宋之後，詞的創作範圍迅速擴大，但文人對於詞的看法却没有什麽大的改觀。北宋錢惟演能詞，歐陽修《歸田録》卷二説他晚年留守西京洛陽時，好讀書，詞却僅於上廁所的時候讀，其地位，猶在小説之下："錢思公隨生長富貴，而少所嗜好。在西洛時，嘗語僚屬言：平生惟好讀書，坐則讀經史，臥則讀小説，上廁欲覽小詞。"宰相晏殊"喜賓客，未嘗一日不宴飲"，創作《珠玉詞》130多首，多寫傷春、惜別、感慨時光之作，但一面作詞，一面"隨亦自掃其跡"。柳永的詞不僅因爲内容上多爲妓應歌而受到輿論的菲薄，還因爲他所使用的語言淺近，而被李清照批評爲"雖協音律，而詞語塵下。"

事實上，柳永詞的俗多爲俗中有雅，風緻嫣然，比如他的《八聲甘州》就是音律與感情的絕佳融合。

> 對瀟瀟、暮雨灑江天，一番洗清秋。漸霜風淒緊，關河冷落，殘照當樓。是處紅衰翠減，苒苒物華休。惟有長江水，無語東流。不忍登高臨遠，望故鄉渺邈，歸思難收。歎年來蹤跡，何事苦淹留。想佳人、妝樓顒望，誤幾回天際識歸舟。爭知我、倚闌干處，正恁凝愁。

這首詞是柳永寫羈旅失意客中思家的代表作之一。在煉字用韻上頗見功力，"對瀟瀟、暮雨灑江天，一番洗清秋。"第一句以"對"字開頭，用強有力的去聲領起後面兩句，接着"漸霜風淒緊，關河冷落，殘照當樓。"又用一個去聲頂住上面兩句，領起下面三句波瀾壯闊的四字句。在"是處紅衰翠減，苒苒物華休""唯有長江水，無語東流"中皆兩句一韻一轉折。這樣前片詞長短句法參差，開頭"對"字就近領下兩句，又一"漸"字承上啓下，換一換氣，使"對"字一直貫穿上片，聲情淒壯。可以想見，這一段的樂曲展開必然是渾洪寬闊的。換頭處"不忍登高臨遠"不韻，有開拓局勢之力，猶如兩個樂段之間的間奏，緊接着用去聲"望"領下兩句"故鄉渺邈，歸思難收。"同時作爲樞紐與"對"相呼應，後又一去聲"歎"頂住上文，轉出"年來蹤跡"一個四言和"何事苦淹留"一個五言，構成樂段上的回環結構，錯綜變化之中章法陡現，非常有力。最後一個上聲"想"頂住上兩句，領下兩句"佳人妝樓顒望，誤幾回、天際識歸舟"。可以説是搖曳生姿，參差變化，而在兩句之間加一去聲"誤"字換氣，更折進一層。用"爭知我"承上領下，"倚闌干處"仄平平仄，可以説是字字如珠，擲地有聲。"闌干"爲一個詞，與上面"爭知我"三個字，下面"正恁凝愁"四字聯擊緊湊，愈發激楚蒼涼。由此看來，這闋詞句法變化很多，重要之處多爲有力的去聲，顯得沉痛，換氣處有力，來得堅決，押"尤侯"韻，表達憂鬱情感。這樣沉痛有力加憂鬱哽咽，自然形成了淒涼激楚的氛圍。

　　趙令畤《侯鯖録》卷七引東坡語説："世言柳耆卿曲俗，非也。如《八聲甘州》云：'霜風淒緊，關河冷落，殘照當樓。'此語於詩句不減唐人高處。"

　　蘇軾對於柳永的詞作態度頗爲微妙，他在寫作《江城子》（密州出獵）詞後，致書與鮮於侁説："近却頗作小詞，雖無柳七郎風味，亦自是一家。"一方面，蘇軾自詡爲"自是一家"，以別於柳永而自得，可見對於柳永詞頗有不以爲然之處，但另一方面，却又從這種有意於區別柳詞的態度中表現出對於柳永詞地位與價值的肯定。

　　《説郛》卷二十四引俞文豹《吹劍續録》記載：東坡在玉堂，有幕士善謳，因問："我詞比柳詞何如？"對曰："柳郎中詞，祇好十七八女孩兒，執紅牙拍板唱'楊柳岸曉風殘月'。學士詞，須關西大漢，執鐵板唱'大江東去。'"公爲之絶倒。

　　可見在蘇軾的心中，於詞作一途，始終視柳永爲對手，方才時時有比較之意。

　　蘇軾的詞作突破了婉約的傳統，從詞的發展來看，他的革新是具有重大意義的。這種革新，是從内容到風格的全面革新，如果用一句話來概括，就是《後山詩話》中所説的"以詩爲詞"。

　　所謂"以詩爲詞"，就是用寫詩的態度來寫詞。首先表現在寫作的題材上，"東坡詞似老杜詩，以其無意不可入，無事不可言也"。突破了花間以來，詞寫閨怨艷情的束縛，而將人生宇宙都納入其中。其次在品格上，將詞的言情與詩的言志結合起來，文章道德與兒女私情，兩不偏廢。這樣一來，東坡筆下的詞所摹寫的對象，就不再是歌兒酒女的宴樂狀態，而是文人大夫的優樂悲喜，濾去了市井小民的風花雪月，擴張爲人生蒼穹的眼界情懷。詞的境界獲得了極大的開拓，從昵昵小兒女拓展到江河天地寬，他的《沁園春》《永遇樂》《念奴嬌》《水調歌頭》《哨遍》《鵲踏枝》諸多詞作，豪邁者有之，疏曠者有之，婉麗者有之，纏綿者有之，剛中有柔，婉而不曲，爲詞的發展開闢了一個廣闊的新天地，"指出向上一路，新天下耳目，弄筆者始知自振"。（《碧雞漫志》卷二）

　　唐人論詩，常昌言風雅比興，漢魏風骨。詩言志，所言之志者，是士人"以天下興亡爲己任"的抱負與情懷。而詞起於里巷歌謠，益以胡夷之曲的詞，從其誕生之日起，就不在雅文學的範疇之内，祇能作爲文人詩文之餘，消遣娛樂的小技罷了。但是，自從文人染指詞作之後，詞原本平民化、娛樂化的審美標準逐漸滲透進了文人士大夫的胸襟抱負。由南唐君臣開始，歷經北宋初年晏殊、歐陽修、范仲淹、柳永，已經漸脱花間的穠麗，而有疏雋閒雅之風。到李清照提出"詞别是一家"，推舉秦觀，以典雅有情致爲佳。再到蘇軾將詞"言情"與"言志"很好地結合起來，以剛健含婀娜，將婉約與豪放兩種風格融合到運斤成風，游刃有餘的藝術境地。這樣一來，詞原本起於音樂，合樂而歌的本質屬性，娛賓遣興的原始功能，都退居其次，文學性、思想性成爲詞作優劣最爲重要的評判標準。而越是在國家動蕩、政權交替的時代，這種文人化的傾向便越發明顯，故而到了南渡之後，詞已經一洗綢繆宛轉之態，而變爲沉鬱慷慨之氣。比如岳飛的《滿江紅》"三十功名塵與土，八千里路雲和月"，辛棄疾的《永遇樂》"元嘉草草，封狼居胥，贏得倉皇北顧。四十三年，望中猶記，烽火揚州路"，張孝祥的《念奴嬌》"應念嶺海經年，孤光自照，肝膽皆冰雪"等，可以説在詞的寫作歷史中唱出了最具有時代感的聲音。

　　與興復河山相匹配的是興復文學的傳統，因此，南宋詞喊出了另一大響亮口號是詞體"醇雅"。銅陽居士《復雅歌詞》五十卷編成於南宋高宗紹興十二年（1142），收詞四千餘首，迄於北宋宣和之季。作爲一部到北宋末年爲止的前代歌詞的總集，它的編集無疑寓有"述往事，思來者"的意思。而它的序文中則明確提出了"復雅"的號召，以促使詞歸於騷雅。這一篇專論歌曲源流和詞風演變的重要詞論，出現在南宋之初，正標誌着由北宋入南宋詞風的轉變。

所謂"醇雅"，一是要雅正，二是要清空。"鄱陽姜夔出，句琢字煉，歸於醇雅。"（汪森《詞綜序》）將姜夔看作是醇雅之詞的最佳範本。

在稼軒詞的酣暢淋漓之外，姜夔別立一宗。姜夔一生没有做過官，是個漂泊江湖的處士，也是個清苦古雅的高士。他的詞與周邦彥有淵源，但在意趣上又勝於周詞，變軟媚爲騷雅，易穠麗爲空淡。"恨入四弦人欲老，夢尋千驛意難通。當時何似莫匆匆。"（《浣溪沙》）"春未緑，鬢先絲，人間別久不成悲。誰教歲歲紅蓮夜，兩處沉吟各自知。"（《鷓鴣天》）姜夔詞的影響一直下及於清初的浙西派詞，浙西派的宗主朱彝尊就心折於姜夔，稱"填詞最雅，無過石帚（白石）"。（《詞綜發凡》）

## 第三節　從"一代有一代之文學"看詩詞曲的嬗變

### 一、雜劇與散曲

元曲可以分爲北曲和南曲。北曲又有小令、套數、戲曲、雜劇四種。北曲首先在民間流傳，被稱爲"街市小令"或"村坊小調"。隨着元滅宋入主中原，它先後在大都（今北京）和臨安（今杭州）爲中心的南北廣袤地區流傳開來。小令祇限於一曲，也叫做散曲，看起來往往和詞相類似。套數則聯合某一宫調中的數曲而成爲一套，所以叫做"散套"。戲曲較長，但是作者比較少。當時體制最爲完備、創作最多的是雜劇。所以，北曲主要以元雜劇爲中心。元曲四大家：關漢卿，代表作《竇娥冤》《拜月亭》；馬致遠，代表作《漢宫秋》；鄭光祖，代表作《倩女離魂》；白樸，代表作《梧桐雨》《牆頭馬上》，説的都是雜劇。

元雜劇現存劇本見於《元刊雜劇三十種》《元曲選》《元曲選外編》等，王季思主編的《全元戲曲》同收雜劇 224 種，殘折殘曲 34 種。

從體制上看，元雜劇每劇分爲四折，每折换一個宫調，每一個宫調中所用的曲，往往在十曲以上。所以雖然雜劇用的音樂仍爲唐宋燕樂，但是却有着成體系的組織結構，有着完整曲折的故事情節，塑造了性格鮮明的人物形象，這使得它從體制外觀與題材内容兩方面都大大有别於詞。就内容而言，元雜劇所描寫的故事，涉及自有史以來到元代的各個朝代，觸及政治、經濟、軍事、外交、日常生活等各個領域；就題材而言，元雜劇可分爲愛情婚姻劇、倫理道德劇、歷史故事劇等。在元雜劇中，既有豐富多彩的故事，更有形形色色的人物，以最生動、最直觀的形式反映了衆生百態、悲歡離合，在美與醜、善與惡、情感與理智的衝突較量中，智慧地決定了人的命運。可以説，元雜劇是一種規模宏大的中國歌劇。

南曲的起源可以追溯到南宋，當時叫做"南戲"，也叫做"南曲戲文"（《録鬼簿》）或者"永嘉南劇"（《南詞敍録》）。早期的南戲流傳下來的極少，其中保存在《永樂大典》殘卷中有戲文三種：《張協狀元》《宦門子弟錯立身》《小孫屠》。

元代的南戲中比較著名的有四大傳奇：《荆釵記》《劉知遠白兔記》《拜月亭》和《殺狗記》，簡稱爲"荆、劉、拜、殺"。元代末年高明的《琵琶記》被譽爲"南戲之祖"，這齣戲劇取材於宋元時期民間流傳的蔡伯喈與趙五娘的故事，塑造了趙五娘這個善良堅韌、忍辱負重、富於自我犧牲精神的傳統女性的形象，可稱是元代戲曲的殿軍之作。

元代北曲興盛，南戲沒落。到了元代中葉，沈和將這兩個劇種折衷，以南北合腔，取北曲之長改革南戲，南曲由此復活。到了明代嘉靖年間，昆腔勃興，南曲壓倒北曲，盛極一時，這就是明代的“傳奇”。但是清代乾隆之後，南曲又被“花部”諸腔所取代，“弋陽腔”“高腔”“秦腔”“梆子腔”“皮黃”等相繼流行，後來的京劇也就由“皮黃”流變而來。

元代的散曲從創作規模與影響上遠遠不能同劇曲相比。據不完全統計，寫作散曲的作家有200餘人，現存世的作品中小令3800多首，套數470餘套。元代前期大多數的散曲作家都是兼寫雜劇的，比如關漢卿、白樸、馬致遠等人。到了後期，才出現了專攻散曲的張可久、貫雲石等，其中張可久存世作品現存小令855首，套曲9首，佔現存全元散曲的五分之一，爲“散曲之冠”。他的作品風格多樣，“或詠自然風光、或述頹放生活、或爲酬作、或寫閨情”，是元代散曲中“清麗派”的代表作家。比如他的《黃鐘·人月圓山中書事》：“興亡千古繁華夢，詩眼倦天涯。孔林喬木，吳宮蔓草，楚廟寒鴉。數間茅舍，藏書萬卷，投老村家。山中何事？松花釀酒，春水煎茶。”實爲懷古，全曲上片詠史，下片抒懷，借感嘆古今的興亡盛衰表達自己看破世情、隱居山野的生活態度。

詞曲同源，是從音樂性的角度而言，但在形制和風調上卻是不同的。僅從語言來看，詞基本上用的是書面語言，或者説是文言。曲用的基本上都是當時的口頭語，也就是白話。因爲曲是唱給讀書和不讀書的人、識字和不識字的人共同聽的，明代的徐渭在《南詞敍錄》中説：“夫曲本取於感發人心，歌之使奴童婦女皆喻，乃爲得體。”因此，元人作曲所運用的語言，主要是口語，而且在曲的創作中，能不能用白話，用得好不好，還是作爲衡量曲是不是“本色當行”的重要標準之一。因此，如果説詞經歷了一個由俗到雅的蛻變，那麼曲則主要是以俗爲主。口語化的傾向在劇曲中尤爲多見，比如《竇娥冤》第二折中竇娥的唱詞就是口語化的典型。

【鬥蝦蟆】空悲戚，沒理會，人生死，是輪回。感着這般病疾，值着這般時勢；可是風寒暑濕，或是饑飽勞役，各人證候自知。人命關天關地，別人怎生替得？壽數非干今世。相守三朝五夕，説甚一家一計？又無羊酒緞匹，又無花紅財禮；把手爲活過日，撒手如同休棄。不是竇娥忤逆，生怕旁人議論。不如聽咱勸你，認個自家悔氣，割捨的一具棺材，停置幾件布帛。收拾出了咱家門裏，送入他家墳地。這不是你那從小兒年紀指腳的夫妻。我其實不關親，無半點悽惶淚。休得要心如醉，意似癡，便這等嗟嗟怨怨，哭哭啼啼。

王國維在《宋元戲曲史》中評價説：這一段“直是賓白，令人忘其爲曲”。

同劇曲相比較，散曲中口語的運用要少一些，風格要稍微雅一些，像元好問的《雙調·驟雨打新荷》就是散曲中比較文雅的作品，“綠葉陰濃，遍池塘水閣，偏趁涼多。海榴初綻，朵朵簇紅羅。乳燕雛鶯弄語，有高柳鳴蟬相和。驟雨過，珍珠亂撒，打遍新荷。人生有幾？念良辰美景，一夢虛過。窮通前定，何用苦張羅。命友邀賓玩賞，對芳樽淺酌低歌。且酩酊，任他兩輪日月，來往如梭。”

但相對來説，元代的散曲家多數仍然以善用口語見長，像陳草庵的《中昌·山坡羊》：“晨雞初叫，昏鴉爭噪。那個不去紅塵鬧。路迢遙，水迢迢，功名盡在長安道。今日少年明日老。山，依舊好；人，憔悴了。"這是首諷世的名作。前三句從時間上，狀寫世人從早到晚，在熱鬧的名利場爭逐；接着三句，從空間上，寫世人不顧路遥水遠，求取功名食禄。前者以"鬧"爲眼，後者以"盡"爲神，極盡形容，對爭名奪利者之憎之惡溢於言表。後幾句，寫追求功名之害，勸諭世人棄功名富貴等身外之物，歸返自然。從語言上看，則幾乎全部是口語，"山，依舊好；人，憔悴了"，尤其意味深長，令人深思。

## 二、一代有一代之文學

國學大師王國維在《宋元戲曲考·序》中説過一段非常著名的話："凡一代有一代之文學，楚之騷，漢之賦，六代之駢語，唐之詩，宋之詞，元之曲，皆所謂一代之文學，而後世莫能繼焉者也。"

所謂"一代有一代之文學"是對中國文學帶有規律性的概括。於是，自此之後，唐詩、宋詞、元曲成爲傳統文學中並列而立的三大樣式。

但不論就創作的數量與普及程度，還是作品的影響力而言，詩、詞、曲都無並立之可能。唐代是"詩的時代"，這一方面是由於詩歌自身的發展已經達到了高峰期，而恰在此時，大一統的唐王朝建立了，蓬勃的精神正好迎合並推動了唐詩的繁榮。另一方面，也是因了唐朝以詩賦取士的選材標準，從而使詩歌在文人階層中得到了前所未有的推廣。反觀宋代，却並不是"詞的時代"。宋代文人寫詞也寫詩，並且寫詩的數量要大大超過詞。宋代文人寫詞，不僅於功名仕途無益，甚至有礙，所以衹能作爲自身遣懷的寄託。而到了元代，無論雜劇還是散曲，都不入大雅之堂，則更加難以用"曲的時代"來代稱了。

所謂"一代有一代之文學"，就静安先生的初衷而言，並不是爲了將某一種文學樣式規劃到時代的拘囿之中而易於辨識，抑或是爲了將不同種類的文學進行比較鑒別，他所要強調表達的，其實是在文學發展過程中所出現的新變與更替。

拿詩來説，唐詩宋詩的爭論已逾千年，標舉唐詩，並不是看低宋詩，而是爲了突出一個"新"字。唐詩的産生相較於前代的詩歌而言，是一次質的飛躍。從建安時代開始，人們對於五言、七言的形式就已經開始了多方面的探索，對於駢偶與聲律就進行了不斷的摸索，詩歌發展的内部邏輯在呼唤着一個不同於往昔的全新時代的到來。而到了宋代，絢爛已極的唐詩留給詩人們的空間已經非常狹小了，無論從詩歌的題材，情感表達的類型，甚至表達的手法、選擇的意象上都没有更多創新的空間了。對於宋人來説，他們的任何創作都在以唐詩作爲參照，他們求新求變以另闢蹊徑，却難免因爲偏離唐詩而遭人指摘。從這個意義上説，對於宋詩的批評，尤其是以唐詩爲典範對於宋詩的批評是不公正的，從另一個角度看來，宋詩的價值恰恰就在於它不同於唐詩的地方，就在於它在唐詩巨大的壓力之下依然不斷前行，不斷創新之處。

詞的産生是在隋唐。之所以標舉宋詞，並不是説隋唐五代的詞不好，事實上，從詞學的藝術審美而言，五代後蜀歐陽炯所編集的《花間集》已經奠定了詞爲"婉約"這一最基準的審美格調，即便是有北宋蘇軾、南宋辛棄疾等人的豪放詞，抑或是南宋沉鬱幽咽的遺民詞這些新的審美樣式受到肯定與追捧，但"詞別是一家""獨重婉約"的觀念則始終没有動摇過。不僅如此，以馮延巳、韋莊、李璟、李煜等人爲代表的南唐詞派，他們的創作即便是放到整個宋代的詞學作品集中，其成就與價值也首屈一指。尤其是李後主的詞作，甚至可以説終南北兩宋，可與之相較的詞人，寥寥無幾。故而静安先生自己也曾猶豫不决："余謂律詩與詞，固莫盛於唐宋，然此二者果爲二代文學中最佳之作否，尚屬疑問。”之所以最終稱“宋詞”而非“唐詞”，着眼點當在文體的更替與新變之上。

文學性與時代特徵之間存在着相互爲用的關係，每一種文體或風格都必須在適合於自身的土壤中才能獲得最大的發展。詩所具有的外向性的、包容性的、宏大敘事的文體特點使它在大唐王朝發展得風生水起；詞所具有的内隱性的、私人化的、細小纖微的美學特質使它在南北兩宋春風化雨般生根發芽；曲所具有的以俗見長、潑辣爽利、直指人心的語言與思想則使它在元明兩代如魚得水。當我們在爲某個時代尋找具有時代性的文學的時候，殊不知，文學早已自己做出了選擇。從這個意義上說，“一代有一代之文學”的提法，在講求文體新變的同時也大大拓寬了傳統的審美眼光，突破了傳統文學史一直以載道的詩文之類的雅文學作爲主角的狹隘觀念，從而提升了詞、曲、小説這些俗文學的地位和價值。

## 知識點鏈接　古今主要字書詞典一覽

東漢許慎的《説文解字》（簡稱《説文》），是我國第一部按部首編排的通過分析字形來解説字義的字典。全書收字 9353 個，重文 1163 個，分 14 篇，加《敍》一卷共 15 篇。按漢字的形體結構，“據形系聯”，分爲 540 部，首創部首編排法。《説文》用“六書”理論解釋文字，確立了六書的體系。保存了篆文的寫法和漢以前的古訓古音，兼收古文、籀文，爲古文字學、漢語詞源學和古音學提供了重要參考資料，是研讀先秦古籍和研究古文字學的重要典籍。今日之通行本是經宋代徐鉉整理過的大徐本，中華書局 1963 年影印，該本在每一個篆字（字頭）上加宋體楷書，卷末新附《檢字表》，查檢方便。後人注本以清代段玉裁的《説文解字注》和朱駿聲的《説文通訓定聲》等較爲著名。

晉朝呂忱的《字林》，是繼承《説文解字》編纂的又一部字書名著。在唐代以前與《説文解字》並稱，後失傳。據《封氏聞見記》，《字林》的部首按照《説文解字》排列，收字 12824 個，較《説文》爲多。《魏書·江式傳》説；該書“文得正隸，不差篆意”，可見是我國第一部用隸書寫成的字書。

梁顧野王的《玉篇》，是我國第一部用楷書編成的字書。今本《玉篇》雖非原本，但可知其對《説文解字》有所增訂，也是一本較好的字書。

唐顏元孫的《干禄字書》、遼釋行均的《龍龕手鑒》、宋郭忠恕的《佩觿》及李從周的《字通》，均爲着眼於文字異同的字書。蓋自隸書、楷書代替篆書通行以後，文字的形體發生了重大變化，新字和俗體也日益增多。這些字書對於我們認識一個字的異體，辨清許多形體相似的字還是有用的；其中《字通》創建了按筆畫排字的方法，一直沿用至今。

宋代王洙、司馬光等修纂審定的《類篇》，繼承了《説文解字》和《玉篇》的體例，以注音、釋義爲主，吸收了前代字書的訓釋成果，收録了大量異體字（共收字 31310），是集文字、訓詁爲一身的大型專著，對於文字學及文字學史的研究，具有重要的意義。

元戴侗《六書故》，改變了《説文解字》的部首編排，分爲數、天文、地理、人、動物、植物、工事、雜、疑九部，每部之下各分若干細目，按字義排列。爲使人知“制字之本”，《六書故》採用鐘鼎文字，鐘鼎文没有的字才用小篆。《四庫全書總目》曾指出該書“非今非

NOTE

古，頗礙施行”。不過書中解釋文字，也有精詳的考證，作爲研究古代文字訓詁的工具書，有其作用。

明代梅膺祚《字彙》，是我國一部較爲通俗而編排方法也比較進步的字書。它收編單字33179個，包括俗字，不收僻字，並把《説文解字》的部首簡化成214個，均按筆畫多少排列。注音方法是先反切，後直音。全書分爲子丑寅卯等十二集，連首卷及附録共十四卷，每卷用表注明各部首及其所在頁碼，末附檢字表以便查找不易辨別部首的字。這種編排方法是字書發展中的一大改進，後世多沿用。該書在明末曾風行一時，給它作補編或用其名新編的字書也很多，其中流傳較廣的則是張自烈的《正字通》。

清康熙年間張玉書等奉命撰《康熙字典》，是我國第一次用字典的名稱命名的字書。該書繼承了《字彙》和《正字通》的體例，分爲214部，共收字47035個，另有《補遺》一卷收稍偏僻的字，《備考》一卷收不通行之字。全書分子、丑、寅、卯等十二集，每集中再分上、中、下三卷，釋字體例是先音後義，每字下先列《唐韻》《廣韻》《韻會》等歷代主要韻書的反切，後釋字的本義，然後再引述該字的別音、別義。一般都引用古書作例證，若有所考辨，則加“按”字附於句末，釋義旁徵博引，可以説是我國封建時代纂修字書的一個高峰。

我國古代專門彙集經史中文字訓詁的字書有唐陸德明的《經典釋文》、清阮元的《經籍籑詁》，集釋佛經音義的著作有唐釋玄應的《一切經音義》、釋慧琳的《一切經音義》，研究虛字的有清劉淇的《助字辨略》、王引之的《經傳釋詞》等，都是價值較高的專著。

《爾雅》是我國最早的辭典。《四庫全書總目》説：“大抵小學家綴輯舊文。遞相增益，周公、孔子皆依託之詞。”該書産生較早，歷經春秋到漢初，經過不少人的增補，到漢代才定型。今本《爾雅》按收録詞彙的内容分爲釋詁、釋言、釋訓、釋親、釋宮等十九篇。它的内容豐富，不僅涉及到古代的一般詞彙，還涉及到古代社會的人事、天文、地理和生物等方面的知識，分門別類進行解釋，是研究和查考先秦詞彙的重要資料，在我國語言學史上也佔有重要的地位。漢代以來，爲《爾雅》作注的不少，但大多已失傳，現存晉郭璞的注和宋邢昺的疏，即通行的《十三經注疏》本中的《爾雅注疏》。此外，宋代還有陸佃的《爾雅新義》、鄭樵的《爾雅注》，清代研究《爾雅》的著作更多，最著名的有邵晉涵的《爾雅正義》、郝懿行的《爾雅義疏》。

《爾雅》一書歷來受到人們的重視，被列爲儒家的經典，對後世訓詁書的影響頗大。後世訓詁書，有的補充《爾雅》内容，有的仿其體例，且多以“雅”字命名。其中舊題孔鮒的《小爾雅》，是最早的一部補充《爾雅》之作。此後有漢劉熙的《釋名》，除對字詞進行簡單的釋義外，並進一步探求語源。魏張揖的《廣雅》，則博採群書，以補《爾雅》訓詁之缺。宋代補《爾雅》之作有陸佃的《埤雅》、羅願的《爾雅翼》。明代朱謀㙔的《駢雅》，專門收録冷僻深奥的詞彙；方以智的《通雅》，特點在於探討語源。清代吳玉搢收録形音歧異而意義相同的詞，撰爲《別雅》；史夢蘭集疊字，撰《疊雅》。總之，以上諸“雅”，都是收録古籍書面語言的詞典。

我國第一部專門收編各地群衆口頭語言的詞典，當推舊題西漢揚雄所撰的《方言》（全稱《輶軒使者絶代語釋別國方言》）。今本全書十三卷，收漢代方言詞675條，體例與《爾雅》相仿，對詞語的解釋或先舉一詞，然後指出各地的不同叫法，或先舉一組同義詞，作一共同解釋，然後分別辨析，指出各自的通行範圍。主要的注家有：晉郭璞的《方言注》，更多所闡述，貢獻較大，且流傳至今；清代戴震的《方言疏證》、錢繹的《方言箋疏》、王念孫的《方言疏證補》。周祖謨的《方言校箋》爲集大成之作。

續《方言》及收編方言俗語的專著還有不少，如：漢服虔的《通俗文》，唐顏師古的《匡謬正俗》，宋闕名的《釋常談》、龔頤正的《續釋常談》、李翊《俗呼小録》，明李實的《蜀語》等。

清代續《方言》的著作主要有：杭世駿的《續方言》、程際盛的《續方言補正》；考證一地方言的有：胡文英的《吳下方言考》；專集詩詞中方言的有：李調元的《方言藻》；專集常言俗語的有：翟灝的《通俗編》、錢大昕的《恒言録》、錢大昭的《邇言》等。

近代、現代的字典和詞典，是在古代這一類工具書的基礎上發展起來的，具有代表性的有《中華大字典》，編者陸費逵、歐陽博存等，中華書局 1915 年初版。全書收單字 4.8 萬多個，是新中國成立前收字最多的字典，除正文本字外，兼列古、籀、省、或、俗、訛諸體，按 214 部排列。每部之下，先列反切注音，再釋字義，再引書證。儘管該書的缺點和錯誤不少，但因它收字較多，在新的大型字典出版以前，仍不失爲一部重要的字典。

《辭源》是我國現代最早的以語詞爲主、兼及百科的綜合性大詞典。該書由陸爾奎、方毅、傅運森等任編輯，商務印書館 1915 年出版正編、1931 年出版續編，後來又多次重印再版。全書收詞目約十萬條，內容包括普通語詞、成語、典故和人名、地名、書名以及專科術語等等，按字頭部首編排；每個字頭先用反切注音，並附直音，再標明聲韻，解釋字義。詞條按詞頭首字排列在字頭之後。該書在內容和編排體例上，都吸收了前人的成果，注音簡易，詞條較多，引證豐富，釋義明瞭，至今仍不失爲有使用價值的詞典。它的缺點是：第一，文史方面的條目多根據唐宋以來的類書，沒有核對原文，往往發生錯誤和遺漏，而且引書不注篇名，難以查對；第二，摘引原文不標明刪節，容易產生斷章取義的錯誤；第三，有的詞條去取失當；第四，沒有使用新式標點；第五，一些釋義上的立場、觀點也有問題。

《辭海》爲繼《辭源》之後的我國現代又一部百科性詞典，舒新城、張相等編，1936 和 1937 年由中華書局出版，後又再版。全書收録詞條的數量和編制體例大致上與《辭源》相同，對《辭源》所存缺點錯誤有一些改正，如引書注了篇名，還採用了新式標點，但是，除此以外，前面所舉《辭源》的缺點、錯誤，在《辭海》中仍多存在，特別是立場、觀點上的問題，二書有不少共同之處，讀者查考時應當注意。《辭海》與《辭源》二書收編的條目不盡相同，可相互參照，取其所長。

《辭海》（1979 年版）於 1979 年 9 月出版。新版《辭海》收單字 14872 個，複詞 91706 條，插圖 2000 餘幅，計 1300 餘萬字。這是一部百科性辭書。2009 年 9 月，由夏征農、陳至立任主編的第六版《辭海》正式出版，彩圖本收單字字頭 17914 個，比第五版增加近 400 個，附繁體字、異體字 4400 餘個；詞條 12 萬 7200 餘條，比第五版增加 4200 餘條；字數 2305 萬，比第五版增加 200 余萬字；圖片 1.6 萬餘幅，與第五版相當。刪去詞目 7000 條，整體的修訂內容超過 1/3。

《辭源》的修訂定稿工作也於 1979 年完成，共四個分冊，於 1981 年出齊。修訂後的《辭源》是一部閱讀古籍用的工具書，供文史研究工作者參考。收詞限於古典文史範圍，而且一般止於鴉片戰爭；舊《辭源》中的現代自然科學、社會科學和應用技術的全部新詞則一律刪去。單字下注中文拼音和注音符號，並加《廣韻》（間採《集韻》等）的反切，標出聲紐。釋義簡

NOTE

明確切，並注意語詞的來源及其在使用過程中的發展演變，全部書證加注了作者、篇目和卷次，有些條目之末還附了參考書目。

《漢語大詞典》由羅竹風主編，上海辭書出版社 1986 年出版。這是一部大型的、歷史性的漢語語文詞典。該書收錄漢語的一般語詞，着重從語詞的歷史演變過程加以全面闡述。單字以有文獻例證者爲限，沒有例證的僻字、死字一般不收列。共收詞約 37 万條。單字按部首編排，共立 200 部。繁體字、簡化字並用，單字條目採用繁體字。全書 12 卷，另有附錄、索引 1卷。每卷有《難檢字表》《部首檢字表》。附錄有《歷代帝王紀年干支紀年公元紀年對照表》等七表，並附有《單字筆畫索引》《單字中文拼音索引》。

《漢語大字典》由徐中舒主編，上海辭書出版社 1986 年出版。共收單字 5.6 萬餘個，按部首編排，共立 200 部，單字歸部基本與《康熙字典》同。繁簡字並收並用，釋文和現代例字用簡化字，其餘用繁體字。在字形方面，於楷書下列舉反映形體演變關係並有代表性的甲骨文、金文、小篆和隸書的形體，簡述其結構演變；在字音方面，用現代漢語拼音注音，收列中古反切，標注上古韻部；在字義方面，着重羅列常用字的常用義，也注意生僻義和生僻字的義項，並適當收錄複音詞的詞素義。全書共 8 卷（册），第 1～7 卷（册）爲正文，第 8 卷（册）爲附錄。

《故訓匯纂》由宗福邦等主編，商務印書館 2003 年出版。它是在清代阮元編撰的《經籍纂詁》基礎上全面系統地彙集先秦至晚清古籍訓詁資料的大型語文工具書。全書 1300 萬字，收錄了經史子集四部中訓詁資料比較集中的書籍 220 種，所收資料包括本文訓詁、義訓、形訓、聲訓、通假、異體、同源關係以及有訓詁價值的典籍異文。《故訓匯纂》是提供給專業人員使用的專門用書，需要瞭解訓詁原理後才能使用。使用中也要注意參照原文出處，查檢原文。

此外，還有一些專門性的字典和詞典，如楊樹達的《詞詮》、裴學海的《古書虛字集釋》、朱起鳳的《辭通》、符定一的《聯綿字典》、徐嘉瑞的《金元戲曲方言考》等。

【思考與實踐】

思考題

1. 中國古典詩歌形式的發展，大體可以劃分爲哪幾個階段？

2. 中國古典詩歌句式變化的大體規律是什麼？

3. 格律詩的成立需要哪幾個主要條件？它們是何時趨向成熟的？

4. 《詩經》與音樂的關係如何？

5. 樂府與詩歌創作有何關係？

6. 南北朝時期詩歌領域的交流融合有何表現？

7. 杜甫對七律發展的貢獻是什麼？

8. 晚唐詩與唐宋詞在意境方面有何相通之處？

9. 李商隱的七言近體詩有何藝術特點？

10. 物象、意象、意境三者有何聯繫與區別？

11. 舉例分析唐詩中情、景色調一致，以樂景寫樂，以哀景寫哀的情況。

12. 舉例分析唐詩中的濃與淡。

13. 爲什麼說詞要上不似詩，下不似曲？

14. 怎樣認識詞中的豪放與婉約兩種風格？

15. 爲什麼説詩之境闊，詞之言長？

**實踐練習 1**

終南別業

唐　王維

中歲頗好道，晚家南山陲。

興來每獨往，勝事空自知。

行到水窮處，坐看雲起時。

偶然值林叟，談笑無還期。

要求：

1. 簡析本詩的審美風格。

2. 聯繫詩人生平，簡析本詩的思想内蘊。

**實踐練習 2**

臨江仙

宋　蘇軾

夜飲東坡醒複醉，歸來仿佛三更。家童鼻息已雷鳴，敲門都不應，倚帳聽江聲。

長恨此身非我有，何時忘卻營營。夜闌風静縠紋平，小舟從此逝，江海寄餘生。

要求：

1. 結合蘇軾的生平經歷，簡析本詞的思想内蘊。

2. 陳師道《後山詩話》："《世語》言：……蘇子瞻詞如詩，秦少游詩如詞"，結合本詞，談一談你對蘇軾"以詩爲詞"的看法。

**實踐練習 3**

夫詩有別材非關書也詩有別趣非關理也然非多讀書多窮理則不能極其至所謂不涉理路不落言筌者上也詩者吟詠情性也盛唐諸人惟在興趣羚羊挂角無跡可求故其妙處透徹玲瓏不可湊泊如空中之音相中之色水中之月鏡中之象言有盡而意無窮近代諸公乃作奇特解會遂以文字爲詩以才學爲詩以議論爲詩夫豈不工終非古人之詩也蓋於一唱三歎之音有所歉焉且其作多務使事不問興致用字必有來歷押韻必有出處讀之反覆終篇不知著到何在其末流甚者叫噪怒張殊忠厚之風殆以罵詈爲詩詩而至此可謂一厄也。（嚴羽《滄浪詩話·詩辨》）

要求：

1. 給上文加標點。

2. 何謂"詩有別材非關書也詩有別趣非關理也"，試作解析。

**實踐練習 4**

鏤玉雕瓊擬化工而迥巧裁花剪葉奪春豔以争鮮是以唱云謡則金母詞清挹霞醴則穆王心醉名高白雪聲聲而自合鑾歌響遏行雲字字而偏諧鳳律楊柳大堤之句樂府相傳芙蓉曲渚之篇豪家自製

莫不爭高門下三千玳瑁之簪競富尊前數十珊瑚之樹則有綺筵公子繡幌佳人遞葉葉之花箋文抽麗錦舉纖纖之玉指拍按香檀不無清絕之詞用助妖嬈之態自南朝之宮體扇北裡之娼風何止言之不文所謂秀而不實有唐以降率土之濱家家之香徑春風寧尋越豔處處之紅樓夜月自鎖嫦娥在明皇朝則有李太白應制清平樂詞四首近代溫飛卿復有金筌集邇來作者無愧前人今衛尉少卿字弘基以拾翠洲邊自得羽毛之異織綃泉底獨抒機杼之功廣會眾賓時延佳論因集近來詩客曲子詞五百首分爲十卷以炯粗預知音辱請命題仍爲敘引昔郢人有歌陽春者號爲絕唱乃命之爲花間集庶使西園英哲用資羽蓋之歡南國嬋娟休唱蓮舟之引時大蜀廣政三年夏四月日敘（歐陽炯《花間集序》）

要求：

1. 給上文加標點。

2.《花間集》是中國歷史上第一部詞集，從序文來看，《花間集》的編纂者對於詞的文體風格是如何認識的？有何價值？

**實踐練習 5**

所謂沉鬱者意在筆先神餘言外寫怨夫思婦之懷寓孽子孤臣之感凡交情之冷淡身世之飄零皆可於一草一木發之而發又必若隱若見欲露不露反復纏綿終不許一語道破匪獨體格之高亦見性情之厚飛卿詞如懶起畫蛾眉弄妝梳洗遲無限傷心溢於言表又春夢正關情鏡中蟬鬢輕淒涼哀怨真有欲言難言之苦又花落子規啼綠窗殘夢迷又鸞鏡與花枝此情誰得知皆含深意此種詞第自寫性情不必求勝人已成絕響後人刻意爭奇愈趨愈下安得一二豪傑之士與之挽回風氣哉（陳廷焯《白雨齋詞話》）

要求：

1. 給上文加標點。

2. 這篇詞論的主旨是什麼？作者的觀點如何？

# 參考書目

## 一、書目導讀

浙江大學夏承燾、吳熊和先生編著的《讀詞常識》是一部詞學的入門讀物，全面地介紹了詞之產生、發展及其格律、音韻句式等基礎知識，是詞學愛好者必讀書目。同樣類型的著作還有龍榆生先生的《詞學十講》。《詞學十講》是根據龍榆生先生詞學學習創作課上講義編輯而成的著作，深入淺出地講解了詞學淵源、選調、作法等內容，同時也是講解宋詞欣賞的優秀讀物。

吳熊和先生的《唐宋詞通論》不僅系統，而且具體，不唯“體大”——篇幅長達三十餘萬言，更兼“思精”——不乏真知灼見。庶幾可爲唐宋詞研究補一空白。但若僅僅視《唐宋詞通論》爲填補空白之作，尚不足以估量其學術價值。作者的結撰宗旨決不限於填補空白，而是力圖在前人多方開拓的基礎上，對唐宋詞研究中各種言人人殊的問題作出總結性的說明，把唐宋詞研究推向新的深度和高度，從而爲治詞者“導夫先路”。周篤文先生的《宋詞》在敘述宋詞的發展時，層次分明，提綱挈領。周先生還撰有《周篤文詩詞論叢》一書，分"考訂類""論述類""序跋類"和"詩括類"四大部分，其中，"考訂類"彙集作者對於中國古典詩詞、字畫的考證、辨析文章。有些糾正了歷史中流傳的謬誤，有些厘清了詩詞創作背景、人物的線索，具有極高的學術價值，在文獻學、文藝理論等方面均具有較高的學術價值。"論述類"和"詩括類"，是基於作者多年的古詩詞研究經驗，對詩詞、創作藝術以及文藝理論方面撰寫的文章。這些文章涉及古詩詞、古代文論著作、創作思想與技巧等多個方面，體現了作者的學術功底和獨到的文藝思想。"序跋類"多爲作者爲其主持編訂的古詩詞文集所撰寫的序、跋。是作者從自己幾十年來對詩詞的考訂、研究、評論文章中精選百餘篇，分類編訂而成，彙集作者數十年的研究成果。

王兆鵬先生的《唐宋詞史論》對於詞學的研究多有創新，首先，打破了舊有的詞學年代分期，從"歷史活動的中心是活動的主體——人，文學歷史活動的中心自然是創作主體——作家"認知出發，提出了嶄新的"代群分期論"，即以作家群體爲中心，以詞人的生活年代、創作年代爲依據，將同一年齡組（同一世代）、生活和創作又基本同時的詞人劃分爲一個代群。將兩宋三百餘年的詞史，根據先後共出現過的六代詞人群體，劃分爲六個階段，跳出了近世研究者因用一元的、單向的思維方式去考察多元、多維的古代詞史而陷入的歷史誤區。其次，王先生又首先運用"資料統計"和"資料分析"對宋代詞人歷史地位進行了量化的、動態的考察。第三點，提出了著名的"範式論"。王先生借鑒西方科學哲學家和文藝批評家的"範式"理論來進行詞學批評與研究，將一部唐宋詞史總結爲"花間範式""東坡範式"和"清真範式"這三大抒情範式的產生、發展與更迭的歷史。於今，此書特設專章對於在古典文學和詞學中運用"範式批評"的問題進行了理論層面的系統探討，並以東坡詞和易安詞爲示例，證實了這一理論的正確性和可操作性。可以看出，著者在範式批評上的理論思考正在深入和趨向成熟。而楊海明先生的《唐宋詞史》則文采風流，既是學術著作也是一等一的美文，可讀性很強。

如果談到詞學理論，除了各家各派的詞論之外，王國維先生的《人間詞話》不可不讀。靜安先生學貫中西，融通今古，他的詞學理論既忠於傳統又開放現代，加入了西方哲學的視角，對歷代詩詞名家名作作了精彩而獨到的點評，並融合中西美學和文藝思想，提出了獨特的文學理論。其核心是境界説，認爲"詞以境界爲最上，有境界則自居高格，自有名句"。王國維由文學而及人生，謂成大事業、大學問者，必經過三種境界："昨夜西風凋碧樹，獨上西樓，望盡天涯路"；"衣帶漸寬終不悔，爲伊消得人憔悴"；"衆裏尋他千百度，驀然回首，那人却在，燈火闌珊處"。閱讀《人間詞話》可參看徐調孚校注的《校注人間詞話》，其中對於王國維的議論，每每注明出處，使讀者易於領悟大師論詞的卓見。

假如從欣賞詞作的角度出發，除了常見的《宋詞選》《唐宋詞鑒賞辭典》之外，還可參看唐圭璋、潘君昭、曹濟平三位先生的《唐宋詞選注》，共選詞 429 首，有簡要的説明和注釋，便於閱讀。而説到詩詞鑒賞的大家，必須提到葉嘉瑩先生，她有女性長於感悟的細膩視角，同時又將西方文藝理論引入中國古典詩詞研究。結合西方文論中的闡釋學、符號學和接受美學等理論對中國傳統詞學不斷反思，將詞分成了歌詞之詞、詩化之詞、賦化之詞三大類別，着意於闡發屬於詞體的美感特質，對中國古典詩詞研究的重要貢獻。她寫的《唐宋詞十七講》《迦陵論詞叢稿》等都是代表名作。其中《唐宋詞十七講》是關於唐宋詞系列講座的講演記錄，共論析了溫庭筠、韋莊、馮延巳、李煜、晏殊、歐陽修、柳永、蘇軾、秦觀、周邦彥、辛棄疾、姜夔、吳文英、王沂孫等十五家詞人。在對詞作的解讀中，葉嘉瑩先生注重結合詞作者的歷史背景、生平經歷、性格學養、寫作藝術等方面追尋唐宋詞的演變與發展軌跡，講述中既兼顧他們縱橫之間的影響及關聯，又特別注意其雖相似而實不同的深微意境，清雋的言辭於含英咀華之中深探詞人之用心，時時閃現的真知灼見足以啓迪讀者，浚發妙悟靈思。另一部優秀的詞學選集是龍榆生先生的《近三百年名家詞選》。這部書始撰於 1930 年，至 1956 年方才出版。在盡量做到持論平妥的同時，表現出龍先生個人的詞學主張。最明顯的仍是推重蘇辛詞派，選陳維崧詞達三十四首，居入選者之冠。《近三百年名家詞選》本是以譚獻《篋中詞》、葉恭綽《廣篋中詞》爲藍本編選成的，譚獻以吳偉業居《篋中詞》之首，葉恭綽以王夫之爲《廣篋中詞》之首，而龍榆生却標出陳子龍，云：“詞學衰於明代，至子龍出，宗風大振，遂開三百來詞學中興之盛，故特取冠斯編。”陳子龍爲雲間詞派的領袖，於明清之際標舉唐五代、北宋，反撥明詞陋習，對清詞的中興起到極大的推動作用。在這個意義上，顯然，龍榆生對詞史的理解比譚、葉二人更加深刻。從詞學史的角度考察，龍榆生這部詞選確有其深層的意義。唐圭璋先生校注、徐釚所著的《詞苑叢談》則是瞭解歷代詞家的故事，鑒賞歷代詞家的名著。

如果對詞律感興趣的，可以參看龍榆生先生的《唐宋詞格律》一書，這是一本專講唐宋詞體制格律的書。共收詞牌 150 餘調，其中大多數是唐宋詞中常見的。每一詞牌都説明它的產生來歷和演變情況，間或指出適宜表達何種情感及其中某些特定的句法和字聲（如某些領句字應用去聲）。每一詞牌附有“定格”和“變格”等詞格，標明句讀、平仄和韻位。每一首詞格都附有一闋或數闋唐宋人的詞作，以資參考比較，這些，都能幫助讀者全面理解唐宋詞的體制格律。同時，書中所列舉的作品，雖然祇是作爲例子來引證，因所選的詞多數是歷來傳誦的名作，所以本書也可作爲唐宋詞的選本來看待。

## 二、書目一覽

1. 夏承燾，吳熊和．讀詞常識．北京：中華書局，2000.
2. 龍榆生．詞學十講．北京：北京出版社，2014.
3. 王兆鵬．唐宋詞史論．北京：人民文學出版社，2000.
4. 吳熊和．唐宋詞通論．杭州：浙江古籍出版社，1989.
5. 楊海明．唐宋詞史．天津：天津古籍出版社，1998.
6. 葉嘉瑩．唐宋詞十七講．北京：北京大學出版社，2015.
7. 葉嘉瑩．迦陵論詞叢稿．北京：北京大學出版社，2014.
8. 龍榆生．近三百年名家詞選．上海：上海古籍出版社，2012.
9. 夏承燾．唐宋詞欣賞．北京：北京出版社，2002.
10. 王國維．人間詞話．徐調孚校注．北京：中華書局，2008.
11. 龍榆生．唐宋詞格律．上海：上海古籍出版社，2010.
12. 唐圭璋，潘君昭，曹濟平．唐宋詞選注．北京：北京出版社，1982.
13. 徐釚．詞苑叢談注．唐圭璋校注．上海：上海古籍出版社，2008.
14. 周篤文．宋詞．上海：上海古籍出版社，2011.
15. 周篤文．周篤文詩詞論叢．北京：人民出版社，2014.